课观·银行帮 帮助更多人实现银行梦想

全国银行招聘考试

一本通

2020全新版

全国银行招聘考试命题研究中心◎编著

中国商业出版社

图书在版编目(CIP)数据

全国银行招聘考试一本通 / 全国银行招聘考试命题研究中心编著.
-- 北京 : 中国商业出版社, 2019.3
ISBN 978-7-5208-0694-7

Ⅰ. ①全… Ⅱ. ①全… Ⅲ. ①银行-招聘-考试-中国-自学参考资料 Ⅳ. ①F832

中国版本图书馆 CIP 数据核字(2019)第 032997 号

书名/全国银行招聘考试一本通
编著者/全国银行招聘考试命题研究中心

出版·发行/中国商业出版社
经销/新华书店
印刷/山东省东营市新华印刷厂
开本/889 毫米×1194 毫米　1/16　**印张**/32.75　**字数**/814 千字
版本/2019 年 3 月第 1 版　2019 年 3 月第 1 次印刷

社址/北京市西城区报国寺 1 号(100053)
电话/010-63180647　**网址**/http://www.c-cbook.com

书号:ISBN 978-7-5208-0694-7
定价:86.00 元

《2020全新版全国银行招聘考试一本通》自我介绍

备战 2020 全国银行招聘考试的同学你好，我是你的个人银行招聘考试规划师——《2020 全新版全国银行招聘考试一本通》。从现在直到你成功“入行”，我都会为你提供专业的全阶段指导。在使用之前，先让我介绍一下自己：

我不仅仅是一本书，我更是一套银行招聘考试全阶段备考解决方案。在备考银行的不同阶段，我都能为你提供完善的备考服务：银行暑期实习生存法则、各大银行公告解读、银行网申填写指导、银行笔试备考攻略、各大行全真上机模考、银行面试通关指南…… 从大三暑期实习到网申，从银行时政热点到银行入职签约，都会有配套的全程指导。你的每个备考阶段性问题都能在这里得到满意的解答。

对于不懂考纲的你，我是考情“晴雨表”。为了给你最符合考情的笔试复习内容，专家组严格依据银行招聘考试题库近五年试题数据模型分析结果，设置每个章节的编写内容。我的每个考点，都是专家组研究真题的结晶。有了海量题库数据模型的支持与经验丰富的命题研究组专家的把关，我的每个重要知识点都会是你在笔试考场上遇到的“必考点”。

对于初次学习的你，我是考点“传送门”。在看书学习的过程中，常常会有难以理解的概念或者不能解决的难题。为了方便你更好地理解内容，巩固学习重点难点知识，我在重点难点的知识及题目旁边放置了课观名师视频解析二维码，手机扫码即可观看课观名师视频解析重点难点知识。

对于考前冲刺的你，我是学练结合方法集。为了有效地提高笔试解题能力，我在每个章节后为你提供了本章节的经典真题以及重点题目解析视频，通过这些经典真题检测你对知识的掌握程度。此外，我还为你推荐了我的好搭档《全国银行招聘考试真题汇编（2020 全新版）》，它可以为你提供考点梳理、全真上机模考和历年的各大银行笔试真题，在真题训练中稳步提升解题能力。

如果说每一件事物的存在都有其价值与使命，那么，我存在的使命就是能在备考银行的路上助你一臂之力。自全国银行招聘考试命题研究中心的专家组开始研发我之时，我的每一个文字都倾注了专家组所有成员 100 多个日夜精心研发的心血。6 个月里 3 次回炉重塑，24 次研讨会的激烈讨论，成百上千次的反复打磨。我终于有幸来到你的面前，在你发奋备考的光阴里助你成功“入行”，才不枉费我的编著者的一番苦心，不负你在书海中对我的一份信任。愿我的全程相伴，成为你备考路上最长情的告白。

——面世前夕　于清华大学学研大厦

银行校园招聘考试备考指南

银行业发展前景

一、我国银行整体情况简介

中国银行体系由中央银行、监管机构、自律组织和银行业金融机构组成。

中国人民银行是中央银行，在国务院的领导下，负责制定和执行货币政策，防范和化解金融风险，维护金融稳定。

中国银行业监督管理委员会是监管机构，中国银行业协会是自律组织。银行业金融机构包括 1 家开发性金融机构（国家开发银行）、2 家政策性银行（中国进出口银行、中国农业发展银行），6 家国有大型商业银行（中、农、工、建、交、邮储），12 家股份制商业银行（中信、华夏、招商、平安、光大、民生、浦发、渤海、广发、兴业、恒丰、浙商），134 家城市商业银行，1427 家农村商业银行，17 家民营银行，30 家农村合作银行，812 家农村信用社，4 家金融资产管理公司，41 家外资银行，1 家中德住房储蓄银行，68 家信托公司，253 家企业集团财务公司，69 家金融租赁公司，5 家货币经纪公司，25 家汽车金融公司，23 家消费金融公司，1616 家村镇银行，13 家贷款公司以及 45 家农村资金互助社，14 家其他金融机构。

二、银行职业的发展前景

• 银行的岗位介绍

商业银行内部岗位众多，根据各自职能的不同，可以分为以下 5 个大类。

1. 客服类

为客户提供柜面服务以及通过电话呼叫系统为客户提供信息咨询、意见投诉等服务的岗位，主要包括营业网点现金区和非现金区为客户提供柜面服务的柜员、集约化中心人工坐席等直接服务客户的岗位。

2. 销售类

从事业务和产品的直接销售、客户开发和维护工作的岗位，具体为各类承担直接销售任务、工作绩效可以直接量化的客户经理岗位，包括对公客户经理和对私客户经理。

3. 专业类

在一个或多个专业技术领域内，从事对专业理论、知识技能或实践经验有一定要求的专业工作，提供专业支持和解决方案的岗位，例如，从事法律、财会资金、信息科技等专业工作的岗位。

4. 运行类

在明确的规章制度、规范的操作流程和既定的工作方法指导下，为内外部客户提供产品或服务的岗位，主要包括柜员、集约化中心的业务处理岗、各部室的文员以及一些主要进行流程化操作的岗位。

5. 管理类

负责领导、决策、计划、组织、控制、协调和人员管理的岗位，主要包括各级机构负责人岗位、内设部室负责人岗位。

具体而言，各大银行每年校园招聘的职位也比较集中，主要招聘职位如下表所示：

岗位	工作职责	岗位个性要求
管理培训生	是银行自主培养企业中高层管理人员的人才储备计划。通常是在银行各个不同部门实习，了解整个公司运作流程后，再根据其个人专长安排，培养为经营管理、专业管理、营销管理方向的储备人才，期间实行严格的考核、认证、选拔与淘汰管理机制	强烈的成就动机和进取心； 较强的领导能力； 快速的学习能力； 较强的表达能力与说服能力； 良好的团队合作和人际互动能力
银行柜员类	一般指在银行柜台里直接跟顾客接触的银行员工。前台柜员负责直接面向客户的柜面业务操作、查询、咨询等。后台柜员负责无需面向客户的票据交换、内部账务以及对前台业务的复核、确认、授权等后续处理	工作谨慎细致； 具有良好的客户服务意识； 良好的沟通能力； 认真的工作态度等
客户营销类	是银行与客户交流的桥梁，主要工作内容是发掘公司及个人潜力客户，维护客户关系，营销各类金融产品与服务，满足客户需求，扩大市场份额。对私客户经理主要开展面向个人的金融业务；对公客户经理主要开展面向公司的金融业务	个人良好的营销能力、策划和市场调研能力、敏锐的市场洞察能力、开拓能力、较强的沟通能力、项目执行能力和良好的服务意识
产品支持类	分析客户与市场需求，设计金融产品与服务方案，策划并开展营销活动，为销售人员提供支持、协助	良好的分析能力、设计统筹能力、对金融产品的理解和把控能力、活动策划能力、宣传推广能力、品牌塑造能力、团队合作能力、人际沟通能力等
风险控制类	预防控制信用风险、市场风险和操作风险，监测风险指标，管控运行风险，落实全面风险管理要求	较高风险管理专业度、较强的预见风险能力、项目执行能力、耐心细致的工作态度
信息科技类	开发和测试应用软件，安装和维护硬件系统，保障信息系统安全稳定，支持业务发展要求	较强的计算机专业水平、良好的开发能力、创新能力、沟通能力、团队合作能力

• 银行的职业发展

据统计，金融行业是大学毕业生三年内就业最稳定的行业之一，也是大学毕业生三年后年收入最高的行业，人均可高达 10 万元。而在我国金融体系中占据重要地位的银行业，拥有完善的培训及晋升机制，可以帮助有才华的员工实现最快速的能力提升和职位晋升。

银行招聘主要看中员工的忠诚度、学习能力与抗压能力。为了方便熟悉银行的整个业务流程，通过校园招聘进入银行的应届毕业生，大多是从柜台工作做起。经过半年至一年的锻炼后，银行会根据业务需求和员工自身能力，将员工调岗。

从职业发展的角度来看，应届生在进入银行后主要有三条发展路径：管理类、市场类和技术类。

管理类主要包括两大序列，分别为综合管理序列和专业管理序列。管理类的岗位要求员工具有较强的综合素质和领导潜质，并且能够在不同的部门建立很好的人际关系，这样才能提高工作效率。而对业务并不要求了解得太深入，但是要各方面都有所涉猎，具有宏观调控的思维和整体把握的能力。

市场类主要是指客户经理岗，包括对公客户经理序列和个人客户经理序列。对于应届生来说，从事市场类工作压力相对较大，各银行对客户经理都有业绩的考核。除非具有超强的营销能力或者足够的客户资源，否则应届生从零开始自己去开拓市场，需要承受巨大的精神压力，且晋升也较困难。

技术类不仅包括和计算机相关的科技类岗位，还包括产品研发、风险评估、方案设计等。对于有些专业素质过硬、不善于处理人际关系且没有客户资源的人来说，走技术路线或许是一个不错的选择。

当然，这三条路线并不是完全独立的。在某一方面稳扎稳打，做得比较成功，也有可能进入其他发展路线。比如业务素质很好，就可能被提拔为领导而转向行政路线；而技术方面做得很好，做到一定程度，也是可以转管理岗的。所以对求职者而言，初入职场，还是应该练好基本功，找准目标，深耕细作；同时做到一专多能，提高自己的综合素质，为今后的发展提供更多的可能性。

银行校园招聘流程

• 发布公告

各大银行会在每年的 8—10 月份在官网陆续发布秋季校园招聘公告，次年 3 月份会有春季补招。

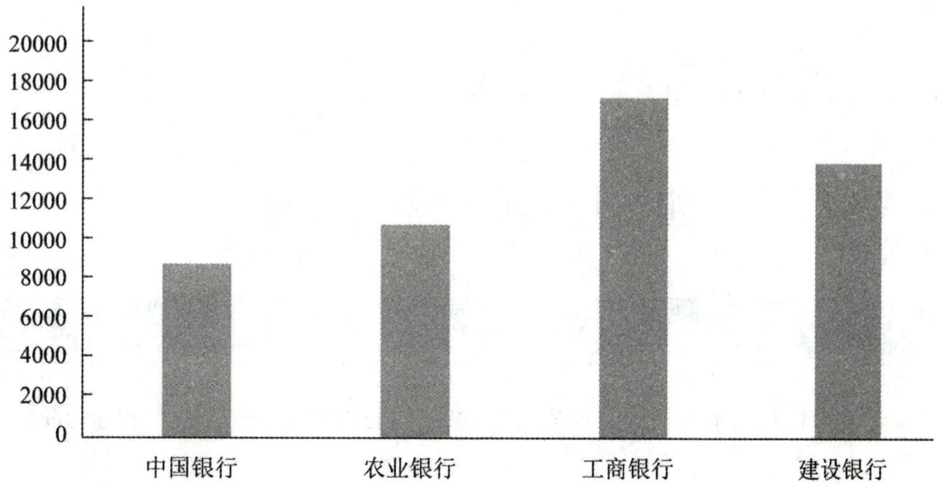

四大行 2019 届秋季校园招聘人数

• 校园宣讲

一般每年 9—10 月份，在全国部分高校开展，主要介绍各自银行的历史及现状、发展前景、企业文化等内容，部分银行会接收简历并进行简单初面。

• 网申报名

大部分银行要求考生在网上报名系统填写简历报名，报名时间集中在 9—10 月及次年 2—3 月。网申结果及具体笔试安排会通过短信、电话、邮件等方式通知。

• 初面

部分银行在宣讲会结束或者网申结束后组织，并不是大部分银行的必经环节，一般为半结构化面试。

• 笔试

各大银行单独组织，大型商业银行趋于全国统考，一般在每年的 10 月下旬—11 月下旬及次年 4—5 月上旬在全国各城市进行，大部分形式为机考。笔试成绩仅决定考生是否能够进入面试，而不计入最终录取成绩。

• 面试

各银行分行单独组织面试，集中在 11—12 月及次年 5—6 月。面试轮数不一，一般为一到三轮不等，面试形式多为无领导小组讨论或者半结构化面试。

• 体检

面试通过后，进入体检环节，各大银行体检标准会根据报考岗位的不同而略有不同，但是总体上参照国家公务员体检标准。

• 签约

体检合格后，以电话、短信等方式通知签订协议。

• 报到、培训

一般在每年的 7—8 月份统一报到并参加入岗培训。

银行校园招聘备考策略

一、网申

网申是指通过向银行指定的招聘网站投递简历，银行通过特定的筛选标准来进行简历筛选的招聘方式。

• 银行简历筛选的原则

全国银行校园招聘人数每年超 10 万人，根据报录比 10∶1 的比例，我们可以预测到报名的人数能高达 100 万人。如果单单靠 HR 手挑眼观，累不死也只剩半条命了，所以银行校园招聘的网申系统一般都是一个强大的数据筛选平台，面对数以万计的简历，第一步当然是机选，经过系统的层层筛选，脱颖而出的简历，才有幸得到 HR 亲自过目。

在这里跟大家简单说一下机器筛选的原则。

1. 关键词筛选

顾名思义，就是根据简历里面的关键词语来判定是否合格，这一般是筛选的第一步，如四六级、学校、专业等公告中明确要求的硬性条件，一旦不合格，基本上都会被 PASS。

2. 评级筛选

是指在符合初步条件的简历中，根据二级条件进行筛选，一般包含学历、银行实习经历、奖学金等，学历相对较低，没有银行实习经历或者没有获得过任何奖学金的考生，相对于条件优越的竞聘者们，一般就命运堪忧了。

3. 最终筛选

一般很少有，在评级筛选出来的人还是太多的情况下，就会送交管理层审核，在这一阶段，随机性较大。

• 简历填写的基本要素

事实上，无论是国有大型商业银行还是地方性银行，网申页面所包含的信息基本一致，均符合现代企业人力资源招聘流程和规范。

1. 基本信息

简历中的基本信息主要包括下列信息：姓名、性别、出生年月、籍贯、户口所在地、民族、生源地、政治面貌、身高、身份证号、联系地址、邮政编码、电子邮件、移动电话、近期照片等。另外家庭成员的姓名、工作单位、职位等也可以归为考生的基本信息。

不同银行之间填写的信息或有细微的差别，但是基本上都是大同小异。

2. 教育背景

教育背景主要包括下列信息：毕业院校、毕业时间、专业、研究方向、最高学历、最高学位、培养方式、教育类型、成绩排名、学分绩点等。一般会要求将高中、（大专）、大学各阶段的情况按照从高到低或者从低到高的顺序依次填写。

3. 奖励状况

主要包括获奖时间、奖励类型、奖励级别、颁发单位。

4. 学生干部任职情况

主要包括职务类型、任职时间、任职期间的工作内容（并非所有银行都要求填写）。

5. 实习经历

主要包括实习单位、实习岗位、工作内容、证明人及联系电话等。

6. 证书及技能、培训经历

计算机水平、外语水平、职业资格证书、培训经历及培训内容等。

7. 特长及爱好

文艺特长、专业特长、与银行工作相关的爱好等。

8. 其他问题

例如：你入职三年后的职业规划；请谈谈你应聘该岗位的优势；自我评价等。

二、笔试

银行的笔试形式主要分为上机考试和纸质答卷两类。上机考试的试题以客观题为主，主要是单选题、多选题、判断题；纸质答卷除了客观题目外，还会有主观题目，如简答题、论述题、写作题等。尽管各个银行的考情各不相同，但是其考查的学科整体上还是具有一定的相似性的。主要包括通用素质能力测试（EPI）、综合知识、英语、认知个性测验四个部分。下图为国有四大行 2019 银行校园招聘考试中 EPI、综合知识和英语三部分的总题量。

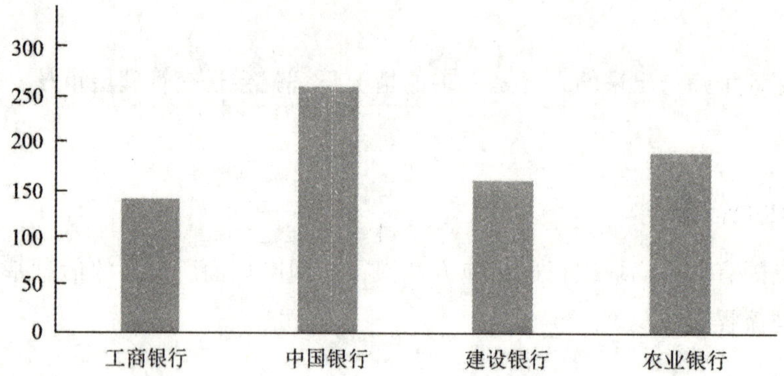

四大行 2019 届秋季校园招聘笔试题量

• 通用素质能力测试（EPI）

EPI（Employability Profile Inventory）通用素质能力测试，是一种针对应聘者应具备的基本就业素质进行综合考核的能力测试产品，EPI 测试结果能够有效地反映应聘者的基本工作能力状况，进而预测其未来顺利完成工作的可能性。

目前，EPI 通用素质能力测试已经为众多机构和企业认可并使用。中国工商银行、中国银行、中国农业银行、中国邮政储蓄银行、中国南方航空公司、海南航空公司、施耐德电气集团、联想集团等众多国内外知名企业均将 EPI 作为校园招聘和社会招聘中对应聘者进行考核的重要工具，并取得了良好的效果。

为了更全面地测查求职者的综合能力素质，EPI 的测试内容，全面地覆盖了与工作绩效最相关的五大能力模块——言语理解、逻辑推理、数量关系、资料分析和思维策略。这里需要注意的是，很多考生把 EPI 简单地理解为行测（行政职业能力测试），甚至用国考或者省考的题目作为银行考试的备考资料，实际上是南辕北辙。虽然两者在考查模块上有相似之处，但是 EPI 是全面考核言语、数字、逻辑、思维、记忆等基本工作能力，而行政职业能力测验主要测查与公务员职业密切相关的、适合通过客观化纸笔测验方式进行考查的基本素质和能力要素。两者无论是从考查的侧重点还是出题形式等各方面都有着本质的差异。

以下是根据历年真题所总结的题目考查点和难易等级，希望广大考生能够有的放矢地进行备考。

银行校园招聘 EPI 高频考点

科目	题型	考点举例		难度星级
EPI	单选	言语理解	选词填空	★★
			片段阅读	★★
			病句辨析	★★★
			语句排序	★
		数量关系	数字推理 （数字敏感、数列敏感）	★★
			数字运算 （整除思想、特值思想、比例思想、盈余思想、分类分步思想）	★★★
		逻辑推理	图形推理	★★
			定义判断	★
			逻辑判断	★
		资料分析	常考概念	★★
			计算公式	★★★
		思维策略	计算类问题	★★★
			统筹类问题	★★★

• 综合知识

银行招聘考试中的综合知识，以金融、经济、计算机为主，同时也包括会计、法律、管理、市场营销和银行常识等。

金融学是银行笔试综合知识部分中的重点，占到综合知识部分的30%左右，考查形式以单选题和多选题为主。相对于经济学来说，金融学记忆性的知识较多，一旦记忆过的知识点在考试中出现就很容易拿分。因此，考生一定要提早复习，多多背诵重点知识点，才能够在考试中获得高分。另外，考生还需要关注报考银行的相关银行常识，比如说各个银行成立的时间，各类银行业务，今年热销的理财产品等。

经济学包括宏观经济学和微观经济学两个部分，主要是以单选题和多选题的形式出现，经济学包含的知识点比较多，其中包含许多经济模型、经济学专业术语等，另外还会对一些重点概念进行考查，如需求、供给、通货膨胀、GDP、经济增长、经济政策等，同时会结合每年的经济热点考查相应的知识点。

计算机主要集中于对办公软件（Word、Excel、PPT 等）等基本的计算机知识的考查，同时考生也应掌握数据库原理以及计算机网络的相关知识，尤其是对于互联网的新发展，要经常关注。

会计包括基础会计、财务管理、财经法规。其中，基础会计是银行类招聘考试的基础内容，在会计相关题目中占比60%以上。该部分内容系统性强，逻辑性突出，重点部分较多，主要包括会计基本假设、记账基础、会计要素、固定资产以及财产清查等。

法律在笔试中所占的比重并不大，考生需要掌握《宪法》中规定的公民的权利和义务，还有物权法、票据法、商业银行法、银行业监督管理法等。

管理学主要考查管理学的基本职能、组织理论、激励理论等。

市场营销学主要考查定价机制，考生可以有针对性地复习。

银行常识主要涉及所报考银行的基本情况，如银行成立的年份、时间，今年热销的理财产品等。

• 英语

英语是银行招聘考试中的重要组成部分之一。多年来银行对于英语题型的考查主要涉及四个方面，即词汇、语法、阅读、完型。与传统的大学英语四六级、专四和专八考试相比，银行英语工作能力测评考试更加侧重于书面应用能力的考查，如银行英语的阅读题材多是与金融、商业及外贸相关的文章，甚至多数会涉及简短的商业信件及商务订单等，因此题型的难度相对适中。因此考生需按照所考银行的要求弄清题型分布，以词汇、语法、及阅读理解为重点进行复习，把握命题规律，扎实基本功，万不可脱离基础知识的积累而空谈技巧应对考试。

• 认知个性测验

认知个性测验比较简单，只是用人单位用来测评考生心理成熟度和稳定性的一种测评形式，且一般情况下不计入考试成绩。所以考生可以自行寻找一些个性测试的题目进行测试。

综上所述，商业银行笔试一般采取上机考试的形式，涉及的学科较为广泛，广大考生必须提前熟悉模考环境，掌握解题方法，才能从容应对。为了帮助广大考生渡过笔试难关，课观教育专门研发了银行全真笔试模考系统（http：//mokao. ekeguan. com/），使得广大考生能够在考试之前体验银行考试实景，增加大家通过笔试的几率。

三、面试

银行招聘面试比较常见的形式是：半结构化面试、无领导小组讨论、辩论和角色扮演。银行招聘面试与公务员考试中的结构化面试相比，形式上更加自由灵活，也更符合企业招聘人才的标准。

银行招聘面试备考时间（面试通知到正式面试）比较短，一般在 1—10 天，其中 3—5 天为大部分银行的备考周期。由于没有固定的答题规则以及备考周期太短，大部分考生在准备面试时显得无所适从，我们在此为考生整理了一些银行面试的基本考情和答题思路，让大家对银行面试有初步了解。

• 半结构化面试

半结构化面试是在结构化面试的基础上，主考官、其他考官就应试者答题中涉及的有关问题或有疑问的问题进一步追问，提问问题的数量由面试总时间决定。

半结构化面试的组织形式通常有两种：一种是逐一面试，另一种是多人面试，即几名应试者同时进入考场进行面试。

• 无领导小组面试

将 6—12 名应试者临时组成一个小组，不指派由谁充当讨论的主持人，要求应试者在规定时间内通过讨论，得到一个小组成员一致认可的用于解决问题的决策方案。

近年来无领导小组的趋势表现为：

1. 小组的规模扩大

每组人数的配置也有增加的趋势。比如工行北京分行曾出现过 16 人一组的状况。人数的增加，意味着竞争的加强，也意味着考试难度的加大。

2. 时间缩短

无领导小组讨论环节的时间限制也有缩短的趋势，突出表现为两个方面：一是根据题目内容省去个人陈述阶段，直接进入自由讨论阶段；二是自由讨论的时间变短。

3. 专业性逐渐增强

近几年的银行招考面试题目中，资金分配、营销计划和方案等成了命题的主要内容。

• 辩论

辩论的组织形式与辩论赛相似，即将应试者分为正反两方，各方依一定的规则陈述自己的观点，并对对方的观点进行反驳。所不同的是，不需要评出胜负。

• 角色扮演

角色扮演的组织形式有两种：一种是由测评助理或考官担任一定的角色，参与到表演过程中。这种情况下往往是由应试者充当积极主动的角色，即主角，测评助理或考官只是角色扮演过程的从属者；另一种是由应试者独立完成，这种情况下通常是以小组为单位进行的，每组人数为 4—8 人。

银行校园招聘网申指导

众所周知，网申是每一个想进入银行工作的考生的第一步，也是竞争非常激烈的一步，根据近三年来的数据统计，在每年的秋季招聘中，网申环节的平均通过率仅为30%。因此，对于每一位备考银行的考生而言，填写一份优质的简历来保障网申的顺利通过尤为重要。

本章将从简历填写的常见误区、简历填写的基本原则两个方面进行详细的讲解，以期能够为各位考生的简历填写提供有效的帮助。

一、简历填写的常见误区

每年秋招的网申环节，总会有一些素质优秀的考生“莫名其妙”地被淘汰，与之相反的，也总会有一些看起来能力平平的考生顺利地通过筛选，成为“幸运儿”。造成如此反差的原因其实很简单——很多考生在填写简历的时候走进了误区却不自知。我们分析了大量网申淘汰者的简历之后，发现了以下三个共性的问题：

误区一：内容繁杂

简历，顾名思义就是要简洁，这也就要求考生能够言简意赅地描述个人信息和过往经历。然而很多考生并不知道这一点，或者是明明知道这一点却不以为然。于是，动辄几百字乃至上千字的长篇大论屡见不鲜。要知道，HR在浏览简历时，停留在每份简历上的时间短则几秒，长也不过几十秒，说是“一目十行”也不夸张。HR想看到的是有条理的、一目了然的简历，过多的无关信息会浪费他们的时间。在这样的情况下，如果简历内容还繁多杂乱，HR是没有时间筛选其中的关键信息的，那么即便再优秀的考生也会把自己的优秀淹没在繁杂的文字中，和理想的工作失之交臂。

为了避开此误区，建议大家在正式填写简历之前，可以先在空白文档中对自己的过往经历（主要是校园活动经历和社会实践经历）进行认真的梳理，逐条列举，并删繁就简。当然，确实有部分考生经历十分丰富，总想把这些经历全部体现在简历中，生怕删掉任何一条都会影响简历的质量，殊不知，如此“面面俱到”恰恰会适得其反。

误区二：空洞乏力

简洁的语言固然重要，但如果因此导致简历的内容空洞乏力，削弱了简历的说服性，则得不偿失，而这也是众多考生经常走入的一个误区。

各大银行的简历中，大都会涉及一些主观性问题。例如，中国农业银行的“自我评价”；中国银行的“职业规划”；中国建设银行的“你认为自己适合什么工作”；交通银行的“自荐信”等。这些主观性问题其实留给了考生自由发挥的空间，考生可以根据自己的实际情况，详略得当、重点突出地描述自己所具备的能够体现岗位匹配性的能力。然而，我们却经常在考生的简历中看到这样的描述：

自我评价：

学习方面，我具有良好的学习能力。我即将毕业于山东师范大学英语专业，大学期间成绩优异，多次获得奖学金。

实践方面，我多次利用寒暑假的时间在中国银行实习，担任大堂经理助理。实习期间负责接待、分流客户，并耐心解答客户的问题。赢得客户和领导的一致好评。

生活方面，我是个乐观开朗的女孩，喜欢交朋友，我身边的朋友总是说我是一个能够给人带去正能量的人。同时我兴趣广泛、热爱生活，对新鲜事物充满了热情。

上述的这段“自我评价”中，最大的问题就是空洞乏力。该考生选择从学习、实践、生活三个方面评价自己，这当然是可以的。遗憾的是，无论哪一方面的描述，都不能说服 HR。

那么上述内容可以从哪些角度完善呢？考生可以认真思考如下的一些问题：

(1) 学习方面：

①大学期间共计获得了多少次奖学金？

②成绩排名如何？

③有没有考取过和银行业相关的资格证书？

④外语水平如何？

(2) 实践方面：

①实习期间平均每天接待多少客户？

②耐心解答了客户的哪几类问题？

③学会了哪些沟通技巧？

④了解了哪些业务的办理流程？

(3) 生活方面：

①具体有哪些兴趣爱好？

②这些兴趣爱好产生了哪些积极的影响？

通过上述若干问题，我们不难发现，要避开内容空洞这个误区，要做到两点：

(1) 突出核心能力

即在整段文字中要有对核心能力的概括性语句。

例如：这段经历锻炼了我的沟通能力，使我善于和不同性格的客户交谈。

(2) 适当描述细节

即在字数允许的范围内，要有对细节的描写。

不少考生或者在校园内参与组织过各类学生活动，或者在校外参加过社会实践。无论是对哪一段经历的描述，都应适当描述和银行业工作有相关性的细节。

例如：在担任外联部部长期间，曾在一次元旦晚会筹备期间，带领 4 名部员，走访沿街商铺，经过协商，通过帮助商铺悬挂宣传条幅，转发朋友圈等合作方式，成功筹集到活动经费 700 多元。

当然，有些银行对字数的限制比较严格。考生根据实际情况调整内容的详略即可。

误区三：忽略细节

我们在前面的内容中提及过，简历的筛选有两个环节：机选（系统筛选）和人选（人工筛选）。无论是在机选还是人选环节，都有许多不容忽视的细节，如证件照和生活照的尺寸、日期的填写等。

一些考生就是因为忽略了这些细小的问题，而因小失大，甚至在机选环节就被淘汰了。下面为大家梳理一些在简历填写过程中经常被忽略的问题。

（1）证件照

银行都会要求考生上传证件照，那么上传的生活照要做到两点：蓝底、着正装（西装、衬衫即可）

银行	证件照底色	要求
中国银行	蓝色	2048K 以内，jpeg、jpg、png、bmp 格式
农业银行		30K 以内，宽：高=5：7
工商银行		30K 以内，尺寸为 100 * 140，jpg、jpeg、gif 格式
建设银行		20K 以内，尺寸为 120 * 160，jpg、gif 格式
交通银行		100K 以内，jpg、jpeg、gif 格式

（2）生活照

不同的银行要求的生活照的尺寸也不同，如下表所示：

银行	要求
中国银行	5 寸日常照片，小于 2M
农业银行	无要求
工商银行	80K 以内，尺寸为 320 * 240，jpg、gif、jpeg 格式
建设银行	80K 以内，尺寸为 200 * 300
交通银行	1M 以内

不难发现，去年建设银行要求上传的是竖版照片，而工商银行要求上传的是横版照片。考生切忌因为版式错误导致照片被压缩或拉伸。

（3）毕业时间/参加工作时间

大多数银行在秋季招聘的时候都是招聘次年毕业的应届生。所以对于参加 2020 秋招的考生来说，无论是毕业时间还是参加工作时间，年份选择的都应该是 2020 年。有些考生不注意这点，不小心把年份填写/选择错误，那就连机选都通过不了。

（4）教育经历

不同银行对于教育经历的填写要求也各不相同，但是无论是要求从高到低填写还是从低到高填写，考生一定要保证教育经历的连续性。专升本的学生不要刻意隐瞒自己专升本的经历，高中复读的学生也不要刻意隐瞒自己的复读经历。

二、简历填写的基本原则

1. 关键词原则

因为系统在筛选简历的时候会依靠关键词过滤掉部分不符合要求的简历。因此考生在填写简历的时候要尤为注意重点突出。银行的招聘公告中一般都会对招聘条件做详细的说明，关于职位和要求的描述是最好的分析关键词的来源，考生要善于“投其所好”。

例如在交通银行 2019 秋季招聘的公告中有如下条件：

（1）……

（2）大学英语四级及以上水平，主课成绩优秀，掌握一定金融、经济或银行业基础知识；

（3）品学兼优，政治素质良好，具有较强的学习能力、沟通能力和团队协作精神，具备较好的仪表气质和积极向上的精神面貌，有意愿从事专业化、节奏快、高要求的客户营销及服务工作，适应能力较强并能承受一定的工作压力；

（4）具有跨专业、海外交流等教育背景或相关实习经验者，具有校级及以上奖励或在校活动实践经验者，获得会计、银行等相关资格证书者优先；

（5）……

那么考生通过阅读这则公告，便可找到关键词“主课成绩优秀”“较强的学习能力、沟通能力和团队协作精神”等。

2. 动词原则

描述过往经历的时候要使用丰富的行为动词，凸显你在整个工作中所起到的作用，而避免使用简单的“做”“整理”“从事”等模糊性的词汇。下面为大家整理了相关的行为动词以供参考。

（1）表示个人成就的动词

实现　执行　扩大　激励　创造　完成　改进

（2）表示管理能力的动词

引导　制定　分配　建立　支持　处理　决定　分配　监督

（3）表示人际沟通能力的动词

说服　沟通　报告　建议　协商　拜访

（4）表示计划组织能力的动词

参加　组织　计划　收集　管理　分配

（5）表示金融、财经知识的动词

审计　平衡　分析　评估　估计　做预算　计算

（6）表示技术能力的动词

测试　重建　修理　更新

3. 条理性原则

考生在填写简历时，应该注意信息呈现的条理性，诸如教育经历、实习经历的填写可以按照时间顺序，依次填写；而在填写获奖情况时，可以按照奖项的级别、类别等归类填写，避免给 HR 造成阅读的障碍。

4. 数字化原则

若要想自己的简历在海量的简历中脱颖而出，考生需要善于使用数字来凸显自己的优势。一方面在描述奖项时可以利用数字比例来体现其含金量；一方面在描述实践或实习经历时可以灵活运用数字来增加事件的真实性，同时也可说明自己的工作成果。

5. 真实性原则

尽管考生需要在简历中将自己最完美的一面展示给 HR，但是简历填写的底线依然是真实性。这就要求考生在填写信息的时候一定要实事求是，不要妄图依靠虚假信息通过网申，以免给用人单位留下不诚信的印象。

以上就是简历填写的基本原则，希望各位考生在填写简历的时候能够注意。

总之，简历填写既是“技术”，又是“艺术”；既需要实事求是、逻辑清晰地呈现相关信息，又需要通过一定的技巧和原则凸显自己的优势。各位考生一定要重视这一道关卡，字斟句酌，认真填写。为了解决广大考生在网申填写中遇到的困难，提升广大考生的网申填写技能，课观教育历时两年时间，研发出了一套适用于各类银行网申的智能填报系统（http：//ws. ekeguan. com/），帮助广大考生顺利通过银行考试第一关。

目录 CONTENTS

第一篇　EPI（通用素质能力测试）

第一章　逻辑判断 …… 2

真题考点一　必然性推理 …… 2

真题考点二　可能性推理 …… 10

真题演练 …… 16

第二章　定义判断 …… 21

真题考点一　题型概述 …… 21

真题考点二　方法精讲 …… 22

真题演练 …… 25

第三章　图形推理 …… 29

真题考点一　数量关系 …… 29

真题考点二　图形转化 …… 33

真题考点三　图形性质 …… 36

真题考点四　空间图形 …… 39

真题演练 …… 41

第四章　类比推理 …… 44

常见考点 …… 44

真题演练 …… 45

第五章　言语理解与表达 …… 48

真题考点一　选词填空 …… 48

真题考点二　病句辨析 …… 52
真题考点三　语句排序 …… 56
真题考点四　语句衔接 …… 58
真题考点五　片段阅读 …… 61
真题演练 …… 69

第六章　数字推理 …… 73

真题考点一　基础数列 …… 73
真题考点二　分数数列 …… 74
真题考点三　幂次数列 …… 75
真题考点四　多级数列 …… 76
真题考点五　多重数列 …… 77
真题考点六　递推数列 …… 78
真题考点七　常用性质与方法 …… 78
真题演练 …… 80

第七章　数字运算 …… 83

真题考点一　计算问题 …… 83
真题考点二　整除与余数问题 …… 86
真题考点三　工程问题 …… 88
真题考点四　行程问题 …… 90
真题考点五　容斥问题 …… 93
真题考点六　排列组合问题 …… 94
真题考点七　概率问题 …… 96
真题考点八　日期星期推断问题 …… 98
真题考点九　极限类问题 …… 100
真题考点十　其他问题 …… 102
真题考点十一　方程法 …… 104
真题演练 …… 105

第八章　资料分析 …… 108

真题考点一　常考概念 …… 108
真题考点二　阅读方法 …… 114
真题考点三　估算方法 …… 116
真题演练 …… 122

第九章　思维策略 …… 128

真题考点一　计算类问题 …… 128
真题考点二　统筹类问题 …… 130
真题演练 …… 133

第二篇 英语能力测试

第一章 选词填空 …… 136

真题考点一 名词 …… 136
真题演练 …… 140
真题考点二 形容词 …… 141
真题演练 …… 145
真题考点三 副词 …… 146
真题演练 …… 148
真题考点四 代词 …… 149
真题演练 …… 153
真题考点五 冠词 …… 154
真题演练 …… 156
真题考点六 连词 …… 157
真题演练 …… 158
真题考点七 动词 …… 159
真题演练 …… 163
真题考点八 介词 …… 164
真题演练 …… 168
真题考点九 时态 …… 169
真题演练 …… 175
真题考点十 非谓语动词 …… 176
真题演练 …… 179
真题考点十一 虚拟语气 …… 181
真题演练 …… 183
真题考点十二 主谓一致 …… 184
真题演练 …… 187
真题考点十三 复合句 …… 188
真题演练 …… 191
真题考点十四 倒装 …… 193
真题演练 …… 194

第二章 阅读理解 …… 196

真题考点一 阅读理解概述 …… 196
真题考点二 事实细节题 …… 197
真题考点三 推理判断题 …… 200
真题考点四 文章主旨题 …… 205

真题考点五　语义猜测题 …… 208
真题考点六　观点态度题 …… 210
真题演练 …… 212

第三章　完形填空 …… 231

完形填空概述 …… 231
真题演练 …… 237

第三篇　综合能力测试

第一章　微观经济学 …… 244

真题考点一　微观经济学概述 …… 244
真题考点二　消费者市场 …… 245
真题考点三　生产者市场 …… 251
真题考点四　市场均衡理论 …… 256
真题演练 …… 263

第二章　宏观经济学 …… 267

真题考点一　宏观经济目标 …… 267
真题考点二　宏观经济计量 …… 271
真题考点三　宏观经济政策 …… 274
真题考点四　宏观经济现象 …… 277
真题演练 …… 280

第三章　金融学 …… 284

真题考点一　货币与货币制度 …… 284
真题考点二　信用与融资方式 …… 288
真题考点三　利息与利率 …… 290
真题考点四　金融市场 …… 292
真题考点五　金融机构 …… 301
真题考点六　商业银行经营与管理 …… 304
真题考点七　货币供求及均衡 …… 310
真题考点八　货币政策 …… 313
真题考点九　金融风险与金融监管 …… 316
真题演练 …… 321

第四章　国际金融学 …… 325

真题考点一　国际金融 …… 325
真题考点二　国际贸易 …… 331

真题演练 …… 336

第五章 会计基础 …… 339

真题考点一 会计学总论 …… 339
真题考点二 会计要素和会计恒等式 …… 341
真题考点三 会计科目与账户 …… 344
真题考点四 会计记账方法 …… 346
真题考点五 借贷记账法 …… 347
真题考点六 会计凭证 …… 349
真题考点七 会计账簿 …… 353
真题考点八 财务报告 …… 356
真题演练 …… 359

第六章 财务管理 …… 363

真题考点一 财务管理基础 …… 363
真题考点二 财务分析 …… 365
真题演练 …… 367

第七章 管理学 …… 369

真题考点一 古典管理理论 …… 369
真题考点二 近代和当代管理理论 …… 372
真题考点三 管理学概述 …… 373
真题考点四 企业战略与经营决策 …… 377
真题考点五 组织结构 …… 378
真题考点六 领导理论 …… 382
真题考点七 沟通 …… 386
真题考点八 激励理论 …… 388
真题演练 …… 393

第八章 市场营销 …… 398

真题考点一 市场营销学概述 …… 398
真题考点二 市场营销环境 …… 401
真题考点三 消费者行为 …… 402
真题考点四 企业发展战略及竞争者分析 …… 403
真题考点五 市场营销组合策略 …… 406
真题演练 …… 411

第九章 法律 …… 414

真题考点一 宪法 …… 414
真题考点二 民法总则 …… 417
真题考点三 物权法 …… 418

真题考点四　债与合同 …… 422
真题考点五　公司法 …… 429
真题考点六　合伙企业法 …… 434
真题考点七　票据法 …… 435
真题考点八　商业银行法 …… 437
真题演练 …… 439

第十章　计算机基础 …… 442

真题考点一　计算机基础知识 …… 442
真题考点二　计算机网络 …… 449
真题考点三　计算机安全、信息安全 …… 454
真题考点四　计算机新兴技术及应用 …… 459
真题演练 …… 463

第十一章　操作系统及其应用 …… 466

真题考点一　操作系统概述 …… 466
真题考点二　办公软件使用 …… 468
真题演练 …… 471

第十二章　软件测试及数据库 …… 474

真题考点一　软件测试 …… 474
真题考点二　数据库基础知识 …… 475
真题演练 …… 477

第十三章　银行特色知识 …… 479

真题考点一　中行特色知识 …… 479
真题考点二　农行特色知识 …… 480
真题考点三　建行特色知识 …… 481
真题考点四　交行特色知识 …… 482
真题考点五　工行特色知识 …… 483
真题演练 …… 483

第四篇　认知个性测试

第一章　认知能力操作 …… 488

第二章　个性测试 …… 493

第一篇

EPI（通用素质能力测试）

第一章　逻辑判断
第二章　定义判断
第三章　图形推理
第四章　类比推理
第五章　言语理解与表达
第六章　数字推理
第七章　数字运算
第八章　资料分析
第九章　思维策略

第一章 逻辑判断

真题考点一　必然性推理

一、直言命题

1. 直言命题的含义

直言命题又称为性质命题。它是判断对象具有或不具有某种性质的命题。

例如：所有的正方形都是四边形。

有些好看的花朵是带刺的。

波斯猫是招人喜爱的动物。

这些都是直言命题，分别对一些对象作出判断，说明它们具有或不具有某种性质。

2. 直言命题的句式

逻辑学中，规定直言命题有六种句式，分别是：

①全称肯定命题（所有 A 是 B）和全称否定命题（所有 A 非 B）

②特称肯定命题（有些 A 是 B）和特称否定命题（有些 A 非 B）

③单称肯定命题（某个 A 是 B）和单称否定命题（某个 A 非 B）

3. 直言命题的矛盾关系

（1）矛盾的含义

对于同一事物的描述，只分 A、B 两种情况，且 A、B 这两种情况不相交，此时，我们可以称 A、B 互为矛盾关系。

例如：“小芳吃过早饭了”的矛盾命题是“小芳没吃过早饭”

“李红是三好学生”的矛盾命题是“李红不是三好学生”

考点精讲

（2）矛盾的意义

①互为矛盾的两个命题之间是一真一假的关系。

②一个命题，它的矛盾的矛盾是其本身。

注意：等价命题中的否定词的奇偶性相同。

例如：并非有些非=所有是；并非有些是=所有非。

（3）直言命题间的矛盾关系

直言命题的六种句式之间存在着三组矛盾关系，它们分别是：

所有是 和 有些非 互为矛盾关系

所有非 和 有些是 互为矛盾关系

某个是 和 某个非 互为矛盾关系

经典真题

（2018工行）管理小组的成员确定后，还需要从F1、F2、F3中选出一名临时会计，以便统一负责旅行中的费用，假如只有一人会制作财务报表。

F1说："我会。"

F2说："我不会。"

F3说："F1不会。"

如果这三句话中只有一句是真的，那么会制作财务报表的是（　　）

A. 无法判断　　B. F3　　C. F2　　D. F1

答案：C。

解析：F1说"我会"和F3说"F1不会"矛盾，其中必有一真一假；又因为"这三句话只有一句话是真的"，所以F2的话为假。由F2说"我不会"为假可知F2会制作财务报表。故本题答案为C。

4. 直言命题的反对关系

考点精讲

（1）上反对关系

对于同一事物的描述，除了A、B之外，还存在其他情况，且A、B是不相交的，此时A、B互为上反对关系。

如果两个命题互为上反对关系，那么两者之间必有一假。

直言命题间的上反对关系：所有是与所有非。

（2）下反对关系

对于同一事物的描述，只分A、B两种情况，且A、B是有交集的，此时A、B互为下反对关系。

如果两个命题互为下反对关系，那么两者之间必有一真。

直言命题间的下反对关系：有些是与有些非。

经典真题

1. 关于一个班的英语六级通过情况有如下陈述：

（1）班长通过了英语六级考试。

（2）该班所有人都通过了英语六级考试。

（3）该班没有人通过英语六级考试。

经过详细调查，发现上述断定有两个是真的，那么这个班的英语六级通过情况到底是怎样的？（　　）

A. 班长没有通过英语六级考试　　B. 所有的人都没有通过英语六级考试

C. 有些人没有通过英语六级考试　　D. 有些人通过了英语六级考试

答案：D。

解析：“该班所有人都通过了”与“该班没有人通过”是一对上反对关系，必定有一个命题为假。结合题干“有两个断定是真的”，则“班长通过了”就一定是真话，据此可以推出“该班没有人通过”为假，那么“该班没有人通过”的矛盾命题为真，即“有些人通过了”。故本题答案为D。

2. 小天鹅歌舞团有小演员45名。关于这45名小演员，甲、乙、丙三人有如下讨论：

甲说：“这些小演员中有些是北京人。”

乙说：“小演员中的李欣欣不是北京人。”

丙说：“这些小演员中有些不是北京人。”

事实上，甲、乙、丙三人的话只有一句为真。

请问，下面哪个选项为真？（　　）

真题精讲

A. 45名小演员都不是北京人　　B. 有些小演员不是北京人

C. 李欣欣不是北京人　　D. 45名小演员都是北京人

答案：D。

解析：阅读题干信息可知，甲与丙所说的为下反对关系，必定有一个命题为真，根据甲乙丙中只有一句真话，可以推测乙的话为假，即李欣欣是北京人，由此可推出甲所说为真，丙所说为假，从而根据丙的矛盾命题推出：所有小演员都是北京人。故本题答案为D。

5. 直言命题的推出关系

命题A的存在必然导致命题B的存在，此时可以称A推出B，即A和B之间存在推出关系，用表达式A→B来表示。

直言命题间的推出关系有以下六组：

所有是→有些是；所有非→有些非

所有是→某个是；所有非→某个非

某个是→有些是；某个非→有些非

经典真题

（2019光大）班长：我们班同学学习都非常认真刻苦。

老师：这次期中考试你们班有学生不合格。

根据老师的意思，以下一定为真的是（　　）。

A. 多数学生成绩合格了，少数学生成绩没有合格

B. 是否认真我不确定，但这次期中考试你们班有学生不合格

C. 有的学生成绩合格了，有的学生成绩没有合格

D. 学习认真与学习成绩没有必然联系

答案：B。

解析：由“你们班有学生不合格”只能知道有学生成绩是不合格的，不能得到不合格学生的数量有多少，也不能得到是否有学生合格了，排除A、C两项。学习认真与成绩之间的关系在对话中没有提到，D项无中生有，不能得出，排除。故本题答案为B。

二、复言命题

复言命题是指由两个或两个以上的简单命题构成的命题。包括：联言命题、选言命题和假言命题。

1. 联言命题

（1）联言命题的含义

表示若干判断同时存在的命题，即由表示并存关系的联结词联结而成的命题，称为联言命题。用表达式 A 且 B 表示。

例如：“李明篮球打得很好，足球踢得也不错。”在这个命题中，包含了两个判断：“李明篮球打得很好”和“李明足球踢得也不错”，并且这两个判断同时存在，因此可以把这个命题称为联言命题。用表达式表示即“篮球打得很好且足球踢得不错”。

表 1-1-1　联言命题的真值表

A	B	A 且 B
真	真	真
真	假	假
假	真	假
假	假	假

（2）联言命题的矛盾命题

A 且 B 的矛盾命题为：①并非（A 且 B）；②非 A 或非 B。

例如：郭沫若是文学家，也是历史学家。

其矛盾命题为：①并非郭沫若是文学家，也是历史学家。

②郭沫若不是文学家或不是历史学家。

（3）联言命题的推理规则

已知联言命题 A 且 B 为假，若要判断其中一个命题的真假，必须保证另外的命题为真。

例如：已知“李芳是一个既聪明又善良的姑娘”为假，那么如果李芳聪明，则她一定不善良；如果李芳善良，则她一定不聪明。但是如果李芳不聪明，则并不能得知她是否善良；同理，如果李芳不善良，也并不能得知她是否聪明。

经典真题

李老师说：“并非丽丽是班长并且明明是学习委员。”

如果李老师说的话为真，则以下哪项可能为真？（　　）

Ⅰ. 丽丽是班长，明明不是学习委员。　　Ⅱ. 丽丽不是班长，明明是学习委员。

Ⅲ. 丽丽不是班长，明明不是学习委员。　　Ⅳ. 丽丽是班长，明明是学习委员。

A. 仅Ⅰ和Ⅱ　　B. 仅Ⅱ和Ⅲ　　C. 仅Ⅱ和Ⅳ　　D. Ⅰ、Ⅱ、Ⅲ

答案： D。

解析： 命题“并非 A 且 B”的矛盾命题是“A 且 B”，所以Ⅳ与题干是矛盾关系，一定为假，不可能为真，其他三项皆可能为真。故本题答案为 D。

2. 选言命题

（1）选言命题的含义

表示事物若干断定中至少有一种存在的命题，即由表示选择关系的联结词联结而成的命题，称之为选言命题。用表达式 A 或 B 表示。

表 1-1-2　选言命题的真值表

A	B	A 或 B
真	真	真
真	假	真
假	真	真
假	假	假

（2）选言命题的矛盾命题

A 或 B 的矛盾为：①并非（A 或 B）；②非 A 且非 B

例如：张红获得了冠军或者李明获得了冠军。

其矛盾命题为：①并非张红获得了冠军或者李明获得了冠军。

②张红没有获得冠军并且李明没有获得冠军。

（3）选言命题的推理规则

已知选言命题 A 或 B 为真，若要判断其中一个命题的真假，必须保证另外的命题为假。

例如：已知“张红获得了冠军或者李明获得了冠军”为真，那么如果张红没有获得冠军，则李明获得了冠军；如果李明没有获得冠军，则张红获得了冠军。但是如果张红获得了冠军，则并不能得知李明是否获得了冠军；同理，如果李明获得了冠军，也不能得知张红是否获得了冠军。

经典真题

（2018 农发展）张教授：这次奖学金评定有并且只有一名同学符合要求。

李教授：我对此表示怀疑。

要使李教授的上述怀疑成立，以下(　　)项必须成立。

Ⅰ. 这次奖学金评定，可能一个人都没有符合要求。

Ⅱ. 这次奖学金评定，可能有多人符合要求。

Ⅲ. 这次奖学金评定，如果不可能有多个人符合要求，那么可能一个人都没有符合要求。

A. Ⅱ　　B. Ⅰ　　C. Ⅰ和Ⅱ　　D. Ⅲ

答案：D。

解析：张教授的意思是：这次奖学金评定只有一个同学符合要求。李教授的意思是：这次奖学金评定有多个同学符合要求或没有同学符合要求。要想使李教授的结论成立，根据选言命题推理规则，Ⅲ必须成立；Ⅰ和Ⅱ都是选言命题的一个方面，不能保证该命题成立。故本题答案为 D。

3. 假言命题

（1）假言命题的含义

由表示条件关系的联结词联结而成，这类联结词表示由假设的某种条件可以得出某种结果。假言命题的表达式为 A→B。

（2）假言命题的常见分类

①充分条件的假言命题：如果 A，那么 B；只要 A，就 B。

例如：如果他有一个好律师，那么他会被宣判无罪。

只要明天不下雨，我们的会议就按计划进行。

②必要条件的假言命题：只有 B，才 A；除非 B，否则不 A。

例如：只有我们团结一心，才能攻克难关。

除非父母同意，否则他不会出国留学。

（3）假言命题的矛盾命题

A→B 的矛盾命题为：A 且非 B。

例如：只有信赖自己，才能信赖别人。

转换成推理形式为：信赖别人→信赖自己。

那么其矛盾命题为：信赖别人且不信赖自己。

（4）假言命题的推理规则

如果两个命题中一个命题的条件和结论分别是另一个命题的结论和条件的否定，则这两个命题之间互为逆否命题，且原命题和逆否命题为等价命题。如果原命题成立，则逆否命题也成立。

原命题为：A→B

则其逆否命题为：非 B→非 A

例如：如果第一个土著人是政客，那么第一个土著人撒谎了。

上述命题的逆否命题为：如果第一个土著人没有撒谎，那么第一个土著人不是政客。

名师点睛

注意：假言命题的推理规则可以简单地记忆为“肯前”（即转换为表达式后的 A）可以“肯后”（即转换为表达式后的 B），“否后”（即转换为表达式后的 B）可以“否前（即转换为表达式后的 A）。

（5）假言命题的连锁推理

所谓假言命题连锁推理，即几个假言命题，如果前一个假言命题的后一个条件恰好与后一个假言命题的前一个条件相同。那么这两个假言命题就可以写成连锁推理的形式。即已知假言命题 A→B，B→C，C→D，则可以写成 A→B→C→D。

例如：如果猫多的话，那么田鼠就会少。

如果田鼠少的话，土蜂就会多。

如果土蜂多的话，红三叶草就会多。

上述三个命题可以写成连锁推理：猫多→田鼠少→土蜂多→红三叶草多，最后推出：猫多→红三叶草多。

经典真题

(2017 交行) 1. 如果某人是抢劫犯，那么案发时他在犯罪现场。

则下列说法中正确的是(　　)。

A. 王刚不是抢劫犯，那么案发时他一定不在犯罪现场

B. 案发时杨立不在犯罪现场，那么他不是抢劫犯

C. 周明在犯罪现场，那么他是抢劫犯

D. 徐萍不在犯罪现场，但是她是抢劫犯

答案：B。

解析：题干中的假言命题转化为表达式为：某人是抢劫犯→案发时在犯罪现场。而假言命题的推理规则是“肯前推肯后，否后推否前”。A 选项是“否前推否后”，错误；B 选项符合推理规则，正确；C 选项是“肯后推肯前”，错误；D 选项是“否后推肯前”，错误。故本题答案为 B。

(2017 建行) 2. 生态文明建设事关社会发展方式和人民福祉。只有实行最严格的制度、最严密的法治，才能为生态文明建设提供可靠保障。如果要实行最严格的制度、最严密的法治，就要建立责任追究制度，对那些不顾生态环境盲目决策并造成严重后果者，追究其相应责任。

根据上述信息，可以得出以下哪项？(　　)

A. 如果不建立责任追究制度，就不能为生态文明建设提供可靠保障

B. 实行最严格的制度和最严密的法治是生态文明建设的重要目标

C. 只有筑牢生态环境的制度防护墙，才能造福于民

D. 如果要建立责任追究制度，就要实行最严格的制度、最严密的法治

真题精讲

答案：A。

解析：将题干中的假言命题转化为表达式为：①为生态文明建设提供可靠保障→实行最严格的制度、最严密的法治；②实行最严格的制度、最严密的法治→建立责任追究制度。综合①②可得：为生态文明建设提供可靠保障→实行最严格的制度、最严密的法治→建立责任追究制度。A 选项符合“否后推否前”的推理规则。故本题答案为 A。

三、朴素推理

朴素推理是自发的、不系统的逻辑过程。所谓自发，就是指很多时候我们在使用着朴素推理，但是却没有意识到。所谓不系统，即朴素推理的具体过程可以单独存在。我们可以用逆向解释来分析这个问题，再用对比的方法来分析另一个问题，而全然不用考虑这两个问题是否有关，以及这种“差别对待”是否合理。

1. 元素对应问题

元素对应问题，即题干中涉及两种或两种以上的元素，并对不同种类元素间的联系进行描述，需要考生通过分析题干中的已知信息来判断不同种类元素间的一一对应关系。根据题干中所含元素种类数量的多少，可以把题目分为两元素的对应问题和三元素的对应问题。常见解题方法有：代入排除法、

列表法。

下面将通过两道例题进行详细地讲解。

经典真题

(2017 建行) 1. 甲、乙、丙三人各自买了一部不同品牌的新手机，手机的品牌分别为华为、小米和联想。他们一起来找丁，让丁猜猜他们分别买了什么品牌的手机。丁说："甲买的华为，乙买的肯定不是华为，丙买的不是联想。"丁的猜测只有一句话是对的。

由此可以推出(　　)。

A. 甲买的联想，乙买的小米，丙买的华为

B. 甲买的联想，乙买的华为，丙买的小米

C. 甲买的华为，乙买的联想，丙买的小米

D. 甲买的小米，乙买的联想，丙买的华为

答案：B。

解析：解题的突破口是"丁的猜测只有一句话是对的"，可利用代入排除法解答。将选项依次代入会发现：若 A 项正确，则丁关于乙和丙的猜测均正确，不符合题意；若 B 项正确，丁关于丙的猜测正确，且只有这句是对的，符合题意。故本题答案为 B。

2. 甲、乙、丙在北京、南京和成都工作，他们的职业是医生、演员和教师。已知：甲不在北京工作；乙不在南京工作；在北京工作的不是教师；在南京工作的是医生；乙不是演员。

那么，甲、乙、丙分别在哪里工作？(　　)

A. 南京、成都和北京　　B. 成都、北京和南京

C. 南京、北京和成都　　D. 成都、南京和北京

答案：A。

解析：此题是三元素的对应问题，由"乙不在南京工作"和"在南京工作的是医生"可知，乙不是医生；再由"乙不是演员"可知，乙是教师。由"在北京工作的不是教师"可知，乙不在北京工作，则乙在成都工作，排除 B、C、D 三项。故本题答案为 A。

医生	演员	教师		北京	南京	成都
		×	甲	×	√	
×	×	√	乙	×	×	√
		×	丙	√	×	

2. 真假话问题

真假话问题是朴素推理中常见的一类题型。其特点是题干给出几句对话或几句描述，并给出相应的真假状况，要求根据题干信息进行合理推理。

经典真题

（2018 交行）法庭上，法官正试图对甲、乙、丙三个嫌疑犯的身份作出判断。他们三个人要么是专说假话的小偷，要么是绝对诚实的君子。法官依次向他们提出问题。他先问甲：“你是什么人?”甲说的是地方方言，法官听不懂，于是法官问乙和丙：“甲回答的是什么?”对此，乙说：“甲说他是君子。”丙则答道：“甲说他是小偷。”

根据以上情况，法官对乙和丙的身份作出了正确的判断，他的判断是(　　)。

A. 乙是小偷，丙是小偷

B. 乙是君子，丙是小偷

C. 乙是小偷，丙是君子

D. 乙是君子，丙是君子

真题精讲

答案：B。

解析：由“他们三个人要么是专说假话的小偷，要么是绝对诚实的君子”可知，若甲是君子，则他会说自己是君子；若甲是小偷，则他还是会说自己是君子，所以不管甲是什么身份他都会说自己是君子。而乙说：“甲说他是君子”、丙说：“甲说他是小偷”，说明乙说真话、丙说假话。则乙是君子，丙是小偷。故本题答案为 B。

真题考点二　可能性推理

可能性推理与必然性推理是两种不同的推理形式。它是指论据对结论仅提供部分支持的推理。

例如：李红在妈妈的督促下，每周日风雨无阻地去练习钢琴。因此，她一定可以成为出色的钢琴演奏家。

在上述推理过程中，论据是“每周日风雨无阻地去练习钢琴”，结论是“她一定可以成为出色的钢琴演奏家”。显然，在这个论据下是无法确切地得出该结论的，即论据对结论提供的只是部分的支持，那么这样的就是一个可能性推理。

一、加强/削弱型题目

1. 加强/削弱的含义

如果将选项的条件放入结论和论据之间，使得题干推理成立或结论正确的可能性上升，那么这个选项则称为加强型的选项。

常见的提问方式为：

“以下哪项如果为真，最能加强上述结论（论证）?”

“以下哪项如果为真，最能支持上述结论（论证）?”

“若要上述结论成立，所必需隐含的假设是?”

如果将选项的条件放入结论和论据之间，使得题干推理成立或结论正确的可能性降低，那么这个选项则称为削弱型的选项。

常见的提问方式为：

“以下哪项如果为真，最能（或最不能）削弱上述结论（论证）？”

“以下哪项如果为真，最能（或最不能）对上述论证提出质疑？”

“以下哪项如果为真，最能（或最不能）反驳上述观点？”

2. 常见加强方式

（1）搭桥法

题干的论据在说 A 是 B，结论在说 A 是 C，在 B 和 C 之间存在跳跃的论证。此时若要加强题干的论证，必须要建立起 B 和 C 间的必然联系。

考点精讲

经典真题

（2015 工行）对于数据分析工具，董佳佳说：“在我看来，从事数据分析工作的人中，有些人只会借用 Excel 进行数据分析，而有些人可以使用 SPSS 这种专业软件进行数据分析。相比之下，使用 SPSS 专业软件可以在更短的时间内完成更多的数据分析。如果假设这种软件的使用成本都是零，那么，一般来说，会使用 SPSS 的人要比只会使用 Excel 的人每小时挣的钱多。”

如果以下哪项为真，则使得董佳佳的结论合乎逻辑？（　　）

A. 通常来说，从事数据分析工作的人是因为工作的计算量和专业级别不同而不同的

B. 通常来说，从事数据分析工作的人完成的计算量越多，他挣的钱就越多

C. 通常来说，从事数据分析工作的人完成的计算越复杂，他挣的钱就越多

D. 通常来说，从事数据分析工作的人在工作上花费的时间越长，他挣的钱就越多

答案：B。

解析：题干的结论是“会使用 SPSS 的人要比只会使用 Excel 的人每小时挣的钱多”，论据是“使用 SPSS 专业软件可以在更短的时间内完成更多的数据分析”。结论中涉及的是“钱的多少”，而论据中涉及的是“工作量的多少”，那么若要加强这种论证关系，则必须要在“工作量”和“钱”之间进行搭桥，只有 B 选项指出了“完成的计算量越多，挣得钱就越多”。故本题答案为 B。

（2）加强因果联系

题干的描述中出现了一组因果关系，选项的描述使得这组因果关系的联系更加紧密。这就是加强因果联系的加强方式。

经典真题

一项对3.7万名年龄在49至75岁之间的某国男性进行的跟踪调查发现，10年中，这些男性里有近2000人得过中风，那些经常食用巧克力的受调查者与少量食用甚至不食用巧克力的人相比，患中风的风险要低不少。研究人员推测，经常食用巧克力可降低中风风险。

以下哪项如果为真，最能支持上述研究人员的推测？(　　)

A. 研究发现，经常食用巧克力可调节低血糖患者体内的血糖含量

B. 研究人员对女性的类似调查结果与上述研究基本一致

C. 巧克力中含有黄酮类比化合物，而它具有预防中风的功效

D. 在此项调查中，得过中风的男性患者中部分人有经常食用巧克力的习惯

答案：C。

解析：题干结论是：经常食用巧克力可降低中风风险；论据是：调查发现经常食用巧克力的受调查者与少量食用甚至不食用巧克力的人相比，患中风的风险要低不少。在结论中存在一组因果关系“食用巧克力”和“降低中风风险”，C项解释了食用巧克力有利于降低中风风险的原因，加强了因果联系，加强力度较强。B项指出对女性的调查结果也是一样的，可以加强题干结论，但力度较弱。A项与题干论证无关，不能加强。D项指出即使经常食用巧克力也会得中风，削弱了题干论证。故本题答案为C。

(3) 排除他因

如果题干中给出某个因果关系，要求从选项中选出支持这个因果关系的选项，那么就可以指出这个结果和其他原因无关。

经典真题

一项调查研究表明，在普通人群中，与每晚睡眠时间保持在7至9小时的人相比，每晚睡眠时间少于4小时的人患肥胖症的危险高出73%，而平均每天只睡5小时的人，这种危险则高出50%。研究人员因此得出结论：缺乏睡眠容易使人变得肥胖。

以下如果为真，最能支持上述结论的是(　　)

A. 缺乏睡眠与糖尿病发病率上升存在关联，而大部分糖尿病患者都比较肥胖

B. 缺乏睡眠容易导致慢性疲劳综合症，从而使人不愿意参加体育锻炼

C. 睡眠不足者与每晚睡眠时间在7至9小时的人拥有同样的饮食和运动习惯

D. 睡眠不足会导致人体内消脂蛋白浓度下降，而消脂蛋白具有抑制食欲的功能

答案：C。

解析：题干结论是：缺乏睡眠容易使人变得肥胖；论据是：睡眠时间越少，患肥胖症的危险系数越高。A项指出真正和肥胖有关的是糖尿病，属于另有他因，削弱了题干论证。B、D“不愿意参加体育锻炼”“消脂蛋白浓度下降”都和肥胖没有直接的关系，不能加强题干结论。C项排除了其他因素的影响，用排除他因的方式加强了题干结论。故本题答案为C。

3. 常见削弱方式

（1）另有他因

另有他因的削弱方式，就是指除题干中所涉及的原因外还存在其他的因素影响结论。

考点精讲

经典真题

（2015 交行）通过对大豆杂交结果的观察，发现植株高的大豆杂交后长出高植株豆苗的几率是普通大豆植株的 10 倍，因此，豆子的植株高度主要是由遗传因素决定。

若以下哪项为真，则最能削弱上述结论？（　　）。

A. 植物的性状是通过遗传来代代相续的，这是生物界不变的规律

B. 豆子的植株高度与它所生存的土壤肥沃程度，接受阳光照射时间都有关系，并呈正相关性

C. 普通豆子与高植株豆子的性状表现不一样，不应该用一把尺子衡量

D. 在农业中，随着种植次数的增多，高植株豆子生长会变得越来越慢，因此农民很少留存种子继续种植

答案： B。

解析： 题干的结论是：豆子的植株高度主要是由遗传因素决定；论据是：通过对大豆杂交结果的观察，发现植株高的大豆杂交后长出高植株豆苗的几率是普通大豆植株的 10 倍。B 项说明土壤、阳光等都能影响豆子植株的高度，通过另有他因的方式削弱了题干论证。故本题答案为 B。

（2）因果倒置

如果有两类因素 A、B 紧密相关，题干中指出 A 是造成 B 的原因，那么削弱它的最有力的方式，就是说明 B 是 A 的原因，这就是“因果倒置”的削弱方式。

经典真题

有人说看电视会影响小学生的学习，可是对一所小学的调查发现，该校看电视时间较长的学生比看电视时间较短的学生的学习成绩好。由此看来，看电视不会影响小学生的学习。

以下哪项如果为真，最能削弱上述结论？（　　）

A. 该被调查学校的代表性不强

B. 看电视可以开阔小学生的视野，增长他们的见识，有助于学习

C. 该学校小学生的父母经常让孩子看一些具有教育意义的电视节目

D. 该学校小学生的父母只在孩子取得了好成绩的时候才允许他们看电视

答案： D。

解析： 本题的结论是：“看电视不会影响小学生的学习”，其论据是：“该校看电视时间长的学生比看电视时间较短的学生的学习成绩好。”而 D 项则表明“该学校小学生的父母只在孩子取得了好成绩的时候才允许他们看电视”，即好成绩是看电视的原因，是对题干论证中因果的倒置，是最强削弱方式。故本题答案为 D。

（3）因不致果

如果题干的论据中提到了因素 A，并由因素 A 推知结论 B，那么对它的削弱可以说明即使 A 因素成立，也不必然导致 B。这就是所谓的因不致果。

经典真题

（2016 农行）MIR2911 是一种 MicroRNA。科学家们证明 MIR2911 能在金银花煎剂中选择性地富集，而 MIR2911 具有可以抑制流感病毒复制必须的两种基因 PB2 和 NS1，从而抑制多种流感病毒，这说明服用金银花具有抗病毒的功效。

如果以下各项为真，最能质疑上述论证的是(　　)。

A. RNA 是病毒复制过程中最重要的基因

B. 金银花含有多种成分抑制流感病毒复制

C. 多种蔬菜中含有更多 MIR2911

D. MicroRNA 不能被人体吸收

答案：D。

解析：题干的结论是："服用金银花具有抗病毒的功效"，论据是："MIR2911 能在金银花煎剂中选择性地富集……从而抑制多种流感病毒。" D 选项指出"MicroRNA 不能被人体吸收"，也就说明了即便金银花中确实含有能够有效抑制流感病毒的 MIR2911，因为无法被人体吸收，也就无法帮助人体抵抗病毒，强调了因不致果，能够削弱上述论证。故本题答案为 D。

二、解释型题目

解释型题目，是指题干中给出的信息存在某些不合理或看似矛盾的地方，要求考生从选项中选择一个最能对此进行解释的答案。

常见的提问方式为：

"以下哪项如果为真，最能解释上述看似矛盾的现象？(　　)"

"下列选项最有助于解释上述矛盾现象的是(　　)。"

一般而言，解释型题目难度较低，考生只要认真阅读题干信息，不难发现正确答案。不过仍需注意以下两个解题原则：

（1）全面性原则

所谓全面性原则，即最优答案一定要能兼顾题干中的矛盾双方。

（2）从近原则

所谓从近原则，即最优答案一定是和题干信息贴合最近的选项。

经典真题

(2018 邮储) 作为一家公立医院，朝阳医院连续三年在市文明办主持的“好医院”调查中位居榜首，该医院负责人说，这是由于该医院提供了更加优质的导诊服务。

对于调查结果，下列能够对此进行合理解释的是(　　)。

A. 调查对象是随机的，并没有覆盖所有的市民

B. 导诊服务是抽样调查中占比最大的一项内容

C. 调查是全样本进行的，涉及到该市所有的医院

D. 只有公立医院才能参加该项调查并参加评选

答案：B。

解析：题干中朝阳医院由于优质的导诊服务而在“好医院”调查中连续三年位居榜首，最合理的解释是在调查中导诊服务占比最大，否则的话，即使导诊服务优质也未必能位居榜首。故本题答案为 B。

三、结论型题目

结论型题目常见的提问方式为：“由题干可以推出”“以下哪项是正确的”“可见”“所以”“这意味着”。在解题时要注意紧扣题干，排除干扰，保持选项和题干主题一致。如果选项中出现了和题干信息明显不一致的描述，则应首先排除。另外对于一些绝对化的表述，也应该格外注意。

经典真题

(2018 交行) 某高校规定，只有综合学习成绩位于 6% 之前的学生，在经过相关部门的审核通过之后，才能申请自学攻读学士学位，只有综合学习成绩位于专业最后 6% 之内的学生有资格申请本科时间延长一年的计划。

根据这段文字，可推知在该校(　　)。

A. 只有经过相关部门的审核通过之后，才能申请自学攻读学士学位或延长计划

B. 该规定可以避免学生退学

C. 可申请自学攻读学士学位的学生不得申请延长计划

D. 综合学习成绩位于专业最后 6% 之外的学生不需要申请延长计划

真题精讲

答案：C。

解析：攻读学士学位的是成绩前 6% 的学生，申请延长 1 年的是成绩后 6% 的学生，这两部分学生没有交集，因此，可申请自学攻读学士学位的学生不得申请延长计划。故本题答案为 C。

四、评价型题目

银行招聘考试中对评价型题目的考查主要集中于相似结构评价型。其提问方式一般为“以下哪项的论证方式（推理方式）与题干最为类似（最为不同）？”“以下哪项的逻辑错误与上述推理的错误最为相似？”解决这一类型的题目，可以首先找到题干的论证方式或逻辑错误，然后再一一考查选项，找出与题干论证形式最为接近的选项。

经典真题

（2018 建行）某风险投资公司在评价一个项目时说：“我们挑选投资项目，主要是看项目的技术门槛和未来市场需求量，而不是当前的业务增长率，现在新的可投资项目这么多，短期内发展很迅速但很快就被其他项目追赶上来的也不少，这显然不是我们想要的，这个项目在一年内营业额就增加了 3 倍，倒是很有必要怀疑他将来的状况。”

下列与该风险投资公司评价项目的逻辑，最为相似的一项是(　　)。

A. 中国男足国家队主教练马塞洛·里皮在选拔队员时，除了关注球员们的技术水平，更关注他们在联赛中的状态以及发展潜力

B. 在这个讲究商业发展的电影行业，通过票房评价一部电影的好坏并不靠谱，一部电影即使票房再高，观众的口碑也不一定好

C. 社会自由秩序由心态自由秩序和法律自由秩序共同构成。审美道德论构建的是心态自由秩序，政治正义构建的是法律自由秩序

真题精讲

D. 演员要想在演艺事业上获得成功，才华和努力，两者缺一不可，那些失败的演员要么没有才华，要么不够努力

答案：A。

解析：题干的论证逻辑是看待某一事物时，可能会比较关注某两个方面，但是更关注后一个方面，符合这一论证逻辑的是 A 项。故本题答案为 A。

真题演练

单项选择题

1. 小王、小张、小李、小顾四位舍友预测某次考试的结果。

小王：我想这次大家都能过吧！

小张：怎么可能？你没看见我乌云密布吗？

小李：小顾肯定是没有问题的。

小顾：拜托！要是我没问题，大家就都没问题。

成绩公布后，证明四人中只有一个人的说法是错误的。

说法错误的是(　　)。

A. 小王　　B. 小张　　C. 小李　　D. 小顾

2. 小李是四川人，他喜欢吃酸泡菜；小王也是四川人，她也喜欢吃酸泡菜；小陈是四川人，她也喜欢吃酸泡菜。我所认识的四川人都喜欢吃酸泡菜。

因此，可以得出(　　)。

A. 所有四川人都喜欢吃酸泡菜

B. 有的四川人喜欢吃酸泡菜

C. 并非所有四川人都喜欢吃酸泡菜

D. 并非有的四川人喜欢吃酸泡菜

3. 总经理：建议小李和小孙都提拔。

董事长：我有不同意见。

以下哪项符合董事长的意思？(　　)

A. 小李和小孙都不提拔

B. 提拔小李，不提拔小孙

C. 不提拔小李，提拔小孙

D. 如果提拔小李，那么就不提拔小孙

4. 食品安全的实现，必须有政府的有效管理。只有政府各部门之间的相互协调配合，才能确保政府进行有效的管理。但是，如果没有健全的监督制约机制，是不可能实现政府各部门之间协调配合的。

由此可以推出(　　)。

A. 要想健全监督制约机制，必须有政府的有效管理

B. 没有健全的监督制约机制，不可能实现食品安全

C. 有了政府各部门之间的相互协调配合，就能实现食品安全

D. 一个不能进行有效管理的政府，即是没有建立起健全的监督制约机制的政府

真题精讲

5. 法国总统萨科齐正式宣布竞选连任，打出了"强盛法国"的竞选口号，承诺带领法国走出经济危机。巴黎街头萨科齐竞选广告上写着："只有强盛的法国才能保护你的家庭。"

根据此竞选口号的推理方式，下列选项为真的是(　　)。

A. 虚弱的法国保护不了你的家庭

B. 强盛的法国可以保护你的家庭

C. 法国虚弱是因为没有保护家庭

D. 家庭得到保护，法国就能强盛

6. 某市以生产加工"工艺品"出口到欧盟国家著称。去年以来，受到欧洲债务危机影响，该市对欧盟工艺品出口锐减。鉴于市场的变化，作为该市最大的工艺品生产企业A公司，必须在以后两年的时间里提高5%的生产率，否则它就会破产。根据该市对外经贸局的研究，A公司按照目前的生产状况和经营结构，如果能提高5%的生产率，就能增加10%的生产利润。

如果上述陈述为真，以下选项必然为真的是(　　)。

A. 如果A公司不能达到提高10%利润的目标，它就会破产

B. A公司的生产率两年内必须提高10%，否则它就会破产

C. 只要经济形势好转，A公司不提高生产率，也不会破产

D. A公司生产状况和经营结构两年不变，利润才能提高10%

7. 张新、黎明、王亮三位老师分别来自湖南、广西、甘肃，分别教语文、数学和英语。已知：

真题精讲

(1) 张新不是湖南人，黎明不是广西人。

(2) 湖南的老师不教英语。

(3) 广西的老师教语文。

(4) 黎明不教数学。

由此可知，王亮教的是(　　)。

A. 数学　　B. 英语　　C. 语文　　D. 无法确定

8. H国赤道雨林的面积每年以惊人的比例减少，引起了全球的关注。但是，卫星照片的数据显示，去年H国赤道雨林面积的缩小比例明显低于往年。去年，H国政府支出数百万美元用以制止乱砍滥伐和防止森林火灾。H国政府宣称，以上卫星照片的数据说明，本国政府保护赤道雨林的努力取得了显著成效。

以下哪项为真，最能削弱H国政府的上述结论？(　　)

A. 去年H国用以保护赤道雨林的财政投入明显低于往年

B. 与H国相邻的G国的赤道雨林的面积并未缩小

C. 去年H国的旱季出现了异乎寻常的大面积持续降雨

D. H国用于雨林保护的费用只占年度财政支出的很小比例

9. 近年来，A凉茶饮料的销量有了明显的增长，同时，生产该饮料的公司用于该饮料的保健效用的研发费用同样也有明显的增长。业内人士认为，A凉茶饮料的增长，得益于其保健效用的提升。

以下哪项为真，最能削弱上述结论？(　　)

A. 在饮料消费市场中，凉茶饮料所占的份额只有10%

B. 市面上保健效用被公认为最好的B凉茶饮料的销量并不如A凉茶饮料

C. 近年来，市面上不少品牌的凉茶饮料的销售量都有了大幅度提升

D. 消费者购买A凉茶饮料，是因为该饮料的口味宜人、包装时尚

10. 在医学上，根据引起感冒的病原体不同，可将感冒分为病毒性感冒和细菌性感冒。如果没有细菌感染的话，通过人体自身产生的免疫力，感冒一周左右就可以自愈。所以，大多数感冒无需服药打针治疗。

为使以上结论成立，以下必须为真的一项是(　　)。

A. 患普通感冒有利于提高人的免疫系统

B. 人们所患的感冒一般是病毒性感冒

C. 服药打针治疗疾病对人体有较大的副作用

D. 感冒不止病毒性感冒和细菌性感冒两种

真题精讲

11. 一般认为，剑乳齿象是从北美洲迁入南美洲的。剑乳齿象的显著特征是具有较直的长剑型门齿，颚骨较短，齿的齿冠隆起，齿板数量为7至8个，并呈乳状突起，剑乳齿象因此得名。剑乳齿象的牙齿比较复杂，这表明他能吃草，在南美洲的许多地方都有证据显示史前人类捕捉过剑乳齿象。由此可以推测，剑乳齿象的灭绝可能与人类的过度捕杀有密切关系。

以下哪项如果为真，最能反驳上述结论？(　　)

A. 史前动物之间经常发生大规模相互捕杀的现象

B. 幼年剑乳齿象的牙齿结构比较简单

C. 剑乳齿象也存在由南美洲进入北美洲的回迁现象

D. 由于人类活动范围的扩大，大型食草动物难以生存

12. 在目前财政拮据的情况下，在A市增加警力的建议不可取。在计算增加警力所需的经费开支时，光考虑到支付增加警员的工资是不够的，同时还需要考虑到支付法庭和监狱雇员的工资，由于警力的增加带来的逮捕、宣判和监管任务的增加，势必需要相关机构同时增援。

如果以下哪项为真，最能削弱上述论证？(　　)

A. 虽然财政状况比较紧张，但增加警员需要的费用在整个财政支出中的比例是很小的

B. 增加一定的警力后，A市的犯罪率会大大降低

C. 去年B市的警力增加了15%，逮捕个案增加了37%，判决个案增加了9.5%

D. 可通过其他途径来承担一部分由于新增警力而带来的费用

参考答案及解析

单项选择题

1. 答案：B。

解析：题干中，小王说所有人都能通过考试，小张说自己无法通过。这两句话中必有一假，不可能同真。又因为这四个人之中只有一个人的说法为假，可推知小李和小顾的说法为真，由小顾能通过可以推出大家都能通过。所以，小王说所有人都能通过为真，小张的说法为假。故本题答案为B。

2. 答案：B。

解析：由“我所认识的四川人都喜欢吃酸泡菜”可以推出“有的四川人喜欢吃酸泡菜”，因此B项正确；但是不能由此推出“所有的四川人都喜欢吃酸泡菜”，故A项错误；C项等值于“有的四川人不喜欢吃酸泡菜”，不能由题干推出；D项等值于“所有的四川人都不喜欢吃酸泡菜”，显然错误。故本题答案为B。

3. 答案：D。

解析：董事长说不同意总经理的意见，也就是说董事长的意见是总经理的意见的矛盾命题：并非小李和小孙都提拔。即不提拔小李或者不提拔小孙，从这个前提出发，可得：如果提拔小李，则不提拔小孙。故本题答案为D。

4. 答案：B。

解析：由题干给定的条件可以得出：①食品安全的实现→政府有效管理；②政府进行有效的管理→政府各部门之间的协调配合；③没有健全的监督制约机制→不可能实现政府各部门之间协调配合。这三个命题之间可组成连锁推理：食品安全的实现→政府进行有效的管理→政府各部门之间的协调配合→健全的监督制约机制。根据上面的推理关系，B项“否后”可以“否前”，正确；A项和C项“肯后”推“肯前”，错误；D项“否前”推“否后”，错误。故本题答案为B。

5. 答案：A。

解析：“只有强盛的法国才能保护你的家庭”写成逻辑表达式为“保护你的家庭→法国是强盛的”，根据假言命题的推理规则，“否后”可以推“否前”，即“虚弱的法国保护不了你的家庭”，A选项正确；“肯后”不能“肯前”，B选项错误；C选项本身不是假言命题，可以直接排除；家庭得到保护能说明法国是强盛的，但并不能由此推出“法国能强盛”，D选项错误。故本题答案为A。

6. 答案：A。

解析：题干中的条件转化为表达式：①不会破产→在以后两年的时间里提高5%的生产率；②提高

5%的生产率→增加10%的生产利润。两者可构成连锁推理：③不会破产→在以后两年的时间里提高5%的生产率→增加10%的生产利润。A选项“否后”可以“否前”，正确；由①可知，提高5%的生产率，而不是10%，B项错误；C项和D项说法不符合题干的意思，显然错误。故本题答案为A。

7. 答案：A。

解析：本题是一道元素对应问题，可采用排除法解答。根据“黎明不是广西人”和“广西的老师教语文”可知“黎明不教语文”，又因为“黎明不教数学”，所以黎明教英语。根据“湖南的老师不教英语”可知，黎明也不是湖南人，则黎明是甘肃人。根据“张新不是湖南人”可知张新是广西人，则张新教语文，王亮教数学。故本题答案为A。

8. 答案：C。

解析：题干的结论是“本国政府保护雨林的努力取得了显著成效”，论据是“去年H国雨林面积的缩小比例明显低于往年……H国政府支出数百万美元用以制止乱砍滥伐和防止森林火灾”。C选项指出“去年H国的旱季出现了异乎寻常的大面积持续降雨”，说明了去年H国雨林面积的缩小比例低于往年是因为出现了大面积降雨，指出了另有他因，可以削弱。A选项和D选项中财政投入的多少，B选项中G国的情况，均和题干论证无关。故本题答案为C。

9. 答案：D。

解析：题干的观点是由于凉茶的保健效用提升导致A凉茶饮料销量的增长。A选项中，凉茶饮料的市场份额与题干观点无关；B选项中，保健效用最好的B凉茶饮料的销量比A凉茶饮料的销量低，说明销量可能受到了其他因素的影响，削弱程度较轻；C选项中，其他凉茶饮料销量提升与A凉茶饮料销量提升的原因没有关系；D选项指出A凉茶饮料销量提升是因为口味宜人，包装时尚，属于另有他因，能够削弱结论。故本题答案为D。

10. 答案：B。

解析：题干中已知感冒分为两种，分别是病毒性感冒和细菌性感冒，并且如果没有细菌感染的话，也就是如果患的是病毒性感冒，可以通过自身免疫力在一周左右的时间内自愈，从而推断出，大多数感冒无需服药打针治疗。在这个论证关系中，缺少了大多数感冒和病毒性感冒的关系。因此B选项“人们所患的感冒一般是病毒性感冒”建立起了大多数感冒和病毒性感冒的关系，正确。A、C、D选项与题干论证没有关系。故本题答案为B。

11. 答案：A。

解析：题干中的结论是“剑乳齿象的灭绝可能与人类的过度捕杀有密切关系”。A选项说明了剑乳齿象的灭绝存在其他原因，即“史前动物之间经常发生大规模相互捕杀”。B选项中的“幼年剑乳齿象的牙齿结构比较简单”、C项中的“回迁现象”均和题干结论无关；D选项实际上是加强了人类活动这个原因，是对论证结论的加强。故本题答案为A。

12. 答案：B。

解析：选项A强调新增警员所需费用占财务支出的比例小，但当财政绝对数量紧张时，这种说法难以使决策者作出增加警员的决定；选项C，只会证明增加警员的同时，相关部门会增加人员，支持了题干结论；选项D也承认了增加警力带来的费用；选项B指出增加一定的警力之后，犯罪率会大大降低，并不会导致“逮捕、宣判和监管任务的增加”，因此削弱了题干中“增加警力的建议不可取”的结论。故本题答案为B。

第二章 定义判断

真题考点一 题型概述

一、定义的概念

定义，是对一种事物的本质特征或一个概念的内涵和外延的确切而简要的说明；或是通过列出一个事件或者一个物件的基本属性来描述或规范一个词或一个概念的意义。被定义的事物或者物件叫做被定义项，其定义叫做定义项。

例如：职业素质是指劳动者在一定的生理和心理条件的基础上，通过教育、劳动实践和自我修养等途径而形成和发展起来的，在职业活动中发挥重要作用的内在基本品质。

在上述定义中，“职业素质”是被定义项；“劳动者在一定的生理和心理条件的基础上，通过教育、劳动实践和自我修养等途径而形成和发展起来的，在职业活动中发挥重要作用的内在基本品质”是定义项。

二、常见题型

1. 单定义判断

单定义判断，题干中只涉及一个定义，然后要求考生从给定选项中选出符合或者不符合定义的一项。此类题目也是考查的重点。

2. 多定义判断

多定义判断，题干中给出多个定义，要求考生对各个定义进行辨别、判断，选出符合题干定义的例证个数；或者从四个备选项中选出最符合或者不符合其中某个定义的一项。银行招聘考试多侧重考查后一种情况。

经典真题

求助者有两种求助动机：执行性求助和工具性求助。前者是自己不做任何尝试或努力，只想知道答案或让他人代自己完成任务；后者是借助其他人的力量以达到自己解决问题或实现目标的目的。

根据上述定义，下列属于工具性求助的是（　　）。

A. 妈妈为五岁的小明报了很多兴趣班，小明在兴趣班中结识了许多新朋友

B. 家教老师耐心讲解了这道题的思路和原理后，小斌还是请老师直接给出答案

C. 综合了多家咨询机构提供的意见，小峰拟定了符合自身条件的出国学习规划

D. 小文每次阅读英语文章遇到生词时都会查阅电子词典，掌握生词的读音和意思

答案：C。

解析：此题是并列结构的定义判断，考查的是其中的定义之一——工具性求助，定义要点为："借助别人的力量"和"自己解决问题或实现目标"。A 项没体现求助；B 项属于执行性求助；D 项没有借助别人的力量；C 项符合定义。故本题答案为 C。

三、解题顺序

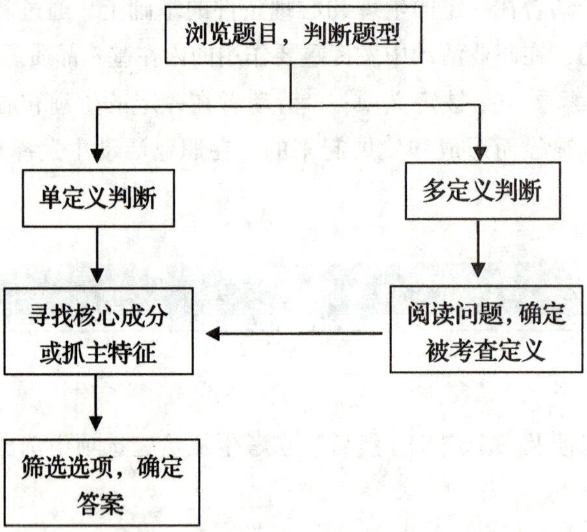

图 1-2-1　定义判断的解题顺序

考点精讲

真题考点二　方法精讲

考点精讲

一、核心成分分析法

核心成分分析法，即通过找出定义的核心成分（主客体、目的、原因、条件、结果），以此来确

定正确答案的方法。具体判定方法如下所示：

表 1-2-1　定义的核心成分

核心成分	含义	提示词
主体	行为、事件的发动方，是定义判断中最重要的关键词	多出现于定义项的句首
客体	事件所针对的对象，或者是行为的接受者	
目的	行为者的动机、意图、目标	达到……目的，为了……，确保……，以期……
原因	出现某些事件或采取某些行动的原因	由于……，因为……
结果	事件或行为造成的结果	造成/致使/导致……
条件	对主体或客体以及事件或行为的限定	以……为基础/前提，……时
方式方法	主体为获得某事物或达成某事件采取的手段	以……为方式，通过……

经典真题

(2017 中行) 精益生产是通过系统结构、人员组织、运行方式和市场供求等方面的变革，最大限度地消除浪费和降低库存以及缩短生产周期，力求实现低成本准时生产的技术，其最终目的是通过流程整体优化、均衡物流、高效利用资源、消灭一切库存和浪费，达到用最少的投入向顾客提供最完美价值的目的。

根据上述定义，下列属于精益生产的是(　　)。

A. 乙公司投入了大量资金以缩短其产品生产周期

B. 为了抢占市场，甲公司不断提高空间利用率

C. 丙公司的强大供货体系保证它能随时满足客户

D. 丁公司充分发挥自身优势建立了超快的物流系统

答案： D。

解析： 精益生产的方式是“通过系统结构、人员组织、运行方式和市场供求等方面的变革”；目的是“整体优化、均衡物流、高效利用资源”，达到“最少的投入向顾客提供最完美的价值”。B 项的目的是抢占市场，A 项的方式是通过资金的调整，不符合定义要求，均排除。C 项，只说到有强大的供货体系，但是这个供货体系是否经过各方面的变革，是否是最优化的并没有提及，不够明确。D 项，“充分发挥自身优势”就是对公司优势资源的高效利用，“建立超快的物流体系”符合“均衡物流，高效利用资源”，符合定义要求。故本题答案为 D。

二、主特征分析法

主特征分析法，即当定义项的内容比较冗长时，考生可以将定义项的信息进行归纳概括，总结为简单的一句话，然后依次来筛选选项，找到正确答案。一般而言，主特征分析法适用于那些题干信息较多，核心成分不突出但又容易理解的定义。

经典真题

（2018 广发）刺猬法则，为了研究刺猬在寒冷的冬天的生活习性，生物学家做了一个实验，把十几只刺猬放到户外的空地上，这些刺猬被冻得浑身发抖，为了取暖，它们只好紧紧地靠在一起，而相互靠拢后，又因为忍受不了彼此身上的长刺，很快又要各自分开。然而，天气太冷，它们只好又靠在一起，在彼此的磨合中，终于找到了一个适中的距离，既可以相互取暖，又不至于被彼此刺痛。“刺猬法则”强调在人际关系中的“心理距离效应”。

在实际工作中，管理人员应用“刺猬效应”无法做到的是(　　)。

A. 可以避免下属对自己的恭维、奉承

B. 可以在获得下属尊重的同时，又能保证在工作中不丧失原则

C. 可以避免下属的防备和紧张

D. 可以与员工做到心与心的交流

答案：D。

解析：“刺猬法则”定义的主要特征是：人际关系交往的过程中需要保持一定距离。D 项是不需要保持心理距离才能做到的。故本题答案为 D。

三、列举排除法

当所给定义较长，且在定义中会给出符合或者不符合定义的几种情形或例子时（将定义的外延列举出来），可以根据题目要求，观察各选项与定义中给定的几种情形的相似情况，进行相应的取舍。

经典真题

双因素理论认为引起人们工作动机的因素主要有两个：一是保健因素（指薪金水平、公司政策、工作环境、与他人的关系和工作稳定性等），二是激励因素（指成就感、别人的认可、工作本身、责任和晋升等）。只有激励因素才能够给人们带来满意感，而保健因素只能消除人们的不满，但不会带来满意感。

下列属于激励因素的是(　　)。

真题精讲

A. 李局长多次在职工大会上表扬刚参加工作的赵丽

B. 小赵所在的技术监督系统安全保障非常完善

C. 小王的人际关系很好，跟每个同事都能合得来，经常与同事一起外出旅游

D. 小靳公司的管理水平高，福利也好，办公场所还设有咖啡室

答案：A。

解析：题干中给出的定义是“双因素理论”，双因素分别是指“保健因素”和“激励因素”。而本题考查的是激励因素，根据题干中的列举可知，激励因素包括“成就感、别人的认可、工作本身、责任和晋升等”。观察选项可知 A 项是别人的认可，在题干所呈现的列举项中，属于激励因素。B、C、D 三项都属于保健因素。故本题答案为 A。

真题演练

单项选择题

1. 城市管理是指城市政府对城市的公益事业、公共设施和公共事业的管理。

根据上述定义，下列不属于城市管理的是(　　)。

A. 武汉市努力发展城市环境，争创全国文明城市

B. 常德市在今年实行了公交车免费的新政策

C. 重庆市投资50万元人民币在各大广场修建了多个残疾人专用通道

D. 银川市今年成功引进外资300亿元

2. 企业社会责任是指企业在创造利润、对股东承担法律责任的同时，还要承担对员工、消费者、社区和环境的责任。企业的社会责任要求企业必须超越把利润作为唯一目标的传统理念，强调对社会的贡献。

根据上述定义，下列不属于履行企业社会责任行为的是(　　)。

A. 某企业投入大量资金研制新产品，推进环保技术的开发与普及

B. 某企业在2008年汶川大地震后捐款3000万元人民币支援灾区重建工作

C. 某企业经营不善，盈利急剧下降，为保证大部分职工的收入而解雇了少部分职工

D. 某企业组织员工参加社区志愿者活动。

3. 冷热水效应是指同一杯温水，出现了两种不同的感觉。一杯温水，保持温度不变，另有一杯冷水，一杯热水。当先将手放在冷水中，再放入温水中，会感到温水热；当先将手放在热水中，再放到温水中，会感到温水凉。

根据上述定义，下列各项不属于冷热水效应的是(　　)。

A. 在公司年终年会上，总经理宣布预计今年奖金比去年提高20%，大家欢呼雀跃。半年后发奖金时，小明发现奖金只比去年提高了10%，心里虽然有点失落，但还是很高兴

B. 周经理想让市区分公司的小张去本市郊县的分公司工作。周经理对小张说："公司准备让你担任更重要的工作，两个地方你任选其一，一个是外省某县的分公司，二是本市郊县的分公司。"小张考虑到离家较近，选择本市郊县，与周经理不谋而合

真题精讲

C. 在机场候机时，机场广播飞机预计晚点两个小时，乘客们十分沮丧。半小时后，广播通知20分钟后开始办理登机手续，乘客们异常高兴

D. 为了更好地采光，小王提议在房子墙壁上开个窗口，遭到家人的反对。后来小王坚持在房顶开天窗，家人让步，同意在墙壁上开个窗口

4. 根据知识能否清晰地表述和有效地转移，可以把知识分为显性知识和隐性知识。显性知识是能够被人类以一定符码系统（最典型的是语言，也包括数学公式、各类图表、盲文、手势语、旗语等诸种符号形式）加以完整表述的知识。隐性知识是指用文字、语言、图像等形式不易表达清楚的主观知识，它以个人、团队、组织的经验、印象、技术诀窍、组织文化、风俗等形式存在。

根据以上定义，下列属于显性知识的是(　　)。

A. 徒弟通过观察、模仿和亲身实践，终于学会国家级工艺大师的微雕技术

B. 小石在厨师班学习烹饪，老师再三强调火候，他尽力注意后炒出的菜仍然味道不够好

C. 外语教育专业毕业的小夏刚担任外语教师时，总是不能很好地控制课堂

D. 小红每天背 10 个外语单词，半年后她能很快读完一篇外文短篇小说

5. 感觉适应是指感觉系统（如视觉，听觉等）对持续作用的刺激输入的反应逐渐减少的现象。感觉对比是指同一刺激因背景不同而产生的感觉差异的现象。

根据上述定义，下列现象中属于感觉对比的是(　　)。

A. 生活在垃圾场旁边的人，开始可能觉得很臭，时间久了就没什么感觉了

B. 当从黑暗的环境到光照很好的室外时，会觉得光线特别刺眼，但过个几分钟就不会有这种感觉了

C. 同一件衣服放在不同的光线下，所看到的颜色会有差别

D. 南方人初到北方，会觉得菜比较咸，但过几个月就觉得很合口味了

6. 有人认为，存储力教育模式教育出来的学生，遇到“外在事物”的时候，首先在自己的“知识库”中寻找答案，如果在“知识库”中没有的，首先会求助于类似的答案，如果类似的也没有，要么就持否定的态度，要么就惊慌失措。而洞察力教育模式教育出来的学生与之不同，如果“知识库”中没有，他们就会去洞察“外在事物”表象背后的本质，自己去发现答案，有这样思维模式的人，很善于质疑，很有创造力。

面对“幸福是什么?”这一问题，下面体现了洞察力教育模式的回答是(　　)。

A. 甲同学说：“老师没讲过这个啊，我怎么能知道呢?”

B. 乙同学说：“呵呵，老师讲过，我忘了，不好意思呵。”

C. 丙同学说：“哎呀，现在也上不了网啊，我也没法查啊。”

D. 丁同学说：“为什么要问这个问题? 这个问题有唯一的正确答案吗?”

7. 代位继承是指被继承人的子女先于被继承人死亡时，由被继承人子女的晚辈直系血亲代替先死亡的长辈直系血亲继承被继承人遗产的一项法定继承制度。

下列选项中属于代位继承的是(　　)。

A. 乙是独生子，因故去世，其子女继承了乙父母的所有遗产

B. 甲父死亡后，甲继承了父亲的遗产

C. 丙在办理父亲遗产继承手续过程中，发生车祸去世，临终前，指定其女儿继承这笔遗产

D. 丁养育一子，但儿子不幸早逝，留下儿女一双，丁遗嘱中称由其儿子的子女继承该笔遗产

8. 技术扩散是创新的技术在其他经济领域和更大地域空间范围的应用推广。从地理角度看，技术扩散是技术在空间上的流动和转移，由新技术的供方、受方、传递渠道组成。

根据上述定义，下列属于技术扩散的是(　　)。

A. 某省多家制药厂使用同一种长久公认的配方生产某药物

B. 甲市借鉴乙市的创新型产业技术发展出了自己的特色产业

C. 某公司的生产创意被某国外艺术家运用到自己的艺术创作中

D. 某公司研发部门员工将研发核心机密泄露给该公司的竞争对手

9. 从众是指个人的观念与行为由于群体的引导或压力，向与多数人相一致的方向变化的现象。

根据上述定义，下列各项中不属于从众行为的是(　　)。

A. 老张看到电视里宣传某种药物疗效好，很多人抢着购买，便让儿子给自己买回来试试

B. 在单位的换届选举中，同科室的老王让小李投他一票，小李碍于情面答应了

C. 小赵看到寝室的室友都报名参加了考研辅导班，虽然他认为这没有什么用，但是也报了名

D. 地震后大家纷纷为灾区捐款，小胡很受感动，把自己准备买电脑的钱捐给了灾区重建

10. 医疗责任事故：指医务人员因违反规章制度等行为，最终导致病人伤、残、死等严重后果

根据以上定义，下面哪一种情况不属于医疗责任事故？（　　）

A. 药剂师钱某在配药时打私人电话，错将配给秦某的药给了铁某，致使铁某死亡

B. 医生温某给田某做整容手术，术后住院期间无不适，但出院后第三天，田某的伤口出现化脓，伤口不愈合

C. 医生胡某酒后给女孩做阑尾炎手术时，把子宫切除，造成女孩终生不能生育

D. 医生马某在给胡某拔牙时，使用的钳子未经消毒，造成胡某创口感染而引起败血症

参考答案及解析

单项选择题

1. 答案：D。

解析：定义“城市管理”的主体是城市政府。A项是对公共事业的管理，B项是对公共设施的管理，C项是对公益事业的管理，因此都属于城市管理。只有D项引进外资的主体除了政府也可以是企业，不属于城市管理。故本题答案为D。

2. 答案：C。

解析：“企业社会责任”定义的主要特征是“承担对员工、消费者、社区和环境的责任”。A选项投入资金推进环保技术的开发和普及是企业承担的环境责任，B选项企业对灾区的捐款、支援灾后重建工作符合企业承担的社会责任，D选项员工参加社区志愿者活动是企业承担的社区责任，符合定义要点。C选项由于利润原因解雇员工，是对被解雇员工不负责任的表现，不符合定义要点。故本题答案为C。

3. 答案：A。

解析：“冷热水效应”定义的主特征是“通过与其他不同事物的比较，人们对同一种事物的认知会产生差异”。A选项中是今年奖金的预期和实际产生的差异，而不是与其他事物的比较，故不符合定义；B选项是对比去外省某县分公司，小张认为去本市郊县的分公司是比较好的选择，C选项对比晚点两个小时，该航班晚点20分钟就开始办理登机手续就更容易接受了，D选项对比开天窗，家人更倾向于让小王在墙壁开个窗口，B、C、D都是通过与更让人无法接受的事物相比较，让人们去接受不容易接受的事物，是对“冷热水效应”的应用。故本题答案为A。

4. 答案：D。

解析：显性知识是“以一定符码系统加以完整表述的知识，最典型的是语言”。D选项中的“外语单词”和“阅读外文小说”是一种语言知识，属于显性知识。A选项的“微雕技术”和B选项的“烹饪技术”都是一种技术诀窍，C选项“控制课堂”是一种个人经验，都属于隐性知识。故本题答案为D。

5. 答案：C。

解析：“感觉对比”是“同一刺激在不同背景下感觉差异的现象”。C选项是同一件衣服在不同光线下产生的颜色差异，属于感觉对比。A选项中久闻臭味没感觉、B选项中刺眼的光线过几分钟就适应、D选项中比较咸的感觉几个月后就适应了都属于感觉适应。故本题答案为C。

6. 答案：D。

解析：“洞察力教育模式”就是去洞察“外在事物”表象背后的本质，自己去发现答案。这种教育模式下人的特征是善于质疑，很有创造力。D 选项学生质疑问题的原因和质疑答案的唯一性，符合洞察力教育模式的定义。A、B、C 选项学生求助于老师的讲授和上网查询，是求助于类似答案或持否定态度，属于存储力教育模式。故本题答案为 D。

7. 答案：A。

解析：“代位继承”的定义要点是：①被继承人的子女先于被继承人死亡；②由被继承人子女的晚辈直系血亲代替先死亡的长辈直系血亲继承被继承人遗产；③法定继承制度。B 不符合①②，C 不符合①，D 项属于遗嘱继承，而非法定继承，所以不符合③。故本题答案为 A。

8. 答案：B。

解析：“技术扩散”是指“创新技术的应用推广，它包含两个核心成分：①其他经济领域；②更大地域空间范围”。B 选项中，从乙市到甲市属于更大的地域空间范围，借鉴创新型产业技术发展出了自己的特色产业，符合定义要点。A 选项某省的多家制药厂是在同一个空间范围内，不符合②，也不是新技术；C 选项国外艺术家运用生产创意到艺术创作中，不属于其他经济领域；D 选项泄露机密完全不符合创新技术应用推广，不符合定义。故本题答案为 B。

9. 答案：B。

解析：“从众”的定义要点是“向与多数人相一致的方向变化”。B 选项中，给老王投票并不是多数人的方向，小李只是碍于情面答应，与定义不符；A 选项中很多人抢着购买，老张也要买，C 选项中室友都报名了考研辅导班，小赵也报了，D 选项中大家都捐款，小胡也捐款，都属于向与多数人相一致的方向变化。故本题答案为 B。

10. 答案：B。

解析：“医疗责任事故”定义要点是“医务人员违反规章制度，产生严重后果”。A 项打私人电话、C 项酒后做手术和 D 项未经消毒的情况是由于医务人员违反规章制度造成的，B 项中未出现违反规章制度这一点，因此不属于医疗责任事故。故本题答案为 B。

第二章 图形推理

真题考点一　数量关系

数量关系是图形推理中考查频率最高的知识点，也是难点之一。数量关系的考查主要集中于两个方面：一是构成图形的基本元素：点、线、面、角；二是构成图群的基本元素。

一、点

1. 交点

线与线相交的点。

2. 十字交叉点

两条线在交叉的位置向四个方向延伸，这个交叉的位置就是十字交叉点。

3. 切点

直线与圆（椭圆）或圆（椭圆）与圆（椭圆）相交时，有且只有1个交点，这个交点就是切点。

经典真题

从所给的四个选项中，选择最合适的一个填入问号处，使之呈现一定的规律性。（　　）

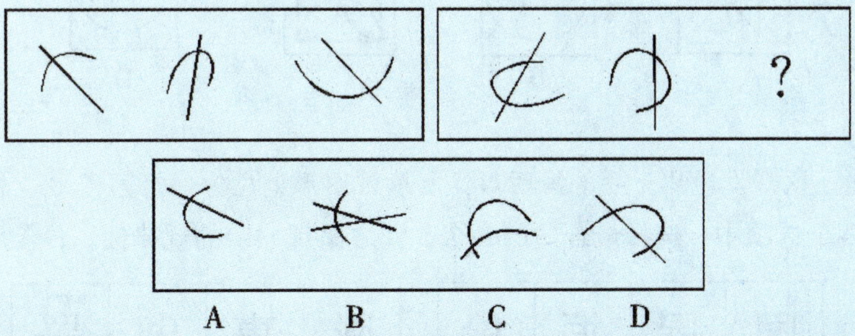

答案：D。

解析：题干中所给图形非常简洁，共同之处非常明显，即第一组每个图形的交点数都为1，第二组每个图形的交点数都为2。故本题答案为D。

二、线

1. 直线

在平面上过两点有且只有一条直线，即两点确定一条直线。

2. 曲线

动点运动时，方向连续变化所成的线。

3. 笔画数

考点精讲

对笔画数的考查分为两种情况，即汉字的笔画数和图形的笔画数。

汉字的笔画数按照汉字的书写习惯去数即可。

图形的笔画数是指图形能够几笔不重复、不间断地画出来。根据笔画数的不同，图形可分为一笔画图形和多笔画图形。若一个图形可以从某一点开始不重复、不间断地描出，则说明这个图形可以一笔画出；若一个图形可通过 N 次不重复、不间断地描出，则称这个图形可 N 笔画出。

判断一个图形是几笔画图形，需要引入奇点的概念。若一个图形中的交点（包括端点）所连接的线条数量为奇数，则称该交点为奇点；反之则称为偶点。

一个连通图形中的奇点数为 0 或者 2，则该图形可一笔画出；若奇点数大于 2，那么图形中奇点的个数除以 2，所得的数为多少，则该图形可多少笔画出，即奇点数/2=N 笔画。

经典真题

（2018 中行春招）1. 从所给的四个选项中，选择最合适的一个，使之呈现一定的规律性。（　　）

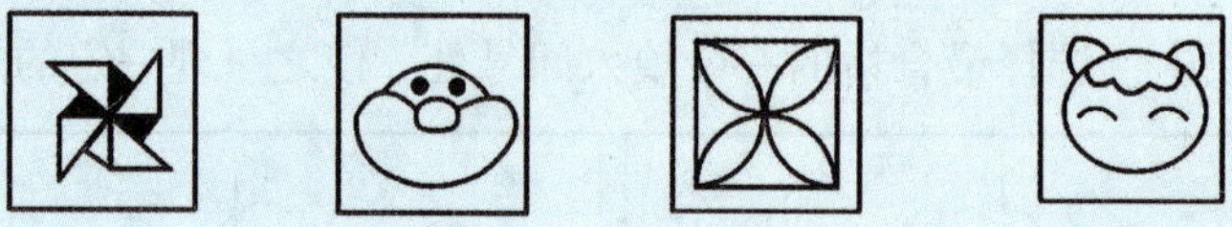

A　　B　　C　　D

答案：C。

解析：观察题干图形发现均为一笔画图形，所填入图形也应为一笔画图形。故本题答案为 C。

2. 从所给的四个选项中，选择最合适的一个，使之呈现一定的规律性。（　　）

国	屋	振	检	域	惠	瑚	署
				A	B	C	D

答案：B。

解析：题干中所给图形都是汉字，所以可以考虑汉字的笔画数，“国、屋、振、检”的笔画数分别是 8、9、10、11，因此所选汉字的笔画数应该是 12。故本题答案为 B。

三、面

1. 封闭区域

是指图形中由封闭线条围成的空白区域，封闭区域内部任何一点与区域外任何一点的连线都和区域的边界相交。封闭区域数是图形中所有封闭区域的个数。

2. 部分

一个图形中没有公共点的两个图形元素称为这个图形的两部分。任何一个图形的部分数都是确定的。

3. 面的个数

立体图形中平面的个数。

4. 面积

图形中两部分面积的关系或一部分的面积与整体图形面积间的关系。

经典真题

（2018 农行）从所给的四个选项中，选择最合适的一个，使之呈现一定的规律性。（　　）

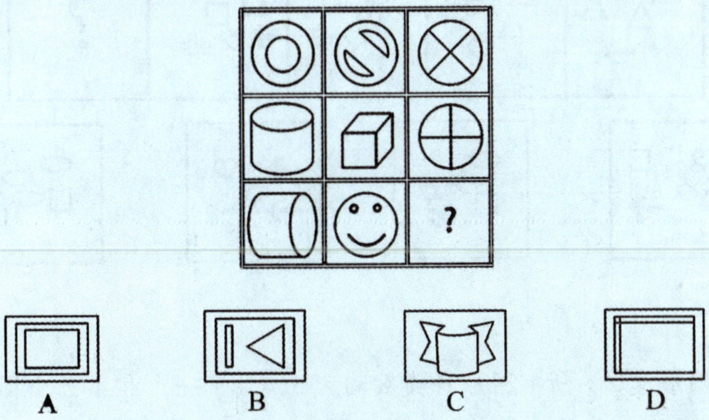

答案： D。

解析： 观察题干图形发现，每一行图形的封闭区域数分别为 2、3、4。故本题答案为 D。

四、角

银行招聘考试中，对角的数量的考查并不多见，因此对于这个知识点，考生只需了解即可。

1. 锐角

直线与直线相交形成角，角度值大于 0°小于 90°的角称为锐角。

2. 直角

角度值为 90°的角称为直角。

3. 钝角

角度值大于 90°小于 180°的角称为钝角。

五、图群

图群，顾名思义就是指由若干小图形共同构成的一幅图形。里面的每一个小图形都称为图群的一个基本元素。图群中的数量关系主要包括元素的数量、元素的种类以及等量代换关系。

1. 元素的数量

即题干中的所给的几个图群，其元素的数量上呈现一定的规律，或者相等，或者成等差/等比数列，或者存在加和关系。

2. 元素的种类

即构成图群的元素的种类在数量上呈现一定的规律。

经典真题

（2018 广发）从所给的四个选项中，选择最合适的一个，使之呈现一定的规律性。(　　)

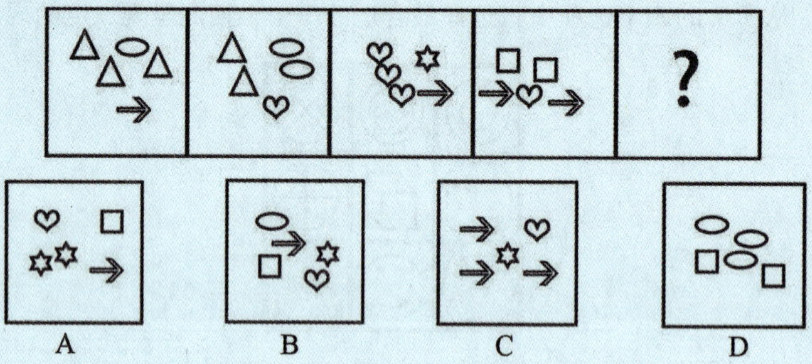

答案：C。

解析：观察题干图形发现，所有图形种类数均为 3，且第一个和第三个图形中小元素的数量分别为 3、1、1，第二个图和第四个图形中小元素的数量分别为 2、2、1，所以第五个图形中小元素的数量应分别为 3、1、1。故本题答案为 C。

3. 等量代换

当题干中所给的若干图群，都由两种相同的元素构成，只是元素的数量不同时，可考虑元素间的等量代换。所谓等量代换就是指图群中的两个元素之间可以互相转换，从而使得元素在整体数量上存在一定的规律。

经典真题

从所给的四个选项中，选择最合适的一个，使之和前面的图形呈现一定的规律性。（　　）

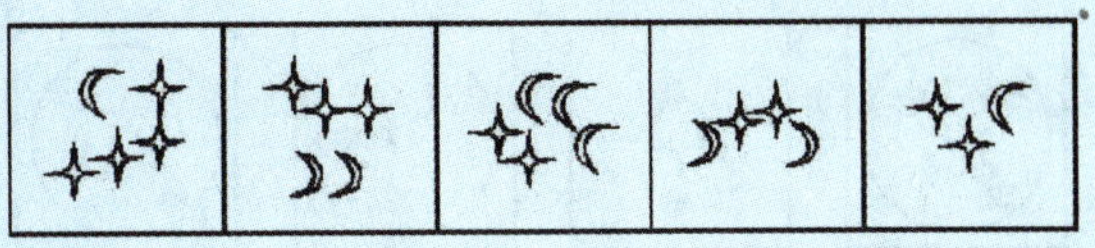

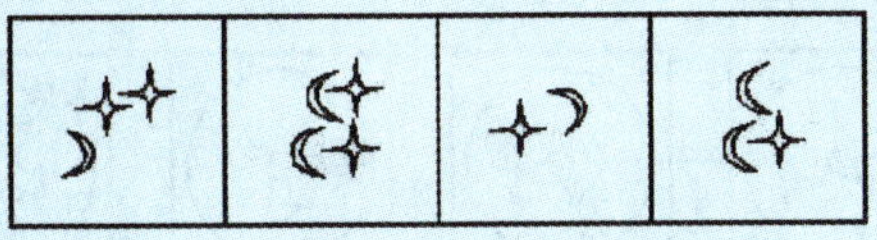

A　B　C　D

答案：D。

解析：在已知的五个图群中，每个图群都是由星星和月亮两类元素构成，而星星和月亮的数量又各不相同，因此可以考虑等量代换关系。因为在等量代换的题目中，图群的元素总数相等或呈现等差数列，因此每两个相邻的图群之间作差，差值相等。即图群2-图群1=图群3-图群2=图群4-图群3=图群5-图群4。现在我们用图群2-图群1=1月亮-1星星，用图群4-图群3=-1月亮。由此可知1月亮-1星星=-1月亮，即1星星=2月亮。此时可以将图群中的星星都代换成月亮，那么月亮的数量分别为9、8、7、6、5，所以所选的图形应该有4个月亮。故本题答案为D。

真题精讲

真题考点二　图形转化

图形的转化主要是指图形的位置变化以及图形的组合叠加。前者是指题干中的第一个图形按照一定的规律，通过平移、旋转、翻转依次得到后面的图形。后者是指两个图形通过一定规律的叠加形成第三个图形。

一、位置变化

当题干中所给的几幅图形在大小和形状上并未发生变化，只是位置不同时，应该首先考虑位置的变化。

1. 图形旋转

图形的旋转主要确定两个要素：旋转的方向（顺时针、逆时针）和角度（30°、45°、60°、90°等）。

经典真题

（2015建行）从所给的四个选项中，选择最合适的一个，使之呈现一定的规律性。（　　）

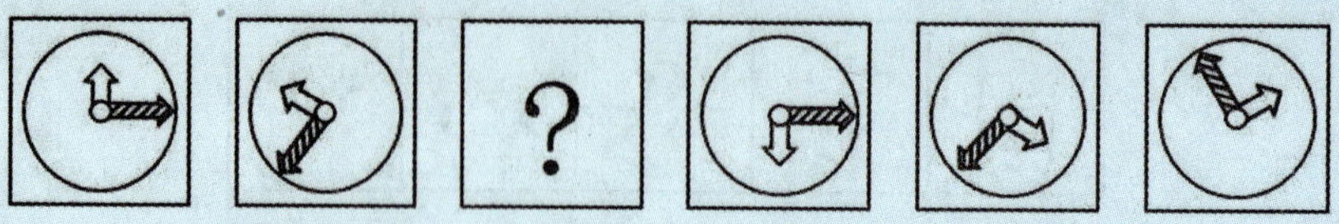

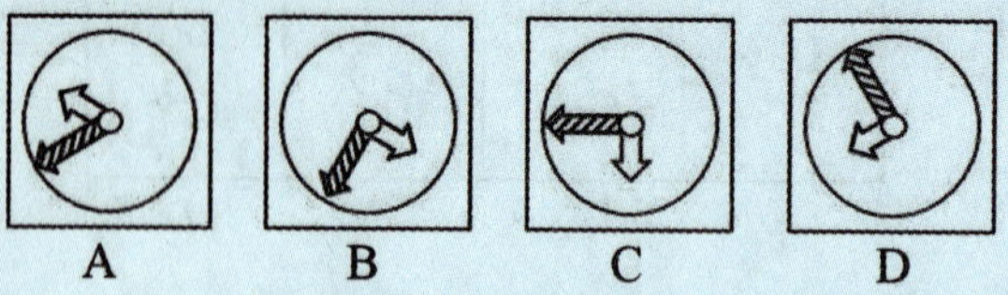

答案：D。

解析：观察题干图形发现，第一个图形中的长箭头和短箭头按照一定规律旋转依次得到后面的图形，旋转规律为：短箭头每次逆时针旋转60°，长箭头每次顺时针旋转120°。故本题答案为D。

2. 图形移动

图形的移动需要找准移动的方向和距离。

3. 图形翻转

图形的翻转分为左右翻转和上下翻转。

经典真题

从所给的四个选项中，选择最合适的一个填入问号处，使之呈现一定的规律性。（　　）

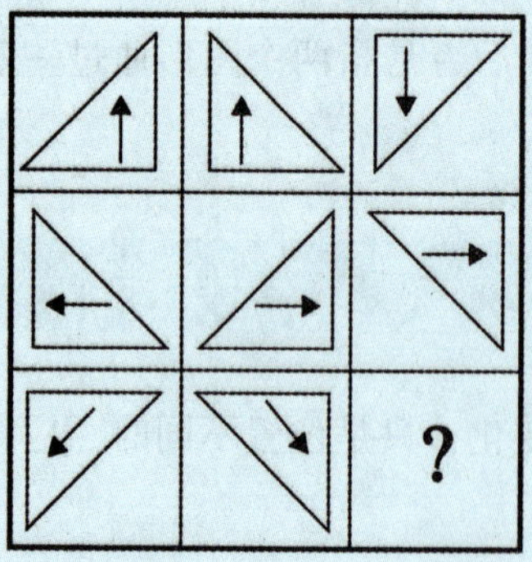

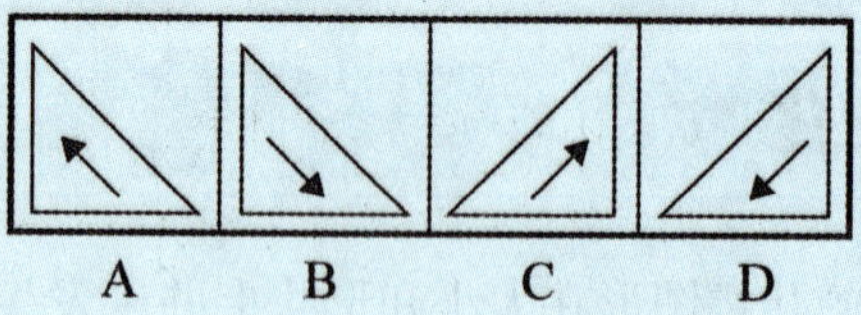

答案：C。

解析：九宫格题目可以考查行间规律，也可以考查列间规律。观察图形，发现每个图形都相似，横向观察，发现每行中第一个图形左右翻转得到第二个图形，第二个图形上下翻转得到第三个图形。故本题答案为C。

二、组合叠加

组合叠加常见的考查方式有以下几种：

1. 直接叠加

将已知的两个图形不做任何改变，直接叠放在一起，得到第三个图形。

2. 去同存异

将两个图形叠加后去掉相同的部分，保留不同的部分，得到第三个图形。

经典真题

（2017 招商）从所给的四个选项中，选择最合适的一个填入问号处，使之呈现一定的规律性。（ ）

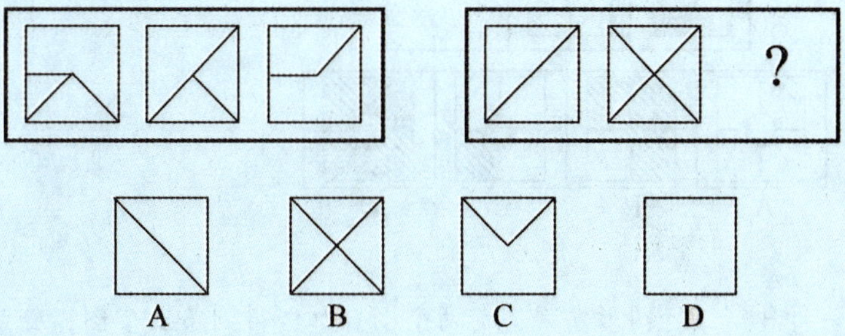

答案：A。

解析：在第一组图形中，前两个图形内部通过去同存异叠加为第三个图形。第二组图形遵循同样的规律，前两个图形内部去同存异，叠加之后的图形应该只有一条对角线。故本题答案为 A。

3. 去异存同

将两个图形叠加后去掉不同的部分，保留相同的部分，得到第三个图形。

经典真题

（2016 交行）根据以下图形规律，图形的空缺处应填入的是（ ）。

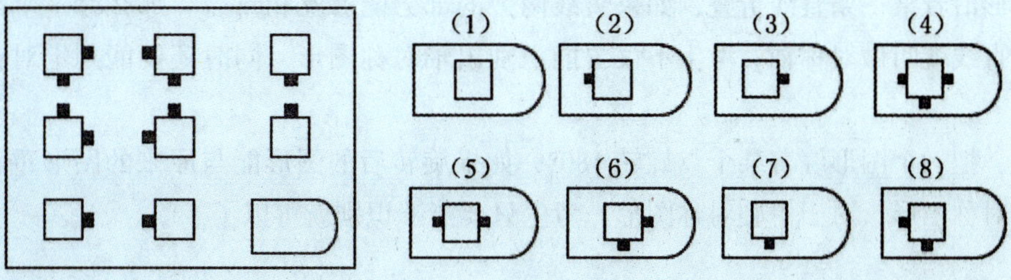

A.（1） B.（7） C.（8） D.（5）

答案：A。

解析：每一行的图形，前两个图形去异存同，叠加为第三个图形。故本题答案为 A。

4. 规律叠加

两个图形按照一定的规律进行叠加，得到第三个图形。常出现的是叠加后阴影的变化。

经典真题

从所给的四个选项中，选择最合适的一个填入问号处，使之呈现一定的规律性。(　　)

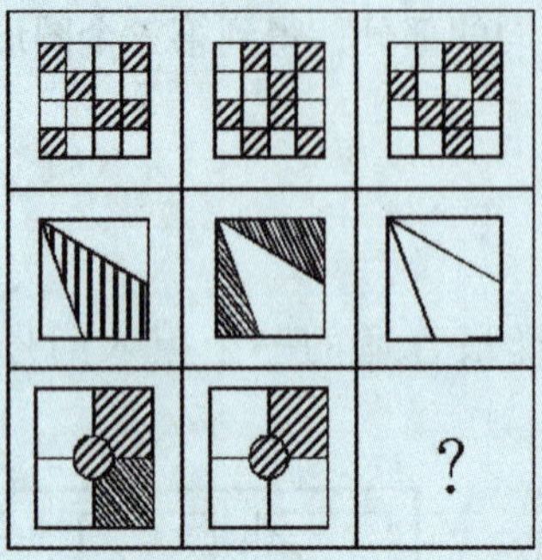

真题精讲

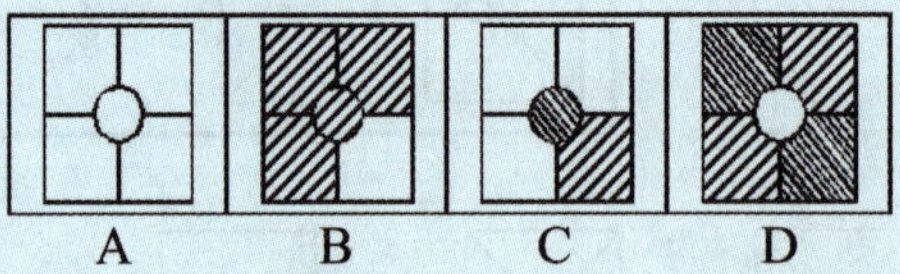

答案： B。

解析： 观察第一行和第二行图形发现，前两个图叠加，得到第三个图，叠加的规律是，空白+空白=阴影+阴影=阴影，空白+阴影=阴影+空白=空白。故本题答案为 B。

真题考点三　图形性质

一、对称性

图形的对称性主要是指轴对称和中心对称两种。

把一个图形沿着某一条直线折叠，如果直线两旁的部分能够互相重合，那么称这个图形是轴对称图形，而这条直线就叫做对称轴。考生不仅要能识别出轴对称图形，同时还要能判定对称轴的数量和方向。

在平面内，把一个图形绕着某个点旋转 180°，如果旋转后的图形能与原来的图形重合，那么这个图形叫做中心对称图形。对于中心对称图形，考生只要能够识别就可以了。

经典真题

从所给的四个选项中，选择最合适的一项，使之和前面的图形呈现一定的规律性。（　　）

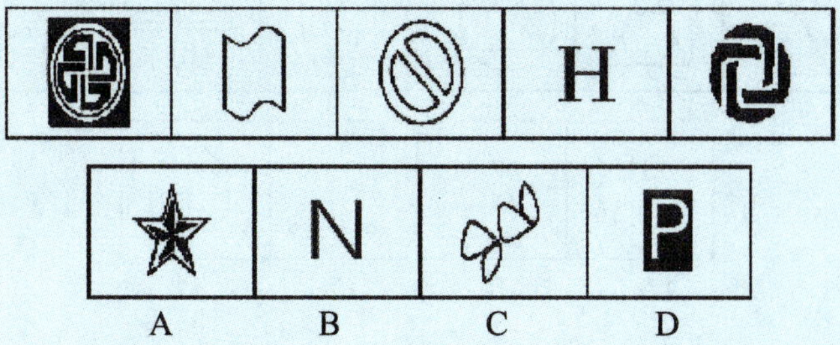

答案：B。

解析：题干中所有的图形形状差异性很大，但都比较规则。因此可以考虑图形的对称性，观察之后发现所有的图形都是中心对称图形。而选项中只有 B 是中心对称图形。故本题答案为 B。

二、封闭开放性

根据图形的封闭开放性，可以把图形分为封闭图形、半封闭图形和开放图形。考查形式主要有三种：图形都是封闭图形；图形都是开放图形；图形中开放图形与封闭图形间隔排列。

经典真题

（2018 招商）从所给的四个选项中，选择最合适的一个，使之呈现一定的规律性。（　　）

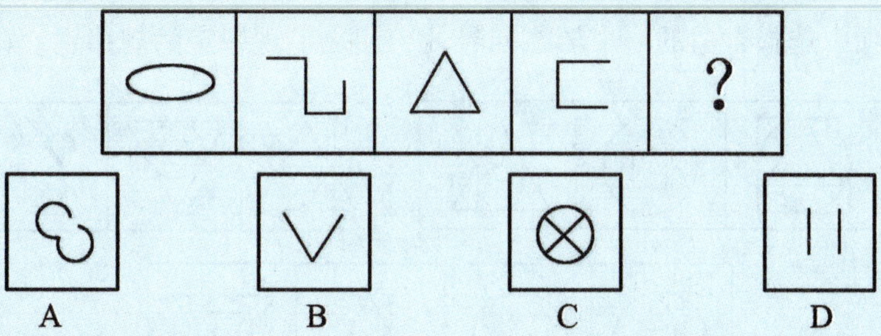

答案：C。

解析：观察题干图形发现，奇数项上的图形为封闭图形，偶数项上的图形为开放图形，所以问号处应选一个封闭图形，C 项正确。故本题答案为 C。

三、直曲性

若构成一个图形的线条全部都是直线，则称为直线图形；若构成一个图形的线条全部是曲线，则称为曲线图形。

经典真题

从所给的四个选项中，选择最合适的一个填入问号处，使之呈现一定的规律性。(　　)

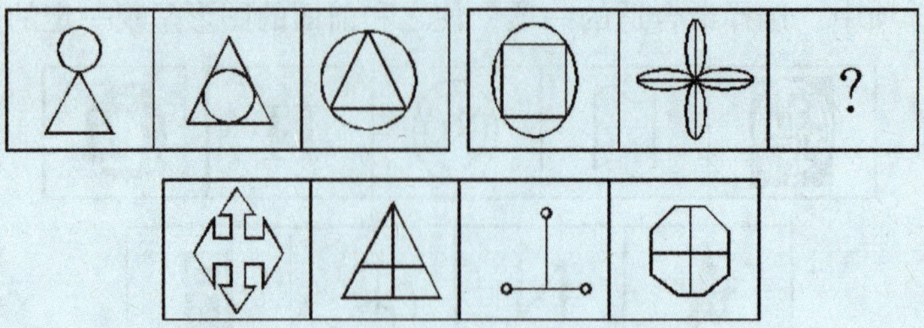

A　B　C　D

答案：C。

解析：题干中每个图形都既含有直线又含有曲线。故本题答案为C。

四、元素分布

一组图形中的构成元素的样式相似或相同，其中一个图形中的元素经过形状、颜色、位置、数量等方面的变化将成为另外一个图形，这种变化方式称为元素分布。

元素分布的考查形式通常有3种：1. 每个图形含有某一个相同的元素；2. 组成一组图形的元素的样式和数量完全一致；3. 相邻两个图形之间，元素的层级或位置发生变化。

考点精讲

经典真题

从下列四个选项中选择合适的一个填在问号处，使之呈现一定的规律性。(　　)

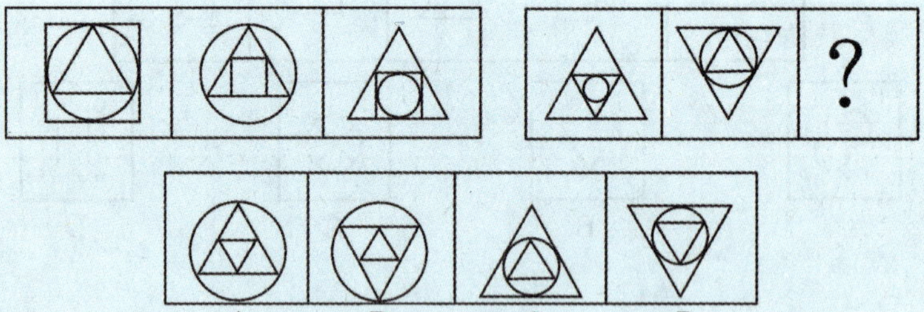

A　B　C　D

答案：A。

解析：观察题目发现，每组图形的组成元素一样。进一步观察第一组图形发现，前一个图形的内部图形是后一个图形的中部图形，前一个图形的中部图形是后一个图形的外部图形，前一个图形的外部图形是后一个图形的内部图形。第二组图形也遵循此规律。故本题答案为A。

真题考点四　空间图形

一、折纸盒问题

折纸盒问题，即立体图形和平面图形的互相转化。对于此类问题，考生应重点掌握以下三种解题方法：

1. 相对面与相邻面

平面中相对的两个面，折成立体图形之后也依然相对；立体图形中相对的两个面，拆开后也依然不相邻。

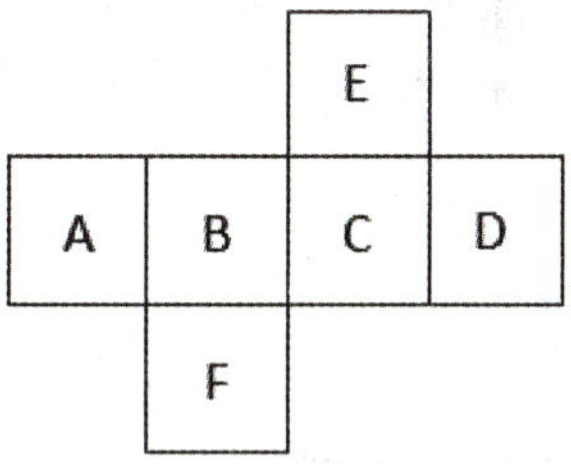

图 1-3-1　平面图

如图 1-3-1 所示，A、B、C、D、E、F 六个面中，A 和 C 是相对面，B 和 D 是相对面，E 和 F 是相对面。那么折成纸盒之后，也应该是相对的。因为折成纸盒之后考生看到的三个面是相邻面，所以就意味着 A 和 C、B 和 D、E 和 F 都不能同时出现。

2. “小图形”的位置

当纸盒的表面上有一些小图形或者阴影的时候，可以根据小图形或者阴影的位置关系确定面与面之间的关系。

经典真题

右边四个所给的选项中，哪一项不能由左边所给的图形折成？(　　)

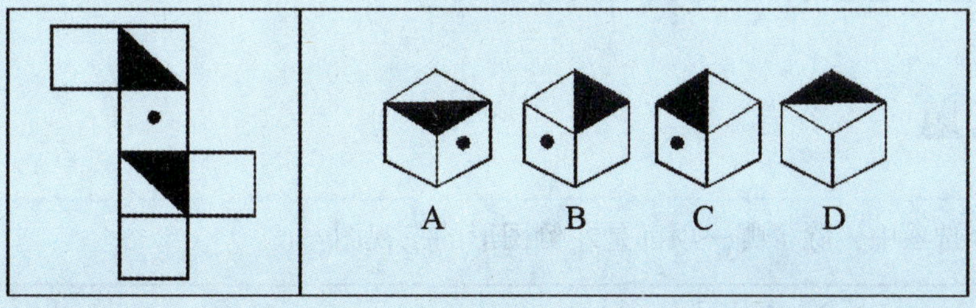

答案： B。

解析： 首先观察表面图中的六个面，会发现黑点所在的面，两条对边分别与两个阴影面中阴影的直角边重合，而 B 项中黑点所在的面至少有三条边，均未与阴影的直角边重合，其他均正确。故本题答案为 B。

3. 假定判断法

假定判断法就是折纸盒问题中的代入排除法。考生可以选择某一选项中立体图形3个面中的1个或者2个面，假定它们的方位正确，然后判断剩下2个面或1个面的方位是否正确，从而排除选项。

考点精讲

经典真题

（2015交行）以下给定的图形为纸盒的外表面，折叠起来后，应是四个选项中的（　　）。

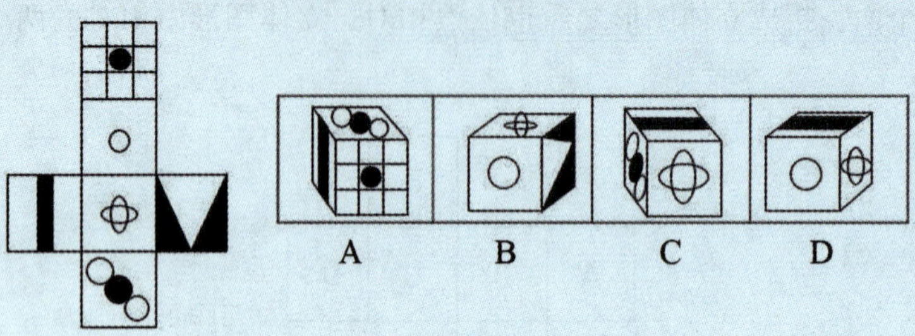

答案：A。

解析：B项中，假设白色圆圈所在面为正面、三角形所在面为右侧面，则上表面应该为黑圆圈所在面，故B项错误。C项中，假设两个椭圆所在面为正面，黑色长方形所在面为上表面，则左侧面三个圆圈的方向错误，故排除。D项中，假设白色圆圈所在面为正面，两个椭圆所在面为右侧面，则上表面应该为三角形所在面，故排除。故本题答案为A。

二、三视图问题

能够正确反映物体长、宽、高尺寸的正投影工程图（主视图、俯视图、左视图三个基本视图）为三视图。

主视图：从物体的前面向后做正投影得到的视图称主视图——能反映物体前面的形状。比如：圆锥的主视图是三角形，圆柱的主视图是长方形。

俯视图：指由物体上方向下做正投影得到的视图。

左视图：指由物体左边向右做正投影得到的视图。

经典真题

右面的四个选项中，除了哪一项都是左侧图形的三视图？（　　）

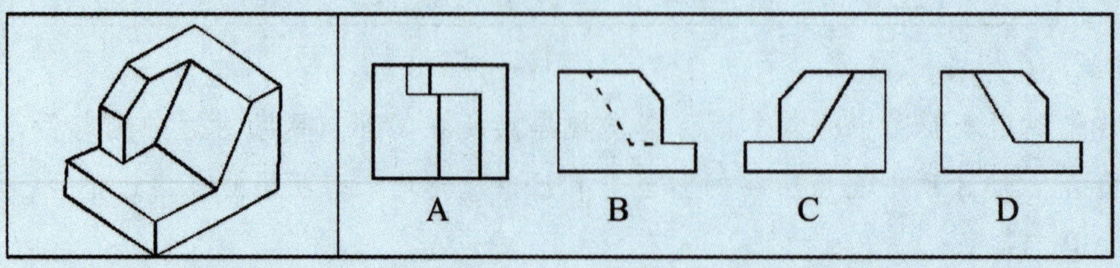

答案：D。

解析：A 项是俯视图，C 项是主视图，B 项是从后向前看得到的视图。只有 D 项错误。在做立体图形的投影时，实际存在但看不到的边用虚线表示。故本题答案为 D。

真题演练

单项选择题

1. 从所给四个选项中，选择最合适的一个填入问号处，使之呈现一定的规律性。(　　)

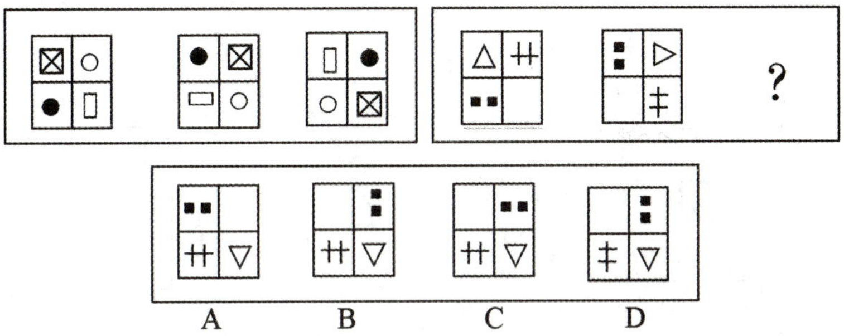

2. 从所给四个选项中，选择最合适的一个填入问号处，使之呈现一定的规律性。(　　)

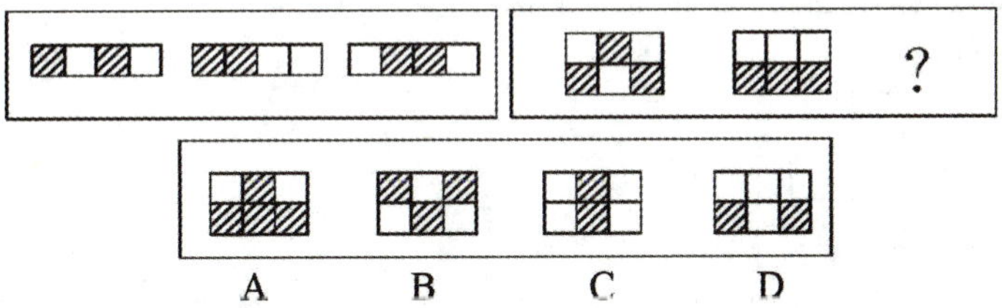

3. 从所给的四个选项中，选择最合适的一个填入问号处，使之呈现一定的规律性。(　　)

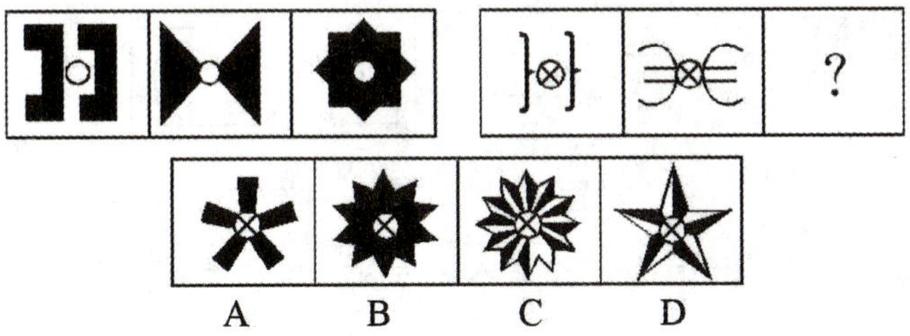

4. 从所给的四个选项中，选择最合适的一项，使之和前面的四个图形呈现一定的规律性。(　　)

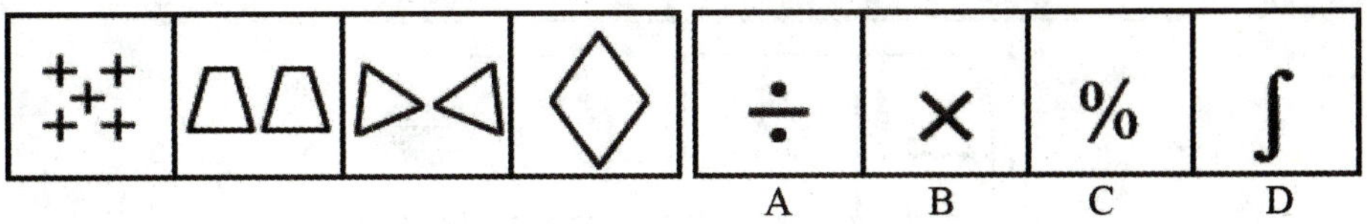

5. 从所给四个选项中，选择最合适的一个填入问号处，使之呈现一定的规律性。(　　)

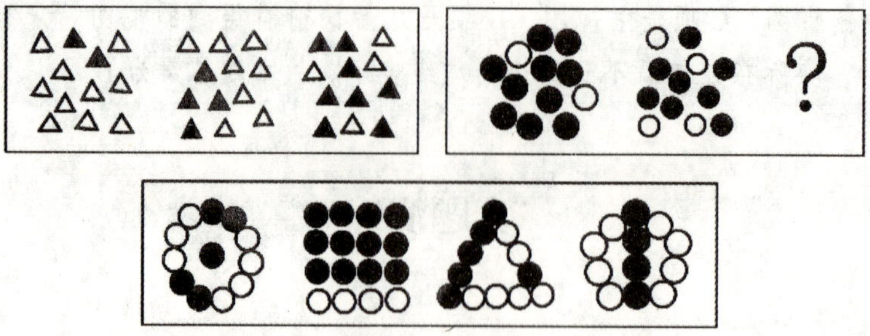

A　B　C　D

6. 将下面六个图形分为两类，使每一类图形都有各自的共同特征或规律，分类正确的一项是(　　)。

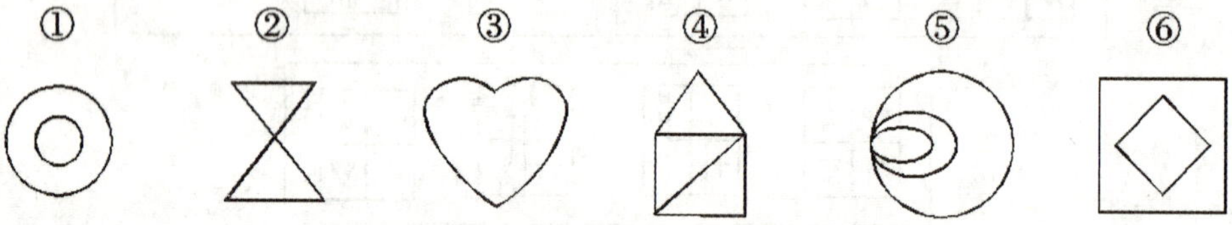

A. ①⑤⑥，②③④　　B. ①②③，④⑤⑥

C. ①②⑥，③④⑤　　D. ①③⑤，②④⑥

7. 左边给定的是纸盒的外表面，右边哪一项能由它折叠而成？(　　)

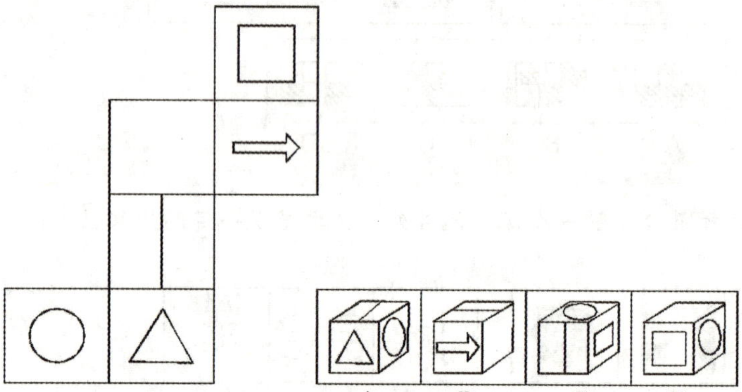

A　B　C　D

真题精讲

8. 从所给四个选项中，选择最合适的一个填入问号处，使之呈现一定的规律性。(　　)

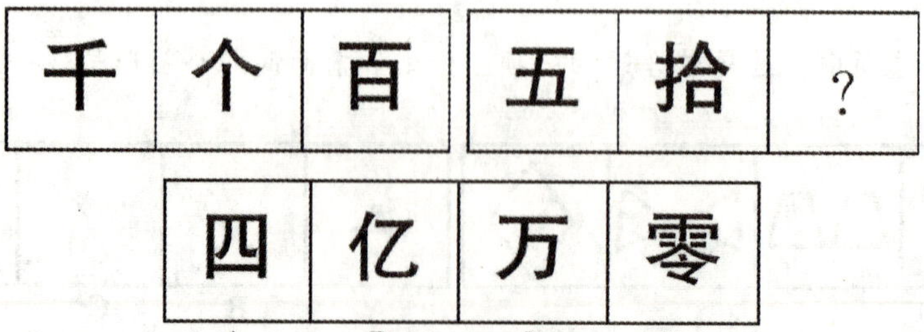

A　B　C　D

参考答案及解析

单项选择题

1. 答案：C。

解析：每组前一个图形整体顺时针旋转90°得到下一个图形。故本题答案为C。

2. 答案：C。

解析：每组前两个图形叠加得到第三个图形，叠加规律为：阴影+阴影=空白+空白=空白，阴影+空白=空白+阴影=阴影。故本题答案为C。

3. 答案：B。

解析：在第一组图形中，第一个图形为轴对称图形，第二、三个图形既是轴对称图形，也是中心对称图形。第二组图形遵循同样的规律，问号处填入的应该既是轴对称图形，也是中心对称图形。观察四个选项中的图形，A选项为轴对称图形，B选项既是轴对称图形，也是中心对称图形，C、D选项既不是中心对称图形也不是轴对称图形。故本题答案为B。

4. 答案：B。

解析：已知的四个图形中，直线数依次是10、8、6、4，所以应选择直线数为2的图形。故本题答案为B。

5. 答案：D。

解析：第一组图形中，黑色小三角的数量依次为2、4、8个，白色小三角形的数量依次为10、8、4个；第二组图形遵循此规律，白色小圆的数量依次为2、4、(8)个，黑色小圆的数量依次为10、8、(4)个。故本题答案为D。

6. 答案：D。

解析：观察六幅图形不难发现：①③⑤都是曲线图形，②④⑥都是直线图形。故本题答案为D。

7. 答案：D。

解析：A选项中，如果三角形所在面是正面时，圆应该在左侧；B选项中，如果箭头所在面是正面时，空白应在箭头的左侧；C选项中，如果竖线所在面是正面时，上面应为空白或三角；选项D可以由此图形折叠而成。故本题答案为D。

8. 答案：D。

解析：在第一组图形中，前两个汉字的笔画数之和等于第三个汉字的笔画数，第二组图形前两个汉字的笔画数分别为4和9，选项中只有D的笔画数为13。故本题答案为D。

第四章 类比推理

常见考点

一、逻辑关系

1. 全同

两个词语表示的事物是同一个或者范围相同。例如：计算机和电脑。

2. 全异

两个词语表示的事物完全不同，没有交集。例如：铅笔和钢笔。

3. 相交

两个词语表示的范围有所交叉。例如：演员和歌手。

4. 包含

一个词语所表示的范围包含另一个词语的范围。例如：家具和衣柜。

5. 因果关系

一个动作或事件的发生引起另一动作或事件的发生。例如：努力和成功。

6. 顺承关系

几个动作或事件相继发生，具有一定的先后顺序。例如：校对和印刷。

二、言语关系

1. 近义关系

两个词语在表达的意思上相近。例如：热情和热忱。

2. 反义关系

两个词语在表达的意思上相反。例如：喜爱和讨厌。

3. 主谓关系

两个词语可以构成主谓关系的短语或者词语本身的构成是主谓结构。例如：飞机和降落。

4. 动宾关系

两个词语可以构成动宾关系的短语或者词语本身的构成是动宾结构。例如：开采和石油。

5. 修饰关系

一个词语对另一个词语起到修饰作用。例如：鲜艳和花朵。

三、生活经验

1. 功能关系

一个词语表示另一个词语的功能作用。例如：电灯和照明。

2. 组成关系

两个词语表示整体与部分的关系。例如：树木和森林。

3. 职业关系

两个词语分别表示一个职业中的职业主体、职业对象、职业工具等。例如：外科医生和手术刀。

4. 加工关系

一个词语是另外一个词语的原材料。例如：黄豆和酱油。

5. 引导关系

一个词语对另一个词语起到指示、指导、引导的作用。例如：提纲和作文。

6. 位置关系

一个词语表示某事物在常态下经常待的位置。例如：牛羊和草原。

四、常识关系

1. 文学常识

主要包括古今中外名人及其朝代、作品、作品体裁、作品中的名句或人物。例如：明代吴承恩和作品《西游记》。

成语典故及其出处、相关人物。例如：赵括，纸上谈兵，出自《史记》。

2. 历史常识

主要包括历史事件及其时间、地点、人物。

真题演练

单项选择题

1. 汽车：导航仪

A. 电脑：鼠标　　B. 相机：闪光灯

C. 医生：护士　　D. 办公室：办公桌

2. 教师：学生

A. 丈夫：妻子　　B. 出版商：读者

C. 商家：客户　　D. 警察：罪犯

3. 电器：空调：塑料

A. 服装：上衣：皮革

B. 住房：车库：水泥

C. 橱柜：衣柜：木料

D. 电话：电线：电波

4. 果酒：发酵：水果

A. 书架：组合：木材

B. 米酒：磨制：糯米

C. 照片：显示：屏幕

D. 玉玺：雕刻：玉石

5. 航线：飞行

A. 土壤：种植

B. 煤炭：发电

C. 提纲：发言

D. 地基：建筑

6. 灯泡：灯座

A. 鼠标：电视

B. 信息：信仰

C. 稿费：编辑

D. 衣服：衣架

7. 出人头地：苏轼

A. 东山再起：谢安

B. 多多益善：项羽

C. 投笔从戎：班固

D. 指鹿为马：李林甫

8. 葡萄酒：名酒：酒精

A. 火箭炮：火箭：战斗力

B. 敞篷车：跑车：发动机

C. 宇航员：人员：驾驶员

D. 玫瑰花：鲜花：牡丹花

9. (　　) 对于 家具 相当于 花岗岩 对于 (　　)。

A. 木材：雕塑

B. 房间：石矿

C. 书桌：石膏

D. 家电：岩石

10. (　　) 对于 湿地 相当于 稀土 对于 (　　)。

A. 雨水：黄金

B. 沼泽：矿产

C. 候鸟：工业

D. 生态：资源

参考答案及解析

单项选择题

1. 答案：A。

解析：此题考查组成关系。导航仪是安装在汽车上的一种定位工具，鼠标是安装在电脑上的一种定位工具。故本题答案为A。

2. 答案：D。

解析：此题考查职业关系。教师作为一种职业，他的职业对象是学生，且教师对学生有管理的职责。选项D中的警察是一种职业，且警察对罪犯有管理的职责。故本题答案为D。

3. 答案：A。

解析：此题考查包含关系和加工关系。空调是一种电器，塑料是生产空调的一种材料。选项A中的上衣是一种服装，皮革是生产上衣的一种材料。故本题答案为A。

4. 答案：D。

解析：此题考查加工关系。果酒是通过水果发酵而制成的。选项D中的玉玺是通过玉石雕刻而制成的。故本题答案为 D。

5. 答案：C。

解析：此题考查引导关系。航线对飞行起引导作用，提纲对发言起引导作用。A、B、D 三项都不存在引导作用。故本题答案为 C。

6. 答案：D。

解析：此题考查位置关系。灯泡通常安在灯座上，衣服通常挂在衣架上。故本题答案为 D。

7. 答案：A。

解析：此题考查理论常识。“出人头地”的典故是关于苏轼的。B 选项“多多益善”的典故是关于韩信的；C 选项“投笔从戎”的典故是关于班超的；D 选项“指鹿为马”的典故是关于赵高的。故本题答案为 A。

8. 答案：B。

解析：此题考查交叉关系。葡萄酒和名酒是交叉关系，葡萄酒和名酒都含有酒精；敞篷车和跑车是交叉关系，敞篷车和跑车都有发动机。故本题答案为 B。

9. 答案：A。

解析：此题考查加工关系。木材是制作家具的材料，花岗岩是制作雕塑的材料。故本题答案为 A。

10. 答案：B。

解析：此题考查包含关系。沼泽是一种湿地，稀土是一种矿产。故本题答案为 B。

第五章 言语理解与表达

真题考点一　选词填空

一、语境分析

1. 语境的含义

语境即言语环境，它包括语言因素，也包括非语言因素。上下文、时间、空间、情景、对象、话语前提等与语词使用有关的都是语境因素。

在选词填空这一类型题目的解题过程中，我们所说的语境通常是指文段中前后句或上下文之间的关系。所谓语境分析是指根据句子之间的关系所给予我们的暗示，找到正确的答案。这里需要考生注意的是，尽管我们在做这一类型题目的时候非常重视词义的辨析，但是切忌脱离文段去考查单个词语的意思。正所谓“词不离句”，我们在做题的时候，必须弄清楚整个段落的意思，或者体会到这个段落隐含的一些信息，然后分析判断，才能挑选出最恰当的词。

2. 语境的运用

（1）解释关系

文段中的某个词、短语或者句子对设空处所填的词语进行了直接或间接的解释。此时我们可以根据已知信息的意思确定设空处所填词语的含义，从而缩小筛选范围。

考点精讲

解释关系常见的提示词语有“也就是说”“或者说”“也可以说”等。另外，冒号和破折号这两种标点符号也可以表示解释关系。

经典真题

（2018 招商）填入划横线部分最恰当的词语是(　　)。

相亲是传统婚恋模式的顽固残余？不能那么________地下结论。在很多时候，相亲无关传统和现代，而成了适龄青年解决婚恋问题的最现实的方式。由于社交圈子狭窄，指望“自由恋爱”找到对象并不________。正因如此，不光家长积极运筹帷幄，他们被相亲的子女也经常________，吐槽和抱怨有之，顺从和参与亦有之。在我身边的年轻人中在父辈的帮助下确立恋爱、婚姻关系的不在少数。

A. 果断　复杂　明推暗就　　　　B. 轻率　简易　若即若离

C. 武断　简单　半推半就　　　　D. 冒失　困难　不即不离

答案：C。

解析：第二空，根据横线前“社交圈子狭窄”，横线处填入词语后的句子所表达的意思应该是并不容易，并不简单，排除 A、D 项。“半推半就”是指装腔作势假意推辞的样子。“若即若离”的意思是（1）形容对人保持一定距离；（2）形容事物含混不清。第三空，根据“吐槽和抱怨有之，顺从和参与亦有之”，可知相亲这种状况子女是“半推半就”而不是“若即若离”。故本题答案为 C。

（2）反对关系

当设空处所填词语与文段中的某个词语构成相互背离或完全相反的关系时，我们称此种关系为反对关系。此时我们需要选择与已知词语含义相背离或相反的词语。

反对关系常见的提示词语有“但是”“然而”“实际上”“事实上”“不是……而是……”等。除此之外，在对偶句式中，如果前后句的句意相反，也应当引起考生的注意。

考点精讲

经典真题

填入划横线部分最恰当的一项是（　　）。

在环境问题上，我们所面临的困境不是由于我们________，而是我们尽力了，但却无法遏制环境恶化的势头，这是一个信号：把魔鬼从瓶子里放出来的人类，已经失去把魔鬼再装回去的能力。

A. 无所顾忌　　B. 无所不为

C. 无所事事　　D. 无所作为

答案：D。

解析：根据“不是……而是……”可知前后两句话之间是反对关系，“而是”之后说“我们尽力了”，那么与之相反的意思则是“无所作为”，“无所作为”指工作中安于现状，没什么成绩。“无所顾忌”指没有什么顾虑、畏惧；“无所不为”指什么坏事都干；“无所事事”形容闲着什么事情都不干。故本题答案为 D。

（3）联合关系

题干中出现两个或两个以上的分句分别陈述几种事物，或者几种事情，或一种事情的几个方面，分句之间是平行相对的并列关系。

联合关系常见的提示词语有“既……又……”“一方面……一方面……”“有时……有时……”“有的……有的……”等。另外，顿号和分号所连接的句子也可以表示联合关系。

经典真题

依次填入划横线部分最恰当的一项是(　　)。

近现代西方科学与人文两种文化经历了融合、冲突和消解三个时期，反映到教育理念上也相应地经历了科学教育与人文教育的相互________、越走越远和共同反思三个阶段。这一历史发展表明，过分强调科学文化和科学教育，必然导致对人文的________；而过分强调人文文化和人文教育，也会带来对科学技术的漠视。

A. 渗透　排挤　　B. 结合　无视　　C. 渗透　轻视　　D. 结合　限制

答案：C。

解析：本题突破口在第二空，由“过分强调科学文化和科学教育……”和“过分强调人文文化和人文教育……”两个并列成分的句子可知，第二空所填词语应和“漠视”意思相近，故可排除“限制”和“排挤”，排除A、D项；从第一空来看，与第一句的“融合、冲突和消解三个时期”相对应，选“渗透”更合适。故本题答案为C。

二、词语辨析

随着银行招聘考试难度的增加，部分选词填空的题目仅靠语境分析并不能直接锁定正确答案，语境分析往往是帮助我们确定词义，缩小范围。最优答案的选择还需要考生对答案中的近义词进行辨析。所以，对于这一类型的题目，只有语境分析和词语辨析双管齐下，才能获得高分。

通过对历年真题的分析发现，对词语辨析的考查主要集中在以下几个方面：

1. 含义侧重

含义侧重是指两个词语虽然意思较为接近，但是侧重点却各不相同。名词的侧重点区分的一般是所指事物、现象的特点；动词的侧重点区分的一般是动作的目的、方式或者结果。

例如：徇私舞弊/营私舞弊

两者都有贪赃枉法的意思，但是前者侧重于为照顾私人关系而舞弊，后者侧重于为自己谋求私利。即动作的目的不同。

经典真题

(2017中行)依次填入下列横线处的词语，与句意最贴切的一组是(　　)。

(1)动漫产业是一个集创意、制作、运营、播出、衍生等为一体的完整产业链。目前，国内动漫产业链依然有待完善，企业的________模式也因此受到一定的束缚。

(2)中国将改变目前出口信用保险产品单一的局面，不久将有买方违约保险、海外投资保险、出口押汇保险等9个新产品________。

A. 盈利　面市　　B. 盈利　面世　　C. 营利　面世　　D. 营利　面市

答案： B。

解析：（1）句中“盈利模式”为固定搭配，故排除 C、D 选项；“面世”指和世人见面，“面市”指投向市场，根据（2）句句意可知不久将有新产品和世人见面，使用“面世”合适。故本题答案为 B。

2. 语意轻重

语意轻重是指两个词语含义相近，但是在语义的强烈程度上有所差别。

例如：过河拆桥/兔死狗烹

“过河拆桥”比喻达到目的后，就把曾经帮助自己的人一脚踢开。“兔死狗烹”比喻给统治者效劳的人，事成后被抛弃或杀掉。两者的意思有相近之处，但是后者表达的程度明显强于前者。

经典真题

填入划横线部分最恰当的一项是（ ）。

随着公益事业的发展，各种公益组织和项目层出不穷，在运行中却暴露出一系列问题。爱心捐赠是否基于自愿？项目运作是否足够规范？信息披露是否透明专业？这些无不在________着大大小小的公益慈善组织。

A. 质疑　　B. 拷问　　C. 考验　　D. 责问

答案： B。

解析：“质疑”是指提出疑问，请人解答；“责问”是指用责备的口气质问；“拷问”是指拷打审问，泛指用刑逼供。根据前文连续的三个分句，以及“一系列问题”“这些无处不在”等词句，可知原文语意程度较重，与“质疑”“责问”相比，“拷问”程度更重，更能体现公益慈善组织所面临的问题。故本题答案为 B。

此外，语意轻重的考查经常和递进关系的句群结合在一起。当文段中出现“甚至”“更”“不仅……还……”等提示词的时候，考生要注意设空处所填词语语意的轻重，从而做出合理的选择。

3. 范围大小

词语的词义范围是指某些词语的含义包含其他词语的含义，应结合题目信息选择范围合适的词。

例如：衣衫褴褛/捉襟见肘

“衣衫褴褛”形容衣服破破烂烂，生活贫困，词义范围较小。“捉襟见肘”形容衣服破烂，也比喻顾此失彼，穷于应付，词义范围较大。

经典真题

依次填入划横线部分的词语，与句意最贴切的一组是（ ）。

（1）1984 年，任继愈先生主持________《中华大藏经》，使这部稀世珍宝得以广泛流传。

（2）全国构建和谐劳动关系先进________暨经验交流会 15 日至 16 日在北京举行。

A. 编纂　表扬　　B. 编纂　表彰　　C. 编辑　表彰　　D. 编辑　表扬

答案：B。

解析："编纂"是指编辑（多指资料较多、篇幅较大的著作），范围较大；"编辑"是指对资料或者现成的作品进行整理和加工，范围较小。根据句（1），《中华大藏经》应该是一部资料众多、篇幅很大的著作，因此第一空应选择"编纂"，据此排除 C、D 选项。"表扬"指对好人、好事公开称赞；"表彰"指高度赞扬，主要对象多为有突出贡献、做出巨大成绩或有壮烈事迹的人物或单位。根据句（2），应该是对有重大贡献的人进行隆重表扬，因此应选择"表彰"，排除 A 项。故本题答案为 B。

4. 感情色彩

词语从感情色彩上可以分为褒义词、贬义词、中性词。考生可以根据题干信息来确定文段作者的态度倾向性是属于积极的感情色彩还是消极的感情色彩，然后再选择与文段感情色彩相符合的一项。

经典真题

依次填入划横线部分最恰当的一项是(　　)。

孩子的成长需要在实践中积累失败的经验，父母不宜过度________，在一些小事上更应以开放的态度鼓励孩子自行做出决定，即使孩子会犯错或失败，也应该让他们自行承担________。

A. 影响　结果　　B. 干预　后果　　C. 破坏　恶果　　D. 主导　苦果

答案：B。

解析：通读文段可知，本段客观地陈述了父母不能过度干预孩子做决定，应该让孩子学会承担后果。文段是中性色彩，故排除含贬义色彩的 C、D 两项。再看第一个空，由词义可知"影响"与文意不符，排除 A 项。故本题答案为 B。

真题考点二　病句辨析

所谓病句，就是有毛病的句子，即违反语法结构规律或客观事理的句子，前者叫做语法错误，后者叫做逻辑错误。常见的病句类型主要有以下几种。

一、搭配不当

搭配不当就是指句子中相关的成分不能搭配。

句子有六大基本成分：主语、谓语、宾语、定语、状语、补语。这些成分是两两搭配的，如主语和谓语、谓语和宾语、修饰语（定语、状语、补语）和中心词都是密切相关的成分。而且每个成分都有某些语义上的要求，两个成分之间在语义上要相容。不注意他们的配合，就容易犯搭配不当的错误。

1. 主语和谓语搭配不当

例句：乳腺增生平时要多吃白菜、豆制品、海带、鱼类、酸奶。(2017 交行)

辨析：该句中的主语“乳腺增生”和谓语“多吃”不能搭配。应该改为“患有乳腺增生的人平时要多吃……”。

2. 谓语和宾语搭配不当

例句：央行数据显示，截至 5 月末，金融机构中小企业贷款余额同比增长 18.7%。银行业机构大力创造金融服务体系，不断加大对中小企业的支持力度。(2017 交行)

辨析：“创造”与“体系”动宾搭配不当，可以修改为“创新金融服务体系”。

3. 主语和宾语搭配不当

例句：中国戏曲是世界上历史最悠久、旋律最优美、表现最精致的国家之一，中国戏曲深受全世界人民的喜爱。(2018 交行)

辨析：“戏曲是国家之一”主宾搭配不当，应删去“国家之一”和后一个“中国戏曲”。

4. 修饰语和中心词搭配不当

例句：他渐渐爬起来，吃力地走着。

辨析：“渐渐”表示程度或数量的逐步增减，如“渐渐有了起色”“天色渐渐暗了下来”“渐渐地熟悉了环境”，但不能用于修饰人的各种动作，所以和“爬起来”搭配不当。

二、成分残缺

成分残缺就是指句子中缺少了必不可少的成分。句子的各个成分是互相配合的，如果缺少了某个必要成分，句子的结构就不完整了。

1. 主语残缺

例句：在这个电影里，真实地反映了拐卖儿童的行为对孩子及其家人产生的巨大影响，很多情节催人泪下。(2017 中行)

辨析：“在……里”是介宾结构，作为句首，那么后半句就没有了主语。可以把“在……里”删掉，让“这个电影”作主语。

2. 谓语残缺

例句：西藏解放后，达赖势力不甘心失败，在国际反华势力的支持下，伺机分裂破坏活动。(2017 交行)

辨析：“分裂破坏活动”没有谓语，可以在“伺机”和“分裂破坏活动”之间加上“进行”。

3. 宾语残缺

例句：社会结构发生重要变化之际，政府要关注留守儿童缺乏关注与教育造成的心理畸形。(2017 中行)

辨析：该句缺少“关注”的宾语，应该修改为“政府要关注留守儿童缺乏关注与教育造成的心理畸形问题”。

4. 其他成分残缺或不完整

例句：今年的新春联欢晚会，相当的外国留学生上台表演了节目。

辨析："相当"作定语不完整，应加上"多"后让"相当多"作定语。

例句：刘老师不仅具有较高的学术水平，深受学生们的爱戴。

辨析："不仅……还……"或者"不仅……而且……"是一对表示递进关系的关联词语，因此应该在"深受"之前加上"而且"。

三、成分赘余

跟成分残缺相反，成分赘余是指句子中的相关成分已经完备了，却重复添加了一些成分，在结构和语义上显得累赘。

1. 谓语赘余

例句：近视患者都应当接受专业医师的检查，选择合适的眼镜，切忌不要因为怕麻烦、爱漂亮而不戴眼镜。

辨析："切忌"和"不要"语意重复，放在一起使用导致语义与文段不符，应改为"不要因为怕麻烦、爱漂亮而不戴眼镜"。

2. 宾语赘余

例句：我不能回答，因为我对这件事没有仔细想过，可是我想说几句话我的看法。

辨析："说"的宾语"几句话我的看法"中，"几句话"和"我的看法"语义上有重复，句法上也不构成并列，因此可以改为"我想说几句话"或者"我想说说我的看法"。

3. 修饰成分赘余

例句：县"科技下乡"小分队来到桃花乡，大约半小时左右，近千份科技信息资料就被老乡们索要一空。

辨析："大约"和"左右"都是表示约数的，两词连用语义重复，应去掉其一。

四、语序不当

语序不当是指句子中词语的位置放得不合适，影响了句子意思的表达。语序不当大多跟修饰语的摆放位置有关。

1. 多重定语语序不当

例句：南昌八一起义纪念馆里陈列着好多种当年周恩来使用过的东西。

辨析：这个句子中"东西"有多个定语，表数量的定语"好多种"应放在表领属的定语"周恩来使用过的"之后；"当年"限制"使用"，应放在"使用"前。

考点精讲

提示：

多重定语的正确顺序一般是：（1）表领属的或时间处所的词或短语；（2）表指称或数量的短语；（3）动词或动词短语；（4）形容词或形容词短语；（5）名词或名词短语。

例如：我们请来的演讲者是［北京大学的］［一位］［擅长做实验的］［优秀］［生物］教师。

2. 多重状语语序不当

例句：这里，昔日开阔的湖面大部分已被填平，变成了宅基地，剩下的小部分也在以10%的速度每年缩减着，令人痛心。

辨析：此句最后一个分句中“缩减”有两个状语，表时间的“每年”应在表情态的介宾短语“以10%的速度”之前。

提示：

如果一个句子有多个状语，它们的正确顺序一般是：（1）表目的或原因的介宾短语，它常在句首，用逗号和主语隔开；（2）表时间的词语或短语；（3）表范围程度的词语或短语；（4）表处所的词语；（5）表情态的词语或短语。另外，表对象的介宾短语一般紧挨在中心语前。

例如：我［昨天］［已经］［在图书馆里］［仔细地］［把这些材料］核查过了。

3. 定语和状语次序错位

例句：请柬的封套上古色古香地印着青铜器。

解析：“古色古香”应修饰“青铜器”，是“青铜器”的定语，应该紧挨在“青铜器”前面，而不应放在状语的位置。

提示：

一般的，定语修饰主语或宾语，状语修饰谓语，否则，就会出现定语和状语次序错位的语病。

4. 主客颠倒

例句：中国教育工作者对位于巴黎市中心塞纳河畔的“国立蓬皮杜文化艺术中心”的公共图书馆留下了深刻的印象。

辨析：该句中“中国教育工作者”是主体，“公共图书馆”是客体。陈述主体时，应陈述为“主体对客体有印象”；陈述客体时，应陈述为“客体给主体留下印象”。

五、结构杂糅

结构杂糅是把两种不同的造句形式或格式糅合在一起，造成结构混乱，层次关系混杂不清。由于结构杂糅常常体现为将不同句式混杂在一起，因此常被称作句式杂糅。

常见的结构杂糅的考点如表1-5-1所示：

表1-5-1 句式杂糅的典型结构

典型结构	病句	修改
被（受）……所	这个方法深受群众所喜爱。	这个方法深受群众喜爱。
原因是……造成（引起、诱发、作怪）；由于……结果；之所以……的原因	这些蔬菜长得这么好，是由于社员们精心管理的结果。	这些蔬菜长得这么好，是社员们精心管理的结果。
防止……不再……	为了防止这样的事情不再发生，我们必须总结经验教训。	为了防止这样的事情再次发生，我们必须总结经验教训。

续表

成分是……配制而成；分……部分组成	止咳祛痰片的主要成分是远志、桔梗、贝母、氯化铵等配制而成。	止咳祛痰片的主要成分是远志、桔梗、贝母、氯化铵等。
大多以……为主	这届全运会会徽、吉祥物设计的应征者大多是以青年师生为主。	这届全运会会徽、吉祥物设计的应征者是以青年师生为主。
从……为出发点；本着……为原则	作为一个共产党员、党的领导干部，想问题办事情，都要从党和人民的根本利益为出发点。	作为一个共产党员、党的领导干部，想问题办事情，都要从党和人民的根本利益出发。
需要……不可；非……才行	当然，要搞好跨学科渗透和综合，并非易事，需要下一番功夫不可。	当然，要搞好跨学科渗透和综合，并非易事，需要下一番功夫。

真题考点三　语句排序

语句排序类的题目，即题干中给出几个顺序错乱的句子，要求考生将其重新排列。解答此类题目切忌分析句子直接排列然后筛选选项，而应从选项入手，运用排除法，高效锁定正确答案。

一、抓段落首句

从段首入手是解决语句排序类问题的常见方法，此种方法要求考生首先观察四个选项的段落首句，判断是否有不符合要求的句子作段首，如果存在，则直接排除该选项。

经典真题

(2017农行）给下列句子排序，最恰当的一项是(　　)。

①但如果仅仅是巧借互联网为概念或噱头，用互联网的“新瓶”去包装传统模式的“旧酒”。

②即便可能风光一时，也只会错失提升竞争力的难得机遇，最终被市场和消费者快速摒弃。

③从“云计算”到“物联网”，从“大数据”到“工业4.0”，一个个耳熟能详的流行热词背后，蕴藏着互联网给予人类的巨大能量与无穷的想象空间。

④有人调侃，“互联网是个筐，什么都能往里装”。

A. ②④①③　　B. ③①④②　　C. ①④③②　　D. ④③①②

答案：D。

解析：首先来看四个选项的首句，①句含有“但……”，②句中含有“即便……”，不能够作段首，可排除A、C选项。又因为①②句存在明显的因果关系，应该放在一起。故本题答案为D。

一般而言，下列句子不适合作段落首句：

1. 含有总结性词语的语句，如“总而言之”“因此”等；
2. 含有指代词的语句，如“他/她”“它”“这”“那”等；
3. 含有部分关联词语的语句，如“但是”“仍然”“还”等。

二、抓关键词语

抓段落首句可以帮助考生快速地排除明显错误的选项，但是要理清段落中句子间的局部关系，还需要借助于关键词语的提示。

考点精讲

这里提到的关键词语主要指下面两类：

1. 关联词语

关联词语一般都会成对出现，并且有固定的搭配习惯，所以可以据此判断含有成对使用的关联词语的两个句子的前后顺序。

2. 指代词

如果某一句子中出现了指示代词，那么在该句之前一定会有句子表明该指代词所指代的对象，从而确定两句话的前后关系。

经典真题

(2017 中行) 以下四个句子重新排列组合，最连贯的是(　　)。

①这是值得每个网民深思的问题。

②人人都有“麦克风”，在众声喧哗中如何让自己在公共空间的发言更客观理性文明？

③“互联网+”时代，技术和平台赋予人们前所未有的新生活，在网上交流、交往、交易成为生活新常态，网络“双刃剑”的特性益发凸显。

④个个都是“键盘侠”，在“舞刀弄枪”时怎样保证自己的网络言行遵纪守法不危害他人？

A. ④③②①　　B. ③②④①　　C. ②①④③　　D. ①④②③

答案：B。

解析：首先看 4 个选项的首句，①句中含有“这是……”，不能作段首，故排除 D 选项。②④句都是问句，是①句中“这”的指代对象，故①应在④②句之后，故排除 C，又因为②④句是并列关系，应挨在一起，故排除 A。故本题答案为 B。

三、抓行文脉络

一个完整的段落在描写的时候都会遵循一定的行文脉络，即作者的写作顺序。常见的写作顺序有时间顺序或事物发展顺序。

考点精讲

经典真题

将以下六个句子重新排列，语序正确的是(　　)。

①在丹麦、瑞士等北欧国家发现和出土的大量石斧、石制矛头、箭头和其他石制工具以及用树干制造的独木舟便是遗证。

②陆地上的积冰融化后，很快就出现了苔藓、地衣和细草，这些冻土原始植物引来了驯鹿等动物。

③又常年受到从西面和西南面刮来的大西洋暖湿气流的影响，很适合生物的生长。

④动物又吸引居住在中欧的猎人在夏天来到北欧狩猎。

⑤北欧虽说处于高纬度地区，但这一带正是北大西洋暖流流经的地方。

⑥这大约发生在公元前 8000 年到公元前 6000 年的中石器时代。

A. ⑥⑤③②④①　　B. ⑤②③④①⑥

C. ⑤③②④⑥①　　D. ⑥②④①⑤③

答案：C。

解析：这段文字是按事物发展顺序描写的。受北大西洋暖流以及西面和西南面刮来的大西洋暖湿气流的影响出现了植物，植物的生长吸引来了动物，而动物的出现又吸引来了猎人，所以各个句子间的顺序应该是⑤③②④，由此可排除 B、D 选项，又因为⑥句中有指代词“这”，不适合作段首，排除。故本题答案为 C。

真题考点四　语句衔接

语句衔接即在一个完整的段落中空出一句话，要求考生选择最合适的一项填入空缺处。

若要选择的句子准确无误地和整段文字顺承下来，则需要考生在解答此类问题时重点关注前后文的关联，将备选项代入原文进行分析，判断是否符合以下四个原则：

一、话题的一致性

话题一致是保持语言连贯的基本要求。一个长句或句群只有话题和陈述的角度一致，中心才会明确，语意才能贯通。如果中间转换了话题或陈述对象（主语），势必会影响到语意的连贯。

经典真题

(2018 建行)“天下之至拙，能胜天下之至巧。”认真，彰显的是笨功夫、长功夫、真功夫，乃为至拙的内在修炼。有了这种修炼，滴水可穿石，铁棒可磨针，铁树可开花。马克思潜心研究 40 年，终成科学巨著《资本论》；李时珍耗费心血二十七载，“读万卷书、行万里路”，终成医药经典《本草纲目》；钱穆倾尽一生心力，砥砺“虽居乡僻，未尝敢一日废学”的拙功，终成 1700 万言的国学著述。古今中外、千行百业的事实可鉴：做事、治学、成大器的真谛在于，“________________”

填入划横线处的语句，最恰当的一句是(　　)。

A. 有志者、事竟成，破釜沉舟，百二秦关终属楚；苦心人、天不负，卧薪尝胆，三千越甲可吞吴

B. 心心在一艺，其艺必工；心心在一职，其职必举

C. 古之立大事者，不惟有超世之才，亦必有坚忍不拔之志

D. 万物得其本者生，百事得其道者成

真题精讲

答案：B。

解析：前文所列举的马克思、李时珍、钱穆的事例都有一个共同点，就是“专心于事，运用笨功夫、长功夫、真功夫，乃为至拙的内在修炼”。A 项说的是有志向，B 项说的是专心于一艺，C 项说的是意志，D 项说的是寻根溯源，追求本质。故本题答案为 B。

二、结构的一致性

语句结构的一致性是指文段中的语言结构要保持连贯、完整。当遇到以下三种情况时，考生尤其要注意保持句子结构连贯、完整。

1. 文段中出现排比句、对偶句；

2. 文段中出现被动句、“把”字句、反问句、疑问句；

3. 文段的分句间呈现并列、转折、递进、选择、因果、假设、条件等关系。

经典真题

填入划横线部分恰当的一组语句是(　　)。

甲：小河上的薄冰融化已尽，小草从暖湿的泥土中苏醒，____________，造化的神功又一次使人们惊异了。

乙：阳光融化了河冰，细雨润泽了山色，____________，造化的神功又一次使人们惊异了。

①春风吹绿了柳枝

②春风把柳枝吹绿

③柳枝被春风吹绿

④柳枝在春风里染绿

A. ①③　　B. ②③　　C. ④①　　D. ③①

答案：C。

解析：甲句中用“冰”和“草”作主语，与选项中的“柳”是同类事物，可初步选定③④，再按句式一致原则，排除用被动句式的第③句，故甲处应该选④。乙句中用“阳光”和“细雨”作主语，“春风”与它是同类事物；再从句式来看，排除用“把”字句的②，最后选定①。故本题答案为 C。

三、情感意境的一致性

语言都是带有作者的情感倾向的。文字中所渗透的感情或喜或悲，或憎或爱，或褒或贬，或激昂或沉郁；文字所描写的景象或繁盛或凄凉，或热烈或肃杀。这样就要求考生答题时注意在整体上做到情感意境的一致。

经典真题

为划线处选择适当的句子，使上下文衔接。(　　)

________________崖壁下有好几处坟地，坟前立着的石碑许多已经破碎，字迹模糊；枯水季节，伏在江里的石头有的已经露出水面，周围一片寂静。

A. 一列青黛崭削的石壁夹江高矗，被夕阳烘炙成一道五彩斑斓的屏障

B. 没有太阳，天气相当冷，藤萝叶子多已萎落，显得这一带崖壁十分瘦削

C. 一行白帆闪着透明的羽翼，从下游上来，山门半掩，一道阳光射在对岸的峭壁上

D. 在夕阳的照射下，枯草和落叶闪着不定的光，崖壁像一道巨大的屏，矗立在江对岸

答案：B。

解析：阅读文段，破碎的石碑，枯水季节，构成了一种凄冷沉寂的意境。而 A 项的“五彩斑斓”，D 项的“夕阳落照”，均塑造温暖祥和的意境，C 项“透明的羽翼”则透着“亮”色，都与原句的语境不符合。只有 B 项“凄冷的天气，没有阳光，叶子枯萎”，符合原文的意境。故本题答案为 B。

四、逻辑的一致性

逻辑的一致性是指根据所填句子在文中的不同位置，应该具备不同的作用。

有三类句子，经常作为被考查的对象，分别是段落首句，段落尾句以及段落中的过渡句。具体而言，首句为整个段落的总起句，一般起到引起下文的作用；尾句主要对前文内容进行概括总结，或者升华主题；过渡句则起到承前启后的作用。

经典真题

(2016 建行)“________________”人能改造环境，环境也在塑造人。好的土壤可以让嘉德懿行生根发芽，而坏风气却是道德力量的腐蚀剂。试想，如果见义勇为者流血又流泪，如果搀扶老人反而惹上官司，如果诚实守信者总是吃亏，那么在高昂的道德成本之下，还有多少人愿当“活雷锋”？还有多少人敢“路见不平一声吼”？

填入划线部分最恰当的一项是(　　)。

A. 蓬生麻中，不扶而直；白沙在涅，与之俱黑

B. 自谋不诚则欺心而弃己，与人不诚则丧德而增怨

C. 君子贵人贱己，先人而后己

D. 公则不为私所惑，正则不为邪所媚

答案：A。

解析：需要填入的句子位于段首，作用是引出下文。根据后文内容“人能改造环境，环境也在塑造人”以及后面所提及的情况，可知作者谈论的是道德大环境对个体的影响，A选项表达的正是环境对人的影响；B选项表达的是做人应该诚实，无论对人还是对己；C选项表达的是君子应该尊重他人，首先为他人考虑；D选项表达的是为官应坚守公正的原则。故本题答案为A。

真题考点五　片段阅读

前面我们讲到的选词填空、病句辨析、语句排序和语句衔接侧重对言语表达能力的考查，而片段阅读则不同，其命题形式是先给出一段文字，然后针对这段文字提出一个问题，主要考查考生对文字材料的阅读、分析理解的能力。

这类题目命题形式灵活多变，宏观方面，既可以考查作者的写作意图，又可以考查材料的段落大意，既可以考查材料中所蕴含的道理启示，又可以考查材料的标题……微观方面，既可以考查对细节内容的辨析，又可以考查对个别词句的理解。因此，应对好这类题目，一方面要明确题型，确定考点；另一方面要掌握方法，融会贯通。

表1-5-2　片段阅读的常见题型

题型	提问方式
内容概括类	对这段文字意思概括最准确的是？ 这段文字主要介绍了？
主旨观点类	这段文字意在强调/意在说明/意在表达？ 通过这段文字，作者想表达的观点是？
细节辨析类	对这段文字理解正确/不正确的一项是？ 下列说法符合原文/不符合原文的一项是？
词句理解类	对划线词句理解正确的是？ 对文段中的“……”理解正确的是？
承接叙述类	作者接下来最有可能讲述的内容是？
添加标题类	下列最适合做文段标题的一项是？
道理启示类	这段话启示人们？ 这段话告诉我们的道理是？

一、常规主观型题目

内容概括类和主旨观点类问题统称为常规主观型题目，常规主观型题目是在片段阅读中最易考查的一类问题。要做好这类题目，需要熟练掌握结构分析这种方法。

文段都是由阐述同一主题或相关主题的一系列相关句子按照一定的方式组成的。句子与句子之间组合的方式，叫做结构。所谓结构分析，就是通过理清句子间的结构找到文段重点，进而归纳概括主要段落大意或分析作者观点意图。

这里总结了考试中经常出现的一些文段结构，希望能够帮助考生很好地掌握结构分析的方法。

考点精讲

1. 递进结构

句子与句子之间呈现递进关系时，递进之后的内容是文段的重点。

递进结构常见的提示词有：而且、并且、何况、况且、甚至、更、还、甚至于、更何况等。

2. 转折结构

当句子与句子之间呈现转折关系时，转折之后的内容是文段的重点。

转折结构常见的提示词有：虽然、虽、但是、但、然而、可、却、事实上、实际上等。

经典真题

（2018 建行）用法律管道德问题，旨在利用法律对不道德行为的约束力，即通过规定人们该做什么、不该做什么来惩恶扬善。但是道德问题无法量化，这就令道德立法常常缺乏可操作性。比如，“不让座”的是全车的有座之人，还是与老弱病残孕距离最近的个别人？“常回家看看”的频率是什么，看的程度有哪些？如果道德立法缺乏必要标准和裁决程序，就会陷入“剪不断、理还乱”的境地。

这段文字意在说明（　　）。

A. 为道德问题立法不具有可操作性

B. 法律的作用重在约束不道德行为

C. 道德问题的解决依赖于道德水平的提高

D. “常回家看看”不应该写入法规

答案：A。

解析：文段首先提到利用法律对不道德行为的约束力来达到用法律管道德问题的目的，接着“但是”进行转折引出文段的重点，即为道德问题立法不具有操作性。故本题答案为 A。

3. 因果结构

句子与句子之间是原因和结果的关系时，便构成了因果结构。因果结构的重点在表述结果的内容。

因果结构常见的提示词有：因为、由于、是因为、是由于、所以、因此、因而、以致、致使等。

经典真题

（2016农行）足球运动中，国家队每年只是集训几次，大家在一起踢球，这和一年之中队员基本固定的俱乐部队比起来，国家队是个临时拼凑起来的集体这种感觉更强烈。因此，很自然地，很难看到同一球员在国家队里和在俱乐部里有相同的表现。

根据这段文字，能推测出（　　）。

A. 国家队每年训练天数很少

B. 国家队队员全部来自各个俱乐部

C. 国家队队员集体荣誉感不如俱乐部

D. 球员在国家队的表现与在俱乐部相比很差

答案：C。

解析：本段文字是因果结构，"因此"后面的内容是文段的主题，说"很难看到球员在国家队里和俱乐部里表现相同"，也就是说由于"国家队是个临时拼凑起来的集体这种感觉更强烈"的原因，国家队队员的集体荣誉感不如俱乐部会员的荣誉感强烈。故本题答案为C。

4. 假设结构

句子与句子之间呈现假设关系，需要根据其提示词的不同来判断文段的重点。

"如果（假如、假使、假若、假设、倘若、倘使、若是、若、要是）"所引导的假设从句，重点关注"如果""倘若"后的内容；

"即使……也……"引导的假设从句，重点关注"也"后的内容。

5. 总分结构

总分结构往往没有明显的提示词语，判断的难度较大，所以考生需要对总分结构的行文脉络有清晰的了解。

总分结构常见的行文脉络有以下几种：

（1）概括总说——论证说明

（2）提出观点——解释说明——重申（深化）观点

（3）提出问题——分析问题——解决问题

（4）介绍背景——引出观点——解释说明

（5）论证说明——概括总结

经典真题

（2016工行）太空山丰富的资源早已被世人所关注，19世纪，就有多位学者冒险进入太空山采集各种动植物标本。太空山动植物资源丰富，有各类植物3700多种，其中可入药的植物达2103种，有高等维管束植物119科、872属、2671种，其中列为国家一、二级保护的树种有39种。有各类动物1060余种，其中两栖类33种，爬行类40种，兽类76种，鱼类47种，鸟类308

种，昆虫 560 种，金丝猴、华南虎、金钱豹、白鹤、白蛇、大鸨等 67 种珍稀野生动物受国家重点保护。至今，仍有大量标本保存在各地的博物馆内。

你觉得这段文字主要告诉了你什么？（　　）

A. 太空山拥有丰富的动植物资源

B. 大量的动植物标本都保存在各地博物馆

C. 许多学者对太空山的资源了如指掌

D. 太空山野生动物标本远多于植物标本

答案：A。

解析：此段文字为总分结构，首句概括地指出“太空山丰富的资源早已被世人所关注……”，后面通过列数字的方式具体地描述了太空山丰富的动植物资源。因此作者通过这段文字想告诉读者的就是太空山的动植物资源十分丰富。故本题答案为 A。

二、细节辨析型题目

细节辨析型题目主要考查考生对文段中细节内容的辨别理解的能力。考生要在较短的时间内快速浏览全文，并从选项中找出和原文描述一致（或不一致）的一项。这就要求考生对该类题目常见的命题角度有一定的敏感性。

表 1-5-3　细节类题目的命题角度

命题角度	提示词
表条件的	决定因素、不可或缺、基础、只有……才……、只要……就……
表因果的	因此、致使、导致、所以
表程度的	最、尤其、特别、更、非常、特别、显著、很
表时态的	已经、目前、将来、今后
表范围的	都、绝大多数、个别、一些、部分、少量、很少
表态度的	遗憾的、片面的、可惜的、精辟的、值得推敲的、认同、反对
表情态的	可能、也许、或许、估计、一定

考生在阅读文段的时候，一定要重点关注这些提示词所在的语句。如果选项中恰好出现了相类似的描述，那么就更要认真比对，判断和原文的意思是否一致，切忌马虎大意。

细节类题目的选项中，常有以下几种设错方式。

1. 无中生有

是指把没有的说成有，凭空捏造。主要体现为原材料中并没有提及这层意思，但是在选项中却出现了。

2. 正话反说

是指选项的描述和原材料作者的意思正好相反。

经典真题

“全光通信”是一种无须进行任何光电变换的全新光波通信。在全光通信系统中，图像和话音信息直接变换为光电信号并在传输媒体中传输。在摄像光学系统、光纤系统和接收光放大系统组成的全光通信系统中，由于不要求光电变换，所以没有任何电子元件，信号失真小，能够在100℃以上的高温环境中连续工作，是理想的通信方式。

下列说法不符合这段文字内容的一项是(　　)。

A. 全光通信系统的信息媒体是光波

B. 全光通信无需进行信息转换

C. 全光通信系统中没有电子元件

D. 全光通信信号失真小因为没有光电转换

答案：B。

解析：原文是“图像和话音信息直接变换为光电信号并在传输媒体中传输”B项却说“无需进行信息转换”，属于正话反说。A、C、D都能在原文中找到相应描述。故本题答案为B。

3. 混淆时态

是指材料的时态和选项表达的时态不同，可能材料表述的是将来时态，而选项变成现在时态。

4. 强加因果

是指材料中提及了甲、乙两个事物，并没有说明两者之间存在因果关系，而在选项中被强行说成因果关系。

5. 绝对化

做题过程中，有一些选项表述比较绝对，这样的选项正确的概率很小，但也不是一定错。要以材料为准，如果材料的表述也是绝对化的，那么选项正确；而表述相对委婉的选项，正确的概率相对更高。

经典真题

碳汇造林正逐渐成为北方某市市民履行义务植树责任的形式之一。在经过几十年的营造和平原大造林后，该市适宜大规模造林的地方越来越少。由于路途遥远、交通问题、活动统筹困难等原因，组织大型植树活动也越来越困难。而人人都能参加的碳汇造林从根本上解决了这个问题。相关细则规定，个人购买碳汇达到60元的，折算为3株植树义务。购买碳汇的资金将由专业人员实施碳汇造林、营林，协助单位和个人履行义务造林和应对气候变化的社会责任。

对这段话的理解正确的是(　　)。

A. 该市不再适宜大规模造林，以后将不再组织大型植树活动

B. 关心环境和气候变化的该市市民可以成为“买碳人”

C. 碳汇造林辅助解决了该市的交通问题，有利于市民的身心健康

D. 人人都要参加碳汇造林，这是个人要履行的造林义务

答案： B。

解析： 由文段中“该市适宜大规模造林的地方越来越少”“组织大型植树活动也越来越困难”可知，A项中的“不再适宜”“不再组织”表述过于绝对，排除。C项“辅助解决了该市的交通问题”在文段中没有体现，属于无中生有，排除。根据文段首句可知，D项“人人都要”表述过于绝对，排除。B项表述正确，符合文意。故本题答案为B。

6. 偷换概念

是指将材料中的概念在选项中进行了偷换，换成了和材料中概念极其相似的概念来迷惑考生。

经典真题

（2018工行）完成一个“创意可视化信息图形”，绝对不像看上去那么简单。专业人士认为，它涉足制图学、图形绘制设计、计算机视觉、数据采集、统计学、图解技术、数形结合以及动画、立体渲染、用户交互等，而你至少必须了解的领域有：影像学、视知觉、空间分析、科学建模等，要下的功夫很多，这和以往找几个数据做柱形图已经完全不是一个概念了，要真正完成“创意可视化信息图形”，第一步就是完成数据收集和整理工作。

以下对这段话的理解正确的一项是(　　)。

A. “创意可视化信息图形”看上去非常简单

B. 不进行数据收集和整理就不能制作“创意可视化信息图形”

C. “创意可视化信息图形”和根据数据制作的柱形图是完全不一样的两种东西

D. 必须掌握制图学、图形绘制设计、影像学才能够完成“创意可视化信息图形”

答案： B。

解析： A项根据“绝对不像看上去那么简单”，属于正话反说，排除。C项根据文段中“完全不是一个概念了”，可知并不意味着“完全不一样”，过于绝对，排除。D项偷换概念，文段中是“了解”而不是“掌握”，排除。B项，根据最后一句话可知必须完成数据收集和整理工作，正确。故本题答案为B。

7. 错误定性

是指将某种态度或情感强加给作者，有些材料并不能看出作者的态度观点，如果强加上某种态度观点，便是错误定性。

三、其他题目

1. 词句理解类

在词句理解题目中，所考查的词句的含义往往都不是其本身的含义，而是具体语境中被赋予了临时的意义和特殊的含义，因此解答这类题目时必须从整体上把握文段，联系前后文的内容进行分析。

经典真题

（2018 中行）看出生命的意义同价值，原来如此，却想在生前死后使生命发生一点特殊意义和永久价值，心性绝顶聪明，为人却好像傻头傻脑，历史上的释迦、孔子、耶稣，就是这种人。这种人或出世、或入世、或革命、或复古，活着时都显得很愚蠢，死后却显得很伟大。

对文段中，划线的“这种人”理解错误的是（ ）。

A. 死后常常显得伟大
B. 为人好像傻头傻脑
C. 活着的这种人很愚蠢
D. 看出了生命的意义和价值

答案：C。

解析：由“活着时都显得很愚蠢，死后却显得很伟大”可知 A 项正确、C 项错误；由“为人却好像傻头傻脑”可知 B 项正确；由“看出生命的意义同价值”可知 D 项正确。故本题答案为 C。

2. 承接叙述类

承接叙述类题目，表面上问作者接下来会谈论的话题，其本质还是考查考生对原有文段内容的理解能力。因为只有了解作者已经谈及的内容，才能够推断出接下来会谈论什么。所以对于此类题目，考生一方面要把握段落大意，一方面又要重点关注段落尾句。

经典真题

（2016 建行）经过监管部门和商业银行的共同努力，我国银行业金融创新取得了诸多成果，符合现代商业银行特征的科学管理体制和高效运营机制已有雏形，种类丰富多元、机构遍布城乡的银行业体系基本建立，满足差异化竞争、特色化发展的金融服务和产品不断丰富，有效提升了我国银行业的经营效率、服务水平和对实体经济的支持能力。新形势下，如何继续加大金融产品创新力度，满足多元化的金融服务需求，商业银行大有空间可为。

接下来作者有可能谈论的是（ ）。

A. 监管部门与商业银行在提升银行业经营效率方面所做的努力
B. 我国商业银行如何通过支持科技创新，来创造新的利润增长点
C. 我国商业银行在满足多元化的金融服务需求方面可采取的措施
D. 我国银行业金融创新取得的诸多成就以及存在的诸多问题

答案：C。

解析：文段最后提到“新形势下，如何继续加大金融产品创新力度，满足多元化的金融服务需求，商业银行大有空间可为”。根据文意，作者接下来最有可能提及的是为满足多元化的金融服务需求，商业银行可以采取的措施。故本题答案为 C。

3. 道理启示类

道理启示类的问题，考生在作答时要注意两个原则：一、源于主旨；二、有指导意义。源于主旨是指正确的选项所阐述的道理一定是由文段主旨中得来的，不能无中生有；有指导意义是指正确的选项所阐述的道理应该对人生有指导意义，具有一定的实践性。

经典真题

一块木料，能不能用，怎样使用，舍弃什么，不是用嘴说，也不是用眼看，更不是凭“老经验”去推断下结论——权威只有一个，就是用尺子量一量，用墨线校一校。这就是“匠人规则”。匠人们之所以令人肃然起敬，源于他们对工作的一丝不苟，始终遵循“尺子最有发言权”这一准则。

这段文字中的“匠人规则”启示我们(　　)。

A. 规则是有棱有角，非常清楚的，丁就是丁，卯就是卯

B. 尊重规则，是做好一切事情的前提和根本

C. 规则可惩罚违反它的人，又可保护和赏赐遵守它的人

D. 规则作为尺度和准绳，为人们做事提供了一个客观的标准

答案：B。

解析：由文段可知，匠人们在工作时靠的不是眼睛、嘴巴，更不是经验，而是墨线、尺子，他们对工作一丝不苟，始终遵循“尺子最有发言权”。可见“匠人规则”强调的是一种做事的方法论，即评判事物不是凭主观臆断，而是以客观规则来衡量，并始终尊重规则、遵守规则。故本题答案为 B。

4. 添加标题类

添加标题类的题目一般难度较小，考生在作答时把握好以下三个原则即可：（1）概括准确；（2）语言精练；（3）有吸引力。

所谓概括准确，是指所选标题要能够准确地概括文段的主要内容；所谓语言精练，是指所选标题的字数不能过长，应该短小精悍；所谓有吸引力，是指所选标题最好能够新颖独特，吸引人的眼球。

经典真题

（2018 建行）最近，一段视频让人感动，一位行动缓慢的老人脱帽向停车礼让的司机鞠躬致谢。司机小吴把行车记录仪拍下的这一幕，发到了朋友圈。一位 88 岁老人和一个“90 后”姑娘，在斑马线两侧给公众上了堂道路文明的教育课。“每天过斑马线时，我年纪大、腿脚不便，步伐比较缓慢，可路过的车辆都会停在斑马线前等我通过，便被那些礼让的司机感动到了。”“爷爷，在斑马线前停下来让行人先走，这是我们应该做的。爷爷，您这一鞠躬真是太大了，我真的受不起！”再度见面后，小吴向老人深鞠一躬。

给这段故事确定一个标题，最为恰当的是(　　)。

A. 弯腰鞠躬，看似简单的动作，代表着礼节，承载了文明

B. 汽车时代，道路文明的涵养，需要全社会的共同努力

C. 礼让，是互相成全的尊重

D. 将心比心，要为他人奉献自己的一切

答案：C。

解析：本文讲述了一位行动缓慢的老人脱帽向停车礼让的司机鞠躬致谢的故事。这个故事体现出司机和老人都通过各自的礼让方式相互尊重。C 项更为贴切。A 项题目过长，范围过大。B 项，文段中没有体现出全社会共同努力的意思。D 项，文段中没有体现出奉献自己的一切。故本题答案为 C。

真题演练

单项选择题

1. 依次填入划横线处最恰当的一项是(　　)。

百年来，谈论辛亥革命的论著文章汗牛充栋，但________不多。章士钊的当年论述和晚年静思，往往________，令人心折。这段箴言，值得人们反复沉思。

A. 感人至深　一鸣惊人　　B. 真知灼见 一针见血

C. 有感而发　醍醐灌顶　　D. 有理有据 雷霆万钧

2. 尽管准备金率的提高冻结了银行的可贷资金，有助于控制银行贷款，实际上，此举纯属多余。这两年实行的贷款额度制已卡死了放贷规模，银行可贷资金的多少不再是制约因素。这就如同计划体制下用粮票限制购买，粮店储备了多少馒头无关痛痒，社会粮食消费量由粮票决定。已经有粮票（贷款额度）了，干吗还总是在粮店的库存（银行准备金）上做文章呢？

这段文字意在强调(　　)。

A. 可以通过提高准备金率控制银行贷款

B. 缩小放贷规模是我们解决通货膨胀问题的措施

C. 没有必要在现在的形势下提高准备金率

D. 粮票是决定供需关系的关键性因素

真题精讲

3. 将以下五个句子重新排列，语序正确的是(　　)。

①学术研究从来都是站在他人的肩膀上眺望，因此不可不对脚底下的肩膀心存敬畏。

②写作也好搞学术也罢，哪些东西是人家的，哪些东西是自己的，这个道理本来就该清清楚楚。

③更何况，西学东渐已有百年以上历程，没有建立起相应的学术规范，这无论如何也说不过去。

④否则以后别人踩在你的肩膀上却吭都不吭一声，恐怕自己也会觉得受到了侮辱和损害。

⑤把他人的学术成果当作“垫脚石”，总该做个记号表示致敬。

A. ①②③⑤④　　B. ②①③⑤④　　C. ①②④⑤③　　D. ②①⑤④③

4. 给下列句子排序，最恰当的一项是(　　)。

①当阳光洒在身上时，它更坚定了心中的信念——要开出一朵鲜艳的花。

②不久，它从泥土里探出了小脑袋，渐渐地，种子变成了嫩芽。

③从此，它变得沉默，只有它知道它在努力，它在默默地汲取土壤中的养料。

④虽然它经受着黑暗的恐惧，暴雨的侵袭，但是它依然努力地生长着。

⑤种子在这块土地上的生活并不那么顺利，周围的各种杂草都嘲笑它，排挤它，认为它只是一粒平凡的种子。

A. ①⑤②③④　　B. ①③②⑤④　　C. ⑤③④②①　　D. ⑤④②③①

5. 2010 年 10 月，国家广电总局电影局副局长毛羽公开表示：“虽然截至目前电影票房已经完成 80 亿元，然而观影人数同比并无增加，票房提高主要依赖于票价提升。”这就解释了为何影院越来越多，看电影却越来越贵的疑问。可以看出的是，中国电影________。

填入划横线部分最恰当的一句是(　　)。

真题精讲

A. 票价高的主要原因还是电影业发展不足

B. 高票房的成绩并不能掩盖其发展过程中存在的许多问题

C. 在无限风光的背后，暗藏的是一点冲动和一丝乱象

D. 与其说创造了“票房奇迹”，不如说创造了“票价奇迹”

6. 红杉树是地球上仅存的红木科树种之一，美国红杉树公司有一片高大挺拔的红杉，躯干通体绛红，冠上枝桠通天遮日，根部直径达到8米。据说世界上最大的红杉树在澳大利亚，不幸其主干毁于雷电，最终定格在75.2米。树木的生长也是竞争的过程，在成长中尽快长高、长大就能争取到更多的阳光，根都粗壮之后，从地下获得的水分也会增加。所以，________。

填入划横线部分最恰当的一句是(　　)。

A. 大树的长成也需要天时、地利

B. 没有竞争就没有生存，也就没有发展

C. 万物生长靠太阳

D. 能生存下来的是最能够适应变化的那种

7. 下列各句，没有语病、句意明确的一句是(　　)。

A. 在高等教育资源有限的现实背景下，高考竞争的激烈状况不可避免

B. 一个人如果保养好的话，他的寿命能活到120岁

C. 看到农村里还有这么多的人靠卖血来维持生计这种现实情况，使我的内心变得沉重起来

D. 可惜，这部在他心中酝酿了很久，即将成熟的巨著未及完稿，就过早地离开了我们

8. 将传统节日纳入国家法定节日，体现的是对中国传统文化的尊重和回归。中国传统文化是我们精神家园的重要组成部分。但是这些年来，一些“洋节”越来越成为时尚，传统节日反倒有被人们特别是青年人淡忘的趋势。

下列不符合文意的一项是(　　)。

A. 作者支持将传统节日纳入国家法定节日的做法

B. 传统节日是中国传统文化的重要组成部分

C. 一些“洋节”越来越成为时尚，大部分青年人已经淡忘了传统节日

D. 将传统节日纳入国家法定节日可以唤起大家对传统文化的重视

9. 传统中国画讲究“知白守黑”，其含义是“黑者为画，白者为空白”。画面上留的空白要像画的形象那样被重视。换句话说，留出的空白要合理，要符合构图规则。最忌空白大小形状相同，最忌空白似圆、似方，最忌空白散乱如星。好的空白有大有小，都是不规则的三角形，所留空白完整统一。

这段文字意在说明(　　)。

A. 传统中国画的笔法特点　　B. 传统中国画的构图原则

C. 鉴赏传统中国画的角度　　D. 传统中国画的用墨技巧

10. 非洲草原上有一种尖毛草，是那里长得最高的毛草，可它生长过程却极为特别，在最初的半年里，它几乎是草原上最矮的草，只有一寸高，但半年后雨水一旦到来时，它却像施了魔法一样，三五天后，便有一米六至两米的高度。原来，在前六个月里，尖毛草不是不长，而是一直长在根部，雨季前，它虽然露头一寸，但却扎根地下超过28米。

这段文字启示人们(　　)。

A. 一个人的成长不能只要地面以上的高度

B. 一个人的基础越牢，发展潜力越大

C. 起步最早的，不一定是发展最好的

D. 人不可貌相，海水不可斗量

11. 人口的激增，让地球的粮食供应面临严峻的考验。有科学家预计，到2050年，需要增加70%的耕地，人类才能养活自己，但地球上根本没有这么多可增加的耕地。于是，科学家转向海洋救助：在远离海岸的开阔海域中养鱼，可以给人类提供足够的营养，我们可以大胆地预计，人类食物的蓝色革命即将拉开序幕。

根据这段文字，“人类食物的蓝色革命”是指(　　)。

A. 对海洋产品进行深度加工，提高其利用率

B. 海水养殖业将逐渐取代传统农业的主导地位

C. 加大深海养殖的力度，弥补近海养殖的不足

D. 海洋鱼类资源将在人类食物结构中占较大比重

参考答案及解析

单项选择题

1. 答案：B。

解析：由“但”字可知第一句话中“但”字前后的意思发生了转折，因为“但”前说到的是论著文章数量多，那么转折之后应强调的是高质量的文章少，据此排除A、C项。由“章士钊的当年论述和晚年静思”可知“雷霆万钧”不合语境，据此排除D项。故本题答案为B。

2. 答案：C。

解析：文段是总分结构，首句是总起句，提出观点：准备金率的提高纯属多余。后面解释了原因，又用粮票作类比论证，证明首句观点的正确。A项是首句转折前的内容，D项只是论据，故排除。故本题答案为C。

3. 答案：D。

解析：由①的“心存敬畏”与⑤的“表示致敬”可知，⑤紧承①后面。再看，④的“否则”与③的“更何况”可以推出③在④后面。故本题答案为D。

4. 答案：C。

解析：A、B两项均以①句作段首，观察①句发现句中含有指示代词“它”，如果该句作段首的话，会出现指代不明的情况，所以不宜作段首，故排除A、B。观察C、D两项，不同之处在于③句和④、②句的位置。③句中“从此，它变得沉默”应该是在未露出地面之前的状态，所以③应该在②之前，排除D项。故本题答案为C。

5. 答案：D。

解析：由“可以看出的是”，可知划横线部分的句子是对前文的总结。前文主要讲的是电影票房完成80亿元，不是因为观影人数的增加，而是依赖票价的上涨。而D项形象地总结了这种现象。故本题答案为D。

6. 答案：B。

解析：划横线的地方位于段尾，表明是文段的总结句。文段前两句列出了美国红杉树和澳大利亚最大的红杉树。后面分析了树木生长是竞争的过程，尾句得出结论：生存和发展都需要竞争。故本题答案为B。

7. 答案：A。

解析： B项主谓搭配不当，主语“寿命”和谓语“活”不搭配，把“的寿命”删掉。C项主语残缺，把“看到”或者“使”去掉。D项主语残缺，“过早离开”的主语是“他”。故本题答案为A。

8. 答案：C。

解析： 由尾句“传统节日反倒有被人们特别是青年人淡忘的趋势”可知，青年人居多，C选项中的“大部分青年人”有偷换概念之嫌。同时C项的“淡忘了”混淆时态。故本题答案为C。

9. 答案：B。

解析： 文段是总分结构，首句提出传统中国画“知白守黑”的构图规则。接着解释了“知白守黑”这个构图规则，最后两句交待了如何留白，注意事项。故本题答案为B。

10. 答案：B。

解析： 文段是记叙文，介绍了非洲草原上尖毛草的独特生长过程，后面又解释了尖毛草前六个月虽然没有长高，但是一直长根部，雨季前扎根地下超过28米。主要想表达根基的牢固对成长、发展的重要性。故本题答案为B。

11. 答案：D。

解析： 解题的关键是就近原则，“人类食物的蓝色革命”位于尾句，可以从前面的内容着手，“科学家转向海洋救助：在远离海岸的开阔海域中养鱼，可以给人类提供足够的营养”可以推出海洋鱼类给人类提供营养。故本题答案为D。

第六章 数字推理

真题考点一　基础数列

一、数列的基本概念

1. 按一定次序排列的一列数叫做数列。

2. 数列中的每个数都叫这个数列的项，记作 a_n 。在数列第一个位置的项叫第 1 项（或首项），在第二个位置的叫第 2 项……序号为 n 的项叫第 n 项（也叫通项），记作 a_n 。

3. 数列的一般形式：a_1，a_2，a_3，…，a_n，…，简记作 $\{a_n\}$。

二、等差数列

一般地，如果一个数列从第 2 项起，每一项与它的前一项的差等于同一个常数，那么这个数列就叫等差数列，这个常数叫做等差数列的公差。公差通常用字母 d 表示。

即：$\{a_n\}$ 为等差数列，则有 $a_{n+1}-a_n=d$。

三、等比数列

一般地，如果一个数列从第 2 项起，每一项与它的前一项的比等于同一个常数，那么这个数列就叫做等比数列，这个常数叫做等比数列的公比。公比通常用字母 q（$q\neq0$）表示。

即：$\{a_n\}$ 为等比数列，则有 $a_{n+1}:a_n=q$（$q\neq0$）。

由定义可知：等比数列的公比、项都不能为零。

经典真题

（2016 农行）1. 根据以下数字的规律，空缺处应填入的是(　　)。

3.1×10^5，5.6×10^5，8.1×10^5，(　　)，1.31×10^6

A. 1.17×10^5　　B. 1.06×10^5　　C. 1.06×10^6　　D. 1.17×10^6

答案：C。

解析：观察后发现数列为公差为 2.5×10^5 的等差数列，则(　　) $=8.1\times10^5+2.5\times10^5=10.6\times10^5=1.06\times10^6$。故本题答案为 C。

(2018 光大) 2. 根据以下数字的规律，空缺处应填入的是(　　)。

1，2，4，8，16，32，64，(　　)

A. 96　　B. 81　　C. 128　　D. 72

答案：C。

解析：数列各项 1，2，4，8，16，32，64，构成了首项为 1，公比为 2 的等比数列。因此，(　　) $=64\times2=128$。故本题答案为 C。

真题考点二　分数数列

一、分数数列的基本概念

分数数列是指以分数为主体，但规律仍以分数的分子、分母为主体的数列形式。数列中出现分数并不意味着一定是分数数列。有少量分数（式）的数列，通常还可能是负幂次数列、多级作商数列、递推倍数数列等。反之，分数数列中也可能会出现一些整数。

二、解题技巧

解答分数数列常用到以下技巧：

1. 观察特征：第一步可先观察，看此分数数列是否具备一定的明显的外在特征。
2. 分组：以分数线为分组标志，分别观察分子数列、分母数列的规律得到结果。
3. 约分：将非最简分数化成最简分数。
4. 广义通分：将分母（或分子）化成相同的数。
5. 有理化：当分数的分子（分母）中含有根式时，对其进行分子（分母）有理化。
6. 反约分：将分子或分母扩大适当的倍数，以使原数列呈现较为明显的规律。
7. 整数化分数：将数列中的整数化成分母为“1”的分数的形式。

考点精讲

经典真题

(2016 招商) 1. 根据以下数字的规律，空缺处应填入的是(　　)。

$\frac{15}{35}$，$\frac{27}{63}$，$\frac{39}{91}$，$\frac{33}{77}$，(　　)

A. $\frac{1}{5}$　　B. $\frac{44}{88}$　　C. $\frac{6}{14}$　　D. $\frac{13}{19}$

答案：C。

解析：对题目中四个分数的分子分母进行约分，四个数均变为$\frac{3}{7}$，故(　　)=$\frac{3}{7}$，将选项带入，只有$\frac{6}{14}$符合条件。故本题答案为C。

（2018 建行）2. 根据以下数字规律，空缺处应填入的是（　　）。

$\frac{1}{7}$，$-\frac{2}{9}$，$\frac{3}{11}$，$-\frac{4}{13}$，（　　）

A. $\frac{1}{3}$　　B. $\frac{1}{3}$　　C. $\frac{7}{15}$　　D. $\frac{7}{15}$

答案：B。

解析：分数的分子分母各自构成基础数列，分子1，2，3，4，构成等差数列，下一项是5；分母7，9，11，13，构成等差数列，下一项是15；而数列本身正负交替分布，所以下一项是正数，(　　)=$\frac{5}{15}$=$\frac{1}{3}$。故本题答案为B。

真题考点三　幂次数列

一、幂次数列必备知识

与幂次数有关的数列统称为幂次数列，包括幂次数列和变幂次数列两大类。掌握幂次数列的关键在于熟悉经典幂次数及其附近的数。大家应熟悉以下核心法则。

表1-6-1　幂次数列核心法则

0与1	$0=0^n$；$1=a^0=1^n=(-1)^{2n}$ $(a\neq 0,\ n\neq 0)$
经典分解	$16=2^4=4^2$；$81=3^4=9^2$；$64=2^6=4^3=8^2$；$256=2^8=4^4=16^2$； $512=2^9=8^3$；$729=3^6=9^3=27^2$；$1024=2^{10}=32^2$
常用变化	$a=a^1$；$\frac{1}{a}=a^{-1}$ $(a\neq 0)$
负数相关	$a^{2n}=(-a)^{2n}$；$-a^{2n+1}=(-a)^{2n+1}$ $(a\neq 0)$

二、考查方式

幂次数列一般与其他数列综合起来考查，例如：幂次数列的修正数列、幂次数列与等差数列或质数数列的和、幂次数列被一个正负交替数列修正等。大家做题时一般要从某个或某两个有幂次特征的数字出发寻找规律。

考点精讲

经典真题

(2018 中行) 1. 根据以下数字规律，空缺处应填入的是(　　)。

1，3，7，15，31，(　　)

A. 63　　B. 59　　C. 51　　D. 43

答案：A。

解析：$1=2^1-1$，$3=2^2-1$，$7=2^3-1$，$15=2^4-1$，$31=2^5-1$，因此(　　)$=2^6-1=63$。故本题答案为 A。

(2018 邮储) 2. 根据以下数字规律，空缺处应填入的是(　　)。

319，221，141，79，(　　)

A. 45　　B. 40　　C. 50　　D. 35

答案：D。

解析：将数列各项进行变换：$319=324-5=18^2-5$，$221=225-4=15^2-4$，$141=144-3=12^2-3$，$79=81-2=9^2-2$，所以(　　)$=6^2-1=36-1=35$。故本题答案为 D。

真题考点四　多级数列

考点精讲

多级数列是指对相邻两项进行某种四则运算（通常是作差，偶尔涉及作商、作和）后生成的次级数列呈现某种规律的数列。需进行一次运算的数列称为二级数列，需进行两次运算的数列称为三级数列，以此类推。多级数列是数字推理部分五大核心题型中最重要、最基础的一种。

大家做题时，首先应该先仔细观察数列，尤其要注意数列的变化趋势。有时作差与作商法交替使用，有时作差两次或作商两次，而得出的结果可能是等比数列或等差数列，也可能是质数数列等其他数列。解多级数列的题时，要根据数列的实际规律去寻找解题办法。

经典真题

(2018 农行) 1. 根据以下数字规律，空缺处应填入的是(　　)。

1，1，3，5，11，21，(　　)

A. 105　　B. 50　　C. 49　　D. 43

答案：D。

解析：将数列相邻两项作和，和为：2，4，8，16，32，构成公比为 2 的等比数列，所以和的下一项为 64，则(　　)$=64-21=43$。故本题答案为 D。

真题精讲

(2018 建行) 2. 根据以下数字规律，空缺处应填入的是(　　)。

34，18，10，(　　)，4，3

A. 5　　B. 6　　C. 7　　D. 8

答案：B。

解析：数列整体缓慢递减，考虑相邻两项作差，作差后的差值为16，8，(　　)，(　　)，1，构成等比数列，即16，8，(4)，(2)，1。题干空缺处=10-4=4+2=6。故本题答案为B。

真题考点五　多重数列

一、交叉数列

所谓交叉数列就是一个数列各项分别是由两个或三个数列交叉构成的，或者两个或多个数列分别是由交叉条件给出的。最常见的交叉数列中，其奇数项与偶数项独立成规律，分别为两个简单数列。

交叉数列中，奇数项有明显规律而偶数项没有明显规律，那么偶数项的规律可能依赖于奇数项的规律，反之亦然；有些时候（尤其是当数列较短，而无法确定某一组数字规律的时候）往往要根据其中一组数列的规律来类推另一组的规律。

二、分组数列

分组数列，通常情况下采用两两分组的方式（有些考题也曾出现过三三分组的情况，但这种情况比较少见），一般分为四至五组，分组后进行组内的四则运算，即可呈现规律。分组数列的一大特征是数列普遍比较长（通常情况下为8项或8项以上），有时数列中会出现两个括号。

经典真题

(2018浦发) 1. 根据以下数字的规律，空缺处应填入的是(　　)。

1，1，2，4，4，9，8，25 (　　)，(　　)

A. 12，36　　B. 16，36　　C. 12，49　　D. 16，49

答案：D。

解析：数列的奇数项为1，2，4，8，构成等比数列；数列的偶数项为1，4，9，25，即1^2，2^2，3^2，5^2，都是平方数，且底数构成非合数列。因此奇数项中的空缺处(　　)=8×2=16，偶数项中的空缺处(　　)=7^2=49。故本题答案为D。

(2018浦发) 2. 根据以下数字的规律，空缺处应填入的是(　　)。

1，2，1，2，3，4，(　　)，9

A. 8　　B. 7　　C. 5　　D. 1

答案：A。

解析：将原数列两两分组，(1，2)，(1，2)，(3，4)，前三组的后项减前项差值都为1，所以最后一组中9-(　　)=1，(　　)=8。故本题答案为A。

真题考点六　递推数列

所谓递推数列，是指数列中从某一项开始的每一项都是它前面的项经过一定的运算法则得到的数列。这里的运算法则包括加、减、乘、除、倍数、乘方六种。解决递推数列的核心方法是——先看数列的变化趋势，再通过尝试找到数列的修正项。

考点精讲

看趋势：根据数列当中数字的变化趋势初步判断此递推数列的具体形式。注意要从大的数字开始，并且结合选项来看。

做试探：根据初步判断的趋势做合理的试探，得出相关修正项。修正项要么是一个非常简单的基本数列，要么就是一个与数列当中其他数相关的数列。

经典真题

（2018 招商）1. 根据以下数字规律，空缺处应填入的是（　　）。

3，7，13，27，53，（　　）

A. 103　　B. 105　　C. 107　　D. 109

答案：C。

解析：数列各项有如下递推关系：3×2+1=7，7×2−1=13，13×2+1=27，27×2−1=53，因此（　　）=53×2+1=107。故本题答案为 C。

（2018 交行）2. 根据以下数字的规律，空缺处应填入的是（　　）。

1，2，4，12，60，（　　）

A. 300　　B. 240　　C. 420　　D. 780

答案：D。

解析：数列各项存在如下递推关系：（1+1）×2=4，（2+1）×4=12，（4+1）×12=60，即（第一项+1）×第二项=第三项。因此（　　）=（12+1）×60=780。故本题答案为 D。

真题考点七　常用性质与方法

一、质合性

质数与合数是从约数的角度对所有大于 1 的整数进行的一个划分。规定：除了 1 和它本身以外还有其他约数的数是合数，只有 1 和它本身两个约数的数是质数。1 既不是质数也不是合数。除 2 以外，所有的质数都是奇数。100 以内的质数共有 25 个，从小到大依次是 2、3、5、7、11、13、17、19、23、29、31、37、41、43、47、53、59、61、67、71、73、79、83、89、97。

经典真题

根据以下数字的规律，空缺处应填入的是（　　）。

79，73，71，（　　），61，59，53

A. 65　　B. 66　　C. 67　　D. 68

答案：C。

解析：数列各项均为质数，且连续递减，71 和 61 之间的质数是 67。故本题答案为 C。

二、拆分法

拆分法，就是将每一项的数字拆分为两个部分或多个部分，然后在拆分后的数列中寻找规律。这种方法包括整数乘积拆分、整数和差拆分、形式拆分等方式。

1. 整数乘积拆分

经典真题

（2018 浦发）根据以下数字的规律，空缺处应填入的是（　　）。

0，0，8，24，48，（　　）

A. 80　　B. 81　　C. 82　　D. 83

答案：A。

解析：数列各项可以进行如下的因式拆分：$0=0\times8$，$0=0\times8$，$8=1\times8$，$24=3\times8$，$48=6\times8$。各项的第一个乘数 0，0，1，3，6，相邻两项作差，差值为 0，1，2，3，构成等差数列；各项的第二个乘数都是 8。因此（　　）=（6+4）$\times8=80$。故本题答案为 A。

2. 整数和差拆分

经典真题

（2017 中行）根据以下数字的规律，空缺处应填入的是（　　）。

153，179，227，321，533，（　　）

A. 789　　B. 919　　C. 1229　　D. 1079

答案：D。

解析：各项数字呈递增趋势，数字很大，但是不在多次方数附近，考虑拆分成与其接近的整十数字。即：$153=150+3^1$；$179=170+3^2$；$227=200+3^3$；$321=240+3^4$；$533=290+3^5$。其中，150、170、200、240、290 构成二级等差数列。由此推出，下一项应为（290+60）$+3^6=350+3^6=1079$。故本题答案为 D。

3. 形式拆分

将一个多位数看成几个部分的组合，然后将此多位数拆分成几个部分的过程叫做形式拆分。形式拆分主要有两个方面：一个是将多位数按数位拆成几个部分，然后对每一项的对应部分分别分析；另一个是将多位数按数位拆成几个部分，这几个部分之间存在某种联系或规律。

经典真题

（2019 平安）1. 根据以下数字的规律，空缺处应填入的是（　　）。

201，404，809，1616，（　　）

A. 3208　　B. 3225　　C. 2532　　D. 3232

答案：B。

解析：将原数列各项从中间拆成两部分后得到新数列：前面为 2，4，8，16，是一个公比为 2 的等比数列，（　　）中前半部分数字为 $16\times2=32$；后面为 1，4，9，16，分别是 1，2，3，4 的平方数，故（　　）中后半部分数字为 $5^2=25$，即（　　）中数为 3225。故本题答案为 B。

（2018 邮储）2. 根据以下数字规律，空缺处应填入的是（　　）。

55，29，93，229，95，（　　）

A. 43　　B. 89　　C. 78　　D. 561

答案：C。

解析：数列各项的数位和分别为 $5+5=10$，$2+9=11$，$9+3=12$，$2+2+9=13$，$9+5=14$，所以（　　）中的数字数位和是 15。而 C 选项 78 的数位和是 $7+8=15$。故本题答案为 C。

真题演练

1. 根据以下数字的规律，空缺处应填入的是（　　）。

1，6，27，108，405，（　　）

A. 729　　B. 1458　　C. 2187　　D. 3645

2. 根据以下数字的规律，空缺处应填入的是（　　）。

2，1，$\frac{2}{3}$，$\frac{1}{2}$，$\frac{2}{5}$，（　　）

A. $\frac{3}{5}$　　B. $\frac{3}{4}$　　C. $\frac{4}{5}$　　D. $\frac{1}{3}$

3. 根据以下数字的规律，空缺处应填入的是（　　）。

14，20，54，76，（　　）

A. 104　　B. 116　　C. 126　　D. 144

4. 根据以下数字的规律，空缺处应填入的是（　　）。

3，5，22，42，83，（　　）

A. 133　　B. 156　　C. 163　　D. 164

5. 根据以下数字的规律，空缺处应填入的是（　　）。

$\frac{1}{3}$，3，$\frac{1}{12}$，$\frac{4}{3}$，$\frac{3}{64}$，（ ）

A. $\frac{13}{84}$ B. $\frac{64}{75}$ C. $\frac{3}{52}$ D. $\frac{3}{32}$

6. 根据以下数字的规律，空缺处应填入的是（ ）。

5，4，10，8，15，16，（ ），（ ）

A. 20，18 B. 18，32 C. 20，32 D. 18，64

7. 根据以下数字的规律，空缺处应填入的是（ ）。

1，1，8，16，7，21，4，16，2，（ ）

A. 10 B. 20 C. 30 D. 40

8. 根据以下数字的规律，空缺处应填入的是（ ）。

1，3，3，9，（ ），243

A. 12 B. 27 C. 124 D. 169

9. 根据以下数字的规律，空缺处应填入的是（ ）。

2，7，22，67，（ ）

A. 157 B. 181 C. 202 D. 231

参考答案及解析

1. 答案：B。

解析：将数列中的每一项拆分成：$1=1\times1$；$6=2\times3$；$27=3\times9$；$108=4\times27$；$405=5\times81$。观察可知：1，2，3，4，5 构成了首项为 1，公差为 1 的等差数列；1，3，9，27，81 构成了首项为 1，公比为 3 的等比数列。由此推之，下一项应该由 6 和 243 相乘而得，即应为 $6\times243=1458$。故本题答案为 B。

2. 答案：D。

解析：题干中的各项 2，1，$\frac{2}{3}$，$\frac{1}{2}$，$\frac{2}{5}$ 通分后可以写成 $\frac{2}{1}$，$\frac{2}{2}$，$\frac{2}{3}$，$\frac{2}{4}$，$\frac{2}{5}$。由此可知，分子皆为 2；分母是首项为 1，公差为 1 的等差数列。所以下一项的分母应为 6，分子应为 2，即 $\frac{2}{6}$，约分后可得 $\frac{1}{3}$。故本题答案为 D。

3. 答案：C。

解析：数列中各项可化为：$14=3^2+5$，$20=5^2-5$，$54=7^2+5$，$76=9^2-5$。由此可知，数列的下一项应为：$11^2+5=126$。故本题答案为 C。

4. 答案：A。

解析：将数列相邻两项相加可得：8，27，64，125，构成 2^3，3^3，4^3，5^3 的幂次数列。由此可知，（ ）应填 $6^3-83=133$。故本题答案为 A。

5. 答案：B。

解析：观察数字特征可知：3，12，64，无比例关系，不宜采用反约分的方法，但相邻两项有明显的比例关系。相邻两项作积可得：1，$\frac{1}{4}$，$\frac{1}{9}$，$\frac{1}{16}$，是幂次数列。由此可得(　　)中应填$\frac{1}{25}\div\frac{3}{64}=\frac{64}{75}$。故本题答案为 B。

6. 答案：C。

解析：由题可知，奇数项为：5，10，15，由此可得是首项为5，公差为5的等差数列；偶数项为：4，8，16，是首项为4，公比为2的等比数列。所以下两项应该为：15+5=20；16×2=32。故本题答案为 C。

7. 答案：A。

解析：将数列两两分组：(1，1)，(8，16)，(7，21)，(4，16)，(2，x)。组内后项除以前项的商为1，2，3，4，(x÷2)，故 x÷2=5，x=10。故本题答案为 A。

8. 答案：B。

解析：由数列的第一项乘以第二项即可得到第三项：3=1×3；9=3×3；x=9×3；243=x×9。因此，得 x=27。故本题答案为 B。

9. 答案：C。

解析：从数列第二项开始，发现其与上一项有如下关系：7=（2×3）+1；22=（7×3）+1；67=（22×3）+1。因此，下一项应为：（67×3）+1=202。故本题答案为 C。

第七章

数字运算

真题考点一　计算问题

计算问题是数字运算中的经典题型之一，也是其他题型的基础。

一、常用公式

表 1-7-1　算式计算常用法则及公式

常用法则	具体公式
加法	$a+b=b+a$，$(a+b)+c=a+(b+c)$
乘法	$a\times b=b\times a$，$(a\times b)\times c=a\times(b\times c)$，$(a+b)\times c=a\times c+b\times c$
幂次	$a^m\times a^n=a^n\times a^m=a^{m+n}$，$(a^m)^n=(a^n)^m=a^{mn}$ $(a\times b)^m=a^m\times b^m$，$\left(\frac{b}{a}\right)^m=\frac{b^m}{a^m}$
完全平方公式	$(a\pm b)^2=a^2\pm 2ab+b^2$
平方差公式	$a^2-b^2=(a+b)(a-b)$
完全立方公式	$(a\pm b)^3=a^3\pm 3a^2b+3ab^2\pm b^3$
立方和（差）公式	$a^3\pm b^3=(a\pm b)(a^2\mp ab+b^2)$
阶乘	$n!=1\times2\times\cdots\times n$，$0!=1$
裂项公式	$\frac{d}{n(n+d)}=\frac{1}{n}-\frac{1}{n+d}$，当 $d=1$ 时，$\frac{1}{n(n+1)}=\frac{1}{n}-\frac{1}{n+1}$
等差数列	通项公式：$a_n=a_1+(n-1)d$ 求和公式：$S_n=\frac{n(a_1+a_n)}{2}=na_1+\frac{1}{2}n(n-1)d$
等比数列	通项公式：$a_n=a_1\cdot q^{n-1}$ 求和公式：$S_n=\frac{a_1(1-q^n)}{1-q}\ (q\neq1)$ $S_n=na_1\ (q=1)$

经典真题

$2+5+8+11+\cdots+101=$（　　）

A. 1743　　B. 1741　　C. 1751　　D. 1692

答案：C。

解析：根据等差数列通项公式 $S_n=$（首项+尾项）×项数÷2＝（2+101）×34÷2＝103×17＝1751。故本题答案为 C。

二、常用方法

考点精讲

1. 凑整法

通过凑成 1、10、100 等整十、整百的数来计算的方法。

2. 互补数法

如果两个数的和正好可以凑成整十、整百、整千时，就可以认为这两个加数互为补数，其中一个加数叫做另一个加数的补数。

3. 整体消去法

在比较复杂的计算当中，将相近的数化为相同，从而作为一个整体进行抵消的方法。

4. 尾数法

尾数是一个数的个位数字，也就是该数除以 10 的余数。尾数法本质上是利用同余的性质：两数和的尾数为两个数的尾数之和的尾数，两数之差的尾数等于两个数的尾数之差的尾数（当差为负数时，需要单独考虑借位），两数之积的尾数等于两个数的尾数之积的尾数。尾数法是指在不直接计算算式各项值的情况下，只计算结果的尾数，以在选项中确定答案的方法。一般四个选项中数的尾数各不相同时，可优先考虑尾数法。算式中如果出现了除法，尽量不要使用尾数法。

5. 基准数法

当有两个以上的数相加且这些数比较接近时，可以取一个中间数作为基准数，然后用基准数乘以项数，再加上每个加数与基准数的差，从而求得它们的和。

6. 估算法

通过估算答案的大概范围来解题的方法。

7. 数学公式法

数学公式法是运用数学公式进行运算的一种简便运算方法。灵活运用一些数学公式可以大大提高运算效率。

经典真题

（2017 中行）100000−79999−7999−799−79−7＝（　　）

A. 11117　　B. 12117　　C. 11111　　D. 11110

答案：A。

解析：原式＝100000－（80000－1）－（8000－1）－（800－1）－（80－1）－（8－1）＝（100000−80000−8000−800−80−8）+5＝11112+5＝11117。故本题答案为 A。

三、比较大小

这类题型往往不需要计算出每个式子的结果，只需找到某个判断标准进行判断即可。

常用的方法包括：作差法、作商法、倒数法、中间值法等。

经典真题

分数 $\frac{4}{9}$、$\frac{17}{35}$、$\frac{101}{203}$、$\frac{3}{7}$、$\frac{151}{301}$ 中最大的一个是(　　)。

A. $\frac{4}{9}$　　B. $\frac{17}{35}$　　C. $\frac{101}{203}$　　D. $\frac{151}{301}$

答案：D。

解析：以 $\frac{1}{2}$ 为基准数，可以知道前 4 个数的分子加上 0.5 后，分数值都会变成 $\frac{1}{2}$，故前四个数小于 $\frac{1}{2}$；而 $\frac{151}{301}$ 的分子减去 0.5 后，分数值也会变成 $\frac{1}{2}$，即 $\frac{151}{301}$ 大于 $\frac{1}{2}$，所以 $\frac{151}{301}$ 较大。故本题答案为 D。

四、和差倍数问题

已知两个数的和或差及它们的倍数关系，求这两个数的应用题，叫做和差倍数问题。

考点精讲

表 1-7-2　常用公式

和倍问题的解题规律	和÷（倍+1）＝1 倍，1 倍×n 倍＝n 倍
	和÷（倍+1）＝部分数，整体数量（和）−部分数＝另一部分数
差倍问题的解题规律	差÷（倍−1）＝1 倍，1 倍×n 倍＝n 倍
	差÷（倍−1）＝较小数，较小数+差＝较大数

经典真题

549 是甲、乙、丙、丁四个数的和。如果甲数加上 2，乙数减少 2，丙数乘以 2，丁数除以 2 以后，则这四个数相等。那么，甲数是多少？（　　）

A. 61　　B. 120　　C. 124　　D. 244

答案：B。

解析：由题意可知甲数加上 2、乙数减去 2 后均是丙数的 2 倍；丁数是丙数的 4 倍。设丙数为 x，根据这些倍数关系，可得方程式：$(2x-2)+(2x+2)+x+4x=549$，解得 $x=61$，进而可算出甲数为 120。故本题答案为 B。

真题考点二　整除与余数问题

一、数的整除特性

两个整数 a、b，如果 $a \div b$，商为整数，且余数为零，我们就说 a 能被 b 整除（或者说 b 能整除 a），称 a 是 b 的倍数（或者说 b 是 a 的约数）。

要判断一个数是否能被其他数整除，可根据除数的不同，通过查看被除数的末位数、数字和或数字差等方式来确定。

表 1-7-3　常见数的整除判定

看被除数的个位数	个位数为偶数的数均能被 2 整除
	个位数为 0、5 的数均能被 5 整除
看被除数的末两位	末两位能被 4 整除的数能被 4 整除
	末两位能被 25 整除的数能被 25 整除
看被除数的末三位	末三位能被 8 整除的数能被 8 整除
看被除数的各位数字和	各位数字之和是 3 的倍数的数能被 3 整除
	各位数字之和是 9 的倍数的数能被 9 整除

经典真题

（2018 中行）下列选项中一定能同时被 2，3，4，5 整除的数是（　　）。（其中 X 是小于 10 的自然数，Y 是 0）

A. 7XX5XYY　　B. 7XY5XYY　　C. 2XX4YXY　　D. 6XX4XYY

答案：A。

解析：若想数必定被 3 整除，则要求数位和必定是 3 的倍数，符合条件只有 A、C，一个数可以被 4 整除，要求末两位可以被 4 整除，C 中若 X 为 1 则无法被 4 整除，故排除。故本题答案为 A。

二、最大公约数与最小公倍数

1. 最大公约数

几个数公有的约数叫做这几个数的公约数，其中最大的一个叫做最大公约数。例：24 的约数有 1、2、3、4、6、8、12、24；36 的约数有 1、2、3、4、6、9、12、18、36。其中 1、2、3、4、6、12 是它们公有的约数，即 24 和 36 的公约数。在这些公约数中，12 是最大的一个，就是 24 和 36 的最大公约数。

考点精讲

2. 互质

如果两个数最大公约数为 1，则这两个数互质。

3. 最小公倍数

几个数公有的倍数叫做这几个数的公倍数，其中最小的一个是它们的最小公倍数。例：18 的倍数有 18、36、54、72、90、108 等；12 的倍数有 12、24、36、48、60、72、84、96、108、120 等。其中 36、72、108 是它们的公倍数，36 是最小的一个，所以是它们的最小公倍数。

4. 求最大公约数与最小公倍数主要有三种方法

分解质因数法、短除法、辗转相除法。

经典真题

（2017 交行）自然数 N 是一个两位数，且为合数，它的个位数字与十位数字都是合数，这样的自然数有（　　）个。

A. 11　　B. 15　　C. 16　　D. 9

答案：B。

解析：想要保证这个两位数是合数，同时还要保证个位和十位都是合数：先从 4，6，8，9，这四个数字里面选出 2 个组成两位数，即 44，46，48，49，64，66，68，69，84，86，88，89，94，96，98，99，共 16 个数；再从这 16 个数中去选择合数，发现只有 89 不是合数，故符合条件的自然数共有 16-1=15（个）。故本题答案为 B。

三、余数问题

1. 余数

在整数的除法中，只有能整除与不能整除两种情况。当不能整除时，就产生余数。

被除数（a）÷除数（b）=商（q）……余数（r）。

其中，余数总是小于除数，即 $0 \leqslant r<b$。

2. 同余

两个整数 a、b，若它们除以整数 m 所得的余数相等，则称 a、b 对于 m 同余。对于同一个除数 m，两个数和的余数与余数的和同余，两个数差的余数与余数的差同余，两个数积的余数与余数的积同余。

经典真题

（2018 中行）某超市将一批苹果和橘子搭配进行销售，如果 5 个苹果和 3 个橘子为一组装袋后还剩下 8 个苹果，如果 7 个苹果和 3 个橘子为一组装袋后还剩 24 个橘子，这批苹果和橘子共有（　　）个。

A. 168　　B. 96　　C. 264　　D. 272

答案：C。

解析：7 个苹果和 3 个橘子为一组装袋后还剩 24 个橘子即总数-24 是 10 的倍数，符合条件的只有 264。故本题答案为 C。

真题考点三 工程问题

一、时间型工程问题

时间型工程问题是最为简单的一种工程问题，同时也是考查频率最高的一种工程问题。这种题型最主要的特点是题目中只有时间的具体数值，没有效率、效率比和工作总量的具体数值，最后需要求解某一特定时间。在解题过程中，建议考生采用设特值的方法进行求解。例如：现在知道甲单独完成一项工程需要 30 天，乙单独完成同一项工程需要 20 天，问两人合作需多少天可以完成这项工程？先设工作总量为 60，则甲的效率为 2，乙的效率为 3，甲乙两人效率和为 5，合作完成工程共需要 60÷5=12 天。所有的时间型工程问题我们都可以这样进行解答，具体步骤如下：

1. 设工作总量为题目中所给时间的公倍数；
2. 根据所设工作总量和题目中时间，求出相应的效率值；
3. 分析工作过程，结合已知条件，进行解题。

经典真题

(2016 交行) 1. 某容器有进水口和出水口各一个。若封闭出水口，从进水口匀速注水需要 20 分钟可满，若同时打开进水口和出水口，则注满容器需要 40 分钟。那么，若在装满水的情况下只打开出水口，则需要多少分钟可以排完容器中的溶液？(　　)

A. 65 分钟　　B. 60 分钟　　C. 40 分钟　　D. 45 分钟

答案：C。

解析：设容器总水量为 40，则进水效率 $P_{进}=40\div20=2$，进水效率和出水效率的差 $P=40\div40=1$，则出水效率 $P_{出}=P_{进}-P=2-1=1$，所以排完容器中的溶液时间为 $40\div1=40$ 分钟。故本题答案为 C。

(2017 招商) 2. 一项工程由甲、乙两人共同完成，如果两人单独完成的话，甲需要 12 天，乙需要 15 天。现在由甲单独干 2 天，剩下的工程交给乙独自完成，那么，完成这项工程一共用了(　　) 天。

A. 12.5　　B. 13　　C. 11　　D. 14.5

答案：D。

解析：设工作总量为 60，则甲的效率为 5，乙的效率为 4，则甲工作 2 天完成的工作量为 10，则剩余工作量为 50，则所需的时间为 $50\div4=12.5$，总用时 $=12.5+2=14.5$ 天。故本题答案为 D。

二、效率型工程问题

效率型工程问题也是一种非常重要的工程问题，这种问题的题型特征是在题干中会告知或可求得效率比，再对其他未知量进行求解。例如：甲乙两人效率比为 3∶2，甲单独工作 2 天可以完成工程，这项工程乙单独工作需要多长时间完成？在这里考生不知道甲乙两人的具体效率，如果设甲效率为 $3x$，则乙效率为 $2x$，工作总量 $=2\times3x=6x$，则乙单独工作需要 $6x\div2x=3$ 天。此时发现，在计算过程中，前面设的 x 最后都被约掉，在计算过程中真正对最后结果起到决定性作用的是 3 和 2，所以考生在设的时候直接设甲乙效率分别为 3 和 2 就可以解决问题了，这也是对于前面所讲特值法的补充。所以效率型工程问题考生都可以这样进行解答，具体步骤如下：

1. 直接把效率比当做效率的具体数值；
2. 根据所设效率和题干中的时间求出工作总量；
3. 分析工作过程，结合已知条件，进行解题。

经典真题

（2016 中行）一个代码工程，甲独做 12 天后乙单独做 9 天，正好完成。乙独做 15 天后甲单独做 8 天，也正好完成，甲单独做需要（　　）天完成。

A. 39　　B. 49　　C. 18　　D. 59

答案：C。

解析：由题可知，工作总量 $W=12P_{甲}+9P_{乙}=15P_{乙}+8P_{甲}$。所以 $P_{甲}:P_{乙}=3:2$。设 $P_{甲}=3$，$P_{乙}=2$，则工作总量 $W=12\times3+9\times2=54$，甲单独做的时间 $t_{甲}=54\div3=18$（天）。故本题答案为 C。

真题考点四　行程问题

一、相遇问题

相遇问题也叫做相向运动问题。两个物体以不同速度从两地同时出发，相向而行，经过若干时间后相遇。这样的问题叫做相遇问题。

常用公式：

相距路程÷（甲速度+乙速度）＝相遇时间

（甲速度+乙速度）×相遇时间＝相距路程

相距路程÷相遇时间－甲速度＝乙速度

相距路程＝甲路程+乙路程

＝甲速度×相遇时间+乙速度×相遇时间

＝（甲速度+乙速度）×相遇时间

＝速度和×相遇时间

经典真题

（2018 恒丰）两枚导弹相距 41620 公里，处于同一线路上彼此相向而行，其中一枚以每小时 36000 公里的速度行驶，另一枚以每小时 24000 公里的速度行驶，请问它们在碰撞前的 1 分钟时相距多远？（　　）

A. 200 公里　　B. 800 公里　　C. 1000 公里　　D. 1200 公里

答案：C。

解析：本题利用逆向思维，从碰撞后的一瞬间往回倒数 1 分钟开始计时，是二者的相遇问题。根据路程和＝速度和×相遇时间，得 $S=(36000+24000)\times\frac{1}{60}=1000$ 公里。故本题答案为 C。

二、追及问题

追及问题也叫做同向运动问题。甲、乙两个物体以不同速度（乙快、甲慢）从两地同时出发，同向而行（甲在前，乙在后），经过若干时间后，乙追上甲，这样的问题叫做追及问题。

常用公式：追及路程÷（乙速度-甲速度）=追及时间

（乙速度-甲速度）×追及时间=追及路程

追及路程÷追及时间+甲速度=乙速度

追及路程=乙路程-甲路程

=乙速度×追及时间-甲速度×追及时间

=（乙速度-甲速度）×追及时间

=速度差×追及时间

经典真题

（2017 招商）两人相距 6 千米，同时出发相向而行，1 小时后相遇；同时出发同向而行，3 小时后相遇。速度较快的人的平均速度是（　　）千米/小时。

A. 3　　B. 2　　C. 4　　D. 1

答案：C。

解析：“同时出发相向而行，1 小时后相遇”是一个相遇过程，由相遇公式：路程和=速度和×相遇时间，可得 6km=速度和×1h，速度和=6km/h；“同时出发同向而行，3 小时后相遇”是一个追及过程，由追及公式：路程差=速度差×追及时间，可得 6km=速度差×3h，速度差=2km/h。所以速度较快的人的平均速度为（6+2）÷2=4km/h。故本题答案为 C。

三、背向运动

甲、乙两物体以不同速度从同一地点同时出发，背向而行，经过若干时间后，求甲乙的相距路程。这样的问题叫做背向运动问题。

常用公式：相距路程÷（甲速度+乙速度）=行驶时间

（甲速度+乙速度）×行驶时间=相距路程

相距路程÷行驶时间-甲速度=乙速度

经典真题

甲、乙两人从 400 米的环形跑道的一点 A 背向出发时，8 分钟后两人第三次相遇。已知甲每秒钟比乙每秒钟多行 0.1 米，那么，两人第三次相遇的地点与 A 点沿跑道上的最短距离是（　　）米。

A. 166　　B. 176　　C. 224　　D. 234

答案：B。

解析：为方便理解可设甲的速度为 x 米/分，乙的速度为 y 米/分，则依题意可列方程：$8x+8y=400\times3$，$x-y=6$（速度差 0.1 米/秒 = 6 米/分），从而解得 $x=78$，$y=72$。由 $y=72$，可知乙 8 分钟跑了 576 米，显然距起点的最短距离为 576−400＝176 米。故本题答案为 B。

四、流水行船问题

船在水里顺水或逆水航行也是行程问题。船在水里前进的速度，不但与船本身在静水中航行的速度（简称船速）有关，而且还与水流动的速度（简称水速）有关。在这种情况下，研究船顺水或逆水运动的应用题叫做流水行船问题，也简称流水问题。

船顺流而下的速度与逆流而上的速度与船速、水速有关系，关系式如下：

顺水速度＝船速＋水速

逆水速度＝船速－水速

根据上面两个关系，我们可以推出如下两个关系：

船速＝（顺水速度＋逆水速度）÷2

水速＝（顺水速度－逆水速度）÷2

经典真题

（2018 邮储）长江上游的 A 港与下游 B 港相距 300 千米，一轮船以恒定速度从 A 港到 B 港需 6 小时，返回需 10 小时，如果一只漂流瓶从 A 港顺水漂流到 B 港，则需要（　　）。

A. 40 小时　　B. 35 小时　　C. 30 小时　　D. 15 小时

答案：C。

解析：由题可知，顺水速度 $v_{顺}=300\div6=50$km/h，逆水速度 $v_{逆}=300\div10=30$km/h。水速 $v_{水}=(v_{顺}-v_{逆})\div2=(50-30)\div2=20\div2=10$km/h。因此，一只漂流瓶从 A 港顺水漂流到 B 港，所需时间 t＝300÷10＝30h。故本题答案为 C。

真题考点五　容斥问题

考点精讲

容斥原理是指计数时先不考虑重叠的情况，把包含于某内容中的所有对象的数目先计算出来，然后再把重复计算的数目排斥出去，使得计算的结果既无遗漏又无重复。容斥问题常利用容斥原理来解题。

表 1-7-4　常用公式

两个集合的容斥关系公式	$P=A+B-AB+(x)$
三个集合的容斥关系公式	$P=A+B+C-AB-BC-AC+ABC+(x)$

其中，两个集合的容斥关系公式较为常用，可写作：

总数=满足条件 A 的个数+满足条件 B 的个数-都满足的个数+都不满足的个数

经典真题

（2018 邮储）1. 某旅行团有 60 人，其中去过故宫的有 30 人，去过颐和园的有 32 人，两者都没有去过的有 20 人，那么，同时去过这两个地方的有(　　)人。

A. 28　　B. 26　　C. 24　　D. 22

答案：D。

解析：由二元容斥公式 $P=A+B-AB+(x)$ 可知，$60=30+32-AB+20$，因此同时去过这两个地方的人数 $AB=22$。故本题答案为 D。

2. 张三和李四参加同一个公司的招聘，笔试共有 60 题，张三答对的题目占题目总量的$\frac{3}{4}$，李四答对了 42 道题，他们两人都答对的题目占题目总数的$\frac{2}{3}$，那么两人都没有答对的题目共有(　　)道。

A. 15　　B. 40　　C. 45　　D. 13

答案：A。

解析：由“张三答对的题目占题目总量的$\frac{3}{4}$”，可知张三答对的题目有$60\times\frac{3}{4}=45$道；由“两人都答对的题目占题目总数的$\frac{2}{3}$”，可知两人都答对的题目有$60\times\frac{2}{3}=40$道。根据二元容斥公式 $P=A+B-AB+(x)$ 可知，$60=45+42-40+(x)$，$(x)=13$，即两人都没有答对的题目共有 13 道。故本题答案为 D。

真题考点六　排列组合问题

一、加乘原理

1. 加法原理

加法原理的核心就是分类。完成一件事情有 N 类方法，每一类方法数分别为 A_1，A_2，…，A_N，则完成这件事一共有 $N=A_1+A_2+A_3+\cdots+A_N$ 种方法。值得注意的是，每一类方法都可以独立完成事件。

2. 乘法原理

一般地，如果完成一件事需要 n 个步骤，其中，做第一步有 m_1 种不同的方法，做第二步有 m_2 种不同的方法……做第 n 步有 m_n 种不同的方法。则完成这件事一共有 $N=m_1\times m_2\times\cdots\times m_n$ 种方法。

二、排列组合问题基本概念

1. 排列

从 n 个不同元素中任取 m 个按照一定的顺序排成一列（$m\leqslant n$），叫做从 n 个元素中取出 m 个元素的一个排列。所有不同排列的个数，称为从 n 个不同元素中取出 m 个元素的排列数，一般我们记作 A_n^m（$m\leqslant n$）。

$$A_n^m=n\times(n-1)\times\cdots\times(n-m+1)$$

2. 全排列

n 个不同的元素全部取出的一个排列，叫作 n 个不同元素的一个全排列。即当 $m=n$ 时，全排列数：

$$A_n^n=n\times(n-1)\times(n-2)\times\cdots\times3\times2\times1=n!$$

3. 组合

从 n 个不同元素中取出 m 个元素拼成一组（$m\leqslant n$），称为从 n 个元素取出 m 个元素的一个组合。不同组合的个数称为从 n 个不同元素取出 m 个元素的组合数，一般我们记作 C_n^m（$m\leqslant n$）。

$$C_n^m=\frac{A_n^m}{A_m^m}=\frac{n\times(n-1)\times\cdots\times(n-m+1)}{m\times(m-1)\times\cdots\times1}\text{，其中 }C_n^0=1\text{。}$$

4. 考虑顺序用排列，不考虑顺序用组合。

经典真题

（2018 农行）李某假期去秦岭游玩，从甲山到乙山有 3 条路线，从乙山到丙山有 4 条路线，从丙山到丁山有 2 条路线，从甲山经过乙山、丙山到丁山的不同走法有(　　)种。

A. 28　　B. 24　　C. 22　　D. 20

答案：B。

解析：从甲山经过乙山、丙山到丁山，可分为三步：从甲山到乙山、从乙山到丙山、从丙山到丁山，每一步的线路数相乘，即有 3×4×2=24 种走法。故本题答案为 B。

三、排列组合问题的常用解题方法

1. 捆绑法

在解决对于某几个元素要求相邻的问题时，先整体考虑，将相邻元素视作一个大元素进行排序，然后再考虑大元素内部各元素间顺序的解题策略就是捆绑法。

例：n 个不同元素排成一列，要求 m 个元素必须相邻，可以把 m 个元素看成一个整体，此时有 $A_{n-m+1}^{n-m+1}A_m^m$ 种排法。

考点精讲

2. 插空法

在解决对于某几个元素要求不相邻的问题时，先排其他元素，然后将要求不相邻的元素插到其他元素的空位中（包括两端空位）的策略就是插空法。

例：n 个不同元素排成一列，要求 m 个元素互不相邻，那么可以先排好其余的（$n-m$）个元素，然后将 m 个元素安插到（$n-m$）个元素形成的（$n-m+1$）个“空”之间，此时有 $A_{n-m}^{n-m}A_{n-m+1}^m$ 种排法。

考点精讲

3. 隔板法

隔板法一般用来求一定数量的无差别物体分组总数的方法，使用隔板法一般有三个要求：所要分组的物体一般是相同的；所要分组的物体必须全部分完；每组至少都分到 1 个物体。例：将 n 个相同元素分成 m 堆，每堆至少一个，相当于将（$m-1$）个木板插到 n 个元素形成的（$n-1$）个“空”中，有 C_{n-1}^{m-1} 种分法。

考点精讲

经典真题

（2018 工行）在博览会当天还安排了歌舞表演，节目单上原有歌舞类 3 个节目，组委会想保持这 3 个歌舞类节目的相对顺序不变，再添加进去 2 个节目，请你帮他们计算一下，安排方法有(　　)种。

A. 6　　B. 4　　C. 12　　D. 20

答案：D。

解析：添加第 1 个节目进去时，可在原来 3 个歌舞类节目中间的 4 个“空”中选择一个，即有 $C_4^1=4$ 种选择；添加第 2 个节目进去时，可在已有的 4 个节目中间的 5 个“空”中选择一个，既有 $C_5^1=5$ 种选择。总的安排方法为 $4\times5=20$ 种。故本题答案为 D。

真题考点七　概率问题

一、基础概率问题

概率是指符合题目要求的发生情况总数除以所有情况发生的总数，利用公式表示：

$P_{事件发生}=\frac{A}{B}$，其中 A 为特定事件发生的情况总数，B 为所有事件发生的情况总数。

经典真题

（2018 农行）某公司共有四个业务部门，业务一部 20 人，业务二部 21 人，业务三部 25 人，业务四部 34 人，随机抽取一人到外地参加行业展会，抽到业务一部的概率是(　　)。

A. 24%　　B. 30%　　C. 20%　　D. 15%

答案：C。

解析：抽到业务一部的概率 $P=\frac{A}{B}=\frac{20}{20+21+25+34}=\frac{20}{100}=\frac{1}{5}=20\%$。故本题答案为 C。

二、分类分步概率问题

分类分步概率问题，是考试中最为常见的一种考查题型，与前面的基础概率问题不同，这类题目的要求不再是求解单一事件发生的概率，而是统计复合型事件发生的概率，是将基础概率与排列组合中的分类分布思想相结合来进行考查的，所以将这种概率问题命名为分类分步概率问题。

解题原则：分类相加，分步相乘

解题公式：$P_{事件发生}=(P_{m1}\times P_{m2}\times P_{m3}\cdots P_{mn})+(P_{n1}\times P_{n2}\times P_{n3}\cdots P_{nn})+\cdots$

经典真题

（2016 农行）1. 一个袋子里放有 10 个小球，其中 4 个白球，6 个黑球，无放回地每次抽取 1 个，则第二次取到白球的概率是多少？（　　）

A. $\frac{2}{5}$　　B. $\frac{3}{5}$　　C. $\frac{4}{5}$　　D. $\frac{3}{4}$

答案：A。

解析：无放回地每次抽取 1 个，第二次取到白球，共分为两类：第一类是第一次抽到白球、第二次也抽到白球，概率 $P_1=\frac{4}{10}\times\frac{3}{9}=\frac{12}{90}$；第二类第一次抽到黑球、第二次抽到白球，概率 $P_2=\frac{6}{10}\times\frac{4}{9}=\frac{24}{90}$。所以，第二次取到白球的概率 $P=P_1+P_2=\frac{12}{90}+\frac{24}{90}=\frac{36}{90}=\frac{2}{5}$。故本题答案为 A。

（2017 交行）2. 有一个标有 1~6 的骰子，将其投掷三次，出现的三个数字作为边长，能够组成等边三角形的概率是（　　）。

A. $\frac{1}{108}$　　B. $\frac{1}{72}$　　C. $\frac{1}{216}$　　D. $\frac{1}{36}$

答案：D。

解析：当三次点数都是“1”的时候，即构成边长为“1”的等边三角形时，出现的概率为 $\frac{1}{6}\times\frac{1}{6}\times\frac{1}{6}=\frac{1}{216}$。当点数为“2”“3”“4”…时，共有六类，根据加乘原理，能构成等边三角形的概率 $P=\frac{1}{216}\times6=\frac{6}{216}=\frac{1}{36}$。故本题答案为 D。

三、反面概率问题

反面概率问题，同样是一个高频考点，与其说这是一种题型，倒不如把它归结为一种思考问题的方法。当考生发现题目中的情况复杂，比如一个问题总共有十类，要求符合某条件的其中九类发生的概率，运用分类分步的方法需要分别计算九类的概率再进行相加，情况复杂不好统计并且计算难度大，此时可以尝试一下从反面思考问题，正所谓“正难则反”，我们只要求出不符合条件那 1 类的概率 $P_{反}$，然后用 $1-P_{反}$ 即可求解。

应用条件：当正面思考问题情况比较繁杂时

解题公式：$P=1-P_{反}$

经典真题

（2016 工行）辞别前，两位商人交给你一张图说：“这张图进凤凰城的时候你用得上，你要好好保管。”你收下图纸，谢过两位商人后继续前行。

过了一会儿，你来到了新月客栈。

你进到客栈里，小二赶忙上前热情地招呼，说：“客官是要吃饭么?”不等你回答，他接着说：“现在本店吃饭的客人多，已经没有空桌子了，但临近窗户的三桌客人吃了有一阵子了，我估计 10 分钟内应该有结账的。我看第一桌客人有$\frac{1}{4}$的可能性，第二桌是$\frac{1}{8}$，第三桌是$\frac{1}{10}$。还请客官先在柜台这儿凳子上坐会儿!”

10 分钟之内，你等到一张桌子的可能性是多少？（　　）

A. 1　　B. $\frac{1}{320}$　　C. $\frac{131}{320}$　　D. $\frac{189}{320}$

答案：C。

解析：本题由于正面情况比较复杂，需要先分类，一桌空，两桌空和三桌同时空的情况，同时一桌空和两桌空还需要分不同情况讨论具体是哪桌空，很烦琐！所以，这种情况下，我们就需要从反面来考虑，利用公式：$P=1-$等不到的可能性。等不到的可能性$=(1-\frac{1}{4})\times(1-\frac{1}{8})\times(1-\frac{1}{10})=\frac{3}{4}\times\frac{7}{8}\times\frac{9}{10}=\frac{189}{320}$，则$P=1-\frac{189}{320}=\frac{131}{320}$。故本题答案为 C。

真题考点八　日期星期推断问题

一、异年推断问题

日期星期问题是近年来一直持续重点考查的考点，可以说是逢考必考，针对这种问题究竟应该如何求解？其实解决日期星期推断问题的核心就是“周期”，星期数是以 7 为周期循环的，每过 7 天，相应日期所对应的星期数是不变的，所以考生可以结合前面讲到过的整除这个知识点，只需要将“过”的天数除以 7，余几就在原有星期数上加几即可。当然，在异年推断问题中，我们还需要了解一下常识性内容，以便能够快速解题。

异年推断问题必备常识：

（1）平年 365 天=52 周+1 天，闰年 366 天=52 周+2 天。

（2）2 个关于闰年的条件，满足一个即为闰年：① 年份可以被 4 整除，但不能被 100 整除。②可以被 400 整除。切记条件①一定要完全满足才可以！比如 1900 年，虽然 1900 能够被 4 整除，但同时由于 1900 也能被 100 整除，不完全满足条件①，更不满足条件②，因此 1900 年并不是闰年；再比如，2000 年中的 2000 虽然既能被 4 整除，又能被 100 整除，不满足条件①，但能够满足条件②，所以 2000

年就是闰年。

异年推断问题的核心公式：

1. 求 x 、y ——设从 A 年到 B 年经过了 x 个平年和 y 个闰年；

2. 求 $x+2y$ ——每过一个平年星期数加 1，每过一个闰年星期数加 2；

3. 求（$x+2y$）÷7 的余数 r，星期数向后推 r 天即可。

经典真题

(2018 交行) 2010 年 1 月 1 日是星期五，那么 2012 年 1 月 1 日是(　　)。

A. 星期四　　B. 星期五　　C. 星期日　　D. 星期一

答案： C。

解析： 从 2010 年 1 月 1 日到 2012 年 1 月 1 日，经过了两个平年，每过一个平年星期数加 1，所以星期数需要加 1×2=2，即从星期五向后推 2 天，2012 年 1 月 1 日是星期日。故本题答案为 C。

二、同月推断问题

近些年来，同月推断问题考查的比较多，同月推断问题是指在同一个月中对某天星期数进行推断或某星期数在某固定月份出现次数进行解答的题目。虽然相对于异年推断问题而言同月推断的时间跨度变小了，但是同月推断问题更为灵活，所以大多数考生对于此类问题的掌握并不是很好，要想彻底解决这一类问题，需要掌握：在同一个月中，如果某个星期数为 5 个，则本月最后一个此星期数对应的日期为 29 号、30 号或者 31 号；同理，某月 29、30、31 号的星期数必定在本月出现了 5 次。

经典真题

(2016 邮储) 1. 这个月一共有 5 个星期四，且这些日期加起来的和为 80，则这个月的倒数第二个星期四是（　　）号。

A. 19　　B. 23　　C. 24　　D. 21

答案： B。

解析： 一个月有 5 个星期四则星期四对应日期数有奇偶奇偶奇和偶奇偶奇偶两种排列方式，又因为这些日期数和为 80，由加法规律只有偶数个奇数结果才能是偶数得日期排列为偶奇偶奇偶，又因为当出现五个相同星期时最后一个一定是 29、30、31，偶数只有 30，即最后一个星期四是 30 号，则倒数第二个星期四为 30−7=23 号。故本题答案为 B。

(2018 招商) 2. 某年的 12 月份共有 5 个星期三，并且第一天不是星期一，最后一天不是星期五，则该月的 18 日是(　　)。

A. 星期三　　B. 星期四　　C. 星期二　　D. 星期五

答案： D。

解析：由于该年的 12 月共有 5 个星期三，所以第 5 个星期三的日期一定是 29 日、30 日或 31 日。如果第 5 个星期三是 31 日，那么第 5 个星期一是 29 日，第 1 个星期一是 1 日，和题目中“第一天不是星期一”不相符；如果第 5 个星期三是 29 日，那么 31 日是星期五，和题目中“最后一天不是星期五”不相符；因此，该年 12 月的第 5 个星期三是 30 日，可以推出该月的 18 日是星期五。故本题答案为 D。

真题考点九　极限类问题

一、和定最值问题

和定最值问题是银行招聘考试的常见题型，由于题型变化比较多，在广大考生认知中，有一种从常考题型变为疑难题型的趋势，下面通过一则例题讲解一种能够彻底解决这类问题的解题方法。

已知现在共有 100 本书，要分给班上的 3 名同学。其中，小华分得书的数量必须最多，请问小华最少可以得到多少本书？

此时，很多同学可能会很疑惑——“最多的同时怎么还要最少呢？”首先，最多是要确定小华一定是 3 个人里面处于分得最多的“霸主”地位，如果单纯只有这一个条件，我们可以给小华分 98 本，剩下的两本，每人 1 本即可。但题目还要求小华还得尽可能少分，也就是要把一开始分得的 98 本再分给另外的两个人一些，但注意在这个过程中，其余两个人绝对不能比小华多！问题的核心本质是：分得最多的人尽可能少分，分得数目相对少的人尽可能多分，也就是尽可能的平均分配。我们假设小华最少分 x 本，另外两个人均为 $x-1$，列方程 $x+(x-1)+(x-1)=100$，解得 $x=34$，所以 100 本书分给 3 个人，最多的小华最少也得分 34 本才行。如果书的总数再加一本，要如何解题呢？核心本质是一样的——平均分配，依然设小华分 x 本，另外两个人均为 $x-1$，列方程 $x+(x-1)+(x-1)=101$，解得 $x=34.333$，小华最少分得 34.333 本，由于图书的本数都是整数，所以在此需要将 34.333 向上取整，为 35 本。

求解和定最值问题应注意以下几点：

（1）识别题型：凡是问题中提到“最多的最少”或“最少的最多”等条件，均为和定最值问题。

（2）快速解题方法——列表法，具体操作如下：

①列表，由多到少排名次；

②设所求为 x，用极限思维把所有名次的数值都写出来；

③列方程——数值求和。

考点精讲

经典真题

（2018 江苏银行）某企业招聘了 73 名大学毕业生，拟分配到该企业的 6 个不同部门。假设人事部门分得的毕业生人数比其他部门都多，问人事部门分得的毕业生人数至少为多少名？（　　）

A. 13　　B. 14　　C. 12　　D. 15

答案：A。

解析：设行政部门分得的毕业生人数为 x 名，列表如下：

名次	数量	极限方向
1	x	尽量小
2	$x-1$	尽量大
3	$x-1$	尽量大
4	$x-1$	尽量大
5	$x-1$	尽量大
6	$x-1$	尽量大

因此，$x+5\times(x-1)=73$，$x=13$，即人事部门分得的毕业生人数至少为 13 名。故本题答案为 A。

二、其他极限类问题

还有一些极限类问题，问题中会有“最多”或“最少”字样，当出现这类问题时，都可以用极限的思维方式去解决问题。

经典真题

（2018 工行）截取完铁条后，这家参展商需要圈一块展台场地。他们将一根长 56 米的绳子截成 4 段，首尾相接拼成一个四边形作为展台场地，该四边形的最大面积是（　　）平方米。

A. 192　　B. 195　　C. 196　　D. 225

答案：C。**解析**：设四边形的一边为 x，则另一边 $\frac{56-2x}{2}=28-x$。四边形的面积为 $(28-x)x=-x^2+28x$，当 $x=-\frac{28}{2\times(-1)}=14$ 时，面积取得最大值，最大面积为 $(28-14)\times14=196$ 平方米。故本题答案为C。

真题考点十　其他问题

一、年龄问题

1. 年龄问题是银行招聘考试的常见题型，年龄问题的核心是大小年龄差不会发生变化，而年龄的倍数却会发生变化。解答年龄问题的一般方法是直接运用代入法。

2. 求解年龄问题应注意以下几点：

（1）两人年龄的差是不变的量。

（2）两人年龄的倍数关系是变化的量。时间往前推移，年龄变小，倍数变大；时间往后推移，年龄变大，倍数变小。

（3）每个人的年龄随着时间的增加都增加相等的量。

3. 年龄问题的核心公式

大年龄＝（两人年龄和+两人年龄差）÷2

小年龄＝（两人年龄和−两人年龄差）÷2

经典真题

（2018农行）2012年，爷爷的年龄是小明的6倍，2016年，爷爷的年龄是小明的5倍，那么2014年，爷爷和小明的年龄分别是多少岁？（　　）

A. 96，16　　B. 88，18　　C. 98，18　　D. 86，16

答案：C。

解析：将四个选项中的爷爷、小明年龄都加2，发现只有C选项的100，20符合“2016年，爷爷的年龄是小明的5倍”这一条件。故本题答案为C。

二、植树问题

植树问题是研究植树地段的全长、间隔距离、株数三种数量之间的关系的应用题。

关于植树问题，主要有以下几种关系：

1. 若题目中要求在植树的路线两端都植树，则棵树比段数多 1。即：

$$棵数=段数+1=全长\div株距+1$$

2. 如果题目中要求在路线的一端植树，则棵树与段数相等。即：

$$棵数=段数=全长\div株距$$

3. 如果植树路线的两端都不植树，则棵数=段数-1。即：

$$棵数=段数-1=全长\div株距-1$$

经典真题

（2019 招商）甲乙建筑物之间的距离是 500 米，沿直线每隔 10 米种一棵树，那么一行能种多少棵数？（　　）

A. 49　　B. 48　　C. 50　　D. 51

答案： A。

解析： 两端为建筑物，无法种树，种树棵数 $=500\div10-1=49$ 棵。故本题答案为 A。

三、方阵问题

按一定的规则排成一定的队形，横排为行，竖排为列，若行数与列数都相等，正好排成一个正方形，这就是一个方队。这种方队也叫做方阵（也叫乘方问题）。

解题技巧：

1. 方阵不论哪一层，每边上的人（或物）数量都相同，每向里一层，每边上的人数就少 2；
2. 四周人（或物）数=［每边人（或物）数-1］×4；
3. 每边人（或物）数=四周人（或物）数÷4+1；
4. 方阵总人（或物）数=最外层每边人（或物）数×最外层每边人（或物）数。

经典真题

（2019 工行）捷宁斯卡娅发电站建设的输电路线塔组成了一个空心方阵，最内层有 20 个塔，最外层有 68 个塔，每层之间均相差 8 个塔。请问这个方阵共有（　　）个塔。

A. 308　　B. 264　　C. 572　　D. 226

答案： A。

解析： 层数 $n=\frac{68-20}{8}+1=7$，则方阵共有 $\frac{68+20}{2}\times7=308$ 个塔。故本题答案为 A。

四、浓度问题

溶质与溶液质量的比值叫做溶液的浓度（通常用百分数表示），这三者的关系式如下：

溶液的质量=溶质的质量+溶剂的质量；

溶液的浓度=溶质的质量÷溶液的质量；

溶液的质量=溶质的质量÷溶液的浓度；

溶质的质量=溶液的质量×溶液的浓度。

考点精讲

经典真题

（2019 邮储）红色杯子中溶液浓度为 10%，300 克，蓝色杯子中溶液浓度为 27%，700 克。现在从两个杯子中取出相同量的溶液，把从红色杯子中取出的倒入蓝色杯子，把从蓝色杯子中取出的倒入红色杯子。现在红蓝两个杯子的溶液浓度相同，那么现在的浓度是多少？（　　）

A. 20%　　B. 21.9%　　C. 17.8%　　D. 15%

答案：B。

解析：混合后两杯溶液浓度相同，即等于两杯溶液全部混合的浓度，浓度 $=\frac{\text{溶质}}{\text{溶液}}=\frac{300\times10\%+700\times27\%}{300+700}=21.9\%$。故本题答案为 B。

真题考点十一　方程法

方程法是解答文字应用题的一种重要方法，在各类题目中都有较为广泛的应用。和差倍比问题、盈亏问题、鸡兔同笼问题以及牛吃草问题等一般都可以选用列方程的方法解决。方程法有以下两个重要原则。

1. 设未知数原则

为便于理解，所设未知数要便于列方程，尽量设题目所求的量为未知量。

2. 消去未知数原则

方程组消未知数时，应注意保留题目所求未知量，消去其他未知量，消去未知数时注重整体代换，未知数系数的倍数关系较明显时，可优先考虑“加减消元法”。

经典真题

（2019 进出口）1. A、B、C、D、E 是 5 个不同的整数，两两相加后得到 8 个不同的数值，分别是 17、25、28、31、34、39、42、45，则这 5 个数中能被 6 整除的有几个？（　　）

A. 0　　B. 1　　C. 2　　D. 3

答案： C。

解析： 设五个数从小到大依次为 A、B、C、D、E，则必有 A+B=17，A+C=25，D+E=45，C+E=42，整理后 A、B、C、D、E 可表示为（25−C）、（C−8）、C、（C+3）、（42−C），第三大的和 39 只能是 C+（C+3）得到，C+（C+3）=39，解得 C=18，则 A、B、C、D、E 分别为 7、10、18、21、24，其中能被 6 整除的是 18 和 24 两个数。故本题答案为 C。

（2018 交行）2. 甲乙丙丁四条流水线一共生产了 430 件产品，如果甲多生产 20 件，乙少生产 30 件，丙生产的数量乘以 1.5，丁生产的数量除以 2，四条流水线生产的产品数恰好一样多，那么，丙实际生产了（　　）件产品。

A. 60　　B. 80　　C. 100　　D. 40

答案： A。

解析： 设四条流水线生产的产品数恰好一样多时，数量都是 x。由题可知，$(x-20)+(x+30)+\frac{x}{1.5}+2x=430$，解得 $x=90$。因此，丙实际生产的产品为 $\frac{x}{1.5}=60$ 件。故本题答案为 A。

真题演练

单项选择题

1. 在 10~1000 之间有多少个数是 4 的倍数？（　　）

A. 246　　B. 248　　C. 250　　D. 252

2. 三年级一班和二班少先队员共做好事 360 件，二班做好事的件数是一班的 2 倍，三年级一班和二班少先队员各做多少件好事？（　　）

A. 100，260　　B. 110，250　　C. 120，240　　D. 130，230

3. 小王忘记了朋友手机号码的最后两位数字，只记得倒数第一位是奇数，则他最少要拨号多少次才能保证拨对朋友的手机号码？（　　）

A. 90　　B. 50　　C. 45　　D. 20

4. 为丰富职工业余文化生活，某单位组织了合唱、象棋、羽毛球三项活动。在该单位的所有职工中，参加合唱活动有 189 人，参加象棋活动有 152 人，参加羽毛球活动有 135 人，参加两种活动的有 130 人，参加三种活动的有 69 人，不参加任何一种活动的有 44 人。该单位的职工人数为（　　）。

A. 233　　B. 252　　C. 321　　D. 520

真题精讲

5. 有一食品店某天购进了 6 箱食品，分别装着饼干和面包，重量分别为 8、

9、16、20、22、27 千克。该店当天只卖出一箱面包，在剩下的 5 箱中饼干的重量是面包的两倍，则当天食品店购进了(　　)千克面包。

A. 44　　B. 45　　C. 50　　D. 52

6. 有四个自然数 A、B、C、D，它们的和不超过 400，并且 A 除以 B 商是 5 余 5，A 除以 C 商是 6 余 6，A 除以 D 商是 7 余 7。那么，这四个自然数的和是(　　)。

A. 216　　B. 108　　C. 314　　D. 348

7. 环形跑道长 400 米，老张、小王、小刘从同一地点同向出发。围绕路道分别慢走、跑步和骑自行车。已知三人的速度分别是 1 米/秒、3 米/秒和 6 米/秒，问小王第 3 次超越老张时，小刘已经超越了小王多少次？(　　)

A. 3　　B. 4　　C. 5　　D. 6

真题精讲

8. 甲、乙两单位合做一项工程，8 天可以完成。先由甲单位独做 6 天后，再由两单位合做，结果用 6 天完成了任务。如该工程由乙单位独做，则需多少天才能完成任务？(　　)

A. 8　　B. 12　　C. 18　　D. 24

9. 财务管理部在制定下一年度财务计划时，对行政办公费用的预算进行了调整。其中，某支行仅每月电费支出就缩减了 6000 元，缩减后的电费是之前的 $\frac{2}{3}$。假设电费占行政办公费用的 30%，则该支行每月的行政办公费用是(　　)元。

A. 50000　　B. 40000　　C. 70000　　D. 60000

10. 人力资源部有甲乙两个会议室，两个会议室均有 5 排座位。甲会议室每排可坐 8 人，乙会议室每排可坐 10 人。两会议室当月共举办培训 30 次，每次培训均座无虚席，当月培训总计 1290 人次，那么甲会议室当月共举办了(　　)次员工培训。

A. 15　　B. 11　　C. 22　　D. 21

真题精讲

参考答案及解析

单项选择题

1. 答案：B。

解析： 在 10~1000 之间，4 的最小倍数是 12，最大倍数是 1000，因此可以将所有 4 的倍数看成 $a_1=12$，$a_n=1000$，公差为 4 的等差数列。即有 $a_n=a_1+(n-1)\times4$，解得 $n=248$。故本题答案为 B。

2. 答案：C。

解析： 如果我们把一班做好事的件数作为 1 倍，“二班做好事的件数是一班的 2 倍”，那么一班和二班做好事件数的和，相当于一班做好事件数的 3 倍，则一班做好事的件数：$360\div(2+1)=120$（件）；二班做好事的件数：$360-120=240$（件）。故本题答案为 C。

3. 答案：B。

解析： 倒数第一位选中的概率是 $\frac{1}{5}$，倒数第二位选中的概率是 $\frac{1}{10}$，$\frac{1}{5}\times\frac{1}{10}=\frac{1}{50}$，也就是拨对的概率是 $\frac{1}{50}$，$1\div\frac{1}{50}=50$ 次。故本题答案为 B。

4. 答案：B。

解析：题目为三个集合的容斥关系问题。根据三个集合的容斥关系公式可以得出，该单位的职工人数＝189+152+135－130－69×2+44＝252（可根据计算尾数快速求解）。故本题答案为 B。

5. 答案：D。

解析："剩下的 5 箱中饼干的重量是面包的两倍"，说明剩下的饼干和面包的重量和应该是 3 的倍数，而 6 箱食品的总重量 8+9+16+20+22+27＝102 为 3 的倍数，根据整除的可加减性，卖出的一箱面包重量也为 3 的倍数，则重量只能是 9 或 27 千克。如果卖出的面包重量为 9 千克，则剩下的面包重量为（102－9）÷3＝31 千克，没有合适的几箱食品满足条件，排除；如果卖出的面包重量为 27 千克，则剩下的面包重量为（102－27）÷3＝25 千克，正好有 25＝9+16 满足条件，则面包总重量为 27+25＝52 千克。故本题答案为 D。

6. 答案：C。

解析：利用余数基本恒等式：被除数＝除数×商+余数，有 A＝B×5+5＝（B+1）×5。由于 A、B 均是自然数，于是 A 可以被 5 整除。同理，A 还可以被 6、7 整除。因此，A 可以表示为 5、6、7 的公倍数，即 $210n$。由于 A、B、C、D 的和不超过 400，所以 A 只能等于 210，从而可以求出 B＝41，C＝34，D＝29，得到 A+B+C+D＝314。故本题答案为 C。

7. 答案：B。

解析：追及时间相同，则追及路程与追及速度成正比。小王与老张之间的追及速度为 2m/s，小刘与小王之间的追及速度为 3m/s。即小刘追及小王的速度是小王追及老张速度的 1.5 倍，则小刘追及小王的路程也是小王追及老张路程的 1.5 倍。故当小王第 3 次超越老张时，小刘已超越小王 3×1.5＝4.5 次，只超越了 4 次，并未达到 5 次。故本题答案为 B。

8. 答案：B。

解析：甲单独做 6 天的工作量等于甲乙一起做 2 天的工作量。甲乙一起做 2 天中包含甲做了 2 天的，乙做了 2 天，所以乙 2 天的工作量等于甲 4 天的工作量。所以乙的工作速度是甲的 2 倍。由甲乙合作 8 天完成整个工程，且乙的效率是甲的 2 倍可知：甲+乙＝8 天，即甲+2 甲＝8 天，所以整个工程全由甲需要 8×3＝24 天，所以乙是需要一半的时间 12 天。故本题答案为 B。

9. 答案：D。

解析：该支行本月电费的支出为 $\dfrac{6000}{1-\dfrac{2}{3}}=18000$，则行政办公费为 $\dfrac{18000}{30\%}=60000$ 元。故本题答案为 D。

10. 答案：D。

解析：设甲举办了 x 次培训，则乙举办了 $30-x$ 次培训。可得到方程 $40x+50\times(30-x)=1290$，解得 $x=21$，即甲举办了 21 次培训。故本题答案为 D。

第八章 资料分析

真题考点一　常考概念

一、增长

1. 增长量

增长量是指某一数据指标在一定时期内增加（或减少）的绝对量。

增长量=现期量-基期量

增长量主要分为同比增长量和环比增长量，由于同比增长量考查居多，所以我们先来看同比增长量。相邻两年之间的增量我们叫做同比增长量，公式如下：

$$同比增长量=今年量-去年同期量=去年同期量\times同比增长率=今年量\times\frac{同比增长率}{1+同比增长率}$$

以上三个是求增长量的三个公式，其中，公式由前到后，计算难度逐渐增加，但使用频率也同样增加。这也就是说，第一个公式最简单，如果题目给了今年的量和去年的量，要求增长量，一定用第一个公式，直接计算减法比乘除法计算难度小很多，甚至有时候可以口算得到答案；如果给了去年的量和同比增长率，直接用第二个公式求增长量，计算一步乘法和既乘又除要比计算量小很多！如果是已知今年量和同比增长率，这就要求我们熟练地按照第三个公式将算式列出，同时，这也是我们材料最常给出的一种数据组合形式，然后用后文我们所讲到的估算方法进行快速估算。

环比增长量是指相邻两月或相邻两季度之间的增量，环比增长量和同比增长量的唯一区别仅仅在于时间不同，其余的公式变形和计算技巧均相同。

$$环比增长量=本月量-上月量=上月量\times环比增长率=本月量\times\frac{环比增长率}{1+环比增长率}$$

2. 增长率

增长率是指某一数据指标在一定时期内的增长量与基期量的比值。

辨别：当材料中出现了“增长了”“增加了”等字样，后面还跟着百分数，那么这个百分数就是指增长率，还有“增幅”“增速”都是指增长率，在阅读材料时一定要注意。

$$增长率=\frac{增长量}{基期量}\times100\%=\frac{现期-基期量}{基期量}\times100\%=(\frac{现期量}{基期量}-1)\times100\%$$

跟增长量相同，增长率也有同比增长率和环比增长率之分，唯一的区别还是时间上的不同，这里不做赘述。

经典真题

1. 2014年国家外汇储备33116亿美元，2013年国家外汇储备31812亿美元。

①2014年国家外汇储备比2013年国家外汇储备多多少亿美元?

②2014年国家外汇储备比2013年增加了百分之几?

解析: 第一小题，已知基期量和末期量，求增长量，用增长量的第一个公式：33116-31812；第二小题，已知末期量和基期量，求增长率，用增长率的第二个公式：$\frac{33116-31812}{31812}\times 100\%$。

(2017邮储) 2. 去年年初，中央出台了新政策，自年初至5月以来，房地产开发投资资金来源总额保持较快增长，单资金来源累计增幅已呈现持续收窄态势。1月到5月全国房地产开发投资资金来源总额达32340亿元，较上年同期增加5051.6亿元，增幅较上年同期收窄38.7个百分点。

去年1—5月全国房地产开发投资资金来源总额同比增长( )。

A. 18.5%　　B. 118.5%　　C. 15.6%　　D. 115.6%

答案: A。

解析: 已知增长量和今年量，求增长率。由题意可知，1月到5月全国房地产开发投资资金来源总额达32340亿元，较上年同期增加5051.6亿元，根据公式可得，去年1—5月全国房地产开发投资资金来源总额同比增长率=5051.6÷(32340-5051.6)≈18.5%。故本题答案为A。

(2017工行) 3. 根据图表回答以下问题

2007~2014年零售百强企业销售规模情况

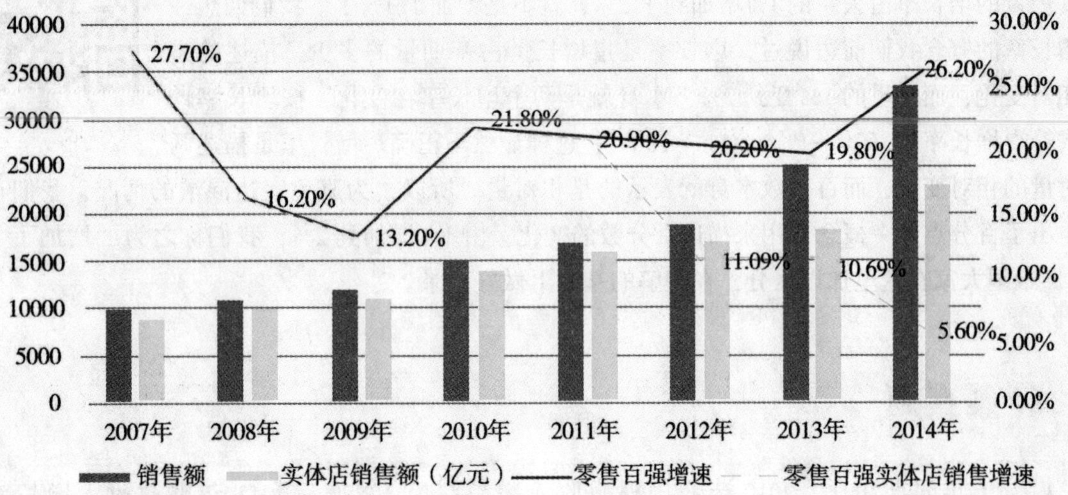

2014 年零售百强企业的业态分布情况表

主要业态	企业数量（个）	销售总额（亿元）	同比增速（%）	负增长企业个数
以百货为主	57	10292	6.4	18
以超市为主	28	7231	5.6	6
以专业店为主	8	5169	4.4	1
电商	7	11049	110.1	0

经济效益分析中常用贡献率来评价某个因素作用大小，贡献率（%）= 某因素增量/总增量×100%。据此 2014 年电商销售增长对百强零售企业整体销售增长的贡献率高达（　　）。

A. 42%　　B. 20%　　C. 67%　　D. 83%

答案：D。

解析：2014 年电商销售增长量 = ［11049/（1+110.1%）］×110.1% ≈5720，2014 年百强零售企业整体销售增长量 = ［33741/（1+26.2%）］×26.2% ≈7000，5720/7000≈83%。故本题答案为 D。

二、百分点

百分点是描述百分数变化的量，是一种重要的衡量指标。

我们都知道，一个数由 100 增加到 101，我们称之为增加了 1%；但如果是今年粮食产量的增长率由去年的 1%增加到了 2%，就不是增加了 1%了。我们回想一下，增长率的概念我们前边说过，增长率是指增长量占基期量的多少，描述的是一种相对变化，而这里的 1%变到 2%，本身就是两个增长率在变化，按增长率计算公式算得增长率为（2%-1%）/1% = 100%，这样显然不正确。增长率是描述两个绝对量的相对变化，而百分数本身就表示的是相对量。所以，为避免表达混淆的情况，我们在这里就引申出了百分点这一概念，用来描述百分数的变化，由 1%增加到 2%，我们称之为“增加了 1 个百分点”，希望大家在这里加以区分，在理解的基础上做好记录。

考点精讲

经典真题

1. 与上年同期相比，2012 年我国财政收入增长率为 12.8%，2011 年财政收入增长率为 24.8%，2010 年财政收入增长率为 21.3%。

①2012 年，我国财政收入增长率比 2011 年增长率慢多少？

②2011 年，我国财政收入增长率比 2010 年增长率快多少？

解析：第一小题，2012 年比 2011 年财政收入增长率慢 24.8%-12.8% = 12%，即慢 12 个百分点；第二小题，2011 年比 2010 年财政收入增长率快 24.8%-21.3% = 3.5%，即快 3.5 个百分点。

（2016 中行）2. 根据图表回答以下问题

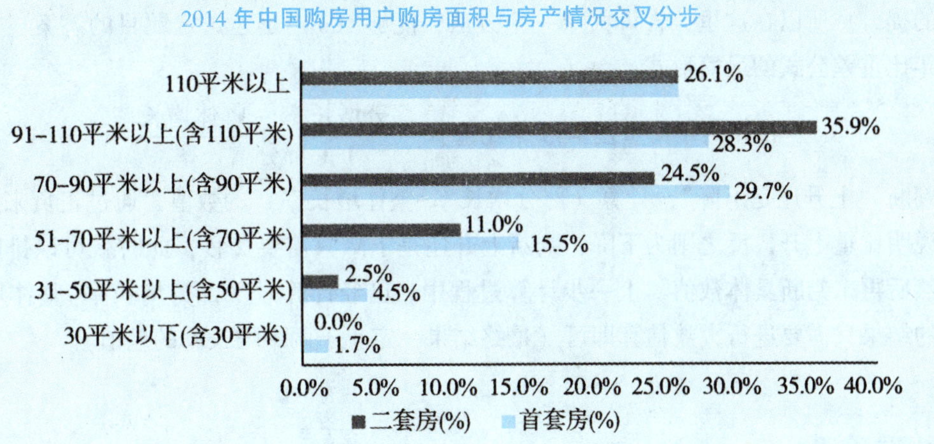

一般将 90 平米以上的房屋定义为大户型，2014 年我国购买二套房中的大户型比例比购买首套房的大户型比例大约多(　　)百分点。

A. 7　　B. 13　　C. 10　　D. 3

答案：B。

解析：2014 年我国购买二套房中的大户型比例比购买首套房的大户型比例大约多 26.1%+35.9%-21%-28.3%=12.7 个百分点。故本题答案为 B。

三、比重

比重是指部分在整体中所占的百分比，用百分数的形式表示，比重的公式如下：

$$比重=\frac{部分}{整体}\times 100\%$$

考点精讲

对于比重，常考查的就是今年比重和去年比重，还有相邻两年比重差这三个概念，公式分别如下：

$$今年比重=\frac{今年部分量}{今年整体量}\times 100\%$$

$$去年比重=\frac{去年部分}{去年整体}\times 100\%=(\frac{今年部分量}{今年整体量}\times\frac{1+整体增长率}{1+部分增长率})\times 100\%$$

关于今年比重和去年比重的公式是两个很直观的概念，非常好理解。今年比重就是概念，而去年比重结合比重的概念，用今年的量和增长率把去年的量表示出来，经过约分化简整理后的去年比重的最简形式，各位考生一定要牢记。当然，过程推导都是为了大家能够更好地理解公式，在实际做题的过程中，则要求大家一定要根据公式去直接列式，切记不可在考场上临时去推导公式，能节省的时间要尽量节省！而对于第三个概念，相邻两年比重差，在解题过程中，题目一般会这样问“某某占比相对于去年来说是上升了还是下降了？上升或者下降了几个百分点？”，对于这样的题目，如果按照前面两个公式，无非就是先求出今年比重，再计算出去年比重，最后二者进行相减，得到结果。但是哪怕是直接用两个整理后的最简式进行计算，计算量也非常大，不仅浪费了宝贵的解题时间，也不利于最后准确率的提升。所以在这里，告诉大家一个方法，能够10s内迅速选定题目的答案！首先我们来看下相邻两年比重差公式的最简形式：

$$相邻两年比重差 = 今年比重 \times \frac{部分增长率 - 整体增长率}{1 + 部分增长率}$$

首先判断“上升还是下降”，计算（部分增长率-整体增长率）的数值，通过正负来判断，如果差为正，则说明比重上升，反之则为下降，判断上升还是下降只需要2秒，此时就可以排除选项中的两个选项；然后再来判断具体数值，上一步计算过程中，已经计算过（部分增长率-整体增长率）的数值，最后的结果只需要进行大致估算即可（最终结果一定小于两个增长率的差值）。

经典真题

1. 2012年，全国玉米产量20812万吨，同比增产1534万吨；稻谷产量20429万吨，同比增产328万吨；小麦产量12058万吨，同比增产318万吨，占全国粮食产量的20.5%。

①2012年，全国粮食产量是多少万吨？

②2012年，玉米产量占全国粮食产量的比重是多少？

解析：第一问，小麦产量为12058万吨，占全国产量的比重为20.5%，所以全国粮食产量为$\frac{12058}{20.5\%}$；第二问，2012年玉米产量占粮食产量的比重$=\frac{20812}{12058}\times 20.5\%$。

2. 2014年上半年，全国房地产开发投资26250亿元，同比增长32.9%。其中，住宅投资18641亿元，增长36.1%。

①2014年上半年，住宅投资占房地产开发投资的比重是？

②2013年上半年，住宅投资占房地产开发投资的比重是？

③2014年上半年，住宅投资占房地产开发投资的比重比2013年上半年上升或者下降多少？（　　）

A. 上升了约3个百分点　　B. 下降了约3个百分点

C. 上升了约1.7个百分点　　D. 下降了约1.7个百分点

答案：C。

解析：第一问求今年比重，由公式得$\frac{18641}{26250}$；第二问求去年比重，由公式得$\frac{18641}{26250}\times\frac{1+32.9\%}{1+36.1\%}$；第三问由相邻两年比重差公式得$\frac{18641}{26250}\times\frac{36.1\%-32.9\%}{1+36.1\%}$，首先判断上升还是下降，由于36.1%大于32.9%，部分增长率大于整体增长率，故2014年相对于2013年比重上升，排除B、D，下面具体看上升了几个百分点，先看两个增长率差值为3.2%，再除以1.361，1.361约为$\frac{4}{3}$，$\frac{18641}{26250}$约为$\frac{2}{3}$，最后结果为$3.2\%\times\frac{2}{3}\times\frac{3}{4}=1.6\%$，最后选答案，选取最接近的，上升了1.7个百分点。故本题答案为C。

四、倍数

倍数是指两个量之间的比值，如果 A∶B= N，那么我们就说 A 是 B 的 N 倍，这是“是几倍”的概念，例如我有 1 个苹果，你有 3 个苹果，你的苹果数量就是我的 3 倍，但如果要问，你的苹果比我的多几倍呢？所谓“多几倍”，含义即为你比我多的部分是我的几倍，也就是说你比我多的这 2 个是我的几倍，即你比我多 2 倍。以上所讲的主要是“是几倍”和“多几倍”这两个困扰同学们已久的概念，二者的关系为：多几倍=是几倍-1。这个公式和前面我们学习的增长率公式神似，两者之间也有着密切的联系，增长率 $=(\frac{现期量}{基期量}-1)\times 100\%$，实际上，多几倍的实质就是增长率，只不过我们平时习惯上叫他多几倍。整理过后可以得到以下公式：增长率=多几倍=是几倍-1，是几倍=增长率+1。

考点精讲

经典真题

1. 2012 年我国财政收入是 117210 亿元，2008 年我国财政收入是 61316.9 亿元。

①2012 年我国财政收入是 2008 年的多少倍？

②2012 年我国财政收入比 2008 年多多少倍？

解析： 第一小题考查“是几倍”，$\frac{117210}{61316.9}$；第二小题考查“多几倍”，$\frac{117210}{61316.9}-1$。

2. 2012 年我国外汇储备 33115 亿美元，同比增长 4.1%，比 2009 年增长了 1.16 倍。

①2009 年我国外汇储备是多少亿美元？

②2012 年我国外汇储备相比 2009 年增长了多少亿美元？

解析： 第一小题，考查增长率和多几倍关系，2012 年比 2009 年多 1.16 倍，也就是相对于 2009 年增长率为 116%，要求 2009 年的值，根据公式可得 $\frac{33115}{1+116\%}$；第二小题，求增长量，根据公式可得 $\frac{33115}{1+116\%}\times 116\%$。

五、平均量

平均量是指总量与总份数的比值，平均量在历年考查中的频率较高，同时考查的难度又不大，所以要求广大考生必须掌握。平均量中的总份数，经常是总人数、总面积等，需要强调的是，尤其要注意单位转换，此处极容易成为大家的失分点。

$$平均量=\frac{总量}{总份数}$$

经典真题

1. 2006 年春节期间，湖南省共接待旅游者 265.44 万人次，比上年同期增长 14.8%，实现旅游收入 11.79 亿元人民币，增长 23.9%。2006 年春节期间，来湖南旅游的旅客平均每人消费多少元？

解析： 本题求平均量，平均消费 $=\frac{11.79\times10^8}{265.44\times10^4}$（分子是亿元为单位，分母是万人为单位，注意单位转化后得到的才是以元为单位的人均消费）。

2. 2013 年末全国共有群众文化机构 44260 个，比上年末增加 384 个，其中乡镇文化站 34343 个，增加 242 个。年末群众文化机构从业人员 164355 人，比上年末增加 8127 人。群众文化机构实际使用房屋建筑面积 3389.4 万平方米，比上年末增长 6.9%。年末群众文化机构共有馆办文艺团体 6022 个，演出 15.13 万场，观众 6569 万人次。2013 年每个馆办文艺团体平均每月演出约多少场？

解析： 本题的问题是平均每个馆办文艺团体每月演出场次，看完问题，你应该意识到，总份数应该是两个数的乘积，分别是月份和馆办文艺团体数量，列式得 $\frac{15.13\times10^4}{6022\times12}$，同时分子还要注意单位换算。

真题考点二　阅读方法

一、文字快速定位法

所谓文字快速定位法，指的是在我们阅读材料的时候，不需要逐字逐句的去阅读材料，主要是因为时间上不允许，在短短的时间内不仅需要我们了解材料内容，而且还要做完材料后面的题目，难度是可想而知的。这也就要求我们在阅读材料的时候必须要使用技巧尽量缩短阅读的时间，同时还不能遗漏我们所需要的数据，想做到能够在最短时间内掌握做题所需要的内容，一定要牢记以下阅读技巧：在熟记公式的前提下，重点抓住关键词，读材料之前一定要熟悉题目，带着问题读材料，迅速锁定关键词，主要需要注意的关键词有：主语、时间、单位、题干专业名词等。通过问题迅速确定主语，也就是题目问的是关于谁的，确定后找时间，如果题目问某某 2014 年的值是多少？而材料中出现的相关量的时间却为 2015 年，此时头脑中就应该立即联想到有关去年的一系列公式，比如求去年量、去年比重等。

经典真题

据北京市统计局统计，2010 年 1—5 月，四环至五环间的商品住宅期房均价为 20749 元，比 1—4 月每平方米下降 944 元，为今年以来首降；同时，六环路以外房价每平方米为 11748 元，比 1—4 月也下降 228 元，为去年 10 月份以来首降。但四环路内住宅期房均价却高达 34620 元，比 1—4 月平均上涨 508 元，五至六环路均价为 14799 元，平均上涨 520 元。

1—5 月，从供给情况看，商品住宅新开工面积为 614.7 万平方米，同比增长 81%。从市场需求看，商品住宅销售面积为 445 万平方米，同比下降超三成。

5 月份，商品住宅销售面积为 61.8 万平方米，同比下降超六成，比 4 月份下降超四成。新建住宅销售价格环比上涨 0.9%，涨幅比上月回落 1.7%。

其中，纯商品住宅环比上涨 1%，涨幅比上月回落 2%；政策性住房价格环比与上月持平。同时，二手住宅交易价格比 4 月份下降 1.6%。

截至 5 月底，全市政策性住房施工面积同比增长超四成。1—5 月，政策性住房本年新开工面积同比增长超五成，竣工 58.1 万平方米，同比增长 1.2%。

2009 年 1—5 月，商品住宅新开工面积为多少？

解析：首先读题，根据“商品住宅新开工面积”可定位原文第二自然段，题目问 2009 年值为多少，而材料只给了 2010 年的值，说明本题考查的是已知末期量和增长率求基期量，根据公式基期量$=\frac{\text{末期值}}{1+\text{增长率}}=\frac{614.7}{1+81\%}\approx 340$ 万平方米。

二、表格结构阅读法

对于表格型的题目，应该关注的最主要信息是表头和单位栏。我们都知道，表格是用来统计数据的，我们重点关注表头，是为了看清表格主要统计的内容，这样能够帮我们快速找到解题所需要的数据，比如下面的表格 1-8-1，关注表头可知该表格是关于“2000—2004 年间”“全国大中型工业企业”“科技指标”的表格。正如上文所说，时间、关键词等依然是我们在读题时需要首要关注的内容，这一点渗透了资料分析读材料的整个过程。其次就是单位，无论“个”“万人”还是“亿元”等等，都是我们需要细心注意的地方，这里看似说得简单，但在我们同学实际做题的过程中，单位是最容易被忽略的，出题人若在此设置迷惑选项，最后一定会诱导你选出那个经过精密包装的错误答案。

表 1-8-1 2000—2004 年全国大中型工业企业部分科技指标情况表

	单位	2000 年	2001 年	2002 年	2003 年	2004 年
企业总数	个	22276	21776	22904	23096	22276
设有科技机构企业的比重	%	32	28.4	26.2	25.3	24.9
科技人员	万人	145.4	138.7	136.8	136.7	141.1
科技人员占从业人员的比例	%	4.6	4.78	4.88	5	4.5
科技经费	亿元	665.4	922.81	1046.55	1213.03	1588.61
科技经费占销售额的比例	%	1.35	1.65	1.67	1.73	1.65

三、图形要点抽取法

关于图，尤其是题目给的简单到无以复加的图（没有单位注释），比如图 1-8-1，一看图好多同学就不会了，连个单位都没有，只能从图示和备注知道些许信息，单凭这些无法解题，所以就需要我们从图中读出隐含且重要的信息。如图 1-8-1 中，我们观察图中数据每行相加和刚好都为 100，由于资料分析中隐含的相加为 100 的就是暗指单位为%，也就是说，图 1-8-1 中所有数据均为百分数，当知道了这个信息，无论问题问什么，我们都能够针对问题进行解答。

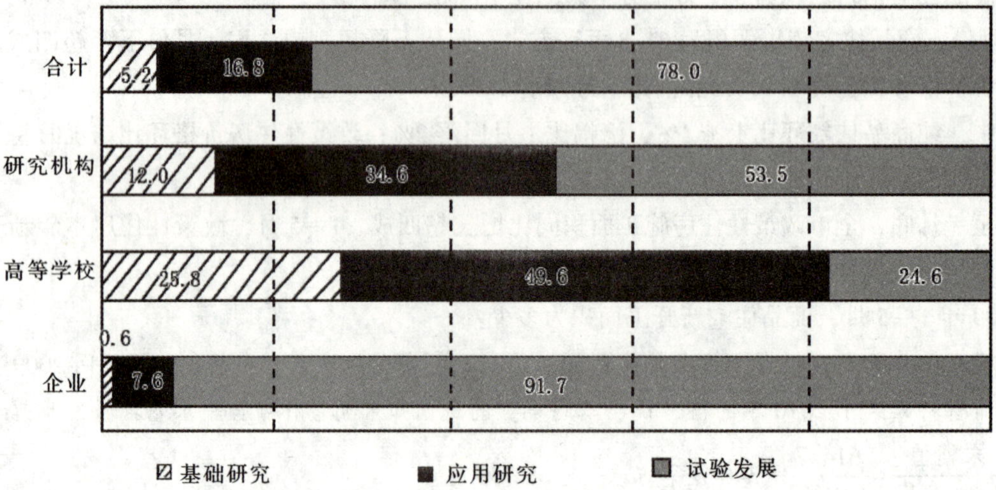

注：我国该年度科学研究与试验发展支出总额为3003.1亿元。

图 1-8-1　我国某年度科学研究与试验发展经费支出分类示意图

真题考点三　估算方法

一、尾数法

资料分析算式中的数据一般较多且位数大多超过三位，如果选择直接计算，不仅计算难度大，还会增加做题时间。为了快速、准确地计算出结果，必须选择合适的技巧来缩短计算时间，以便应对考试的需要。鉴于银行招聘考试资料分析部分的题目难度不大，主要考查考生是否能够熟练掌握和应用快速解题的方法和技巧，而尾数法就是其中一种非常常用且好用的方法。

考点精讲

尾数法在数字运算中有所提及，主要指通过运算结果的末位数字来确定选项，常用于和、差的计算，在资料分析中偶尔用于乘积的计算。尾数在这里不仅指最后一位数字，也可以指结果的最末几位数字。

1. 尾数法的使用前提

重要提示：不是所有情况都能使用尾数法！应用尾数法有三个前提条件，第一，选项的尾数末两位均不相同；第二，尾数法更多应用于加减法的精算。注意此处是精算，资料分析计算中，除了尾数法是精算外，其余都是估算！乘法中只有在极特殊情况下才能用到；第三，尾数法应用的最大前提是选项必须都是精确项，不能是四舍五入后得到的结果。

2. 尾数法的位数规则

（1）加法

两个数相加，和的尾数取决于两个加数的尾数相加得到和的尾数。

例：3782+123=3905，和的尾数5是由一个加数的尾数2再加上另一个加数的尾数3得到的。

（2）减法

两个数相减，差的尾数取决于被减数的尾数和减数尾数相减所得到的数字。

例：3576−413=3163，差的尾数3是由被减数的尾数6再减去减数的尾数3所得到的。

（3）乘法

两个整数相乘，积的尾数由两个乘数决定（通过乘积判断答案尾数用到的情况极少）。

例：324×139=45036，积的尾数6取决于两个乘数4和9的乘积36的尾数6。

经典真题

据2006年人口变动抽样调查，年末浙江省常住人口为4980万人，比上年增长1.67%。其中，男性人口2511.4万人，女性人口2468.6万人，分别占总人口的50.43%和49.57%。全年出生人口50.78万人，出生率为10.29%；死亡人口26.75万人，死亡率为5.42%。2006年浙江省自然增长人口为(　　)。

A. 24.03万人　　B. 27.46万人　　C. 29.51万人　　D. 32.73万人

答案：A。

解析：自然增长人口=出生人口−死亡人口，代入得50.78−26.75，尾数为03，观察选项尾数是03的只有A选项。故本题答案为A。

二、首数法

首数法与尾数法类似，是通过运算结果的首位数字或前两、三位数字来确定选项的一种方法。首数法一般运用于加、减、除法中，在除法运算中最常用。

1. 加减法

两个数相加减，个位对齐数位后，如果两数数位相同，和或差的首位由两个数的首位决定。这里一定要注意计算中的进位或借位的情况，无论进位还是借位都仅仅是+1或−1的区别而已，倘若两个数的数位不同，和或差的首位一般由较大数决定，如果出现进位或借位情况，在首数基础上+1或−1即可。

考点精讲

例：5237+2353，百位没有进位，和的首数为5+2=7，和的首数为7。

5679−3835，千位有借位，差的首数为5−3−1=1，差的首数为1。

2. 除法

对于“一步除法”有奇效，但应用首数法的同时，要注意观察选项。如果各选项第一位就出现不同，那么只需估算出第一位即可，如果出现在第二位，就需要再多进行一步计算，直到能够判断出正确选项为止。

例：5739÷229，商的第一位一定为 2，如果选项 A、B、C、D 首数分别为 1、2、3、4 的话，那么就可以直接秒杀 B 选项，考试中更常出现的选项是这样的，A、B 选项首数为 1，C、D 选项首数为 2，当确定了首数为 2 时，排除 A、B 选项，再看 C、D 选项，分别为 24 和 25，通过进一步计算即可很快确定答案为 D 选项。

经典真题

据统计，今年 5 月份全国基本型乘用车产销 21.19 万辆和 22.13 万辆，比去年同期分别增长 1.86% 和 26.03%；运动型多用途乘用车产销 1.43 万辆和 1.52 万辆，降幅不大；多功能乘用车产销降幅最大，本月产销 1.23 万辆和 1.24 万辆。

1—5 月，基本型乘用车累计产销 99.10 万辆和 96.93 万辆，产量同比下降 2.73%，销量同比增长 1.07%；多功能乘用车累计产销 6.11 万辆和 5.71 万辆，同比增长 31.26% 和 31.54%；运动型多用途乘用车累计产销 6.46 万辆和 6.54 万辆，同比下降 16.00% 和 10.25%。

今年 5 月份多功能乘用车的产量占 1—5 月份总产量的(　　)。

A. 20.13%　　B. 22.14%　　C. 17.95%　　D. 21.38%

答案： A。

解析： 比重为 1.23÷6.11，首数为 20。故本题答案为 A。

三、分数比较大小

1. 简单比较大小问题

我们要比较的两个分数的大小，如果两个分数的分母相同，则分子大的分数就大；如果两个分数的分子相同，则分母大的分子就小。例如 $\frac{3}{5}$ 大于 $\frac{3}{7}$，$\frac{3}{5}$ 大于 $\frac{2}{5}$，这属于分数的基本性质，也是最简单的分数比较大小。

考点精讲

2. 反向变化的分数比较大小问题

两个分数相比较，如果前者分子大于后者，同时分母小于后者，那么前者一定大于后者，反之，如果前者分子小于后者，同时分母大于后者，那么前者一定小于后者。例如 $\frac{3}{8}$ 大于 $\frac{2}{9}$，$\frac{1}{7}$ 小于 $\frac{2}{5}$，这两者的大小关系比较也非常明显。

3. 同向变化的分数比较大小问题

针对分子分母同向变化来判断分数的大小问题我们有种专门的解题方法，就

考点精讲

是同位比较法。如果把两个分子分母都同向变化的分数进行比较，例如 $\frac{7}{12}$ 和 $\frac{9}{16}$ 比较大小，我们发现分子和分母由前到后都变大了，那么这个分数的大小是如何改变的呢？要想比较两个同向变化分数的大小，还得追溯分数变化的本源。我们知道如果一个分数的分子和分母同向变化，而且分母和分子变大的相对比例相同的话，那我们就可以说这个分数在经历变化的过程中，分数的大小没有改变，什么叫相对比例相同？例如 $\frac{1}{2}$ 和 $\frac{2}{4}$，分子由1变到2，增加了原来的1倍，分母由2变到4，也增加了原来的1倍，这样就是分子和分母变化相对比例相同，即增长率相同，分数的大小不变；当分子分母变大的相对比例不同时，分子增长率大于分母增长率，则分数变大，比如要将 $\frac{1}{2}$ 和 $\frac{2}{3}$ 进行比较大小，分子由1变到2，增加了原来的1倍，也就是增长率为100%，分母由2变到3，增加了原来的0.5倍，也就是增长率为50%，因为分子的增长率比分母大，所以由前到后的过程中分数变大了，也就是前者小于后者。明白了这个道理以后，我们再来回头看最开始的两个分数比较大小，$\frac{7}{12}$ 和 $\frac{9}{16}$，分子由7变到9，增加了 $\frac{2}{7}$，分母由12增加到16，增加了 $\frac{1}{3}$，很明显 $\frac{2}{7}$ 小于 $\frac{1}{3}$，即分子增长率小于分母增长率，分数变小，故 $\frac{7}{12}$ 大于 $\frac{9}{16}$。我们管这种方法叫做同位比较法。掌握了这个方法并勤加练习后，只要遇见比较分数的问题，都可以用这种方法快速解题。

当然，还有例如差分法、化同法等其他比较分数大小的方法，但差分法有个适用条件极为苛刻！那就是只有两个分数的分子和分母相差不大的时候，才能用差分法，虽然对于符合要求的题用这种方法解题时异常的迅速，但当两个分数的差距比较大时这个方法就不适用了。而且无论是差分法还是化同法，在运算的过程中都离不开变化率这个概念。所以在这里我们只要学习一种方法就够了，学习方法要明白一个道理，那就是方法掌握的不在于多，而在于精！因此在这里其他的方法就不再赘述。

经典真题

2006年1—10月，部分省份固定资产投资情况

省市区	年内本月止累计（亿元）	比上年同期增长（%）
重庆	1531.12	28.00
四川	3120.84	32.50
贵州	786.02	21.20
云南	1412.66	32.40
西藏	165.51	13.50
陕西	1900.32	34.30
甘肃	787.02	22.17
青海	337.36	15.10
宁夏	338.23	12.60
新疆	1024.06	17.90
内蒙古	2893.05	34.60

1. 2005 年 1—10 月，贵州省的固定资产投资额与甘肃省相比(　　)。

A. 较低　　B. 较高　　C. 恰好相等　　D. 无法比较

答案：B。

解析：题目是 2005 年 1—10 月，贵州省固定资产投资额与甘肃省相比较的问题，找到数据，列式可得 2005 年贵州固定资产投资额为 $\frac{786}{121.2}$，甘肃省固定资产投资额为 $\frac{787.02}{1+22.17\%}$，按照有效数字法，将分子、分母保留 3 位有效数字，得 $\frac{787}{122}$。二者比较大小，应用我们前面学过的同位比较法，分子和分母都增加 1，但我们看的是增长率，而不是增长量，显然分子的增长率小于分母，分母增加的多，故整个分数变小，前者大于后者，故贵州省相比于甘肃省固定资产投资额较高。故本题答案为 B。

2007 年部分国家（地区）国民生产总值

国家（地区）	人均国民生产总值（美元）	国民生产总值（亿美元）
中国内地	2360	32081
中国香港	31610	2067
韩国	19690	9698
哥斯达黎加	5560	252
美国	46040	138112
新加坡	32470	1613
多米尼加	3550	367
俄罗斯	7560	12910
日本	37670	43767
越南	790	712

2. 2007 年，下列国家（地区）中人口最少的是(　　)。

A. 中国香港　　B. 哥斯达黎加　　C. 新加坡　　D. 多米尼加

答案：B。

解析：题目要比较的是人口，根据表中数据，应该用表格中第三列，即国民生产总值除以第二列人均国民生产总值，A、B、C、D 四个选项分别为 $\frac{2067}{31610}$、$\frac{252}{5560}$、$\frac{1613}{32470}$、$\frac{367}{3550}$，化为同一数量级后，$\frac{206}{3161}$、$\frac{252}{5560}$、$\frac{161}{3247}$、$\frac{367}{3550}$。初步观察后，可知，D 选项分子 367，分母和其他选项接近，故为最大，排除；A 与 C 相比，$206>161$，$3161<3247$，分子变小，分母变大，整个分数变小，$\frac{2067}{31610}>\frac{1613}{32470}$，故 A 也较大，排除；最后剩下 B、C 选项相比，利用同位比较法，分子 B 项 252 约是 161 的 1.6 倍（161 的 1.6 倍为 $161+96=257$），但分母 5560 是 3247 的 1.6 倍还多，分母的增长率大于分子，因此 B 小于 C，B 为最小。故本题答案为 B。

四、特征数字法

特征数字法是一种将百分数转化为分数，进而简化计算提高效率的特殊方法，在乘、除法运算中比较常用。概念很抽象，理解掌握即可，重点在于如何能将特征数字法应用到解题中！在特征数字法中，每个特征分数都有对应的百分数，必须熟记。在这里要求大家记忆$\frac{1}{2}\sim\frac{1}{15}$所对应的百分数，为了方便大家记忆，整理了表格 1-8-2。当然，熟记特征数字只是基础，应用才是重中之重，当我们能将$\frac{1}{2}\sim\frac{1}{15}$的一倍熟练记忆和转化之后，再利用分数之间的约分，就能够简化复杂的计算。在实际应用中，只掌握这些特征数字对于真正解题是不够的，因为这些特征分数转化为有限的百分数之后，之间还会有较大的对应空档，对于精确度要求较高的估算，仅仅靠前面几个特征分数来解答问题就捉襟见肘了，所以要求我们还要熟练掌握多倍特征分数与百分数之间的转化，例如，看见资料中的百分数为 28.5%时，如果转化成$\frac{1}{4}$仅为 25%，比 28.5%要小很多，转化成$\frac{1}{3}$又会大很多，所以这就出现了目的百分数与特征分数的对应盲区，冒然化作$\frac{1}{3}$或$\frac{1}{4}$都会产生较大的误差，为保证估算的误差尽可能小，这里的 28.5%要转化成$\frac{1}{7}$的 2 倍，因为$\frac{1}{7}$=14.3%，2 倍即为 28.6%，跟题目所给的 28.5%仅差 0.1 个百分点。在我们银行考试中，这 0.1 个百分点几乎可以忽略不计，如果答案差距很小，就根据计算过程中的误差判断真正答案和估算结果间的大小关系，最后选择最准确的答案，提升自己的准确率。

表 1-8-2 特征数字对应表

$\frac{1}{2}$=50%	$\frac{1}{6}$=16.7%	$\frac{1}{15}$=6.7%	
$\frac{1}{3}$=33.3%	$\frac{1}{7}$=14.3%	$\frac{1}{14}$=7.1%	$\frac{1}{13}$=7.7%
$\frac{1}{4}$=25%	$\frac{1}{8}$=12.5%	$\frac{1}{12}$=8.3%	
$\frac{1}{5}$=20%	$\frac{1}{9}$=11.1%	$\frac{1}{11}$=9.1%	

经典真题

1. 8760÷（1+25%）=（ ）

A. 5437　　B. 6981　　C. 6754　　D. 7008

答案：D。

解析：8760÷（1+25%）$=\dfrac{8760}{1+\frac{1}{4}}=8760\times\dfrac{4}{5}$=8760×0.8=7008。故本题答案为 D。

2. $4532\div14.26\%=($　　$)$

A. 32561　　B. 31781　　C. 43798　　D. 45353

答案：B。

解析：$4532\div14.26\%\approx\frac{4532}{\frac{1}{7}}=4532\times7=31724$。由于估算过程中将 14.26% 看成 14.3%，所以估算出来的 31724 偏小，故应选择一个略大于（注意！这里是“略大”）31724 的数作为答案。故本题答案为 B。

（2019 建行）3. 从银行结售汇数据看，2017 年，银行累计结汇 110884 亿元人民币（等值 16441 亿美元），按美元计价，剔除汇率因素影响（下同），同比增长 14%，累计售汇 118532 亿元人民币（等值 17557 亿美元），同比下降 1%，累计结售汇逆差 7648 亿元人民币（等值 1116 亿美元），同比下降 67%。

2016 年，银行累计结售汇逆差约为（　　）。

A. 3382 亿美元　　B. 1846 亿美元

C. 4580 亿元人民币　　D. 12772 亿元人民币

答案：A。

解析：由材料“累计结售汇逆差 7648 亿元人民币（等值 1116 亿美元），同比下降 67%”可知所求为$\frac{1116}{1-67\%}\approx\frac{1116}{1-\frac{2}{3}}=1116\times3=3348$亿美元，和 A 最接近。故本题答案为 A。

真题演练

一、阅读下面材料，回答问题

表 1　2014 上半年 GDP 初步核算数据

	绝对额（亿元）	比上年同期增长（%）
GDP	269044	7.4
第一产业	19812	3.9
农林牧渔业	19812	3.9
第二产业	123871	7.4
工业	106814	7.2
建筑业	17057	9.2
第三产业	125361	8.0
交通运输、仓储和邮政业	14114	6.8
批发和零售业	25422	9.8

续表

	绝对额（亿元）	比上年同期增长（%）
住宿和餐饮业	5318	6.2
金融业	18463	9.7
房地产业	17453	2.5
其他服务业	44591	8.9

注：绝对额按现价计算，增长速度按不变价计算

表 2 GDP 环比和同比增长速度

	GDP 环比增长速度（%）	GDP 同比增长速度（%）
2013 年 1 季度	1.6	7.7
2 季度	1.8	7.5
3 季度	2.3	7.8
4 季度	1.7	7.7
2014 年 1 季度	1.5	7.4
2 季度	2.0	7.5

注：1. 环比增长速度为经季节调整后与上一季度对比的增长速度；

2. 同比增长速度为未经季节调整的与上年同期对比的增长速度。

1. 2013 年四季度 GDP 的绝对额为(　　)亿元。

A. 130831　　B. 130654　　C. 131220　　D. 131222

2. 2014 年上半年各行业 GDP 的同比增速中，增速相差最大值为(　　)。

A. 5.9%　　B. 7.5%　　C. 7.3%　　D. 7.8%

3. 2014 年上半年第三产业的绝对额占 GDP 的(　　)。

A. 43%　　B. 46.59%　　C. 48.34%　　D. 49.12%

4. 2014 年上半年在各产业中，同比增速大于 9.0% 的有(　　)。

A. 2 个　　B. 4 个　　C. 3 个　　D. 1 个

5. 根据上述材料，下列叙述错误的是(　　)。

A. 各季度 GDP 增速相对保持在中高速的范围

B. 房地产业 2014 年上半年 2.5% 的相对很低的增速表明房地产业开始衰退

C. 参照 2013 年 GDP 数据，2014 年三季度 GDP 增速可能会有较大环比增幅

D. 不同行业间的不同增速表明各行业相互之间的结构等联系一定程度地优化

二、阅读下面材料，回答问题

2013 年全年农村居民人均纯收入 8896 元，比上年增长 12.4%，扣除价格因素，实际增长 9.3%；农村居民人均纯收入中位数为 7907 元，增长 12.7%。城镇居民人均可支配收入 26955 元，比上年增长 9.7%，扣除价格因素，实际增长 7.0%；城镇居民人均可支配收入中位数为 24200 元，增长 10.1%。

根据从 2012 年第四季度起实施的城乡一体化住户调查，全国居民人均可支配收入 18311 元，比上年增长 10.9%，扣除价格因素，实际增长 8.1%。农村居民食品消费支出占消费总支出的比重为 37.7%，比上年下降 1.6 个百分点；城镇为 35.0%，下降 1.2 个百分点。

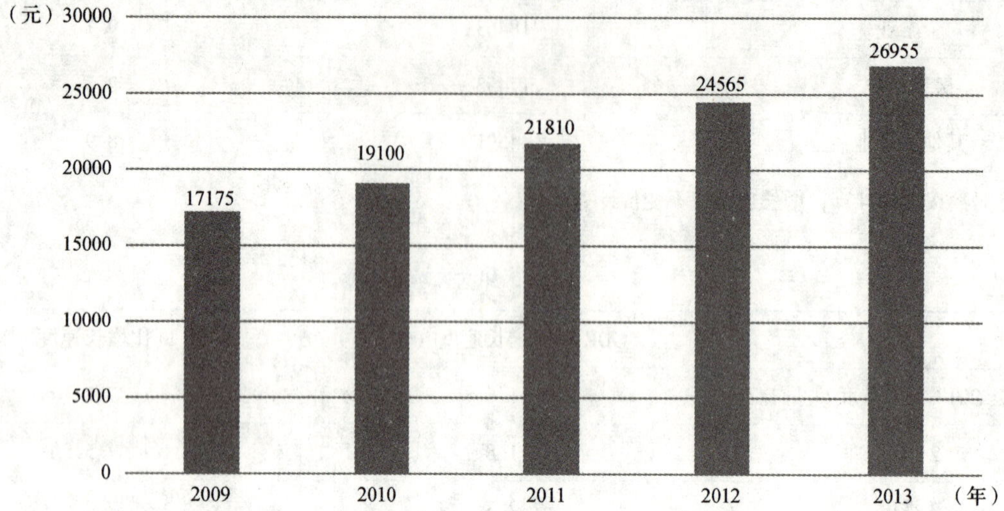

图 1　2009—2013 年城镇居民人均可支配收入

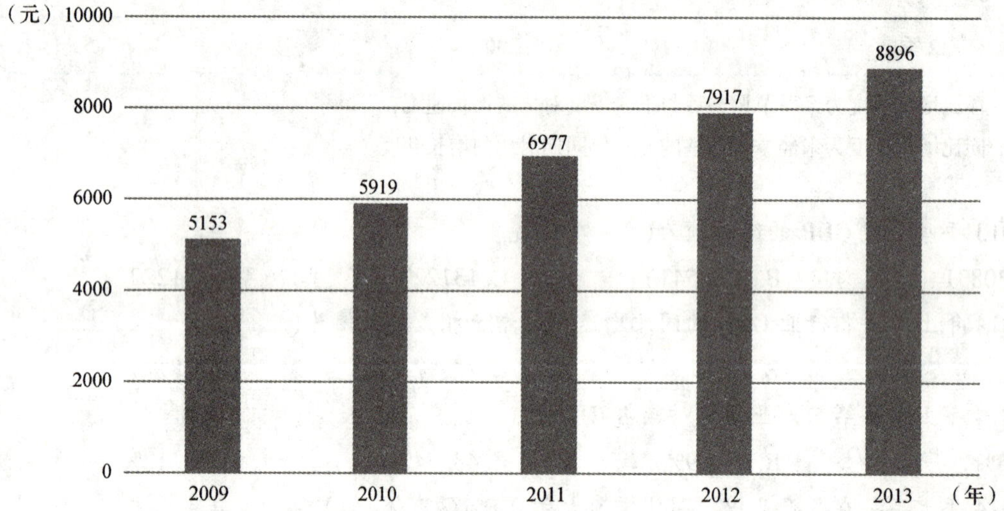

图 2　2009—2013 年农村居民人均可支配收入

6. 2012 年，农村居民人均纯收入中位数约为(　　)。

A. 6000 元　　B. 6500 元

C. 7000 元　　D. 7500 元

真题精讲

7. 2012 年，农村居民食品消费支出占消费总支出的比重比城镇居民的高(　　)。

A. 3.1%　　B. 2.7%

C. 1.6%　　D. 0.4%

8. 2012 年，城镇居民人均可支配收入是农村居民人均可支配收入的(　　)倍。

A. 3.06　　B. 3.03

真题精讲

C. 3.01　　　　　　　　D. 3.10

9. 2010—2013年城镇居民人均可支配收入相比前一年增加最慢的一年是(　　)。

A. 2010年　　B. 2011年　　C. 2012年　　D. 2013年

真题精讲

10. 根据以上材料，不能得出的结论是(　　)。

A. 我国居民的生活水平整体逐年提升

B. 2013年相比2012年，居民收入的增长率变化不受深化改革的影响

C. 与上一年相比，2013年居民食品消费支出占消费总支出的比重出现下降

D. 由通货膨胀引起的价格上升降低了居民的实际收入购买力

三、阅读下面材料，回答问题

我国大小河流总长度约42万公里，其中流域面积在100平方公里以上的河流达50000多条，1000平方公里以上的河流有1580多条，超过10000平方公里的河流有79条。以径流资源来说，全国径流总量约26000亿立方米，占世界河川径流总量的6.8%，为亚洲全部径流量的20.1%。

我国中东部湿润和半湿润地区的河流，其径流量占全国总径流量的95.55%。在秦岭—桐柏山—大别山以南，武陵山—雪峰山以东地区，河网密度一般都在0.5公里/平方公里以下，但在滇西南局部地区达到1.0公里/平方公里；在秦岭—桐柏山—大别山以北，大部分地区的河网密度在0.3公里/平方公里；地势低平的松嫩平原、西辽河平原一般都在0.1公里/平方公里以下，甚至个别地段出现无流区。

我国西部广阔的干燥和半干燥地区的河流，其径流量仅占全国总径流量的4.45%，河网密度几乎都在0.1公里/平方公里以下。但阿尔泰山、天山、帕米尔高原一带的河网密度甚至超过0.5公里/平方公里。

我国河流的外流区域约占全国总面积的63.76%，内流区域约占36.24%。外流区域中，印度洋流域面积有62.45万平方公里，北冰洋流域面积有5.09万平方公里。我国内流区域面积较广，分布在少数民族居住地区的面积共有328.89万平方公里。

11. 流域面积在100~1000平方公里、1000~10000平方公里、大于10000平方公里的河流的条数比约为(　　)。

A. 550∶20∶1　　B. 630∶20∶1　　C. 650∶19∶1　　D. 680∶21∶1

12. 我国西部地区河流的径流量约为(　　)亿立方米。

A. 1260　　B. 1160　　C. 1230　　D. 1157

13. 世界径流总量与亚洲径流总量的差约是亚洲径流总量的(　　)倍。

A. 2.1　　B. 2　　C. 1.8　　D. 1.7

14. 分布在少数民族居住地区的内流区域面积占我国内流区域面积的(　　)。

A. 34.26%　　B. 62.13%　　C. 94.53%　　D. 96.2%

15. 根据上述资料，下列论述错误的是(　　)。

A. 我国的水资源占有量比较丰富

B. 地形对河网密度的大小有一定程度的影响

C. 部分地势低平、降水丰富的东北地区河网密度与西部干燥地区相近，可能是相同原因所致

D. 阿尔泰山、天山、帕米尔高原一带的河网密度高于很多地区，主要原因可能是降水比较丰富

参考答案及解析

1. 答案：D。

解析：表 1 给出的是 2014 年上半年 GDP 的数据量，这里面包括 2014 年第一季度和第二季度两部分，故设 2013 年第四季度的绝对额为 x，有 x（1+2%）（1+1.5%）+x（1+1.5%）= 269044，解得 x=131222。故本题答案为 D。

2. 答案：C。

解析：由表 1 第三列可知，所求为 9.8%−2.5% = 7.3%。故本题答案为 C。

3. 答案：B。

解析：由表 1 第二列可知，所求为 125361÷269044 ≈ 125÷269 = 46.X%，B 最接近。故本题答案为 B。

4. 答案：C。

解析：由表 1 第三列可知，建筑业、批发和零售业、金融业共 3 个产业的同比增速大于 9.0%。故本题答案为 C。

5. 答案：B。

解析：房地产业 2014 年上半年同比增长 2.5%，增速虽低，但较上年仍增长。故本题答案为 B。

6. 答案：C。

解析：由文字材料可知，所求为 7907÷（1+12.7%）≈7900÷$\left(1+\frac{1}{8}\right)$ = 70XX，C 最接近。故本题答案为 C。

7. 答案：A。

解析：由文字材料可知，所求为（37.7%+1.6%）−（35.0%+1.2%）= 3.1%。故本题答案为 A。

8. 答案：D。

解析：由图可知，

所求为 $24565\div7917\approx\frac{24565+83\times3}{7917+83}=\frac{24814}{8000}=\frac{24000+800+14}{8000}\approx3.1$。故本题答案为 D。

9. 答案：D。

解析：2010 年城镇居民人均可支配收入增长 $\frac{19109}{17175}-1=\frac{1934}{17175}>10\%$，2011 年为 $\frac{21810}{19109}-1=\frac{2701}{19109}>10\%$，2012 年为 $\frac{24565}{21810}-1=\frac{2755}{21810}>10\%$，2013 年为 $\frac{26955}{24565}-1=\frac{2390}{24565}<10\%$，故 2013 年最慢。故本题答案为 D。

10. 答案：B。

解析：A 项，由图可知，我国居民人均可支配收入每年都在上升说明生活水平整体逐年提升，正确；C 项，由文字可知，2013 年农村居民与城镇居民食品消费支出占消费总支出的比重均下降，正确；D 项，居民人均可支配收入实际增长小于未扣除价格因素的增长率，正确。故本题答案为 B。

11. 答案：B。

解析：由文字第一段可知，100～1000 平方公里的河流约有 50000−1580 = 48420 条，1000～10000

平方公里的有 1580−79=1501 条，大于 10000 平方公里的有 79 条，100~1000 平方公里的河流条数与大于 10000 平方公里的条数之比应略大于 48420：79=613：1，1000~10000 平方公里的河流条数与大于 10000 平方公里的条数之比应略大于 1501：79=19：1。故本题答案为 B。

12. 答案：D。

解析：由文字第一、三段可知，所求为 26000×4.45%=1157。故本题答案为 D。

13. 答案：B。

解析：由文字第一段可知，所求为 $\frac{26000 \div 6.8\% - 26000 \div 20.1\%}{26000 \div 20.1\%}=\frac{20.1}{6.8}-1 \approx 3-1=2$。故本题答案为 B。

14. 答案：C。

解析：由常识可知，我国总面积为 960 万平方公里，则内流区域为（960×36.24%），所求为 328.89÷（960×36.24%）=94.53%。故本题答案为 C。

15. 答案：C。

解析：A 项，由第一段可知，正确；

B 项，由第二段可知，正确；

C 项，由第二段可知，东北地区地势低平，由第三段可知，西部地区干燥无降雨，错误；

D 项，第三段主要讲河网密度与降水的关系，所以可以推测，正确。

故本题答案为 C。

第九章 思维策略

真题考点一 计算类问题

一、多次方尾数循环问题

多次方尾数循环问题是思维策略中考查最频繁的一种题型，这类题目看起来很复杂，但是只要考生将一些常见多次方尾数的循环规律记准就一定能快速地解决问题。

表 1-9-1 常见多次方尾数循环表

指数＼底数	2	3	4	5	6	7	8	9
1	2	3	4	5	6	7	8	9
2	4	9	6	5	6	9	4	1
3	8	7	4	5	6	3	2	9
4	6	1	6	5	6	1	6	1
5	2	3	4	5	6	7	8	9
6	4	9	6	5	6	9	4	1
7	8	7	4	5	6	3	2	9
8	6	1	6	5	6	1	6	1
循环节	2、4、8、6	3、9、7、1	4、6	5	6	7、9、3、1	8、4、2、6	9、1

经典真题

（2018 邮储）98^{2017}的个位数加上12^{2018}的个位数等于（　　）。

A. 10　　B. 12　　C. 14　　D. 8

答案：B。

解析：8 的 n 次方尾数循环节为 8，4，2，6，周期为 4，2017÷4＝504……1，因此98^{2017}的个位数与8^1的个位数相同，即为 8；2 的 n 次方尾数循环节为 2，4，8，6，周期为 4，2018÷4＝504……2，因此12^{2018}的个位数与2^2的个位数相同，即为 4。所以，98^{2017}的个位数加上12^{2018}的个位数等于 8+4＝12。故本题答案为 B。

二、分式裂项问题

如果分数的分子是自然数 1，分母是相邻两个自然数的乘积，那么这个分数可以写成分子都为 1，分母是相邻的自然数的两个分数作差的形式。即：

$$\frac{1}{n(n+1)}=\frac{1}{n}-\frac{1}{n+1}$$

这个过程也叫做分式裂项，分式裂项在求和的过程中应用起来会让复杂的运算变得非常简单。

分母除了是连续自然数乘积的形式外，还会出现连续等差数列相乘的情况。这种情况下依然可以进行分式裂项，裂项方法如下：

$$\frac{1}{n(n+d)}=\frac{1}{d}\left(\frac{1}{n}-\frac{1}{n+d}\right)$$

经典真题

（2017 农行）$\frac{1}{6}+\frac{1}{30}+\frac{1}{70}+\frac{1}{126}+\frac{1}{198}=$（　　）

A. $\frac{11}{7}$　　B. $\frac{2}{9}$　　C. $\frac{5}{22}$　　D. $\frac{10}{11}$

答案：C。

解析：原式 $=\frac{1}{2}\times\left(\frac{1}{3}+\frac{1}{15}+\frac{1}{35}+\frac{1}{63}+\frac{1}{99}\right)=\frac{1}{2}\times\left(\frac{1}{1\times3}+\frac{1}{3\times5}+\frac{1}{5\times7}+\frac{1}{7\times9}+\frac{1}{9\times11}\right)=\frac{1}{2}\times\frac{1}{2}\times\left(1-\frac{1}{3}+\frac{1}{3}-\frac{1}{5}+\frac{1}{5}-\frac{1}{7}+\frac{1}{7}-\frac{1}{9}+\frac{1}{9}-\frac{1}{11}\right)=\frac{1}{4}\times\left(1-\frac{1}{11}\right)=\frac{1}{4}\times\frac{10}{11}=\frac{5}{22}$。故本题答案为 C。

三、换元法

思维策略中，把某个式子看成一个整体，用一个量去代替它，从而使问题得到简化，这种方法叫做换元法。换元的实质是转化，关键是构造元和设元，理论依据是等量代换，目的是变换研究对象，将问题移至新对象的知识背景中去研究，从而使非标准型问题标准化、复杂问题简单化，变得容易处理。常见的换元方法有：局部换元、三角换元、均值换元等。

考点精讲

经典真题

（2018中行）$(1+0.19+0.88)\times(0.19+0.88+0.94)-(1+0.19+0.88+0.94)\times(0.19+0.88)=$（　　）

A. −0.06　　B. 0.94　　C. 0.06　　D. −0.94

答案：B。

解析：令 $0.19+0.88=x$，原式 $=(1+x)\times(x+0.94)-(1+x+0.94)\times x=x+0.94+x^2+0.94x-x-x^2-0.94x=0.94$。故本题答案为B。

真题考点二　统筹类问题

统筹类问题是指完成一件事情，怎么规划安排才能用时最少、费用最省、路线最近或者效果最好等，像这样用最少的投入，获得最好效果的处理问题的方法，就是统筹类问题。解决统筹类问题，要注意联系实际，抓住题目里面产生的最优、最佳的关键点在哪里并将其转化为相对应的最大、最小问题。

一、空瓶换水问题

经典真题

为了减少资源浪费，某饮品店打出广告，每4个空饮料瓶可以换1瓶饮料，小华现在有15个空饮料瓶，最多可以喝(　　)瓶饮料。

A. 4　　B. 7　　C. 6　　D. 5

答案：D。

解析：每4个空饮料瓶可以换1瓶饮料，即只要有3个瓶就可以喝1个没有瓶的饮料，所求为 $15\div3=5$ 瓶。故本题答案为D。

空瓶换水在银行招聘考试EPI部分中属于思维策略问题。空瓶换水问题一般会先说明几个空瓶子可以换一瓶水，然后告诉同学们现在有几个空瓶子，问题是现有条件下，最多可以喝到几瓶水。很多同学拿到这类问题，往往就是一步一步地按照正常的思维顺序去做这种题，比较浪费时间，而且如果最后有多余的瓶子，一般不知道能怎么处理。实际上，只要抓住空瓶换水的实质，这类问题就能迎刃而解。

空瓶换水问题的实质：n 换1的实质是只要有（$n-1$）个瓶就能喝到1个没有瓶的水。

例如：4换1的实质是只要有3个瓶就能喝到1个没有瓶的水。

经典真题

（2018邮储）3元钱一瓶汽水，每2个空瓶可以等价交换一瓶汽水，小明一共有50元钱，那么花光之后总共可以喝(　　)瓶汽水。

A. 37　　B. 32　　C. 29　　D. 27

答案：B。

解析：每2个空瓶可以等价交换一瓶汽水的实质是每有1个空瓶就能喝到1瓶没有瓶的汽水。由于小明一共有50元钱，$50 \div 3 = 16 \cdots\cdots 2$，因此小明可以先喝到16瓶汽水，然后用16个空瓶等价喝到16瓶没有瓶的汽水。所以，小明花光钱之后总共可以喝$16+16=32$瓶汽水。故本题答案为B。

二、排队取水问题

经典真题

（2016交行）1. 某服装店有5名顾客等着试装，他们试装分别需要花8分钟，5分钟，4分钟，3分钟，2分钟，已知该店只有一间试衣间，则这五个人试装和等候时间的和最少为(　　)分钟。

A. 49　　B. 52　　C. 46　　D. 54

答案：B。

解析：若想让五人试装和等候时间和最少则需要让耗时最短的先试装，耗时最长的最后试装，此时五人试装和等候时间和为$2\times5+3\times4+4\times3+5\times2+8\times1=52$分钟。故本题答案为B。

排队取水问题是大家在工作和生活中都会遇到的问题。排队取水问题的实质就是考查大家如何合理地安排时间，用最少的时间把事情办完。

排队取水问题的解决办法其实很简单，假设只有1个水龙头，有五个人A、B、C、D、E，他们的打水时间分别是a、b、c、d、e，且$a>b>c>d>e$。要使得大家打水和等待的时间总和最少，则一定要让打水快的人先去打水，因此打水顺序为E、D、C、B、A，等待和打水的最短总时间$t=5e+4d+3c+2b+a$。

考点精讲

经典真题

（2018工行）点完烤肉和盐水后，你发现只有一个空着的位置可以就餐了。店员告诉你，除了你以外，还有另外三位顾客也在等这个空位置就餐，你们四位顾客的就餐时间长短不同，分别如下：

因为目前只有这一个空位置可用，所以其中一位顾客在就餐时，其他三位顾客需要等待。请你计算一下，按使四位顾客等待的总时间最少安排顺序，四位顾客需要等待的总时间最少是(　　)分钟。

A. 210　　B. 165　　C. 390　　D. 105

答案：B。

解析：若要让等待的总时间最少，四位顾客的排队顺序按从先到后应为：15 分钟的顾客、30 分钟的顾客、1 个小时的顾客、2 个小时的顾客。等待的总时间 $=15\times3+30\times2+60\times1=45+60+60=165$ 分钟。故本题答案为 B。

三、货物集中问题

经典真题

（2017 招商）1. 沿一条公路依次有甲、乙、丙、丁、戊、己 6 座粮站，每个粮站之间的距离是 5 公里，已知甲粮站有存粮 50 吨，乙粮站有存粮 10 吨，戊粮站有存粮 40 吨，己粮站有存粮 5 吨，丙、丁粮站均没有存粮。现要将 6 座粮站中的存粮集中到一座粮站中，已知运 1 吨粮食每公里的运费为 200 元，为使得运费最少，则应集中到(　　)。

A. 戊　　B. 乙　　C. 己　　D. 甲

答案：B。

解析：运用见缝插针法，假设插入点在甲乙中间，此时 $50<(10+40+5)$；若插入点在乙丙中间，此时 $(50+10)>(40+5)$，故转折点出现在乙，即建在乙处可使运费最少。故本题答案为 B。

货物集中是统筹类问题中的经典题目，货物集中问题即集中统筹问题，是指将几个地点的货物集中放在指定的位置，同时，使得货物的运费最省。

解决货物集中问题的核心方法是支点法，通过支点法确定货物的集中点。将支点从左到右依次放在两个货站之间，依次比较支点两侧货物总重量的大小关系，使支点两侧货物总重量的大小关系发生转变的货站即为令运费最省的货物集中点。

考点精讲

经典真题

(2018 农行) 2. 某高速公路铺设工地沿着公路建有五个卸砂场，每相邻两个之间的距离都是 10 千米，已知 1 号砂场存砂 100 吨，2 号砂场存砂 200 吨，5 号砂场存砂 400 吨，其余两个砂场是空的。现在要把所有的砂集中到一个砂场里，每吨砂运 1 千米花费 1 元，若要花费最少，则集中到(　　)号砂场。

A. 3　　B. 2　　C. 5　　D. 1

答案：C。

解析：货物集中问题可用见缝插针法快速判断集中点的位置：将点选在 1 号、2 号中间，左侧重量=100 吨，右侧重量=600 吨，左侧重量<右侧重量，支点右移；将点选在 2 号、3 号中间，左侧重量=300 吨，右侧重量=400 吨，左侧重量<右侧重量，点右移；由于 3 号、4 号是空的，所以将点选在 3 号、4 号中间或将点选在 4 号、5 号中间，依然有左侧重量=300 吨，右侧重量=400 吨，左侧重量<右侧重量，点右移。因此，集中点为 5 号砂场。故本题答案为 C。

真题演练

单项选择题

1. 3579 的 2013 次幂的尾数是(　　)。

A. 3　　B. 1　　C. 7　　D. 9

2. 20122013×20132012−20122012×20132013=(　　)

A. −1　　B. 0　　C. 10000　　D. −10000

3. 12 个啤酒空瓶可以免费换 1 瓶啤酒，现有 101 个啤酒空瓶，最多可以免费喝到的啤酒为多少瓶？(　　)

A. 8　　B. 9　　C. 10　　D. 11

4. A、B、C、D 四人同时去某单位和总经理交谈业务，A 谈完需要 18 分钟，B 谈完需要 12 分钟，C 谈完需要 25 分钟，D 谈完需要 6 分钟。如果使四人留在这个单位的时间总和最少，那么这个时间是多少分钟？(　　)

A. 91 分钟　　B. 108 分钟　　C. 111 分钟　　D. 121 分钟

5. 在一条公路上每隔 50 千米有一个仓库（从左到右依次为一号、二号、三号、四号、五号），共有 5 个仓库，一号仓库存有 100 吨货物，二号仓库有 200 吨货物，五号仓库存有 400 吨货物，其余两个仓库是空的。现在想把所有的货物集中存放在一个仓库里，如果每吨货物每千米运输需要 0.6 元运输费，那么最少要多少运费才行？(　　)

A. 25000　　B. 30000　　C. 42000　　D. 45000

参考答案及解析

单项选择题

1. 答案：D。

解析：根据尾数的循环，9 的幂次数按照 9，1，9，1…循环，2013 除以 2 余 1，故尾数应该是 9。故本题答案为 D。

2. 答案：C。

解析：设 20122012 = A，20132013 = B，原式 = （A+1）×（B-1）-AB = B-A-1 = 20132013-（20122012+1）= 20132013-20122013 = 10000。故本题答案为 C。

3. 答案：B。

解析：12 个空瓶换 1 瓶啤酒，实质是有 11 个空瓶就能喝到 1 个不带瓶的酒，因为现在有 101 个空瓶，101÷11 = 9……2，所以最多能喝到 9 瓶啤酒。故本题答案为 B。

4. 答案：D。

解析：排队问题，要想使四人留在这个单位的时间总和最少，即让排队和等待的总时间最短，那么就要让时间短的先谈，计算出最短时间为 6×4+12×3+18×2+25×1 = 121 分钟。故本题答案为 D。

5. 答案：B。

解析：将支点放在二号、三号之间，左侧重量 = 300 吨，右侧重量 = 400 吨，左侧<右侧，支点右移；将支点放在三号、四号之间，左侧重量 = 300 吨，右侧重量 = 400 吨，左侧<右侧，支点右移；将支点放在四号、五号之间，左侧重量 = 300 吨，右侧重量 = 400 吨，左侧<右侧，支点右移。故支点应选在五号仓库。全部集中到五号仓库需运费最少，即 100×4×50×0.6+200×3×50×0.6 = 30000 元。故本题答案为 B。

第二篇

英语能力测试

第一章　选词填空

第二章　阅读理解

第三章　完形填空

扫码回复“英语手册”
领取银行英语高频词汇

第一章 选词填空

在银行英语中，选词填空一直是考查的重点。纵观全国各大考试，无论是四六级考试还是研究生考试都不涉及“选词填空”这种题型，目前只有高考仍旧考查“选词填空”。但银行英语选词填空考查的重点和高考有所差异，前者重词汇轻语法，后者词汇和语法五五分成。在 2019 银行秋季招聘考试中，中国农业银行、中国银行、光大银行等都加大了对词汇的考查，因此考生需在前期备考中打好词汇基础。语法内容庞杂，一直是令考生头疼的难题，考生在学习语法时应注重理解，而非死记硬背。本章共十四节，前八节主要梳理词汇部分的考点，其中名词、形容词、动词以及介词短语是重点；后六节介绍银行英语中常考的语法要点。据统计，银行英语综合能力测评考试仍然以最为普遍的基础词汇和语法作为考核的重点，主要包括：名词、形容词、副词、代词、冠词、连词、动词、介词固定搭配、时态、非谓语动词、虚拟语气、主谓一致、复合句以及倒装等。下面将对每一个知识点进行详细的讲解。

真题考点一 名词

一、名词的定义

定义：表示人、事物以及抽象概念的词

例如：Book 书　　Subway 地铁　　Lion 狮子　　Washington D. C. 华盛顿特区

二、名词的分类

1. 专有名词：指特定的人、年、月、日、国家、机构等

例如：Disney, Washington, Halloween, WTO 等

2. 普通名词：分为可数名词和不可数名词

（1）可数名词

①个体名词：piano, factory

②集体名词：family, class, army

（2）不可数名词

①物质名词：milk, butter, bread

②抽象名词：love, knowledge

3. 不可数名词的单复数形式

不可数名词也要表达数量的多少，它们遵循以下规则：

(1) 单数：不定冠词+量词（单数）+ of +不可数名词（例：a piece of paper）

(2) 复数：数词+量词（复数）+ of +不可数名词（例：two pieces of paper）

4. 复合名词的复数

(1) 复数变化在最后 afternoon — afternoons

(2) 主要部分发生变化 looker-on — lookers-on

(3) 由 man, woman 构成的词两部分都发生变化 a man doctor — some men doctors

(4) 集体名词的数

集体名词的数要遵循"整体是单数（a），个体是复数（b）"的原则。

例如：(a) The family is large. (b) The family are large.

这是一个大家庭。 这个家里成员很多。

三、名词的所有格

1. 所有格的含义和种类

考点精讲

(1) 所有格指的是两词之间所属关系的一种语法现象。

例如：Bush's wife 布什的妻子 the cover of the book 书的封面

(2) 两种形式

①是由名词后加 's 构成（有生命）：Tom's pen 汤姆的钢笔

②是由名词和 of 构成（无生命）：a leg of the desk 桌腿

2. 's 格的用法

(1) 表示共同拥有的关系时，'s 加在最后一个词上。

例如：Jack and Jerry's book.

杰克和杰瑞的书。

(2) 表示每个人各有的关系时，'s 加在每个词之后。

例如：Jack's and Jerry's books.

杰克的书和杰瑞的书。

(3) 's 格可表示有生命的东西，有时候也可表示无生命的东西。

①表示时间、距离：today's newspaper

②表示自然现象：the tree's leaves

③表示国家、城市、星体：New York's avenue

(4) 如果出现家庭、商店、诊所这些词时，所属物可以省略。

例如：Uncle Sam's house = Uncle Sam's

(5) 当可数名词复数形式作定语时"'s"省略为"'"。

例如：the teachers' college

3. of 所有格的用法（主要用于无生命的东西）

例如：the branch of the tree 树的枝干

4. 双重所有格：of + 's 的所有格形式称为双重所有格

例如：a picture of Jerry's（杰瑞所画的众多画像中的一幅，侧重于整体中的一个，不一定有杰瑞）

a picture of Jerry（杰瑞的画像，侧重关于“杰瑞”的画像，一定有杰瑞）

表 2-1-1　名词辨析重点总结

advantage	指因某方面占优势或利用某机会以及对方弱点而获得利益与好处
benefit	指通过正当手段从物质或精神方面得到的任何好处或利益
profit	侧重利益，指从物质、钱财等方面获得的利益

agreement	泛指个人、团体或国家之间取得一致而达成的任何协议
contract	指双方或多方订立的具有法律效力的正式的书面合同或契约
treaty	指国家之间经外交谈判后依照国际法签订的正式条约
convention	含义与 treaty 相同，但不如 treaty 正式
bargain	通常指商业交往中的购销合同
accord	国家、团体之间的正式协定，协议，条约

atmosphere	指大气层，也可以指环境气氛
air	指空气，也泛指一般气体
gas	指气态物，尤指供燃烧取暖或照明的气体

base	侧重指构成或支撑某一具体物体的基础，也可指军事基地
basis	主要用作抽象或引申意义
foundation	指建筑物的地基或事情的基础

break	指突然的或短时间的终止；指活动或工作期间的短暂休息
rest	统称的休息
pause	指短暂的中断或停止，然后再进行下去
interval	指音乐会上下串场之间或演出中预先安排的休息
recess	指业务活动或工作中短暂的或长时间的休息
cease	侧重逐渐结束某活动或状态，含永远结束
stop	指迅速或突然中止某行为、活动或状态

component	指一个整体的组成部分
constituent	常可以与 component 替换使用，指某一整体不可缺少的部分或成分
element	指一个整体必不可少的成分或固有成分，强调基本的元件、元素等
ingredient	既可指混在一起而本身没有变化的物质，如配料，又可指发生了变化的部分

blaze	指猛烈燃烧所产生的强烈的光
flame	指由许多火舌构成的大火
flare	指摇曳的火焰
glow	指类似钢铁这种材料发出的红光
glare	指炫目的光
flash	指突然发出而随即消失的闪光
glitter	指连续发出的闪烁不定的光
twinkle	指如星光般闪烁的光
light	普通用词，指日、月、星或灯等的光

consequence	侧重事件发展的逻辑关系
result	侧重因某种原因所产生的最终结果，而不是眼前结果
effect	指因某种原因直接产生的结果，侧重持续稳定的影响
outcome	多指事物经过一系列发展变化所导致的最终结果

confinement	限制，囚禁（人或物）
limitation	限制，局限（范围等）
restraint	克制，抑制（某种情感）

idea	适用于任何方面的思维活动
conception	通常指个人或一些人所持有的具体概念或念头
thought	指以推理、思考等智力活动为基础的心理思维活动及其结果
notion	指的是一种模糊的、变化莫测的、未经深思熟虑的观点
impression	指外部刺激在思想中所产生的印象

summary	指将书籍或文章等内容，用明了的语言简明扼要地说明
abstract	指论文、书籍等正文前的内容摘要
digest	侧重对原文融汇贯通，重新谋篇布局，展现原作精华
outline	指配以释意文字的提纲

symbol	指象征或表达某种深邃意蕴的特殊事物
badge	一般指金属证章或写有姓名的带状标志物
sign	指人们公认事物的记号，也可指某种情况的征兆
signal	指为达到某一目的而有意发出的信号
mark	指方便辨认而有意做的标记，又指自然形成的标记
token	指礼品、纪念物等作为表示友谊爱情等的象征或标志
attribute	指人或物及其地位、属性的象征
emblem	指象征一个国家、民族或家庭等的图案或事物

真题演练

1. If you want to take photographs, you will need to apply for a ________.

A. permissible　　B. permission　　C. permitting　　D. permit

2. The manager made it clear that he intended to ________ down some new rules to enforce workplace discipline.

A. lay　　B. laying　　C. lie　　D. lying

3. American travelers abroad have discovered that they can buy more foreign ________ with their dollar.

A. current　　B. currently　　C. currented　　D. currency

4. There are several ________ between our new photocopier and our old one: these include an advanced color facility and a multitask option.

A. similarly　　B. similarities　　C. similar　　D. similar to

5. "Increasingly, readers have a sense of wonder, conveyed so well by science fiction." said Bryce. "LightSpeed was created to address this ________."

A. award　　B. invitation　　C. question　　D. demand

6. This is a ________ to renew your Chamber of Business membership, which expires on August 30th.

A. question　　B. reminder　　C. conclusion　　D. purpose

7. Any equipment that does not arrive in perfect ________ may be returned to MQZ Electronics free of charge.

A. condition　　B. problem　　C. development　　D. situation

8. The leaves have been swept into huge ________ .

A. heaps　　B. pyramids　　C. layers　　D. loads

参考答案及解析

1. 答案：B。

解析：句意为："如果你想拍照，你需要申请许可。"由于划线处前有"a"修饰，所以应填名词，A选项为形容词；B选项为permit的名词形式，意为"许可、允许"；C选项为动词的现在分词；D选项为动词。故本题答案为B。

2. 答案：A。

解析：句意为："经理明确表示，他打算制定一些新的规章来加强对职场纪律的管理。"lay down为固定搭配，意为"制定"，故排除C、D；intend to do sth为固定搭配，意为"打算做某事"。故本题答案为A。

3. 答案：D。

解析：句意为："国外的美国旅行者发现他们可以用美元购买更多的外币。"由foreign修饰，故划线处应填名词。A选项作为名词表示"趋势、（气、水、电）流"，不符合语意，故排除A；B选项为副词；C选项为错误写法；D选项意为"货币"。foreign currency：外汇、外币。故本题答案为D。

4. 答案：B。

解析：句意为："我们的新复印机和旧的影印机有许多相似之处：它们都包括一个先进的色彩装置和一个多任务选项。"题中由 several 修饰，故应填可数名词复数。故本题答案为 B。

5. 答案：C。

解析：句意为："'越来越多的读者表达出一种好奇心，而科幻小说很好地传达出了人们的好奇心。'布莱斯先生说。LightSpeed 这款软件正是为了解决该问题而创造的。"address 作动词意为"对……说话；写姓名地址；向……正式演说；称呼；对付、处理"，其中"对付、处理"这层含义为考试重点。"address problem / address question"意为"解决问题"。award：奖品；invitation：邀请；question：问题；demand：需求。故本题答案为 C。

6. 答案：B。

解析：句意为："您的会员资格将会在 8 月过期，现提醒您更新商务会员资格。"question：问题；conclusion：结论；purpose：目的。只有 B 选项符合句意。故本题答案为 B。

7. 答案：A。

解析：句意为："任何没有达到条件的设备都可以返厂至 MQZ 电子公司免费进行维修。"in perfect condition：处于完美的状态。problem：问题；development：发展；situation：情况。故本题答案为 A。

8. 答案：A。

解析：句意为"树叶已经被扫成高耸的树堆。"选项 A 意为"大量，堆"；选项 B 意为"金字塔"；选项 C 意为"层"；选项 D 意为"装载；负荷"。swept into huge heaps 意为"扫成堆"，选项 A 使得句意完整通顺。故本题答案为 A。

真题考点二　形容词

一、形容词的定义

修饰名词、代词，可充当定语、表语以及宾语补足语

例如：She is a very beautiful girl.（作定语）

她是一位非常漂亮的女孩。

They are quite friendly.（作表语）

他们十分地友好。

I made the door closed.（作宾语补足语）

我把门关上了。

二、形容词的语序

1. 形容词置于名词之前

例如：He is a very handsome man.

他是一个十分帅气的小伙。

A weak small old man.

一位体弱多病的小老头。

2. 形容词修饰复合不定代词时，置于其后

例如：I have something important to tell you.

我有一些重要的事情要告诉你。

3. 形容词作表语，置于系动词之后，如下：

持续系动词：keep, remain, rest, stay, leave, lie, stand, hold

表象系动词：seem, appear, look

感官系动词：feel, smell, sound, taste

变化系动词：become, turn, get, go, come, grow

终止系动词：prove, turn out

4. 多个形容词修饰名词时的顺序遵循：冠词、数词、描绘性形容词、大小、形状、新旧、颜色、国别、材料、中心词

例如：The first beautiful little white Chinese stone bridge.

中国第一座美丽的小型白石桥。

三、形容词比较级

形容词的比较等级一般分为三种：原级、比较级、最高级

考点精讲

1. 原级的使用

He is as tall as me.

他和我一样高。

形式：主语+谓语+ as +形容词原级+ as +比较对象

含义："……和……一样"

2. 比较级的使用

He is taller than me.

他比我高。

形式：主语+谓语+形容词比较级+ than +比较对象

含义："……比……"

3. 最高级的使用

He is the tallest of all.

他是我们中最高的。

形式：主语+谓语+ the +形容词最高级+比较范围

含义："……最……"

表 2-1-2 形容词比较等级

情　况	原　级	比较级	最高级
单音节词后加-er、-est	great	greater	greatest
重读闭音节双写尾字母再加-er、-est	big	bigger	biggest
辅音字母+ y 结尾，变 y 为 i 加-er、-est	happy	happier	happiest
不发音 e 结尾直接加-r、-st	simple	simpler	simplest
双音节或多音节，在前加 more, most	beautiful	more beautiful	most beautiful

表 2-1-3 形容词比较等级的特殊形式变化

原　级	比较级	最高级
good, well	better	best
bad, badly, ill	worse	worst
many, much	more	most
little	less	least
far	further, farther	furthest, farthest
old	older, elder	oldest, eldest

4. “比较级+比较级”表示“越来越……”

例如：more and more 越来越多　　faster and faster 越来越快

5. “the +比较级，the +比较级”表示“越……就越……”

例如：The harder you work, the more progress you will make.

你越努力学习，你取得的进步就越大。

6. 最高级前使用数词的情况

例如：The Changjiang River is the third longest river in the world.

长江是世界第三长的河流。(使用序数词时后面的名词使用单数)

例如：The Changjiang River is one of the longest rivers in China.

长江是中国最长的河流之一。(使用基数词时后面的名词使用复数)

四、形容词词根的前缀和后缀

前缀：

-un：unhappy, unequal

-in：incomplete, indifferent

后缀：

-able, -ible：eatable, accessible

-al：formal, central

-ant, -ent：important, different

-ary, -ory：elementary, contradictory

-ful：useful, doubtful

-ic：patriotic, heroic

-ive：comparative, progressive

-less：helpless, useless

-ous：famous, dangerous

-y：dirty, rainy

表 2-1-4　形容词辨析重点总结

basic	指明确、具体的基础或起点
essential	强调必不可少
fundamental	强调基础和根本

considerate	指能设身处地为别人着想，给予同情或谅解
thoughtful	指为他人着想，主动关怀，做有益于他人的事
attentive	指对人关怀备至

common	多用于指物，侧重很常见，不稀奇
ordinary	物指平淡无奇；人指无特别之处，很一般
commonplace	强调缺少新意
general	侧重大多如此，很少有例外情况
usual	指常见、常听或常做的事或举动
universal	侧重对每个人或事物都适用，根本没有例外

elementary	指属于事物的初步或起始阶段
elemental	强调属于事物的基础或本质
primary	初步的，初级的

huge	强调体积或容积的庞大
enormous	指体积、数量或程度远远超过一般标准
immense	侧重空间的广阔，也指面积或分量的巨大
giant	指如人一般的庞大体积
gigantic	指面积或体积的巨大，但多用于引申意义
colossal	侧重尺寸、规模和体积的无比巨大
vast	多指空间、面积、范围的巨大，不涉及重量
massive	指大的体积、数量和重量，侧重庞大而笨重
tremendous	指某物很大，大得惊人

normal	指不超过某种限度、符合某种标准或常规
ordinary	强调一般性和普通性，包含不突出的意外
regular	指已有模式、有规律或定期的

occasional	指偶尔的、无规律的
uncommon	指一般不发生或很少发生的事情，故显得独特、异常与例外
scare	指暂时不易发现、不存在或数量不足、供不应求的东西
rare	指难得发生的事或难遇见的人或事，侧重特殊性

outstanding	指与同行或同类的人相比显得优秀或杰出
noticeable	指所描绘的事物引人注意
remarkable	通常指因有与众不同的特点而引起人们注意或称道
conspicuous	指成绩优秀而引人注意；指外观奇特而令人注意
striking	侧重能使观察者产生强烈而深刻的印象
peculiar	指某人或某物本身与众不同
characteristic	侧重具有区别能力，典型的或本质的事物
individual	特指人或物，强调可将其区别出的品质与特性
distinctive	突出与众不同的或令人称赞的个性或特征

permanent	总是处于相同的情况和地位，可长期持续下去，永久不变
eternal	侧重指永远存在，无始无终
perpetual	指保持永久不变，永无止境地持续下去
everlasting	侧重持续不尽，或指开始后一直进行下去
endless	无尽无休

quiet	指没有喧闹的寂静状态
calm	既可指天气、海洋等的平静状态，又可指人的镇定沉着
silent	指缄默不语或无声无息
still	指平静而又安定的状态
noiseless	指无任何噪声或不出声，无声无息
peaceful	指一种不受外物扰乱和刺激的内在宁静或和平状态
serene	指一种超脱一切烦恼的宁静状态

respectable	指因品质、人格或身份等高尚或高贵而受到他人的尊敬
respectful	指对人表示尊敬或敬意

真题演练

1. ________ workers are often rewarded with higher salaries and other benefits.

A. Conscience B. Conscientious C. Consciousness D. Conscious

2. Some experts note that children's performance are ________ more influenced by parents than by teachers.

A. almost B. quite C. many D. far

3. We sincerely thank you for sharing your opinions as we continue to do our best to make each visit ________.

A. enjoyable B. enjoying C. enjoy D. enjoys

4. At Hemdom Beds, our goal is to design ________ furniture while maintaining comfort and function.

A. innovations B. innovatively C. innovates D. innovative

5. The task now for Scotland is to win their remaining ________ matches before the competition starts.

A. stylish B. trend C. fashionable D. friendly

参考答案及解析

1. 答案：B。

解析：句意为："有责任心的员工通常获得更高的薪水还会得到其他福利。"选项 A 是名词"良心"；选项 B 是形容词"有责任心的"；选项 C 是名词"知觉；觉悟"；选项 D 是形容词"有意识的"。workers 是名词，所以前面应该用形容词修饰。故本题答案为 B。

2. 答案：D。

解析：句意为："一些专家指出，父母给孩子带来的影响要远远超过老师给孩子带来的影响。"more influenced 是形容词的比较级。能够修饰形容词比较级的词有：a bit, a little, rather, much, far, by far, many, a lot, lots, a great deal, any, still, even。quite 一般不用来修饰比较级，但是有一个特例，quite better 意为"身体康复"。故本题答案为 D。

3. 答案：A。

解析：句意为："我们真诚地感谢您分享经验，我们将继续努力让每一位顾客都感到宾至如归。"A 项为形容词，意为"愉快的、享受的"；B 项 enjoying 为动词 enjoy 的 ing 形式；"make + sb +形容词"为固定搭配。四个选项中只有 A 项是形容词。故本题答案为 A。

4. 答案：D。

解析：句意为："在 Hemdom Beds 公司，我们的目标是在设计出有新意的家具的同时也保持其舒适度和正常功能。"A 项为名词，意为"创意"；B 项为副词，意指"创新地"；C 项 innovates 为动词，意为"创新"；D 项为形容词，意为"创新的、有新意的"。本题空格处缺一个词修饰 furniture，而选项中只有 innovative 是形容词可修饰 furniture。故本题答案为 D。

5. 答案：D。

解析：句意为："苏格兰队现在的任务是在比赛开始前赢得所有的友谊赛。"选项 A 意为"流行的，时髦的"；选项 B 为名词"趋势，倾向"；选项 C 意为"时尚的"；选项 D 意为"友好的"。friendly match 是固定搭配，意为"友谊赛"。故本题答案为 D。

真题考点三 副词

一、副词的定义

修饰形容词、动词、副词以及整个句子

例如：She is quite nice.

她非常漂亮。(副词修饰形容词放在前面)

They ran more quickly than us.

他们比我们跑得快。(副词修饰动词时放在动词后面)

Thank you very much.

非常感谢。(副词 very 修饰副词 much 放在被修饰词前面)

Unfortunately, he lost his suitcase.

不幸的是，他把箱子弄丢了。(副词修饰一句话时，放在句首或句末)

二、副词的语序

1. 位于实义动词之前，be 动词之后

例如：She often gets up at 6 everyday.

She is often late for school.

考点精讲

2. 表示地点和时间的副词一般放在句首或句末

例如：In the middle of the classroom, there is a big tree.

He has had supper tonight.

3. 时间副词和地点副词可修饰名词

例如：The river below runs very fast.

4. 以-ly 结尾的词并非都是副词

(1) 以-ly 结尾的形容词：friendly, deadly, lovely, lonely, likely, lively, ugly, brotherly

(2) 以-ly 结尾的词可充当形容词或副词：daily, weekly, monthly, yearly, early

三、副词比较级

表 2-1-5 副词辨析重点总结

certainly	强调有把握，深信不疑
naturally	指自然而然，毫不造作或天生如此
of course	指毫无疑问，自然如此
surely	表示一种必然的可能性，也可表示有信心或不轻信，强调主观判断

hardly	指接近最低限度，几乎没有多余；强调困难的程度
scarcely	指不太充分，不足，不能令人满意；强调数量
barely	指仅仅够，一点不多；强调没有多余

mainly	指主要部分，突出在一系列事物中的相对重要性
chiefly	侧重某人或某物在众多的人或物中占主要和显著地位

续表

largely	侧重范围或分量大大超过别的成分
mostly	强调数量占多半，近乎全部
primarily	基本地，首要地
principally	侧重居首要地位
generally	通常强调普遍性

真题演练

1. This year, the figures are 27 percent and 53 percent ________.

A. respectly　B. respectively　C. respect　D. respecting

2. Over the next few years, some management positions in the company will be ________ removed.

A. gradually　B. graduation　C. graduate　D. gradual

3. Artists at the Zadone Gallery are able to create reproductions of famous paintings that are ________ authentic looking.

A. remarkably　B. remarkable　C. remark　D. remarkableness

4. Lonan Imports will work ________ with any distributor to fulfill a customer request.

A. directs　B. directly　C. directed　D. directness

5. Groe Canoes' prices may ________ vary depending on changes in the cost of raw materials.

A. occasional　B. occasions　C. occasionally　D. occasion

6. Your feedback is ________ important to us as it helps ensure we are meeting our goals of exceptional hospitality and unequalled service.

A. narrowly　B. extremely　C. popularly　D. respectably

7. We would like to inform you that the Vermont blue silk-rayon blend (item #SBR 067) you order is ________ out of stock.

A. eventually　B. currently　C. previously　D. permanently

参考答案及解析

1. 答案：B。

解析：句意为："今年，数据分别为27%和53%。"选项A是副词"尊敬地"；选项B是副词"分别地"；选项C是动词"尊敬"；选项D是介词"关于"。选项B使得句意完整通顺。故本题答案为B。

2. 答案：A。

解析：句意为："在未来的几年间，公司的一些管理职位将会逐渐被移除。"A项是副词，意为"逐渐地"；B项是名词，意为"毕业"；C项是动词，意为"毕业"；D项为形容词，意为"逐渐的"。副词修饰动词。故本题答案为A。

3. 答案：A。

解析：句意为："Zadone Gallery的艺术家们能复刻出和名画极为相似的画作。"A项remarkably为副词，意为"引人注目地、明显地"；B项remarkable为形容词，意指"显著的"；C项remark为动词，意为“标记”；D. remarkableness 为名词，意为“显著”。空格后为形容词，所以空格里需要填一个副词来修饰，四个选项中只有 A 选项为副词。由此可排除其他三个选项。故本题答案为 A。

4. 答案：B。

解析：句意为：“Lonan 进口公司将会与经销商直接合作以满足用户需求。” A 项 directs 为动词；B 项 directly 为副词，意指“直接地”；C 项 directed 为动词过去式；D 项 directness 为名词。A、C、D 三项都不能直接接在动词后，且副词一般用来修饰动词，directly 直接修饰动词 work。空格前为动词，所以要选择副词与之搭配，通过词尾可判断出只有 B 选项为副词。故本题答案为 B。

5. 答案：C。

解析：句意为：“Groe Canoes 的价格会随着原材料成本的变化而变化。” 空格后 vary “变化” 为动词，四个选项中只有 C 选项是典型的以 ly 结尾的副词，副词修饰动词。故本题答案为 C。

6. 答案：B。

解析：句意为：“我司致力于提供宾至如归的款待和贴心的服务，您的反馈对于我们十分重要，因为它使我们确信达成了目标。” A 项 narrowly：狭窄地；勉强地；严密地；仔细地；B 项 extremely：极端地；非常，很；C 项 popularly：一般地，广泛地，大众地；D 项 respectably：可敬地。此处缺一个副词修饰 important，强调重要的程度，可以说此处需要一个等同于 very 的词。故本题答案为 B。

7. 答案：B。

解析：句意为：“我方遗憾地告知贵方，您所订购的佛蒙特人造混合材质蓝丝绒（编号#SBR 067）目前已脱销。” A 项 eventually 最终地；仔细地；B 项 currently 目前地；C 项 previously 早先地；D 项 permanently 永久地。根据句意，产品肯定是当前已脱销，B 项 currently 符合题意。故本题答案为 B。

真题考点四　代词

一、代词的定义

代替名词以及起名词作用的短语、分句或句子的词。

二、代词的分类

代词分为：人称代词、物主代词、指示代词、反身代词、相互代词、疑问代词、连接代词和不定代词。

考点精讲

1. 人称代词的考查

表 2-1-6 人称代词是人称范畴，有人称、数和性的变化

人称数	单数		复数	
	主 格	宾 格	主 格	宾 格
第一人称	I	Me	We	Us
第二人称	You	You	You	You
第三人称	He	Him	They	Them
	She	Her		
	It	It		

2. 物主代词的考查

物主代词是表示所属关系的代词，类似于名词的属格。

表 2-1-7 形容词性物主代词和名词性物主代词

形容词性	my	your	his	her	its	our	your	their
名词性	mine	yours	his	hers	its	ours	yours	theirs

3. 指示代词的考查

指示代词包括：this（近指单数）that（远指单数）these（近指复数）those（远指复数）

注：those 的特殊考法

"those +后置定语（定语从句、形容词、分词短语、介词短语）" 指一类人

例如：those who get excellent score

那些获得优异成绩的人

those sacrificing their life during the war

那些在战争期间牺牲生命的人

4. 反身代词的考查

表 2-1-8 反身代词单复数形式

人称/数	单 数	复 数
第一人称	myself	ourselves
第二人称	yourself	yourselves
第三人称	itself	themselves

（1）作宾语

为了表示承受者就是动作执行者时，需要用反身代词作宾语。

例如：She cultivated herself a successful doctor.

他以自己的勤奋完成了作业。

（2）作同位语

反身代词作名词或者代词的同位语时，起到加强语气的作用，表示"亲自"的含义。

例如：Thomas himself created this painting.

这幅画是托马斯亲手创作的。

5. 不定代词的考查

不定代词是用来代替不确定一类事物的代词。包括：some, any, no, none, many, much, few, little, each, both, all, either, neither, one, another, the other。

（1） some, any

some 表示肯定；any 表示否定

例如：There are some people at the gate of the theater.

有一些人在剧院门口。

I don't have any pencil.

我没有铅笔。

（2） each, every

each 两个以上，个体概念；every 至少三个，集体概念

例如：Each teacher will give a speech in the meeting.

每个老师都将要在会上做报告。

Every student can pass the exam.

每个学生都能通过考试。

（3） many, much

many 修饰可数名词；much 修饰不可数名词

例如：The business model is, in many ways, a franchise model.（2018 中行）

商业模式在很多方面都是特许经营模式。

例如：We've spent so much on advertisements, but the results are not satisfying.（2018 中行）

我们在广告上花了很多钱，但结果并不令人满意。

（4） a few, a little

a few 与可数名词连用；a little 与不可数名词连用

例如：A few months back, Alibaba claimed the title of the world's biggest IPO, raising US $ 25 billion on the NYSE (New York Stock Exchange).（2018 农行）

几个月前，阿里巴巴宣布成为了世界上最大的 IPO，在纽约证券交易所融资 250 亿美元。

A little water is in the glass.

杯子里有一点水。

（5） both, all

both 强调两个人或物；all 强调所有的一切，三者以上

例如：There are both horizontal and vertical cooperation models.（2018 招商）

既有横向也有纵向的合作模式。

All the recycling bins have been filled up with refuse and it's still overflowing everywhere.（2018 中行）

所有的回收箱都被垃圾填满了，并且溢得到处都是。

（6） other, the other, the others，another

the other 指“另一个”，两者之间；the others 指两部分之间的另一些；another 指三者或三者以上的另一个

例如：I have two books. One is on history, the other is on politics.

我有两本书。一本是关于历史的，一本是关于政治的。

例如：There are many people in the park. Some are running, the others are playing football.

公园里有很多人，一些人在赛跑，另一些人在踢足球。

例如：I have three magazines. One is black, another is red, still another is blue.

我有三本杂志，其中一本是黑色的，另一本是红色的，还有一本是蓝色的。

（7） either, neither

either 两个中任何一个；neither 两个都不

例如：Either of them can play the piano.

他们俩任何一个都能够弹钢琴。

Neither of them can play the piano.

他们中没有一个人能够弹钢琴。

提示：两个重要的词组：either…or…和 neither…nor…

either…or…（用于表示在两个可能性中选其一）要么……要么……、不是……就是……；

neither…nor…（用于表示两者都无可能性）既不……也不……

例如：The chipmunk（金花鼠）builds its nest in either an underground burrow or a hollow limb.（2019 浦发）

金花鼠要么在底下的洞穴要么在空心的树干里搭建巢穴。

（8） no, none, no one, nothing

①no 相当于形容词，修饰不可数名词、可数名词

例如：We have no lessons in the afternoon.

我们下午没有课。

②none 可指人或物（指三者或三者以上；只有 none 的后面可以加 of）

例如：None of us know French.

我们中没有人会说法语。

③no one 可以指人，不可以指物。

例如：No one can do this job.

没有人能做这项工作。

④Nothing 一般只能指物而不能指人。

例如：Nothing can be done easily.

没有什么事情可以轻而易举地做成。

6. it 的用法

it 既可以指代“事物”也可以指代“人”，指人时常用于不知对方性别时。比如，询问敲门人或打电话时询问对方是谁，或者用来指代婴儿。

①it 一般指物。

例如：It has happened before.

这件事之前发生过。

②it 可以指婴儿（低等生命）或不明确是谁。

例如：My elder sister has a baby. It is so cute.
我姐姐有个孩子。他（她）很可爱。

例如：Who is it?
是谁?（用于敲门时）

③it 用于前后指代。

例如：The dog has died. He can't forget it.
那只狗死了。他却不能忘记它。

④it 指时间、距离、天气、自然现象。

例如：It is cloudy today.
今天多云。

例如：It is about eight kilometers long.
大约有 8 公里长。

真题演练

1. To prepare ________ for the interview at Boyer Pharmaceuticals, Mr. Park read about the company's history.

A. ourselves　B. yourselves　C. himself　D. itself

2. Because his partner had to go to Sydney. Mr. Zazueta had to finish work on the advertising campaign on ________.

A. solo　B. alone　C. himself　D. his own

3. One of the most important questions they had to consider was ________ of public health.

A. what　B. this　C. that　D. which

4. Charles was alone at home, with ________ looking after him.

A. someone　B. anyone　C. not one　D. no one

5. The CDs are on sale! Buy one and you'll get ________ completely free.

A. other　B. others　C. one　D. ones

参考答案及解析

1. 答案：C。

解析：句意为："为了更好地准备波伊尔医疗公司的面试，帕克先生正阅读了解该公司的历史。"空格中所要填入的代词指代句子中出现的 Mr. Park。故本题答案为 C。

2. 答案：D。

解析：句意为："因为他的伴侣一定要去悉尼。Zazueta 先生必须独自完成广告宣传工作。" on one's own = by oneself 为固定搭配，意为"独自"。故本题答案为 D。

3. 答案：C。

解析：句意为："他们必须考虑的最重要的问题之一就是公众的健康问题。" 此题考查的是 that 的指代用法，that 在此等于 the question。故本题答案为 C。

4. 答案：D。

解析：句意为："查尔斯独自一人在家，没有人照顾他。" no one = nobody 没有人。故本题答案为 D。

5. 答案：C。

解析：句意为："CD 减价销售！买一赠一。" 此处用 one 来代替 a CD。故本题答案为 C。

真题考点五　冠词

一、冠词的定义

1. 冠词是一种虚词。
2. 冠词不能够独立使用，而且不能够充当句子的成分。
3. 冠词是用来说明名词的，而不是修饰名词。

二、冠词的分类

冠词可分为定冠词（the），不定冠词（a / an）和零冠词。

考点精讲

1. 定冠词

（1）定冠词用于专指和特指

例如：The boy is my son.

这个男孩是我的儿子。

（2）用于单数名词前

例如：The donkey is smaller than the elephant.

驴比大象小。（这里所指的并不是这头驴比这头大象小）

（3）用于形容词最高级和序数词前

例如：The most important thing to accomplish in the first 3 to 6 months in a new job.（2018 招商）

在一份新工作的前 3 到 6 个月里需完成的最重要的事情。

例如：Retail vacancy rates have risen above 10% for the first time since April 2015, according to a quarterly research report.（2019 中行）

根据某季度调查报告，自 2015 年 4 月起，零售空租率第一次上升到了 10% 以上。

（4）用于形容词和过去分词前，表示一类人，且谓语用复数

例如：We should respect the senior.

我们应该尊敬长者。

（5）用于乐器的前面

例如：play the clavichord　　play the violin

（6）用于世界上独一无二的事物

例如：the star　　the sun　　the moon

提示：若前面有形容词修饰时，前面可加不定冠词，如：a red sun

(7) 用于中国传统节日前

例如：the Spring Festival

(8) 定冠词 the 用于 all, both, double 之后

例如：They thrashed out all the problems at the meeting.

　　在这个会上他们讨论解决了所有问题。

2. 不定冠词

一般情况下，an 用于元音音素开头的单词，a 用于辅音音素开头的单词。

(1) 不定冠词表示单数“一”或不确定时使用

例如：A boy is standing under the tree.

　　一个男孩正站在树下。

(2) 用于单数名词前表示一类东西

例如：A cat and a mouse live under the same roof.

　　猫和老鼠住在同一屋檐下。

3. 零冠词的用法

零冠词在英语中的运用很广泛，零冠词不代表没有冠词，而是省略法。

(1) 用于泛指人类或男女时

例如：Man is great animal.

　　人类是伟大的生物。

(2) 用于 kind / sort of 后

例如：What kind of leopard is it?

　　这是哪一种猎豹？

(3) 用于职务、职位和头衔前

例如：He was elected our president.

　　他被选举为我们的总统。

(4) 用于复数名词前，表示一类

例如：Trees drop their leaves in autumn.

　　树木在秋季落叶。

(5) 用于月份、星期、节假日和一年四季

例如：Halloween　　March　　in spring

(6) 用于球类、一日三餐前

例如：play volleyball　　have lunch

(7) 用于“by +交通工具”前

例如：by car　　by air

(8) 名词前有代词修饰时不用冠词

例如：Students are doing their assignment.

　　学生们正在做他们的作业。

真题演练

1. The biggest whale is ________ blue whale, which grows to be about 29 meters long — the height of ________ 9-story building.

A. the; the　　B. a; a　　C. a; the　　D. the; a

2. Let's go to ________ cinema — that'll take your mind off the problem for ________ while.

A. the; the　　B. the; a　　C. a; the　　D. a; a

3. What I need is ________ book that contains ________ ABC of oil painting.

A. a; /　　B. the; /　　C. the; an　　D. a; the

4. I don't understand what the engineer means, but I've got ________ rough idea of ________ project plan.

A. the; a　　B. /; the　　C. the; /　　D. a; the

5. This area experienced ________ heaviest rainfall in ________ month of May.

A. /; a　　B. a; the　　C. the; the　　D. the; a

6. We can never expect ________ blue sky unless we create ________ less polluted world.

A. a; a　　B. a; the　　C. the; a　　D. the; the

7. Washing machine made by China have won ________ worldwide attention and Haier has become ________ popular name.

A. a; the　　B. /; a　　C. /; the　　D. the; a

8. In order to find ________ better job, he decided to study ________ second foreign language.

A. the; a　　B. a; a　　C. the; the　　D. a; the

参考答案及解析

1. 答案：D。

解析：句意为："最大的鲸鱼是蓝鲸，它大约长29米，相当于9层楼的高度。" The blue whale 蓝鲸，the +单数名词为特指一类事物；a 9-story building 为泛指。故本题答案为D。

2. 答案：B。

解析：句意为："让我们去看场电影吧——那将会让你暂时放下头脑中的问题。" go to the cinema 为固定搭配，意为"去看场电影"；第二个空 for a while 为固定搭配。故本题答案为B。

3. 答案：D。

解析：句意为："我需要的是一本含有油画入门内容的书。" The ABC of ...意为"……的入门知识"。故本题答案为D。

4. 答案：D。

解析：句意为："我不明白那个工程师的意思，但我已大致了解了这个项目计划。" have a rough idea 是固定短语，意为"大致了解"，而 plan 在本句中表特指，故用 the。故本题答案为D。

5. 答案：C。

解析：句意为："这个地区五月的降水量最大。" 形容词最高级前需用定冠词；"在五月"表达为

in May 或 in the month of May。故本题答案为 C。

6. 答案：A。

解析：句意为："如果我们不能创建一个污染越来越少的世界，就永远不要期待有一片更蓝的天空。"世界上独一无二的名词或一些抽象名词之前如果有形容词修饰可加不定冠词。如：a red sun；a great success。故本题答案为 A。

7. 答案：B。

解析：句意为："中国制造的洗衣机赢得了世界的关注，海尔已经成为大众喜爱的一个品牌。" attention 是不可数名词，此处表示泛指，用零冠词，name 是可数名词，此处也表示泛指，需用不定冠词修饰。故本题答案为 B。

8. 答案：B。

解析：句意为："为了找到一个更好的工作，他决定再学习一门外语"。第一个 a 表示泛指；a second 表示"又一"。故本题答案为 B。

真题考点六 连词

一、连词的定义

用来连接词与词、短语与短语、句子与句子的一类词。

二、连词的分类

连词可以分为并列连词和从属连词。

1. 并列连词：并列连词是用来连接平行词语、短语和句子的一类连词。

如：and, as well as, or, then, while, meanwhile, either…or…, neither…nor…等。

例如：Either he or I am a teacher.

要么他是老师，要么我是老师。(either…or…是并列连词，表示"要么……要么……")

2. 从属连词：从属连词是用来连接从句和主句的连词，也就是复合句的连接词。

如：so that, as a result, therefore, thus 等。

例如：If it rains tomorrow, we'll put off the sports meeting.

如果明天下雨，我们就延期运动会。(if 是从属连词，表示"如果")

I got up so late that I couldn't catch the first train.

我起得太晚了以至于赶不上第一趟火车了。

真题演练

1. The office will be closed ________ it is being decorated.

A. while　　B. for　　C. during　　D. throughout

2. ________ of the twins has passed the examinations.

A. All　　B. Both　　C. Neither　　D. Every

3. The company has not performed very well during the last quarter. ________, it has still managed to turn a profit and retain most of its clients.

A. Nevertheless　　B. Despite　　C. So　　D. Even if

4. We accept your proposal ________ you order 20, 000 units.

A. only because　　B. on the condition that

C. even if　　D. on basis of

5. In ________, the company owns and operates four television stations.

A. also　　B. plus　　C. more　　D. addition

参考答案及解析

1. 答案：A。

解析：句意为："办公室在装修时将会关闭。"A选项意为"当……时"；B选项作连词意为"因为"，前后句子时态不符，故排除B；C、D选项均为介词词性，不能连接两个句子，故排除C、D。故本题答案为A。

2. 答案：C。

解析：句意为："这对双胞胎没有通过考试。"选项A意为"三者或三者以上都……"；选项B意为"两者都，常和and连用"，谓语动词用复数；选项C意为"两者都不……"，谓语动词用单数；选项D意为"每一个"，不与介词of连用。故本题答案为C。

3. 答案：A。

解析：句意为："上一季，公司业绩不是很好。但是，公司仍然是盈利的，留住了大部分的员工。"A项表转折，意为"然而"；B项表让步，意为"尽管"；C项意为"所以"；D项意为"即使"。故本题答案为A。

4. 答案：B。

解析：句意为："我们将会接受你的提议，条件是你订购20000件单品。"A项意为"只是因为"；B项意为"条件是……"；C项意为"即使"；D项意为"基于……。"故本题答案为B。

5. 答案：D。

解析：句意为"此外，公司还拥有并运营四个电视台。"in addition为固定搭配，意为"此外"。故本题答案为D。

真题考点七 动词

动词的学习主线：动词的分类—动词的形式。

一、动词的分类

1. 实义动词

考点精讲

是用来表动作或状态的，能单独作谓语。

例如：I wash my hair every day.

我每天洗头。

（1）实义动词可分为：及物动词和不及物动词。

例如：I got up（不及物动词）early so that I could catch（及物动词）the bus.

注：有些动词既可以作为及物动词，也可以作为不及物动词，如 fly。

①及物动词：在动词后直接出现人或物的动词。

例如：They are looking at the whiteboard.

他们正在看白板。

②不及物动词：在动词后不出现宾语，直接构成主谓结构。

例如：I can fly.

我可以飞。

（2）实义动词还可以分为持续性动词和短暂性动词。比方说 go, eat, play, watch 等都是持续性动词；又比方说 buy, die 等就是短暂性动词（短暂性动词不能用于完成时态）。

例如：I have bought this bicycle for ten years.

我已经买了这辆自行车十年了。（这句话本身是错的，buy 是短暂性动词，不可用于完成时态，应该写为 I have kept this bicycle for ten years.）

（3）实义动词又可以分为位移动词和非位移动词，如：go, come, leave, start, sail, arrive 等是位移性动词；finish, listen 等是非位移性动词。

2. 系动词

是用来表示不定主谓关系的动词，它说明真正的谓语，该类动词不可以单独作谓语。

（1）be 动词：am, is, are, was, were

（2）感官动词：由身体某器官可感知的动词，如：hear, look, taste, smell, feel 等。

（3）表象系动词：appear, look, seem 等。

（4）性质变化词：set, turn, grow, become 等。

3. 助动词

该词用来帮助动词形成时态、语态、语气，该类动词不能单独作谓语。如：do, have, will, would, shall, should 等。

例如：She is having supper now.

她现在正在吃晚饭。

4. 情态动词

是用来表示态度的一类动词。该词后面必须要跟动词原形（ought, have 除外），该词不能单独作谓语（如：will, can, could, may, might 等），一般没有人称和数的变化。

例如：You mustn't play with fire, because it is very dangerous.

你不能玩火，因为太危险了。

二、动词的形式

1. 动词的主动形式

英语中的动词形式有 5 种，如下表所示。

表 2-1-9 动词原形、第三人称单数、过去式、过去分词、现在分词

动词原形	第三人称单数	过去式	过去分词	现在分词
be	is	was / were	been	being
go	goes	went	gone	going
have	has	had	had	having

2. 动词的被动形式

被动语态由“be +及物动词的过去分词”构成。英语主动语态有 16 个时态；被动语态常用的有 8 个，以 give 为例说明如下：

表 2-1-10 动词被动语态形式

时态	动词形式
一般现在时	am / is / are given
一般过去时	was / were given
一般将来时	shall / will be given
现在进行时	am / is / are being given
过去进行时	was / were being given
过去将来时	should / would be given
现在完成时	has / have been given
过去完成时	had been given

表 2-1-11 动词辨析重点总结

approve	指正式的或官方的批准
confirm	强调按法律程序确认或批准
sanction	多指官方的同意或批准，是书面用词

assert	指自认为某事就是如此，而不管事实如何
affirm	侧重在作出断言时表现出的坚定与不可动摇的态度

续表

allege	指无真凭实据的断言
testify	多指在法庭作证，庄严地宣称自己所说的属实
claim	侧重指行为，根据自己的权利提出要求

award	指官方或经正式研究裁决后对有功者或竞赛优胜者所给予的奖励
reward	指对品德高尚和勤劳的人所给予的奖励。也可指为某事付酬金
abide	后接 by 表示“遵守，同意”
adhere	后接 to 表示“遵守”
conform	后接 to 表示“遵守，符合”
comply	后接 with 表示“遵守，服从”

beat	指连续打击（游戏、竞赛或战争中作“打败”）
strike	多指急速的猛击
hit	侧重有目标的猛击，强调用力击中
thrash	侧重用棍子或鞭子等痛打
whip	多指用鞭子抽打

confirm	侧重以事实或以不容置疑的陈述来证实某事的正确与真实
verify	强调以具体的事实和细节为证据

delay	多指因外界原因推迟或耽误
postpone	正式用词，多指有安排的延期
defer	多指故意拖延
suspend	指暂时中断以待某种条件的实现
prolong	指把时间延长至超过正常的限度
put off	延迟、推迟，与 postpone 同义

desire	含有强烈的意图和目的
wish	多指难以实现或不可能实现的愿望
hope	指对愿望实现有一定信心的希望
expect	预料某事或某行动的发生
want	一般指想要某东西、期望得到某东西

disclose	侧重揭露或泄露鲜为人知或保密的事
expose	多指揭露丑闻，也可指某物暴露在外
uncover	主要指移去遮盖物，让东西露出来；也可指揭露秘密
reveal	多指揭露一直隐藏或隐秘的东西，或启示超乎常人领导能力的真理

ensure	使人相信某个行为或力量产生的结果
insure	指经济方面的保证、保险
assure	指消除某人思想上的怀疑或担心，从而有达到目的的保证
guarantee	指对事物的品质或人的行为以及履行义务等承担责任的保证
pledge	指通过郑重承诺和协议来保证承担某一义务或遵守某一原则

promise	侧重表示自己的主观意向，设法用语言使人感到稳妥可靠
flash	指突然发出随即消失的闪光，如闪电的光
gleam	指透过间隔物或映衬于较暗背景上的微弱光线
glitter	指连续发出的闪烁不定的光，有时含贬义
sparkle	指发出闪动的光
glow	指类似熔铁余烬等发出的明亮的光
twinkle	指断断续续的灿烂闪光

omit	指有意或无意地忘记做某事，指删去不重要的东西
neglect	指有意地忽略，也可以指粗心与疏忽
overlook	指因匆忙而疏忽或视而不见
disregard	多指有意或自觉地不顾某事
ignore	通常指有意不顾或不理显而易见的事物

inform	指传达事实或信息，指经过研究而获得的事实或信息
acquaint	指提供有关信息或情况使某人熟悉某些过程
notify	指正式通知需要注意的事情

maintain	指保持原样，不增不减
conserve	指小心地使用难以补充的资源或贵重物品
preserve	侧重将物品完好无损地保存下来
store	指将物品存放，以备将来使用

recover	泛指收回去的物质的或精神的东西，也指无意中找到失物
reclaim	主要指回收或利用废物
restore	指建筑物、工艺品恢复原状；也指健康、能力的恢复
regain	指通过努力使失去的东西复得

restrain	指用强力或权力去阻止或限制某人做某事
check	指检查、核实
refrain	常指暂时对某种行动或冲动的抑制
bridle	指抑制住强烈的感情或欲望
curb	可指急剧或果断地制止，也可指用严格的方法加以控制
inhibit	主要指抑制愿望、情绪或念头，也指制止某物的蔓延

think	指由反复思考而作出判断或得出结论等
conceive	指在头脑中组织好自己的思想，在心中形成一个系统的思想
imagine	指在头脑中形成一个清晰明确的意象
fancy	往往指的是不切实际的、属于梦幻般的想象
realize	指领悟，通过生动的构思或想象从而抓住事物的本质

真题演练

1. Serious computer hackers can access your personal files and destroy or ________ them.

A. alter　B. allude　C. appreciate　D. appraise

2. We can ________ the main effects of poverty by looking at those on the lowest incomes in rich cities.

A. endorse　B. illustrate　C. expose　D. enlighten

3. The guarantee is for 12 months from date of purchase, but for $50, customers can ________ it to 36 months.

A. extort　B. expropriate　C. extract　D. extend

4. I knew almost everyone I needed to know no matter they ________ goodness or badness.

A. exhibited　B. hid　C. boasted　D. proved

5. If you ________ the trigger of a gun really hard and really fast it doesn't fire any faster or harder than if you just squeezed it gently.

A. lost　B. obtain　C. condense　D. squeeze

6. How are we to develop new technology if we can't study current technology to figure out how to ________ it?

A. rest　B. improve　C. cause　D. conceal

7. Herbal medicine is ________ by a TCM herbalist based on specific criteria of the patient such as body temperature and physical condition.

A. formulated　B. integrated　C. formed　D. composed

8. Air fares will be ________ on July 20, Domestic flight will go down by 10 percent, but international flight will go up by 22%.

A. resided　B. revised　C. reshaped　D. reserved

参考答案及解析

1. 答案：A。

解析：句意为："可怕的电脑黑客可以访问你的个人档案，并且破坏或更改它们。"A 选项意为"更改"；B 选项意为"暗指"；C 选项意为"感激"；D 选项意为"评价"。B、C、D 三项均不符合语意。故本题答案为 A。

2. 答案：B。

解析：句意为："我们可以通过观察富有城市的最低收入人群来阐明贫穷的主要影响。"A 选项意为“支持；背书”；B选项意为“说明，阐明”，符合题意；C选项意为“暴露”；D选项意为“启发”。故本题答案为B。

3. 答案：D。

解析：句意为：“保修期为自购买之日起12个月以内，但只要50美元，客户可以将其延长到36个月。”A选项意为“敲诈”；B选项意为“没收”；C选项意为“提取”；D选项意为“延长”。A、B、C均不符合语意。故本题答案为D。

4. 答案：A。

解析：句意为：“我几乎了解我需要知道的所有人，不管他们表现出来的德行是好还是坏。”选项A意为“表现；显示；陈列”；选项B意为“隐藏”；选项C意为“自夸”；选项D意为“证明”。故本题答案为A。

5. 答案：D。

解析：句意为：“如果你快速并且用力地挤压枪的扳机，子弹发射的速度不会比你轻轻地叩响扳机变得更快或者威力更强。”选项A意为“失去，迷失（指需要的东西）”；选项B意为“得到，获得”；选项C意为“凝固”；选项D意为“挤压；压榨，压迫”。叩响扳机应该用动词squeeze。故本题答案为D。

6. 答案：B。

解析：句意为：“如果我们对现有技术没有研究，没能找出改进的方法，那么我们如何发展新技术?”选项A意为“休息，倚靠”；选项B意为“改进，提高”；选项C意为“引起，导致”；选项D意为“隐藏”。故本题答案为B。

7. 答案：A。

解析：句意为“中药由中医根据患者的特定标准（如体温和身体状况）配制而成”。A选项意为“制定，构想”，其同根词formula意为“（药品、燃料、饮料等的）配方”，符合题意；B选项意为“整合”；C选项意为“形成”；D选项意为“组成”。TCM意为“中医或中药”，herbalist意为“药剂师”。故本题答案为A。

8. 答案：B。

解析：句意为：“7月20日将对机票价格进行修改，国内航班将下降10%，但国际航班将上调22%。”选项A意为“定居”；选项B意为“修订”；选项C意为“重塑”；选项D意为“保留”。故本题答案为B。

真题考点八　介词

一、介词的分类

1. 简单介词：如：in, on, at, with等

2. 合成代词：如：into, onto, without, within等

3. 介词短语：如：as a result of, due to, in case of, in the front of等

二、常用介词

考点精讲

1. on 表示具体性的关于，表示关于某学科；about 泛泛的关于

例如：He wrote a book on Linguistic.

他写了一本关于语言学的书。

例如：She often talks about you.

她经常谈到你。

2. above 表示在正上方；on 表示在上面；over 表示在……上方

例如：There is a fan above the ceiling.

房顶上有个电扇。

例如：There is an apple on the desk.

桌上有一只苹果。

例如：The plane is flying over the bridge.

飞机正从桥上飞过。

3. under 表示在某物下面，在某条件下；below 表示在……下方，在……温度之下

例如：There is a chair under the desk.

桌子底下有一把椅子。

例如：There are a lot of mines below the surface.

地表下有许多矿产。

4. before 表示在时间的前面；in front of 表示在……前面（范围外）；in the front of 表示在……前面（范围内）

例如：Before starting to write effect analysis essay, one should distinguish between cause and effect.（2018 农行）

在写效果分析论文之前，应分清何为因何为果。

例如：In front of the church, there is a tree.

教堂前面有一棵树。

例如：In the front of the church, there is a minister.

教堂前部有一位牧师。

5. across 表示从平面穿过；through 表示从内部穿过

例如：The man is coming across the road.

这个人正在过马路。

例如：A group of people dare not go through the forest.

这群人不敢穿过森林。

6. after 表示时间的后面；behind 表示位置后；at the back of 表示在……背后

例如：Right after his death there was a live broadcast of the public memorial service viewed around the world.（2019 中行）

他去世之后即刻有一个公众纪念活动的全球直播。

例如：Behind him there is a pretty girl.

在他后面有一个漂亮的女孩子。

例如：A lady is sitting at the back of me.

一位女士正坐在我的身后。

7. among 表示在众多事物间；in the middle 表示在某物中间；in the center of 表示在……中央；between 表示两者之间

例如：That is my daughter among a crowd of boys.

在一群男孩间的那个孩子是我的女儿。

例如：There is a computer in the middle of the room.

房间中间有台计算机。

例如：In the center of the hall stands a handsome man.

大厅中央站着一个帅小伙。

例如：Between you and your parents there is a gap.

你和父母之间存在代沟。

8. beside 表示在旁边；besides 表示除……之外还有；except 表示除……之外

例如：There is a broom beside the door.

门边有一把扫帚。

例如：Besides Jack, we want to go to abroad.

除了杰克想出国外，我们也想出国。

例如：Except Jack, we want to go to abroad.

除了杰克不出国之外，我们都想出国。

9. in 表示进入，用……语言；into 表示里面

例如：The teacher is coming in the classroom.

老师正走进房间。

例如：The teacher is coming into the classroom.

老师正进入房间。

例如：You can speak in Chinese.

你可以说中文。

I do well in playing the piano.

我弹钢琴弹得好。

10. to 表示到；toward 表示方向性

例如：He went to the entrance.

他走进入口。

例如：He went toward the entrance.

他进入入口。

11. with 表示和……在一起，用……工具；without 表示没有

例如：Lucy came with a book.　Lucy came without a book.

路西带了一本书来。 路西没有带书来。

例如：I wrote a paper with a black pen.

我用黑色的钢笔写论文。

12. against 表示靠着，对着；反对

例如：He is standing against the door.

他靠着门站着。

13. along 表示沿着

例如：If you go along this avenue, you can find the Wall Street.

如果你沿着这条大道走，你就会看到华尔街。

14. around 表示在……周围

例如：There are many sheep around farm.

农场的周边有许多绵羊。

15. as 表示作为

例如：As a president you can't do that.

作为一个总统你不该这样做。

16. at 表示在（几点、位置）

例如：I am arriving at the airport.

我要到机场了。

17. by 表示被……；以……为手段；在……旁边

例如：We go to Tianjin by air.

我们坐飞机去天津。

例如：There is a chair by the door.

门边有把椅子。

18. for 表示去……（地方）；达到；赞成

例如：She wanted to leave for Canada.

她想去加拿大。

例如：Are you for or against my opinion?

你赞成还是反对我的建议？

19. from 表示来自……；离……

例如：The railway station is far away from here.

火车站离这儿很远。

20. like 表示像

例如：He saw a number of small hard things like stones.

他看见许多小而硬的像石块似的东西。

21. till / until 表示直到……为止

例如：He doesn't come back home until 6 p. m.

他直到下午 6 点才能回家。

真题演练

1. You can't modernize ________ large external investments.

A. on　B. without　C. from　D. unless

2. Since the reform and opening up policy was established in 1978, China's economy has been developing rapidly and it is already able to compete ________ the international marketplace.

A. against　B. in　C. for　D. with

3. The first IC's were made ________ the early 1960's.

A. from　B. in　C. of　D. for

4. Sales are up dramatically ________ percentage terms compared with a year ago.

A. in　B. on　C. by　D. for

5. It is said that this job is open to all, ________ previous experiences.

A. because of　B. prior to　C. in case of　D. regardless of

6. The Brunswick Explore is a submersible robotic vehicle designed to search for mineral deposits for ________ the surface of the sea.

A. between　B. below　C. behind　D. beyond

参考答案及解析

1. 答案：B。

解析：句意为："没有大量的外部投资，就无法实现现代化。" A 选项意为 "在……上"；B 选项意为 "没有"；C 选项意为 "来自、从"；D 选项意为 "除非"。A、C、D 三项均不符合语意。故本题答案为 B。

2. 答案：B。

解析：句意为 "自从 1978 年改革开放以来，中国的经济快速发展，并已经能够在国际市场中竞争。" A 选项意为 "反对，靠"；B 选项意为 "在……里面"，符合题意；C 选项意为 "为了"；D 选项意为 "随着"。故本题答案为 B。

3. 答案：B。

解析：句意为："第一个 IC 是在 20 世纪 60 年代早期制造的。" 选项 A 意为 "从……；来自于……"；选项 B 意为 "采用某种方式；在……里面"，有时放在时间的前面；选项 C 意为 "关于；属于……的；制成"；选项 D 意为 "为了；倾向于；当作"。在年份之前用介词 in，在具体年月日之前用介词 on。故本题答案为 B。

4. 答案：C。

解析：句意为："与一年前相比，销售额大幅增长。" 选项 A 通常放在时间、方位之前；选项 B 主要表示在上面；根据或基础；有关或涉及的方面；表示某一天（特指某一天）；选项 C 主要表示接近；时限；动作的执行者、方式；选项 D 主要表示目的、原因、交换值以及时间和距离的长度。by 与上升或减少的词连用，表示增加到……或减少到……。故本题答案为 C。

5. 答案：D。

解析：句意为："据说，所有人都可以申请这份工作，不论经历如何。"选项 A 意为"由于"后面接短语；选项 B 意为"在……之前"；选项 C 意为"万一，如果"；选项 D 意为"不论"。选项 D 使得句意完整通顺。故本题答案为 D。

6. 答案：B。

解析：句意为："布伦瑞克探险是一种潜水机器人汽车，它的设计目的是为在海面下寻找矿藏提供便利。"选项 A 意为"在……之间"；选项 B 意为"在……下面"；选项 C 意为"在……后面"；选项 D 意为"在……之外"。选项 B 使得句意完整通顺。故本题答案为 B。

真题考点九　时态

时态是英语语法中一个重要的范畴，是以动词的不同形式表达在不同时间和不同行为方式中所发生的不同动作。

按时间可分为：现在、过去、将来、过去将来。

按动作可分为：一般、进行、完成、完成进行。

表 2-1-12　动词时态表

时态	一般时	进行时	完成时	完成进行时
现在时	does；do	am / is / are + doing	has / have + done	has / have + been doing
过去时	did	was / were + doing	had done	had been doing
将来时	shall / will + do	shall / will be + doing	shall / will have + done	shall / will + have been doing
过去将来时	should / would + do	would / should + be doing	should / would + have done	would / should + have been doing

一、一般现在时

1. 定义

表示说话人经常发生或近一段时间内发生的动作或存在的状态。

例如：He goes to school every day.
　　他每天去上学。

2. 基本用法

(1) 一般现在时主要用于表示说话者这一段时间内所发生的动作和存在的状态。

例如：They walk to the central park every day.
　　他们每天都去中央公园散步。

(2) 表示说话者的能力和习惯。

例如：He goes to work by bus.

他坐公交车去上班。

(3) 表示客观事实。

例如：Knowledge is identical with power.

知识就是力量。

(4) 如果一般现在时中出现了位移性动词时（go, come, leave, start, sail, arrive 等），要用一般现在时表示将要发生的事。

例如：The plane arrives at 8. am.

飞机早上 8 点钟到。

(5) 在时间状语从句和条件状语从句中，用一般现在时代替将来时（主语是一般将来时，从句是一般现在时）

例如：If it rains tomorrow, the sports meeting will be put off.

如果明天下雨，运动会就将推迟。

二、一般过去时

1. 定义

表示说话者在过去某一段时间所发生的动作或存在的状态。

例如：I went to the theater last night.

我昨晚去了剧院。

2. 基本用法

(1) 表示过去某个时刻发生的动作或存在的状态，和过去具体时间连用（yesterday, last year, in+年份、on+月份、星期，ago 等）

例如：The worker repaired the car last night.

工人昨晚修理了汽车。

(2) 表示过去常常发生的动作。

例如：When I was at college, I always went to the library.

当我在上大学时，我经常去图书馆。

(3) 表示过去常常发生某事时，可常用 used to do 和 would do 两个词组，但两个词有区别。

①used to do（表示过去常常做，而现在不做了）

②would do（表示过去常常做，现在仍然在做）

三、一般将来时

1. 定义

表示说话者在将来某一时刻将要发生的动作或存在的状态。

例如：I shall enter the Nankai University this summer.

我今年夏天将要去南开大学读书。

考点精讲

2. 基本用法

（1）表示说话者在将来某个时刻发生的动作或存在的状态。

例如：We will hold a birthday party this weekend.

我们将在本周末举行生日宴会。

（2）be going to do 表示即将发生的事，打算、计划和决定。

例如：I am going to Washington D. C. next month.

我下个月要去华盛顿哥伦比亚特区。

（3）be about to do 表示安排好了的或筹备已久的事情。

例如：He is about to swim across this channel next month.

他打算下个月横渡这个海峡。

（4）be to do 表示安排好的事情将来可能会成为现实。

例如：The U. S. president is to visit China in 2018.

美国总统将于 2018 年访问中国。

四、过去将来时

1. 定义

表示说话者在过去的某一时间看将来要发生的动作或存在的状态。

例如：They said that they would have a exceedingly important conference next month.

他们说下个月有一个非常重要的会议。

2. 基本用法

主要用于宾语从句中。

例如：They hoped that they could defeat the enemies.

他们希望能打败敌人。

五、现在进行时

1. 定义

表示说话者此刻所发生的动作或存在的状态。

例如：They are reading books in the classroom.

他们正在教室里读书。

2. 基本用法

（1）表示说话人正在发生的动作或存在的状态，常和 now, at this moment 等连用。

例如：He is having a bath.

他正在洗澡。

（2）表示说话人在最近一段时间内正在发生的动作和存在的状态，常和 these days, these weeks 等连用。

例如：He is reading this book these days.

这几天他一直在读这本书。

(3) 用于表示将来发生的事，用于位移动词中。

例如：The train is leaving at 9：20 a. m.

火车将于早上 9：20 分出站。

(4) always 可以用于现在进行时态，用来表示说话人的某种感情色彩。

例如：He is always praising other people.

他总是很喜欢表扬别人。

六、过去进行时

1. 定义

表示说话者在过去某个具体时间所发生的动作或存在的状态。

例如：While I was having lunch, the door bell was ringing.

当我正在吃饭的时候，门铃也在响。

2. 基本用法

(1) 常和过去某一具体时间连用表示过去某一时刻正在发生的动作和存在的状态。

例如：He was playing basketball at 7 p. m last night.

他昨晚七点正在打球。

(2) 常用在"过去进行时+ when +一般过去时"的结构中。

例如：He was living in Tianjin when he was 6 years old.

当他 6 岁时，他正住在天津。

(3) 主要用于宾语从句中。

例如：He told me that he was having lunch at that time.

他告诉我他那时正在吃饭。

七、将来进行时

1. 定义

表示说话者在将来某个具体时间正在发生的动作或存在的状态。

例如：They will be giving a speech tomorrow morning.

他们明天早上将举行一个讲座。

2. 基本用法

表示在将来某一时间开始，并继续下去的动作。

例如：Tom will be going to the UK tomorrow to visit his friend.

汤姆明天去英国看他的朋友。

八、现在完成时

1. 定义

表示说话者过去的动作对于现在的影响。

例如：Premier Zhou has been away from us since 1976.

周总理在1976年就离开了我们。

2. 基本用法

考点精讲

(1) 表示说话者过去的动作对于现在的影响。

例如：I have typed this letter.

我已经把这封信打好了。(表示“打字”的动作发生在过去，而我们要知道的是“字打完后”就有时间了，强调影响。)

(2) 现在完成时常与时间段连用，常见的词如：since, ever since, for, before, till now, up to now, so far。

例如：He has been here since 2009.

他从2009年起就在这儿。

(3) 现在完成时中常用的副词有 already, yet, just。

例如：She has already finished this subject.

她已经完成了这个课题。

(4) 现在完成时用于表示说话人过去的动作持续至今。

例如：The Chinese people have used bamboos to make paper for several thousand years.

中国人已经用竹子造纸几千年了。

(5) 现在完成时可用于下列结构中：

①This (That, It) is the first (second...) time +定语从句

②This (That, It) is the only (last) +名词+定语从句

③This (That, It) is +形容词最高级+名词+定语从句

例如：It is the first time that I have visited your beautiful city.

这是我第一次参观你们美丽的城市。

(6) have been to 和 has gone to 的区别

①I have been to Tianjin. 我去过天津。

②I have gone to Tianjin. 我去了天津。

九、过去完成时

1. 定义

简而言之，就是“过去的过去”表示说话的人在过去的过去所发生的动作对于过去的影响。一般用于具体的时间状语中，不能单独使用。

例如：By the time of last summer the edifice had been built for five years.

到去年年底这栋摩天大楼已经建成 5 年了。

2. 基本用法

（1）用于表示“过去的过去”。

例如：At the age of eight, he had played the violin very well.

在八岁时他拉小提琴就已经很好了。

（2）用于 when 引导的时间状语后和含有 by 引导的时间状语后。

例如：When I was a child, I had had to live alone.

当我还是个孩子时我就不得不一个人住。

（3）用于宾语从句中。

例如：I said that I had repaired the desk.

我说我已经修好了桌子。

（4）过去完成时可用于下列结构中。

①No sooner +过去完成时+ than +一般过去时

②Hardly / Scarcely / Barely +过去完成时+ when / before +一般过去时

十、将来完成时

定义：表示在将来某一时间以前已经完成或一直持续的动作。

例如：By 2023, Tianjin will have built about 14 metro lines.

到 2023 年，天津市将建成 14 条地铁线路。

十一、现在完成进行时

定义：表示说话者从过去发生一个动作持续到现在，并有可能持续下去。

例如：This girl has been living abroad for many years.

这个女孩已经在国外待了多年了。

十二、过去完成进行时

定义：表示从过去某一时间开始一直延续到过去另一时间的动作。这个动作在当时仍在进行而且可能继续延续下去。

例如：She had been suffering from a bad cold when she took the exam.

她参加考试的时候正感冒。

十三、将来完成进行时

定义：表示从过去或现在某一时间开始一直延续到将来某个时间的动作。该动作可能在将来某一时刻继续进行并有可能延续下去。

例如：By the time the sun rises, I shall have been sleeping for eight hours.

太阳升起的时候，我就会睡足8个小时了。

真题演练

1. He had ________ speak ________ the audience interrupted him.

A. just about to; that　　B. nearly going to; than

C. hardly begun to; before　　D. had started to; when

2. Construction on a new wing at the Markunas Museum ________ as soon as additional funding has been arranged.

A. will resume　　B. was resumed

C. has been resumed　　D. to be resuming

3. Since his health deteriorated, he ________ long periods abroad for treatment.

A. spend　　B. has been spent

C. has spent　　D. will spend

4. Leaders of the Senate Energy committee ________ legislation next week to allow limited drilling in a disputed area off Florida's western coast in the Gulf of Mexico where the government had previously suspended energy exploration.

A. introduced　　B. will introduce

C. introduce　　D. have introduced

参考答案及解析

1. 答案：C。

解析：句意为："他刚要开始讲话，观众就打断了他。"因为从句的谓语动词已经是一般过去式interrupted，主句的谓语动词的时间先于从句，所以表示的是过去的过去，应该用过去完成时。Hardly...when / before表示"一……就"。故本题答案为C。

2. 答案：A。

解析：句意为："只要额外经费一到账，Markunas博物馆的侧厅就会开始施工建造。"本题考查动词时态，as soon as意为"一……就……"，引导时间状语从句。as soon as引导的状语一般为主句的条件。因此只有满足额外经费到账这个条件，Markunas博物馆的侧厅才能开始施工建造。说明Markunas博物馆的侧厅还未开始建造，因此时态应为将来时。B、C、D三项皆不是将来时。故本题答案为A。

3. 答案：C。

解析：句意为："自从病情恶化，他已经在国外接受了长时间的治疗。"题干中含有现在完成时的标志since，所以排除A和D，由于he和spend不存在被动关系。故本题答案为C。

4. 答案：B。

解析：句意为："美国参议院能源委员会下周将立法，允许在墨西哥湾西部海岸的一个有争议的海域进行有限的钻探。此前，美国政府曾暂停了对墨西哥湾的能源勘探。"本题中出现了next week"下一周"，说明动作发生在未来，所以选择一般将来时。故本题答案为B。

真题考点十　非谓语动词

在英语中，动词是用来作谓语的。但是有一类动词形式，它们不作句中的谓语，而作句子的其他成分，我们把这种动词形式称为非谓语动词。非谓语动词包括：不定式、动名词、分词（过去分词和现在分词）。

一、不定式

1. 定义

不定式是由"to +动词原形"所构成的，它虽具有动词形式，但是已经失去了动词的功能。它在句中充当主语、宾语、表语、定语、状语以及补语。

考点精讲

2. 基本用法

（1）有些及物动词常用动词不定式作宾语。常见的这类动词有：afford, agree, arrange, ask, attempt, beg, begin, choose, claim, consent, dare, decide, decline, desire, demand, determine, expect, fail, forget, hate, help, hope, intend, learn, like, long, manage, mean, need, offer, plan, prefer, prepare, pretend, promise, refuse, remember, seek, seem, tend, threaten, undertake, volunteer, want, wish 等。

例如：The policeman managed to let the thieves speak out the truth.

警察设法让小偷们说出了真相。

（2）用 it 代替不定式作形式主语，不定式作真正的主语的情况。

结构：It + be + adj +动词不定式

例如：It is impossible to go overseas.

去海外是不可能的。

（3）使役动词是表示"使……"，主要包括 make, get, let, have 等，当不定式作它们的宾语补足语时，要将 to 省略（除了 get）。

例如：I made the door（to）open.

我把门打开了。

（4）当动词不定式作感官动词的宾语补足语时，要将 to 省略。

例如：I saw an old man（to）walk past the road.

我看见一个老人过马路。

（5）不定式的否定式、被动式、完成体。

①不定式的否定式为 not to +动词原形

例如：I asked him not to touch that wall.

②不定式的被动式为 to be +过去分词

例如：This job is to be done next week.

③不定式的完成体为 to have +现在分词

例如：I am sorry to have you waiting for a long time.

二、动名词

1. 定义

动名词是由动词原形在词尾加-ing 构成的，其作用相当于名词，它在句中充当主语、宾语、表语、定语以及补语。

考点精讲

2. 基本用法

（1）常用的能接动名词的动词有：admit, appreciate, avoid, advise, can't help, celebrate, consider, complete, contemplate, defer, delay, deny, detest, discontinue, dislike, dispute, endure, enjoy, escape, excuse, fancy, feel like, finish, forgive, hinder, imagine, keep, mention, mind, miss, pardon, permit, postpone, practice, prevent, recall, report, resent, resist, risk, stop, suggest, understand 等。

例如：He avoided giving me a definite answer.
他没有给我一个明确答案。

例如：David suggested selling your dog and car to pay the debt.
戴维建议卖掉你的狗和车抵债。

（2）用 it 代替动名词作形式主语，动名词作真正的主语的情况。（只有在 use 和 good 后用 it 代替动名词作形式主语）

例如：It's no use doing like this.
这样做没有用处。

例如：It's no good helping them cope with this affair.
帮助他们处理这件事没有好处。

（3）动名词作宾语补足语和不定式作宾语补足语的区别。

例如：I saw him going upstairs.（表示正在进行的动作，“我看见他正在上楼”）
I saw him go upstairs.（表示已经发生的动作，“我看见他上楼”）

（4）介词短语后接动名词。

object to, resort to, react to, contribute to, look forward to, be accustomed to, be committed to, be exposed to, be subjected to, be devoted to, be dedicated to, be opposed to, be used to, be reconciled to, be contrary to, come close to, get down to, give oneself up to, prefer...to..., see to, set to, take to, in addition to, with regard to, with a view to, on the way to 等。

（5）有些及物动词后既可以接动词不定式作宾语，又可以接动名词作宾语。

stop to do 停下来去做某事
stop doing 停下正在做的事
like to do 想要做某事
like doing 喜欢做某事
need to do 需要做某事
need doing 某事需要被做
want to do 想要做某事
want doing 想要某事被做

remember to do 记住去做某事

remember doing 记住做过某事

mean to do 打算做某事

mean doing 意味着

try to do 努力做某事

try doing 试图做某事

go on to do 继续做另一件事

go on doing 继续做同一件事

forget to do 忘记做某事

forget doing 忘记做过某事

regret to do 遗憾要去做某事

regret doing 后悔做过某事

can't help to do 不能帮忙做某事

can't help doing 情不自禁去做某事

(6) 动名词的否定式、被动式、完成式。

①动名词的否定式为 not +动名词。

例如：Not going to the park is very reasonable.

②动名词的被动式为 being +过去分词。

例如：She prided herself on being called "beauty".

③动名词的完成式为 having +过去分词。

例如：She admitted having seen this animation.

三、分词

1. 定义

分词包括现在分词（-ing）和过去分词（-ed）两种，分词具有形容词和副词的性质，它在句中充当表语、定语、状语、补语。

2. 基本用法

(1) 现在分词和过去分词作定语的区别

现在分词作定语时表示"主动、进行"，过去分词作定语时表示"被动、完成。"

例如：boiling water 开水　　boiled water 开过的水（凉白开）

(2) 分词作定语修饰中心词。

例如：the boy standing by the wall

站在墙边的男孩

(3) 分词短语作状语的情况

①分词短语作状语时，一定要先找到逻辑主语。

例如：Seeing from the top of the mountain, I saw the beautiful view.

从山顶上我看到了一片美丽的风景。(该句的逻辑主语为"I"，因此该动作是主动进行的状

态，应采用现在分词作状语）

例如：Seen from the top of the 117 Mansion, Tianjin is very beautiful.

从 117 大厦的高顶看，天津这座城市真的很美。（该句的逻辑主语是“Tianjin”，因此该动作应当是被动的，应采用过去分词作状语）

②分词的一般式和完成式作状语的区别。

例如：Having had lunch, we started to watch TV.

吃完午饭后，我们要去看电视。（分词的完成式作状语时，表明状语与主句之间有先后关系。）

例如：Reading book, I had breakfast.

我一边读书，一边吃早餐。（分词的一般式作状语时，表明状语与主句之间是同时进行的关系。）

（4）分词的独立主格结构

结构：“名词/代词+分词”的结构

例如：This done, he left the office.

这件事做完后，他就离开办公室了。（前后主语不一致，但是毫无错误，前面是一个词组，而不是句子，这就是分词的独立主格结构。）

真题演练

1. Attachments ________ to your Hotmail account can be downloaded to your personal computer by clicking them.

A. to send　　B. sending　　C. sent　　D. are sent

2. More than 300, 000 Koreans have a net worth over $1 million, ________ property.

A. excluding　　B. exclude　　C. to exclude　　D. excluded

3. ________ an intricate trouble, one should concentrate on what he can do best.

A. Face　　B. Faced　　C. Facing　　D. To face

4. We are committed to ________ consummers high-quality products that are safe and affordable.

A. being offered　　B. offered　　C. offer　　D. offering

5. European car makers will expand their business in Asia, relying on local manufacturers to develop new models ________ their brand names.

A. to bear　　B. bearing　　C. born　　D. bore

6. ________ by the advances in technology, many farmers have set up wind farms on their land.

A. Being encouraged　　B. Encouraging

C. Encouraged　　D. Having encouraged

7. If not ________ with the respect he feels due to him, Jack gets very ill-tempered and grumbles all the time.

A. being treated　　B. treated

C. be treated　　D. having been treated

8. The Minister of Finance is believed ________ of imposing new taxes to raise extra revenue.

A. that he is thinking　　B. to be thinking

C. that he is to think　　D. to think

9. ________ at in this way, the present economic situation doesn't seem so gloomy.

A. Looking　　B. Looked　　C. Having looked　　D. To look

10. The three men tried many times to sneak across the border into the neighboring country, ________ by the police each time.

A. had been captured　　B. being always captured

C. only to be captured　　D. unfortunately captured

参考答案及解析

1. 答案：C。

解析：句意为："发送到您 Hotmail 账户的附件可以通过点击下载到您的个人电脑里。"此句的谓语应该是 can be downloaded，鉴于此句中只能有一个谓语动词，所以前面的动词应该用非谓语的形式，选项 A、B、C 都是非谓语的形式。to do 表示将来、目的；doing 表示主动正在进行；sent 表示被动完成。Attachments 意为"附件"。故本题答案为 C。

2. 答案：A。

解析：句意为："超过 300000 韩国人拥有超过 100 万美元的净资产，这些资产不包括不动产。" excluding 补充说明前文。故本题答案为 A。

3. 答案：C。

解析：句意为："面对错综复杂的问题，一个人应该关注他怎样才能做到最好。"主语 one 表示"一个人"，主动发出"面对"这个动作，所以用表主动的现在分词。故本题答案为 C。

4. 答案：D。

解析：句意为："我们致力于提供给消费者他们能负担得起的高质量产品。"考查 be committed to doing，意为"致力于做……"。注意，此处的 to 并非不定式的标志，而是介词。故本题答案为 D。

5. 答案：B。

解析：句意为："欧洲汽车制造商将业务扩大至亚洲，依靠本土制造商开发出带有品牌名称的新车型。" new models bearing their brand names 意为"带有他们品牌名字的新模型"，因为 model 和 bear 之间的关系是主动的，所以选择现在分词。故本题答案为 B。

6. 答案：C。

解析：句意为："在先进科技的鼓励之下，许多农民在自家的土地上建立了风能工厂。"因为农民和鼓励之间是被动的关系，所以要选择被动形式，其次文中并没有强调是现在正在被鼓励，而是表示经常性的状态，所以排除 A。故本题答案为 C。

7. 答案：B。

解析：句意为："如果杰克感觉没有受到应有的尊重，他就会变得脾气暴躁、怨言不断。"本题考查"连词+分词"结构，非谓语动词和句子主语为被动关系，所以选择过去分词形式。故本题答案为 B。

8. 答案：B。

解析：句意为："据说财政部长正考虑征收新税以增加额外的财政收入。"本题考查动词不定式作主语补足语，同时考查了不定式的进行时。故本题答案为 B。

9. 答案：B。

解析：句意为："从这个角度看，目前的经济形势并不像表面上看起来那么糟糕。"分词在句中用作状语，因为句子的主语 the present economic situation 为动词 look 的逻辑宾语，因此要用过去分词表示被动。故本题答案为 B。

10. 答案：C。

解析：句意为："三人多次设法穿过边境线溜进邻国，但每次都被警察抓住。"该题考查"only + 不定式"作结果状语，往往表示对主语而言不愉快的结果。故本题答案为 C。

真题考点十一 虚拟语气

一、虚拟语气的定义

表示说话人的主观愿望、假设和猜想的语气。

例如：If I were you, I would not marry her.

如果我是你，我就不会与她结婚。

例如：They suggest that they (should) have more money.

他们建议他们应有更多的钱。

二、虚拟语气的六种形式

1. If 条件虚拟

考点精讲

表 2-1-13 if 条件从句

时 态	if 条件从句	主 句
与现在相反	If +主语+ did (were)	主语+ would / could / should / might +动词原形
与过去相反	If +主语+ had done	主语+ would / could / should / might + have done
与将来相反	If +主语+ did (were to)	主语+ would / could / should / might +动词原形

2. 倒装结构虚拟

if 从句中如有 were, should, had 时可以省略 if，将其放到主语之前。

例如：Were I you, I would follow his advice.

如果我是你，我就会采纳他的建议。

3. 含蓄虚拟

替换词包括：but for, without, were it not for, had it not been for

例如：But for radar, it would be difficult to detect the objects in the sky.

要不是雷达，我们很难发现天上的不明飞行物。

4.（should）do 型虚拟

（1）用于含有“坚持，命令，建议，要求”等意义词语之后的相关从句：insist, order, command, suggest, recommend, propose, advice, require, request, ask, demand, idea, resolution, urge。

例如：His suggestion is that you and I (should) finish the project first.

他的建议是你和我先完成这个项目。

例如：They had demanded that president (should) resign.

他们要求总统辞职。

（2）主语从句结构中形容词出现：appropriate, necessary, important, essential, vital, imperative, desirable, advisable, urgent, natural, strange, supposing, compulsory, obligatory, otherwise, unfair 等。

例如：It is important that we (should) fulfill our obligation.

我们履行自己的义务是很重要的。

（3）if, lest, for fear that, in case 后面用 should do

5. 特殊虚拟形式

（1）It is high / about time…后接句子，可用一般过去时或 should +动词原形（should 不可省略）。

例如：It is high time that we went back hometown.

是到了该回家的时候了。

（2）由 to think 引导的句子，表示“没想到”

例如：To think that she was such a sly woman.

真想不到她是这样一个狡猾的女人。

（3）if need be 作插入语，表示“如果有必要的话”

例如：We can negotiate with them if need be.

如果有必要的话，我们可以与他们进行协商。

（4）would have thought，表示“会以为”

例如：They would have thought they might get the first prize.

他们会以为自己会获得一等奖。

（5）as it were 作插入语，表示“姑且这么说；可以说是”

例如：She looks like a fox as it were.

她看上去简直就像一只狐狸。

（6）“情态动词+ have +过去分词”

①must have done 表示对过去情况的肯定推测

②should have done 表示过去本应该做某事而没有做

③ought to have done 表示过去有义务做某事而没有做

④need have done 表示过去有必要做某事而未做

⑤needn't have done 表示过去没必要做某事而做了

⑥may (might) have done 表示过去有可能做某事

⑦could have done 表示过去有可能做了某事

⑧would like to have done 表示过去本打算做某事而没做

6. wish 型虚拟

（1）与现在和将来情况相反，宾语从句的动词形式用一般过去时。

例如：I wish that she had a husband.

我祝愿她能有个好丈夫。

(2) 与过去情况相反，宾语从句动词形式用过去完成时。

例如：I wish that she had not been married.

我真希望她是个单身。

真题演练

1. She would rather that her husband ________ travel during the bad weather, but he insists that he returns home today.

A. not　　B. do not　　C. did not　　D. must not

2. Had Judy been more careful on the maths exam, she ________ much better results now.

A. would be getting　　B. could have got　　C. must get　　D. would get

3. But for the storm, the anniversary ceremony of the company ________.

A. had been held　　B. would have been held

C. is held　　D. would be held

4. It is imperative that government ________ more investment into the ship building industry.

A. attracts　　B. shall attract　　C. attract　　D. has to

5. It is high time we ________ cutting down the rainforests.

A. stopped　　B. had to stop　　C. shall stop　　D. stop

6. If you explained the situation to your solicitor, he ________ able to advise you much better than I can.

A. would be　　B. will have been　　C. was　　D. were

7. ________ you ________ further problems with your printer, contact your dealer for advice.

A. If, had　　B. Have, had　　C. Should, have　　D. In case, had

参考答案及解析

1. 答案：C。

解析：句意为："在这样糟糕的天气中，她宁愿她的丈夫没有出去旅行，但是他坚持今天就会回家。" would rather 后面接句子，要用虚拟语气，would rather + did 表示现在和将来的愿望；would rather + had done 表示过去的愿望。故本题答案为 C。

2. 答案：B。

解析：句意为："如果朱迪数学考试更认真些，她的成绩就会好多了。" 从句部分是对过去的虚拟，省略了 if，因此出现了倒装。虽然主句的时间副词是 now，但事实上该考试成绩已经出来了，因此用 could have got，而不是 would get。由于 get 为瞬间动词，在表示"得到"时不用进行时态。故本题答案为 B。

3. 答案：B。

解析：句意为："要不是这场大雨，该公司的周年庆典将会如期举办。" 本题考查的是 but for 的虚拟，有三种情况，此题是对过去的虚拟，应该是 would have done，题中还考查了被动语态，应该是 would have been done。故本题答案为 B。

4. 答案：C。

解析：句意为："政府必须吸引更多投资投入到船舶制造产业。"本题考查 It is imperative that 后面的从句谓语部分应该使用（should）do 虚拟形式。故本题答案为 C。

5. 答案：A。

解析：句意为："到停止砍伐雨林的时候了。"考查 It is high / about time 结构，其后从句中谓语部分可以用一般过去时或用 shonld +动词原形，其中 shonld 不可省略。故本题答案为 A。

6. 答案：A。

解析：句意为："如果你把情况告诉你的律师，他的建议会比我给你的建议更好。"根据句意，从句是过去时态，那么主句就应当用过去将来时。故本题答案为 A。

7. 答案：C。

解析：句意为："如果你的打印机再有问题，请联系经销商获取建议。"根据句意，本句表示对将来事情的虚拟。故本题答案为 C。

真题考点十二　主谓一致

一、主谓一致的定义

指主语的数、形和谓语的数、形保持一致的语法现象。

例如：They are workers.

他们是工人。

I have a bag.

我有一个包。

He is a teacher.

他是位教师。

二、主谓一致的原则

1. 单数词表示复数概念

people, police, cattle 谓语用复数

例如：The people are having breakfast.

这些人正在吃早饭。

The cattle are female.

这些牛是母的。

The police have already caught the thief.

警方已经抓住了小偷。

考点精讲

2. 复数词表示单数概念

（1）以-ics 结尾的学科要用单数谓语

例如：Astrophysics is a difficult subject.

天体物理学是一门很复杂的学科。

（2）news 和 means 要用单数谓语

例如：This is a piece of sorrowing news.

这是一个令人伤心的消息。

例如：It is a quick means to get to Tianjin.

这是去天津的捷径。

（3）货币和度量衡后用单数谓语动词

例如：Eight hundred dollars is a large sum.

八百美元也是一笔不小的数目。

Six meters has been very high.

六米已经很高了。

（4）the public, the majority, the public 作主语时，谓语要用单数。

3. 整体原则

以 and / both…and…连接的词或词组后用复数谓语。

例如：You and I are professors.

你和我都是教授。

Both his brother and his father are workers.

他哥哥和父亲都是工人。

4. 就近原则

以 either…or…；neither…nor…；or 和 there be；not only…but also…连接的词或词组后接谓语，要与离谓语最近的主语的数、形保持一致。

例如：Either boys or girls are doing their homework.

Neither he nor you are a student.

5. 就前原则

以 with；as well as；along with；together with；except；no less than；like 和 rather than 连接的词和词组后接谓语，与第一个主语的数、形保持一致。

例如：He, with three students, attends the sport meeting.

他和其他三个学生参加了这次运动会。

例如：Jerry, as well as Tom, has gone to London.

杰瑞和汤姆已经去了伦敦。

6. 非谓语动词做主语时，后接单数谓语

例如：Doing morning exercise is good for your health.

做早操有助于强健身体。

7. 数词做主语时，谓语可用单数，也可用复数

例如：One and one is (are) two.

一加一等于二。

8. 不定代词 someone, somebody, something, everyone, everything, no one, nobody, nothing, anyone, anybody, anything, the other, each 等作主语时后接单数谓语

例如：Anyone needs to have a lot of water every day.

任何人每天都需要喝水。

9. 如果主语是由 "a committee of / a panel of / a (the) board of +复数名词" 构成，随后的谓语动词要用单数

例如：The board of managers is responsible for the firm.

经理委员会对公司负责。

10. 当主语是一本书或一条格言时，谓语动词常用单数

例如："*The Arabian Night*" is a book known to lovers of English.

《天方夜谭》是英语爱好者熟悉的一本好书。

11. 用 half of, part of, most of, a portion of 等词修饰主语时，动词通常与 of 后面的名词、代词保持一致

例如：Most of the students are taking an active part in sports.

多数学生积极参加体育活动。

12. 关系代词作主语的定语从句中，谓语的数要与先行词一致

例如：Despite much research, there are still certain elements in the life cycle of the insect that are not fully understood.

尽管做了很多研究，人们仍无法完全理解昆虫生活周期中的某些元素。

13. 以-s 结尾的疾病、游戏、地理名称等词语做主语，谓语用单数

14. 以-s 结尾的由两部分组成的物体名词作主语，如：glasses, scissors, pincers, shorts, trousers 等。这类名词作主语，如果不带 "一把" "一副" 等单位词，谓语动词通常用复数；如果带有单位词，则由单位词决定动词的单复数形式

例如：These trousers are made in Chongqing.

这些裤子是重庆产的。

例如：This pair of trousers is made in Chongqing.

这条裤子是重庆产的。

15. 英语中还有一些以-s 结尾的名词，如：archives, arms, clothes, contents, eaves, fireworks, goods, minutes, morals, remains, stairs, subturbs, thanks, wages, 这类名词作主语时，谓语通常用复数

例如：The archives of the country are kept in the Department of Security.

这个国家的档案保存在安全部。

真题演练

1. Recruiting the right people ________ looking for individual with diverse skills from a range of backgrounds.

A. are B. involves C. is involve D. is

2. Not only the manager but you ________ required to help him serve the customer early next week.

A. are B. is C. be D. will

3. How the updated features on our advertisements will affect our promotional materials ________ to be discussed.

A. remain B. to remain C. remains D. remaining

4. Mr. Wells, together with all the members of his family, ________ for Europe this afternoon.

A. are to leave B. are leaving C. is leaving D. leave

5. It is futile to discuss the matter further, because ________ going to agree upon anything today.

A. neither you nor I are B. neither you nor me is

C. neither you nor I am D. neither me nor you are

参考答案及解析

1. 答案：B。

解析： 句意为：“招募合适人选需要从不同背景中挑选具有多项技能的人才。”动名词做主语，后面的谓语动词应该用单数，排除选项A。故本题答案为B。

2. 答案：A。

解析： 句意为：“不仅是经理，而且你需要帮助他在下周初为客户服务。”not only…but…连接的两个名词，由靠近的名词决定谓语动词的形式。故本题答案为A。

3. 答案：C。

解析： 句意为：“我们广告上的更新功能将如何影响我们的宣传材料有待讨论。”整个句子做主语时，谓语动词用单数。句子的主语是how引导的主语从句“How the updated features on our advertisements will affect our promotional materials”。故本题答案为C。

4. 答案：C。

解析： 句意为：“威尔士先生将于今天下午和家人一道前往欧洲。”本题真正主语为Mr. Wells，根据就前一致原则，谓语用单数，together with all the members of his family仅作插入语。故本题答案为C。

5. 答案：C。

解析： 句意为：“进一步讨论此事徒劳无益，因为你我今天无法达成共识。”neither…nor…遵循就近原则。故本题答案为C。

真题考点十三　复合句

复合句的六大类型：定语从句、状语从句、主语从句、宾语从句、表语从句以及同位语从句。

一、形容词性从句

形容词性从句也称定语从句，在银行考试中考查频繁，考生需引起重视。

考点精讲

1. 定义

用来作定语的句子称之为定语从句。

2. 关系词

（1）who的用法

用于指代人，在句子中充当主语。

例如：The woman who is wearing a red coat is my mother.

穿红毛衣的是我的母亲。

（2）whom的用法

用于指代人，在句子中充当宾语。

例如：That man whom（who）you were talking with is jack.

刚刚和你交谈的人是杰克。

（3）whose的用法

用于指代人，在句子中充当定语。

例如：Peter whose mother is a surgeon has gone abroad.

母亲是外科医生的彼得已经出国了。

（4）which的用法

用于指物，在句子中充当主语或宾语，可引导非限定性定语从句。

例如：The radio which you wanted to buy is sold.

你想买的收音机已经卖出去了。

例如：We don't want to enter the house, which is very cold.（非限定性定语从句）

我们不想进这个房子，里面太冷了。

（5）that的用法

用于指代人或物，在句子中充当主语或宾语。

例如：This white tiger that lived in China has decreased.

这种生活在中国的白虎的数量减少了。

（6）when的用法

用于指时间，在句子中充当时间状语。

例如：I never forget those days when I lived here.

我永远也不会忘记住在这里的日子。

（7）where的用法

用于指代地点。

例如：This is a house where I lived before.

这是我以前住过的房子。

（8）why的用法

用于指代原因，常与 reason 连用。

例如：That's the reason why I wanted to join the army.

这就是我想参军的原因。

(9) 关系副词

表 2-1-14 介词+关系代词

关系副词	先行词	在从句中的作用
when（=at / on / in / during which）	时间名词	时间状语
where（= in / at which）	地点名词	地点状语
why（= for which）	只有 reason	原因状语

例如：I shall never forget the day when（= on which）we first met.

我永远也不会忘记我们第一次见面的那一天。

The rain came at a time when（= at which）it was not needed.

雨下得不是时候。

This is the computer where（= by / on which）he has stolen top-secret documents.

这就是他用来盗窃绝密文件的计算机。

Here is the place where（= at which）the murder took place.

这就是谋杀案发生的地方。

(10) that 和 which 用于引导定语从句的区别

①先行词是不定代词（anything, everything, nothing）或被其修饰时，关系代词要用 that。

②先行词被形容词最高级或序数词修饰，以及由 next, last, only, very 修饰时，用 that。

③既有人又有物时，用 that。

④如主句中使用了特殊疑问词，连词用 that。

⑤非限定性定语从句只能用 which。

⑥关系代词前面如果有介词，要用 which。

考点精讲

二、副词性从句

副词性从句也称状语从句，状语从句共有九种主要形式：

1. 条件状语从句

if, unless, as long as, as far as, provided that, providing that, given that, suppose / supposing that, once 等

2. 让步状语从句

although, though, as, even though / if, despite, in spite of, no matter what (who / which / when), whatever (who, which, when)等

3. 时间状语从句

when, before, after, while, as soon as, until, since 等

4. 原因状语从句

in that, now that, considering, for the reason that, on the ground that, in as much as, because

5. 比较状语从句

while, whereas, than, as…as…

6. 结果状语从句

so…that…, such…that…, with the result that, so…as to, in order to, in order…that…

7. 目的状语从句

so that, in order that, in case, for fear that, lest, so as to, in order to

8. 方式状语从句

as, as if / though

9. 地点状语从句

where

三、名词性从句

名词性从句包括主语从句、宾语从句、表语从句和同位语从句。

1. 主语从句

在复合句中做主语，等同于名词，一般置于谓语动词之前，也可用 it 作形式主语，主语从句放后面，引导词包括：what, whether, that, who, when, where, why, which, how 等。

例如：It is very clear that where and when we have this meeting.

什么时间和地点举行会议我们很清楚了。

例如：It is said that there are 300 people killed in the accident at least.

据说至少有 300 人死于这场车祸。

考点精讲

2. 宾语从句

在复合句中作宾语，相当于名词，引导词包括：who, whose, whom when, where, why, which, how, whether, if, that 等。

例如：I suppose that her bag has been stolen.

我猜她的包已经被偷了。

例如：I think that we will land on the moon one day.

我想我们终有一天会登月的。

3. 表语从句

在复合句中作表语，相当于名词，位于系动词之后，引导词包括：who, when, where, why, which, how, whether, if, what, that 等。

例如：The difficulty is that we couldn't speak French.

难就难在我们不会讲法语。

4. 同位语从句

通常放在抽象名词后（如：news, idea, thought, problem, advice, fact 等），通常用 that, when, where, how 引导。在中文中这种语法现象称之为"顶真"。

例如：The fact that he broke the window has been proved.

他打破玻璃的事实已经得到了证实。

真题演练

1. ________ should impress passengers most is the comfort of the reupholstered seating at Liverpool Regional Airport.

A. What　　B. When　　C. Who　　D. Where

2. Do you know where ________ now?

A. does he live　　B. he lives　　C. he lived　　D. did he live

3. The party ________ I was the guest of honor was extremely enjoyable.

A. by which　　B. for which　　C. to which　　D. at which

4. Above the trees are the hills, ________ magnificence the river faithfully reflects on the surface.

A. where　　B. of whose　　C. whose　　D. which

5. They overcome all the difficulties and completed the project two months ahead of time, ________ is something we had not expected.

A. which　　B. it　　C. that　　D. what

6. Have you ever been in a situation ________ you know the other person is right yet you cannot agree with him?

A. by which　　B. that　　C. in where　　D. where

7. Quality is ________ counts most.

A. which　　B. that　　C. what　　D. where

8. There is no doubt ________ the company has made the right decision on sales project.

A. why　　B. that　　C. whether　　D. when

9. ________ the boss says, it is unreasonable to ask me to work overtime without pay.

A. Whatever　　B. Whenever　　C. Whichever　　D. However

10. Cherry was walking quickly ________ she could arrive at the cinema in time.

A. so that　　B. when　　C. while　　D. before

11. This is an illness that can result in total blindness ________ left untreated.

A. after　　B. if　　C. since　　D. unless

12. After ________ seems an endless wait, it was his turn to enter the personnel manager's office.

A. that　　B. it　　C. what　　D. there

13. We should consider the students' request ________ the school library provide more books on popular science.

A. that　　B. when　　C. which　　D. where

14. Life is like a long race ________ we compete with others to go beyond ourselves.

A. why　　B. what　　C. that　　D. where

15. News came from the school office ________ Wang Lin had been admitted to Tianjin University.

A. which B. what C. that D. where

参考答案及解析

1. 答案：A。

解析：句意为："令乘客印象最为深刻的是 Liverpool Regional 机场新换座椅的舒适。"本题考查 what 引导主语从句。故本题答案为 A。

2. 答案：B。

解析：句意为："你知道他现在在哪里居住吗？"宾语从句有三个要素：时态、连接词和陈述语序。本题考查的是时态和陈述语序。选项 A 和选项 D 都是疑问语序，故排除。题中的时态应该是一般现在时。故本题答案为 B。

3. 答案：D。

解析：句意为："我作为嘉宾参加的那个聚会非常有趣。"本题考查定语从句中"介词+关系代词"，选择什么介词取决于上下文，在聚会上一般说：at the party，所以选择 at which。故本题答案为 D。

4. 答案：C。

解析：句意为："树林环绕座座小山，河面映出其美丽的倒影。"本题考查 whose 引导的非限定性定语从句。故本题答案为 C。

5. 答案：A。

解析：句意为："他们克服重重困难提前两个月完成了项目，这是我们过去没有预料到的。"本题考查 which 引导的非限定性定语从句，其中 which 指代前面整个主句的内容。故本题答案为 A。

6. 答案：D。

解析：句意为："明明知道对方是对的，却不能表示同意，这样的情形你有没有遇到过？"本题考查关系词 where 引导定语从句，前文表示的是某种场合或情形，因此只能选择 where。故本题答案为 D。

7. 答案：C。

解析：句意为："质量是最重要的。"本题考查 what 引导的表语从句。本句中表语从句缺少主语，选择 what 来起相应的作用。特别注意：that 在名词性从句中只起引导词的作用，不能在从句中起任何语法功能。故本题答案为 C。

8. 答案：B。

解析：句意为："毫无疑问，公司在销售方面做出了正确的决定。"本题考查同位语从句。因为从句结构完整，所以选择连接词 that。故本题答案为 B。

9. 答案：A。

解析：句意为："不管老板说什么，要我义务加班是不合理的。"从句中缺宾语，所以选择 whatever，相当于 no matter what。故本题答案为 A。

10. 答案：A。

解析：句意为："雪莉走得这么快目的就是为了赶紧到电影院。"该题考查 so that 引导的目的状语从句。故本题答案为 A。

11. 答案：B。

解析：句意为："该病如果不进行治疗的话可能会导致彻底失明。"本题考查状语从句，根据上下文的逻辑关系选择 if。从句中省略了 it is。故本题答案为 B。

12. 答案：C。

解析：句意为：“经过漫长的等待后，轮到他进入人事经理的办公室了。”本题考查 after 后面接名词性从句，选择 what 是因为从句缺少主语，选项中只有 what 可以在宾语从句中充当主语。故本题答案为 C。

13. 答案：A。

解析：句意为：“我们应当考虑学生们的要求，即学校图书馆应该多提供关于大众科学方面的书籍。”此题考查名词性从句，名词 request 后的同位语从句句子结构完整，不缺任何成分，故用 that 引导”。故本题答案为 A。

14. 答案：D。

解析：句意为“生活像长跑比赛，我们与其他人竞争以超越自我。”本题考查定语从句。先行词为 race，代入定语从句后为：we compete with others to go beyond ourselves in the long race。由此可见，in the long race 在定语从句中作状语，且不表示原因，排除 A 项。故本题答案为 D。

15. 答案：C。

解析：句意为“学校办公室传出了王琳已经被天津大学录取的消息。”考查同位语从句，news 是同位语从句的先行词。故本题答案为 C。

真题考点十四 倒装

一、倒装的定义

倒装是一种语法手段，用于表示句子结构或强调某一句子成分。倒装句有两种：全部倒装和部分倒装。

二、倒装的分类

1. 全部倒装结构

考点精讲

谓语部分完全置于主语之前的语序。

（1）由引导词 there 引起的完全倒装结构

例如：There comes a bus.

来了一辆公交车。

（2）由时间状语（now, then）或地点状语（there, here, up, down）位于句首引起的完全倒装

例如：At the top of the hill stands a eucalyptus.

山顶上有一棵桉树。

（3）由 so, neither, either 位于句首引起的完全倒装

例如：You can swim. So can I.

你会游泳，我也会。

例如：The first one is not good. Neither is the last one.

第一个不好，最后一个也不好。

（4）由分词短语位于句首引起的完全倒装

例如：Standing by the table was a beautiful lady.

桌子边站着一位漂亮的女士。

（5）在直接引语中出现的完全倒装

例如："I love you!" said she.

她说："我爱你!"

2. 半倒装结构

谓语部分的助动词提到主语前，而实义动词的位置不变的语序。

（1）某些否定词（如：no, never, seldom, nowhere），否定短语（no sooner…than, hardly…when, scarcely…when, not only…but also…）位于句首引起部分倒装。

例如：Never does he realize how important the meeting is.

他根本不知道会议的重要性。

例如：Hardly had she gone out when it began to rain.

当她准备出门时开始下雨了。

（2）一般疑问句引起的部分倒装。

例如：Did she have a cold?

她感冒了吗?

例如：Is she a student?

她是个学生吗?

3. 倒装结构的特殊情况

（1）as 引导让步状语从句，必须要用倒装结构，as 作为"尽管"，将被强调部分置于句首。

例如：Tired as he was, he continued to work.

尽管他很累，但仍然坚持工作。

（2）结构：No matter how / However +形容词+倒装。

例如：No matter how difficult the job is…

无论这个工作有多困难……

（3）当 only 或 not until 引导的部分位于句首（前不倒后倒，从不倒主倒）。

例如：Only when she came back did she know the truth.

只有她回来时，她才能知道真相。

真题演练

1. Fool ________ Jerry is, he would not have done such a thing.

A. who　　B. as　　C. like　　D. that

2. Not only ________ a promise, but also he kept it.

A. he'd made　　B. had he made　　C. did he make　　D. he made

3. Seldom ________ her homework in the morning.

A. my sister does　　B. does my sister

C. does my sister do　　D. my sister do

4. No sooner ________ than I heard the ringing of the telephone.

A. I had gone out　　B. had I gone out

C. did I go out　　D. I did go out

5. Not until the later years of 20th century ________ WTO.

A. China joined　　B. did China join

C. China has joined　　D. has China joined

6. Busy ________ I am, I'll spend Sunday playing with my child.

A. no matter how　　B. because

C. as　　D. whatever

参考答案及解析

1. 答案：B。

解析：句意为："尽管杰瑞很傻，但他绝不会做这样的事。"该题考查 as 所引导的让步状语从句，as 作为"尽管"，将被强调部分置于句首。故本题答案为 B。

2. 答案：C。

解析：句意为："他不仅做出了承诺，而且还履行了他的承诺。"该题考查否定词位于句首所引起的部分倒装，根据后半句的 kept 可知该句是一般过去时，因此助动词应当为 did。故本题答案为 C。

3. 答案：C。

解析：句意为："我妹妹很少在清晨做功课。"该题考查否定词位于句首所引起的部分倒装，当助动词提前时，其动词原形应保留在原位不动，不可省略。故本题答案为 C。

4. 答案：B。

解析：句意为："我一出门，电话铃声就响了。"该题考查否定词位于句首所引起的部分倒装，且遵循"No sooner +过去完成时+ than +一般过去时"的结构。故本题答案为 B。

5. 答案：B。

解析：句意为"直到 20 世纪末，中国才加入了世界贸易组织"。该题考查否定词位于句首所引起的部分倒装，且是对过去客观事实的描述，因此助动词应选择 did。故本题答案为 B。

6. 答案：C。

解析：句意为："尽管我很忙，但我也会在周末抽时间陪我的孩子玩。"该题考查 as 所引导的让步状语从句，as 作为"尽管"，将被强调部分置于句首。故本题答案为 C。

第二章 阅读理解

在银行英语综合能力测评考试中，阅读理解是最为重要的一种题型，正所谓得阅读者得天下。考试的侧重点在于要求考生能顺利阅读语言难度中等的邮件、信函、一般性题材文章等，掌握文章及信件的中心大意以及事实和细节，并能进行一定的分析、推理和判断，从而领会作者的观点和态度。银行英语综合能力测评考试中的阅读理解试题主要考查考生理解主旨要义、具体信息、概念性含义并进行有关的判断、推理、引申、根据上下文推测生词词义等能力。

近年来，银行英语综合能力测评考试的阅读理解主要有两种形式，一种是传统大学英语四六级或考研英语风格的议论文或说明文，另一种是接近于商务类型的外贸函件、电子邮件以及一般性的信件阅读。但无论以何种形式出题，阅读理解的解题方法都是万变不离其宗的。阅读理解的题型可以概括为五种：事实细节题、推理判断题、语义理解题、主旨大意题和观点态度题。下面结合阅读理解的命题规律剖析不同题型的应试技巧。

真题考点一　阅读理解概述

一、题型分类

1. 应用型阅读理解

招聘启示、邮件、备忘录、图表（表格）、简历和信件，其中“简历”在2019银行招聘考试中涉及的较多，考生需重视。

2. 常规型阅读理解

常规型阅读理解与四六级中仔细阅读的题型类似，主要考查与金融、经济、电子商务、互联网、科技、心理、社会、学术研究等相关的新闻。

二、解题步骤

1. 宏观阅读，抓住中心

（1）首段：中心句，核心内容以及概念通常在第一段。

（2）其他各段的段首和段尾句，其余部分可以略读或抓住重点内容进行阅读。

(3) 每篇文章必定会有一个核心主题。

(4) 两大文体：议论文和说明文

①议论文：抓住中心的观点和作者的态度。

②说明文：把握说明的对象和作者态度。

(5) 注意文章由几段构成，把握段落与段落之间是顺承结构还是转折结构。

2. 仔细审题，定位原文原则

(1) 从题干出发，找到出关键词。

(2) 自然段定位顺序原则，出题的顺序与行文的顺序相对基本一致（顺序出题）。

3. 微观阅读，深入理解，对比及分析选项，得出答案

(1) 抓主干

(2) 标点符号在阅读中的作用：

①逗号与破折号：两个逗号或破折号之间通常是插入语，作为说明成分，可以省略不读。

②冒号：冒号后面是为了进一步补充前面的内容，冒号前后是一个抽象到具体的过程。

③分号：分号是用来分隔句子的，形成并列结构即语意上的并列和结构上的并列。

(3) 主动变被动——被动变主动

(4) 阅读时要抓住关键词汇：

①转折词：这是一种逻辑关系，常常设题。如：but, yet, although, however, in contrast

②解释词：in other words, that is to say, likewise, namely

③结果词：therefore, thus, as a result, consequence

④递进词：furthermore, in addition to, moreover, what's more, more importantly

⑤表重要的词：first and foremost, primely, above all

真题考点二　事实细节题

细节题的提问方式灵活多变，对象涉及短文的各种具体细节，如时间、地点、原因、结果、方式等。这类题目的一个共同特点是，答案一般都能在文章中直接找到。但有时出题人为了增加题目的难度，会有意避开文中所用的词，而用这些词的同义词。在这种情况下，考生需要依据题干涉及的细节，定位文中相关出处，再对比选项作答。

一、出题规律

1. 对某研究或发现进行描述的地方常考，提示词如：study, research, findings 等。

2. 人名、引语、年代和数字出现的地方常考。

经典真题

Zhang Qiaoli uses her spare bedroom for storing her stock of ladies fashion-wear and photo shoots. She is one of more than five million small online stores operating across China, some from small apartments or even college dormitories. She buys dresses and accessories wholesale at prices under $5, using the website Taobao, she sells them on as the Kitty Lover range for about $10.

（2018 中行）According to the article how does Zhang Qiaoli make money?

A. She makes profits by selling dresses and accessoris at retail stores

B. She buys goods at higher prices and manages to sell large number of them

C. She sells dresses and accessories on Taobao

D. She purchases goods at wholesale and sell them online at higher prices

真题精讲

答案：D。

解析：根据人名 Zhang Qiaoli 定位至第一段 She buys dresses and accessories wholesale at prices under $5, using the website Taobao, she sells them on as the Kitty Lover range for about $10. “她以低于5美元的价格批发服装和配饰，以10美元左右的价格通过淘宝出售。”可知，她通过批发产品，然后以更高的价格在网上出售赚钱。故本题答案为 D。

经典真题

The personal computer was a revolution in information technology that spawned a 550 billion hardware business, with another $30 billion in software and peripherals (eg. Mouse, keyboard, printer, etc) by 1991. During its short 15 years, the industry evolved through three successive periods. During its first 5 to 6 years, it was characterized by explosive growth and multiple small competitors vying for a piece of the market. From 1981 to 1985, the industry became a battle for standards and retail shelf space. The third era was one of increasing fragmentation. From 1986 through 1991-1992, new manufactures from around the world grabbled from the industry leaders as new channels of distribution emerged and product innovation as well as revenue growth slowed.

（2018 光大）When did the PC industry start?

A. Around 1981　　B. Around 1986　　C. Around 1976　　D. Around 1992

真题精讲

答案：C。

解析：根据选项中的年份定位至第一段“During its first 5 to 6 years, it was characterized by explosive growth and multiple small competitors vying for a piece of the market”可知在最初的5到6年里，它的特点是爆炸式的增长和众多的小竞争对手争夺市场份额。接下来谈到“From 1981 to 1985, the industry became a battle for standards and retail shelf space”从1981年到1985年，这个行业成为了标准和零售货架空间的竞争。可知电脑行业一定是在1981年以前开始的。故本题答案为 C。

3. 特殊标点符号后的内容常考。由于特殊标点符号后的内容常是对前面内容的进一步解释和说明，因此命题者常对这些标点符号后的内容进行提问。具体来说，特殊标点符号包括破折号（表解释和补充）、括号（表解释）、冒号（表解释）、引号（表引用）。

经典真题

The company is at present going through a difficult period. Over the last three years, profits have steadily fallen, from 450m Euros to 290m Euros. The megastores' sales have risen by 8%, accounting for 55% of the company's turnover, but the increased revenue has been achieved only by heavy expenditure on advertising and promotion. Fierce competition, a narrow product range and a lack of innovation are some of the reasons for KGV's poor performance. The management are concerned, especially, that they are not exploiting the opportunities offered by selling through the Internet.

(2018 工行) What does the word"turnover"in paragraph 2 mean?

A. The total amount of business does in a given time

B. An act or result of turning over

C. The aggregate of worker replacements

D. A change from one position to another

真题精讲

答案： A。

解析： 根据题干“第二段中的词 turnover 是什么意思?”定位原文“The megastores' sales have risen by 8%, accounting for 55% of the company's turnover”句意为“专营店的销售额增长了 8%，占公司营业额的 55%。”故 turnover 是“营业额”的意思。A 意为“给定时间内，商业经营的总业务额”。故本题答案为 A。

4. 启承转合处常常设置题目，提示词如：but, while, however, yet, in contrast, by comparison, because, therefore, so, whereas

经典真题

People have always tried to type each other. Actors in early Greek drama wore masks to show the audience whether they played the villain's or the hero's role. In fact, the words ' person ' and ' personality ' come from the Latin persona, meaning mask. Today, most television and movie actors do not wear masks. But we can easily tell the good guys from the bad guys because the two types differ in appearance as well as in actions.

We learn from the passage that people classify a person into a certain type according to ________.

A. his way of acting and thinking

B. his way of speaking and behaving

C. his learning and behavior

D. his physical appearance and his personality

答案：D。

解析：本题细节出自该段最后一句“But we can easily tell the good guys from the bad guys because the two types differ in appearance as well as in actions”，选项 D 中的 physical appearance 为原文中 appearance 的同义替换，personality 为 actions 的同义替换。故本题答案为 D。

5. 定语从句出现的地方常考，如常见的限定性定语从句，提示词有：who、whom（修饰人）；which、that（修饰物或事情）；where（修饰地点）；when（修饰时间）等。

6. 某些名词性从句或语法成分出现的地方也是常见的考点。

二、解题技巧

1. 若针对举例子、引用名人言论、特殊符号（冒号、引号、破折号）后的内容出题，考生可只读例子、名人言论、符号前后句的内容，然后与选项对号入座。

2. 选项内容与其他三项有较大差别的，可能为答案。

3. 如果题目只是针对某一段的内容提问，且答题时间已经不充裕，考生只看该段内容即可答题，而不必等把文章全看完再作答。

4. 选项中表达意义较具体的或肤浅地表达字面意思的，一般不是答案，而概括性的、抽象的、含义深刻的一般是答案。

5. 选项中含有绝对语气词的一般不是正确答案，这些词如：must, always, never, only, merely, have to, any, no, completely, none, hardly 等；而选项中含有不十分肯定的语气词可能是正确答案，如：could, may, might, should, relatively, be likely to, possible 等。

6. 细节题干扰项特点：

（1）与原文内容相反；

（2）与原文内容一半相同一半不同；

（3）绝对化的词出现，如：only, always, never, all, everything, anything 等词；

（4）选项的内容与原文事实相反，或从未提及；

（5）在转述中犯逻辑错误。

真题考点三　推理判断题

推理判断题要求考生根据自己从文中获取的信息进行推理判断。它要求考生不但要掌握文章所表达的字面含义，还要有一定的逻辑判断能力，从文章里推出更深层的含义。这类题的答案一般不会直接出现在文章中，文字表面往往没有明显反映作者的全部意图，有些含义需要考生从字里行间体会，靠自己的逻辑推理能力去判断，从上下文的连贯性及文中有关部分的暗示去分析隐含的意思。这类题主要是对原因、结果、观点、立场等的判断。考生需要特别注意，做这类题时必须把握住问题的关键，紧紧围绕原文，千万不能脱离原文，千万不可以凭主观思维进行无依据的推论。

一、提问方式

1. From the passage we can draw the conclusion that...
2. It is implied / indicated / suggested that...
3. It can be inferred from passage that...
4. What does the paragraph preceding / following this one probably discuss?

二、出题规律

1. 综合性推论和判断题常会围绕全文出题。要求将篇首、篇尾、段落中主题句概括归纳并从中推断出全文主题。

经典真题

There are some communication problems I wish to bring to your attention.

1. Each day we receive a huge number of emails from colleagues inside the company and from overseas customers. Some are important, many are not. My staff seems to spend all day checking and sorting emails, which is time-consuming and results in them neglecting other duties.

真题精讲

2. My staff doesn't understand why you got rid of the staff lounge after the takeover. They say that it used to be a good place to meet people from other departments and to exchange ideas. Most of them still have not met anyone from Sani. corp yet.

3. A lot of middle managers are really confused about what they should report to. We know management are planning a reorganization, but isn't it time they told us what's happening?

(2017 工行) What can be inferred from the email?

A. Gloria's company currently underwent a restructuring

B. A clarification of whom the staff should report their works to

C. More investment in the well-being of the staff

D. An efficient way for the staff to deal with the large number of emails

答案：A。

解析：由最后一段中的"We know management are planning a reorganization"可推断出 A 选项。B 选项和 D 选项的内容都是邮件中指出的待解决的问题，而没有给出解决方法，C 选项的内容在邮件中并未体现。故本题答案为 A。

2. 命题还可围绕文章若干段落进行，要求推论和判断出段落间的关系。

经典真题

For example, some believe globalization is the absence of borders and barriers to trade between nations (Ohmae, 1995), but also it has been described as a shift in traditional patterns of international production, investment, and trade (Dicken, 1992). Another popular conception of globalization is that it is a business strategy that means doing everything the same everywhere (Kanter and Dretler, 1998). Others believe globalization is interconnections between overlapping interests of business and society (Brown, 1992, Renesch, 1992). As you can see, these definitions differ in significant ways. Because definitions, descriptions, and visions of globalization vary widely, it is difficult to know what it means for businesses to go"global".

(2018工行) What probably will be further discussed in the following paragraph?

A. what globalization means for business

B. how definitions differ from each other

C. how businesses go"global"

D. the definition of the term"globalization"

答案：C。

解析：根据题干"文章接下来有可能会讨论什么内容"，这样的题考查对篇章连贯性的推测。所以要判断本文最后论述的是什么内容，定位原文最后一段"Because definitions, descriptions, and visions of globalization vary widely, it is difficult to know what it means for businesses to go "global". 所以选项C"贸易如何实现全球化"符合题意。故本题答案为C。

经典真题

The business has been rocked by a series of high profile issues with its advertising business this year. Baidu was called out for its practices around selling access to forums early this year. Not long after it also agreed to overhaul the way it deliver its search ads, including the volume of ads served, after a huge public backlash saw Baidu taking some of the blame for the death of a student who died after taking experimental cancer treatment that he found from a search ad.

(2018农行) What can be inferred from the paragraph 3?

A. Baidu is expected to undergo a big change

B. Baidu has concluded several high-profit advertising campaigns this year

C. Baidu has invested in an experiment on cancer

D. Baidu has gained more popularity this year

答案：A。

解析：根据题干"从第三段可以推断出什么"。定位至第三段最后一句"Not long after it ...he found from a search ad"可知"不久之后，百度也同意对其搜索广告的传播方式进行全面改革，包括投放广告的数量。此前，公众强烈反对百度的竞价排名导致一名癌症患者的死亡"。选项A"百度将发生重大的变化"；选项B"今年百度从广告活动中获得高利润"；选项C"百度对癌症实验进行了投资"；选项D"今年，百度的知名度越来越高"。改革预示着百度将发生变化。故本题答案为A。

3. 支持主题思想的细节部分常考。这些细节部分表现形式多样，可以是列举、例证等，要求考生对这部分内容进行判断推理。

经典真题

Even though there are disadvantages, such as teleworkers feeling isolated, lonely and frustrated, it seems that teleworking is here to stay. Indeed, it has been estimated that by the end of 1997, 2.25 million people in the UK will be working from home for at least three days a week. The figure will reach 5 million by the end of the century.

真题精讲

(2018 招商) When was this passage probably written?

A. In 2016 B. In 2000 C. In 1997 D. In 1995

答案：D。

解析：定位至最后一段 Indeed, it has been estimated that by the end of 1997, 2.25 million people in the UK will be working from home for at least three days a week 可知预计在1997年将有225万人至少有3天的时间在家工作，可推断出本篇文章写于1997年之前。故本题答案为D。

经典真题

"Like all biometrics, FaceID will have a problem with revocation," Shmatikov, a computer science professor at Cornell Tech. "If a password is compromised, it can be changed — but a face cannot be changed." Apple touts its ability to secure data on its iPhones, which do not share biometric information with the company's servers. Still, Ross says, hackers always seem to find a way around even the tightest security.

(2018 浦发) Why does the author mention Vitaly Shmatikov saying "a face cannot be changed?"

A. To infer that a person's face is highly unlikely to change to another shape

B. To illustrate that the image stored in the phone cannot be changed if FaceID is compromised

C. To explain the revocation difficulty of FaceID

D. To enhance the data security on iPhone since it do not share biometric information with servers

答案：B。

解析：定位句 If a password is compromised, it can be changed — but a face cannot be changed. "如果密码受到破坏，它是可以被改变的——但是一个面孔是不能改变的。"可知，前半句提到密码受到破坏时是可以改变的，故后半句是为了说明如果 FaceID 受到破坏时，手机里存储的图像是不会改变的。故本题答案为B。

4. 文章或段落开头处，以及文章结尾总结处常考。

经典真题

The overhaul has been welcomed by the industry which believes it will create a better user experience, particularly on mobile.

真题精讲

The business said the revenue from mobile was growing as it represented 62 percent of total revenues for the second quarter of 2016, compared to 50 percent in 2015. According to Baidu, mobile search monthly active users were 667 million for the month of June 2016, an increase of 6 percent year-over-year. It said users of its mobile maps service grew by 13 percent and the number of activated Baidu Wallet accounts reached 80 million, representing a 131 percent year-on-year growth.

(2018 农行) According to the last paragraph, what action will Baidu possibly take?

A. Expand its business to other areas

B. Continue developing its mobile business

C. Launch more marketing campaign

D. Modify its business strategy

答案：B。

解析：题干"根据最后一段可知，百度有可能采取什么行动"，定位原文最后一段"The business said the revenue from mobile was growing as it represented 62 percent of total revenues for the second quarter of 2016, compared to 50 percent in 2015."可知百度移动业务收入有所增加。选项 A"将业务扩展至其他领域"；选项 B"继续发展移动业务"；选项 C"开展更多的营销活动"；选项 D"转变商业策略"。根据最后一段内容推测，百度有可能继续发展移动业务。故本题答案为 B。

经典真题

Some economists are looking for better solutions to the poverty problem. However, at the present time, many people depend on welfare for a minimally acceptable standard of living.

(2017 工行) We may conclude from the passage that ________.

A. employment is the best solution to the poverty problem

B. poor people are bound to go out of the poverty line if they have chances to do business

C. welfare will enable people to be rich

D. better solutions to the poverty problem are not found yet

答案：D。

解析：根据原文的最后一段，即上述划线句子可知"一些经济学家正在寻找更好的解决贫困问题的办法。然而，在目前，许多人依靠社会福利制度来维持最低的可接受的生活水平"。暗示并未找到解决贫困问题的好方法。故本题答案为 D。

三、解题技巧

1. 若要求对某段内容进行判断、推论，那么就只看题干要求的那一个段落。

2. 选项的词过于绝对化，一般不是正确选项。正确选项总是看似叙述模糊，留有余地，标志词有may, can, probably, often 等。

3. 合乎常理，意义深刻，或符合一般常识的选项一般是正确选项，而照抄原文或对原文做字面解释的则不是正确选项。

4. 弄清楚主题。在处理与文章首尾有关的推理题时，一定要放慢速度，将各段尤其是全文首尾部分的句意读懂，再快速阅读其他部分。

5. 干扰项的特点：

（1）在文章事实或上下文逻辑基础上进行推理而得出观点，但与题目无关；

（2）尽管是以文章提供的事实或内在逻辑为基础进行的推理，但推理过度，概括过度。

真题考点四　文章主旨题

一、提问方式

1. What is the main idea of the passage?
2. What is the passage mainly about?
3. What is the author's main purpose in the passage?
4. What would be the best title for the passage?
5. What is main topic according to this passage?

二、命题规律

1. 段首、段尾句常考。一般来说，文章首段首句或尾段尾句往往是文章中心思想所在；每段的段首或段尾句也往往是该段的主题句。邮件阅读常常以这种方式出题。

经典真题

What attracts customers? Obviously the quality of a product does, but visual images contribute a great deal. It is not only the image provided by the packaging that counts but the whole corporate identity of the company.

(2018 中行) The passage supplies information that would answer which of the following question?

A. What's in the image?

B. What's in a logo?

C. What attracts customers?

D. None of above

答案：C。

解析：文章第一段的第一句话"What attracts customers?"，通过疑问句引出了文章所要介绍的内容。故本题答案为C。

经典真题

Finding a trustworthy supplier

This is perhaps the most important step in your import business. A serious and dependable supplier minimizes any concerns on quality, trust and disputes.

(2018 工行) What is the target reader of this article?

A. Foreign entrepreneurs

B. Job seekers

C. Fresh graduate

D. Company employees

答案：A。

真题精讲

解析：根据题干"本文的目标读者是谁"，定位原文第一段"This is perhaps the most important step in your import business"；import business 是进口贸易。选项A"外国企业家"；选项B"求职者"；选项C"应届生"；选项D"公司雇员。"故本题答案为A。

2. 语义转折处常考，尤其是位于段首的语义转折处。因为转折处后面的内容往往是作者真实的写作目的或基本观点，而这是文章中心所在。

经典真题

From: Paula Washington pwashington@ 4seasonsgreenhouse. com

To: Clara Nash order@ coloniapottery. com

Subject: Order

Dear Mr. Nash,

My name is Paula Washington and I'm the owner of the Four Seasons Greenhouse in Lewiston. I was given your email address by Mr. Steve Halloway at the New England Florists' Convention in Boston last fall. I would like to purchase a large number of clay pots from you. Our previous supplier recently went out of business and we urgently need to replenish our stock.

真题精讲

At this time, I would like to order four dozens of your plain six-inch clay pots, four dozen of your plain ten-inch clay pots, and two dozen of your large ornamental pots. I only want to make a small order at this time in order to test the quality of your merchandise. If this selection of products from your inventory meets our standards, a second, large order will follow.

Please arrange to have the clay pots delivered to our warehouse as quickly as possible. Because these items are fragile, please forward them by special delivery to ensure that they are not damaged. Also, let me know the name of the carrier you use, so I can access their online freight tracking system while these goods are in transit.

Thank you very much. Please call me at 729-9928 if you have any questions. I hope this is the start of a mutually beneficial business relationship.

Paula Washington
Four Seasons Greenhouse

What is the purpose of Ms. Washington's email?

A. To attend a convention

B. To change an order

C. To return a shipment

D. To find a new supplier

答案：D。

解析：根据文章的第一段最后一句 "I would like to purchase a large number of clay pots from you. Our previous supplier recently went out of business and we urgently need to replenish our stock" 可知"我想从你们这里购买大量的陶罐。我们之前联系的供应商最近歇业了，因此急需补充库存"。故本题答案为 D。

3. 提出观点处常考。议论文的结构一般是：提出观点——论证观点——得出结论。作者的观点往往是文章的中心所在，也是主旨题的常考点。

三、解题技巧

1. 在时间紧张的条件下，只需要读首尾段。

2. 阅读时要注意出现频率高的单词，这些词可能就是含有中心思想的关键词。这些关键词可能是同一个词多次出现，也可能是同一类词贯穿全文。

3. 单从选项内容上判断，那些概括全文、内容全面、含义深刻、说明道理的选项一般是答案，而内容片面、单一的选项应当排除。

4. 干扰项的特点：

（1）选项中只是细节信息，或是一句没有展开论述的话，或是其中某一段的内容；

（2）概括范围过大，把文章的内容一般化，包含的内容超出或多于文章阐述的内容，或是此选项没有具体的内容；

（3）无中生有的内容。

真题考点五　语义猜测题

语义猜测题是一种对生词、短语以及句子进行提问，要求考生通过上下文的逻辑关系来推断出该生词（生词通常都是一些超纲词汇，如考研词汇、专八词汇，或是熟词僻义）或该短语在文中的另一种表述或作者的引申含义。在银行英语综合能力测评考试中，该类题型出现的频率性较低。

一、提问方式

1. According to the author, what does the word"..."mean?
2. Which of the following is nearest in meaning to"..."?
3. The term"..."in paragraph...can be best replaced by?
4. As used in the line, the word"..."refers to?

二、命题规律

1. 含有指示代词的句子中常含有被考查的词汇或短语。

2. 具有指代上下文语义功能的词汇，尤其是名词，常是考查对象。上下文语义功能体现在我们常说的词汇复现中。词汇复现就是指某个词为中心，这个单词是原词，或是它的近义词、指代词和上下义词（上义词指某个词汇的上一级的概念性单词，下义词则指其下一级概念性单词，例如：animal 就是 elephant、leopard 等的上义词，而 elephant、leopard 是 animal 的下义词）反复出现在同一语篇中。

经典真题

Face it: You aren't cranking out work at absolute peak productivity for the entire day. Instead, there are likely certain times when you're at your most focused and other times when your energy wanes. That's normal. Maybe for you, it's bright and early in the morning, before anyone else arrives in the office, when you do your best work. Whenever it is, identify that when you can at least get started on those bigger to-dos.

（2018 中行）The word "wanes" in paragraph 2 is closest in meaning to ________.

A. diminish　　B. increase　　C. disappear　　D. peak

真题精讲

答案：A。

解析：定位至 Instead, there are likely certain times when you're at your most focused and other times when your energy wanes. 在定位句的前半句中提到有些时候是你注意力最集中的时候，可知，后面所提到其他时候所要表达的是精力下降的时候。只有 A 选项表达"减少"的语义。故本题答案为 A。

经典真题

Liaison with show production, programming, ad sales, and marketing departments to obtain materials for sessions and concept development.

(2017 工行) The word"liaison"in the middle of the passage is closest in meaning to ________.

A. communicate　　B. response　　C. ransom　　D. manage

真题精讲

答案：A。

解析：从 Liaison 后的介词 with，可判断出 A 选项搭配正确；B 选项 response 通常和 to 一起搭配；C 选项为及物动词，意为"赎回"；D 选项 manage 通常与 to 一起搭配，manage to do sth. 意为"成功处理某事"。只有 A 选项可和 with 搭配。即"和……部门沟通以获得会议和概念发展的材料"。故本题答案为 A。

经典真题

Fosun, one of China's most acquisitive companies, made its Millennium BCP offer a week after it agreed to pay ＄1.1 bn for 6 percent of Indian drug maker Gland Pharma. In recent years, it has also snapped up France's Club Med and the top Portuguese insurer in Europe.

Analysts seem BCP to be in need of capital and vulnerable to a takeover after its share price fell from € 0.05 earlier this year, pushing its market value to a little over € 1.1 bn.

(2018 农行) In paragraph four, what does the word"vulnerable"mean?

A. neutral　　B. averse　　C. susceptible　　D. nonchalant

答案：C。

解析：根据题干"第四段中 vulnerable 这个词是什么意思?"定位第四段"Analysts seem BCP to be in need of capital and vulnerable to a takeover after its share price fell from € 0.05 earlier this year,"句意为"分析师们认为 BCP 在今年早些时候股价从 0.05 欧元下跌之后，急需资金……"所以根据常识，该公司应该很容易被收购。选项 A"中立的，暗淡的"；选项 B"反对的，不乐意的"；选项 C"易受影响的，易得病的"；选项 D"漫不经心的，冷淡的"，所以选项 C 与易被收购的含义接近，takeover 意为"收购"。故本题答案为 C。

3. 一词多义的常见词及词组易考。有些词一词多义，这就要求考生能通过阅读，理解该词的确切含义。因此，建议考生们平日里多积累词汇，特别是要掌握每个词的生僻含义，这样才能更好地应对这种题型。

4. 这类题型旨在考查考生能否从具有对比含义的上下文中猜测出某个单词的含义。

三、解题技巧

1. 观察所考词汇与全篇文章主题的关系。关系相近、符合主题的一般是答案。

2. 选项含义与被考词含义表面上相近的一般不是答案。

3. 通过把握连接词（例如：and, or, as well as）所表达的关系来判断被考词的含义。一般来说，and 连接的内容在含义上是接近的或递进的，而 or 连接的内容在含义上往往相反，但有时 or 后面的内容也是对前面内容的进一步解释和说明，而表递进、转折、因果等关系的信号词均可用来帮助判断词义。

4. 利用被考词的修饰、限定成分判断其含义。这种修饰、限定成分的表现形式多样，可以是定语、其他修饰语、特殊标点符号后面的内容，甚至是该词下属的例子及定义，可以通过这些表达从侧面理解被考词的含义。

5. 内容全面、概括性强的选项，往往是正确答案。

真题考点六　观点态度题

观点态度题是作者或某位人士对文章中某一问题或事物的态度和看法，该类题型的回答应从篇章的体裁着手。总体而言，在说明文中作者的态度是客观的或中立的；而在议论文中，作者的态度相对变化多样；在信件阅读中，态度题相对较少，一般仅侧重于考查作者对某一交易的满意度或投诉。

一、提问方式

1. What's the (somebody) attitude towards…?

2. The author suggests that…

3. How does the author feel about…?

二、命题规律

1. 作者提出观点处常考。这主要出现在议论文中。议论文中作者的思路一般是提出某观点，而后给予论证支持，最后得出与观点相一致的结论。因此了解作者的观点，就可以把握作者的态度。（该类题型较难，命题概率较低）

2. 通常语义转折或强对比处也是考核点。语义转折或强对比处往往标志着作者或某位人士将要提出文章中的重点内容，表明其基本思想，自然也反映了其态度。

经典真题

What's more, both Chinese and foreign companies will often attribute their business success to having good guanxi. The objective of developing close relationships is to build what the Chinese call guanxi (pronounced gwan shee), which are essentially social or business connections based on mutual interest and benefit. In a centralised and bureaucratic state, reliance on personal contacts is often seen as the only way to get things done. And in a place like China where the legal system is still relatively weak, the need to rely on guanxi remains strong.

(2018 中行) What is the author's attitude towards"Guanxi"?

A. Paradoxical　　B. Slightly critical

C. Unbiased　　D. Fully supportive

真题精讲

答案：B。

解析：定位第三段最后一句 And in a place like China where the legal system is still relatively weak, the need to rely on guanxi remains strong. "在中国这样一个法律体系相对薄弱的地方，对关系的依赖依然强烈"。可知，作者对于关系的态度是稍微有些许批判意味的。故本题答案为 B。

经典真题

之后，经济学家 MR. W 谈了谈对中国的一些看法。请根据下列资料回答问题。

China in an emerging economic giant with almost endless potential for business opportunities Guan xi–meaning "connections" or "relations"— is a Chinese way of doing business and is practically considered an art form there. It involves exchanging favors when you need something done. Many Chinese business people see it as a way to solidify relationships, get things done, and cultivate well–being.

To Westerners, however, it often looks more like graft in the form of bribery, nepotism, gift giving, and kickbacks. Transparency International, a German–based corruption watchdog, ranks China along with India, Russia, Turkey, Malaysia and South Africa as the countries with the most rampant corruption.

However, China is cracking down by enacting stricter anti–corruption laws and prosecuting violators. In 2007, China's former director of the State Food and Drug Administration was executed for taking bribes.

(2018 工行) What's the tone of the passage?

A. Skeptical　　B. Positive　　C. Sarcastic　　D. Objective

答案：D。

解析： 根据题干"这篇文章的基调是什么样的"，做这类型的题应该在文章中找出能够表达作者情感态度的词，但是本文中并未有关于作者情感态度的词，通篇文章作者的感情基调应该是客观的、公正的。选项 A "怀疑的"；选项 B "积极的"；选项 C "讽刺的"；选项 D "客观的"。故本题答案为 D。

3. 复合句、特殊句型处也是考点。复合句（尤其是表条件或让步的主从复合句）中常隐含着作者的态度；特殊句型（如强调句式）及虚拟语气等也以不同于一般陈述句的方式提示读者注意，预示所说内容的重要性，这些内容一般与作者态度有着密切关系。

三、解题技巧

1. 要区分不同的观点，尤其要找到作者的观点。考生要注意文中出现的直接引语和间接引语。作者的观点一般用 in my view, in my opinion, I think 等表达。

2. 对于综合性判断情感态度的题目，需要分析段落大意，分析文章的走向，理解文章中心思想，而后才能判断出作者的情感态度。

3. 不同体裁的文章有不同的方法。议论文中，文章的中心句一般都会暗示作者的态度；说明文，因其体裁的客观性，作者的态度也往往采取中立。在记叙文中，文章的观点往往不直接提出，而且作者写作时也常带有某种倾向性。所以，需要考生在阅读时细心捕捉表达或暗示情感态度的词和短语，捕捉渲染情感的句子。

4. 态度题的选项有一些常见的表示感情色彩的词，考生要分清褒义词、中性词、贬义词，以此来对照全文综合理解。相关词如下：

（1）积极类：positive, interested, impressive, optimistic 等；

（2）消极类：critical, negative, disappointed, biased, worried, pessimistic 等；

（3）中立类：objective, impartial, neutral, indifferent, uninterested, detached, unbiased 等。

真题演练

Text 1

French Fries and the Economy

The economic crisis spread as currencies in other Southeast Asian nations began to drop. The Indonesian rupiah began to fall in December, and eventually would lose more than 80 percent of its dollar value. Meanwhile, about $50 million per day were transferred out of Indonesia to the relative safety of Singapore′s banks.

The French Fry is but one indicator of economic prosperity. The more a country develops economically, the more French Fries people consume. The reverse is also true; when economic falter, French Fries and fast-foods become a luxury that fewer can afford. In Indonesia, the currency crisis saw the price of a Big Mac triple. Because restaurants paid for imported wholesale Fries in dollars, their costs soared. Customers could not meet price increases, and began to consume rice and egg dishes that McDonald's added to their Indonesia menus. But McDonald's sales plunged. Theirs and other US stores became targets for critics of globalization. One third of the restaurants that purchased French Fries from Simplot were burned, including about 10 McDonald's. Anti-foreign and anti-Chinese riots to follow took 500 lives.

In view of the Indonesian crisis, the Hutterites'potatoes were diverted to Singapore´s more stable economy. On an early evening there Ernest Enver—a descendant of Russian Jews – met his wife Becky and three children in one of Singapore's McDonald's. Becky is of Chinese heritage, and the family is Roman Catholic. They ordered up servings of Fries that took only seven minutes to reach crispy brown perfection.

1. What is the article mainly about?

A. The disadvantages of globalization

B. The economic crisis in Southeast Asia

C. The relationship between the consumption of French Fries and economy

D. The business condition of McDonald's in Indonesia

2. According to paragraph one, why were large amounts of money transferred out of Indonesia everyday?

A. Because many people in Indonesia were losing jobs due to the economic crisis

B. Because the value of rupiah was declining

C. Because Indonesians could not afford food any longer

D. Because the Singaporean banks were much safer

3. According to the article, how do French Fries indicate economic conditions?

A. The richer a country´s residents are, the more they can afford to consume French Fries

B. The more prosperous a country's economy is, the more luxurious the fast foods become

C. The poorer a country's economic condition is, its residents are less likely to consume French Fries

D. People tend to consume more fast foods when they are not able to afford rice and egg dishes

4. The word "falter" in paragraph 2 is closest in meaning to ________.

A. waver B. develop C. lose strength D. weak

5. Why could not customers afford French Fries when the currency crisis broke out?

A. Because the cost of importing Fries increased

B. Because rice and egg dishes became cheaper

C. Because the restaurants in Indonesia used dollars to buy Fries

D. Because fast foods gradually lost popularity in Southeast Asia

Text 2

In this age of Internet chat, video games and reality television, there is no shortage of mindless activities to keep a child occupied. Yet, despite the competition, my 8-year-old daughter Rebecca wants to spend her leisure time writing short stories. She wants to enter one of her stories into a writing contest, a competition she won last year.

As a writer I know about winning contests, and about losing them. I know what it is like to work hard on a story only to receive a rejection slip from the publisher. I also know the pressures of trying to live up to a reputation created by previous victories. What if she doesn't win the contest again? That's the strange thing about being a parent. So many of our own past scars and dashed hopes can surface.

A revelation (启示) came last week when I asked her, "Don't you want to win again?" "No," she replied, "I just want to tell the story of an angel going to first grade."

I had just spent weeks correcting her stories as she spontaneously (自发地) told them. Telling myself that I was merely an experienced writer guiding the young writer across the hall, I offered suggestions for characters, conflicts and endings for her tales. The story about a fearful angel starting first grade was quickly "guided" by me into the tale of a little girl with a wild imagination taking her first music lesson. I had turned her contest into my contest without even realizing it.

Staying back and giving kids space to grow is not as easy as it looks. Because I know very little about farm animals who use tools or angels who go to first grade, I had to accept the fact that I was co-opting (借用) my daughter's experience.

While stepping back was difficult for me, it was certainly a good first step that I will quickly follow with more steps, putting myself far enough away to give her room but close enough to help if asked. All the while I will be reminding myself that children need room to experience, grow and find their own voices.

6. What do we learn from the first paragraph?

A. A lot of distractions compete for children's time nowadays

B. Children do find lots of fun in many mindless activitie

C. Rebecca is much too occupied to enjoy her leisure time

D. Rebecca draws on a lot of online materials for her writing

7. What did the author say about her own writing experience?

A. She was constantly under pressure of writing more

B. Most of her stories had been rejected by publishers

C. She did not quite live up to her reputation as a writer

D. Her way to success was full of pains and frustrations

8. Why did Rebecca want to enter this year's writing contest?

A. She had won a prize in the previous contest

B. She wanted to share her stories with readers

C. She was sure of winning with her mother's help

D. She believed she possessed real talent for writin

9. The author took great pains to refine her daughter's stories because ________.

A. She wanted to help Rebecca realize her dream of becoming a writer

B. She was afraid that Rebecca's imagination might run wild while writing

C. She did not want to disappoint Rebecca who needed her help so much

D. She believed she had the knowledge and experience to offer guidance

10. What's the author's advice for parents?

A. Children should be given every chance to voice their opinions

B. Parents should keep an eye on the activities their kids engage in

C. Children should be allowed freedom to grow through experience

D. A writing career, though attractive, is not for every child to pursue

Text 3

In the college-admissions wars, we parents are the true fighters. We're pushing our kids to get good grades, take SAT preparatory courses and build resumes so they can get into the college of our first choice. I've twice been to the wars, and as I survey the battlefield, something different is happening. We see our kids' college background as a prize demonstrating how well we've raised them. But we can't acknowledge that our obsession (痴迷) is more about us than them. So we've contrived various justifications that turn out to be half-truths, prejudices or myths. It actually doesn't matter much whether Aaron and Nicole go to Stanford.

We have a full-blown prestige panic; we worry that there won't be enough prizes to go around. Fearful parents urge their children to apply to more schools than ever. Underlying the hysteria (歇斯底里) is the belief that scarce elite degrees must be highly valued. Their graduates must enjoy more success because they get a better education and develop better contacts. All that is plausible and mostly wrong. We haven' found any convincing evidence that selectivity or prestige matters. Selective schools don't systematically employ better instructional approaches than less selective schools. On two measures — professors' feedback and the number of essay exams — selective schools do slightly worse.

By some studies, "selective schools do enhance their graduates' lifetime earnings". The gain is reckoned at 2% ~4% for every 100-point increase in a school's average SAT scores. But even this advantage is probably a statistical fluke (偶然). A well-known study examined students who got into highly selective schools and then went elsewhere. They earned just as much as graduates from higher-status schools.

Kids count more than their colleges. Getting into Yale may signify intelligence, talent and ambition. But it's not the only indicator and, paradoxically, its significance is declining. The reason: so many similar people go elsewhere. Getting into college isn't life's only competition. In the next competition — the job market and graduate school — the results may change. Old-boy networks are breaking down. Princeton economist Alan Krueger studied admissions to one top Ph. D. program. High scores on the GRE helped explain who got in; degrees of prestigious universities didn't.

So, parents, lighten up. The stakes have been vastly exaggerated. Up to a point, we can rationalize our pushiness. America is a competitive society; our kids need to adjust to that. But too much pushiness can be destructive. The very ambition we impose on our children may get some into Harvard but may also set them up for disappointment. One study found that, other things being equal, graduates of highly selective schools experienced more job dissatisfaction. They may have been so conditioned to being on top that anything less disappoints.

11. Why does the author say that parents are the true fighters in the college-admissions wars?

A. They have the final say in which university their children are to attend

B. They know best which universities are most suitable for their children

C. They have to carry out intensive surveys of colleges before children make an application

D. They care more about which college their children go to than the children themselves.

12. Why do parents urge their children to apply to more schools than ever?

A. They want to increase their children's chances of entering a prestigious college

B. They hope their children can enter a university that offers attractive scholarships

C. Their children will have a wider choice of which college to go to

D. Elite universities now enroll fewer students than they used to

13. What does the author mean by"Kids count more than their colleges"(Line 1, Para. 4)?

A. Continuing education is more important to a person's success

B. A person's happiness should be valued more than their education

C. Kids' actual abilities are more important than their college backgrounds

D. What kids learn at college cannot keep up with job market requirements

14. What does Krueger's study tell us?

A. Getting into Ph. D. programs may be more competitive than getting into college

B. Degrees of prestigious universities do not guarantee entry to graduate programs

C. Graduates from prestigious universities do not care much about their GRE scores

D. Connections built in prestigious universities may be sustained long after graduation

15. One possible result of pushing children into elite universities is that ______.

A. They earn less than their peers from other institutions

B. They turn out to be less competitive in the job market

C. They experience more job dissatisfaction after graduation

D. They overemphasize their qualifications in job applications

Text 4

The relationship between formal education and economic growth in poor countries is widely misunderstood by economists and politicians alike progress in both area is undoubtedly necessary for the social, political and intellectual development of these and all other societies; however, the conventional view that education should be one of the very highest priorities for promoting rapid economic development in poor countries is wrong. We are fortunate that it is, because building new educational systems there and putting enough people through them to improve economic performance would require two or three generations. The findings of a research institution have consistently shown that workers in all countries can be trained on the job to achieve radical higher productivity and, as a result, radically higher standards of living.

Ironically, the first evidence for this idea appeared in the United States. Not long ago, with the country entering a recessing and Japan at its pre-bubble peak. The U. S. workforce was derided as poorly educated and one of primary cause of the poor U. S. economic performance. Japan was, and remains, the global leader in automotive-assembly productivity. Yet the research revealed that the U. S. factories of Honda Nissan, and Toyota achieved about 95 percent of the productivity of their Japanese counterparts — a result of the training that U. S. workers received on the job.

More recently, while examining housing construction, the researchers discovered that illiterate, non-English-speaking Mexican workers in Houston, Texas, consistently met best-practice labor productivity standards despite the complexity of the building industry's work. What is the real relationship between education and economic development? We have to suspect that continuing economic growth promotes the development of education even when governments don't force it. After all, that's how education got started. When our ancestors were hunters and gatherers 10, 000 years ago, they didn't have time to wonder much about anything besides finding food. Only when humanity began to get its food in a more productive way was there time for other things.

As education improved, humanity's productivity potential, they could in turn afford more education. This increasingly high level of education is probably a necessary, but not a sufficient, condition for the complex political systems required by advanced economic performance. Thus poor countries might not be able to escape their poverty traps without political changes that may be possible only with broader formal education. A lack of formal education, however, doesn't constrain the ability of the developing world's workforce to substantially improve productivity for the forested future. On the contrary, constraints on improving productivity explain why education isn't developing more quickly there than it is.

16. The author holds in paragraph 1 that the important of education in poor countries ________.

A. is subject groundless doubts

B. has fallen victim of bias

C. is conventional downgraded

D. has been overestimated

17. It is stated in paragraph 1 that construction of a new education system ________.

A. challenges economists and politicians

B. takes efforts of generations

C. demands priority from the government

D. requires sufficient labor force

18. A major difference between the Japanese and U. S. workforces is that ________.

A. the Japanese workforce is better disciplined

B. the Japanese workforce is more productive

C. the U. S. workforce has a better education

D. the U. S. workforce is more organized

19. The author quotes the example of our ancestors to show that education emerged ________.

A. when people had enough time

B. prior to better ways of finding food

C. when people on longer went hung

D. as a result of pressure on government

20. According to the last paragraph, development of education ________.

A. results directly from competitive environments

B. does not depend on economic performance

C. follows improved productivity

D. cannot afford political changes

Text 5

From: Curtis Gordon

To: Sally Wright; Ben Lumis; Javier Sanchez; Kristina Stoikovic

Subject: CRT next week

Hello everyone,

This is a message for all department managers. After receiving numerous complaints from patients about the attitude of the staff over the past few months, I have decided to run a customer relations to instruct these sessions. The workshop will run once a day from 10 a. m. to 12 p. m. and will include the same content daily. In each session, employees will watch films and take part in role-play exercises. It is hoped that this measure will help to improve our level of customer service.

All clinical staff, including doctors, nurses, phychotherapists, psychologists, and counselors, are required to attend at least one of the sessions. Please make alterations to the work schedule for next week to ensure that the employees can meet this important obligation. If you have any questions or concerns, feel free to e-mail or call me.

Thanks,

Curtis Gordon

CEO, Langford Hospital

From: Ben Lumis

To: Curtis Gordon

Subject: Re: CRT next week

Dear Curtis,

I think the CRT workshop sounds like an excellent proposal. A lot of the problems we have with patients in the emergency department come as a result of poor customer service skills, and I'm sure my employees will benefit immensely from Mr. Olska's advice. However, the timing of the workshops concerns me. Next week, several members of my staff are going to Seattle for a conference on emergency medical management. This means that the remaining employees will have to work overtime to cover their absence. I do not think we can afford to send any clinical staff to this training event because we will urgently need them in the ED. In light of this, would it be possible to reschedule the training for the following week? By then, we should have all our staff on board and it should be possible to balance the work roster.

Regards,

Ben Lumis

Head of the Emergency Department, Langford Hospital

21. What is the main topic of the first email?

A. Customer complaints

B. Patient management skills

C. Changes to a policy

D. Upcoming training

22. What is mentioned about the workshops?

A. They are mandatory for all clinical staff

B. They will be outsourced to a consultant

C. They will run 10 hours per day

D. They will be filmed for later use

23. Why did Mr. Lumis send this email?

A. To raise a problem with the plan
B. To provide feedback on the sessions
C. To propose a management meeting
D. To object to the CEO's idea

24. According to Mr. Lumis, what will happen next week?
A. He will be away at a conference
B. His employees will attend a workshop
C. He will have to work overtime
D. His department will be short staffed

25. What does Mr. Lumis suggest?
A. Revising next week's work schedule
B. Postponing the training workshops
C. Reassigning staff to the emergency department
D. Coming up with an alternative to the sessions

Text 6

October 20, 2006
Mr. Joe Fernandez
1385 Midland Ave
Detroit, Michigan

Dear, Mr. Fernandez,

As the president, I am proud to announce that this Friday marks the 30th anniversary of our long and successful running country club. This, of course, calls for a night of celebration. And for this reason, we have reserved the Grand Hall at the Falcon Hotel this Friday at 7 p. m. for a night of fine dining and dancing.

On this special evening, the newest members of our club will get an opportunity to listen to the thoughts of our older members and exchange ideas in an informal atmosphere. The newest members, who will be carrying on our tradition, should hear what the older members have to say.

Further, the food will be superb. I've had a chance to dine at the hotel several times in the past in other functions, and it was the food that convinced me to hold our event there. I am quite certain that all of our members will share my feelings. Anyhow, I am looking forward to this Friday when all of our members can let loose and have some fun.

Therefore, this is a letter to officially invite you and your spouse or significant others to join us on this memorable evening.

Please let us know if you cannot attend.

Yours sincerely,

Connelly

26. What is the main purpose of this letter?

A. To provide information about the club's history

B. To notify the members of a yearly meeting

C. To welcome the newest member to the club

D. To invite the members to an upcoming event

27. Which of the following will not be part of the event?

A. Discussions

B. Entertainment

C. Presentations

D. Dinner

28. According to Mr. Connelly, what led him to hold the event there?

A. It has become a tradition at the club

B. He has special ties with the hotel staff

C. The hotel is located close to the club

D. He was impressed with its menu

Text 7

Product Warranty

To the original purchaser or recipient of a new product as a gift, Home Convenience Inc. , warrants the quality of workmanship and material of this product for home use. If any part of this product proves to be defective, within two years of the date of purchase or receipt, it will be repaired free of charge, or replaced if necessary.

If this product does not perform to expected standards, simply return it, by prepaid transportation, to the nearest authorized Home Convenience service depot. Home Convenience Inc. will cover the return transportation costs. A list of authorized service depots is packaged with the appliance. This warranty will be honored by any authorized service depot in Canada or the United States.

When sending your product to a service depot, pack it carefully in a sturdy carton with enough packing material to prevent damage, including a note describing the problem to the service people and be sure to give your return address. Home Convenience Inc. also suggests that the package be insured, for your protection.

For repairs beyond the scope of this warranty, it is recommended that only authorized service centers be used. These facilities carry replacement parts and have the proper servicing and test equipment for safe repairs.

29. What is a condition of the warranty?

A. Only the original purchaser is covered

B. The product is to be used only in the home

C. The cost of labor for any repairs is not covered

D. Warranty registration must be received within 90 days of purchase

30. What will Home Convenience Inc. say it will pay?

A. Any damages caused by defective products

B. Only repairs due to defective workmanship

C. The cost of returning the repaired product

D. The cost of renting a temporary replacement

31. For how long is the warranty valid?

A. 90 years B. 1 years C. 2 years D. 5 years

32. What does Home Convenience Inc. recommend?

A. That only approved parts be used to make repairs

B. That packages being returned for repairs be insured

C. That customers do not attempt to make their own repairs

D. That copies of the purchase receipt be included with returned goods

Text 8

Help Wanted

Leading manufacturer of heavy industrial machinery seeks qualified individuals for the position of Manager of Asian Sales. The position will be based in Singapore but will require extensive travel throughout the Asia / Pacific region, especially to Japan, Thailand and Taiwan of China. The primary responsibility is general management of the distribution and sales network in the company's primary Asian markets.

The successful candidate will have a bachelor's degree in marketing and 5 years of sales experience at a managerial level. For immediate consideration, please forward your resume to Charles at fax number 555-7416.

33. What position is open?

A. Business partner B. Sales manager

C. CEO D. Travel agency manager

34. What is the firm's product?

A. Cars B. Ball bearings

C. Industrial machines D. Metal sheet

35. Where will the successful applicant's main office be located?

A. Japan B. Thailand

C. Singapore D. Taiwan of China

36. What level of education must the applicant have completed?

A. Junior college B. Undergraduate

C. Master D. Ph. D

37. How many years of experience in the named field is necessary for qualified applicants?

A. Less than 5 B. 5

C. More than 5 D. More than 10

Text 9

We're Hiring

Date: September 3, 2006

Position: National Operations Manager (Food Services Industry)

Pay & Benefits: $65, 000- $75, 000 + car allowance and bonus potential

Qualifications: Undergraduate degree in business. Minimum 5 years of related work experience. Comfortable with supervision of staff and strong multi-tasking skills. Good with people and a strong leader. Excellent budget management abilities. Must be willing to travel (25% ~ 50%) and work occasionally on weekends.

How to Apply: Please send us by email only your resume, subject "HR Manager-National Operations Manager," to hr@ wpgl. org by September 30th. No phone calls please. We will contact only those candidates selected for interviews on October 3rd.

Thank you for your interest!

General Foods Company

1 Main Street

Toronto, ON

M3P 2K8

To: hr@ wpgl. org

From: jwhite@ FTC. com

Date: September 24, 2006

Re: "HR Manager-National Operations Manager"

Hello,

I am writing in response to your job opening ad for "National Operations Manager". Please find attached my detailed resume, outlining my relevant employment history and skill sets, for your consideration.

I have spent the last 8 years developing my talents and experience within the food services industry and I currently am the Regional Operations Manager for the Bread Company. My work history, strengths and interests are perfectly suited to the position advertised, as I'm ready to take the challenge of managing on a national level.

I would be very pleased to have the opportunity to discuss my qualifications in person. Please review my information and call me at (416) 332-1902 to set up a meeting.

Thank you in advance for your consideration.

I hope that it will be okay for me to follow-up with a phone call to ensure that you have received this submission.

Best regards,

Jack White

38. What is NOT a requirement for this job?

A. Strong computer programming skills

B. A bachelor's degree in business

C. The ability to take on many things at a time

D. The flexibility to move around

39. When is the last day to apply for the position with the General Foods Company?

A. September 3

B. September 24

C. September 30

D. October 3

40. What can be inferred about Jack White?

A. He is between jobs at the moment

B. He is not happy with where he is now

C. He hopes to enter the food industry

D. He is eager to take on more responsibilities

41. What does Mr. White say he will do in the next few days?

A. Mail his resume

B. Call to double check on something he sent

C. Meet with the General Foods Company staff

D. Come by the company to drop off some documents

42. Which of the following actions contradict what is stated in the ad?

A. Jack asking if it's okay to make a follow-up call

B. Jack sending his resume by e-mail

C. Jack requesting to meet in person

D. Jack revealing sensitive information about the food industry

Text 10

Many people think of internal control as a means of safeguarding cash and preventing fraud. Although internal control is an important factor in protecting assets and preventing fraud, this is only a part of its roles. Remember that business decisions are based on accounting data and the system of internal control provides assurance of the dependability of the accounting data used in making decisions.

The decisions made by management are communicated throughout the organization and become company policy. The results of the policies— the consequences of managerial decisions—must be reported back to management so that the soundness of company policies can be evaluated. Among the means of communication included in the system of internal control are organization charts, manuals of accounting policies and procedures, flow charts, financial forecasts, purchase orders, receiving reports, invoices, and other documents. The term documentation refers to all the charts, forms, reports, and other business papers that guide and describe the working of a company' s system of accounting and internal control.

Internal controls fall into two major classes: administrative controls and accounting controls. Administrative controls are measures that increase operational efficiency and compliance with policies in all parts of organization. For example, an administrative control may be a requirement that traveling salespersons submit reports showing the number of calls made on customers each day. Another example is a directive require airline pilots to have regular medical examinations. These internal administrative controls have no direct bearing on the reliability of the financial statements. Consequently, administrative controls are not of direct interest on accountants and independent auditors.

Internal accounting controls are measures that relate to protection of assets and to the reliability of accounting and financial reports. An example is the requirement that a person whose duties involve handling cash shall not also maintain accounting records. More broadly stated, the accounting function must be kept separate from the custody of assets. Another accounting control is the requirement that checks, purchase orders, and other documents be serially numbered. Still another example is the rule that a person who orders merchandise and supplies should not be the one to receive them and should not sign checks to pay for them.

43. Which one of the following is not the role of internal control?

A. Protecting assets

B. Improving the sense of responsibility of employees

C. Preventing fraud

D. Providing help for making decisions

44. The results of managerial decisions must be reported back to management so that ____________ can be overhauled.

A. the financial reports

B. the effectiveness of company policies

C. the means of communication

D. the level of performance in all divisions of the company

45. ____________ are not the means of communication included in the system of internal controls.

A. Organization charts

B. Manuals of accounting policies and procedures

C. Financial forecasts

D. Accounting rules

46. An airline pilot having regular medical examination is an example of ____________.

A. eternal controls

B. administrative controls

C. internal accounting controls

D. internal financial controls

47. Which of the following is an example of internal controls?

A. A traveling salesperson is required to present reports showing the number of calls made

B. A person is required to handle cash and another one to maintain accounting to records

C. A person is required to keep the custody of asset as well as accounting records

D. A person is required to order merchandise and supplies and to receive them as well

参考答案及解析

Text 1

1. 答案：C。

解析：文章的题目“French Fries and the Economy”揭示文章主旨。故本题答案为 C。

2. 答案：B。

解析：根据文中第一段第二句“The Indonesian rupiah began to fall in December, and eventually would lose more 80 percent of its dollar value.”可知印尼盾在 12 月开始贬值，最终将失去其美元价值的百分之八十以上，这导致人们将货币转移至新加坡。故本题答案为 B。

3. 答案：C。

解析：根据文中第二段第二句“The more a country develops economically, the more French Fries people consume. The reverse is also true, when economic falter, French Fries and fast-foods become a luxury that fewer can afford.”可知“国家经济越发达，人们越会购买炸薯条。反之亦然，当经济衰退，炸薯条和快餐食品成为一种奢侈，人们很少能负担得起”。A 项意为“一个国家的居民越富裕，他们就越能买得起薯条”，文中强调国家经济是否繁荣，而非居民是否富裕，排除 A 项。B 项意为“一个国家的经济越繁荣，快餐就越奢侈”，原文指出当经济衰退时，炸薯条和快餐食品成为一种奢侈，故排除 B 项。D 选项与原文不符。故本题答案为 C。

4. 答案：A。

解析：找到单词所在的句子，结合前后句“The more a country develops economically, the more French Fries people consume. The reverse is also true; when economic falter, French Fries and fast-foods become a luxury that fewer can afford.”可知国家经济越发达，人们越会购买炸薯条。反之亦然；当经济不稳定，炸薯条和快餐食品成为一种奢侈，人们很少能负担得起。这里的 falter 应该是和 develop economically 词义相反的词，即经济衰落，由于 weak 是形容词，词性与 falter 不符，故排除 D 项；waver 意为“动摇；减弱”，符合题意。故本题答案为 A。

5. 答案：A。

解析：根据第二段第四行“Because restaurants paid for imported wholesale Fries in dollars,, their costs soared. Customers could not meet price increases.”可知“餐馆用美元批发进口炸薯条，成本飙升，客户承受不起上涨的消费价格”。故本题答案为 A。

Text 2

6. 答案：A。

解析：从第一段后文来看作者是用 Yet 作为转折，用 despite the competition 作让步状语，并指出自己的女儿是个例外。仔细理解 competition 一词，此处指的是那些 mindless activity 在争抢孩子们的时间。故本题答案为 A。

7. 答案：D。

解析：从整个第二段来看，作者首句说明了作为作家的她深知竞赛中的成败，并且在后面的文章中描绘了成功的不易。“I know what it is like to work hard on a story only to receive a rejection slip from the publisher.”以及深知之前的辉煌给自己带来的压力。故本题答案为D。

8. 答案：B。

解析：由作者发问，女儿的回答“我只想讲一个上一年级的天使的故事”。可以知道，参加竞赛的目的已经不是为了获胜，她只是想把自己的故事跟别人分享。故本题答案为B。

9. 答案：D。

解析：此处作者意在表明她花费数周时间给女儿修改文章的目的，她仅仅是作为一个有经验的作家凭着自己的经验来引导孩子走上写作之路。即她认为自己具备指导女儿写作的经验与知识。文中“across the hall”是比喻的说法。故本题答案为D。

10. 答案：C。

解析：文章最后一段，作者通过自己的经历，通过“I had turned her contest into my contest without even realizing it.”和倒数第二段第一句“站在孩子们后面留给他们成长的空间并不像看起来那么容易做”，以及最后一句“我还会一直提醒自己：孩子需要经历、成长和找到自己心声的空间”可以锁定题目答案为C项。故本题答案为C。

Text 3

11. 答案：D。

解析：从第一段的信息词“our first choice, a prize demonstrating how well we've rasied them”等，可以看出孩子要上我们首选的大学，并且大学情况如何将表明我们对孩子的教育的优劣。处处体现出家长的攀比心理。最后三句表明家长虽然不承认他们比孩子在上大学问题上更痴迷、更在意，但是他们却承认在此基础上所设计的种种理由都是不真实、有偏见和虚幻不切实际的。最后一句更能体现作者的态度，对于他的孩子Aaron和Nicole而言，是否能上斯坦福大学并不重要。由此可见，更在乎的是父母而不是孩子，即选项D所阐述的内容。故本题答案为D。

12. 答案：A。

解析：第二段第一句说家长还是存在一种名牌大学的恐慌，即担心孩子无法进入名牌大学，由此萌生让孩子多申请的想法。第三句紧接着提出名校毕业生的种种优势。由此推断，家长们让孩子向更多的大学提出申请是为了保障孩子有更多的机会迈入名校的门槛。A项“他们想增加孩子进入名校的机会”与原文意思吻合。故本题答案为A。

13. 答案：C。

解析：题干中的“count”意为“很重要”，与C项中的are important是同义转述。两句中都用了比较级。题干中的kids指孩子本身，除学习以外的各种技能或能力，与C中的kids' actual abilities同义。宾语their colleges也和C项中的college background属于同一范畴。故本题答案为C。

14. 答案：B。

解析：第四段的最后两句话介绍了普林斯顿经济学家Alan Krueger的研究结果：能够有机会被这个顶端博士项目录取的是能够在GRE考试中取得优异成绩的人，而不是拥有名牌大学学位的人，进一步证明前面提出的观点，上大学不是人生的唯一竞争，能上名牌大学并不一定就代表在以后的人生路上处处优于别人。B项所述“名牌大学学位并不能保证一定有进入研究生等更高领域学习的机会”与原文所述一致。故本题答案为 B。

15. 答案：C。

解析：文章最后一段提到我们把上名校和孩子的未来之间的利害关系过于夸大，我们的这种行为 too much pushiness 是毁灭性的。其结果是名校毕业生会在未来的工作中有更多的不满。C 项中的“they experience more job dissatisfaction after graduation”和原文中“graduates of highly selective schools experienced more job dissatisfaction”是同义转述。故本题答案为 C。

Text 4

16. 答案：D。

解析：作者在首段指出“however, the conventional view that education should be one of the very highest priorities for promoting rapid economic development in poor countries is wrong”（但是，传统的观点认为在贫困国家对促进经济的快速发展而言，教育是极应优先考虑的要素之一，这是种错误的看法），教育的优先性和教育的重要性实际上是一个意思，而既然文中说优先教育是种错误的看法，由此可推出教育的重要性被过度地重视了，即被高估了，因此 D 项 has been overestimated 正确。故本题答案为 D。

17. 答案：B。

解析：依据第一段的倒数第二句“because building new educational systems there and putting enough people through them to improve economic performance would require two or three generations”（通过教育体系来使足够多的人能提高经济能力将需要两三代人），由此可知建立教育体系在当前是不可能的，而这种建立需要几代人的努力才能实现。故本题答案为 B。

18. 答案：B。

解析：依据文章的第二段，美国劳动力受教育程度差遭到嘲笑并被认为是其经济表现差的原因之一。美国工人接受了职业培训后，本田、丰田的美国分公司才达到了日本 95% 的产量，因此日本工人的生产力比美国工人的生产力高。从文中可知，美国劳动力受教育程度差是个事实也是美国经济表现差的重要原因。故本题答案为 B。

19. 答案：C。

解析：本题有很大的迷惑性。很多考生选择了 A 项“when people had enough time”。但是最后一句话明确指出：只有当人们有了更高效的获得食物的方式时，人们才有时间做其他事情。但是本选项只是表面现象，而没有指出教育产生的实质。依据文章倒数第二段的最后两句可知，作者举出了我们祖先的例子是来论证本段第二和第三句话的内容“We have begun to suspect that continuing economic growth promotes the development of education even when governments don't force it. After all, that's how education got started”（我们不得不相信，持续的经济发展可以促进教育的发展，即使政府不施加压力。毕竟，这才是教育开始的方式），即教育与经济发展的真正关系：持续的经济发展可以促进教育的发展。故本题答案为 C。

20. 答案：C。

解析：文章在最后一段针对上文讨论的教育和生产的关系做出了总结。在本段，作者明确指出缺乏正规的教育并不能限制发展劳动力，反之，对提高产量的限制可以解释为什么教育发展得没有那么快。由此可见，提高产量优先于发展教育。故本题答案为 C。

Text 5

21. 答案：D。

解析：易错选项为A。A选项只在第一封邮件的前面提到过，但是邮件整体内容都是关于针对顾客抱怨所进行的培训。从邮件的“Subject: CRT next week”中也可以得出答案，CRT对应文中的customer relations training。故本题答案为D。

22. 答案：A。

解析：从第一封邮件中的“All clinical staff, including doctors, nurses, phychotherapists, psychologists, and counselors, are required to attend at least one of the sessions.”可得出A选项正确。A选项中的mandatory和文中的required形成同义替换。故本题答案为A。

23. 答案：A。

解析：本题为作者意图题，在第二封邮件中第三段“However, the timing of the workshops concerns me.”提到培训的时间令他担忧，也就是对培训的时间提出了一个问题，本句后面解释了具体的原因，即“一些员工由于要去西雅图参加会议，而不能参加培训”。故本题答案为A。

24. 答案：B。

解析：本题答案出自“Next week, several members of my staff are going to Seattle for a conference on emergency medical management.”B选项中的workshop和原文中的conference形成同义替换。故本题答案为B。

25. 答案：A。

解析：本题答案出自第二封邮件的“In light of this, would it be possible to reschedule the training for the following week?”即作者建议重新规划下周培训的时间安排。A选项中的revise和文中的reschedule形成同义替换。故本题答案为A。

Text 6

26. 答案：B。

解析：本题答案出自信件开头处“I am proud to announce that this Friday marks the 30th anniversary of our long and successful running country club. This, of course, calls for a night of celebration.”B选项中的yearly和文中的anniversary形成同义替换。故本题答案为B。

27. 答案：C。

解析：A选项可从“The newest members, who will be carrying on our tradition, should hear what the older members have to say”中推测出；B选项可从“Anyhow, I am looking forward to this Friday when all of our members can let loose and have some fun.”中得出；D选项从首段最后一句可以得出，而C选项在文中并未体现。故本题答案为C。

28. 答案：D。

解析：从第三段中的“and it was the food that convinced me to hold our event there.”可以看出，让作者确定该地点的是它的食物。故本题答案为D。

Text 7

29. 答案：B。

解析：文中的第一段首句话提到该产品保证只适用于家庭使用的产品。故本题答案为B。

30. 答案：C。

解析：本题的答案出自第二段中的“Home Convenience Inc. will cover the return transportation costs.”即寄回维修产品的运费由该公司承担。故本题答案为 C。

31. 答案：C。

解析：本题的答案出自第一段最后一句话“If any part of this product proves to be defective, within two years of the date of purchase or receipt, it will be repaired free of charge, or replaced if necessary.”即产品保证的有效期为两年。故本题答案为 C。

32. 答案：B。

解析：本题答案出自倒数第二段最后一句话“Home Convenience Inc. also suggests that the package be insured, for your protection.”即该公司建议包裹被投保。故本题答案为 B。

Text 8

33. 答案：B。

解析：本题细节出自首段首句的后半部分“... for the position of Manager of Asian Sales.”即招聘岗位为销售经理。故本题答案为 B。

34. 答案：C。

解析：本题细节出自首段首句的前半部分“leading manufacturer of heavy industrial machinery...”即该公司的产品是重型工业机械。故本题答案为 C。

35. 答案：C。

解析：本题细节出自首段第二句话“The position will be based in Singapore”由此可见，成功申请者的办公地点设在新加坡。故本题答案为 C。

36. 答案：B。

解析：本题细节出自最后一段第一句话前半部分“The successful candidate will have a bachelor's degree in marketing...”，bachelor's degree 为本科学历，选项中的 undergraduate 为其同义替换。故本题答案为 B。

37. 答案：B。

解析：本题细节出自最后一段第一句话“The successful candidate will have a bachelor's degree in marketing and 5 years of sales experience at a managerial level.”由此可知，需要 5 年的工作经验。故本题答案为 B。

Text 9

38. 答案：A。

解析：B 选项在文中的出处为 Qualifications 后的第一个句子“Undergraduate degree in business.”；C 选项是文中 Qualifications 后第三个句子“Comfortable with supervision of staff and strong multi-tasking skills.”的同义替换；D 选项的细节来自 Qualifications 段落的最后一句话“Must be willing to travel (25%-50%) and work occasionally on weekends.”故本题答案为 A。

39. 答案：C。

解析：本题细节来自 How to apply 段落后的“please send us by email only your resume, subject ‘HR Manager-National Operations Manager,’ to hr@wpgl.org by September 30.”故本题答案为 C。

40. 答案：D。

解析： 本题细节来自第二封邮件正文第二段最后一句话的后半部分“as I'm ready to take the challenge of managing on a national level”由此可看出 Jack White 希望承担更多责任。故本题答案为 D。

41. 答案：D。

解析： 本题细节来自第二封邮件组后一段话“I hope that it will be okay for me to follow-up with a phone call to ensure that you have received this submission.”由此可知，Jack White 将打电话确认公司是否收到他的简历。故本题答案为 D。

42. 答案：A。

解析： 第一封邮件中 How to apply 后中提到“no phone calls please”，而 Jack White 在邮件末尾表达希望能够打电话确认一些事宜，所以两者相冲突。故本题答案为 A。

Text 10

43. 答案：B。

解析： 根据题干“以下哪个选项不属于内部控制?”定位至原文“Many people think of internal control as a means of safeguarding cash and preventing fraud. Although internal control is an important factor in protecting assets and preventing fraud, this is only a part of its role.”选项 A 意为“保护资产”；选项 B 意为“提升员工的责任感”；选项 C 意为“防止欺瞒行为”；选项 D 意为“帮助做出决定”。选项 B 不属于内部控制。故本题答案为 B。

44. 答案：B。

解析： 根据题干“管理决策的结果必须反馈给管理层，以使……能够得到调整”。定位至原文“the consequences of managerial decisions — must be reported back to management so that the soundness of company policies can be evaluated”可知“管理决策的结果必须汇报给管理层，以使公司能对政策的合理性进行评估”。选项 B 意为“政策的有效性”，与原文相符。故本题答案为 B。

45. 答案：D。

解析： 根据题干“以下哪个选项不是内部系统中包括的通信方法”？定位原文第二段：Among the means of communication included in the system of internal control are organization charts, manuals of accounting policies and procedures, flow charts, financial forecasts, purchase orders, receiving reports, invoices, and other documents. 选项 A、B、C 都包括在内。故本题答案为 D。

46. 答案：B。

解析： 根据题干“航空公司的飞行员要定期的体检，是……的例子”定位至原文第三段“For example... Another example is a directive require airline pilots to have regular medical examinations”可知航空公司的飞行员要进行定期体检属于 administrative controls。故本题答案为 B。

47. 答案：B。

解析： 根据题干“以下哪个选项属于内部控制的例子”定位至原文“An example is the requirement that a person whose duties involve handling cash shall not also maintain accounting records”可知“一个处理现金的人不能同时胜任会计记录的工作”。选项 B 意为“一个人处理现金，另一个人进行账目记录”。故本题答案为 B。

第三章 完形填空

在银行英语综合能力测评考试中，近几年只有 2015 工行、2015 浦发银行、2019 国家开发银行银行测评考试中涉及完形填空，且涉及的完形填空数量少、分值低，因此本章对完形填空的解题要点和解题方略进行简单的概述。完形填空的考查目的是为了测试学生综合运用语言的能力，即考查语言水平和主观经验，语言水平越高，还原残缺语言的能力就越强，个人经验越多，准确还原残缺语言的可能性就越大。此外，该题型还会侧面涉及词汇辨析以及通过上下文的衔接来推理逻辑，而个别题目可以按照选词填空的方法来作答。

考点精讲

完形填空概述

一、定义

完形填空也被专家称为障碍性阅读，难度一般。它是由出题者在一篇语义连贯的文章中有目的地去掉一些词语，形成空格，要求在给出的对应的备选答案中，选出一个正确的或最佳的答案，使文章恢复完整。它既考查对语法、词汇、习语、句型、搭配等基础知识的综合运用能力，又考查对短文的阅读理解能力。其中包括在具体的语境中灵活运用语言知识的能力，根据试题内容进行正确的逻辑推理，综合判断和分析概括的能力。

二、解题要点

1. 通读抓中心，首尾句要看懂

首先，2~3 分钟整体通读全文，抓住中心主线。其次，重点读文章的首句和末句。完形填空的文章结构性很强，一般第一句不出题，但是第一句却蕴含着全文的中心思想。如果考生做题较慢，即使来不及通读全文，最起码首句、尾句一定要快速读，因为考生可以根据首句、尾句从而快速得出文章的中心思想来。

2. 前句、后句最重要

做完形填空的题目，要把握住一点：千万别读多了，完形填空解题的重要法则就是“相邻法则”。有的人为了一个“空”到十万八千里之外去寻找答案，这样的话，完形填空不会得高分。有种特殊的情况，如果“空”的设置在段首或段尾时怎么办？如果是在段首时根据我们的“相邻法则”，其答案

必定在相邻处，那么这个位置就是上一段的最后一句或者设空处的前一句。同理，“空”设在段末的最后一句也根据“相邻法则”，其答案在其设空处前一句或者在下一段的首句。

3. 不会千万别延误

命题者中也有心理测试方面的专家，他们常常会把难度较大的考题前置，从而第一时间干扰考生的心理防线，这时考生要懂得一个道理，那就是“放弃是为了更大的成功。”

三、实战技巧

1. 心中时刻有中心，鼠目寸光是大忌

解答每道题时都要想着中心思想，千万不能只考虑一个空的单纯语法现象。很多人完形填空做不好的原因就在于此。切记不能鼠目寸光，不要单凭“语法和词义”选择，应胸怀大局，处处想到文章的中心思想。

2. 结构、时间要看穿——排比句考点

完形填空的文章一般都以总分结构呈现，如果空格划在总述的句子上，那么在它下面若干分述的句子里就一定会有答案。大家要一眼看穿总述和分述的结构，这样即使在后面很远的位置（第 N 句分述）你照样可以轻松找到答案。它的特点就是总述句后面有 N 个排比性质的解释分句。

完形填空的文章写出来都是有时间顺序的。这类文章都有比较规范的时间顺序，线索性也比较强，这样的线索把握住之后对于考查时态的题目而言是最大的解题利器，一般的完形都是一条时间主线贯穿全文。

经典真题

(2015 工行) This plan consists the ________ plan and the family plan. The former is to open an RESP for an individual child, while with a family plan you can name one or more children as beneficiaries.

A. single　　B. former　　C. savings　　D. individual

答案：D。

解析：根据后文“The former is to open an RESP for an individual child, while with a family plan you can name one or more children as beneficiaries.”可知空格处应填 individual。原文采用总分结构，“This plan consists the individual plan and the family plan”为总述；“The former is to open an RESP for an individual child, while with a family plan you can name one or more children as beneficiaries”为分述。故本题答案为 D。

3. 逻辑关系是关键，抓住连词就不放

逻辑关系和连词是完形填空的重要环节，一般来说逻辑关系是通过关系连词来体现的，这些连词主要表现的关系有并列关系、递进关系、因果关系、让步关系等。举两个常见的连词例子：“and”和“but”。如果结构是“A and B”（A 与 B 同义）；“A but B”（A 与 B 反义）。像“A and B”“A but B”这样的例子，命题者可以考查逻辑关系，即给你“A and B”，B 处为设空处，让你去选 B 的内容，那

么我们可以断定，A、B 必定是同义词，因为关系连词“and”已经事先限定了 B 的含义，这种考法考查句间的逻辑关系，而这种关系恰恰体现在关系连词上。同样，如果给定“A but B”，即给你 A 和 B（A、B 反义）把“but”挖掉让你选连词，这样的题目是考查关系连词的运用。关系连词如下：

（1）并列关系

and, as well as, or, then, while, meanwhile, similarly, equally, in the same way, same…as…, either…or…, neither…nor…, not only… but also…等。

（2）转折关系

but, however, yet, on the contrary, by contrast, in contrast, otherwise, unfortunately, in fact, actually, on the other hand 等。

（3）递进关系

also, then, besides, additionally, in addition, furthermore, what's more, moreover, in particular, particularly, indeed 等。

（4）因果关系

because, in that, as, for, as a result of, due to, owing to, thanks to, in response to, considering that, since, for this reason, seeing that, on account of, now that, so that, such that, as a result, as a consequence, consequently, therefore, thus, hence, accordingly 等。

（5）让步关系

still, although, though, even, even if, even though, even when, despite, in spite of, much as, as, while, whereas, nevertheless, regardless of 等。

（6）列举关系

first / second / last but not least, in the first place / in the second place / finally, to one… another one, some… others…, still others 等。

（7）举例关系

for example / instance, such as, of (these, those, them), among (these, those, them), as an illustration, more specifically speaking, namely 等。

（8）对比关系

while, as, whereas, rather than, instead of, not… but…等。

（9）条件关系

if, only if, if only, unless, otherwise, as soon as, as long as, in case, suppose that, supposing that, provided that, providing that, with, only when 等。

（10）时间关系

when, whenever, before, after, since, as , until, till, simultaneously, meanwhile, in the meantime, at the same time 等。

经典真题

1. This job is available to applicants who are at mid-career. ________, we accept resumes from those who do not yet have experience in this profession.

A. Accordingly　　B. For example　　C. However　　D. In consequence

答案：C。

解析：空格前说工作岗位面向于处在事业中期的申请者，空格后又表示同样接受没有工作经验的简历，由此可见，两句话之间存在着转折关系。故本题答案为 C。

2. She also mentioned that the firm does not expect any additional losses. ________, the company is predicting a slight increase in revenue in the upcoming financial year.

A. If so　　B. Therefore　　C. In fact　　D. After all

答案：C。

解析：借助空格前后的句意可知此处应选一个表示转折含义的词语。整体句意可翻译为"她也提到公司并不期望额外的损失，事实上，公司预计会在即将到来的财政年有些许收入增加"。故本题答案为 C。

3. Two thirds cannot correctly place the Civil War between 1850 and 1900. ________ when they get the answer right, some are just guessing.

A. Even　　B. Though　　C. Thus　　D. So

答案：A。

解析：根据空格前面的内容可知很多人对一些简单的历史问题回答不上来，借助空格后面的内容可知即使做对也可能是猜的，两者之间表示递进的关系。故本题答案为 A。

4. 复现、同现解题法

（1）复现：表达相同意思的词汇或结构在文章的不同地方反复出现。

复现可以是相同的词重复出现，也可以是用不同的词表达相同的意思。复现的解题意义在于：如果判断出一个未知填空与上下文的那些已知词汇有复现关系，只要从选项中选出与那些词汇意义相同的或者其同义词即为答案。需要注意的是，同义词替换在复现结构中相当普遍，而且，有时与转折结构等联合考查，这时可能会出现反义词复现。例如："There are A… There are B"。把"are"给挖去选择谓语动词，根据复现结构，"are"在前句已经出现过一次了，直接选"are"。这样的复现是最简单的原词复现。

考点精讲

（2）同现：是一组具有相同倾向性的词语或结构。

同现词语所表现的倾向性往往与中心主线的导向一致（多以表示肯定的或否定的形容词出现），或者说这些同现词语的任务就是对文章的导向进行展开和支持。同现结构的最重要标志就是看导向。因此，文章的整体导向这个已知线索可以成为解出这些同现词语的关键信息。比如完形的首句写的是"人类健康的杀手（此句为主题句）"，前一句是"吸烟是有害的"，后面出现了"酗酒是________。"这里要填的形容词与前一句"吸烟是有害的"就构成了同现结构，又由主题句可知，此处得填表示

“有害的”形容词。

经典真题

Almost overnight, scores of tent villages bloomed across the region, tended by international aid organizations, military ________ and aid groups working day and night to shelter the survivors before winter sets in.

A. ranks B. equipment C. personnel D. installations

答案：C。

解析：本题考查的是同现，前后两个短语分别是“aid organization”和“aid groups”，所以空白处也应该是结构相同、意义相近的词。rank“等级”；equipment“装备”；personnel“人员”；installation“安装”。故本题答案为C。

5. 主谓搭配、时态要注意

一定要注意文章当中的主谓一致性和时态的变化，单复数形式、各种时态都是考查的重点。

经典真题

We hope that you ________ a regular contributor to our magazine when the need arises.

A. are being B. will be C. had been D. could have been

答案：B。

解析：本题考查的是时态，由于前面出现的“hope”表明从句中句子的时态应该是将来时。故本题答案为B。

6. 形容词和副词是重点

（1）形容词规律

在形容词当中，倾向于考查的知识点是与前面的同现结构联合考查，这时一定要注意其导向要与中心主线保持一致，可参看前面的同现结构部分。有时形容词被挖去后，题目空格出现在总述部分，这时答案可去分述中找（偶尔需注意副词修饰形容词的情况）。

（2）副词规律

在副词当中，一定要注意一些常见的隐藏杀手，这些词是隐藏的转折信号词。不管是在阅读理解中还是在完形填空中遇到它们都要格外小心，它们一出现，其含义就与前句相反。这些负面语气词包括：curiously“好奇地”，hardly“几乎地”，ironically“讽刺地”，paradoxically“自相矛盾地”，far from“远非”，indeed“真正地”，actually“实际上”等。

经典真题

To help the event run as ________ as possible, please read the following information.

A. smooth　　B. smoothly　　C. smoothness　　D. smoothing

答案：B。

解析：本题考查的是副词修饰动词。空格中的词用来修饰空格前的 run，因此选择副词，只有 B 选项满足条件。故本题答案为 B。

7. 把握固定搭配

固定搭配也称之为“习惯用法”，它的形式多种多样，经常考查的内容有动词后接介词或副词；名词、形容词后接介词、介词短语、名词短语、动词短语、形容词短语和副词短语等。如果判断出一个未知空与上下文的一些已知词汇可以构成固定搭配，只要从选项中选出构成固定搭配且意思合适的选项即可（建议考生在平日的学习中多积累固定搭配）。

经典真题

1. I remembered when I was in South Korea, I ________ to watch Kojak on TV frequently. He spoke perfect Korean, which was really amazed.

A. enjoy　　B. happened　　C. turned　　D. used

答案：D。

解析：有些相似的固定搭配意思不同：used to “过去常常做某事”；be used to “习惯于……”；turn to “转向”；happen to “偶然做某事”。故本题答案为 D。

2. Students can learn the right answers __1__ heart in class, and yet never combined them __2__ their working models of the world.

1. A. to　　B. by　　C. in　　D. with

2. A. with　　B. into　　C. to　　D. along

答案：B、A。

解析：空 1，固定搭配 learn by heart “将……记住”；空 2，combine sth with sth “把……和……结合到一起。”故本题答案为 B、A。

8. 客观规律永不变

常识性的、客观的东西不需要细想，可以直接选答案。例如，有这样一道题，意为“过度饮酒对身体________。”答案肯定选择表示否定的词，因为常识告诉我们过度饮酒有害健康，如果填“过度饮酒有助于身体健康”就违背了客观规律。

经典真题

The task of being accepted and enrolled in a university begins early for some students. Long __1__ they graduate from high school, these students take special __2__ to prepare for advanced study.

1. A. as　　B. after　　C. since　　D. before
2. A. courses　　B. disciplin　　C. majors　　D. subjects

答案：D、A。

解析：空1，前面提到“被大学录取的任务早就开始”，明显说明始于“他们从中学毕业之前”。而选项中as“在……时候”，表示两个动作是同时的；since用于完成时的句子；after“很久以后”，显然与句子的“早做准备”意思相反；而before则表示“早在中学毕业前就开始准备了”。空2，上大学，就要学习课程，选项中的course“指在一段时间内教完或学完的课程”；discipline“学科”；major“专业”；subject“科目。相比较之下正确答案为A。故本题答案为D、A。

真题演练

Cloze 1

More than forty thousand readers told us what they looked for in close friendships, what they expected __1__ friends, what they were willing to give in __2__, and how satisfied they were __3__ the quality of their friendships, the __4__ give little comfort to social critics.

Friendship __5__ to be a unique form of __6__ bonding. Unlike marriage or the ties that __7__ parents and children, it is not defined or regulated by __8__. Unlike other social roles that we are expected to __9__ as citizens, employees, members of professional societies and __10__ organization — it has its own principle, which is to promote __11__ of warmth, trust, love, and affection __12__ two people.

The survey on friendship appeared in the March __13__ of Psychology Today. The findings __14__ that issues of trust and betrayal (背叛) are __15__ to friendship. They also suggest that our readers do not __16__ for friends only among those who are __17__ like them, but find many __18__ differ in race, religion, and ethnic (种族的) background. Arguably the most important __19__ that emerges from the data, __20__, is not something that we found — but what we did not.

1. A. on　　B. of　　C. to　　D. for
2. A. addition　　B. reply　　C. turn　　D. return
3. A. about　　B. of　　C. with　　D. by
4. A. results　　B. effects　　C. expectations　　D. consequences
5. A. feels　　B. leads　　C. sounds　　D. appears
6. A. human　　B. mankind　　C. individual　　D. civil
7. A. bind　　B. attach　　C. control　　D. attract
8. A. discipline　　B. law　　C. rule　　D. regulation

9. A. keep B. do C. show D. play
10. A. all B. any C. other D. those
11. A. friendship B. interests C. feelings D. impressions
12. A. between B. on C. in D. for
13. A. print B. issue C. publication D. copy
14. A. secure B. assure C. confirm D. resolve
15. A. neutral B. main C. nuclear D. central
16. A. ask B. call C. appeal D. look
17. A. most B. more C. least D. less
18. A. people B. who C. what D. friends
19. A. conclusion B. summary C. decision D. claim
20. A. moreover B. however C. still D. yet

Cloze 2

Wise buying is a positive way in which you can make your money go further. The __1__ you go about purchasing all item or a service can actually __2__ you money or can add __3__ the cost.

Take the __4__ example of a hairdryer. If you are buying a hairdryer, you might __5__ you are making the __6__ buy if you choose one __7__ look you like and which is also the cheapest __8__ price. But when you get it home you may find that it __9__ twice as long as a more expensive __10__ to dry your hair. The cost of the electricity plus the cost of your time could well __11__ your hairdryer the most expensive one of all.

So what principles should you __12__ when you go out shopping?

If you __13__ your home, your car or any valuable __14__ in excellent condition, you'll be saving money in the long __15__.

Before you buy a new __16__, talk to someone who owns one. If you can, use it or borrow it to check if it suits your particular __17__.

Before you buy an expensive __18__, or a service, do check the price and __19__ is on offer. If possible, choose __20__ three items or three estimates.

1. A. form B. fashion C. way D. method
2. A. save B. preserve C. raise D. retain
3. A. up B. to C. in D. on
4. A. easy B. single C. simple D. similar
5. A. convince B. accept C. examine D. think
6. A. proper B. best C. reasonable D. most
7. A. its B. which C. whose D. what
8. A. for B. with C. in D. on
9. A. spends B. takes C. lasts D. costumes
10. A. mode B. copy C. sample D. model
11. A. cause B. make C. leave D. prove
12. A. adopt B. lay C. stick D. adapt

13. A. reserve	B. decorate	C. store	D. keep
14. A. products	B. possession	C. material	D. ownership
15. A. run	B. interval	C. period	D. time
16. A. appliance	B. equipment	C. utility	D. facility
17. A. function	B. purpose	C. goal	D. task
18. A. component	B. element	C. item	D. particle
19. A. what	B. which	C. that	D. this
20. A. of	B. in	C. by	D. from

参考答案及解析

Cloze 1

1. 答案：B。

解析： expected sth of sb 是固定搭配，表示“对……的期望”，放在此处符合句意。故本题答案为 B。

2. 答案：D。

解析： 空格前的 in 是解题的关键，in return 表示“回报”的意思，符合题意。其他的选项或者不能与 in 搭配，或者与 in 搭配后不符合题意。故本题答案为 D。

3. 答案：C。

解析： 根据语法知识可知，satisfied 是被提前的宾语，be satisfied with 是固定搭配，表示“对……满意”的意思。故本题答案为 C。

4. 答案：A。

解析： “The ________” 是对上文的总结，要选一个既能作本句的主语，同时能总结上文的选项，results 可满足以上条件。故本题答案为 A。

5. 答案：D。

解析： 空格后的 to 是解题的关键，四个选项中能与 to 搭配，并且符合句意的只有选项 appears。appear to be 表示“看上去……”的意思，放在此处符合题意。故本题答案为 D。

6. 答案：A。

解析： 解答本题的关键是理解句意，本句的含义是“友谊是人类的一种特殊的关系”，空格中应选择一个表示人类的选项，human 可表示此含义。故本题答案为 A。

7. 答案：A。

解析： 根据句首的 unlike 可知空格与前面的 bonding 照应，选项 bind 与 bonding 含义相近。故本题答案为 A。

8. 答案：B。

解析： 根据句意可知空格处应选择一个表示“法律”的词汇。故本题答案为 B。

9. 答案：D。

解析： 根据语法知识可知“that we are expected to ________” 作定语从句，修饰前面的 roles，play role 是固定搭配，表示“扮演角色”。故本题答案为 D。

10. 答案：C。

解析：因为我们一眼就看到了关系连词 and，and 前面列举了“citizens, employees, members of professional societies”，所以“________ organizations”应表示“其他组织”的意思，选项 other 表示“其他”的意思。故本题答案为 C。

11. 答案：C。

解析：of 后面的 warmth, trust, love, and affection 是对 of 后面词语的概述。故本题答案为 C。

12. 答案：A。

解析：空格后面的 two 是解题的关键，两个人之间用 between，其余三个选项都不能用来表示两个人之间。故本题答案为 A。

13. 答案：B。

解析：of 后面的 Psychology Today 是解题的关键，根据句意可知本句表示杂志的某一期。故本题答案为 B。

14. 答案：C。

解析：that 后面的内容是解题的关键，选项 C 项 confirm 表示“证实”的含义与 that 后面的内容照应，放在此处符合题意。故本题答案为 C。

15. 答案：D。

解析：空格后的 to 是解题的关键，能作表语并能与空格后的 to 搭配的只有 D 项 central。故本题答案为 D。

16. 答案：D。

解析：解答本题的关键是充分理解 but 前后的句意，________ for 与 but 后面的 find 照应，look for 与 find 含义相近。故本题答案为 D。

17. 答案：A。

解析：根据 but 可知句子的前后两部分含义相反，句子的后半部分说不同的人，则前半部分应该说相仿的人，因此可以排除选项 C 和 D。故本题答案为 A。

18. 答案：B。

解析：根据语法知识可知____ differ in race, religion, and ethnic background 作定语从句修饰前面的 many，根据句意可知空格作定语从句的主语，要选一个能表示人的词语。故本题答案为 B。

19. 答案：A。

解析：根据 that 后面的内容可知此处应选一个表示结论的词语，conclusion 表示结论。故本题答案为 A。

20. 答案：B。

解析：借助空格前后的句意可知此处应选一个表示转折含义的词语，however 和 whereas 都可以表示转折的含义，根据空格前后的逗号，可知正确答案为 B 项。故本题答案为 B。

Cloze 2

1. 答案：C。

解析：根据前后照应的原则，空格中所填的词与第一句中的 way 照应。故本题答案为 C。

2. 答案：A。

解析：根据前后照应的原则，空格中所填的词语与 or 后面的 add 照应，节约钱或是增加成本，

save 可与 add 照应。故本题答案为 A。

3. 答案：B。

解析：add on 表示“加建，加盖”；add up 表示“加起来”；add in 表示“加进，包括”；add to 表示“加入，加到”，放在此处符合句意。故本题答案为 B。

4. 答案：C。

解析：四个选项含义比较相近，single 表示“单一的”，而本段中不止一个例子，因此排除 A 项；easy 不能修饰 example；similar 是在前面已经提到一个例子的前提下使用；take a simple example 为常用的说法，表示“举一个简单的例子”，放在此处符合句意。故本题答案为 C。

5. 答案：D。

解析：根据前后照应的原则，you might think 与下一句中的 you might find 照应，you might think 后面陈述的是主观想法，you might find 后面陈述的是客观事实，前后照应。故本题答案为 D。

6. 答案：B。

解析：根据前后照应的原则，选项 C 与 D 都和后面 the cheapest 不符，首先排除；the most 接形容词，而空格后是动词，因此排除 A；the best 可以修饰后面的 buy，放在此处符合题意。故本题答案为 B。

7. 答案：C。

解析：根据语法知识可知空格处缺少定语。故本题答案为 C。

8. 答案：C。

解析：表示在某一方面或某一领域一般用介词 in。故本题答案为 C。

9. 答案：B。

解析：spend 的主语必须是人，last 与作者所要说的观点不符，consume 不能与 it 搭配，it 做主语后面接 take 为固定搭配，表示花费时间或金钱，放在此处符合题意。故本题答案为 B。

10. 答案：D。

解析：解答本题的关键是理解四个选项的意思，mode 表示“模式”；model 表示“型号”；copy 表示“复制品”；sample 表示“样品”，借助前后句的含义以及对全文的理解推测本句的意思，可知正确答案应为 D 项。故本题答案为 D。

11. 答案：B。

解析：根据对上一句的理解，可知本句的句意是“电费和时间的成本将使你的电吹风变成最贵的”，选项中只有 make 能表达“使得……”的意思。故本题答案为 B。

12. 答案：A。

解析：选项 B 和 C 不能与 principle 搭配，adapt 常用于“adapt A to B”的结构中，根据句意可知空格中应该填一个表示“采用”的词，adopt 能表示“采用”的意思，放在此处符合题意。故本题答案为 A。

13. 答案：D。

解析：表达“保持某种状态”的意思在英文中一般使用 keep，其余三个选项均不能与后面的 in excellent condition 连用。故本题答案为 D。

14. 答案：B。

解析：根据前后照应的原则，空格中所填的词语与 or 前面的 home，car 照应，选项中只有 possession 能与其照应。故本题答案为 B。

15. 答案：A。

解析： in the long run 为固定搭配，表示“长期”的意思，放在此处符合句意。故本题答案为A。

16. 答案：A。

解析： 空格中所填的词应能与hairdryer照应，而appliance表示“家用电器”的意思，而家用电器又包含了吹风机，可知appliance与hairdryer照应。故本题答案为A。

17. 答案：B。

解析： 四个选项含义相近，task表示“任务”；function表示“作用”的意思，这两个词均不符合句意，首先排除；选项B和C含义相近，都可表示“目的”的意思，但选项C强调希望将来达到的目标。故本题答案为B。

18. 答案：C。

解析： 根据前后照应的原则，空格中所填的词与or后面的service照应，item表示“商品”能与service照应，item与下一句中的item前后照应。故本题答案为C。

19. 答案：A。

解析： 根据空格后面的动词和前面的名词，可知空格中应填一个引导宾语从句的连词，并且作宾语从句的主语，四个选项中只有“what”既能引导宾语从句，又能在从句中作主语。故本题答案为A。

20. 答案：D。

解析： 表示“从中选择”的意思时，choose后面一般接介词from。故本题答案为D。

第三篇

综合能力测试

第一章　微观经济学
第二章　宏观经济学
第三章　金融学
第四章　国际金融学
第五章　会计基础
第六章　财务管理
第七章　管理学
第八章　市场营销
第九章　法律
第十章　计算机基础
第十一章　操作系统及其应用
第十二章　软件测试及数据库
第十三章　银行特色知识

第一章 微观经济学

真题考点一　微观经济学概述

一、微观经济学的研究对象

微观经济学通过对个体经济单位经济行为的研究，说明现代西方经济社会市场机制的运行和作用，以及改善这种运行的途径。价格分析是微观经济学分析的核心，微观经济学也被称为价格理论。

微观经济学的研究对象是个体经济单位。个体经济单位指单个消费者、单个生产者和单个市场等。微观经济学对个体经济单位的考察，是在三个逐步深入的层次上进行的。第一个层次是分析单个消费者和单个生产者的经济行为。它分析单个消费者如何进行最优的消费决策以获得最大的效用，单个生产者如何进行最优的生产决策以获取最大的利润。第二个层次是分析单个市场的均衡价格的决定。这种单个市场均衡价格的决定，是作为单个市场中所有的消费者和所有的生产者最优经济行为的相互作用的结果而出现的。第三个层次是分析所有单个市场均衡价格的同时决定。这种决定是作为所有单个市场相互作用的结果而出现的，或者说，是作为由经济社会中全部市场上的全部消费者和全部生产者的最优经济行为的相互作用的结果而出现的。由此可以得出，微观经济分析所涉及的经济变量都是经济个量，因此微观经济学的分析方法也可以称之为个量分析方法。

二、微观经济学的基本假设

在经济学里，“合乎理性的人”的假设条件也被简称为“理性人”或者“经济人”的假设条件。西方经济学家指出，所谓的“理性人”或者“经济人”的假设是对在经济社会中从事经济活动的所有人的基本特征的一个一般性的抽象。这个被抽象出来的基本特征就是：每一个从事经济活动的人都是利己的。也可以说，每一个从事经济活动的人所采取的经济行为都是力图以自己的最小经济代价去获得自己的最大经济利益。西方经济学家认为，在任何经济活动中，只有这样的人才是“合乎理性的人”，否则，就是非理性的人。“合乎理性的人”的假设条件是微观经济分析的基本前提，它存在于微观经济学的所有理论之中。

三、微观经济学的研究方法

1. 实证分析和规范分析

实证分析是企图超脱或排斥一切价值判断，只研究经济本身的内在规律，并根据这些规律，分析和预测人们经济行为的效果。它主要回答“是什么”的问题，而不对事物的好坏做出评价。

规范分析是以一定的价值判断为基础，提出某些标准作为分析处理问题的标准，树立经济理论的前提，作为制定经济政策的依据，并研究如何才能符合这些标准。它主要回答“应该怎么样”的问题。

2. 均衡分析

均衡分析是指对经济均衡的形成与变动条件的分析，分为局部均衡分析和一般均衡分析。

局部均衡分析法，指在其他条件不变的情况下，仅考察经济生活在一定时间的某个变数对有关经济变量的影响的分析方法。

一般均衡分析法，是相对于局部均衡分析法而言的。它是指在充分考虑所有经济变量之间关系的情况下，考察整个经济系统完全达到均衡状态时的状况和达到均衡的条件。

经典真题

(2017 中信) 1. 不同的角度看问题会有不同的结果。从经济学角度看，每一个从事经济活动的人采取经济行为的目的是(　　)。

A. 实现成功的经济交换，获取更多的经济回报

B. 满足自我成就的需要，获得完满人生

C. 同其他人建立社会联系，谋求共同利益最大化

D. 以最小的经济代价获得最大的经济利益

答案：D。

解析：“理性人”假设是经济学的假设条件之一，该假设认为每一个从事经济活动的人所采取的经济行为的目的是以最小的经济代价，获得最大的经济利益。故本题答案为 D。

(2018 中行) 2. 在其他情况不变的条件下，仅考察经济生活在一定时间的某个变数对有关经济变量的影响的分析方法，称为(　　)。

A. 局部均衡理论　　B. 狭义均衡理论

C. 有限均衡理论　　D. 部分均衡理论

答案：A。

解析：局部均衡理论是一种经济分析方法，指在其他情况不变的条件下，仅考察经济生活在一定时间的某个变数对有关经济变量的影响的分析方法。故本题答案为 A。

真题考点二　消费者市场

一、需求

1. 需求的含义

需求是指在一定时间内和一定价格条件下，消费者对某种商品或服务愿意而且能够购买的数量。需求的构成要素有两个：一是消费者愿意购买，即有购买的欲望；二是消费者能够购买，即有支付能

力，二者缺一不可。

2. 影响需求的因素

一种商品的需求数量是由多种因素共同决定的，其中主要因素包括：商品的价格、消费者收入水平、消费者偏好、相关商品的价格和消费者对该商品的价格预期等。它们各自对商品需求的影响如下：

考点精讲

（1）商品的价格。这是指某种产品自身的价格。价格是影响需求的最重要的因素。一般来说，价格和需求的变动成反方向变化。

（2）消费者偏好。消费者的偏好支配着他在使用价值相同或接近的替代品之间的消费选择。但是，人们的消费偏好不是固定不变的，而是在一系列因素的作用下缓慢地改变的。

（3）消费者的个人收入。消费者收入一般是指一个社会的人均收入。收入的增减是影响需求的重要因素。一般来说，消费者收入增加，将引起需求增加。反之，收入减少，则会导致需求减少。

（4）相关商品的价格。①替代品的价格。所谓替代品，是指使用价值相近的商品，如土豆和地瓜等。一般来说，在相互替代商品之间某一种商品价格提高，消费者就会把其需求转向可以替代的商品上，从而使替代品的需求增加，被替代品的需求减少，反之亦然。②互补品的价格。所谓互补品，是指使用价值上必须相互补充才能满足人们某种需要的商品，如汽车和汽油、家用电器和电等。在互补商品之间，其中一种商品价格上升，需求量降低，会引起另一种商品的需求随之降低。

（5）消费者预期。如果消费者预期价格要上涨，许多消费者就会提前购买；如果预期价格将下跌，许多消费者就会推迟购买。

（6）其他因素。如商品的品种、质量、广告宣传、地理位置、季节、国家政策等。

3. 需求函数、需求规律和需求曲线

需求函数表示一种商品的需求量与影响该需求量的各种因素之间的相互关系，在假定除价格之外的其他各种因素不变的情况下，需求函数表明某商品的消费者随价格变化愿意购买的数量。具体表示为如下方程形式：

$$Q_d = f(P)$$

其中，Q_d 为需求量，P 为该商品的价格。

在一般情况下，需求与价格的变动成反方向变化，即商品价格提高，消费者对它的购买量就会减少；反之，商品价格降低，则消费者对它的购买量就会增加。需求与价格之间这种反方向变化的关系，就叫做需求规律。

我们把需求和价格的关系用曲线表示出来，这条曲线就被称为需求曲线，如图 3-1-1 所示：

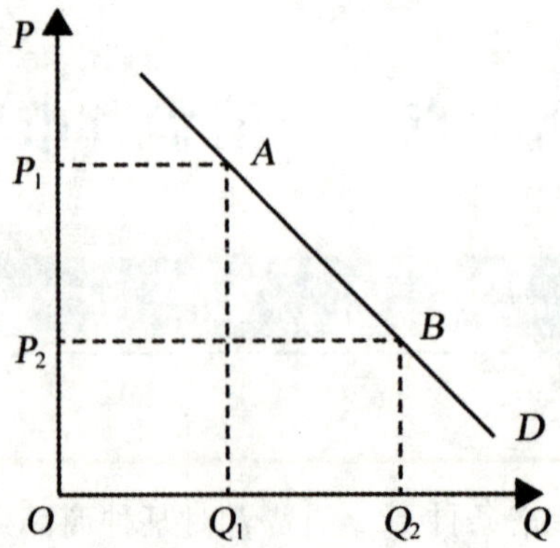

图 3-1-1　需求曲线

以上所分析的需求规律是假定影响需求的其他因素不变，只考虑价格和需求的关系。但是现实生活中，需求的变动是多种因素共同作用的结果，共包括两种情况。

第一种情况：需求量的变化。假定其他因素不变，只考虑需求和价格的关系，需求量的变化是沿着既定的需求曲线进行的，表现为同一条需求曲线上点的移动。

第二种情况：需求（水平）的变化。假定价格不变，由于消费者收入或者消费者偏好等因素的变化引起需求的相应变化，这种变化表现为需求曲线的位移。

经典真题

1. 当产品 A 的价格下降，导致 B 的需求量上升的原因最可能是(　　)。

A. B 是低档品　　B. A 和 B 是替代品

C. A 是次品　　D. A 和 B 是互补品

答案：D。

解析：因为 A 产品的价格变化引起了 B 产品的需求量变化，所以它们是相关商品，同时由题目可知，当 A 的价格下降时，B 的需求量上升，说明 A 价格下降和 B 价格下降产生的效果一致，因此，两种商品是互补品。故本题答案为 D。

(2017 中信) 2. 下列情况中，构成商品有效需求的是(　　)。

A. 乙失手打碎了水杯，他计划下班后到超市再买一个

B. 甲就读于某小学 5 年级，看到时尚的平板电脑，也想买一台

C. 一家企业信誉极好，账户流动资金充裕，但无意于房地产市场，因此婉拒了很多投资邀请

D. 一家企业已经连续 3 个月没有发工资，为了弥补员工流动，将工资上调再招聘一批新员工

答案：A。

解析：在经济学当中，需求是指在一定价格水平下，消费者愿意并且能够购买的商品数量，必须同时满足两个条件：愿意和能够（支付能力）。根据定义判断只有 A 选项同时满足愿意和能够两个条件。故本题答案为 A。

二、需求弹性

1. 需求价格弹性

一定时期内一种商品需求量的变动对于该商品价格变动的反应程度。或者说，表示在一定时期内当一种商品的价格变化百分之一时所引起的该商品的需求量变化的百分比。

考点精讲

端点公式：

$$e_d = -\frac{\frac{\Delta Q}{Q}}{\frac{\Delta P}{P}} = -\frac{Q_2 - Q_1}{P_2 - P_1} \cdot \frac{P_1}{Q_1}$$

中点公式：

$$e_d=-\frac{\frac{\Delta Q}{Q}}{\frac{\Delta P}{P}}=-\frac{Q_2-Q_1}{P_2-P_1}\cdot\frac{(P_1+P_2)/2}{(Q_1+Q_2)/2}$$

需求价格弹性系数的数值范围是从零到无穷大。通常可以把需求价格弹性分为三种：

（1）当需求量变动百分数大于价格变动百分数，需求弹性系数大于 1 时，叫做需求富有弹性或者高弹性。例如，价格下跌 2%，需求量增加 4%。

（2）当需求量变动百分数等于价格变动百分数，需求弹性系数等于 1 时，叫做需求单一弹性。例如，价格下跌 2%，需求量增加 2%。

（3）当需求量变动百分数小于价格变动百分数，需求弹性系数小于 1 时，叫做需求缺乏弹性或者低弹性。例如，价格下跌 2%，需求量只增加 1%。

2. 需求交叉价格弹性

需求的交叉价格弹性表示在一定时期内一种商品的需求量的变动对于它的相关商品的价格变动的反应程度。或者说，表示在一定时期内当一种商品的价格变化百分之一时所引起的另一种商品的需求量变化的百分比。

$$e_{XY}=\frac{\frac{\Delta Q_X}{Q_X}}{\frac{\Delta P_Y}{P_Y}}=\frac{\Delta Q_X}{\Delta P_Y}\cdot\frac{P_Y}{Q_X}$$

式中：e_{XY} 为需求交叉价格弹性；Q_X 为商品 X 的需求量；ΔQ_X 为商品 X 的需求变动量；P_Y 为商品 Y 的价格，ΔP_Y 为商品 Y 的价格变动量。

根据商品的需求交叉价格弹性可以判断出两种商品之间的相关关系。商品之间的相关关系可以分为两种：一种是替代关系，另一种是互补关系。一般来说，如果两种商品之间可以互相替代以满足消费者的某一种欲望，则称这两种商品之间存在着替代关系，这两种商品互为替代品，那么两种商品的交叉价格弹性大于 0，如苹果和香蕉；如果两种商品必须同时使用才能满足消费者的某一种欲望，则称这两种商品之间存在着互补关系，这两种商品互为互补品，那么两种商品的交叉价格弹性小于 0，如乒乓球和乒乓球拍；如果两种商品之间不存在任何相关关系，则意味着其中任何一种商品的需求量都不会对另一种商品的价格变动做出反应，相应的需求交叉价格弹性系数为 0。

3. 需求收入弹性

需求的收入弹性表示在一定时期内消费者对某种商品的需求量的变动对于消费者收入量变动的反应程度。它是商品的需求量的变动率和消费者的收入的变动率的比值。

$$e_I=\frac{\frac{\Delta Q_d}{Q_d}}{\frac{\Delta I}{I}}=\frac{\Delta Q_d}{\Delta I}\cdot\frac{I}{Q_d}$$

式中：e_I 为需求收入弹性；Q_d 为商品需求量；ΔQ_d 为商品的需求变动量；I 为消费者的收入水平，ΔI 为消费者收入的变动量。

根据商品的需求收入弹性可以给商品分类。首先，商品可以分为两类，分别是正常品和劣等品。其中，正常品是指需求量与收入成同方向变化的商品，需求收入弹性大于 0；劣等品是指需求量与收入成反方向变化的商品，需求收入弹性小于 0。其次，还可以将正常品再进一步区分为必需品（小于

1）和奢侈品（大于1）两类。

在需求收入弹性的基础上，如果具体地研究消费者用于购买食物的支出量对于消费者收入量变动的反应程度，就可以得到食物支出的收入弹性。西方经济学家恩格尔在此基础上提出恩格尔定律：在一个家庭或在一个国家中，食物支出在收入中所占的比例随着收入的增加而减少。用弹性概念来表示恩格尔定律可以是：对于一个家庭或者一个国家来说，富裕程度越高，则食物支出的收入弹性就越小；反之，则越大。反映这一定律的系数，被称为恩格尔系数。恩格尔系数=食物支出金额/总支出金额。国际上常常用恩格尔系数来衡量一个国家和地区的人民生活水平的状况。根据联合国粮农组织提出的标准，恩格尔系数在59%以上为贫困，50%～59%为温饱，40%～50%为小康，30%～40%为富裕，低于30%为最富裕。

经典真题

（2015建行）假设消费者收入增加25%，会导致某种商品的需求量增加10%，则该商品的类型为(　　)。

A. 高档品　　B. 劣等品　　C. 必需品　　D. 低档品

答案： C。

解析： 根据需求收入弹性公式可得，需求变化比例与收入变化比例的比值为0.4小于1，属于必需品；如果需求收入弹性大于1，则是奢侈品。故本题答案为C。

三、消费者行为理论

效用是指商品满足人的欲望的能力评价，或者说，效用是指消费者在消费商品时所感受到的满足程度。一种商品对消费者是否具有效用，取决于消费者是否有消费这种商品的欲望，以及这种商品是否具有满足消费者欲望的能力。西方经济学家针对效用问题先后提出了基数效用和序数效用的概念，并在此基础上，形成了分析消费者行为的两种方法，它们分别是基数效用论者的边际效用分析方法和序数效用论者的无差异曲线的分析方法。

1. 基数效用论

基数效用论者认为，效用如同长度、重量等概念一样，可以具体衡量并加总求和，具体的效用量之间的比较是有意义的。

按照基数效用理论，效用可以分为总效用（Total Utility）和边际效用（Marginal Utility），它们的英文简写分别为 TU 和 MU。

考点精讲

总效用是指消费者在一定时间内从一定数量的商品的消费中所得到的效用量的总和。边际效用是指消费者在一定时间内增加一单位商品的消费所得到的效用量的增量。假定消费者对一种商品的消费数量为 Q，则总效用函数为：$TU=f(Q)$，相应的边际效用函数为：$MU=\dfrac{\Delta TU(Q)}{\Delta Q}$。

边际效用的变动有一个趋势，即边际效用递减规律，是指在一定时间内，在其他商品的消费数量保持不变的条件下，随着消费者对某种商品消费量的增加，消费者从该商品连续增加的每一消费单位中所得到的效用增量即边际效用是递减的。

2. 序数效用论

序数效用论者认为，效用是一个有点类似于香、臭、美、丑那样的概念，效用的大小是无法具体衡量的，效用之间的比较只能通过顺序或等级来表示。

序数效用论应用的分析方法是无差异曲线分析方法。无差异曲线是用来表示消费者偏好相同的两种商品的所有组合的。或者说，它是表示能够给消费者带来相同的效用水平或满足程度的两种商品的所有组合的，如图 3-1-2 所示。

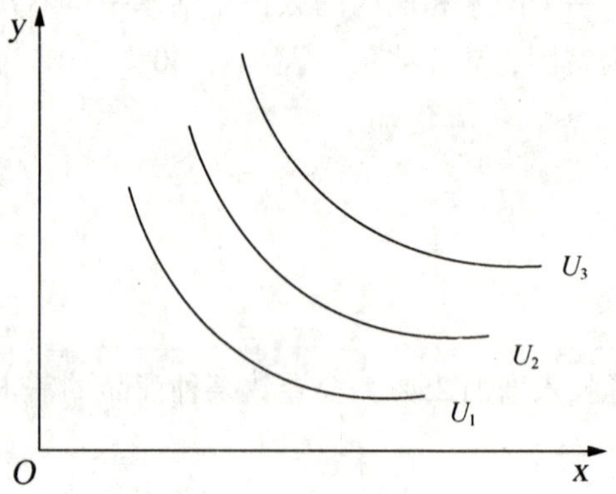

图 3-1-2　无差异曲线

无差异曲线具有以下三个基本特征：第一，由于通常假定效用函数是连续的，所以，在同一坐标平面上的任何两条无差异曲线之间，可以有无数条无差异曲线；第二，在同一坐标平面图上的任何两条无差异曲线不会相交；第三，无差异曲线是凸向原点的。

3. 替代效应和收入效应

替代效应是指由商品的价格变动所引起的商品相对价格的变动，进而由商品的相对价格变动所引起的商品需求量的变动。收入效应是指由商品的价格变动所引起的实际收入水平变动，进而由实际收入水平变动所引起的商品需求量的变动。

商品的替代效应和收入效应如下表所示：

表 3-1-1　商品的替代效应和收入效应的关系

商品种类	替代效应	收入效应	总效应	需求曲线形状
正常品	反方向	反方向	反方向	右下方倾斜
低档品	反方向	同方向（小）	反方向	右下方倾斜
吉芬商品	反方向	同方向（大）	同方向	右上方倾斜

经典真题

（2016 中行）1. 无差异曲线是用来表示两种商品或者两组商品的不同数量的组合对消费者所提供的效用是相同的，无差异曲线的特征包括(　　)。

A. 在同一坐标平面上任何两条无差异曲线不会相交

B. 同一坐标平面上可以有无数条无差异曲线

C. 对较高的无差异曲线的偏好大于较低无差异曲线的偏好

D. 无差异曲线向左下方倾斜且凸向原点

答案：ABC。

解析：无差异曲线的特点：(1) 无差异曲线是一条向右下方倾斜的线，斜率是负的。表明为实现同样的满足程度，增加一种商品的消费，必须减少另一种商品的消费。(2) 在同一个平面上可以有无数条无差异曲线。同一条曲线代表相同的效用，不同的曲线代表不同的效用。消费者对较高无差异曲线的偏好大于较低无差异曲线。(3) 同一坐标平面上任何两条无差异曲线不能相交。(4) 无差异曲线凸向原点。故本题答案为 ABC。

(2018 工行) 2. 由商品的价格变动所引起的商品相对价格的变动，进而由商品的相对价格变动所引起的商品需求量的变动，称为(　　)。

A. 替代效应　　B. 消费效应　　C. 收入效应　　D. 变动效应

答案：A。

解析：一种商品价格变动所引起的效应包括两个方面，一是由商品的价格变动所引起的商品相对价格的变动，进而由商品的相对价格变动所引起的商品需求量的变动为替代效应；另一个是由商品的价格变动所引起的实际收入水平变动，进而由实际收入水平变动所引起的商品需求量的变动为收入效应。故本题答案为 A。

真题考点三　生产者市场

一、供给

1. 供给的含义

供给是指某一时间内和一定的价格水平下，生产者愿意并可能为市场提供某种商品或服务的数量。供给函数是表示各种影响因素与供给量之间的函数关系。

假定其他因素不变，只考虑某种商品的供给量和该商品价格之间的关系，这时供给函数可表示为：

$$Q_S = f(P)$$

式中：Q_S为供给量，P 仍为该商品的价格。

影响供给的因素主要有：

(1) 产品价格。在其他条件不变的情况下，某种产品自身的价格和其供给的变动呈正方向变化。在其他条件一定时，价格提高，就会增加企业的收益或利润，从而吸引企业去生产更多的产品，其他企业也会生产这种产品，使供给增加。反之，价格下降，收益减少，供给就会减少。

(2) 生产成本。在其他条件不变时，成本降低，意味着利润增加，则供给就会增加；反之，如果生产成本上升，供给就会减少。

(3) 生产技术。生产技术的进步或革新，意味着效率的提高或成本的下降，从而影响企业的利润。因此，技术水平在一定程度上决定着生产成本并进而影响供给。

(4) 生产者预期。如果生产者对未来的经济持乐观态度，则会增加供给。如果生产者对未来的经济持悲观态度，则会减少供给。

（5）相关产品的价格。

（6）其他因素，包括生产要素的价格以及国家政策等。

2. 供给曲线和供给规律

市场上商品或服务的供给量和市场价格呈正向变动的关系，这就是供给规律。一般来说，市场价格越高，供给量越大；市场价格越低，供给量越小。这是因为在其他条件不变的情况下，价格的上升可以使生产者利润率提高，促使生产者增加产量；相反，市场价格下降，会使得生产者的利润率降低，生产者向市场上提供商品的数量也会减少。

对于供给量和价格之间呈相同方向变化的关系，也可以用曲线的形式直观地表现出来。用于描述供给量和价格之间关系的曲线通常被称为供给曲线，如图 3-1-3 所示。

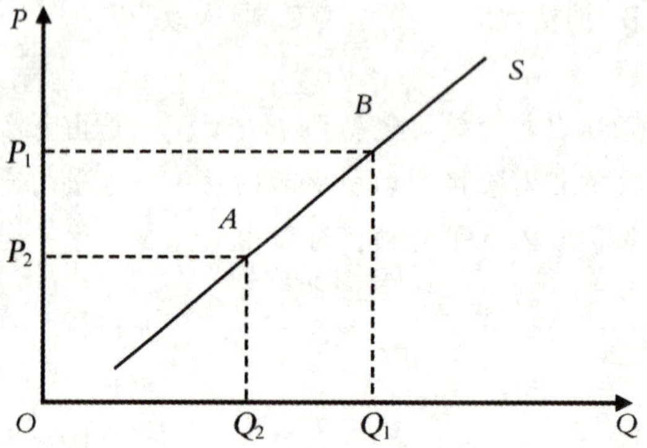

图 3-1-3　供给曲线

同需求分析一样，供给分析也包括两种情况：

第一种情况：供给量的变化。假定其他因素不变，只考虑供给和价格的关系，供给量的变化是沿着既定的供给曲线进行的，表现为同一条供给曲线上点的移动。

第二种情况：供给的变化。假定价格不变，由于价格以外的其他因素如成本等发生变动而引起供给的相应变化，这种变化表现为供给曲线的移动。

经典真题

（2015 光大）生产一种 A 商品时，在其他条件不变的情况下，由于生产技术的进步，会使得（　　）。

A. 商品 A 的供给量减少　　B. 商品 A 的供给减少

C. 商品 A 的供给量增加　　D. 商品 A 的供给增加

答案：D。

解析：供给的影响因素包括价格因素和非价格因素（生产者预期、技术水平、相关商品价格等），价格因素引起的是供给量的变化，非价格因素引起的是供给的变化，生产技术属于非价格因素，其变动会导致供给的变化，故排除 A、C 项。而生产技术的进步会引起商品的供给增加，供给曲线向右移动。故本题答案为 D。

二、生产者行为理论

1. 生产函数

厂商进行生产的过程就是从投入生产要素到生产出产品的过程。在西方经济学中，生产要素一般被划分为劳动、土地、资本和企业家才能这四种类型。劳动是指人类在生产过程中提供的体力和智力的总和。土地不仅指土地本身，还包括地上和地下的一切自然资源，如森林、江河湖泊、海洋和矿藏等。资本可以表现为实物形态或货币形态。资本的实物形态又称为资本品或投资品，如厂房、机器设备、动力燃料、原材料等。资本的货币形态通常称为货币资本。企业家才能指企业家组织建立和经营管理企业的才能。通过对生产要素的运用，厂商可以提供各种实物产品，如房屋、食品、机器、日用品等，也可以提供各种无形产品即劳务，如理发、医疗、金融服务、旅游服务等。

生产过程中生产要素的投入量和产品的产出量之间的关系，可以用生产函数来表示。生产函数表示在一定时期内，在技术水平不变的情况下，生产中所使用的各种生产要素的数量与所能生产的最大产量之间的关系。任何生产函数都以一定时期内的生产技术水平作为前提条件，一旦生产技术水平发生变化，原有的生产函数就会发生变化，从而形成新的生产函数。

在经济学分析中，为了简化分析，通常假定生产中只使用劳动与资本这两种生产要素。以 L 表示劳动投入数量，以 K 表示资本投入数量，则生产函数写为：

$$Q=f(L,K)$$

短期内资本是固定的，只有劳动要素发生变化，因此短期生产函数为：$Q=f(L,K_0)$。

2. 生产理论

微观经济学的生产理论可以分为短期生产理论和长期生产理论。短期指生产者来不及调整全部生产要素的数量，至少有一种生产要素的数量是固定不变的时间周期；长期指生产者可以调整全部生产要素的数量的时间周期。

考点精讲

短期生产中涉及到重要的三个产量概念分别是总产量（Total Product）、平均产量（Average Product）和边际产量（Marginal Product）。

劳动的总产量 TP_L：一定的可变要素劳动的投入量所生产的最大产量。

$$TP_L=f(L,K_0)$$

劳动的平均产量 AP_L：平均每一单位可变要素劳动的投入量所生产的最大产量。

$$AP_L=\frac{TP_L}{L}$$

劳动的边际产量 MP_L：增加一单位可变要素劳动投入量所增加的产量。

$$MP_L=\frac{\Delta TP_L}{\Delta L}$$

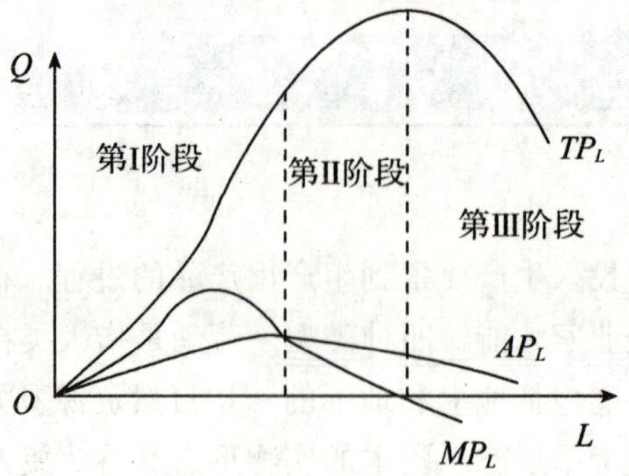

图 3-1-4　产量曲线

西方经济学家指出，在生产中普遍存在这么一种现象：在技术水平不变的条件下，在连续等量地把某一种可变生产要素增加到其他一种或几种数量不变的生产要素上去的过程中，当这种可变生产要素的投入量小于某一特定值时，增加该要素投入所带来的边际产量是递增的；当这种可变要素的投入量连续增加并超过这个特定值时，增加该要素投入所带来的边际产量是递减的。这就是边际报酬递减规律。

边际产量和总产量的关系：只要边际产量是正的，总产量总是增加的；只要边际产量是负的，总产量总是减少的；当边际产量为零时，总产量达到最大值。

边际产量和平均产量的关系：当边际产量>平均产量时，平均产量曲线是上升的；当边际产量<平均产量时，平均产量曲线是下降的；当边际产量=平均产量时，平均产量曲线达到极大值。

经典真题

(2015 农行) 1. 生产函数是指在一定时期内，在技术水平不变的情况下，生产中所使用的各种生产要素的数量与所能生产的最大产量之间的关系。在微观经济学中，一种可变投入的生产函数通常用来考察（　　）。

A. 中期生产函数　　B. 短期生产理论

C. 长期生产函数　　D. 超长期生产函数

答案：B。

解析：按照生产者能否变动全部的生产要素，生产函数可以分为长期生产函数和短期生产函数。短期生产函数是指在一定时期内，至少有一种生产要素是固定不变的生产函数。故本题答案为 B。

(2016 中行) 2. 边际报酬递减规律只有在一定条件具备时才会发生作用，以下表述正确的是（　　）。

A. 投入的生产要素必须固定不变

B. 可变的生产要素投入量必须超过一定点

C. 生产技术水平既定不变

D. 除一种投入要素可变外，其他投入要素均固定不变

答案：BCD。

真题精讲

解析：边际报酬递减规律发生作用必须具备以下条件：（1）前提是技术水平保持不变；（2）除一种投入要素可变外，其他投入要素均固定不变；（3）它是在可变要素增加到一定程度之后才出现的；（4）边际报酬递减规律只适用于可变要素比例的生产函数；（5）边际报酬递减规律和边际效用递减规律一样无需提出理论证明，它是从生产实践中总结出来的基本生产规律，边际产量是可以计量的。根据以上条件可知只有 B、C、D 选项描述符合题意。故本题答案为 BCD。

3. 成本理论

（1）机会成本

机会成本是指如果一种生产要素被用于某一特定用途，它便放弃了在其他替代用途上可能获取的最高收益，所放弃的收益中最大的收益就是这一特定用途的机会成本。机会成本只是一种对生产要素使用上的不同用途选择而产生的相对成本，并不是企业经营活动中实际发生的真实成本。

（2）显性成本和隐性成本

显性成本指企业从事一项经济活动时所花费的货币支出，包括雇员工资、购买原材料、燃料及添置或租用设备的费用、利息、保险费、广告费以及税金等。这些成本都会在企业的会计账册中反映出来，因此，又称会计成本。隐性成本是指企业使用自有生产要素时所花费的成本。这种成本之所以被称为隐性成本，是因为看起来企业使用企业主自有生产要素时不用花钱，即不发生货币费用支出。然而，不付费用使用自有生产要素不等于没有成本。因为这些要素如不自用，完全可以给别人使用而得到报酬。这种报酬就是企业使用自有生产要素的机会成本。显性成本和隐性成本的总和构成厂商的经济成本。

（3）短期成本

①短期成本的分类

在短期，厂商的成本有不变成本部分和可变成本部分之分。具体地讲，厂商的短期成本有以下 7 种：总不变成本（*TFC*）、总可变成本（*TVC*）、总成本（*TC*）、平均不变成本（*AFC*）、平均可变成本（*AVC*）、平均总成本（*AC*）和边际成本（*MC*）。

考点精讲

②短期成本曲线

总成本等于总固定成本加上总可变成本。固定成本反映在图形上是一条横线，不随产量增加而增加。因此，总成本的变动完全来自于总可变成本，总成本曲线等于总可变成本向上平移相当于总固定成本的距离。

边际成本、平均可变成本、平均成本曲线都呈现 U 形特征，这种形状的形成原因是可变投入要素的边际报酬递减，*MC* 曲线反映的是 *TC* 曲线上每一点的斜率。

MC 曲线穿过 *AVC*、*AC* 的最低点，即当 $MC=AVC$ 时，*AVC* 达到最小值；当 $MC=AC$ 时，*AC* 达到最小值。

（4）长期成本

在长期内，厂商可以根据产量的要求调整全部的生产要素投入量，甚至进入或退出一个行业，因此，厂商所有的成本都是可变的。厂商的长期成本可以分为长期总成本（*LTC*）、长期平均成本（*LAC*）和长期边际成本（*LMC*）。

长期总成本（*LTC*）是指厂商在长期中在每一个产量水平上通过选择最优的生产规模所能达到的最低总成本。长期总成本曲线是无数条短期总成本曲线的包络线。

考点精讲

长期平均成本（*LAC*）表示厂商在长期内按产量平均计算的最低总成本。长期平均成本曲线是无数条短期平均成本曲线的包络线。长期平均成本曲线呈先降后升的 U 形，长期平均成本曲线的 U 形特征是由长期生产中的规模经济和规模不经济决定的。在企业生产扩张的开始阶段，厂商由于扩大生产规模而使经济效益得到提高，叫做规模经济。当生产扩张到一定的规模以后，厂商继续扩大生产规模，就会使经济效益下降，叫做规模不经济。

长期边际成本（*LMC*）表示厂商在长期内增加一单位产量所引起的最低总成本的增量。

经典真题

1. 某厂商每年从企业的总收入中取出一部分作为自己管理企业的报酬，这部分报酬属于(　　)。

A. 显性成本　　B. 隐性成本　　C. 经济利润　　D. 正常利润

答案：BD。

解析：相对于显性成本而言，隐性成本指厂商自己所拥有的且被用于该企业生产过程中的那些生产要素的总价格。正常利润指厂商对自己所提供的企业家才能的报酬及支付，正常利润是隐性成本的一部分。故本题答案为 BD。

（2018 交行）2. 当把一定的经济资源用于生产某种产品时所放弃的另一些产品生产上最大的收益，称为(　　)。

A. 使用成本　　B. 完全成本　　C. 机会成本　　D. 替代成本

答案：C。

解析：机会成本是指当把一定的经济资源用于生产某种产品时放弃的另一些产品生产上最大的收益。故本题答案为 C。

真题考点四　市场均衡理论

一、供求均衡

1. 均衡产量和均衡价格

均衡最一般的含义是指经济事物中有关的变量在一定条件的相互作用下所达到的一种相对静止的状态。在微观经济分析中，市场均衡可以分为局部均衡和一般均衡。局部均衡是就单个市场或部分市场的供求与价格之间的关系和均衡状态进行分析；一般均衡是就一个经济社会中的所有市场的供求与价格之间的关系和均衡状态进行分析。一般均衡假定各种商品的供求和价格都是相互影响的，一个市场的均衡只有在其他所有市场都达到均衡的情况下才能实现。

在西方经济学中，一种商品的均衡价格是指该种商品的市场需求量和市场供给量相等时的价格。在均衡价格水平下的相等的供求数量被称为均衡数量。从几何意义上说，一种商品市场的均衡出现在该商品的市场需求曲线和市场供给曲线相交的点上，该交点被称为均衡点。均衡点上的价格和相应的供求量分别被称为均衡价格和均衡数量。市场上需求量和供给量相等的状态，也被称为市场出清的状态。

2. 供求定理

供求定理是指在其他条件不变的情况下，需求变动分别引起均衡价格和均衡数量的同方向的变动；

供给变动引起均衡价格的反方向的变动，引起均衡数量的同方向的变动。

政府根据不同的经济形势会采取不同的经济政策，在此介绍有关政府价格政策的两种做法：最高限价和最低限价。最高限价也称为限制价格，它是政府所规定的某种产品的最高价格。最高价格总是低于市场的均衡价格。最低限价也称为支持价格，它是政府所规定的某种产品的最低价格。最低价格总是高于市场的均衡价格。

考点精讲

经典真题

（2015 建行）1. 在完全竞争市场下，某厂商的需求函数和供给函数分别为：$Q=5000-200P$ 和 $Q=4000+300P$。以下说法正确的是（　　）。

A. 该厂商的市场均衡价格为 $P=4$

B. 该厂商的市场均衡产量为 $Q=4600$

C. 该厂商的市场均衡产量为 $Q=4500$

D. 该厂商的市场均衡价格为 $P=2$

答案：BD。

解析：当商品需求和商品供给相等时，市场达到均衡状态，此时 $5000-200P=4000+300P$。得出均衡价格为 2，均衡数量为 4600。故本题答案为 BD。

（2018 建行）2. 2017 年 1 月，农业部编制形成了全新的“农产品批发价格 200 指数”（以 2015 年为基数 100），请以下图为参考，在不考虑其他因素的情况下，假设未来的目标是提升农产品价格、保障农民收入，则应当采取的宏观调控政策是（　　）。

2017年上半年农产品批发价格200指数

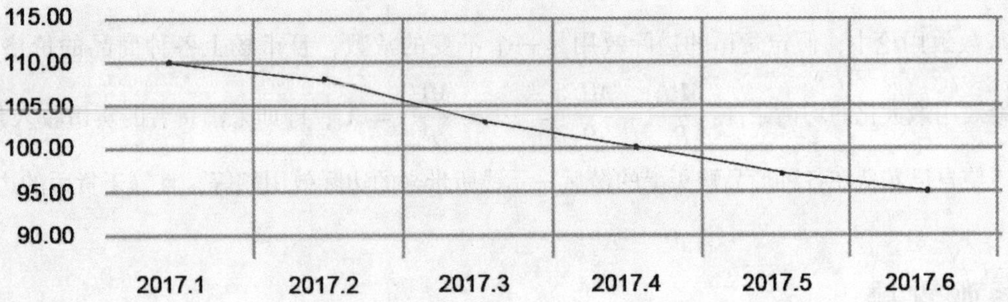

A. 应采用“支持价格”策略，制定最高收购价

B. 应采用“支持价格”策略，制定最低收购价

C. 应采用“限制价格”策略，制定最高收购价

D. 应采用“限制价格”策略，制定最低收购价

答案：B。

解析：支持价格又称最低价格或价格下限，是政府为了支持某一行业而规定的该行业产品的最低价格。这一价格高于市场自发形成的均衡价格。由于农产品价格指数持续下降，因此为了提升农产品价格、保障农民收入，应采用“支持价格”策略，制定最低收购价。故本题答案为 B。

二、消费者均衡理论

1. 边际替代率及其递减规律

在维持效用水平不变的前提下，消费者增加一单位某种商品的消费数量时所需要放弃的另一种商品的消费数量，被称为商品的边际替代率。商品 1 对商品 2 的边际替代率的定义公式为：

$$MRS_{12}=-\frac{\Delta X_2}{\Delta X_1}$$

边际替代率递减规律：在保持效用水平不变的前提下，消费者连续增加某商品的消费数量时，为得到每一单位的某种商品所需要放弃的另一种商品的消费数量是递减的。

2. 消费者均衡

消费者的最优购买行为必须满足两个条件：第一，最优的商品购买组合必须是消费者最偏好的商品组合，也就是说，最优的商品购买组合必须是能够给消费者带来最大效用的商品组合；第二，最优的商品购买组合必须位于给定的预算线上。

考点精讲

序数效用论下，消费者效用最大化的均衡条件：$MRS_{12}=\frac{P_1}{P_2}$。它表示：在一定的预算约束下，为了实现最大的效用，消费者应该选择最优的商品组合，使得两种商品的边际替代率等于两种商品的价格之比。也可以这样理解：在消费者的均衡点上，消费者愿意用一单位的某种商品去交换的另一种商品的数量（即 MRS_{12}），应该等于该消费者能够在市场上用一单位的这种商品去交换得到的另一种商品的数量（即$\frac{P_1}{P_2}$）。

而在基数效用论中，假定货币的边际效用是一个不变的常数，且市场上各种商品的价格已知。则基数效用论效用最大化的均衡条件：$\frac{MU_1}{P_1}=\frac{MU_2}{P_2}=\cdots=\frac{MU_n}{P_n}=\lambda$，即如果消费者的货币收入是固定的，消费者应该使自己花费在各种商品购买上的最后一元钱所带来的边际效用相等，且等于货币的边际效用。

经典真题

如果商品 X 对于商品 Y 的边际替代率 MRS_{XY}小于 X 和 Y 的价格之比 P_X/P_Y，则(　　)。

A. 该消费者应该减少 X 的消费，增加 Y 的消费

B. 该消费者应该增加 X 的消费，减少 Y 的消费

C. 该消费者未获得最大效用

D. 该消费者获得了最大效用

答案：AC。

解析：消费者实现效用最大化的条件是无差异曲线与预算线相切，即边际替代率等于价格之比。边际替代率小于价格之比，表明 X 消费过多，Y 的消费过少，应减少 X 的消费，增加 Y 的消费，直到边际替代率和价格之比相等。故本题答案为 AC。

三、生产者均衡理论

1. 边际技术替代率及其递减规律

在维持产量水平不变的条件下，增加一单位某种生产要素投入量时所减少的另一种要素的投入数量，被称为边际技术替代率。劳动对资本的边际技术替代率的定义公式为：

$$MRTS_{LK}=-\frac{\Delta K}{\Delta L}$$

在维持产量不变的前提下，当一种生产要素的投入量不断增加时，每一单位的这种生产要素所能替代的另一种生产要素的数量是递减的。这一现象被称为边际技术替代率递减规律。

2. 生产者均衡条件

假定在一定的技术条件下，厂商用两种可变生产要素劳动和资本生产一种产品，且劳动的价格 ω 是已知的，厂商用于购买这两种要素的全部成本 C 是既定的。

生产者均衡分为两种情况，一种是既定成本下的产量最大化，另一种是既定产量下的成本最小化。均衡条件是等成本线和等产量线相切。生产者实现生产均衡的条件：

$$MRTS_{LK}=\frac{\omega}{\gamma}$$

经典真题

1. 厂商生产鞋子时，保持产量不变的情况下，增加 1 单位的人工劳动，则必须减少 2 单位的资本投入，这种情况下劳动对资本的边际技术替代率为(　　)。

A. 2　　B. $\frac{1}{2}$　　C. 3　　D. $\frac{1}{3}$

答案：A。

解析：边际技术替代率是指维持产量水平不变的条件下，增加一单位某种生产要素投入量时所减少的另一种要素的投入数量。劳动对资本的边际技术替代率的定义公式为：

$$MRTS_{LK}=-\frac{\Delta K}{\Delta L}$$

代入公式得出边际技术替代率为 2。故本题答案为 A。

(2018 农行) 2. 在两种生产要素互相替代的过程中，普遍地存在这样一种现象：在维持产量不变的前提下，当一种生产要素的投入量不断增加时，每一单位的这种生产要素所能替代的另一种生产要素的数量是递减的，该规律是(　　)。

A. 边际技术替代率递减规律　　B. 边际生产替代率递减规律

C. 边际产出替代率递减规律　　D. 边际要素替代率递减规律

答案：A。

解析：在两种生产要素相互替代的过程中，普遍地存在这样一种现象：在维持产量不变的前提下，当一种生产要素的投入量不断增加时，每一单位的这种生产要素所能替代的另一种生产要素的数量是递减的。这一现象被称为边际技术替代率递减规律。故本题答案为 A。

四、市场结构

市场是物品买卖双方相互作用并得以决定其交易价格和交易数量的一种组织形式或制度安排。在经济分析中，根据不同的市场结构的特征，将市场划分为完全竞争市场、垄断竞争市场、寡头垄断市场和完全垄断市场四种类型。决定市场类型划分的主要因素有以下四个：市场上厂商的数目；厂商所生产的产品的差别程度；单个厂商对市场价格的控制程度；厂商进入或退出一个行业的难易程度。

1. 完全竞争市场

考点精讲

（1）含义及特征

完全竞争又叫纯粹竞争，是一种竞争不受任何阻碍和干扰的市场结构。完全竞争市场具有以下特征：市场上有很多生产者与消费者，而且这些生产者规模都很小，没有任何一个买者或卖者能够影响市场价格，每个参与者都只能是市场价格的接受者。所以，在完全竞争市场上，价格就是由整个行业需求曲线和供给曲线决定的，单个厂商的需求曲线是一条平行于横轴的水平线；企业生产的产品是同质的，即不存在产品差别；资源可以自由流动、企业可以自由进入或退出市场；买卖双方对市场信息都有充分的了解。在现实生活中很难找到符合以上四个特征的市场，某些农产品如小麦、玉米等市场属于近似例子。

（2）需求曲线和收益曲线

完全竞争厂商的需求曲线是一条由既定市场价格水平出发的水平线。这意味着，厂商只能被动接受给定的市场价格。厂商的收益就是厂商的销售收入。厂商的收益可以分为总收益、平均收益和边际收益。由于完全竞争厂商面临的是由市场供求情况决定的价格，厂商的总收益曲线为从原点出发的一条向右上方倾斜的直线。在完全竞争市场上，厂商是价格的接受者，其价格是常数，因此厂商销售一单位产品所获得的边际收益等于价格。完全竞争厂商的平均收益曲线与边际收益曲线和需求曲线三线合一，是一条与横轴平行的水平线，即 $MR=P=AR$ 。

（3）短期均衡

厂商利润最大化的条件为：$MR=MC$。

考点精讲

在厂商的短期生产中，只要边际收益大于边际成本，厂商就会增加生产。如果边际成本大于边际收益，厂商就会缩减生产，直到边际收益和边际成本相等时为止。此时厂商的利润达到最大，或者亏损达到最小，于是厂商的产量就确定在边际收益等于边际成本（$MR=MC$）的产量点上，即厂商达到短期均衡。在短期均衡时，厂商的利润可以大于零，也可以等于零或者小于零。

①当市场价格大于平均成本时，厂商获得超额利润，处于经济利润大于零的短期均衡。

②当市场价格等于平均成本时，厂商处于经济利润等于零（仅获得正常利润）的短期均衡，该点被称为盈亏平衡点。

③当市场价格小于平均成本但大于平均可变成本时，厂商的利润小于零，处于亏损但继续生产经营的短期均衡。因为价格大于平均可变成本，说明厂商在补偿全部的可变成本后，尚可收回部分固定成本，使亏损总额减少一些。

④当市场价格小于或等于平均可变成本时，厂商处于亏损并停止生产经营的短期均衡。一般将市场价格等于平均可变成本时的点称为厂商停止营业点。

（4）长期均衡

在完全竞争厂商的长期生产中，所有的生产要素都是可变的，厂商是通过对全部生产要素的调整，

来实现 $MR=LMC$ 的利润最大化的均衡原则。在完全竞争市场价格给定的条件下，厂商在长期生产中对全部生产要素的调整可以表现为两个方面：一方面表现为对最优的生产规模的选择，另一方面表现为进入或退出一个行业的决策。

完全竞争厂商的长期均衡出现在 LAC 曲线的最低点。这时，生产的平均成本降到长期平均成本的最低点，商品的价格也等于最低的长期平均成本。完全竞争厂商的长期均衡条件为：$MR=LMC=SMC=LAC=SAC$，式中，$MR=AR=P$。此时，单个厂商的利润为零。

2. 完全垄断市场

完全垄断市场是指整个行业中只有唯一的一个厂商的市场组织。完全垄断市场具有以下特征：第一，市场上只有唯一的一个厂商生产和销售商品；第二，该厂商生产和销售的商品没有任何相近的替代品；第三，其他任何厂商进入该行业都极为困难或不可能。在实际生活中，公用事业如电力、固定电话近似于完全垄断市场。

在有些情况下，垄断厂商会对同一种产品收取不同的价格，这种做法往往会增加垄断厂商的利润。以不同价格销售同一种产品，被称为价格歧视。垄断厂商实行价格歧视，必须具备以下的基本条件：第一，市场的消费者具有不同的偏好，且这些不同的偏好可以被区分开。第二，不同的消费者群体或不同的销售市场是相互隔离的。价格歧视可以分为一级、二级和三级价格歧视：一级价格歧视是指厂商对每一单位产品都按消费者所愿意支付的最高价格出售，也被称作完全价格歧视；二级价格歧视是指对不同的消费数量段规定不同的价格。三级价格歧视是指垄断厂商对同一种产品在不同的市场上（或对不同的消费群）收取不同的价格。例如，对同种产品，在富人区的价格高于在贫民区的价格。

3. 垄断竞争市场

垄断竞争市场是指一个市场中有许多厂商生产和销售有差别的同种产品。在垄断竞争市场理论中，把市场上大量的生产非常接近的同种产品的厂商的总和称作生产集团。例如，汽车加油站集团、快餐食品集团、理发店集团等。垄断竞争市场具有以下三个特征：第一，在生产集团中有大量的企业生产有差别的同种产品，这些产品彼此之间都是非常接近的替代品，例如，牛肉面和鸡丝面；第二，一个生产集团中的企业数量非常多，例如，盒饭、理发行业；第三，厂商的生产规模比较小，进入和退出一个生产集团比较容易。在现实生活中，垄断竞争的市场组织在零售业和服务业中是很普遍的。例如，修理、糖果零售业等。

4. 寡头垄断市场

寡头市场又称为寡头垄断市场，是指少数几家厂商控制整个市场的产品的生产和销售的一种市场组织。寡头市场被认为是一种较为普遍的市场组织。西方国家中不少行业都表现出寡头垄断的特点，例如，美国的汽车业、电气设备业、罐头行业等，都被几家企业所控制。寡头垄断市场具有以下特征：一个行业中，只有很少几个企业进行生产；他们所生产的产品有一定的差别或者完全无差别；他们对价格有较大程度的控制；其他企业进入这一行业比较困难。

经典真题

（2015 农行）1. 贾某租了 500 亩土地，用于种植花生并在市场上出售，那么，花生市场的类型属于（　　）。

A. 垄断竞争　　B. 自由竞争　　C. 寡头竞争　　D. 完全竞争

答案：D。

解析： 完全竞争市场是指竞争充分而不受任何阻碍和干扰的一种市场结构。在这种市场类型中，买卖人数众多，买者和卖者是价格的接受者，资源可自由流动，信息具有完全性。典型代表为农产品市场。故本题答案为 D。

（2018 建行）2. 某完全竞争企业面临的产品市场价格为每个 100 元，平均成本为 140 元，其中平均固定成本为每个 30 元，原材料中有一部分的平均可变成本由过去每个 50 元下降为 35 元，则该企业当前的正确决策是(　　)。

A. 立即停产　　B. 短期内继续生产

C. 按 140 元价格销售　　D. 按 150 元价格销售

答案： B。

解析： 由题干可知，$P=AR=100$，$AC=140$，现在的 $AVC=140-30-50+35=95$，即此时 $AC>AR>AVC$，短期内应继续生产。故本题答案为 B。

五、市场失灵

1. 含义

市场失灵是指由于市场机制不能充分发挥作用而导致的资源配置缺乏效率或资源配置失当的情况。

2. 主要原因

市场失灵的原因主要包括两种理论：

（1）市场失灵的两个主要原因为：①成本或利润价格的传达不适当，进而影响个体经济市场决策机制；②次佳的市场结构。

（2）市场失灵的主要原因包括垄断、外部性、公共物品和信息不对称。

考点精讲

①垄断。只有在完全竞争市场上，市场机制才能实现资源的有效配置，资源得到充分利用，产量最大，价格最低，消费者获得最大满足。在不完全竞争市场上，资源不可能实现最优配置。

②外部性。外部性或外部影响，是指某个人或某个企业的经济活动对其他人或其他企业造成了影响，但是却没有因此付出代价或得到利益。外部性包括外部经济和外部不经济。

外部经济可分为生产的外部经济和消费的外部经济。生产的外部经济是指一个生产者采取的经济行动对他人产生了有利的影响，而自己却不能从中得到报酬。消费的外部经济是指一个消费者采取的行动对他人产生了有利的影响，而自己却不能从中得到补偿。

外部不经济可分为生产的外部不经济和消费的外部不经济。生产的外部不经济是指一个生产者采取的行动使他人付出了代价而又未给他人以补偿。消费的外部不经济是指一个消费者采取的行动使他人付出了代价而又未给他人以补偿。

③公共物品。由于公共物品存在非竞争性和非排他性，消费者更愿意采取“搭便车”行为。

④信息不对称。由于信息不对称的存在，会产生逆向选择和道德风险等问题。其中，逆向选择是指在买卖双方信息不对称的条件下，质量差的商品往往将质量好的商品挤出市场的现象。在一般产品销售市场上，导致逆向选择的原因是产品质量的不确定性。道德风险也称为败德行为，是指交易双方达成协议后，协议的一方利用信息不对称，通过改变自己的行为来损害对方利益。

3. 应对措施

（1）垄断

为了保护和促进竞争，提高资源配置的效率，政府可以通过法律手段来限制垄断和反对不正当竞争。

政府对垄断进行干预的另一种手段是对垄断行业进行公共管制，主要是对垄断行业的产品或服务的价格进行管制或规定限价，或规定利润率。

（2）外部性

第一，使用税收和补贴手段。政府对负外部性的企业可以使用税收手段，使得企业的私人成本等于社会成本，从而使得资源得到更有效的利用。政府对正外部性的企业给予政府补贴，使私人收益等于社会收益，实现资源的优化配置。

第二，政府也可以通过合并相关企业的方法使外部性得以“内部化”。

第三，明晰产权。

（3）公共物品

政府承担公共物品主要提供者的职责。例如，政府提供国防、治安、消防和公共卫生。

（4）信息不对称

为了解决因信息不对称所造成的市场失灵，政府对许多商品的说明、质量标准和广告都做出了具体的法律规定，政府还通过多种方式为消费者提供信息服务。

经典真题

（2019 民生）某人的吸烟行为属于(　　)。

A. 生产的外部经济　　B. 消费的外部不经济

C. 生产的外部不经济　　D. 消费的负外部性

E. 消费的正外部性

答案：BD。

解析：正外部性，亦称“外部经济”，是指生产和消费给他人带来收益而受益者不必为此支付的现象。负外部性，也称“外部不经济”，是指一个人的行为或企业的行为影响了其他人或企业，使之支付了额外的成本费用，但后者又无法获得相应补偿的现象。由于吸烟属于消费者个人的行为，同时给他人带来了不良影响且没有付出代价，因此属于消费的外部不经济（消费的负外部性）。故本题答案为 BD。

真题演练

一、单项选择题

1. 在其他条件不变的情况下，成本降低，供给将(　　)。

A. 增加　　B. 减少　　C. 不变　　D. 无任何影响

2. 供给量的变动是因为(　　)引起的。

A. 非价格因素的变动　　B. 函数关系的变动

C. 价格的变动　　D. 供给函数的参数发生变化

3. 当需求量变动百分比大于价格变动百分比，需求弹性系数大于1时，需求价格弹性的类型为(　　)。

A. 需求富有弹性　　B. 需求缺乏弹性

C. 需求单一弹性　　D. 低弹性

4. 市场供给力量与需求力量相互抵消时，所达到的价格水平称为(　　)。

A. 平均价格　　B. 理论价格　　C. 平准价格　　D. 均衡价格

5. 认为可以用绝对数值的大小表示效用大小的理论是(　　)。

A. 序数效用论　　B. 总效用论　　C. 边际效用论　　D. 基数效用论

6. 在分析消费者行为时，无差异曲线的形状是由(　　)决定的。

A. 消费者收入　　B. 所购买商品的价格

C. 相关商品的价格　　D. 消费者偏好

7. 在其他条件不变的情况下，如果连续增加劳动的投入，在总产量达到最大值时，劳动的边际产量(　　)。

A. 大于零　　B. 小于零　　C. 等于零　　D. 等于平均产量

8. 在完全竞争市场上，企业在进行产量决策时的依据是(　　)。

A. 边际成本等于边际收益的原则

B. 边际成本小于边际收益的原则

C. 边际成本大于边际收益的原则

D. 边际成本不等于边际收益的原则

9. 在我国，火车硬座客票假期对大中专学生回家和返校的优惠票价属于(　　)。

A. 一级价格歧视　　B. 二级价格歧视

C. 三级价格歧视　　C. 四级价格歧视

真题精讲

10. 在促销季过后，空气净化器在市场上的供给与需求均出现了下降，那么这些商品的(　　)。

A. 均衡价格下降，均衡产量减少

B. 均衡价格无法确定，均衡产量减少

C. 均衡价格上升，均衡产量减少

D. 均衡价格下降，均衡产量无法确定

二、多项选择题

1. 下列关于影响需求变动的因素，表述不正确的是(　　)。

A. 预期价格要上涨，人们会推迟购买

B. 一种商品的价格上升，其替代品的需求会增加

C. 一种商品的价格下降，其互补品的需求会下降

D. 消费者的收入减少会引起需求增加

2. 一种商品对消费者是否具有效用，取决于(　　)。

A. 消费者是否具有消费该商品的欲望

B. 该商品是否具有满足消费者欲望的能力

C. 消费者是否具有消费该商品的能力

D. 该商品是否具有可被消费的特性

3. 假设厂商生产的函数为 $Q=f(L, K)$，其中 L 为可变投入要素，K 为固定投入要素，产品唯一，该厂商在短期意义上生产函数特征有(　　)。

A. 当边际产量等于 0 时，总产量随 L 的增加而减少

B. 当边际产量小于 0 时，总产量达到最大值

C. 总产量达到最大值时，平均产量一定不是最大值

D. 当边际产量大于 0 时，总产量随 L 的增加而增加

参考答案及解析

一、单项选择题

1. 答案：A。

解析：在其他条件不变的情况下，成本降低，意味着利润增加，则供给就会增加；反之，如果生产成本上升，供给将减少。故本题答案为 A。

2. 答案：C。

解析：供给量的变动是假定其他因素不变，单纯分析价格变动时，供给数量如何变动。故本题答案为 C。

3. 答案：A。

解析：当需求量变动百分比大于价格变动百分比，需求弹性系数大于 1 时，叫做需求富有弹性或高弹性。故本题答案为 A。

4. 答案：D。

解析：均衡价格就是市场供给力量和需求力量相互抵消时所达到的价格水平。故本题答案为 D。

5. 答案：D。

解析：基数效用论认为效用是可以直接度量的，存在绝对的效用量的大小。故本题答案为 D。

6. 答案：D。

解析：无差异曲线的形状取决于消费者的偏好。无差异曲线向右下方倾斜，其斜率反映了消费者愿意用一种商品代替另一种商品的比率，在大多数情况下，如果要减少一种商品的量，为了使消费者获得同样的满足程度就必须增加另一种商品的量。故本题答案为 D。

7. 答案：C。

解析：当边际产量等于 0 时，总产量达到最大值。故本题答案为 C。

8. 答案：A。

解析：完全竞争市场上企业产量决策的基本原则是边际成本 = 边际收益。故本题答案为 A。

9. 答案：C。

解析：在我国，火车硬座客票假期对大中专学生回家和返校的优惠票价属于按照消费者不同进行的分类，是三级价格歧视的典型案例。故本题答案为 C。

10. 答案：B。

解析：当供给和需求下降时，需求曲线和供给曲线都向左移动。需求曲线向左移动会导致均衡数

量和均衡价格都下降，供给曲线向左移动会导致均衡数量减少，均衡价格上升。由于题目中没有给出需求供给减少的具体数量，因此能确定的只有均衡数量减少，均衡价格不确定。故本题答案为 B。

二、多项选择题

1. 答案：ACD。

解析：如果消费者预期价格要上涨就会刺激人们提前购买；而如果预期价格将下降，会推迟购买，选项 A 说法错误。一种商品的价格下降，其互补品的需求会增加，选项 C 说法错误。消费者收入增加，会引起需求增加，选项 D 说法错误。故本题答案为 ACD。

2. 答案：AB。

解析：效用是指消费者消费商品时所获得的主观满足程度。一种商品对消费者是否具有效用，取决于两个方面：第一，消费者是否具有消费该商品的欲望；第二，该商品是否具有满足消费者欲望的能力。故本题答案为 AB。

3. 答案：CD。

解析：根据边际产量和总产量的关系可知，当边际产量大于 0 时，总产量随着 L 的增加而递增，因此 D 选项正确；当边际产量小于 0 时，总产量随着 L 的增加而递减，因此 B 选项错误；当边际产量等于 0 时，总产量最大，因此 B 选项错误。根据总产量和平均产量的关系可知，当总产量达到最大值时，平均产量不是最大值，因此 C 选项正确。故本题答案为 CD。

第二章 宏观经济学

真题考点一　宏观经济目标

一、经济增长

1. 经济增长的概述

经济增长是指一个国家或者地区在一定时期内的总产出与前期相比所实现的增长。通常用国内生产总值（GDP）或人均国内生产总值来衡量。对一国经济增长速度的度量，通常用经济增长率。

经济增长的制约因素包括：（1）资源约束：自然条件、劳动力素质、资本数额等方面；（2）技术约束：技术水平直接影响生产效率；（3）体制约束：体制规定了人们的劳动方式、劳动组织、物质和商品流通、收入分配等内容，规定了人们经济行为的边界。

2. 国内生产总值

国内生产总值（Gross Domestic Product，简称 GDP）是指经济社会（一国或者一地区）在一定时期内运用生产要素所生产的全部最终产品（物品和劳务）的市场价值。

考点精讲

在实际核算中，国内生产总值的计算方法有三种，即生产法、收入法和支出法。

生产法核算 GDP 是指从国民经济各部门一定时期内生产和提供的产品和劳务的总价值中，扣除生产过程中投入的中间产品的价值，从而得到各部门的增加值，各部门增加值的总和就是国内生产总值。在中国的统计实践中，生产法核算 GDP 的公式为：

GDP ＝劳动者报酬+生产税净额+固定资产折旧+营业盈余

支出法核算 GDP 是指通过核算在一定时期内整个社会购买最终产品的总支出即最终产品的总卖价来计量 GDP。支出法是最常用的一种计算方法。支出法核算 GDP 的公式为：

GDP ＝消费+投资+政府购买+净出口

收入法核算 GDP 也叫要素支付法、要素收入法，是用要素所有者的收入也是企业生产成本来核算的 GDP，收入法对应的是社会的总供给，其中收入法核算公式为：

GDP ＝工资+利息+利润+租金+间接税和企业转移支付+折旧 +统计误差

3. 国民收入基本公式

两部门经济的储蓄-投资恒等公式。从支出方面来看：$Y=C+I$；从收入方面来看：$Y=C+S$。由于总收入=总产出，可得出 $I=S$，即储蓄-投资恒等式。这里讲的储蓄和投资相等，是从国民收入会计的角度看，事后的储蓄和投资总是相等的。

三部门经济的储蓄-投资恒等公式。从支出方面来看：$Y = C + I + G$；从收入方面来看：$Y=C + S + T$。由于总收入=总产出，可得出 $I = S +（T - G）$。在这里，（$T - G$）可看做政府储蓄，因为 T 是政府净收入，G 是政府购买性支出，两者差额即政府储蓄，既可能是正值，也可能是负值。

四部门经济的储蓄—投资恒等公式。从支出方面来看：$Y = C+I+G+（X-M）$；从收入方面来看：$Y = C+S+T+ Kr$。由于总收入=总产出，可得出 $I= S+（T-G）+（M-X+Kr）$。在这里，Kr 代表本国居民对外国人的转移支付。例如，对外国遭受灾害时的救济性捐款，这种转移支付也来自于生产要素的收入。实际统计中，Kr 有时会被省略。

经典真题

（2018 农发展）支出法核算 GDP，就是从产品的使用出发，把一年内购买的各项最终产品的支出加总而计算出的该年内生产的最终产品的市场价值。这种方法又称产品流动法或(　　)。

A. 最终消费法　　B. 最终流动法　　C. 最终产品法　　D. 最终支出法

答案：C。

解析：支出法核算 GDP，就是从产品的使用出发，把一年内购买的各项最终产品的支出加总而计算出的该年内生产的最终产品的市场价值。这种方法又称最终产品法、产品流动法。故本题答案为 C。

二、充分就业

充分就业是宏观经济政策的第一目标，是指一切生产要素（包含劳动）都有机会以自己愿意的报酬参加生产的状态，但通常指劳动这一要素的充分就业。由于测量各种经济资源的就业程度非常困难，因此西方经济学家通常以失业率高低作为衡量充分就业与否的尺度。失业率指失业者人数对劳动力人数的比率。劳动力是指一定年龄范围内有劳动能力并且愿意工作的人。失业者是劳动力中那些想工作但尚未找到工作的人。

失业一般分为三类：摩擦性失业、自愿性失业和非自愿性失业。摩擦性失业是指在生产过程中由于难以避免的摩擦造成的短期、局部性失业，如劳动力流动性不足、工种转换的困难等所引致的失业。自愿性失业是指工人不愿意接受现行工资水平而形成的失业。非自愿性失业是指愿意接受现行工资但仍找不到工作的失业。除了上述这几类失业外，西方学者还有所谓“结构性失业”“周期性失业”等说法。结构性失业是指经济结构变化等原因造成的失业，特点是既有失业，又有职位空缺，失业者或没有适当技术，或居住地点不当，因此无法填补现有的职位空缺。周期性失业是指经济周期中的衰退或萧条时因需求下降而造成的失业。

经典真题

（2018 工行）2008 年，全球金融危机给全世界带来了很多负面影响，造成若干国家和地区的大规模失业，这种由于经济衰退而造成的失业属于（　　）。

A. 摩擦性失业　　B. 周期性失业　　C. 自然失业　　D. 结构性失业

答案：B。

解析：周期性失业是指由于总需求不足造成生产萎缩，进而导致对劳动力的需求下降而产生的失业。由于总需求状况和劳动力需求状况与经济运行周期是密切相关的，总是在经济运行周期的衰退或萧条阶段产生劳动力需求的下降，故而这种失业被称为周期性失业。故本题答案为 B。

三、物价稳定

1. 物价稳定的概述

价格稳定是宏观经济政策的第二个目标，是指价格总水平的稳定。由于各种商品价格变化的繁杂和统计的困难，西方学者一般用价格指数来表达一般价格水平的变化。价格指数是表示若干种商品价格水平的指数，可以用一个简单的百分数时间数列来表示不同时期一般价格水平的变化方向和变化程度。价格指数有消费者物价指数（CPI）、生产者价格指数（PPI）和 GDP 折算指数（GDP Deflator）三种。

2. 通货膨胀

考点精讲

当一个经济中的大多数商品和劳务的价格连续在一段时间内普遍上涨时，宏观经济学就称这个经济经历着通货膨胀。关于通货膨胀的原因，西方经济学家提出了种种解释，可分为三个方面：第一个方面为货币数量论的解释，其基本思想是每一次通货膨胀背后都有货币供给的迅速增长；第二个方面是用总需求与总供给来解释，包括从需求的角度和供给的角度的解释。其中，需求拉动的通货膨胀，又称超额需求通货膨胀，是指总需求超过总供给所引起的一般价格水平的持续显著的上涨。需求拉动的通货膨胀理论把通货膨胀解释为“过多的货币追求过少的商品”。成本推动的通货膨胀，又称为成本通货膨胀或供给通货膨胀，是指在没有超额需求的情况下由于供给方面成本的提高所引起的一般价格水平持续和显著的上涨；第三个方面是从经济结构因素变动的角度来说明通货膨胀的原因，人们把由于经济结构变动导致的价格水平的上涨叫做结构性通货膨胀。

通货膨胀的再分配效应。首先，通货膨胀不利于靠固定的货币收入维持生活的人。对于固定收入阶层来说，其收入是固定的货币数额，落后于上升的物价水平，其实际收入因通货膨胀而减少，每一元收入的购买力将随价格的上升而下降。而且，由于他们的货币收入没有变化，因而他们的生活水平必然相应地降低。其次，通货膨胀对储蓄者不利。随着价格上涨，存款的实际价值或购买力就会降低，那些口袋中有闲置货币和存款在银行的人受到严重的打击。同样，像保险金、养老金以及其他固定价值的证券财产等，它们本来是作为防患未然和蓄资养老的，在通货膨胀中，其实际价值也会下降。再次，通货膨胀还可以在债务人和债权人之间发生收入再分配的作用。具体地说，通货膨胀靠牺牲债权人的利益而使债务人获利。假如甲向乙借款 1 万元，一年后归还，而这段时间内价格水平上升一倍，那么一年后甲归还给乙的 1 万元相当于借时的一半。这里假定借贷双方没有预期到通货膨胀的影响，但是，如果一旦预期到通货膨胀，则上述的再分配就会改变。

通货膨胀的治理：①紧缩的需求政策。通货膨胀的一个基本原因在于总需求超过了总供给，因此，政府可以采取紧缩总需求的政策来治理通货膨胀。紧缩总需求的政策包括紧缩性财政政策和紧缩性货币政策。紧缩性的财政政策包括减少政府支出、增加税收、发行公债。紧缩性的货币政策包括提高法定存款准备金率、提高再贴现率、公开市场卖出业务、直接提高利率。②积极的供给政策。积极运用刺激生产的方法增加供给来治理通胀。其主要措施有：减税（降低边际税率）、削减社会福利开支、适当增加货币供给、发展生产、精简规章制度。③从严的收入政策。收入政策又被称为“工资—价格政策”。收入政策主要针对成本推动型通货膨胀，通过对工资和物价上涨进行直接干预来降低通货膨胀。从发达国家的经验来看，收入政策主要采取了以下几种措施：工资—物价指导线、以税收为基础的收入政策、工资—价格管制及冻结。④其他治理措施。为治理通货膨胀，在一些国家还采取了收入指数化、币制改革等政策措施。

经典真题

(2016 交行) 再分配效应研究通货膨胀是如何影响分得收入的所有者实际得到收入的大小，以下表述不正确的是(　　)。

A. 靠变动收入维持生活的人，从通货膨胀中吃亏

B. 膨胀对于靠固定的货币收入维持生活的人是不利的

C. 在通货膨胀中，有价值的财产证券其实际价值也会下降

D. 价格的实际上涨，存款的实际价格或者购买力就会降低

答案：A。

解析：靠变动收入维持生活的人，在通货膨胀中持有的名义收入会随着通胀有所增加，不易受到通胀的影响，因此不会吃亏，A 选项描述不正确。故本题答案为 A。

四、国际收支平衡

随着国际间经济交往的密切，如何平衡国际收支也成为一国宏观经济政策的重要目标之一。西方经济学家认为，一国的国际收支状况不仅反映了这个国家的对外经济交往情况，还反映出该国经济的稳定程度。国际收支是指一国居民在一定时期内与非本国居民在政治、经济、军事、文化及其他往来中所产生的全部交易的系统记录。这里的“居民”是指在国内居住一年以上的自然人和法人。

国际收支包括经常项目和资本项目。经常项目主要反映一国的贸易和劳务往来状况，包括贸易收支、劳务收支（如运输、旅游等）和单方面转移（如汇款、捐赠等），是最具综合性的对外贸易的指标。资本项目则集中反映一国同国外资金往来的情况。如直接投资、政府和银行的借款及企业信贷等。

国际收支的衡量指标有很多，其中贸易收支（也就是通常的进出口额）是国际收支中最主要的部分。进出口总量及其增长是衡量一国经济开放程度的重要指标，且进口和出口的数量与结构直接对国内总供需产生重大的影响。

国际收支平衡是指国际收支差额处于一个相对合理的范围内，既无巨额的国际收支赤字，又无巨

额的国际收支盈余。

经典真题

(2015 中行) 一般认为，宏观经济政策的主要目标有四个，以下说法不正确的是(　　)。

A. 物价水平稳定　　B. 国际收支平衡

C. 高速的增长率　　D. 充分就业

答案： C。

解析： 一国宏观经济学的研究目标包括：稳定物价、充分就业、经济增长、国际收支平衡。其中经济增长是指在一个较长的时间跨度上，一个国家人均产出（或人均收入）水平的持续增加，并不是单纯的指高速的增长率。故本题答案为 C。

真题考点二　宏观经济计量

一、产品市场均衡：*IS* 曲线

1. *IS* 曲线的含义

IS 曲线是描述产品市场均衡时，利率与国民收入之间关系的曲线。这条曲线上任何一点都代表一定的利率和收入的组合，在这些组合下，投资和储蓄是相等的，即 $I=S$，从而产品市场是均衡的，因此这条曲线称为 *IS* 曲线。在两部门经济中，*IS* 曲线是指投资和储蓄相等的情况下表示利率和收入之间反方向变动关系的曲线，一般向右下方倾斜，如图 3-2-1 所示：

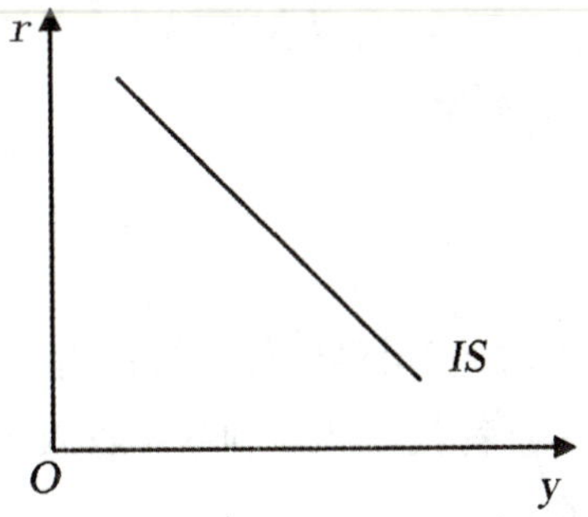

图 3-2-1　*IS* 曲线

2. *IS* 曲线的移动

扩张性财政政策会导致 *IS* 曲线向右移动，主要措施包括：①增加政府支出；②减税。

紧缩性财政政策会导致 *IS* 曲线向左移动，主要措施包括：①减少政府支出；②增税。

经典真题

若在其他条件不变的情况下，政府增加支出和减税，那么，IS 曲线则(　　)。

A. 向左下方移动　　B. 向右上方移动　　C. 向左上方移动　　D. 向右下方移动

答案：B。

解析：政府增加支出、减税属于扩张性的财政政策，会导致社会总需求增加，国民收入增加，IS 曲线向右移动。由于 IS 曲线斜率为负，向右下方倾斜，扩张性的财政政策会使 IS 曲线向右上方移动。故本题答案为 B。

二、货币市场均衡：LM 曲线

1. 货币需求动机

考点精讲

凯恩斯认为人们持有货币的动机有三类：

第一类，交易动机。货币的交易动机是指企业和个人进行正常交易的需要而持有的货币。它主要取决于收入水平，一般情况下，收入水平越高，交易量越大。

第二类，谨慎动机或预防性动机。为了预防意外而持有一定数量的货币，这种货币需求量也大致与收入成正比。

第三类，投机动机。人们为了抓住有利的购买有价证券的机会而持有一部分货币，这一货币需求与利率成反比。

对货币的总需求是人们对货币的交易需求、预防需求和投机需求的总和。用 L 来表示货币需求，有：

$$L=L_1+L_2=ky-hr$$

其中，k、$h>0$，y 代表收入，r 代表利率。

2. LM 曲线

(1) LM 曲线的含义

LM 曲线为在货币市场达到均衡时，即货币供给等于货币需求（$m=L$）时，表示国民收入 y 与利率 r 关系的曲线。在这条曲线上，任一点都代表一定利率和收入的组合，在这样的组合下，货币需求和供给都是相等的，即货币市场是均衡的。

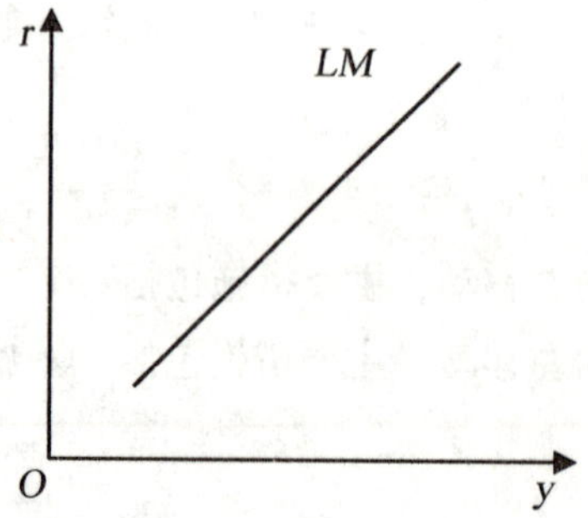

图 3-2-2　LM 曲线

LM 曲线向右上方倾斜，说明在货币市场达到均衡的时候，国民收入与利率之间存在着同向变化的关系。

（2）*LM* 曲线的移动

一般地，引起 *LM* 曲线移动的主要因素是货币供应量。扩张性货币政策能使得货币供给量增加，导致 *LM* 曲线向右移动；紧缩性货币政策会使得货币供给量减少，导致 *LM* 曲线向左移动。

经典真题

凯恩斯的货币需求函数非常重视（　　）。

A. 恒久收入的作用　　B. 汇率的作用

C. 货币供应量的作用　　D. 利率的作用

答案：D。

解析：凯恩斯认为投机动机的货币需求是随利率的变动而变化的需求。它与利率成负相关关系：利率上升，货币需求减少；反之，则投机性货币需求增加。故本题答案为 D。

三、*IS-LM* 模型（产品-货币市场同时均衡）

1. 产品市场和货币市场的同时均衡

IS-LM 模型是通过同时考虑产品市场和货币市场均衡得出的，*IS* 曲线和 *LM* 曲线的交点所形成利率和国民收入就是实现货币市场和产品市场同时均衡的利率和国民收入。

考点精讲

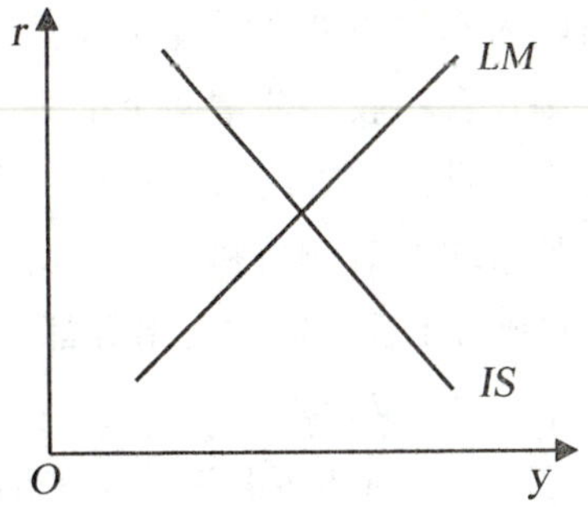

图 3-2-3　*IS-LM* 模型

2. 非均衡状态

IS 曲线以上的点，$I<S$；*IS* 曲线以下的点，$I>S$。

LM 曲线以上的点，$L<M$；*LM* 曲线以下的点，$L>M$。

经典真题

（2019 平安）利率和收入的组合点出现在 *IS* 曲线右上方、*LM* 曲线左上方的区域中，则表示(　　)。

A. 投资小于储蓄且货币需求小于货币供给

B. 投资小于储蓄且货币需求大于货币供给

C. 投资大于储蓄且货币需求小于货币供给

D. 投资大于储蓄且货币需求大于货币供给

答案：A。

解析：利率和收入的组合点出现在 *IS* 曲线右上方，则表明 *I* 小于 *S*，即投资小于储蓄；利率和收入的组合点出现在 *LM* 曲线左上方，则表明 *L* 小于 *M*，即货币需求小于货币供给。故本题答案为 A。

真题考点三　宏观经济政策

一、财政政策

财政政策的一般定义是为促进就业水平提高，减轻经济波动，防止通货膨胀，实现稳定增长而对政府支出、税收和借债水平所进行的选择，或对政府收入和支出水平所作的决策。国家财政由政府收入和支出两个方面构成，其中政府支出包括政府购买和转移支付，而政府收入则包含税收和公债两个部分。政府支出是指整个国家中各级政府支出的总和，由许多具体的支出项目构成，主要可分为政府购买和政府转移支付两类。政府购买是指政府对商品和劳务的购买，如购买军器品、机关公用品、政府雇员报酬、公共项目工程所需的支出等都属于政府购买。政府转移支付是指政府在社会福利保险、贫困救济和补助等方面的支出。

考点精讲

西方经济学者认为，为确保经济稳定，政府要审时度势，主动采取一些财政措施，变动支出水平或税收以稳定总需求水平，使之接近物价稳定的充分就业水平。这就是斟酌使用的或权衡性的财政政策。当认为总需求非常低，即出现经济衰退时，政府应通过削减税收、降低税率、增加支出或双管齐下以刺激总需求。反之，当认为总需求非常高，即出现通货膨胀时，政府应增加税收或削减开支以抑制总需求。前者称为扩张性财政政策，后者称为紧缩性财政政策。这种交替使用的扩张性和紧缩性财政政策，被称为补偿性财政政策。

经典真题

（2018农发展）宏观经济理论中的财政政策及其实现方式包括“扩张性财政政策”和“紧缩性财政政策”。下列选项中属于扩张性财政政策工具内容的是(　　)。

A. 减少政府支出，同时增加税收

B. 减少政府支出，同时减少税收

C. 增加政府支出，同时增加税收

D. 增加政府支出，同时减少税收

答案：D。

解析：扩张性财政政策是国家通过财政分配活动刺激和增加社会总需求的一种政策行为，主要工具是减税、增加政府支出进而扩大财政赤字。故本题答案为D。

二、货币政策

中央银行通过控制货币供应量以及通过货币供应量来调节利率进而影响投资和整个经济以达到一定经济目标的行为就是货币政策。

考点精讲

货币政策的工具主要包括以下几个方面：第一，再贴现率政策。这是美国中央银行最早运用的货币政策工具，再贴现率是中央银行对商业银行及其他金融机构的放款利率。再贴现率政策是中央银行通过变动给商业银行及其他存款机构的贷款利率来调节货币供应量。再贴现率提高，商业银行向中央银行借款就会减少，从而货币供给量就会减少；再贴现率降低，向中央银行借款就会增加，从而货币供给量就会增加。第二，公开市场业务。这是目前中央控制货币供给最重要也是最常用的工具。公开市场业务是指中央银行在金融市场上公开买卖政府债券以控制货币供给和利率的政策行为。央行在公开市场上买入政府债券，市场上的货币供应量会增加；央行在公开市场上卖出政府债券，市场上的货币供应量会减少。第三，法定存款准备金率。中央银行有权决定商业银行和其他存款机构的法定准备金率，如果中央银行认为需要增加货币供给，就可以降低法定准备金率，使所有的存款机构对每一笔客户的存款只留出更少的准备金。

经典真题

中央银行可以通过以下哪项的操作来紧缩货币？(　　)

A. 下调存款准备金率　　B. 从公开市场买进国债

C. 增加财政支出　　D. 上调存款准备金率

答案：D。

解析：D项上调存款准备金率会收缩商业银行的信贷，起到紧缩货币的作用。A、B两项是扩张性的货币政策，C项是扩张性财政政策。故本题答案为D。

三、财政政策与货币政策的搭配

财政政策与货币政策在实践中往往要配合使用。所谓财政政策和货币政策的配合，是指政府将财政政策和货币政策按某种形式搭配组合起来，以调节总需求，最终实现宏观经济的内外平衡。财政政策与货币政策的配合使用，一般有四种模式：

（1）扩张性的财政政策和扩张性的货币政策，即“双松”政策

松的财政政策和松的货币政策能更有力地刺激经济。一方面通过减少税收或扩大支出规模等松的财政政策来增加社会总需求，增加国民收入，但也会引起利率水平提高。另一方面通过降低法定准备金率、降低再贴现率、买进政府债券等松的货币政策增加商业银行的储备金，扩大信贷规模，增加货币供给，抑制利率的上升，以消除或减少松的财政政策的挤出效应，使总需求增加，其结果是可在利率不变的条件下，刺激经济，并通过投资乘数的作用使国民收入和就业机会增加。这样可以消除经济衰退和失业，比单独运用财政政策或货币政策更有缓和衰退、刺激经济的作用。扩张性的财政政策和扩张性的货币政策搭配所适用的经济初始状态是：①存在比较高的失业率；②大部分企业开工不足，设备闲置；③大量资源有待开发；④市场疲软、没有通胀现象；⑤国际收支盈余过多。在此状态下，这种搭配模式一方面会刺激对进口产品的需求，减少国际收支盈余，另一方面对推动生产和降低失业率有促进作用。这种模式能够短时间内提高社会总需求，见效迅速，但运用时应谨慎，如果掌握的尺度不好会造成通货膨胀的危险。

（2）紧缩性的财政政策和紧缩性的货币政策，即“双紧”政策

当经济过度繁荣，通货膨胀严重时，可以把紧的财政政策和紧的货币政策配合使用。这就是说通过增加税收和减少政府支出规模等紧的财政政策压缩总需求，从需求方面抑制通货膨胀。而利用提高法定存款准备金率等紧的货币政策增加商业银行的法定存款准备金，会使利率提高，投资下降，货币供给量减少，有利于抑制通货膨胀，同时，由于紧的财政政策在抑制总需求的同时会使利率下降，而通过紧的货币政策使利率上升，从而不使利率的下降起到刺激总需求的作用。其结果可在利率不变的情况下，抑制经济过度繁荣，使总需求和总产出下降。实施紧缩性的财政政策和紧缩性的货币政策搭配的初始状态是：①经济处于高通货膨胀；②不存在高失业率；③国际收支出现巨额赤字。削减总需求一方面有利于抑制通货膨胀、保证货币和物价的稳定，另一方面有助于改善国际收支状况，减少国际收支赤字。但是，这一模式如果运用不当往往会造成经济停滞的后果。

（3）扩张性的财政政策和紧缩性的货币政策

这种政策组合的结果是利率上升，总产出的变化不确定。具体说来这种模式在刺激总需求的同时又能抑制通货膨胀，松的财政政策通过减税、增加支出，有助于克服总需求不足和经济萧条，而紧的货币政策会减少货币供给量，进而抑制由于松的财政政策引起的通货膨胀的压力。实施扩张性的财政政策和紧缩性的货币政策搭配适宜的条件是：①经济停滞不前，甚至衰退；②社会总需求不足；③物价稳定，没有通货膨胀迹象；④失业率高；⑤国际收支赤字。在这种条件下，用松的财政政策来拉动内需，对付经济衰退，用紧的货币政策来减少国际收支赤字，调节国际收支平衡，从而有助于促进宏观经济的内外均衡。

（4）紧缩性的财政政策和扩张性的货币政策

同扩张性的财政政策和紧缩性的货币政策相反，这种政策组合的结果是利率下降，总产出的变化不确定，一方面，通过增加税收，控制支出规模，压缩社会总需求，抑制通货膨胀；另一方面，采取

松的货币政策增加货币供应，以保持经济适度增长。实施紧缩性的财政政策和扩张性的货币政策搭配的适宜条件是：①经济过热；②物价上涨、通货膨胀；③社会失业率低；④国际收支出现过多顺差。在此状态下，采取紧缩性的财政政策和扩张性的货币政策的配合是适宜的，前者可以用来对付通货膨胀，后者可用来减少过多的国际收支盈余（通过刺激进口和以低利率刺激资本流出），从而有助于促进宏观经济的内外均衡。

经典真题

1. 当通货膨胀不严重时，应采取(　　)。

A. 紧缩的财政政策，宽松的货币政策

B. 紧缩的货币政策，宽松的财政政策

C. 紧缩的财政政策，紧缩的货币政策

D. 宽松的财政政策，宽松的货币政策

真题精讲

答案：A。

解析：当通货膨胀不严重时，应该采取紧缩的财政政策控制通货膨胀，同时采取宽松的货币政策防止经济衰退。故本题答案为A。

（2018中行）2. 货币政策与财政政策经常被同时用到，那么其配合模式有哪些？(　　)

A. 货币紧、财政松

B. 财政紧、货币紧

C. 财政松、货币松

D. 财政紧、货币松

答案：ABCD。

解析：所谓财政政策和货币政策的配合，是指政府将财政政策和货币政策按某种形式搭配组合起来，以调节总需求，最终实现宏观经济的内外平衡。财政政策与货币政策的配合使用，一般有四种模式：(1) 扩张性的财政政策和扩张性的货币政策，即“双松”政策；(2) 紧缩性的财政政策和紧缩性的货币政策，即“双紧”政策；(3) 扩张性的财政政策和紧缩性的货币政策；(4) 紧缩性的财政政策和扩张性的货币政策。故本题答案为ABCD。

真题考点四　宏观经济现象

一、经济周期

1. 经济周期的含义及特征

所谓经济周期（又称商业周期或者商业循环），是国民总产出、总收入和总就业的波动。这种波动以经济中的许多成分普遍而同期地扩张或收缩为特征。经济周期发生在实际GDP相对于潜在GDP上升（扩张）或下降（收缩或衰退）的时候。

考点精讲

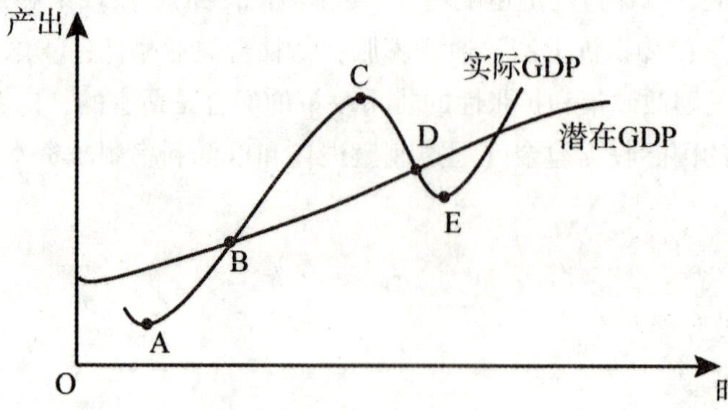

图 3-2-4 经济周期曲线

如图 3-2-4 所示 A 点对应着经济萧条，它是经济周期的底部。B 点表明经济进入了复苏阶段。随着复苏进程的发展，产出到达趋势路径的上方，即图中的 C 点，称此时的经济处于繁荣阶段。然后，经济进入衰退期，此时产出增长速度慢于产出增长趋势，甚至产出可能为负增长。E 点代表经济萧条，然后，经济又开始复苏，另一个周期重新开始。

2. 经济周期的成因

经济周期的成因主要有外因论和内因论。

外因论认为，周期源于经济体系外部的因素——太阳黑子、战争、革命、选举、金矿或新资源的发现、科学突破或技术创新等等。太阳黑子理论：这种理论用太阳黑子来解释经济周期。这种理论认为，太阳黑子的活动对农业生产影响很大，而农业生产的状况又会影响工业及整个经济。创新理论：一种用技术创新来解释经济周期的理论，由熊彼特提出，属于外生经济周期理论。创新是指对生产要素的重新组合，例如，采用新生产技术、新的企业组织形式，开发新产品和开辟新市场等。这种理论首先用创新来解释繁荣和衰退。

内因论认为，周期源于经济体系内部的因素——收入、成本、投资在市场机制作用下的必然现象。纯货币理论：这种理论认为，经济周期是一种纯货币现象。经济中周期性的波动完全是由于银行体系交替地扩大和紧缩信用所造成的。投资过度理论：一种用生产资料的投资过多来解释经济周期的理论，这种理论认为，无论是什么原因引起了投资的增加，这种增加都会引起经济繁荣。消费不足理论：这是一种历史悠久的理论，主要用于解释经济周期中危机阶段的出现以及生产过剩的原因，并没有形成为解释经济周期整个过程的理论。心理周期理论：这种理论强调心理预期对经济周期各个阶段形成的决定作用。

经典真题

(2015 中行）以下关于经济周期理论，属于外因论的是（　　）。

A. 消费不足理论　　　　B. 投资过度理论

C. 心理理论　　　　D. 创新理论

答案：D。

解析：经济周期理论分为两种：一种是外因论，该理论认为，周期源于经济体系之外的因素——太阳黑子、战争、革命、选举、金矿或新资源的发现、科学突破或技术创新等等；另一种是内因论，该理论认为，周期源于经济体系内部的因素——收入、成本、投资在市场机制作用下的必然现象。故本题答案为 D。

二、收入分配不平等现象

1. 洛伦兹曲线

洛伦兹曲线研究的是国民收入在国民之间的分配问题。它是美国统计学家洛伦兹提出的。它先将一国人口按收入由低到高排队，然后考虑收入最低的任意百分比人口所得到的收入百分比。例如，收入最低的 20% 人口、40% 人口……所得到的收入比例分别为 3%、7.5%……最后，将这样得到的人口累计百分比和收入累计百分比的对应关系描绘在图形上，即得到洛伦兹曲线。

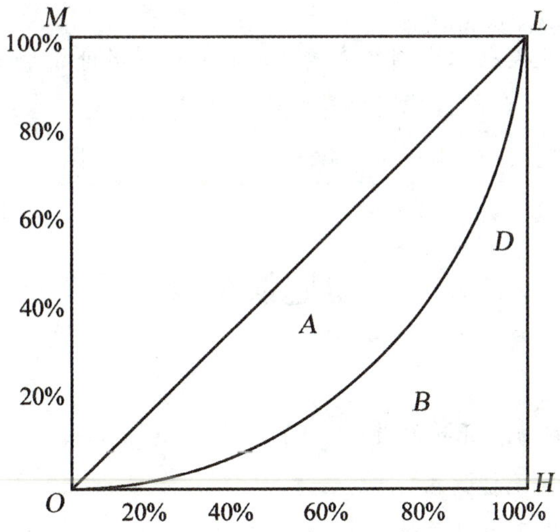

图 3-2-5 洛伦兹曲线

图中 *ODL* 为洛伦兹曲线，洛伦兹曲线的弯曲程度反映收入分配的不平等程度，弯曲程度越大，收入分配程度越不平等；反之亦然。如果所有收入都集中在某一个人手中，而其余人口均一无所有，收入分配达到完全不平等，洛伦兹曲线成为折线 *OHL*；另一方面，如果任一人口百分比等于其收入百分比，从而人口累计百分比等于收入累计百分比，则收入分配就是完全平等的，洛伦兹曲线成为通过原点的 45°线 *OL*。

2. 基尼系数

将洛伦兹曲线与 45°线之间的部分 *A* 叫做“不平等面积”；当收入分配达到完全不平等时，洛伦兹曲线成为折线 *OHL*，*OHL* 与 45°线之间的面积 *A*+*B* 就是“完全不平等面积”。不平等面积与完全不平等面积之比，称为基尼系数，是衡量一个国家贫富差距的标准。设 *G* 为基尼系数，则

$$G=A/(A+B)\quad(0\leqslant G\leqslant 1)$$

基尼系数被西方经济学家普遍公认为一种反映收入分配平等程度的方法，也被现代国际组织（如

联合国）作为衡量各国收入分配的一个尺度。

基尼系数的优点：基尼系数由于给出了反映居民之间贫富差异程度的数量界线，可以较客观、直观地反映和监测居民之间的贫富差距，预报、预警和防止居民之间出现贫富两极分化。因此得到世界各国的广泛认同和普遍采用。

基尼系数的缺点：①没有显示出来在哪里存在分配不公；②国际间并没有制定基尼系数的准则，一些问题如应否除税项，应否剔除公共援助受益者，应否剔除非本地居民，或应否加入政府的福利，并没有一致性，以至于没有比较的准则。

经典真题

基尼系数（Gini Coefficient）是国际上用来综合考察居民内部收入分配差异状况的一个重要分析指标，其数值在0和1之间。根据国际惯例，基尼系数预警两极分化的质变临界值为(　　)。

A. 0.3　　B. 0.6　　C. 0.5　　D. 0.4

答案：D。

解析：基尼系数是20世纪初意大利经济学家基尼，根据洛伦兹曲线所定义的判断收入分配公平程度的指标。通常把0.4作为贫富差距的警戒线，大于这一数值容易出现社会动荡。故本题答案为D。

真题演练

一、单项选择题

1. 关于国内生产总值的说法，正确的是(　　)。

A. 国内生产总值又称为国民总收入

B. 国内生产总值又称为国民生产总值

C. 国内生产总值是按市场价格计算的一个国家（或地区）在一定时期内生产活动的最终成果

D. 国内生产总值仅具有价值形态

2. 关于经济增长与经济发展，下列说法正确的是(　　)。

A. 用不变价格计算的GDP可以反映一国或地区的经济发展规模

B. 用现行价格计算的GDP可以用来计算经济增长速度

C. 经济发展是一个国家或地区在一定时期内的总产出与前期相比所实现的增长

D. 经济增长率的高低是衡量一个国家总体经济实力增长速度的标志

3. 很多国家或地区都是用(　　)作为度量价格总水平的主要指标。

A. 消费者价格指数　　B. 固定资产投资价格指数

C. 工业品出厂价格指数　　D. 商品零售价格指数

4. 财政政策是指一国政府为实现预期的经济社会发展目标，对(　　)进行调整的指导原则和措施。

A. 财政预算关系　　B. 财政收支关系

C. 财政主体关系　　D. 财政平衡关系

5. 当经济处于萧条时期，政府应采取的投资政策措施是(　　)。

A. 提高投资支出水平，缓解或者逐步消除经济衰退

B. 提高税率、增加税收优惠，扩大社会总供给

C. 提高补贴，扩大转移支付，降低社会总需求

D. 降低投资支出水平，使经济降温、平稳回落

6. 通货膨胀可以采取的货币政策是(　　)。

A. 降低再贴现率　　B. 增加税收

C. 在公开市场上买入有价证券　　D. 提高法定存款准备金率

7. 我国货币政策的目标是(　　)。

A. 保持国家外汇储备的适度增长

B. 保持国内生产总值以较快的速度增长

C. 保持货币币值稳定，并以此促进经济增长

D. 保证充分就业

8. 经济波动周期的四个阶段依次是(　　)。

A. 危机、萧条、复苏、高涨　　B. 危机、复苏、高涨、萧条

C. 高涨、萧条、复苏、危机　　D. 高涨、复苏、危机、萧条

9. 工资上涨使得生产成本增长，在既定的价格水平下，厂商愿意并且能够供给的数量减少，从而使得总供给曲线向左上方移动，造成(　　)。

A. 报酬拉动的通货膨胀　　B. 成本推进的通货膨胀

C. 价格拉动的通货膨胀　　D. 工资推进的通货膨胀

10. 当一国经济出现膨胀和顺差时，为了内外经济的平衡，根据财政货币政策配合理论，应采取的措施是(　　)。

A. 紧缩性的财政政策和紧缩性的货币政策

B. 膨胀性的财政政策和紧缩性的货币政策

C. 膨胀性的财政政策和膨胀性的货币政策

D. 紧缩性的财政政策和膨胀性的货币政策

真题精讲

二、多项选择题

1. 按照古典经济学观点，自愿失业的类型主要包括(　　)。

A. 周期性失业　　B. 摩擦性失业

C. 二元经济结构失业　　D. 体制性失业

E. 结构性失业

2. 由成本或供给方面的原因形成的通货膨胀，即成本推进的通货膨胀又称为供给型通货膨胀，是由厂商生产成本增加而引起的一般价格总水平的上涨，造成成本向上移动的原因大致有(　　)。

A. 银行利率过度提高　　B. 进口商品价格上涨

C. 利润过度增加　　D. 工资过度上涨

参考答案及解析

一、单项选择题

1. 答案：C。

解析： 国内生产总值（GDP）：按市场价格计算的一个国家（或地区）在一定时期内生产活动的最终成果。国内生产总值有三种形态，即价值形态、收入形态和产品形态。国民生产总值与国内生产总值是不同的概念，国民生产总值又称国民总收入。故本题答案为 C。

2. 答案：D。

解析： 用现行价格计算的 GDP 可以反映一国或地区的经济发展规模。用不变价格计算的 GDP 可以用来计算经济增长速度。选项 A、B 说反了。经济增长是一个国家或地区在一定时期内的总产出与前期相比所实现的增长。选项 C 说法错误。故本题答案为 D。

3. 答案：A。

解析： 价格指数有很多种类，很多国家或地区都是用消费者价格指数作为度量价格总水平的主要指标。故本题答案为 A。

4. 答案：B。

解析： 财政政策是指一国政府为实现预期的经济社会发展目标，对财政收支关系进行调整的指导原则和措施。故本题答案为 B。

5. 答案：A。

解析： 当经济处于过热时期，政府可通过降低投资支出水平，抑制社会总需求，使经济降温、平稳回落。当经济处于萧条时期，政府可通过提高投资支出水平，扩大社会总需求，缓解或逐步消除经济衰退。当社会总供求基本平衡，但总供求结构存在问题时，政府投资可以通过采取有保有压的政策，减少对过热行业的投资，增加对薄弱环节的投资，使社会总供求在结构上保持协调。故本题答案为 A。

6. 答案：D。

解析： 治理通货膨胀需要采取紧缩的货币政策，抑制社会需求。选项 A、C 属于扩张的货币政策，不能选。选项 B 属于紧缩的财政政策，所以也不能选。故本题答案为 D。

7. 答案：C。

解析：《中华人民共和国中国人民银行法》第三条规定："货币政策目标是保持货币币值稳定，并以此促进经济增长"。故本题答案为 C。

8. 答案：A。

解析： 经济波动周期的四个阶段按照顺时针发展顺序依次是衰退（危机）、萧条、复苏、繁荣（高涨）。故本题答案为 A。

9. 答案：D。

解析： 工资推动通货膨胀是工资过度上涨所造成的成本增加而推动价格总水平上涨，工资是生产成本的主要部门。工资上涨使得生产成本增长，在既定的价格水平下，厂商愿意并且能够供给的数量减少，从而使得总供给曲线向左上方移动。故本题答案为 D。

10. 答案：D。

解析： 通货膨胀属于内部均衡问题，应该用紧缩性的财政政策解决，缩减社会需求，因此排除 B、C 选项。顺差时出口大于进口，属于外部均衡问题应该用货币政策来解决，为达到国际收支平衡，应通过扩张性的货币政策增加货币供给量，进而增加进口，排除A选项。故本题答案为D。

二、多项选择题

1. 答案：BE。

解析：按照古典经济学的观点，自愿失业的类型主要包括摩擦性失业和结构性失业。故本题答案为BE。

2. 答案：BCD。

解析：造成成本向上移动的原因大致有：工资过度上涨；利润过度增加；进口商品价格上涨。故本题答案为BCD。

第三章 金融学

真题考点一　货币与货币制度

一、货币

1. 货币的本质

货币是从商品中分离出来固定地充当一般等价物的商品。货币的本质就是一般等价物。

2. 货币的职能

货币的职能主要有以下几种：价值尺度、流通手段、支付手段、贮藏手段和世界货币，其中，价值尺度和流通手段是货币最基本的两大职能。

考点精讲

(1) 价值尺度

货币的第一个作用是可以作为价值尺度，也就是说，它可以作为经济社会当中衡量价值的手段。就如同我们用公斤来称重，用公里来测距一样，我们用货币来衡量产品和服务的价值，餐馆的价目表或菜单便是例证。

(2) 流通手段

在经济社会当中，几乎所有的市场交易都是以货币作为交易媒介的，也就是说，货币可以被用来购买产品和服务。运用货币作为交易媒介，节省了产品和服务交易的时间，促进了经济效率。

(3) 支付手段

这是货币作为独立的价值形式进行单方面运动（如清偿债务、缴纳税款、支付工资和租金等）时所执行的职能。

(4) 贮藏手段

货币还可以发挥价值储藏的功能，即跨越时间的购买力储藏。价值储藏可以将购买力从获得收入之日起储蓄到支出之日。

(5) 世界货币

货币跨出国门，到世界上执行以上几种职能，此时货币执行的是世界货币的职能。

3. 货币的分类

(1) 按照交易支付的历史演进，货币主要包括以下几类：

①商品货币

由金、银等贵金属或其他有价值的商品构成的货币就被称为“商品货币”。除了最原始的社会，从远古到数百年前，在几乎任何一个社会中，商品货币都发挥了交易媒介的作用。

②纸币

最初，纸币附有可以转化为硬币或一定数量贵金属的承诺。然而，之后纸币发展成不兑现纸币，即政府以其信用为担保将纸币宣布为法定流通货币，不能转化成硬币或者贵金属。现在的纸币是一种信用货币。

③电子货币

电子支付技术的发展将使得电子货币（电子形式的货币）取代支票和现金。电子货币最初是以借记卡的形式出现的，储值卡是电子货币的更高级形式，第三种电子货币是电子现金。

（2）按照货币的本质，货币主要分为以下几种：

①债务货币

债务货币就是当今主要发达国家所通行的法币（Fiat Money）系统，它的主要部分是由政府、公司以及私人的“货币化”的债务所构成。

②非债务货币

非债务货币，以全国综合国力为锚，这种货币不是任何人的债务，它是一个国家以其国内的人民已经完成的劳动成果和全国资源为锚的信用货币，国家发出这种货币并许可持有该种货币者，在其国内可以这种货币做各种的合法交易。另外，以实体黄金白银为货币，是货币中的最终支付手段，它不需要任何政府力量的强制，它可以跨越时代与国界，是从人类数千年社会实践中自然进化而来的。

在所有货币中，金银货币意味着“实际拥有”，而法币则代表“欠条+许诺”。二者的价值“含金量”有着本质区别。

4. 货币层次的划分

考点精讲

货币层次的划分一般以流动性作为划分的依据。所谓“流动性”，是指金融资产能够及时转化为现实购买力或支付力的能力。货币层次一般分为 M0、M1、M2。

（1）M0

构成：M0 = 流通中的现金（不包括银行库存现金）

M0 流动性最强，具有最强的购买力，故而又叫“现金”，是指流通于银行体系之外的现钞，也就是居民和企业所持有的现金。

（2）M1（狭义货币）

构成：M1 = M0+活期存款

M1 由流通于银行体系以外的现金（M0）和银行的活期存款构成，其中活期存款由于随时可以变现（提取变成现金），所以流动性和购买力不亚于现金。在很多国家，M1 是中央银行进行宏观调控的重要变量、重点调控对象，也是货币政策的中介目标。

（3）M2（广义货币）

构成：M2 = M1+银行体系的储蓄存款和定期存款

在中国，M2 = M1+银行体系的储蓄存款和定期存款+证券客户保证金

M2 包括了一切可能成为现实购买力的货币形式。M2 不仅反映现实的购买力，还反映潜在的购买力。若 M1 增速较快，则消费市场活跃；若 M2 增长较快，则投资市场活跃。M2 过高而 M1 过低，表明投资过热、需求不旺，有通缩风险；M1 过高而 M2 过低，表明需求强劲、投资不足，有通胀压力。中央银行和各商业银行可以据此判断并制定货币政策。

二、货币制度

1. 货币制度的内容

（1）规定货币材料；

（2）规定货币单位；

（3）规定主币和辅币的铸造、发行和流通；

（4）有限法偿和无限法偿；

（5）金准备制度。

2. 货币制度的演变

（1）银本位制度

规定以白银为货币金属，享有购买和法偿能力；规定银铸币的重量、成色、形状和货币单位；银铸币可以自由铸造和熔化，银行券可以自由兑换成银币等。

（2）金银复本位制度

①平行本位制

两者之间的交换比率完全由金币和银币的市场价格确定，法律上不对其作出任何规定。

②双本位制

国家和法律规定金、银两种铸币的固定比价，两种铸币按照国家比价流通，而不随金、银市场比价的变动而变动。

格雷欣法则：亦称为劣币驱逐良币规律，指在双本位货币制度下，两种实际价值不同而名义价值相同的铸币同时流通时，必然出现实际价值高的良币被贮藏、熔化或者输出国外，而实际价值较为低的劣币充斥市场的现象。

考点精讲

良币：实际价值高于名义价值的货币。

劣币：实际价值低于名义价值的货币。

③跛行本位制

金币和银币仍然同为本位币，仍然按照法定比价同时流通，两者均具有无限法偿能力，但是只有金币可以自由铸造，而银币不得自由铸造。

（3）金本位制度

①金币本位制

以一定量的黄金为货币单位铸造金币，作为本位币；金币可以自由铸造，自由熔化，具有无限法偿能力，同时限制其他铸币的铸造和偿付能力；辅币和银行券可以自由兑换金币或者等量黄金；以黄金为唯一准备金。

②金块本位制

金块本位制是一种以金块办理国际结算的变相金本位制度，亦称金条本位制。在该制度下，由国家储存金块作为储备；流通中各种货币与黄金的兑换关系受到限制，不再实行自由兑换，但在需要时，可以按照规定的限制数量以纸币向本国中央银行无限制兑换金块。

③金汇兑本位制

这是一种持有金块本位制或者金币本位制国家的货币，准许本国货币无限制地兑换成该国货币的金本位制度。在该制度下，国内只流通银行券，银行券不能兑换黄金，只能兑换实行金块或金本位制国家的货币。

（4）不兑现的信用货币制度

纸币为本位货币，黄金非货币化；纸币不能兑换金银；纸币通过信用渠道发行，由法律强制流通；纸币发行可以自由变动，不受一国所拥有的贵金属数量的限制。

3. 人民币制度

现行的人民币制度就是不兑现的信用货币制度。在中国，“人民币”是唯一合法有效的本位纸币，由中国人民银行发行，以中国政府的信用和法律来保证人民币的流通效力。人民币不能兑换金银，但却可以自由买卖金银。人民币也分纸币和硬币，但硬币面值较小，只是作为辅币使用。

4. 国际货币体系

（1）金本位制度下的国际货币体系

金本位制度下的国际货币体系必须经由双边或多边的国际安排才能成立。

国际货币体系的特点是：

①各国货币依然维持金平价，即规定有含金量，但只是一种不完全的金平价，本币不能自由兑换成黄金，而是通过兑换外汇间接与黄金联系。

②汇率实际上是一种钉住汇率制度，即与某一特定强国的货币挂钩。

③一国政府当局或中央银行除持有黄金储备外，还持有大量的外汇——与之挂钩的强国货币，以保证本币可以通过兑换为外汇来保持稳定。

（2）以美元为中心的国际货币体系——布雷顿森林体系

1943 年 7 月，在美国和英国的组织下，44 个国家在美国的布雷顿森林参加了讨论战后国际金融秩序的会议，史称“布雷顿森林会议”，与会各国通过了《国际货币基金组织协定》。协定规定：参加基金组织的成员国的货币金平价应以黄金和美元来表示。根据当时 1 美元的含金量为 0.888671 克纯黄金，确定 1 盎司黄金等于 35 美元的官方价格。其他各国的货币则按其含金量与美元定出比价；美国政府应允许各国中央银行以 1 盎司等于 35 美元的官价向美国兑换黄金。这就形成了所谓“双挂钩”的以美元为中心的国际货币体系。这便是战后实行几十年的布雷顿森林货币体系。

“双挂钩”是指美元与黄金挂钩；其他各国货币与美元挂钩。

布雷顿森林体系的内在矛盾：特里芬难题。

布雷顿森林体系的建立和运转结束了国际货币金融领域的混乱局面，弥补了国际收支清偿力的不足，并极大地促进了国际贸易、投资和世界经济的发展。但这种以一国货币作为最主要国际储备资产的体系有一种内在的不可克服的矛盾：美国以外的成员国必须依靠美国国际收支持续保持逆差，不断输入美元来增加它们的国际清偿能力（即国际储备），这势必会危及美元信用从而动摇美元作为最主要国际储备资产的地位；反之，美国若要维持国际收支平衡稳定美元，则其他成员国国际储备增长又成问题，从而会发生国际清偿能力不足进而影响到国际贸易与经济的增长。美元实际上处于两难境地。这一问题早在 20 世纪 50 年代末就被著名的国际金融专家特里芬所提出，成为著名的“特里芬难题”。

（3）牙买加体系

布雷顿森林体系于 1973 年完全崩溃。1976 年 1 月，国际货币基金组织（IMF）理事会通过了《IMF 协定第二修正案》，形成了新的国际货币体系，即牙买加体系。主要内容为：①实行浮动汇率制度的改革；②推行黄金非货币化；③增强特别提款权的作用；④增加成员国基金份额；⑤扩大信贷额度，以增加对发展中国家的融资。

5. 人民币国际化

人民币国际化是指人民币能够跨越国界，在境外流通，成为国际上普遍认可的计价、结算及储备货币的过程。尽管目前人民币境外的流通并不等于人民币已经国际化了，但人民币境外流通的扩大最终必然导致人民币的国际化，使其成为世界货币。目前，人民币国际化正在稳步推进，2015 年人民币纳入国际货币基金组织（IMF）特别提款权（SDR）货币篮子，标志着人民币朝着国际化又迈出了重要一步。

经典真题

（2017 中行）1. 货币就其本质而言，可分为(　　)。

A. 虚拟货币　　B. 金属货币　　C. 债务货币　　D. 非债务货币

答案：CD。

解析：货币就其本质而言，可分为债务货币与非债务货币两大类。债务货币就是当今主要发达国家所通行的法币（Fiat Money）系统，它的主要部分是由政府、公司以及私人的货币化的债务所构成。美元就是其中最典型的例子。美元在债务产生的同时被创造出来，在债务偿还的同时被销毁。另一类货币，就是以金银货币为代表的非债务货币。这种货币不依赖于任何人的许诺，不是任何人的债务，它代表的是人类已经完成的劳动成果，是从人类数千年社会实践中自然进化而来的。故本题答案为 CD。

（2018 建行）2. 货币本质上是一种所有者与市场关于交换权的契约，根本上是所有者相互之间的约定。货币具有多种职能，在支付租金、赋税等的时候发挥的职能是(　　)。

A. 价值尺度　　B. 流通手段　　C. 支付手段　　D. 贮藏手段

答案：C。

解析：支付手段是指货币用来清偿债务或支付赋税、租金、工资等的职能，此时是货币价值的单方面转移。故本题答案为 C。

真题考点二　信用与融资方式

一、信用

1. 商业信用

商业信用是企业在正常的经营活动和商品交易中由于延期付款或预收账款所形成的企业常见的信贷关系。在商业信用中经常使用支票、本票、汇票等信用工具。商业信用属于直接信用。

2. 银行信用

银行信用是指以银行为中介，以存款等方式筹集货币资金，以贷款方式对国民经济各部门、各企业提供资金的一种信用形式。银行信用是伴随着现代银行产生，在商业信用的基础上发展起来的。银行信用与商业信用一起构成现代经济社会信用关系的主体。银行信用属于间接信用。

3. 国家信用

国家信用是以国家为主体所进行的一种信用活动。国家按照信用原则以发行债券等方式，从国内外货币持有者手中借入货币资金。国家信用包括国内信用和国际信用。国内信用是国家以债务人身份向国内居民、企业、团体取得资金的信用形式，它形成国家的内债。国际信用是国家以债务人身份向国外居民、企业、团体和政府取得资金的信用形式。

4. 消费信用（个人信用）

消费信用是指工商企业、银行和其他金融机构提供给消费者用于消费支出的信用。消费信用是由信贷消费产生的。所谓信贷消费，是指消费者为了达到某种消费目的，在个人资金不足的情况下，凭借个人信用不用立即付款即获取资金、物资或者服务的交易方式。消费信用最典型的工具是信用卡。

5. 虚拟资本

虚拟资本是独立于现实的资本运动之外，以有价证券的形式存在，能给持有者按期带来一定收入的资本，如纸币、期票、汇票、股票、公债券、不动产抵押单等。

虚拟资本与信用制度密切联系，是信用市场的产物。

二、融资方式

1. 直接融资

直接融资是指没有金融中介机构介入的资金融通方式，是资金供求双方通过一定的金融工具直接形成债权债务关系或股权关系的融资形式。

直接融资的工具主要有商业票据和直接借贷凭证、股票、债券等。

考点精讲

2. 间接融资

间接融资是指拥有暂时闲置货币资金的单位和个人通过存款的形式，或者购买银行、信托、保险等金融机构发行的有价证券，将其暂时闲置的资金先行提供给这些金融中介机构，然后再由这些金融机构以贷款、贴现等形式，或通过购买需要资金的单位发行的有价证券，把资金提供给这些单位使用，从而实现资金融通的过程。

间接融资的工具主要包括各类存款凭证、保单等。

经典真题

（2018 交行）以下关于商业信用的表述不正确的是（　　）。

A. 信用就是“使商品资本向货币转化得以预先实现的形式”

B. 商业信用体现的是从事再生产的资本之间互相提供信用的关系

C. 商业信用是资本主义信用制度的基础

D. 商业信用的存在，就可以杜绝赊购方到期无力偿还的信用风险

答案： D。

解析： 商业信用在资本主义以前就已经产生。马克思认为，商业信用是资本主义信用制度的基础，资本在货币形态和实物形态上发生变化，简单的信用起了重要作用。买方和卖方在相互信任

的基础上才能实现原材料的购入和商品的销售，信用就成为“使商品资本向货币转化得以预先实现的形式”。因此，商业信用在开始的时候就伴随着赊购方到期无力偿还的信用风险，风险的积累暗示着潜在的危机爆发。商业信用体现的是从事再生产的资本之间相互提供信用的关系，对产业资本循环和再生产过程得以顺利进行有其必要性和必然性。故本题答案为 D。

真题考点三　利息与利率

一、利息

1. 利息的含义

现代西方经济学认为，利息是债权人让渡资本使用权而索要的补偿。英国古典经济学家马西第一次指出，利息是利润的一部分。亚当·斯密也曾说：“为报答这种让与，借用人须在借用期内，每年以较小部分的年生产物，让与出租人，称作利息。”故而，利息的实质是一种补偿费，其一般来源于利润。

2. 利息的计算（单利、复利）

（1）单利

计算公式：$I = P \times i \times n$

其中，I 表示利息，P 表示本金，i 表示利率，n 为计息期数，与年利率相对应的为年数。

考点精讲

（2）复利

计算公式：$I = P \times [(1+i)^n - 1]$

其中，I 表示利息，P 表示本金，i 表示利率，n 为计息期数，与年利率相对应的为年数。

二、利率

1. 利率的含义

利率是利息率的简称，就表现形式来说，是指一定时期内利息额同借贷本金总额的比率。

利率＝利息/本金×100%

利率通常以一年期利息与本金的百分比计算，即所谓的年利率。利率可以被看做是“货币使用权的价格”。

2. 利率分类

利率有各种不同的分类标准。

考点精讲

（1）按照是否考虑通货膨胀率，分为名义利率和实际利率；

（2）按照利率在借贷期内是否调整，分为固定利率与浮动利率；

（3）按照利率形成机制的不同，分为市场利率、公定利率和官定利率；

（4）按照计算利息的期限单位，分为年利率、月利率、日利率；

（5）按照借贷期限是否超过一年，分为长期利率和短期利率；

（6）按照借贷资金交付给债务人时间的不同，分为即期利率和远期利率；

（7）按照借贷主体的不同，分为债券利率、存贷利率、银行间同业拆借利率。

在中国，上海银行间同业拆放利率（Shanghai Interbank Offered Rate，简称 Shibor）是由信用等级较高的银行自主报出的人民币同业拆出利率计算确定的算术平均利率，是单利、无担保、批发性利率。目前，对社会公布的 Shibor 品种包括隔夜、1 周、2 周、1 个月、3 个月、6 个月、9 个月及 1 年。全国银行间的同业拆借利率都是以 Shibor 为基准的。

3. 负利率

名义利率是央行或其他提供资金借贷的机构所公布的未调整通货膨胀因素的利率。

实际利率是指剔除通货膨胀率后储户或投资者得到利息回报的真实利率。即：

实际利率＝名义利率−通货膨胀率

如果通货膨胀率高于名义利率，那么名义利率减去通胀率之后的实际利率便是负数，这便是所谓的“负利率”。在负利率时代，人们存入银行的钱实际上是在不断贬值的。

4. 利率与金融资产的价格

（1）利率提高，股票、债券价格下跌

在通胀时期，通常采取紧缩性货币政策，通过提高利率，促使人们增加储蓄，从而减少货币供应，导致私人消费和投资减少，最终引起股票、债券价格的下降。

考点精讲

（2）利率降低，股票、债券价格上升

在萧条时期，通常采取扩张性货币政策，通过降低利率，促使人们减少储蓄，从而扩大货币供应，引起私人消费与投资增加，最终引起股票、债券价格上升。

5. 利率的期限结构

将期限不同，但风险、流动性和税收政策相同的债券的收益率连成一条曲线，即得到收益率曲线，它描述了特定类型债券利率的期限结构。利率的期限结构通常包括三类：向上倾斜的收益率曲线、平坦的收益率曲线、向下倾斜的收益率曲线。

6. 利率市场化

利率市场化就是将利率的决策权由央行交给各金融机构，由金融机构自己根据资金状况和对金融市场动向的判断来自主调节利率水平，最终形成以中央银行基准利率为基础，以货币市场利率为中介，由市场供求决定金融机构存贷款利率的市场利率体系和利率形成机制。

一般而言，利率市场化包括两个内容：一是商业银行的存贷款利率市场化；二是中央银行通过间接调控的方式影响市场利率。

我国利率市场化的总思路是“先外币、后本币；先贷款、后存款；先长期、大额，后短期、小额”。

经典真题

（2019 中行）1. 在确定的借贷周期内，按复利的(　　)越多，其收入比值越高。

A. 利率　　B. 计息次数　　C. 本金　　D. 本息和

答案： B。

解析： 复利是将上期利息并入本金一并计算利息的一种方法。在确定的借贷周期内，按复利的计息次数越多，相同本金的条件下投资人的利息收入就越高，相应的其收入比值也就越高。故本题答案为 B。

（2018 交行）2. 在影响金融资产价格变动的因素中，下列有关利率水平的说法，错误的是(　　)。

A. 商品价格水平的变动，会引起发行者利润的变化，引起金融资产需求与供给的变化

B. 债务工具的利息收益是变动的，当市场利率上升时，债务工具的内在价值将会上升

C. 国际经济政策的改变，对金融资产的发行者盈利水平产生变化，从而导致金融资产的价格发生变化

D. 当利率水平上升时，权益工具的需求将减少，在供给不变或将会增加的情况下，导致权益工具的价格下降

答案：B。

解析：债务工具的利息收益是固定的，因而，当市场利率下降时，债务工具的内在价值将上升，对债务工具的需求将会增加，在供给不变或将会减少的情况下，债务工具的价格将会上升。故本题答案为 B。

真题考点四　金融市场

一、金融的含义

1. 金融

金融可界定为：凡是既涉及货币，又涉及信用，以及以货币与信用结合为一体的形式生成、运作的所有交易行为的集合。

金融是现代经济的核心，表现为：

（1）金融在市场配置资源中起核心作用；

（2）金融政策是国家调节宏观经济的重要杠杆；

（3）金融的状况对一国经济的稳定和效率具有关键意义。

2. 金融资产

金融资产可分为现金与现金等价物和其他金融资产两类。前者是指个人拥有的以现金形式或高流动性资产形式存在的资产，所谓高流动性资产主要是指各类银行存款、货币市场基金和人寿保险现金收入。其他金融资产是指个人由于投资行为而形成的资产，如各类股票和债券等。

（1）金融资产的特性

①期限性

金融工具都有偿还日期，如债券。

②流动性

流动性是指金融工具在金融市场上能够迅速地转化为现金而不致遭受损失的能力。

考点精讲

③收益性

收益性包括金融工具能定期或不定期带来收益，如定期的股息和利息收益、出售金融工具的价差。

④风险性

风险性是指金融工具的预定收益或者本金遭受损失的可能性。风险一般源于信用风险和市场风险。

比如“股市有风险，入市需谨慎”。

（2）影响金融资产价格变动的因素

①经济增长

一般来讲，金融资产的价格与经济增长同方向运动，经济增长加速，社会投资需求日益旺盛，从而会推动金融资产价格上升。

②物价水平

一般来讲，物价高低表现为通货膨胀率水平。物价非正常上涨，股票发行公司名义利润增长，市盈率降低，从而使公司财务指标失真，误导投资者判断股票的价值，诱导股票价格上涨；如果物价水平正常上涨，股票发行公司实际利润、资产净值等相应财务指标增加，股票的内在价值增加，股票价格亦会上涨。

③货币供应量

货币供应量对金融资产的价格存在直接的正相关作用。

④利率水平

利率是对金融资产价格影响最大也是最直接的因素。利率与金融资产价格成反向变动关系。利率上升时，会增加借款成本，减少利润，降低投资需求，导致资金从股票等市场流入银行存款市场，减少对股票等金融资产的需求，使金融资产价格下降。相反，当利率下降时，会推动金融资产价格上涨。

⑤国际收支

一般来讲，国际收支出现持续顺差，外汇储备增加，本币投放增加，会刺激投资和经济增长，有利于形成汇价和股价上升的心理预期，推动股价上升；反之，国际收支处于逆差状况，对外赤字增加，进口大于出口，此时，政府为扭转这类状况，会控制进口，鼓励出口，并相应地提高利率，实行紧缩政策，或降低汇率使本国货币贬值，从而造成股价看跌趋势。

3. 金融账户

根据投资类型或功能，金融账户可以分为直接投资、证券投资、其他投资和储备资产。

二、金融市场的概述

1. 金融市场

金融市场是指资金供应者和资金需求者进行资金融通的场所。

2. 金融市场的功能

（1）帮助实现资金在资金盈余部门和资金短缺部门之间的调剂，实现资源配置；

（2）实现风险分散和风险转移；

（3）确定价格；

（4）发挥提供流动性的功能；

（5）降低交易的搜寻成本和信息成本。

需要强调的是，金融市场尽管有五项经济功能，但能否正常发挥还取决于市场本身的效率与质量。

3. 金融市场的类型

考点精讲

（1）按照金融交易的期限划分

货币市场是指交易期限在 1 年以内的短期金融交易市场，其功能在于满足交易者的资金流动性需求。

资本市场是指交易期限在 1 年以上的长期金融交易市场，主要满足工商企业的中长期投资需求和政府弥补财政赤字的资金需要。

（2）按照金融交易的交割期限划分

现货市场是指当天成交，当时交割的市场，最迟不得超过三天。

期货市场是指交易双方成交后，不立即交割，而是在一定时期之后进行交割的市场。

（3）按照金融交易的政治地理区域划分

国内金融市场是指一个国家内部以本国货币表示的资金交易市场，其交易活动要受到本国法律和制度的管制。

国际金融市场是指金融交易超越国界，在国与国之间进行金融交易的市场。

（4）按照金融市场交易的程序划分

发行市场又称初级市场、一级市场，是票据或证券等金融工具最初发行的场所。

流通市场又称次级市场、二级市场，是已发行票据或证券等金融工具转让买卖的场所。

（5）按照金融交易有无具体场地划分

有形市场是指金融交易有具体的固定的交易场所。

无形市场是指金融交易没有具体的固定的交易场所，以营运网络形式存在的、通过电子电讯手段达成交易的市场。

（6）按照金融市场交易中的中介角色划分

直接金融市场是指资金供给者与资金需求者之间直接进行资金融通的市场。

间接金融市场是指以金融机构作为交易中介的融资市场。

（7）按照金融资产存在的形式划分

拆借市场、贴现市场、证券市场、外汇市场和黄金市场等。

4. 金融市场的国际化

随着生产和资本国际化的发展，西方发达国家的国内金融市场很自然地外延，从纯粹办理国内居民间的金融业务，发展到经营所在国居民与非居民之间的国际金融业务，这就形成了具有国际性的金融市场。金融市场国际化是一个极为复杂并不断进展的经济现象，金融创新和金融自由化进一步推动了金融市场国际化的发展。

（1）按照狭义广义划分

狭义的国际金融市场是指国际间长短期资金借贷的场所。

广义的国际金融市场是指从事各种国际金融业务活动的场所。包括居民与非居民之间或非居民与非居民之间的活动。一般情况下指广义的概念。

（2）按照性质不同划分

在岸国际金融市场：从事市场所在国货币的国际信贷和国际债券业务，交易主要发生在市场所在国的居民与非居民之间，并受市场所在国政府的金融法律法规管辖。

离岸国际金融市场：该交易涉及所有可自由兑换的货币，大部分交易是在市场所在国的非居民之间进行的，业务活动也不受任何国家金融体系规章制度的管辖。

三、货币市场

1. 货币市场的含义

货币市场是短期融资市场，融资期限一般在 1 年以内，是以机构投资者为主的融资市场。货币市场一般没有确定的交易场所，主要通过计算机网络进行。

2. 货币市场的分类

货币市场按照金融产品的不同划分为许多子市场。

（1）票据市场

货币市场中使用的票据有商业承兑汇票和银行承兑汇票两种。银行承兑汇票是在商业承兑汇票的基础上产生的。商业承兑汇票是公司为了筹措资金，以贴现的方式出售给投资者的一种短期无担保的信用凭证。贴现率的高低取决于商业承兑汇票的质量。

（2）国库券市场

国库券市场是央行调控经济的理想场所。

国库券是指由政府发行的期限在1年以下的短期债券，主要用来弥补短期国库收支不平衡，是商业银行主要的二级储备，也是货币市场上重要的信用工具。一般有3个月、6个月、9个月、12个月，面额起点各国不一样。国库券采用不记名形式，无须经过背书就可以转让流通。

特点：期限短、风险小、流动性强、利息免税。

（3）可转让大额存单市场（CDs市场）

CDs是商业银行发行的有固定面额、到期之前可转让、期限不低于7天的存款凭证。产生于美国，由花旗银行首推，是银行业为逃避金融法规约束而创造的金融创新工具。具有以下特点：

考点精讲

①不记名，到期前可在市场上流通转让；

②一般面额固定且较大；

③不可提前支取，只能在二级市场上流通转让；

④利率一般高于同期限的定期存款利率。

（4）回购市场

回购市场是指通过证券回购协议进行短期货币资金借贷所形成的市场。债券回购是指债券买卖双方在成交的同时约定于未来某时间以约定的价格进行反向交易的行为。

债券回购交易在证券交易所和全国同业拆借市场进行。

①按照回购的程序划分为

正回购：是指一方以一定规模债券做抵押融入资金，并承诺在日后再购回所抵押债券的交易行为。

逆回购：是指资金融出方将资金融给资金融入方，收取有价证券作为抵押，并在未来收回本息，并解除有价证券抵押的交易行为。

考点精讲

回购是央行经常使用的公开市场操作手段之一。

央行正回购为中国人民银行向一级交易商卖出有价证券，并约定在未来特定日期买回有价证券的交易行为，正回购为央行从市场收回流动性的操作，正回购到期则为央行向市场投放流动性的操作。

央行逆回购为中国人民银行向一级交易商购买有价证券，并约定在未来特定日期将有价证券卖给一级交易商的交易行为，逆回购为央行向市场上投放流动性的操作，逆回购到期则为央行从市场收回流动性的操作。

②按照交易方式划分为

证券公司回购：证券公司为筹措资金而以附买回条件的方式卖出自己手持的债券。

委托回购：证券公司以外的债券保有者为筹措资金而通过证券公司以回购交易的形式卖出自己保有的债券。

直接回购：商业银行等资金不足的金融机构不通过证券公司和证券交易场所而直接以附买回条件的方式将自己持有的债券卖给债券购买者的行为。

（5）同业拆借市场

同业拆借市场是指金融机构之间以货币借贷方式进行短期资金融通活动的市场。同业拆借的资金主要用于弥补银行短期资金的不足、票据清算的差额以及解决临时性资金短缺需要。我国金融机构间同业拆借是由中国人民银行统一负责管理、组织、监督和稽核。金融机构用于拆出的资金只限于交足准备金、留足5%备付金、归还人民银行到期贷款之后的闲置资金，拆入的资金只能用于弥补票据清算、先支后收等临时性资金周转的需要。严禁非金融机构和个人参与同业拆借活动。

同业拆借具有以下特点：

①融通资金期限短。主要用于金融机构之间短期、临时性资金需要；

②交易主体是商业银行和其他金融机构；

③不需要抵押，基本上是信用拆借；

④利率相对较低，交易双方按照市场供求状况协商确定。

四、资本市场

1. 资本市场的含义

资本市场又称长期资金市场，是金融市场的重要组成部分。作为与货币市场相对应的理论概念，资本市场通常是指由期限在1年以上的各种融资活动组成的市场。由于在长期金融活动中，涉及资金期限长、风险大，具有长期较稳定收入，类似于资本投入，故称之为资本市场。

2. 股票市场

股票市场是股票发行和流通的场所，也可以说是指对已发行的股票进行买卖和转让的场所。

（1）股票市场的构成

一般地，股票市场可以分为一、二级市场，一级市场称为股票发行市场，二级市场称为股票交易市场。

①股票的发行市场

按照发行对象划分：

公开发行：是指发行人向不特定的社会公众广泛地发售证券。

非公开发行：是指发行人直接对特定的投资人发行。

按照是否有中介机构协助划分：

直接发行：由发行机构自己发行。

间接发行：包括全额包销、余额包销、代销。

②股票的流通市场

场内交易市场：

证券交易所提供交易场所；需要取得会员资格才能进场交易，易受管制；交易价格采取竞价成交的方式；具备条件的证券才能进行交易。

场外交易市场（OTC）：

没有统一集中交易的场所，也称为店头市场或柜台市场；证券交易可以通过交易商或经纪人，也可以由客户直接进行；不必公开财务状况，管制少，灵活方便；价格一般由双方协商议定；交易对象主要是没有在交易所登记上市的证券。

（2）股票市场的职能

①积聚资本

上市公司通过股票市场发行股票来为公司筹集资本。

②转让资本

股市为股票的流通转让提供了场所，使股票的发行得以延续。股民可以随时将持有的股票在股市上转让，按比较公平与合理的价格将股票兑现。

③转化资本

股市使非资本的货币资金转化为生产资本，它在股票买卖者之间架起了一座桥梁，为非资本的货币向资本的转化提供了必要的条件。

④给股票赋予价格

股票本身并无价值，虽然股票也像商品那样在市场上流通，但其价格的多少与其所代表的资本的价值无关。股票的价格只有在进入股票市场后才表现出来，股票在市场上流通的价格与其票面金额不同，票面金额只是股票持有人参与红利分配的依据，不等于其本身所代表的真实资本价值，也不是股票价格的基础。在股票市场上，股票价格有可能高于其票面金额，也有可能低于其票面金额。股票在股票市场上的流通价格是由股票的预期收益、市场利息率以及供求关系等多种因素决定的。但即使这样，如果没有股票市场，无论预期收益如何，市场利率有多大的变化，也不会对股票价格造成影响。所以说，股票市场具有赋予股票价格的职能。

（3）股票的分类

①按股东权利划分为优先股和普通股。

②按发行方式和流通范围划分为 A 股、B 股、H 股、N 股、S 股。

（4）相关比率的计算

股票红利支付率=每股股利/每股净收益

一般来说，公司发放股利越多，股利的支付率越高，因而对股东和潜在的投资者的吸引力越大，也就越有利于建立良好的公司信誉。

市盈率=每股市价/每股收益

3. 债券市场

债券市场是发行和买卖债券的场所，是金融市场的一个重要组成部分。

债券的特征：偿还性、流动性、安全性、收益性。

（1）按照发行主体划分

①企业债券。

②金融债券。

金融债券是由大型金融机构发行的。

③政府债券。

政府债券是指政府财政部门或其他代理机构为筹集资金，以政府名义发行的债券，主要包括国库券和公债两大类。具有以下特征：安全性高；流通性强；收益稳定；免税待遇。

国债可分为凭证式国债、记账式国债、无记名（实物）国债和储蓄国债。

凭证式国债是指面向城乡居民和社会各类投资者发行，以“中华人民共和国凭证式国债收款凭证”记录债权的储蓄国债。特点是安全、方便、收益适中。

记账式国债以记账形式记录债权，通过证券交易所的交易系统发行和交易，可以记名、挂失。投资者进行记账式证券买卖，必须在证券交易所设立账户。

无记名（实物）国债是一种实物债券，以实物券的形式记录债权，面值不等、不记名、不挂失、可上市流通。

储蓄国债（也称电子式国债）是政府面向个人投资者发行、以吸收个人储蓄资金为目的，满足长期储蓄性投资需求的不可流通记名国债品种。

（2）按照利息是否变动划分

①固定利率债券。

②浮动利率债券。

（3）按照财产抵押担保条件划分

①信用债券：无担保。

②抵押债券：资产抵押。

③担保债券：第三方提供担保。

（4）债券收益率的计算

①名义收益率是债券票面收益与票面金额的比率，即票面利率。

名义收益率=利息/票面金额

②当期收益率是债券的年息除以债券当前的市场价格所计算出的收益率。

当期收益率=（债券面额×票面收益率）/债券当前市场价格

③实际收益率是扣除了通货膨胀因素以后的收益率概念。

实际收益率=[（1+名义收益率）/（1+通货膨胀率）]-1

通常情况下，进行计算时可简化为：实际收益率=名义收益率-通货膨胀率

④持有期收益率是指债券持有人在持有期间获得的收益率，能综合反映债券持有期间的利息收入情况和资本损益水平。

持有期收益率=（卖出价格-买入价格+持有期间的利息）/（买入价格×持有年限）×100%

4. 投资基金

投资基金，是通过发行基金单位，集中投资者的资金，由基金托管人托管，由基金管理人管理和运用资金，为基金份额持有人的利益，以资产组合方式进行证券投资的一种利益共享、风险共担的集合投资方式。它是一种间接投资。

（1）投资基金的分类

①按照组织形态不同划分为公司型投资基金和契约型投资基金。

公司型投资基金是以股份公司形式存在，基金的每个投资者都是基金公司的股东，有权对公司的经营运作提出建议和质疑。公司型投资基金是法人，所聘请的管理公司权力有限，所有权和经营权没有彻底分离，投资者将不同程度地影响公司的决策取向，一定程度上制约了管理公司对基金的管理运作。

契约型投资基金不是以股份公司形式存在，投资者不是股东，而仅仅是信托契约的当事人和基金的受益者，无权参与管理决策。契约型投资基金不是法人，必须委托管理公司管理运作基金资产，所有权和经营权得到彻底分离，有利于投资基金进行长期稳定的运作。由于管理公司拥有充分的管理和运作基金的权力，契约型投资基金资产的支配，不会被众多小投资者追求短期利益的意图所影响，符合现代企业制度运作模式。

②按照投资目标划分为增长型基金、收入型基金和平衡型基金。

增长型基金是指以追求资本增值为基本目标的基金，较少考虑当期收入的基金，主要以具有良好增长潜力的股票为投资对象。

收入型基金是指以追求稳定的经常性收入为基本目标的基金，主要以大盘蓝筹股、公司债券、政府债券等稳定收益证券为投资对象。

平衡型基金则是既注重资本增值又注重当期收入的基金。

一般而言，增长型基金的风险大、收益高；收入型基金的风险小、收益较低；平衡型基金的风险、收益则介于增长型基金与收入型基金之间。

（2）风险投资基金的特点

①投资对象：主要是不具备上市资格的小型的、新兴的或未成立的高新技术企业。

②投资周期长：一般风险资金是2~5年。

③投资回报率高：平均为20%~40%。

④投资目的：注入资金或技术，取得部分股权（而不是为了控股），促进受资公司的发展，使资本增值、股票上涨而获利。

⑤获利方式：企业上市或转让股权（退出机制）。

⑥投入阶段：企业发展初期、扩充阶段。

5. 资本市场的效率与资产组合

（1）资本市场的效率

资本市场的有效性是指市场根据新信息迅速调整证券价格的能力。如果市场是有效的，证券的价格可以对最新出现的信息做出最为快速的反映，表现为价格迅速调整到位。

尤金法玛提出的有效市场假说，将资本市场的有效性分为以下三种：

①弱式有效市场

证券的价格反映过去的价格和交易信息。

推论一：如果弱式有效市场假说成立，则股票价格的技术分析失去作用，基本分析还可能帮助投资者获得超额利润。

②半强式有效市场

证券的价格反映包括历史的价格和交易信息在内的所有公开发布的信息。

推论二：如果半强式有效市场假说成立，在市场中利用基本面分析则失去作用，内幕消息可能获得超额利润。

③强式有效市场

证券的价格反映所有公开和不公开的信息。

推论三：在强式有效市场中，没有任何方法能帮助投资者获得超额利润，即使基金和有内幕消息者也一样。

（2）资产组合的风险

一般来讲，随着资产组合中资产个数的增加，资产组合的风险会逐渐降低，当资产的个数增加到一定程度时，组合风险的降低将非常缓慢直到不再降低。反映资产之间相互关系，共同运动，无法最终消除的风险称为“系统风险”，系统风险的衡量指标即β系数。

（3）资产组合的收益

资产组合的期望收益率就是各种资产期望报酬率的加权平均数。公式如下：

$$r_p = \sum_{j=1}^{m} r_j A_j$$

资产组合收益率的影响因素是投资比重和个别资产收益率。

（4）资产组合的有效边界

资产组合的有效边界是用来描述一项投资组合的风险与回报之间的关系，在以风险为横轴，预期回报率为纵轴的坐标上显示为一条曲线，所有落在这条曲线上的风险回报组合都是在一定风险或最低风险下可以获得的最大回报。

五、衍生工具市场

1. 金融衍生工具

金融衍生工具是与原生金融工具相对应的一个概念，是在原生金融工具（如即期交易的商品合约、债券、股票、外汇等）基础上派生出来的金融工具，其价格取决于基础金融产品价格（或数值）的变动。

2. 金融衍生工具的分类

按金融衍生工具自身交易的方法及特点划分为以下四类：

（1）金融远期合约

金融远期合约是指交易双方在场外市场上通过协商，按约定价格（称为“远期价格”）在约定的未来日期（交割日）买卖某种标的金融资产（或金融变量）的合约。金融远期合约规定了将来交割的资产、交割的日期、交割的价格和数量，合约条款根据双方需求协商确定。金融远期合约主要包括远期利率协议、远期外汇合约和远期股票合约。

（2）金融期货合约

金融期货合约是指买卖双方在有组织的交易所内以公开竞价的形式达成的，在将来某一特定时间交收标准数量特定金融工具的协议。主要包括货币期货、利率期货、股票指数期货和股票期货四种。

期货交易与一般的现货交易相比，期货交易在其业务操作流程上具有自身的特点。期货交易规则要求交易参与者在决定参与交易的时候，必须首先履行开立交易账户的手续。期货交易业务操作一般包括开户、委托、结算、交割等几个方面。

（3）金融期权合约

金融期权合约是指合约买方向卖方支付一定费用，在约定日期内（或约定日期）享有按事先确定的价格向合约卖方买卖某种金融工具的权利的契约。

期权是一种权利，而非义务，买卖双方的权利和义务是不平等的。

买方：损失有限，收益无限

卖方：损失无限，收益有限

考点精讲

①按期权的权利划分，分为看涨期权和看跌期权。

看涨期权（Call Options）是指期权的买方向期权的卖方支付一定数额的权利金后，即拥有在期权合约的有效期内，按事先约定的价格向期权卖方买入一定数量的期权合约规定的特定商品的权利，但不负有必须买进的义务。而期权卖方有义务在期权规定的有效期内，应期权买方的要求，以期权合约事先规定的价格卖出期权合约规定的特定商品。

看跌期权（Put Options）是指期权的买方向期权的卖方支付一定数额的权利金后，即拥有在期权合约的有效期内，按事先约定的价格向期权卖方卖出一定数量的期权合约规定的特定商品的权利，但不负有必须卖出的义务。而期权卖方有义务在期权规定的有效期内，应期权买方的要求，以期权合约事先规定的价格买入期权合约规定的特定商品。

②按期权的交割时间划分，分为美式期权和欧式期权。

③按期权合约上的标的划分，分为股票期权、股指期权、利率期权、商品期权以及外汇期权等。

（4）金融互换合约

金融互换合约是指两个或两个以上的交易当事人按照商定的条件，在约定的时间内交付一系列支付款项的金融交易合约。主要包括货币互换和利率互换。

经典真题

（2015建行）1. 下列关于金融工具和金融市场的叙述错误的是（　　）。

A. 股票属于直接融资工具，其发行、交易的市场属于直接融资市场

B. 银行间同业拆借市场属于货币市场，同业拆借是其中的一种短期金融工具

C. 银行间债券市场属于资本市场，债券回购是其中的一种长期金融工具

D. 贷款属于间接融资工具，其所在市场属于间接融资市场

答案：C。

解析：债券回购属于回购协议市场，属于货币市场，是一种短期金融工具。故本题答案为C。

（2018中行）2. 按照履约方式，期权可以分为（　　）。

A. 买方期权和卖方期权　　B. 价内期权和价外期权

C. 欧式期权和美式期权　　D. 平价期权和溢价期权

答案：C。

解析：按照履约方式，期权可以分为美式期权和欧式期权两类。美式期权是指期权买方可以在期权到期前的任一交易日行使权利的期权，欧式期权是指期权买方只能在期权到期日行使权利的期权。故本题答案为C。

真题考点五　金融机构

一、金融机构的概述

1. 金融机构

金融机构是指从事各种金融活动的组织。

金融机构是金融体系的重要构成。金融体系是实现货币资金聚集、分配、流通及实现金融产品交易的一个系统。我国目前金融体系的典型特征是：以中央银行为整个社会金融运行的核心，以商业银行为金融运行主体、各种非银行类金融机构为辅助，不同类型的金融机构分别经营各自范围的金融业务，归属不同监管部门监管的金融体系模式。

2. 金融机构的功能

（1）充当信用中介，便利资金融通；

（2）充当支付中介，便利支付结算；

（3）提供金融服务，降低交易成本；

（4）获得较完整信息，改善信息不对称；

（5）运用技术和经验，转移和管理风险。

二、金融机构体系

1. 中央银行

中央银行是一国金融体系的核心，是依法制定和执行国家货币金融政策，实施金融调控与监管的特殊金融机构。

（1）特征

不以营利为目的；不经营普通银行业务；具有相对独立性，处于超然地位；主要利用经济手段进行金融调控。

（2）职能

①发行的银行

垄断货币发行权，统一全国货币发行。

中央银行集中与垄断货币发行权的必要性主要表现在以下几个方面：

a. 统一货币发行与流通是货币正常有序流通和币值稳定的保证。

考点精讲

b. 统一货币发行是中央银行根据一定时期的经济发展情况调节货币供应量，保持币值稳定的需要。

c. 统一货币发行是中央银行实施货币政策的基础。

②银行的银行

集中商业银行存款准备金；充当商业银行的“最后贷款人”；组织全国银行间的清算。

③政府的银行

经理国库；制定和实施货币政策；保管外汇和黄金储备；金融监管。

2. 政策性银行

政策性银行是指由政府发起、出资成立，为贯彻和配合政府特定经济政策和意图而进行融资和信用活动的机构。

我国政策性银行的经营原则是：坚持独立核算，自主、保本经营，企业化管理，不与商业银行竞争。政策性银行由国务院直接领导。

（1）特点

①从资本金性质看，政策性银行一般由政府财政拨款出资或政府参股设立，由政府控股，与政府保持着密切关系。

②从经营宗旨上看，政策性银行不以营利为目标，而以贯彻执行国家的社会经济政策为己任。

③从业务范围上看，政策性银行不能吸收活期存款和公众存款，主要资金来源是政府提供的资本金、各种借入资金和发行政策性金融债券筹措的资金，其资金运用多为长期贷款和资本贷款。

考点精讲

④从融资原则上看，政策性银行有其特殊的融资原则。

⑤从信用创造能力看，政策性银行一般不参与信用的创造过程，资金的派生能力较弱。

（2）构成

国家开发银行、中国进出口银行、中国农业发展银行。

3. 商业银行

（1）国有商业银行

我国国有商业银行包括中国工商银行、中国农业银行、中国银行、中国建设银行、交通银行、中国邮政储蓄银行。

（2）股份制商业银行

我国现有12家全国性中小型股份制商业银行：招商银行、浦发银行、中信银行、中国光大银行、华夏银行、中国民生银行、广发银行、兴业银行、平安银行、恒丰银行、浙商银行、渤海银行。

（3）城市商业银行

4. 投资银行

投资银行是与商业银行相对应的一类金融机构，主要从事证券发行、承销、交易、企业重组、兼并与收购、投资分析、风险投资、项目融资等业务的非银行金融机构，是资本市场上的主要金融机构。

（1）投资银行的分类

①独立投资银行

这种形式的投资银行在全世界范围内广为存在，美国的高盛公司、摩根·士丹利公司、第一波士顿公司，日本的野村证券、大和证券、日兴证券、山一证券，英国的华宝公司、宝源公司等均属于此种类型，并且，他们都有各自擅长的专业方向。

②商人银行

这种形式的投资银行主要是商业银行对现存的投资银行通过兼并、收购、参股或建立自己的附属公司形式从事商人银行及投资银行业务。这种形式的投资银行在英、德等国非常典型。

③全能型银行

这种类型的投资银行主要在欧洲大陆，他们在从事投资银行业务的同时也从事一般的商业银行业务。

④大型跨国财务公司

随着2008年金融危机的爆发，美林公司、雷曼公司倒台，而高盛公司和摩根·士丹利公司也转型为金融控股公司。

（2）投资银行的业务

投资银行的核心业务大致分为三类：传统型、创新型和引申型。

①传统型业务包括证券承销、经纪和自营，这是投资银行最本源、最基础的业务。

②创新型业务指企业并购、重组等收费性咨询业务以及证券化业务。

③引申型业务指资产管理和新的衍生品交易，包括互换、契约废止等产品。

5. 影子银行

（1）影子银行的含义

影子银行是指游离于银行监管体系之外、可能引发系统性风险和监管套利等问题的信用中介体系（包括各类相关机构和业务活动）。它是不受监管或仅受较少监管的，提供融资、股权资本融资、金融组合产品、金融交易服务的非银行金融机构或金融行为。影子银行比传统银行增长更加快速，并游离于现有的监管体系之外，同时也在最后贷款人的保护伞之外，累积了相当大的金融风险。

（2）影子银行的范畴

“影子银行”是信贷市场、资本市场、金融衍生品和大宗商品交易、杠杆收购领域的主要参与者。在中国，目前“影子银行”有三种最主要的存在形式：银行理财产品、非银行金融机构贷款产品和民间借贷。

经典真题

（2019华夏）1. 从业务范围上看，政策性银行（ ）。

A. 资金运用多为长期贷款和资本贷款

B. 能够吸收活期存款和公众存款

C. 服务领域与商业银行产生竞争

D. 贷款可以直接转化为储蓄存款

答案：A。

解析：从业务范围上看，政策性银行不能吸收活期存款和公众存款，主要资金来源是政府提供的资本金、各种借入资金和发行政策性金融债券筹措的资金，其资金运用多为长期贷款和资本贷款。政策性银行收入的存款也不做转账使用，贷款一般为专款专用，不会直接转化为储蓄存款和定期存款。故本题答案为A。

（2018 农发展）2. 据我国证券法的规定，证券公司代发行人发售证券，在承销期结束时，将未出售的证券全部退还给发行人的承销方式属于(　　)。

A. 证券承销　　B. 证券赊销　　C. 证券包销　　D. 证券代销

答案：D。

解析：证券代销是指证券公司代发行人发售证券，在承销期结束时，将未售出的证券全部退还给发行人的承销方式。故本题答案为 D。

真题考点六　商业银行经营与管理

一、商业银行的概述

商业银行是区分于中央银行和投资银行的，是一个以营利为目的，以多种金融负债筹集资金，多种金融资产为经营对象，具有信用创造功能的金融机构。

1. 商业银行的性质及特点

（1）以营利为目的。

（2）经营对象：金融资产和金融负债。

（3）不同于专业银行：业务更综合，功能更全面，经营一切金融“零售”业务（门市服务）和“批发业务”（大额信贷业务），为客户提供所有的金融服务。

考点精讲

2. 商业银行的职能

（1）信用中介职能；

（2）支付中介职能；

（3）信用创造职能；

（4）金融服务职能。

3. 商业银行的基本类型

（1）职能分工型商业银行（又称分离型商业银行）

商业银行不得兼营证券业务和信托业务，不能直接参与工商企业的投资。

（2）全能型商业银行（又称综合型商业银行）

可以经营一切金融业务，没有职能分工的限制。

4. 商业银行的组织形式

（1）单一银行制；

（2）分支银行制；

（3）集团银行制；

（4）连锁银行制。

二、商业银行的负债业务

负债业务是商业银行筹措资金，借以形成资金来源的业务，是商业银行资产业务和其他业务营运的起点和基础。商业银行的负债（资金来源）包括自有资金和吸引外来资金两大部分，外来资金的形成渠道包括存款负债和非存款负债。

1. 自有资金

自有资金是指银行股东为赚取利润而投入银行的货币和保留在银行中的收益，代表着对银行的所有权，是商业银行存在和发展的前提或基础，也是一家银行实力强弱的标志。自有资金包括股本、公积金以及未分配利润。

2. 存款负债

考点精讲

（1）活期存款

活期存款是指那些可以由存户随时存取的存款，主要用于交易和支付用途的款项。

我国对活期存款实行按季度结息，每季度末月的 20 日为结息日，次日付息，即每季度末月的 21 日付息。

（2）定期存款

定期存款是指那些在确定的到期期限后才准提取的存款。

（3）储蓄存款

储蓄存款是针对居民个人积蓄货币的需要所开办的一种存款。

商业银行办理个人储蓄存款业务，应当遵循的原则有存款自愿、取款自由、存款有息、为存款人保密。

3. 非存款负债

（1）从中央银行借款。

①再贴现：把自己办理贴现业务所买进的未到期票据向中央银行提前兑现。

②直接借款：用自己持有的有价证券作为抵押品向中央银行取得抵押贷款。

（2）银行同业拆借：银行相互之间的资金融通。

（3）从国际货币市场借款。

（4）结算过程中的短期资金占用。

（5）发行金融债券。

4. 负债业务创新

负债业务创新的最终目的就是扩大商业银行原始存款的资金来源，并且，通过各种合理、合规的创新业务的技术处理，减少或逃避法定存款准备金率的约束，从而创造更多的派生存款。

（1）存款负债创新

包括大额可转让定期存单（CDs）、可转让支付命令账户（NOW 账户）、超级可转让支付命令账户（SUPER NOW 账户）、货币市场存款账户（MMDA 账户）、自动转账服务账户（ATS 账户）、协定账户（AA 账户）、股金提款单账户（SDA 账户）、个人退休金存款账户（IRA 账户）、类同存款账户、投资账户、现金管理账户、经纪人存款、特种储蓄存款、指数定期存单等。

（2）非存款负债创新

包括可转换债券、次级债券、国际金融债券、回购协议借款等。

5. 存款保险

商业银行存款保险制度，是指由符合条件的各类存款性金融机构建立一个保险机构，各存款机构作为投保人按一定存款比例缴纳保险费，建立存款保险准备金，当成员机构发生经营危机时，该机构向其提供财务救助或直接向存款人支付部分或全部存款，来保护存款人利益。

商业银行存款保险制度主要是保护“两小”，即中小储蓄人的存款利益和中小银行的公平竞争。该制度具有以下特点：保护存款人权益；利好中小企业；银行风险越小，保费越低。

三、商业银行的资产业务

资产业务是将通过负债业务所聚集的货币资金加以运用的业务。一般来说，商业银行的资产业务包括现金资产业务、贷款业务、票据贴现业务、投资业务等方面。

1. 现金资产

现金资产是那些与现金等同，可随时用于支付的银行资产，包括库存现金、存放在中央银行的资金、存放同业存款和托收中的现金。

在现金资产中，可供商业银行直接、自主运用的资金，称之为现金头寸。

现金头寸分为以下三种：

（1）基础头寸＝在中央银行的清算存款+库存现金

（2）可用头寸＝基础头寸+存放上级行的清算资金±到期同业往来±缴存存款准备金±系统内往来资金

（3）可贷头寸＝可用头寸−规定限额的支付准备金

2. 贷款业务

贷款是银行将其所吸收的资金，按一定的利率贷给客户并约定归还期限的业务。

根据《商业银行法》第三十七条：商业银行贷款，应当与借款人订立书面合同。合同应当约定贷款种类、借款用途、金额、利率、还款期限、还款方式、违约责任等事项。

（1）贷款的分类

按照期限划分：短期贷款、中期贷款、长期贷款。

按照贷款保证程度划分：信用贷款、担保贷款。

按照贷款风险程度划分：正常贷款、关注贷款、次级贷款、可疑贷款、损失贷款。

考点精讲

①正常贷款

借款人能够履行合同，一直能正常还本付息，不存在任何影响贷款本息及时全额偿还的消极因素，银行对借款人按时足额偿还贷款本息有充分把握。贷款损失的概率为0。

②关注贷款

尽管借款人目前有能力偿还贷款本息，但存在一些可能对偿还产生不利影响的因素，如这些因素继续下去，借款人的偿还能力受到影响，贷款损失的概率不会超过5%。

③次级贷款

借款人的还款能力出现明显问题，完全依靠其正常营业收入无法足额偿还贷款本息，需要通过处分资产或对外融资乃至执行抵押担保来还款付息。贷款损失的概率在 30%～50%。

④可疑贷款

借款人无法足额偿还贷款本息，即使执行抵押或担保，也肯定要造成一部分损失，只是因为存在借款人重组、兼并、合并、抵押物处理和未决诉讼等待定因素，损失金额的多少还不能确定，贷款损失的概率在 50%～75%。

⑤损失贷款

借款人已无偿还本息的可能，无论采取什么措施和履行什么程序，贷款都注定要损失了，或者虽然能收回极少部分，但其价值也是微乎其微，从银行的角度看，也没有意义和必要再将其作为银行资产在账目上保留下来，对于这类贷款在履行了必要的法律程序之后应立即予以注销，其贷款损失的概率在 75%～100%。

贷款五级分类制度是根据内在风险程度将商业贷款划分为正常、关注、次级、可疑、损失五类。这种分类方法是银行主要依据借款人的还款能力，即最终偿还贷款本金和利息的实际能力，确定贷款遭受损失的风险程度，其中后三类称为不良贷款。

计算公式：不良贷款率＝（次级类贷款+可疑类贷款+损失类贷款）/各项贷款×100%。

按照客户类型划分：个人贷款和企业贷款。

①个人贷款：以自然人为借款人的贷款（多用于消费）。包括：个人住房贷款（个人贷款最主要的组成部分）、个人消费贷款、个人经营贷款、个人信用卡透支。

②企业贷款：以企事业单位为对象发放的贷款。包括：流动资金贷款、固定资产贷款、并购贷款、房地产贷款、银团贷款、贸易融资、票据贴现与转贴现。

银行发放固定资产贷款，是通过信用的形式来提供固定资产更新改造过程中的资金需求，充分发挥银行促进经济发展和高科技开发运用的杠杆作用，对推动国民经济发展和加速现代化建设具有重大的作用。贷款各项收费均通过合同约定。

固定资产贷款币种：人民币、外币。

固定资产贷款期限：一般不超过 8 年。

固定资产贷款特点：贷款期限长；双重计划性；管理连续性。

固定资产贷款分类：基本建设贷款、技术改造贷款、科技开发贷款、商业网点设施贷款。

（2）信贷重组

目前商业银行的贷款重组方式主要有七种，即变更担保条件、调整还款期限、调整利率、借款企业变更、减免贷款利息、债务转为资本和以资抵债。

3. 票据贴现

票据贴现是指票据持有人以未到期票据向商业银行兑取现款，商业银行从票据中扣除自贴现日起到票据到期日止的利息，将余额支付给持票人的资金融通行为。

票据贴现的贴现期限最长不得超过六个月，贴现期限为从贴现之日起到票据到期日止。

考点精讲

4. 投资业务

投资业务是指商业银行以其资金在金融市场上购买各种有价证券的业务活动。

投资对象：主要是信用可靠、风险小、流动性强的政府及其所属机构的证券。比如国库券、中长期国债、政府机构债券、市政债券或地方政府债券、公司债券。

目的：增加收益、分散风险、提高资产的流动性。

5. 资产业务创新

资产业务创新的主要目的是降低风险、服务客户、扩大收益、减少资本充足率等指标限制。

（1）贷款结构的变化：由短期贷款为主转向长期贷款为主，消费贷款大幅增加。

（2）贷款证券化：增强了商业银行资产的流动性和盈利能力。

（3）与市场利率密切的贷款形式不断出现：如浮动利率贷款、可变利率抵押贷款。

（4）贷款业务的“表外化”：如回购协议、贷款额度、周转性贷款承诺、循环贷款协议、票据发行便利。

（5）证券投资业务的创新：如股指期权、股票期权等。

6. 业务限制

商业银行在中华人民共和国境内不得从事信托投资和证券经营业务，不得向非自用不动产或者向非银行金融机构和企业投资，但国家另有规定的除外。

四、商业银行的表外业务

表外业务是指那些虽未列入银行资产负债表内，但在一定条件下却可影响资产负债活动或者说可以转化为表内的业务。

1. 承诺类表外业务：贷款承诺、循环保证融资等。
2. 担保类表外业务：担保信用证、备用信用证、履约担保、投标担保、还款担保等。
3. 金融衍生类业务：金融期货、金融期权、利率互换、货币互换等。

五、商业银行的中间业务

中间业务是指凡银行并不需要运用自己的资金而代理客户承办支付和其他委托事项，并据以收取手续费的业务。

1. 结算业务

“三票一汇”，即汇票、本票、支票和汇款。除此之外，又出现了电子汇兑、网上支付等结算方式。

2. 代理业务

包括代理证券业务、代理保险业务、代理商业银行业务、代理中央银行业务、代理政策性银行业务、其他代理业务。

3. 信托业务

包括个人信托、法人信托。

4. 银行卡业务

银行卡是由商业银行（或者发卡机构）发行的具有支付结算、汇兑转账、储蓄、循环信贷等全部或部分功能的支付工具或信用凭证。

(1) 信用卡

信用卡是由商业银行或非银行发卡机构向其客户提供的具有消费信用、转账结算、存取现金等功能的信用支付工具。

贷记卡：发卡银行给予持卡人一定的信用额度，持卡人可在信用额度内先使用、后还款的信用卡。

准贷记卡：持卡人须先按发卡银行的要求缴存一定金额的备用金，当备用金账户余额不足时，可在发卡银行规定的信用额度内透支的信用卡。

(2) 借记卡

借记卡是银行发行的一种要求先存款后使用的银行卡。

5. 租赁业务

6. 咨询业务

六、电子银行业务

1. 电子银行业务的含义

电子银行业务是指商业银行利用面向社会公众开放的通讯通道或开放型公众网络，以及银行为特定自助服务设施或客户建立的专用网络，向客户提供银行服务。

2. 电子银行业务的种类

电子银行业务包括网上银行（利用计算机和互联网）、手机银行（利用移动电话和移动通信网络）、电话银行（利用电话等声讯设备和电信网络）以及其他利用电子服务的设备和网络，由客户通过自助服务方式完成交易的银行业务。由于方便快捷，省时省力，往往不受空间、时间限制，电子银行已经成为常见的金融服务之一。

七、商业银行的经营管理

1. 商业银行经营管理的原则

(1) 安全性原则

安全性原则是指银行必须确保其资金来源及资金运用是安全可靠的，避免发生损失。

考点精讲

(2) 流动性原则

流动性原则是指商业银行能够随时满足客户提现和必要的贷款需求的支付能力，包括资产的流动性和负债的流动性。

(3) 盈利性原则

盈利性原则是指商业银行获得利润的能力。

2. 商业银行经营管理的目标

一般来说，商业银行的总体经营管理目标，是实现银行利润最大化和股东收益最大化。在具体的经营活动中，商业银行的经营管理目标主要体现在以下方面：

(1) 利润最大化：这是首要的和根本的经营管理目标。

（2）风险最小化：使盈利水平保持不变而实现风险最小化，这是长期目标。

（3）提高市场占有率。

经典真题

（2017 中行）1.《中国人民银行关于人民币存贷款计结息问题的通知》中规定：从 2005 年 9 月 21 日起，我国对活期存款实行按季度结息，每季度末月(　　)为结息日，次日付息。

A. 15 日　　B. 5 日　　C. 20 日　　D. 30 日

答案：C。

解析：《中国人民银行关于人民币存贷款计结息问题的通知》规定，从 2005 年 9 月 21 日起，我国对活期存款实行按季度结息，每季度末月的 20 日为结息日，次日付息，即每季度末月 21 日付息。故本题答案为 C。

（2018 建行）2. 假设某商业银行的五级贷款分类情况为：正常类贷款 210 亿元，关注类贷款 60 亿元，次级类贷款 15 亿元，可疑类贷款 9 亿元，损失类贷款 6 亿元，则该商业银行的不良贷款率为(　　)。

A. 30%　　B. 10%　　C. 5%　　D. 2%

答案：B。

解析：商业银行的不良贷款率＝（次级类贷款+可疑类贷款+损失类贷款）/贷款总额×100%＝（15+9+6）/（210+60+15+9+6）×100%＝10%。故本题答案为 B。

真题考点七　货币供求及均衡

一、货币需求

1. 现金余额说

现金余额说，又称为“剑桥方程式”，是货币需求理论的一种学说，用以说明经济社会中货币需求量的多少由什么决定，其基本方程式为：

$$M = kPY$$

式中，M：货币需求量，k：人们愿意以货币形式持有的财富占总财富的比例，P：物价水平，Y：名义国民总收入。该式表明，货币需求量由持币比例、物价水平、国民收入决定，且呈正比例关系。

2. 凯恩斯的货币需求理论

凯恩斯认为，人们的货币需求行为由三种动机决定：交易动机、预防动机和投机动机。

（1）交易动机

交易动机是指人们为了应付日常的商品交易而需要持有货币的动机。凯恩斯

考点精讲

把交易动机又分为所得动机和业务动机二种。所得动机主要是指个人而言，业务动机主要是指企业而言。基于所得动机与业务动机而产生的货币需求，凯恩斯称之为货币的交易需求。

（2）预防动机

预防动机是指人们为了应付不测之需而持有货币的动机。凯恩斯认为，出于交易动机而在手中保存的货币，其支出的时间、金额和用途一般事先可以确定。但是生活中经常会出现一些未曾预料的、不确定的支出和购物机会。为此，人们也需要保持一定量的货币在手中，这类货币需求可称为货币的预防需求。

（3）投机动机

投机动机是指人们根据对市场利率变化的预测，需要持有货币以便满足从中投机获利的动机。因为货币是最灵活的流动性资产，具有周转灵活性，持有它可以根据市场行情的变化随时进行金融投机。出于这种动机而产生的货币需求，称之为货币的投机需求。

由于交易动机和预防动机产生的货币需求 L_1 主要取决于收入水平 y，而投机动机产生的货币需求 L_2 主要取决于利率 r，所以从总体上看，凯恩斯认为货币需求函数为：

$$L = L_1 + L_2 = L_1(y) + L_2(r)$$

总之，货币需求的决定因素为“收入”和“利率”水平。

3. 博傻理论

博傻理论，是指在资本市场中（如股票、期货市场）上，人们之所以完全不管某个东西的真实价值而愿意花高价购买，是因为他们预期会有一个更大的笨蛋会花更高的价格从他们那儿把它买走。博傻理论告诉人们的最重要的一个道理是：在这个世界上，傻不可怕，可怕的是做最后一个傻子。

博傻理论是凯恩斯从自身进行股票、期货投机的实践中总结出的理论。

4. 流动性陷阱

流动性陷阱：指当一定时期的利率水平降低到不能再低时，人们就会产生利率上升而债券价格下降的预期，货币需求弹性就会变得无限大，即无论增加多少货币，都会被人们储存起来。发生流动性陷阱时，再宽松的货币政策也无法改变市场利率，使得货币政策失效。

二、货币供给

货币供给是指一定时期内一国银行系统向经济中投入、创造、扩张（或收缩）货币的行为，是银行系统向经济中注入货币的过程。货币供给的主体是中央银行和商业银行。现金是中央银行供给的，存款形式的货币是商业银行供给的。

货币供给量是指一国经济中被个人、企事业单位和政府部门持有的可用于各种交易的货币总量。货币供给量的多少主要取决于两个因素：一是基础货币，二是货币乘数。

考点精讲

1. 基础货币

基础货币，亦称高能货币或强力货币，是中央银行所发行的现金或通货与商业银行的存款准备金之和，用 *MB* 表示。

从数量上看，基础货币＝银行体系的法定存款准备金＋超额存款准备金＋库存现金＋银行体系之外公众的手持现金。

存款准备金是金融机构为保证客户提取存款和资金清算需要而准备的从其所有存款中抽取的资金。存款准备金包括法定存款准备金和超额存款准备金。法定存款准备金是指法律规定金融机构必须存入中央银行的准备金。超额存款准备金是金融机构存放在中央银行中超出法定存款准备金的部分，主要用于支付清算、头寸调拨或作为资产运用的备用金。

2. 货币乘数

货币乘数是指增加或减少一单位基础货币所导致的货币供给量增加或减少的倍数，用 m 表示。之所以会产生货币乘数，是因为企业从银行取得贷款后，并不会完全取出，而是会再次存入银行，这样银行就又得到一笔存款，上交存款准备金后就可以再次放贷出去，如此循环下去，导致实际货币供给量要远远大于基础货币。

货币乘数是存款准备金率的倒数。在宏观经济学中，通常表示为法定存款准备金率的倒数。存款准备金率是商业银行的存款准备金占其存款总额的比率。法定存款准备金率是金融机构按规定向中央银行缴纳的存款准备金占其存款总额的比率。若用 r 表示法定存款准备金率，货币乘数就可以表示为：

$$m = \frac{1}{r}$$

3. 货币供给函数

货币供给量（M）与基础货币（MB）、货币乘数（m）的关系可以表示为：

$$M = m \cdot MB$$

此式便是货币供给函数，货币供给量取决于货币乘数和基础货币。那么，派生存款量则为：

$$\Delta M = M - MB = m \cdot MB - MB = (m - 1)MB$$

即，派生存款正好是基础货币的（$m-1$）倍。

如果增加货币供给，那么企业就能从银行得到更多贷款去投资，而投资就会购买更多厂房、设备和原材料，还要雇用更多工人，发放更多工资，这势必会带动就业，改善民生，促进经济增长，但也会带来一定程度的通货膨胀。

三、货币均衡

1. 货币均衡的含义

货币均衡是指在一定时期经济运行中的货币需求与货币供给在动态上保持一致的状态。

2. 货币均衡条件

货币均衡的条件就是：货币需求=货币供给，即 $L=M$。

3. 利率变化对货币供求的影响

利率变化对货币供求的影响表现为：如果利率提高，货币需求就会下降；如果利率下降，货币需求就会上升；因为货币供给取决于中央银行的货币政策，与利率水平无关，所以无论利率水平如何变化，并不影响货币供给。

经典真题

（2018 农行）流动性陷阱（Liquidity Trap）是凯恩斯提出的一种假说，从宏观上看，一个国家的经济陷入流动性陷阱主要有三个特点，但不包括（　　）。

A. 整个宏观经济陷入严重的萧条中，需求不足，单凭市场的调节显得力不从心

B. 利率已经达到最低水平，名义利率水平大幅度下降，甚至为零利率或负利率

C. 货币需求利率弹性趋向于无限大，无论增加多少货币，都会使人们储存起来

D. 货币需求利率弹性趋向于无穷小，使得利率刺激投资和消费的杠杆作用失败

答案：D。

解析：流动性陷阱（Liquidity Trap）是凯恩斯提出的一种假说，指当一定时期的利率水平降低到不能再低时，货币需求弹性就会变得无限大，即无论增加多少货币，都会被人们储存起来。发生流动性陷阱时，再宽松的货币政策也无法改变市场利率，使得货币政策失效。故本题答案为 D。

真题考点八　货币政策

一、货币政策目标

1. 货币政策

货币政策是指中央银行通过控制货币供给，并通过变动货币供给来影响利率，进而影响投资需求和总需求，并进一步影响经济增长、就业和价格水平的政策。

2. 货币政策目标

（1）货币政策最终目标

货币政策的目标主要有四个，即经济持续均衡增长目标、充分就业目标、稳定物价目标和平衡国际收支目标。这些目标的实现，通常要运用一定的政策工具。

考点精讲

①经济持续均衡增长目标

保持经济持续、均衡增长目标简称经济增长目标。它包括两层含义：一是保持经济持续稳定的增长，二是保持经济均衡增长。

②充分就业目标

广义的充分就业是指包括劳动资源在内的一切资源都已经被充分利用的状态；狭义的充分就业特指劳动就业。作为货币政策目标的充分就业是特指劳动就业。

③稳定物价目标

稳定物价就是使一个经济社会总体物价水平稳定。该目标不是指每种商品的价格固定不变，也不是指价格水平绝对不变，而是指价格水平的相对稳定，而不是大起大落。

④平衡国际收支目标

严格意义上的国际收支平衡，是指通过一定的政策措施，使一国的国际收支既不出现赤字，又不出现盈余。当然，这里所说的国际收支平衡，应是指存在适度官方储备资产前提下的国际收支平衡。

（2）货币政策操作目标

货币政策的操作目标主要有短期利率、基础货币和银行准备金。

（3）货币政策中介目标

货币政策的中介目标主要有长期利率、货币供给量和银行信贷规模。

目前，我国的货币政策操作目标和中介目标分别是基础货币和货币供给量。

二、货币政策工具

1. 货币政策工具

（1）一般性政策工具

一般性货币政策工具主要有三个：法定存款准备金率、再贴现率、公开市场业务。

①法定存款准备金率

法定存款准备金率是金融机构按规定向中央银行缴纳的存款准备金占其存款总额的比率。

②再贴现率

再贴现率是商业银行将其贴现的未到期票据向中央银行申请再贴现时的预扣利率。

③公开市场业务

公开市场业务是指中央银行在公开市场上买卖有价证券以控制货币供给和利率的政策行为。

上述三个货币政策工具通常被称为中央银行干预经济的“三大法宝”。

考点精讲

（2）选择性政策工具

央行干预宏观经济的货币政策除了上述三个一般性货币政策工具外，还包括选择性货币政策工具。这些政策工具包括：

①消费者信用控制，即中央银行根据宏观经济运行的状况对不动产以外的耐用消费品信贷条件的控制；

②证券市场信用控制，即中央银行根据宏观经济形势对证券市场有关证券交易的各种贷款的控制；

③不动产信用控制，即中央银行根据宏观经济运行的状况对商业银行和其他金融机构在房地产贷款方面进行的限制；

④优惠利率，即中央银行对国家产业政策要求重点发展的经济部门或产业，规定较低的贷款利率，支持其发展，多用于不发达国家；

⑤预缴进口保证金，即中央银行要求进口商预缴相当于进口商品总值一定比例的保证金，以抑制进口的过快增长。

（3）其他政策工具

除了一般性政策工具和选择性政策工具外，还有其他一些货币政策工具，如道义劝告。道义劝告就是中央银行利用自己在金融体系中的特殊地位和权威，通过对商业银行和其他金融机构的劝告，以影响其发放贷款的数量和投资方向，从而达到控制和调节货币供给数量和结构的目的。

2. 货币政策基本类型

（1）扩张性货币政策

扩张性货币政策是指中央银行通过增加货币供给，降低利率，进而刺激私人投资和总需求增加的方法，为达到刺激经济增长，增加国民收入，实现充分就业的目标而实行的扩张经济的政策。

量化宽松货币政策，是一种极端的扩张性货币政策，主要是指中央银行在实行零利率或近似零利率政策后，通过购买国债等中长期债券，增加基础货币供给，向市场注入大量流动性资金的干预方式，以鼓励开支和借贷，也被简化地形容为间接增印钞票。量化指的是扩大一定数量的货币发行，宽松即减少银行的资金压力。一般来说，只有在利率等常规工具不再有效的情况下，货币当局才会采取这种极端做法。

（2）紧缩性货币政策

紧缩性货币政策是指中央银行通过减少货币供给，提高利率，进而减少私人投资，抑制总需求的方法，为达到抑制经济的过快增长和通货膨胀，稳定价格水平的目的而实行的紧缩经济的政策。

三、货币政策的传导机制和后果

1. 扩张性货币政策的传导机制和后果

当经济过冷，出现通货紧缩，企业投资动力不足时，中央银行就应该实行扩张性的货币政策，通过降低法定存款准备金率，降低再贴现率，在公开市场上买进有价证券，放松不动产信用控制、消费者信用控制、证券市场信用控制等手段，向市场提供货币，导致利率下降，使得企业投资成本降低，从而促使企业投资需求和消费者总需求增加，进而带动经济的增长。

2. 紧缩性货币政策的传导机制和后果

当经济过热，出现通货膨胀、物价上涨、企业过度投资、产能过剩时，中央银行就应当实行紧缩性的货币政策。通过提高法定存款准备金率，提高再贴现率，在公开市场上卖出有价证券，收紧不动产信用控制、消费者信用控制、证券市场信用控制等手段，再加上道义劝告，从市场上收回过量的货币供给，导致利率上升，使得企业投资贷款成本升高，企业投资需求和消费者总需求得到限制，从而调控经济更趋于合理，抑制经济过热。

经典真题

（2016 中行）1. 公开市场业务是指中央银行在金融市场上买进或卖出有价证券。下列关于公开市场业务的说法错误的是(　　)。

A. 中国人民银行向商业银行发行中央银行票据属于公开市场业务

B. 与其他货币政策工具相比，公开市场业务具有主动性、灵活性和时效性等特点

C. 其目的在于改变商业银行等存款类金融机构的可用资金

D. 当中央银行卖出证券时，基础货币增加，金融机构可用资金的数量相应增加

答案：D。

解析：当中央银行卖出证券时，属于紧缩性货币政策。基础货币减少，金融机构可用资金的数量相应减少。故本题答案为D。

（2018建行）2. 自2017年1月底，2月初中期借贷便利（MLF）和中央逆回购操作中标利率上行10BP之后，3月16日央行逆回购和MLF中标利率再次上行10BP。逆回购、MLF中标利率调节工具在性质上属于（　　）。

A. 公开市场业务操作　　B. 利率政策

C. 常备借贷便利操作　　D. 中央银行贷款

答案：A。

解析：公开市场业务是指中央银行通过买进或卖出有价证券，吞吐基础货币，调节货币供应量的活动。央行逆回购为中国人民银行向一级交易商购买有价证券，并约定在未来特定日期将有价证券卖给一级交易商的交易行为，逆回购为央行向市场上投放流动性的操作，属于公开市场业务操作。中期借贷便利（MLF）于2014年9月由中国人民银行创设，是中央银行提供中期基础货币的货币政策工具，发放方式为质押方式，并需提供国债、央行票据、政策性金融债、高等级信用债等优质债券作为合格质押品，也属于新型的公开市场业务操作。故本题答案为A。

真题考点九　金融风险与金融监管

一、金融风险

1. 金融风险的含义

金融风险是指在资金的融通和货币的经营过程中，由于各种事先无法预料的不确定因素带来的影响，使得资金经营者的实际收益与预期收益发生一定的偏差，从而蒙受损失或者面临经营困难的可能性。

2. 金融风险的特征

不确定性；可测性；可控性；相关性。

3. 金融风险的分类

（1）信用风险

信用风险是指交易对象无力履约的风险。不但存在于贷款中，也存在于其他表内与表外业务，如担保、承兑和证券投资中，它是银行面临的主要风险。

狭义的信用风险是由于借款人主观违约或客观上还款出现困难，导致借款本息不能按时偿还，而给放款银行带来损失的风险。

广义的信用风险是指由于一方违约给另一方带来损失的风险。

现代信用风险计量模型按计量的风险层次划分：①单个交易对手或发行人的计量模型；②衍生工具的计量模型；③资产组合层次的计量模型。

信用风险分析中的聚类分析法属于一种非参数统计方法、多元统计方法，聚类分析中Q型聚类分析是对样本进行分类处理，R型聚类分析是对变量进行分类处理。

基于聚类分析的信用风险分析，将一定数量的样品看成一类，然后根据样品的亲疏程度，将最密切的看成一类，然后考虑合并后的类和其他类之间的亲疏程度，再次进行合并。重复这个过程直到完成所有的样本分析。

（2）流动性风险

流动性风险有两种含义：一种是由于市场流动性不高，导致证券持有者无法及时变现而出现的损失。另一种是金融交易者本身在现金流方面出现困难，不得不提前将金融资产低价变现，以致账面损失变为实际损失的风险。

衡量流动性风险的指标：①存贷款比率；②流动性比率（不低于25%）；③流动性覆盖率（不低于100%）；④净稳定融资比例（不低于100%）。

（3）市场风险

市场风险是指由基础金融变量，如利率、汇率、股票价格、通货膨胀率等方面的变动所引起的金融资产或负债的市场价值变化给投资者带来损失的可能性。

市场风险主要包括利率风险、汇率风险、权益风险等。

（4）操作风险

操作风险是指由于技术操作系统不完善、管理系统缺陷、欺诈或其他人为错误导致损失的可能性。比如，交易未能得到执行的执行风险；工作人员隐瞒信息的欺诈风险；自然灾害、不可抗力以及关键人物事故导致的风险等。

（5）国家风险

国家风险指在国际经济活动中，由于国家的主权行为所引起的，造成损失的可能性。

考点精讲

国家风险分为主权风险和转移风险。

主权风险是指主权政府或政府机构的行为给贷款方造成的风险，主权国家政府或政府机构可能会出于自身利益考虑，拒绝履行偿付债务或拒绝承担担保的责任，从而给贷款银行造成损失。

转移风险是因东道国政府的政策或法规禁止或限制资金转移而对贷款方构成的风险，在开展国际银行业务时，由于东道国的外汇管制或资本流动管制，出现银行在东道国的存款、收入等可能无法汇出或贷款本金无法收回的情况，就是典型的转移风险。

（6）法律风险

法律风险是指因不完善、不正确的法律意见、文件而造成金融企业同预计情况相比资产价值下降或债务增大的风险。分为：①合规风险；②监管风险。

合规风险是指银行因未能遵循法律法规、监管要求、规则、自律性组织制定的有关准则、已经适用于银行自身业务活动的行为准则，而可能遭受法律制裁或监管处罚、重大财务损失或声誉损失的风险。

监管风险是指由于违反政府监管而遭受处罚的风险。

（7）声誉风险

声誉风险是指因操作上的失误、违反有关法规、经营管理水平差、资产质量和财务状况恶化，以及错误的舆论导向和市场谣言等其他事故而使金融企业在声誉上可能造成的不良影响。

4. 风险控制

风险控制是指风险管理者采取各种措施和方法，消灭或减少风险事件发生的各种可能性，或者减少风险事件发生时造成的损失。风险控制的四种基本方法是：风险回避、损失控制、风险转移和风险自留。

风险回避是投资主体有意识地放弃风险行为，完全避免特定的损失风险。简单的风险回避是一种最消极的风险处理办法，因为投资者在放弃风险行为的同时，往往也放弃了潜在的目标收益。

损失控制不是放弃风险，而是制定计划和采取措施降低损失的可能性或者是减少实际损失。控制的阶段包括事前、事中和事后三个阶段。事前控制的目的主要是为了降低损失的概率，事中和事后的控制主要是为了减少实际发生的损失。

风险转移，是指通过契约，将让渡人的风险转移给受让人承担的行为。通过风险转移有时可大大降低经济主体的风险程度。风险转移的主要形式是合同和保险。

风险自留，即风险承担。也就是说，如果损失发生，经济主体将以当时可利用的任何资金进行支付。风险保留包括无计划自留、有计划自我保险。

5. 金融脆弱性

金融脆弱性，从狭义上来讲是指高负债经营的行业特点决定了金融业具有容易失败的特性；从广义上来讲则是泛指一切融资领域——包括金融机构融资和金融市场融资中的风险积聚。

（1）金融风险与金融脆弱性

金融风险与金融脆弱性意义相近，但着重点不同。

金融风险是指潜在的损失可能性；金融脆弱性是指风险积聚所形成的状态——与稳定、坚固，不易受到破坏、摧毁相对的状态。

（2）金融自由化与金融脆弱性

金融脆弱性受到多种因素的影响，包括宏观经济衰退、失误的宏观经济政策以及经由国际收支危机带来的波动性。但是即使在宏观经济稳定的情况下，金融自由化也会单独对金融系统的稳定产生负面影响，而且影响程度还不小。这意味着，金融自由化会增加金融脆弱性。

二、金融监管

1. 金融监管的含义

金融监管是监管当局对金融企业监督和管理的总称。

2. 金融监管的目标

（1）安全性目标。

该目标是金融监管的首要目标。

（2）效率性目标。

（3）公平性目标。

3. 金融监管的原则

（1）依法监管原则：对金融企业进行监督管理，必须有法律、法规为依据。只有依法监管，才能保持监管的权威性、严肃性、强制性和一贯性，才能保证监管的有效性。

（2）合理、适度竞争原则：金融监管当局应着力维护、培育和创造一个公平、高效、适度、有序的竞争环境，既要避免高度垄断，又要防止过度竞争、破坏性竞争。

（3）自我约束和外部强制相结合的原则：以内部控制为主，外部监管为辅。

(4) 综合性监管原则：金融监管当局应当将行政、经济和法律手段综合配套使用；操作方式上，应当将直接与间接、外部与内部等各种不同的管理方式和技术手段综合配套使用。

(5) 安全稳健与风险预防原则。

(6) 社会经济效益原则：金融监管的目的是促进金融业的健康稳定发展，让金融业更好的服务于社会经济，所以在金融监管时要坚持社会经济效益原则。

4. 金融监管的理论依据

(1) 社会利益论

金融监管的基本出发点是维护社会公众的利益，而社会公众利益的高度分散化，决定了只能由国家授权的机构来履行这一职责。

(2) 金融风险论

金融风险的特性，决定了必须实施金融监管，以确保整个金融体系的安全与稳定。

(3) 投资者利益保护论

信息不对称和信息不完全的大量存在，会导致信息优势方可能利用这一优势来损坏信息劣势方的利益。因此就提出了这样的监管要求，即有必要对信息优势方（主要是金融机构）的行为加以规范和约束，以为投资者创造公平、公正的投资环境。

5. 金融监管体制的类型

考点精讲

按照监管机构的组织体系划分：

(1) 统一监管体制

只设一个统一的金融监管机构，对金融机构、金融市场以及金融业务进行全面的监管。代表国家：英国、日本、韩国等。

(2) 分业监管体制

由多个金融监管机构共同承担监管责任，一般银行业由中央银行负责监管；证券业由证券监管委员会负责监管；保险业由保险监管委员会负责监管，各监管机构既分工负责，又协调配合，共同组成一个国家的金融监管组织体制。

(3) 不完全监管体制

又可以进一步分为牵头式和双峰式两种监管体制。

①牵头式监管体制：在分业监管机构之上设置一个牵头监管机构，负责不同监管机构之间的协调工作。典型代表：巴西。

②双峰式监管体制：依据金融监管目标设置两类监管机构：一类机构专门对金融机构和金融市场进行审慎监管，以控制金融业的系统风险；另一类机构专门对金融机构进行合规性管理和保护消费者利益的管理。

6.《巴塞尔协议》

考点精讲

(1)《巴塞尔资本协议》——1988 年

该协议的主要内容有：

第一，关于资本的组成。把银行资本划分为核心资本和附属资本两部分。核心资本至少占全部资本的 50%。

第二，关于风险加权的计算。风险加权资产是指对银行的资产加以分类，根据不同类别资产的风险性质确定不同的风险系数，以这种风险系数为权重求得的资产。

风险加权资产总额=资产负债表内资产×风险权数+资产负债表外资产×转换系数×风险加权数

注：

计量风险加权资产时，①对于信用风险资产，商业银行可以采取权重法、内部评级初级法和内部评级高级法计算风险加权资产；②对于市场风险，商业银行可以采用标准法和内部模型法；③对于操作风险，商业银行可以采用基本指标法、标准法或高级计量法。

第三，关于标准比率的目标。协议要求银行经过 5 年过渡期逐步建立和调整所需的资本基础，到 1992 年底，银行的总资本比率达到 8%，核心资本比率达到 4%。

（2）《新巴塞尔资本协议》——2004 年

由三大支柱构成：①最低资本要求；②外部监管；③市场约束。

（3）《巴塞尔协议Ⅲ》——2010 年

①提高监管资本的要求。核心一级资本比率提高到 4.5%，需进一步分别满足 2.5% 的储备资本和 0~2.5% 的逆周期资本要求。

②引入杠杆率监管标准：杠杆率=核心资本/银行表内外总资产。这一指标作为最低风险资本比率监管指标的补充，以防范银行内部计量模型存在偏差而带来的风险。

③建立流动性风险监管标准：引入流动性监管新指标（流动性覆盖率、净稳定融资比率）。

《巴塞尔协议Ⅲ》规定了在 2019 年 1 月 1 日全面实施新标准的过渡期安排，比如自 2013 年 1 月 1 日起，核心一级资本的最低要求将从 2% 上升至 3.5%，一级资本最低要求由 4% 上升至 4.5%。2014 年 1 月 1 日起，银行核心一级资本充足率和一级资本充足率分别达到 4% 和 5.5%。2015 年 1 月 1 日起，银行应满足 4.5% 的最低核心一级资本充足率和 6% 的最低一级资本充足率。

注：

提高资本充足率的方法：

a. 分子对策

商业银行提高资本充足率的分子对策，包括增加核心资本和附属资本。

核心资本的来源包括发行普通股、提高留存利润等方式。留存利润是银行增加核心资本的重要方式。

商业银行增加附属资本的方法，主要是发行可转换债券、混合资本债券和长期次级债券。

b. 分母对策

商业银行提高资本充足率的分母对策，主要是降低风险加权总资产以及市场风险和操作风险的资本要求。

降低风险加权总资产的方法，主要是减少风险权重较高的资产，增加风险权重较低的资产。

在降低市场风险和操作风险的资本要求方面，可以尽可能建立更好的风险管理系统。

c. 综合措施，其中非常重要的一个综合性方法是银行并购。

7. 骆驼评级法

“骆驼”评级体系是目前美国金融管理当局对商业银行及其他金融机构的业务经营、信用状况等进行的一整套规范化、制度化和指标化的综合等级评定制度。因其五项考核指标，即资本充足性（Capital Adequacy）、资产质量（Asset Quality）、管理水平（Management）、盈利水平（Earnings）和流动性（Liquidity），其英文第一个字母组合在一起为“CAMEL”，正好与“骆驼”的英文名字相同而得名。

“骆驼”评级体系的分析涉及的主要指标和考评标准是：

第一，资本充足率，要求达到6.5%~7%；

第二，有问题放款与基础资本的比率，一般要求该比率低于15%；

第三，管理者的领导能力和员工素质、处理突发问题应变能力和董事会决策能力、内部技术控制系统的完善性和创新服务吸引顾客的能力；

第四，净利润与盈利资产之比在1%以上为第一、二级，若该比率在0~1%为第三、四级，若该比率为负数则评为第五级；

第五，随时满足存款客户的取款需要和贷款客户的贷款要求的能力，流动性强为第一级，流动性资金不足以在任何时候或明显不能在任何时候满足各方面的需要的分别为第三级和第四级。

在上述基础上如果综合评级很满意或比较满意的则为第一级或第二级，不太满意和不满意的分别为第三级、第四级，不合格的为第五级。对第一、二级银行监管当局一般对其今后发展提出希望性的建议；对第三级银行监管当局要发出正式协议书，由被考评行签署具体计划和措施；对第四、五级银行监管当局则发出“勒令书”，命令银行应该做什么、必须做什么和停止做什么，这是一种最严厉的管理措施。

经典真题

(2017中行) 根据《商业银行资本管理办法（试行）》，不属于商业银行计量信用风险加权资产采用的方法的是(　　)。

A. 高级内部评级法　　B. 内部模型法

C. 初级内部评级法　　D. 权重法

答案：B。

解析：计算风险加权资产时：①对于信用风险资产，商业银行可以采取权重法、内部评级初级法和内部评级高级法计算风险加权资产；②对于市场风险，商业银行可以采用标准法和内部模型法；③对于操作风险，商业银行可以采用基本指标法、标准法或高级计量法。故本题答案为B。

真题演练

单项选择题

1. 在银行发放贷款的情况下，货币作为价值运动的独立形式从银行单方面转移到借款人，这时货币执行的职能是(　　)。

A. 价值尺度　　B. 支付手段　　C. 流通手段　　D. 贮藏手段

2. 当商业银行出现准备金不足情况时，首先应该(　　)。

A. 向央行借款　　B. 向其他银行借款

C. 出售债券　　D. 回收贷款

3. 下列关于利率和汇率的说法，不正确的是(　　)。

A. 不随借贷资金的供求状况而波动的利率叫固定利率，参照某一利率指标变化而定期调整的利率叫浮动利率

B. 不随各国货币的供求状况而波动的汇率叫固定汇率，参照某一汇率指标变化而定期调整的汇率叫浮动汇率

C. 官方利率是由政府部门制定和公布的，而市场利率是由市场供求关系确定的

D. 官方汇率是由政府部门制定和公布的，而市场汇率是由市场供求关系确定的

4. 央行下调利率，在货币资金市场中可能引起的现象是(　　)。

A. 资金供给增加　　B. 资金需求增加

C. 外汇流入　　D. FDI 增加

5. 能在金融市场上简便地转让变现而不招致损失是金融工具的(　　)特性。

A. 期限性　　B. 收益性　　C. 流动性　　D. 风险性

6. 在其他条件不变的情况下，中央银行通过公开市场操作购买大量有价证券，金融体系中的货币供应量将(　　)。

A. 上升　　B. 下降　　C. 不变　　D. 不能判断

7. 关于大额可转让定期存单说法不正确的是(　　)。

A. 面额较大　　B. 可提前支取

C. 可以在市场上流通转让　　D. 实质上是银行的定期存款

8. 某人投资某债券买入价格 100 元，一年后卖出价格为 110 元，期间获得利息收入 10 元，则该投资的持有期收益率为(　　)。

真题精讲

A. 10%　　B. 20%

C. 9.1%　　D. 18.2%

9. 现阶段我国政策性农村金融机构是(　　)。

A. 农村信用合作社　　B. 中国农业发展银行

C. 中国农业银行　　D. 农村合作银行

10. 银行通过在其日常业务活动中发行银行券和支票等信用工具，以及借助于支票流通，银行可以超出自由资本和吸收的资金总额而扩大信用时所发挥的一种职能，在金融领域中称为(　　)。

A. 信用增值　　B. 信用扩张　　C. 信用创造　　D. 信用倍增

11. 关于商业银行经营原则的关系，下列说法错误的是(　　)。

A. 流动性越强，风险越小，安全性越高

B. 流动性越强，安全性越高，盈利性越低

C. 保证盈利性、安全性和流动性的有效统一

D. 流动性越强，盈利性越高，安全性越高

12. 凯恩斯的货币需求函数非常重视(　　)。

A. 恒久收入的作用　　B. 汇率的作用

C. 货币供应量的作用　　D. 利率的作用

13. 货币政策四大目标之间存在矛盾，任何一个国家要想同时实现是很困难的，但其中(　　)的目标是一致的。

A. 充分就业与经济增长　　B. 经济增长与国际收支平衡

C. 物价稳定与经济增长　　D. 物价稳定与充分就业

14. 中央银行在公开市场上卖出政府债券是企图(　　)。

A. 收集一笔资金帮助政府弥补财政赤字

B. 减少商业银行在中央银行的存款

C. 减少流通中的基础货币以紧缩货币供给

D. 通过买卖债券获取差价利益

15. 下列不属于《巴塞尔协议Ⅱ》的三大支柱是(　　)。

A. 最低资本要求　　B. 监督部门的监督检查

C. 市场约束　　D. 存款保险制度

参考答案及解析

单项选择题

1. 答案：B。

解析：支付手段的主要特点就是价值单方面的转移。故本题答案为B。

2. 答案：B。

解析：存款准备金是指金融机构为保证客户提取存款和资金清算需要而准备的在中央银行的款项，随着银行吸收的存款量变化而变化。商业银行向中央银行的借款只能用于调剂头寸、补充储备的不足和资产的应急调整。出售债券和回收贷款主要是进行资产结构的调整，是最后的解决办法。当商业银行出现准备金不足时，首先应进行同业拆借，即向其他银行借款。故本题答案为B。

3. 答案：B。

解析：固定汇率是将一国货币与另一国家货币的兑换比率基本固定的汇率，固定汇率并非汇率完全固定不动，而是围绕一个相对固定的平价的上下限范围波动，该范围最高点叫“上限”，最低点叫“下限”。浮动汇率是固定汇率的对称。根据市场供求关系而自由涨跌，货币当局不进行干涉的汇率。故本题答案为B。

4. 答案：B。

解析：利率下降引起投资需求的增加，故资金需求增加。故本题答案为B。

5. 答案：C。

解析：一般认为，金融工具具有以下特征：偿还性、流动性、风险性、收益性。流动性是指金融资产在转换成货币时，其价值不会蒙受损失的能力。故本题答案为C。

6. 答案：A。

解析：中央银行通过公开市场操作购买大量有价证券，属于扩张性的货币政策，市场当中的货币供应量会上升。故本题答案为A。

7. 答案：B。

解析：大额可转让定期存单不能提前支取。故本题答案为B。

8. 答案：B。

解析：持有期收益率＝（卖出价格－买入价格＋持有期间的利息）/（买入价格×持有年限）×100%，即（110－100＋10）/（100×1）×100%＝20%。故本题答案为B。

9. 答案：B。

解析：我国有三大政策性银行，其中中国农业发展银行是我国政策性农村金融机构。故本题答案为B。

10. 答案：C。

解析： 信用创造是银行的特殊职能，即银行通过在其日常业务活动中发行银行券和支票等信用工具，以及借助于支票流通，银行可以超出自有资本和吸收的资金总额而扩大信用时所发挥的一种职能。故本题答案为C。

11. 答案：D。

解析： 流动性和安全性成正比，和盈利性成反比。故本题答案为D。

12. 答案：D。

解析： 凯恩斯认为投机性货币需求是随利率的变动而相应变化的需求，它与利率成负相关关系，利率上升，需求减少；反之，则投机动机货币需求增加。故本题答案为D。

13. 答案：A。

解析： 货币政策四大目标之间充分就业与经济增长是一致的，其他的是矛盾的。故本题答案为A。

14. 答案：C。

解析： 中央银行卖出债券是紧缩性的货币政策，减少基础货币，缩紧货币供应量。故本题答案为C。

15. 答案：D。

解析：《巴塞尔协议II》的三大支柱是最低资本要求、市场约束和外部监管。故本题答案为D。

第四章 国际金融学

真题考点一　国际金融

一、国际收支

1. 国际收支和国际收支平衡表

国际收支是指一定时期内（通常为一年）一国与外界之间发生的全部经济交易的货币收支记录。

在现代社会，国际间的经济交易有两个主要途径：一是国际贸易，二是国际金融。通过这两个途径所实现的国际经济交易一般都反映在国际收支平衡表当中。

国际收支平衡表是一种统计报表，系统地记载了在一定时期内一国或地区与外界的交易状况。国际收支平衡表包括经常项目、资本项目、官方储备项目以及误差与遗漏四个部分。

（1）经常项目

又称往来项目，是国际收支中最基本、最主要的项目。主要包括：①货物贸易；②服务贸易；③收益项目；④经常转移。

（2）资本和金融项目

资本和金融项目，主要记录资本在国家之间的流动，即国际资本流动，该项目分为资本项目和金融项目两大类，其中金融项目又分为直接投资、证券投资、其他投资三类。

（3）官方储备项目

官方储备是各国货币当局占有的那些在国际收支出现差额时可以直接地或通过同其他资产有保障的兑换性来支持该国汇率的所有资产，主要包括黄金储备、外汇储备、在国际货币基金组织的储备头寸和特别提款权。

中国政府持有的美国国债和欧洲债券也应当算是外汇储备。

官方储备项目属于平衡项目，当国际收支出现盈余时，官方储备资产（主要是外汇储备）增加；反之，如果国际收支出现赤字，就必须动用官方储备资产予以弥补，于是官方储备资产减少。

（4）误差与遗漏

该项目也属于平衡项目，其主要从技术角度使国际收支平衡表达到形式上的平衡，不具有经济上的意义。

2. 国际收支平衡与失衡

国际收支平衡状况分析，重点是分析国际收支差额，并找出原因，以便采取相应对策，扭转不平衡状况。

（1）国际收支平衡

如果经常项目出现赤字，可以由资本和金融项目中的盈余来弥补；反之，如果资本和金融项目出现赤字，也可以由经常项目的盈余来弥补。故国际收支平衡可表示为：

经常项目+资本和金融项目=0

（2）国际收支失衡

①逆差：经常项目+资本和金融项目=负值=官方储备资产减少

如果经常项目、资本和金融项目相加后出现赤字，就必须动用官方储备资产来弥补，这种情况就叫做“国际收支逆差”。

考点精讲

一国的国际收支出现逆差，一般会首先引起本国货币汇率下浮，如果逆差严重，会使本币汇率急剧下跌。该国货币当局如果要维护本币的地位，就要对外汇市场进行干预，即抛售外汇等官方储备资产，买进本国货币。这不仅会消耗官方储备，甚至还会造成外汇储备枯竭，从而严重削弱其对外支付能力；另外也会形成国内的货币紧缩形势，促使利率水平上升，影响本国经济的增长，从而导致失业的增加和国民收入增长率的相对与绝对下降。

②顺差：经常项目+资本和金融项目=正值=官方储备资产增加

如果经常项目、资本和金融项目相加后出现盈余，官方储备资产就会增加，这种情况就叫做“国际收支顺差”。

一国的国际收支出现顺差，一般会导致外汇储备成本加大，本国货币汇率呈现升值压力，如果长期出现顺差，就会导致国内货币流动性过剩，出现通货膨胀压力，货币政策的调控效应也会减弱。

3. 国际收支的调节

当国际收支出现失衡时，其调节的目标为：使涉外经济达到均衡状态；实现宏观经济目标。调节所遵循的原则是：按照国际收支失衡的类型而确定调节手段；不与一国经济的内部均衡目标发生冲突；注意国际影响，减少国际纠纷。

当失衡出现时，首先是动用官方储备进行调节。然后从市场机制的自动调节和政策引导两方面进行调节，以期使国际收支平衡。

二、外汇与汇率

1. 基本概念

（1）外汇

外汇，是相对于本国货币而言的，泛指一切外国的货币。外汇不仅指外国的钞票和硬币，以外币履行支付义务的票据、银行的外币存款和以外币表示的有价证券也是外汇；而且，非钞票和硬币形态的外汇是外汇存在的主要形态。

（2）汇率

汇率亦称“汇价”，是一种货币兑换另一种货币的比率，是以一种货币表示另一种货币的价格。

（3）汇率标价法

汇率有直接标价法和间接标价法两种。

考点精讲

①直接标价法是指以一单位的外国货币作为基准，折算为一定数额的本国货

币来表示汇率的标价方法。采用这种标价法，如果汇率上升则表示本币贬值，外币升值；汇率下降则表示本币升值，外币贬值。

②间接标价法是指以一单位的本国货币作为基准，折算为一定数额的外国货币来表示汇率的标价方法。采用这种标价法，如果汇率上升则表示本币升值，外币贬值；汇率下降则表示本币贬值，外币升值。

中国和世界上大多数国家都使用的是直接标价法，英、美等少数国家使用的是间接标价法。

(4) 名义汇率和实际汇率

名义汇率是用一国货币交换另一国货币的比率，是没有考虑两国价格因素的汇率。

实际汇率是用一种货币来度量国内价格水平与国外价格水平的比率。

(5) 银行的卖出汇率与买入汇率

购买外汇者去银行买入外币，银行都会有相对应的卖出价，这个卖出价就是你要接受的卖出汇率。卖出外汇者去银行用外币兑换本币，则适用银行的买入价，即买入汇率。中间汇率是买入价与卖出价的平均数。

2. 汇率的决定与变动

(1) 金平价

在金本位制下，黄金被用来规定货币能代表的价值，各国均规定了每一铸币单位包括的黄金重量和成色，即含金量。两种货币之间的含金量之比是决定两种货币汇率的基础，即由铸币平价或金平价来决定汇率。

(2) 购买力平价

瑞典经济学家卡塞尔认为，两国货币的汇率应由两种货币在这两个国家的购买力之比决定，也就是说，汇率应由两国的物价水平之比决定。这种由购买力之比或物价水平之比所决定的汇率，就是购买力平价。购买力平价被认为是决定长期汇率水平的基础。

购买力平价包括绝对购买力平价和相对购买力平价。绝对购买力平价是指在某一时点上，两国货币的汇率决定于两国货币购买力的比率。相对购买力平价是指在一定时期内，反映两国物价指数相对变化即反映两国货币购买力相对变化的比率。

购买力平价可以根据“单一价格定律”推导出来。根据单一价格定律，同一种物品在不同的国家都应当按同一价格出售，或者说，一个单位的货币在每个国家都应当具有相同的购买力。如果不是这样，就会存在价差套利空间。

(3) 利率平价

从短期来看，一国的汇率由对该国货币兑换外币的需求和供给所决定。影响汇率变动的因素主要是一国的实际利率。如果一国的实际利率高于其他国家，外国资本就会大量流入到该国，以谋求较高的收益。大量外国资本的流入会改变外汇市场的供求关系，并最终迫使本币升值，汇率上升。反之，利率低于他国，汇率就会下跌。

3. 汇率变动对经济的影响

汇率对国际收支的影响主要表现在两个方面：一是对经常项目的影响，二是对资本项目的影响。

汇率对经常项目的影响表现在：如果汇率下跌，即本币贬值，那么本国产品在世界市场上的价格就会下降，而外国产品在本国市场的价格则会上升。显然，这将有利于增加本国产品的出口，而不利于增加外国产品的进口。在此情况下，对外贸易就可能出现顺差，经常项目就可能出现盈余，至少出口的增加会减少外贸逆差和经常项目的赤字。反之，如果汇率上升，即本币升值，对外贸易就可能出现逆差，经常项目就可能出现赤字，至少这会减少外贸顺差和经常项目盈余。

与经常项目不同，一般而言，汇率的变动对资本项目中的长期资本流动不会产生实质性的影响。因为长期资本流入一个国家或从一个国家流出，主要取决于在该国的投资风险和盈利水平，而不是取决于汇率。然而，汇率的变动对短期资本的流动会产生重要的影响。如果一国的汇率下跌，即货币贬值，就会导致金融资产的相对价值下降，股票回报率降低，大量的短期资本就会外流；反之，如果汇率上升，即货币升值，金融资产相对价值就会上升，股票回报率也会上升，短期资本就会大量流入到该国。

4. 国际资本转移

（1）国际资本转移是资本的跨国流动和转移，是国际经济分工中的常见现象。

（2）目的：在世界范围内整合利用其他国家的优势生产要素。

（3）载体：跨国公司。

（4）理论基础：比较优势原理。

（5）分类：国际货币资本转移（或国际间接投资）、国际生产资本转移（或国际直接投资）。

（6）测算模型："卡廷顿法"。

卡廷顿法是一种直接测算法，是指国际资本转移可以通过国际收支表进行直接测算，即：

国际资本转移=国际收支错误与遗漏项+私人非银行部门短期资本流出

这种测算简单直观，但是其缺陷也显而易见：①它只包括了短期国际资本转移，并未包括在二级市场上具有较强流动性的，可以作为短期资本替代品的长期资本外逃；②错误与遗漏项可能包含了未记录的国际资本转移，但也包括了真正的统计误差，卡廷顿法将其未加区别地一并计入国际资本转移。

三、汇率制度

1. 汇率制度的定义及内容

（1）汇率制度的定义

汇率制度又称汇率安排，是指各国或国际社会对于确定、维持、调整与管理汇率的原则、办法、方式和机构等所作出的系统规定。

（2）汇率制度的内容

①确定汇率的原则和依据。例如，以货币本身的价值为依据，还是以法定代表的价值为依据等。

②维持与调整汇率的办法。例如是采用公开法定升值或贬值的办法，还是采取任其浮动或官方有限度干预的办法。

③管理汇率的法令、体制和政策等。例如各国外汇管制中有关汇率及其适用范围的规定。

④制定、维持与管理汇率的机构，如外汇管理局、外汇平准基金委员会等。

2. 汇率制度的主要形式

（1）固定汇率制度

固定汇率制度是指货币的汇率固定，只限于在一定幅度内波动，并且由货币当局确定的汇率制度。

（2）浮动汇率制度

浮动汇率制度是指汇率直接由市场供求关系决定的汇率制度，包括自由浮动汇率制度和管制浮动汇率制度。

①自由浮动汇率制度：又称清洁浮动汇率制度，是指货币当局不规定本币与外币的官方汇率，汇率完全由市场供求关系自发决定的汇率制度。

②管制浮动汇率制度：又称肮脏浮动汇率制度，是指货币当局主要通过买进或者卖出外汇来影响外汇的供求关系，从而有限度地影响汇率水平的制度。

3. 人民币汇率制度

人民币汇率制度是以市场供求为基础、参考一篮子货币进行调节、有管理的浮动汇率制度。

四、外汇市场

1. 外汇市场的定义

外汇市场是国际金融市场的重要组成部分，是指经营外汇业务的银行、各种金融机构以及个人进行外汇买卖和调剂外汇余缺的交易场所。

2. 外汇市场的运行机制

（1）供求机制

外汇的供求关系是市场汇率形成的基础，汇率又反过来调节外汇的供求。

（2）汇率机制

汇率机制是指外汇市场交易中汇率升降同外汇供求关系变化的联系及相互作用。

（3）效率机制

效率机制是外汇市场交易中能够促使实现公平竞争，公正、快速交易同时能够促进资金合理配置的机制。

（4）风险机制

外汇市场运行中的风险机制，主要是指外汇交易中风险的增减同汇率变动之间的相互联系、相互作用。

3. 外汇市场业务

（1）即期外汇交易

即期外汇交易，又称现汇买卖，是交易双方以当时外汇市场的价格成交，并在成交后的两个营业日内办理有关货币收付交割的外汇交易。

（2）远期外汇交易

远期外汇交易，又称期汇交易，跟即期外汇交易相区别的是市场交易主体在成交后，按照远期合同规定，在未来（一般在成交日后的3个营业日之后）按规定的日期交易的外汇交易。

（3）掉期交易

掉期交易，又称时间套汇，是指同时买进和卖出相同金额的某种外汇，但买与卖的交割期限不同的一种外汇交易，进行掉期交易的目的也在于避免汇率变动的风险。

考点精讲

掉期交易可分为以下三种形式：

①即期对远期，即在买进或卖出一笔现汇的同时，卖出或买进相同金额该种货币的期汇。期汇的交割期限大都为1星期、1个月、2个月、3个月、6个月。

②明日对次日，即在买进或卖出一笔现汇的同时，卖出或买进同种货币的另一笔即期交易，但两笔即期交易交割日不同，一笔是在成交后的第二个营业日（明日）交割，另一笔反向交易是在成交后第三个营业日（次日）交割。

③远期对远期，指同时买进并卖出两笔相同金额、同种货币不同交割期限的远期外汇。

（4）套汇交易

套汇交易是指在不同的时间（交割期限）、不同的地点（外汇市场）利用汇率或利率上的差异进行外汇买卖，以防范汇率风险和牟取套汇收益的外汇交易活动。套汇可分为地点套汇和时间套汇，地点套汇又可分为直接套汇和间接套汇。

远期外汇交易、掉期交易、套汇交易等方式都属于可规避国际金融风险的交易。

五、国际金融机构

1. 国际货币基金组织

国际货币基金组织（IMF）是根据 1944 年 7 月在布雷顿森林会议签订的《国际货币基金协定》，于 1945 年 12 月 27 日在华盛顿成立的。与世界银行同时成立、并列为世界两大金融机构，其职责是监察货币汇率和各国贸易情况，提供技术和资金协助，确保全球金融制度运作正常。国际货币基金组织的总部设在华盛顿。我们常听到的“特别提款权”就是该组织于 1969 年创设的。

2. 世界银行

世界银行（World Bank）是世界银行集团的俗称，其一开始的使命是帮助在第二次世界大战中被破坏的国家的重建。世界银行的主要任务是资助国家克服穷困，各机构在减轻贫困和提高生活水平的使命中发挥独特的作用。

经典真题

(2019 浦发) 1. 所谓汇率中间价是指(　　)。

A. 汇率开盘价与收盘价的平均数

B. 即期汇率与远期汇率的平均数

C. 官方汇率与市场汇率的平均数

D. 现汇买入价与现汇卖出价的平均数

答案：D。

解析：中间汇率亦称汇率均价，是银行买入汇率与卖出汇率之间的平均汇率。这种汇率一般适用于报刊上汇率的报导、银行间外汇头寸的结算、外汇银行在年度决算时对各种外汇头寸的估价等。故本题答案为 D。

(2018 建行) 2. 我国今年 8 月末外汇储备约为 3.09 万亿美元，比 7 月底上升 108 亿美元，为连续第七个月上升。下列关于外汇及外汇储备的说法中，正确的是(　　)。

A. 国际货币基金组织（IMF）中的普通提款权属于外汇储备，特别提款权不属于外汇储备

B. 当国内总需求小于总供给时，可以动用外汇组织进口，从而调节平衡

C. 当国内总需求大于总供给时，可以动用外汇组织进口，从而调节平衡
D. 外汇储备的增长减小了人民币升值压力

答案：C。

解析：国际货币基金组织（IMF）中的普通提款权和特别提款权均属于外汇储备的一部分，A错误；当国内宏观经济不平衡，出现总需求大于总供给时，可以动用外汇组织进口，从而调节总供给与总需求的关系，促进宏观经济的平衡，B错误，C正确；外汇储备的增长增加了人民币升值压力，D错误。故本题答案为C。

（2015建行）3. 为了调节国际收支顺差，一国可以采取的政策有（　　）。
A. 实施扩张性财政政策　　B. 在外汇市场上抛售外汇
C. 实施紧缩性财政政策　　D. 本币升值
E. 在外汇市场上购进外汇

答案：ADE。

解析：顺差表示出口大于进口，说明进口少，此时需要限制出口，增加进口，因此需要实行扩张性的财政政策或货币政策；或者提高本国货币汇率，降低外国货币汇率。当国际收支处于顺差时，外汇收入大于外汇支出，外汇增多，央行采取外汇缓冲政策，在市场中购进外汇，增加外汇储备，缓解顺差造成的影响。故本题答案为ADE。

真题考点二　国际贸易

一、国际贸易及其分类

国际贸易（International Trade）是指不同国家（或地区）之间进行的商品交换活动。这里讲的商品交换是广义的，即包括有形商品和无形商品的贸易活动。既然国际贸易泛指国家与国家之间的商品交换，那么，它就既包括本国与他国之间的贸易，也包括别的国家之间的贸易。

对外贸易（Foreign Trade），如果从某个国家或地区的角度来看，是指该国（或地区）同别国（或地区）进行的商品交换活动。因为这是立足于一个国家的立场来看待这种商品贸易活动，所以称为对外贸易，或者也可称为“国外贸易”或“外部贸易”（External Trade）。

国际贸易依照贸易内容分类，可分为三种贸易：

（1）货物贸易；
（2）服务贸易；
（3）知识产权贸易。

知识产权贸易，是指以知识产权为标的的贸易，主要包括知识产权许可、知识产权转让等内容，即企业、经济组织或个人之间，按照一般商业条件，向对方出售或从对方购买知识产权使用权的一种贸易行为。

二、国际结算方式

国际结算方式是指以一定的条件实现国际货币收付的方式，主要包括汇款、托收、信用证和银行保函等。

1. 汇款

汇款是付款人通过银行使用各种支付工具，将款项交给收款人的结算方式。汇款的当事人包括：①付款方叫汇款人，即进口商；②收款方称为收款人或受益人，即出口商；③受汇款人委托，汇出款项的银行叫汇出行，即进口地银行；④受汇出行委托，解付汇款的银行叫汇入行，即出口地银行。

2. 托收

托收是出口商为向国外进口商收取销售货款或劳务价款，开具汇票并委托出口地银行通过其在进口地银行的联行或代理行向进口商收款的结算方式。

3. 信用证

信用证是一种银行有条件的付款承诺，是进口地银行根据进口商的要求向出口商开立的一定金额，在一定期限内凭规定的单据付款的书面承诺。在国际贸易活动中，买卖双方可能互不信任，买方担心预付款后，卖方不按合同要求发货；卖方也担心在发货或提交货运单据后买方不付款。因此需要银行作为买卖双方的保证人，代为收款交单，以银行信用代替商业信用。银行在这一活动中所使用的工具就是信用证。

信用证有以下两个特点：

（1）开证行负有第一性的付款责任。

信用证结算方式下，只要受益人提交的单据完全符合信用证的要求，开证行必须对其或其指定人付款，而不是等进口商付款后再转交款项。可见，与汇款、托收方式不同，信用证方式依靠的是银行信用，是由开证行而不是进口商负第一性的付款责任。

（2）开证银行代进口商开立信用证，提供的是信用，而不是资金。

信用证结算方式以银行信用代替商业信用，解决了进出口商之间缺乏了解和信任的问题；银行在结算过程中一边收单一边付款，便利了进出口商的资金融通。所有这些都促进了国际贸易的发展，也反映了银行对国际贸易领域的介入和影响在不断加深。

4. 银行保函

保函又称保证书，是指银行、保险公司、担保公司或担保人应申请人的请求，向受益人开立的一种书面信用担保凭证，保证在申请人未能按双方协议履行其责任或义务时，由担保人代其履行一定金额、一定时限范围内的某种支付或经济赔偿责任。

三、国际贸易相关理论

1. 古典贸易理论

关于国际贸易发生的原因与影响，最早是由英国古典学派经济学家亚当·斯密在劳动价值学说基础上，将生产过程的研究作为贸易理论的起点，以地域分工为基础提出绝对优势论。后来，英国古典经济学家大卫·李嘉图在其1817年出版的著作《政治经济学及赋税原理》中提出了比较优势论。两个学说被人们称为古典贸易理论。

(1) 绝对优势理论

斯密认为，分工是市场交换的基础，也是促进劳动生产率提高的最主要因素。这是市场经济的基本规律，同样适用于不同国家之间的分工和交换。他认为，如果一个国家生产某种商品的成本绝对低于他国，即在该商品的生产上具有绝对优势，那么它就应该大量生产和出口该商品；反之，则应从国外进口。斯密主张，各国都应该按照这一原理，选择自身具有优势的产品进行专业化生产，然后相互交换，这对贸易双方都有好处。

考点精讲

(2) 比较优势理论

比较优势理论认为，国际贸易的基础是生产技术的相对差别（而非绝对差别），以及由此产生的相对成本的差别。每个国家都应根据“两利相权取其重，两弊相权取其轻”的原则，集中生产并出口其具有“比较优势”的产品，进口其具有“比较劣势”的产品。比较优势贸易理论在更普遍的基础上解释了贸易产生的基础和贸易利得，大大发展了绝对优势贸易理论。

2. 要素禀赋理论（H-O理论）

(1) 要素禀赋理论相关概念

俄林认为，同种商品在不同国家的相对价格差异是国际贸易的直接基础，而价格差异则是由各国生产要素禀赋不同，从而要素相对价格不同决定的，所以要素禀赋不同是国际贸易产生的根本原因。要素禀赋论以生产要素、要素密集度、要素密集型产品、要素禀赋、要素丰裕程度等概念表述和说明。

生产要素是指生产活动必须具备的主要因素或在生产中必须投入或使用的主要手段。

要素密集度指产品生产中某种要素投入比例的大小，如果某要素投入比例大，称为该要素密集程度高。根据产品生产所投入的生产要素中所占比例最大的生产要素种类不同，可把产品划分为不同种类的要素密集型产品。

要素禀赋是指一国拥有各种生产要素的数量。

要素丰裕程度则是指在一国的生产要素禀赋中某要素供给所占比例大于别国同种要素的供给比例而相对价格低于别国同种要素的相对价格。

(2) 要素禀赋理论内容及分析

一国的比较优势产品是应出口的产品，是它需在生产上密集使用该国相对充裕而便宜的生产要素生产的产品，而进口的产品是它需在生产上密集使用该国相对稀缺而昂贵的生产要素生产的产品。简言之，劳动丰富的国家出口劳动密集型商品，而进口资本密集型商品；相反，资本丰富的国家出口资本密集型商品，进口劳动密集型商品。

3. 里昂惕夫之谜

根据传统的要素禀赋理论，第二次世界大战后美国出口的应是资本密集型产品，进口劳动密集型产品。但美国经济学家华西里·里昂惕夫采用投入产出法对战后美国对外贸易发展状况进行分析后，却发现，美国进口的是资本密集型产品，出口的是劳动密集型产品。这与赫-俄模型刚好相反。由于赫-俄模型已经被西方经济学界广泛接受，因此里昂惕夫的结论被称为“里昂惕夫之谜”或“里昂惕夫反论”。

4. 贸易保护主义理论

保护贸易政策是指国家对商品进出口积极加以干预，利用各种措施限制商品进口，保护国内市场和国内生产，使之免受国外商品竞争；对本国出口商品给予优待和补贴，鼓励扩大出口。

（1）重商主义的贸易政策

重商主义是16—17世纪资本主义生产方式准备时期欧洲各国普遍实行的保护贸易政策。重商主义代表商业资本的利益，追求的目标是把金银财富集中在国内，实现资本积累。早期重商主义注重货币差额，主张扩大出口、减少进口或根本不进口，因为出口可以增加货币收入，而进口必须支出货币。规定本国商人外出贸易必须保证有一部分金银或外国货币带回国内；外国商人来本国贸易必须把销售所得全部用于购买本国商品。禁止货币和贵金属出口，由国家垄断全部货币贸易。晚期重商主义注重贸易差额，从管制货币进出口转为管制商品进出口。主张通过奖励出口，限制进口，保证出超，以达到金银货币流入的目的。

（2）幼稚工业保护政策

幼稚工业保护政策是18—19世纪资本主义自由竞争时期美国、德国等后起的资本主义国家实行的保护贸易政策。当时，这些国家的工业处于刚刚起步的幼稚阶段，缺乏竞争力，没有力量与英国的工业品竞争，这些国家的政府代表工业资产阶级利益，为发展本国工业，实行保护贸易政策。保护的方法主要是建立严格的保护关税制度，通过高关税削弱外国商品的竞争能力；同时也采取一些鼓励出口的措施，提高国内商品的竞争力，以达到保护民族幼稚工业发展的目的。

（3）超保护贸易政策

超保护贸易政策是19世纪末至第二次世界大战期间资本主义垄断时期各资本主义国家普遍实行的保护贸易政策，指西方发达国家为维护国内市场的垄断价格和夺取国外市场而采取的一种侵略的对外贸易政策，又称侵略性保护贸易政策。主要内容有：对进出口贸易实行许可证制及外汇管制；对进口商品规定进口限额，征收高额关税或禁止进口；对出口商品予以补贴或关税减免。超保护贸易政策具有以下特点：

①保护的对象不再是国内幼稚工业，而是国内高度发达或出现衰落的垄断工业；

②保护的目的不再是培植国内工业的自由竞争能力，而是垄断国内外市场；

③保护的手段不仅仅是关税壁垒，而且出现了各种各样的限进奖出的措施。

注：

关税壁垒：用征收高额进口税和各种进口附加税的办法，以限制和阻止外国商品进口的一种手段。

关税壁垒的主要形式：

①关税高峰：在总体关税水平较低的情况下少数产品维持的高关税。

②关税升级：通常对某一特定产业的进口原材料设置较低的关税，甚至是零税率，而随着加工深度的提高，相应地提高半成品、制成品的关税税率。

③关税配额：对一定数量（配额量）内的进口产品适用较低的税率，对超过该配额量的进口产品则适用较高的税率。

④从量税：按照商品的重量、数量、容量、长度和面积等计量单位为标准计征的关税。

⑤从价税：按照进口商品的价格为标准计征的关税。

（4）新贸易保护主义

新贸易保护主义又被称为“超贸易保护主义”或“新重商主义”，是20世纪80年代初才兴起的，以绿色壁垒、技术壁垒、反倾销和知识产权保护等非关税壁垒措施为主要表现形式。目的是想规避多边贸易制度的约束，通过贸易保护，达到保护本国就业，维持在国际分工和国际交换中的支配地位。它们在维护民族利益，保护资源与环境的旗帜下，行保护之目的，具有名义上的合理性，形式上的隐蔽性，手段上的欺骗性和战略上的进攻性等特点。

四、关税

1. 关税理论

关税是指进出口货物经过一国关境时，由政府设置的海关向本国进出口商课征的一种税收。

关税应税额=关税完税价格×适用税率

关税主要分为以下几种：

（1）进口税

进口税（Import Duties）是指进口商品进入一国关境时或者从自由港、出口加工区、保税仓库进入国内市场时，由该国海关根据海关税则对本国进口商所征收的一种关税。进口税又称正常关税（Normal Tariff）或进口正税。

进口税率可分为普通税率、最惠国税率、特惠税率和普惠制税率四种。

普通税率：如果进口国未与该进口商品的来源国签订任何关税互惠贸易条约，则对该进口商品按普通税率征税。普通税率通常为一国税则中的最高税率，一般比优惠税率高 1~5 倍，少数商品甚至高达 10 倍、20 倍。

最惠国税率：最惠国税率是一种优惠税率，往往和双边或多边最惠国待遇相关。所谓最惠国待遇，是指缔约国各方实行互惠，凡缔约国一方现在和将来给予任何第三方的一切特权、优惠和豁免，也同样给予对方。

特惠税：又称优惠税，是对来自特定国家或地区的进口商品给予特别优惠的低关税或免税待遇。

普惠制税率：普惠制是普遍优惠制的简称，是发达国家给予发展中国家出口的制成品和半制成品（包括某些初级产品）普遍的、非歧视的、非互惠的一种关税优惠制度，税率一般比最惠国税率低约三分之一。

（2）出口税

出口税（Export Duties）是出口国家的海关在本国产品输往国外时对出口商所征收的关税。

（3）过境税

过境税（Transit Duties）又称通过税或转口税，是一国海关对通过其关境再转运第三国的外国货物所征收的关税。

（4）进口附加税

进口附加税（Import Surtaxes）是指进口国海关对进口的外国商品在征收进口正税之外，出于某种特定的目的而额外加征的关税。进口附加税主要有反倾销税、反补贴税、紧急关税、惩罚关税和报复关税五种。

（5）差价税

差价税（Variable Levy）又称差额税，是当本国生产的某种产品的国内价格高于同类进口商品的价格时，为削弱进口商品的竞争力，保护本国生产和国内市场，按国内价格与进口价格之间的差额征收的关税。

2. 关税同盟理论

（1）贸易创造效应

贸易创造效应是指在关税同盟内部取消成员国之间的关税后，国内生产成本高的商品被成员国中生产成本低的商品所取代，来自成员国的低价进口商品替代了昂贵的国内生产的商品，成员国之间的贸易被创造出来。

（2）贸易转移效应

贸易转移效应是指关税同盟对外实行统一关税，对第三国的歧视导致从外部进口减少，转为从伙伴国进口，使贸易方向发生转变，产生“贸易转移”。

经典真题

（2018 交行）以下关于保护贸易政策的表述不正确的是(　　)。

A. 国家广泛利用各种措施对进口和经营领域与范围进行优惠

B. 国家对于贸易活动进行干预，限制外国有关要素参与本国市场竞争

C. 对本国出口的产品和服务给予优待与补贴

D. 保护本国的产品和服务，在本国市场上免受外国产品和服务的竞争

答案：A。

解析：保护贸易政策（Protective trade policy）是国家广泛利用各种措施对进口和经营领域与范围进行限制，保护本国的产品和服务在本国市场上免受外国产品和服务的竞争，并对本国出口的产品和服务给予优待与补贴。国家对于贸易活动进行干预，限制外国商品、服务和有关要素参与本国市场竞争。故本题答案为 A。

真题演练

单项选择题

1. 下列国际收支调节政策中，能起到迅速改善国际收支作用的是(　　)。

A. 财政政策　　B. 货币政策　　C. 汇率政策　　D. 直接管制

2. 以下属于古典贸易理论的是(　　)。

A. 一般均衡理论　　B. 相互需求理论

C. 绝对优势理论　　D. 对偶理论

3. 流入一国的国际游资应计入(　　)项目。

A. 经常　　B. 资本　　C. 长期资本　　D. 短期资本

4. 人民币汇率形成更多参照国际货币市场的供应情况，依据市场供求确定人民币与各种外币的比价，称其为(　　)。

A. 汇率自由活动　　B. 行政调控

C. 汇率市场化　　D. 跟随美元浮动

5. 根据(　　)，汇率的变动归根结底是由两国物价水平比率的变动所决定。

A. 国际收支说　　B. 购买力平价说

C. 利率平价说　　D. 货币主义的现代汇率理论

6. 已知美元对人民币的即期汇率为 USD 1 = CNY 6.1436，3 个月的远期汇率为 USD 1 = CNY 6.1327，则可以判断美元对人民币(　　)。

A. 升水　　B. 贴水　　C. 贬值　　D. 升值

7. 各国中央银行往往在外汇市场上通过买卖外汇对汇率进行干预，当外汇汇率(　　)时，卖出外币，回笼本币。

A. 过高　　B. 过低　　C. 不一定　　D. 不变

8. 实行直接标价法的国家，如果汇率下降，表明本国货币对外国货币(　　)。

A. 贬值　　B. 浮动　　C. 不变　　D. 升值

9. 从重要性来看，国际储备的管理实质上是(　　)的管理。

A. 黄金储备　　B. 外汇储备　　C. 储备流动性　　D. 币种构成

10. 国际资本流动的主要动因是(　　)。

A. 资本过剩　　B. 资本短缺

C. 追求利润　　D. 给流出国带来利益

11. 当一国国内投资的预期收益率与国际利率都确定时，若该国投资的预期收益率高于国际利率，那么，该国可以(　　)。

A. 从国际市场上借入生产性贷款，用于投资

B. 从国际市场上借入消费性贷款，用于消费

C. 向国际市场上贷出资金，获取收益

D. 向国际市场上贷出资金，扩大竞争力

12. 一般国际中长期资金流动期限较长，影响这一资金流动的主要因素是(　　)。

A. 国际金融市场上中长期收益率的变化情况以及相应的风险状况

B. 国际金融市场上衍生金融工具的收益率及风险状况

C. 投资者对国际金融市场上投资的组合策略及相应的风险状况

D. 各国宏观经济的发展趋势及稳定性

参考答案及解析

单项选择题

1. 答案：D。

解析：财政、货币和汇率政策的实施有两个特点，一是这些政策发生的效应要通过市场机制方能实现，二是这些政策的实施不能立即收到效果，其发挥效应的过程较长。因此，在某种情况下，各国还必须采取直接的管制政策来干预国际收支。故本题答案为 D。

2. 答案：C。

解析：关于国际贸易发生的原因与影响，最早是由英国古典学派经济学家亚当·斯密在劳动价值学说基础上，将生产过程的研究作为贸易理论的起点，以地域分工为基础提出绝对优势论（absolute advantage）。后来，英国古典经济学家大卫·李嘉图在其 1817 年出版的著作《政治经济学及赋税原理》中提出了比较优势论（comparative advantage）。两个学说被人们称为古典贸易理论。故本题答案为 C。

3. 答案：D。

解析：国际短期资本流动是指资金周转期在一年以下的跨境资本流动，风险是指收益的不确定性。

国际游资是典型的风险性流动资本，其规模之大，时间之短，反应灵敏，具有高脆弱性和强破坏性，形成很大风险。故本题答案为 D。

4. 答案：C。

解析：汇率市场化是指市场机制在人民币汇率的形成过程中发挥基础性作用，更多地参照国际货币市场的供求情况，依据市场供求灵活确定人民币与各种外币的比价。故本题答案为 C。

5. 答案：B。

解析：购买力平价说认为汇率决定于两种货币购买力比率。由于购买力实际上是一般物价水平的倒数，因此两国之间的货币汇率可由两国物价水平之比表示。故本题答案为 B。

6. 答案：B。

解析：如果远期汇率比即期汇率贵则为升水，反之，则为贴水。故本题答案为 B。

7. 答案：A。

解析：外汇汇率过高时就应该多提供些外汇，所以当局现在是卖出外汇，说明现在外汇汇率过高。故本题答案为 A。

8. 答案：D。

解析：直接标价法是指用以 1 单位外币折合多少本币来表示汇率。汇率下降，单位外币折合成本币数下降，外币贬值，本币升值。故本题答案为 D。

9. 答案：B。

解析：外汇储备是国际储备的主要构成部分，因此国际储备的管理实质上是外汇储备的管理。故本题答案为 B。

10. 答案：C。

解析：资本的本性是逐利的，国际资本也是如此，在不同国家和地区间的收益率的差异促使国际资本的流动，即由收益率低的地区流向收益率高的地区。一个地区无论是资本过剩或是短缺，如果没有利润，资本必然不会流动，同样，给流出国带来利益只是国际资本流动的结果，而非原因。故本题答案为 C。

11. 答案：A。

解析：当本国国内投资预期收益率高于世界利率时，应该从国际市场上以低利率借入资金，用于投资获得较高的收益。故本题答案为 A。

12. 答案：A。

解析：不同金融市场间收益率与风险的差异是影响国际资金流动的主要因素。故本题答案为 A。

第五章 会计基础

真题考点一　会计学总论

一、会计的基本假设

会计的基本假设是企业会计确认、计量和报告的前提，是对会计核算所处的时间、空间环境等所做的合理设定。商业银行会计的基本假设包括会计主体、持续经营、会计分期和货币计量。

1. 会计主体

会计主体是指企业会计确认、计量和报告的空间范围。为了向财务报告使用者反映企业财务状况、经营成果和现金流量，提供对决策有用的信息，会计核算和财务报告的编制应当集中于反映特定对象的活动，并将其与其他经济实体区别开来，这样才能实现财务报告的目标。

在会计主体的假设下，商业银行应当对其本身发生的交易或事项进行会计确认、计量和报告，反映商业银行本身所从事的各项业务活动，明确界定会计主体是开展会计确认、计量和报告工作的重要前提。会计主体不同于法律主体。一般来说，法律主体必然是会计主体，但会计主体不一定是法律主体。

2. 持续经营

持续经营是指在可以预见的未来，企业将会按当前的规模和状态继续经营下去，不会停业，也不会大规模削减业务。在持续经营前提下，会计确认、计量和报告应当以企业持续、正常的业务经营活动为前提。企业会计准则体系是以企业持续经营为前提加以制定和规范的，涵盖了从企业成立到清算的整个期间的交易或者事项的会计处理。

3. 会计分期

会计分期是指将一个企业持续经营的生产经营活动划分为一个个连续的、长短相同的期间。会计分期的目的在于通过会计期间的划分，将持续的业务经营活动划分为连续的、相等的期间，据以结算盈亏，按期编制财务报表，从而及时向财务报告使用者提供有关商业银行财务状况、经营成果和现金流量的信息。

在会计分期假设下，商业银行应当划分会计期间，分期结算和编制财务报告。会计期间通常分为年度和中期。短于一个完整会计年度的报告期间称为中期。

4. 货币计量

货币计量是指会计主体在财务会计确认、计量和报告时以货币计量，反映会计主体的生产经营活动。

二、会计基础

商业银行会计的确认、计量和报告应当以权责发生制为基础。权责发生制要求，凡是当期已经实现的收入和已经发生或应当承担的费用，无论款项是否收付，都应当作为当期的收入和费用记入利润表；凡是不属于当期的收入和费用，即使款项已在当期收付，也不应当作为当期的收入和费用。

三、会计信息质量要求

会计信息质量要求是对企业财务报告中所提供的会计信息质量的基本要求，是使财务报告中所提供会计信息对投资者等使用者决策有用应具备的基本特征。根据《企业会计准则》的规定，会计信息质量要求包括可靠性、相关性、可理解性、可比性、实质重于形式、重要性、谨慎性和及时性。

1. 可靠性

可靠性要求企业应当以实际发生的交易或事项为依据进行确认、计量和报告，如实反映符合确认和计量要求的各项会计要素及其他相关信息，保证会计信息真实可靠、内容完整。

2. 相关性

相关性要求商业银行提供的会计信息应当与投资者等财务报告使用者的经济决策需要相关，有助于投资者等财务报告使用者对企业过去、现在或者未来的情况做出评价或者预测。

3. 可理解性

可理解性要求商业银行提供的会计信息应当清晰明了，便于投资者等财务报告使用者理解和使用。

4. 可比性

可比性要求企业提供的会计信息应当相互可比，这包括两层含义：一是同一企业不同时期可比；二是不同企业相同会计期间可比。

5. 实质重于形式

实质重于形式要求企业应当按照交易或者事项的经济实质进行会计确认、计量和报告，而不仅仅以交易或事项的法律形式为依据。在实际工作中，交易或事项的外在法律形式并不总能完全反映其实质内容，实质重于形式原则能够保证会计核算信息与客观经济事实相符，从而提高会计信息的质量。

6. 重要性

重要性要求商业银行提供的会计信息应当反映与商业银行财务状况、经营成果和现金流量有关的所有重要交易或者事项。它要求对资产、负债、损益等有较大影响，进而影响财务会计报告使用者做出合理判断的重要会计事项，必须按规定的会计方法和程序进行处理，并在财务会计报告中予以充分准确地披露；对于次要的会计事项，在不影响会计信息真实性和不至于误导财务会计报告使用者做出正确判断的前提下，可适当简化处理。

7. 谨慎性

谨慎性要求企业对交易或者事项进行会计确认、计量和报告时应保持应有的谨慎，不应高估资产或者收益、低估负债或者费用。谨慎性原则针对经济活动中的不确定因素，要求在会计处理上保持小心谨慎的态度，充分考虑到可能发生的风险和损失。当某些经济业务或会计事项存在多种会计处理程序和方法时，在不影响合理反映的情况下，尽可能选择不虚增利润或夸大所有者权益的会计处理程序和方法，以便防范风险。

8. 及时性

及时性要求商业银行对于已经发生的交易或者事项，应当及时进行确认、计量和报告，不得提前或者延后。会计信息的价值在于帮助信息使用者做出经济决策，具有时效性。如果企业不能及时提供会计信息，即使其信息具有可靠性、可比性和相关性，对于会计信息使用者也没有任何意义，甚至可能会误导会计信息使用者。为保证会计信息的及时性，务必做到三点：及时收集会计信息；及时加工处理会计信息；及时传递会计信息。

经典真题

（2018 邮储）对会计核算的最基本要求是(　　)。

A. 及时性　　B. 可比性　　C. 谨慎性　　D. 可靠性

答案：D。

解析：可靠性是会计信息最基本的质量要求，可靠性包括真实可靠，内容完整。故本题答案为 D。

真题考点二　会计要素和会计恒等式

一、会计要素

会计要素是会计对象的构成要素，即从会计的角度对经济业务进行具体化分类。我国现行《企业会计准则》把企业会计要素分为六类，即资产、负债、所有者权益、收入、费用和利润。这六类会计要素也是会计所要反映和监督的内容。其中，资产、负债和所有者权益三项要素是资产负债表的构成要素，是资金运动的静态表现；而收入、费用和利润三项要素是利润表的构成要素，是资金运动的动态表现。

考点精讲

1. 资产

资产是指企业因过去的交易或者事项形成的、由企业拥有或者控制的、预期会给企业带来经济利益的资源，包括各种财产、债权和其他权利。以企业固定资产中的厂房为例，它具有如下特点：是由过去的投资或其他事项形成的；企业对其拥有房屋所有权和土地使用权，有权对厂房进行处置或使用；通过账簿记录或资产评估可以确定其价值；该厂房能够为企业的生产经营带来经济效益。

在会计核算时，为更好地反映企业的财务状况，准确评价资产的流动性，通常把资产分为流动资产和非流动资产两类。

（1）流动资产

流动资产是指预计在一个正常营业周期中变现、出售或耗用，或者主要为交易目的而持有，或者预计在资产负债表日起一年内（含一年）变现的资产，以及自资产负债表日起一年内交换其他资产或清偿负债的能力不受限制的现金或现金等价物。流动资产主要包括货币资金、交易性金融资产、应收及预付款项、存货等。

（2）非流动资产

非流动资产是指流动资产以外的资产。非流动资产主要包括债权投资、其他债权投资、其他权益工具投资、长期股权投资、投资性房地产、固定资产、无形资产和其他资产等。

一个正常营业周期是指企业从购买用于加工的资产起至实现现金或现金等价物的期间。正常营业周期通常短于一年，在一年内有几个营业周期。但是，也存在正常营业周期长于一年的情况，在这种情况下，与生产循环相关的产成品、应收账款、原材料尽管是超过一年才变现、出售或耗用，仍应作为流动资产。当正常营业周期不能确定时，应当以年（12 个月）作为正常营业周期。

2. 负债

负债，是指企业因过去的交易或者事项形成的、预期会导致经济利益流出企业的现时义务。在会计核算中，以下情况不能确认为负债：

（1）企业预期在将来要发生的交易或事项可能产生的债务，不能作为会计上的负债处理。如：企业与供货单位签订的供货合同，此时企业不能将其作为一项负债。

（2）企业能够回避的义务，不能作为会计上的负债处理。如：企业承担的一般保证责任。

负债按照流动性可分为流动负债和非流动负债。

流动负债是指预计在一个正常营业周期中偿还，或者主要为交易目的而持有，或者自资产负债表日起一年内（含一年）到期应予以清偿，或者企业无权自主地将清偿推迟至资产负债表日以后一年以上的负债。流动负债主要包括短期借款、应付票据、应付账款、预收账款、应付职工薪酬、应交税费、应付股利、应付利息、其他应付款和一年内到期的非流动负债等。

非流动负债是指流动负债以外的负债。非流动负债主要包括长期借款、应付债券、长期应付款等。

3. 所有者权益

所有者权益，是指企业资产扣除负债后由所有者享有的剩余权益。公司的所有者权益又称为股东权益。所有者权益表明企业的产权关系，即企业归谁所有。按照所有者权益的稳定程度，可分为：

（1）实收资本。它是企业收到的投资者投入企业的资本金。

（2）资本公积。它是指企业收到投资者的超出其在企业注册资本中所占份额的投资。

（3）盈余公积。它是指企业按照国家法律规定从税后利润中提取的各种公积金，包括法定盈余公积金和任意盈余公积金。

（4）未分配利润。它是指企业留待以后年度进行分配的结存利润，包括企业以前年度累计的尚未分配的利润以及本年度实现的未分配利润。

（5）其他综合收益。它是反映企业根据企业会计准则规定未在当期损益中确认的各项利得和损失扣除所得税影响后的净额。包括以后会计期间不能重分类进损益的其他综合收益和以后会计期间满足规定条件时将重分类进损益的其他综合收益两类。

4. 收入

收入，是指企业在日常活动中形成的、会导致所有者权益增加的、与所有者投入资本无关的经济利益的总流入。这种总流入表现为企业资产的增加或债务的清偿，包括主营业务收入、其他业务收入和投资净收益等。主营业务收入是企业的基本营业活动所取得的收入，如工业企业的产品销售收入、商业企业的商品销售收入、施工企业的建筑安装收入等。其他业务收入是指企业非经常性的、兼营的业务所产生的收入。

5. 费用

费用，是指企业在日常活动中发生的、会导致所有者权益减少的、与所有者分配利润无关的经济利益的总流出。企业要进行生产经营活动并取得收入，必须相应地发生一定的费用，如工业企业在生产过程中要耗费原材料、燃料和动力，要发生机器设备的折旧费用和修理费用，要支付职工的工资和其他各项生产费用。费用中能予以对象化、确定具体费用对象的，即为制造成本，如制造一件产品的直接材料费；费用中不能予以对象化的，就是期间费用，如企业管理人员的工资。

6. 利润

利润，是指企业在一定会计期间内的经营成果。利润包括收入减去费用后的净额、直接计入当期利润的利得或损失等。有时，企业收入不足以弥补费用的差额，就会形成亏损。

（1）营业利润。企业的利润或亏损主要是通过销售实现发生的。企业通过销售产品而取得的销售收入，在抵扣营业成本和税金及附加，减去销售费用、管理费用、财务费用和资产减值损失后，加上公允价值变动收益（或减去公允价值变动损失）、投资收益（或减去投资损失）后的余额、资产处置收益（或减去资产处置损失），即为企业的营业利润。

（2）利润总额。企业的营业利润加上营业外收入，减去营业外支出后的余额，形成企业的利润总额。

（3）净利润。企业实现的利润总额按照国家规定进行相应调整后，要依法缴纳所得税。当期的利润总额减去所得税后的余额形成企业的净利润。

二、会计等式

1. 会计等式的表现形式

（1）资产=负债+所有者权益

这一等式反映了企业在某一特定时点资产、负债和所有者权益三者之间的平衡关系，因此，该等式被称为财务状况等式、基本会计等式或静态会计等式，它是复式记账法的理论基础，也是编制资产负债表的依据。

（2）收入-费用=利润

这一等式反映了企业利润的实现过程，称为经营成果等式或动态会计等式。收入、费用和利润之间的上述关系，是编制利润表的依据。

（3）资产=负债+所有者权益+利润

资产=负债+所有者权益+（收入-费用）

费用+资产=负债+所有者权益+收入

2. 基本会计等式的理解

任何经济业务的发生所引起的会计等式中各要素的增减变化，都不会破坏会计等式的成立。每一时点上企业所有的资产总额必然等于权益总额，即永远是资产总额=负债总额+所有者权益总额。为什么任何一项经济业务的发生会引起会计要素的各种变化，不会打破会计等式的恒等关系呢？这是因为，不管经济业务多么复杂和千变万化，它所引起的会计要素的变化，归纳起来不外乎以下四种情况：

（1）某个会计要素内部两个项目一增一减，会计等式保持恒等关系；

（2）会计等式的左右两边的两个要素项目同时增加，会计等式保持恒等关系；

（3）会计等式的左右两边的两个要素项目同时减少，会计等式保持恒等关系；

（4）会计等式右边的两个要素项目一增一减，会计等式保持恒等关系。

真题精讲

经典真题

（2018 农行）偿还期在一年或者超过一年的一个营业周期以上的债务称为(　　)。

A. 周期性负债　　B. 非流动性负债　　C. 非借入性负债　　D. 投资性负债

答案：B。

解析：负债按照流动性分为流动性负债和非流动性负债。流动负债是指预计在一年内（含一年）偿还的负债。营业周期超过一年的也可以按照一个营业周期算。非流动负债是指流动负债以外的负债。故本题答案为 B。

真题考点三　会计科目与账户

一、会计科目

1. 会计科目的概念

对会计要素的具体内容进行分类核算的项目，称为会计科目。

考点精讲

2. 会计科目的分类

（1）按反映的经济内容分类

会计科目按其所反映的经济内容不同分为资产类科目、负债类科目、所有者权益类科目、成本类科目、损益类科目等。

（2）按提供信息的详细程度及其统驭关系不同分类

①总分类科目，又称总账科目或一级科目，是对会计要素的具体内容进行总括分类、提供总括信息的会计科目。

②明细分类科目，又称明细科目，是对总分类科目作进一步分类，提供更为详细和具体的会计信息的科目。

如果某一总分类科目所属的明细分类科目较多，可在总分类科目下设置二级明细科目，在二级明细科目下设置三级明细科目。

总分类科目和明细分类科目的关系：总分类科目对其所属的明细分类科目具有统驭和控制的作用，而明细分类科目是对其所归属的总分类科目的补充和说明。

二、账户

1. 账户的概念

账户是根据会计科目设置的，具有一定格式和结构，用于分类反映会计要素增减变动情况及其结果的载体。

会计科目只是对会计要素的具体内容进行了分类，不能进行具体的会计核算，不能反映经济业务发生所引起的会计要素各项目的增减变动情况和结果。

2. 账户的分类

（1）根据提供信息的详细程度及其统驭关系分类

①总分类账户是指根据总分类科目设置的，用于对会计要素具体内容进行总括分类核算的账户，简称总账。

②明细分类账户是根据明细分类科目设置的，用来对会计要素具体内容进行明细分类核算的账户，简称明细账。

总分类账户和所属明细分类账户核算的内容相同，只是反映内容的详细程度有所不同，两者相互补充，相互制约，相互核对。

（2）根据核算的经济内容分类

①资产类账户。它是用来反映企业资产的增减变动及其结存情况的账户。按照资产的流动性和经营管理核算的需要，资产类账户又可以分为反映流动资产的账户和反映非流动资产的账户。反映流动资产的账户，如“库存现金”“银行存款”“应收账款”“原材料”“库存商品”等账户；反映非流动资产的账户，如“长期股权投资”“固定资产”“无形资产”等账户。

②负债类账户。它是用来反映企业负债的增减变动及其结存情况的账户。按照负债的流动性即偿还期限的长短，负债类账户又可以分为反映流动负债的账户和反映长期负债的账户。反映流动负债的账户，如“短期借款”“应付账款”“应付职工薪酬”“应交税费”“应付股利”等账户；反映长期负债的账户，如“长期借款”“长期应付款”等账户。

③所有者权益类账户。它是用来反映企业所有者权益的增减变动及其结存情况的账户。按照所有者权益的来源不同，所有者权益类账户又可以分为反映投入资本的账户和反映留存收益的账户。反映投入资本的账户，如“实收资本”“资本公积”等账户；反映留存收益的账户，如“盈余公积”“本年利润”“利润分配”等账户。

④成本类账户。它是用来反映企业在生产经营过程中发生的各项耗费并计算产品或劳务成本的账户，如“生产成本”“制造费用”“劳务成本”等账户。

⑤损益类账户。它是用来反映企业收入和费用类的账户。按照损益与企业的生产经营活动是否有关，损益类账户又可以分为反映营业损益的账户和反映非经常性损益的账户。反映营业损益的账户，如“主营业务收入”“主营业务成本”“税金及附加”“其他业务收入”“其他业务成本”等账户；反映非经常性损益的账户，如“营业外收入”“营业外支出”等账户。

3. 账户与会计科目的关系

从理论上讲，会计科目与账户是两个不同的概念，二者既有联系，又有区别。

会计科目与账户都是对会计对象具体内容的分类，两者核算内容一致，性质相同。

会计科目是账户的名称，也是设置账户的依据；账户是会计科目的具体运用，具有一定的结构和格式，并通过其结构反映某项经济内容的增减变动及其余额。

真题考点四　会计记账方法

目前在我国乃至世界各国的营利组织和非营利组织都普遍采用复式记账法来记录经济业务（但记账方法并非唯一）。

一、单式记账法

单式记账法是指对发生的每一项经济业务，只在一个账户中加以登记的记账方法。

二、复式记账法

1. 概念：复式记账法是指对于每一笔经济业务，都必须用相等的金额在两个或两个以上相互联系的账户中进行登记，全面系统地反映会计要素增减变化的一种记账方法。现代会计运用复式记账法。

考点精讲

2. 特点：①能够全面反映经济业务内容和资金运动的来龙去脉；②能够进行试算平衡，便于查账和对账。

3. 种类：借贷记账法、增减记账法和收付记账法等。

借贷记账法是目前国际上通用的记账方法，我国《企业会计准则》规定企业应当采用借贷记账法记账。

经典真题

（2015 农行）以下关于《企业会计准则——基本准则》的几个条款中错误的是(　　)。

A. 企业应当采用借贷记账法记账　　B. 企业会计应当以货币计量

C. 企业可以采用增减记账法记账　　D. 企业提供的会计信息应当具有可比性

答案：C。

解析：企业会计应该采用国际通用的借贷记账法。故本题答案为 C。

真题考点五 借贷记账法

一、借贷记账法的概念

借贷记账法是指以“借”和“贷”为记账符号的一种复式记账方法。

这里的“借”“贷”已失去其原有的含义，变成纯粹的记账符号。所有账户的借方和贷方按相反方向记录增加数和减少数，即一方登记增加额，另一方就登记减少额。至于“借”表示增加，还是“贷”表示增加，则取决于账户的性质与所记录经济内容的性质。

二、借贷记账法下账户的结构

借贷记账法是以“借”“贷”两字作为记账符号，分别作为账户的左方和右方。账户左方为借方，账户右方为贷方。

考点精讲

1. 资产类账户

借方登记增加额，贷方登记减少额，期末若有余额一般在借方。

期末借方余额=期初借方余额+本期借方发生额-本期贷方发生额

2. 负债类和所有者权益类账户

负债类和所有者权益类账户与资产类账户的结构相反。

贷方登记增加额，借方登记减少额，期末若有余额一般在贷方。

期末贷方余额=期初贷方余额+本期贷方发生额-本期借方发生额

3. 成本类账户

成本类账户与资产类账户结构相同，其借方登记成本的增加额，贷方登记成本的减少额，期初期末若有余额应在借方，表示未完工在产品成本。

期末借方余额=期初借方余额+本期借方发生额-本期贷方发生额

4. 损益类账户

损益类账户包括收入和费用（或支出、成本）账户。损益类账户是为了计算损益而开设的，因而会计期末应将收入、费用全部转出，转到“本年利润”账户，以计算利润。

收入、费用转出后，损益类账户期末无余额。

（1）收入类账户

收入类账户与权益（权益包括负债和所有者权益）类账户结构基本相同，贷方登记收入的增加额，借方登记收入的减少额（含转出数），结转后无余额。

（2）费用类账户

费用类账户与资产类账户结构基本相同，借方登记增加额，贷方登记减少额（含转出数），结转后无余额。

三、借贷记账法的记账规则

记账规则：有借必有贷，借贷必相等。

（1）一项经济业务，记入一个账户的借方，同时也要记入另一个或几个账户的贷方；或者记入一个账户的贷方，同时也要记入另一个或几个账户的借方。

（2）记入借方的金额合计数必须等于记入贷方的金额合计数。

四、借贷记账法下的账户对应关系与会计分录

1. 账户的对应关系

账户的对应关系是指采用借贷记账法对每笔交易或事项进行记录时，相关账户之间形成的应借、应贷关系。存在对应关系的账户称为对应账户。

2. 会计分录

（1）含义

会计分录，简称分录，是对每项经济业务列示出应借、应贷的账户名称及其金额的一种记录。会计分录由应借应贷方向、相互对应的科目及其金额三个要素构成。

在我国，会计分录记载于记账凭证中。

（2）会计分录的书写

借：原材料

　　贷：银行存款

（3）会计分录的分类

根据会计分录涉及账户的多少，可以分为简单分录和复合分录。

简单分录是指只涉及两个账户的会计分录，即一借一贷的会计分录；

复合分录是指涉及两个（不包括两个）以上账户的会计分录。

经典真题

（2018 工行）会计分录在实际工作中，是通过填制记账凭证来实现的。它是保证会计记录正确可靠的重要环节。会计分录有两种，即(　　)。

A. 单一分录和综合分录　　B. 标准分录和特殊分录

C. 简单分录和复合分录　　D. 简单分录和复杂分录

答案：C。

解析：会计分录按所涉及经济业务的多少分为简单分录和复合分录。故本题答案为 C。

真题考点六 会计凭证

会计凭证是记录经济业务事项发生或完成情况的书面证明，也是登记账簿的依据。通过填制或取得会计凭证，可以明确经济责任。一切工作从会计凭证的取得、填制和审核开始。

按照编制的程序和用途不同，分为原始凭证和记账凭证。

一、原始凭证

（一）原始凭证的定义

原始凭证又称单据，是在经济业务发生或完成时取得或填制的，用以记录或证明经济业务的发生或完成情况的文字凭据。

（二）原始凭证的种类

1. 按照来源不同分类

（1）自制原始凭证。指由本单位内部经办业务的部门和人员，在执行或完成某项经济业务时自行填制的、仅供本单位内部使用的原始凭证。如：验收材料时填制的收料单、领用材料时填制的领料单、发放工资时填制的工资结算单、出差人员填制的差旅费报销单、出纳员开出的汇款单和支票等。

（2）外来原始凭证。指在经济业务发生或完成时，从其他单位或个人直接取得的原始凭证。如：购货时取得的发票、火车票、飞机票、收款单位或个人开给的收据等。

2. 按照格式不同分类

（1）通用凭证。统一印制、具有统一格式、具有统一使用方法。如：全国通用的火车票、专用发票等。

（2）专用凭证。专用凭证是指由本单位自行印制、仅在本单位内部使用的原始凭证。

3. 按照填制手续及内容不同分类

（1）一次凭证。指一次填制完成、只记录一笔经济业务的原始凭证。领料单、收料单都是一次凭证。

（2）累计凭证。指在一定时期内多次记录发生的同类型经济业务的原始凭证，期末按其累计数作为记账依据的一种原始凭证。如：产品制造企业使用的限额领料单。

（3）汇总凭证。汇总凭证也称原始凭证汇总表，指对一定时期内反映经济业务内容相同的若干张原始凭证，按照一定标准综合填制的原始凭证。如：发出材料汇总凭证、商品销售汇总凭证、收货汇总凭证。

（三）原始凭证的基本内容

原始凭证所包括的基本内容通常称为凭证要素，主要有：

（1）原始凭证名称；

（2）填制凭证的日期；

（3）凭证的编号；

（4）接受凭证单位名称（抬头人）；

（5）经济业务内容（含数量、单价、金额等）；

（6）填制单位签章；

（7）有关人员（部门负责人、经办人员）签章；

（8）填制凭证单位名称或者填制人姓名；

（9）凭证附件。

（四）原始凭证的填制

1. 记录要真实

单位必须实事求是的填写经济业务，原始凭证填制的日期、业务内容、数量、金额等必须与实际情况完全符合，以确保凭证内容真实可靠。

2. 内容要完整

原始凭证必须按规定的格式和内容逐项填写齐全，同时必须由经办业务的部门有关人员签字盖章，对凭证的真实性和正确性负完全责任。

3. 手续要完备

自制的原始凭证，应有经办人员和经办单位负责人的签名或盖章。

从外单位取得的原始凭证，除火车票、汽车票外，必须盖有填制单位的公章或财务专用章，否则视为无效凭证，不能作为编制记账凭证的依据。

从个人处取得的原始凭证，必须有填制人员的签名或签章。

4. 书写要清楚、规范

除需要复写的外，必须用钢笔或碳素笔书写，不得使用铅笔或圆珠笔。

大小写金额必须相符且填写规范。（注：大小写金额不一致，并非按大写金额入账，而是视为无效凭证。）

小写：金额前要填写人民币符号“￥”，人民币符号“￥”与阿拉伯数字之间不得留有空白。金额数字一律填写到角、分，无角、分的，写“00”或符号“—”；有角无分的，分位用“0”，不得用符号“—”。凡阿拉伯数字前写有币种符号的，数字后面不需再写货币单位。

大写：大写金额前未印有“人民币”字样的，应加写“人民币”三个字，“人民币”字样和大写金额之间不得留有空白。大写金额到元或角为止的，后面要写“整”或“正”字。

5. 编号要连续

各类原始凭证要连续编号，以便考查；如果原始凭证原先已印定编号，在填写错误时，应加盖“作废”戳记，妥善保管，不得撕毁。

6. 不得涂改、刮擦、挖补

原始凭证记载内容有错误的，应由出具单位重开或更正并加盖单位印章；金额有错误的，应由出具单位重开，不得在原始凭证上更正。

7. 填制要及时

各类原始凭证一定要及时填写，并按规定的程序及时送交会计机构、会计人员进行审核。

（五）原始凭证的审核

考点精讲

（1）审核原始凭证的真实性、合法性、合理性、完整性、正确性、及时性。

（2）原始凭证记载内容有错误的，应当由开具单位重开或更正，并在更正处加盖出具凭证单位印章。原始凭证金额出现错误的，不得更正，只能由原始凭证开具单位重新开具。

（3）若从外单位取得的原始凭证丢失，应该取得原开具单位盖有公章的证明，并注明原来的原始凭证的号码，金额和内容等，由经办单位会计机构负责人，会计主管人员和单位领导人批准后方可作为原始凭证。如果确实无法取得证明的，如火车票、飞机票等，由当事人写出详细情况，由经办单位会计机构负责人，会计主管人员和单位领导人批准后，代做原始凭证。

二、记账凭证

（一）记账凭证的含义

考点精讲

记账凭证又称记账凭单，是会计人员根据审核无误的原始凭证按照经济业务事项的内容加以归类，并据以确定会计分录后所填制的会计凭证，它是登记账簿的直接依据。

（二）记账凭证的种类

按记账凭证的使用范围可以分为专用记账凭证和通用记账凭证。

1. 专用记账凭证

专用记账凭证按照反映经济业务的内容不同分为收款凭证、付款凭证和转账凭证三类。

（1）收款凭证。收款凭证是指用于记录库存现金和银行存款收款业务的会计凭证。它是根据有关库存现金和银行存款收入业务的原始凭证编制的。收款凭证又可以分为库存现金收款凭证和银行存款收款凭证两种。

（2）付款凭证。付款凭证是指用于记录库存现金和银行存款付款业务的会计凭证。它是根据有关库存现金和银行存款付出业务的原始凭证填制的。付款凭证，又可以分为库存现金付款凭证和银行存款付款凭证两种。

注意：银行存款和库存现金之间的往来只填制付款凭证。

（3）转账凭证。转账凭证是指用于记录不涉及库存现金和银行存款业务的会计凭证。它是根据不涉及库存现金和银行存款收付的有关转账业务的原始凭证填制的。

2. 通用记账凭证

通用记账凭证适用于业务少、凭证不多的小型企业。为简化凭证手续，可以使用通用记账凭证（不具体区分收付转三类，其格式和填制方法与转账凭证相同），记录发生的各种经济业务。

（三）记账凭证的基本内容

（1）记账凭证的名称；

（2）记账凭证的日期——填制日期；

（3）记账凭证的编号；

（4）经济业务事项的内容摘要；

（5）经济业务事项所涉及的会计科目及其记账方向；

（6）经济业务事项的金额；

（7）记账标记；

（8）所附原始凭证张数；

（9）会计主管、记账、审核、出纳、制单等有关人员签章。

（四）记账凭证的编制要求

（1）记账凭证应连续编号（按月）。一笔经济业务需要填制两张或两张以上记账凭证的，可以采用分数编号法编号。

（2）记账凭证可以根据每一张原始凭证填制，或根据若干张同类原始凭证汇总编制，也可以根据原始凭证汇总表填制；但不得将不同内容和类别的原始凭证汇总填制在一张记账凭证上。

（3）除结账和更正错误的记账凭证可以不附原始凭证外，其他记账凭证必须附有原始凭证。

（4）填制记账凭证时若发生错误，应当重新填制。

（5）填制完事项后，如有空行，应当自金额栏最后一笔金额数字下的空行处至合计数上的空行处划线注销。

（五）记账凭证的审核

（1）内容是否真实；

（2）项目是否齐全；

（3）科目是否正确；

（4）金额是否正确；

（5）书写是否正确。

经典真题

（2015 建行）原始凭证不得涂改、刮擦、挖补。对于金额有错误的原始凭证，正确的处理方法是(　　)。

A. 由出具单位在凭证上更正并由经办人员签名

B. 由出具单位在凭证上更正并由出具单位负责人签名

C. 由出具单位在凭证上更正并加盖出具单位印章

D. 由出具单位重开

答案：D。

解析：原始凭证金额有错误的必须由出具单位重开。故本题答案为 D。

真题考点七 会计账簿

会计账簿（简称“账簿”）是指由一定格式账页组成的，以经过审核的会计凭证为依据，全面、系统、连续地记录各项经济业务的簿籍。

设置和登记账簿，是编制会计报表的基础，是连接会计凭证与会计报表的中间环节。

一、会计账簿的种类

（一）按用途分类

1. 序时账簿

又称日记账，是按照经济业务发生或完成时间的先后顺序逐日逐笔进行登记的账簿。

（1）特种日记账：现金日记账、银行存款日记账。

（2）普通日记账：类似于记账凭证，也叫“分录账”或“原始分类簿”。

2. 分类账簿

分类账簿是对全部经济业务事项按照会计要素的具体类别而设置的分类账户进行登记的账簿。

（1）总分类账簿：按照总分类账户分类登记经济业务事项，简称总账。

（2）明细分类账簿：按照明细分类账户分类登记经济业务事项，简称明细账。

3. 备查账簿

简称备查簿，是对某些在序时账簿和分类账簿等主要账簿中都不予登记或登记不够详细的经济业务事项进行补充登记时使用的账簿。

例如，经营租入固定资产登记簿。

备查账簿并非每个单位都应设置，只需根据各个单位的实际需要来设置和登记。

（二）按外型特征分类

1. 订本账

启用之前就已将账页装订在一起，并对账页进行了连续编号的账簿。

优点：可以避免账页散失，防止账页被抽换，比较安全。

缺点：同一账簿在同一时间只能由一人登记，这样不便于记账人员分工记账。

适用：总分类账、现金日记账和银行存款日记账。

2. 活页账

在账簿登记完毕之前并不固定装订在一起，而是装在活页账夹中。特点是在使用过程中把账页随时存放在活页账夹内，随时可以取放，待年终才装订成册。

优点：可以根据实际需要增添账页，不会浪费账页，使用灵活，并且便于同时分工记账。

缺点：账页容易散失和被抽换。

适用：一般各种明细分类账可采用活页账形式。

3. 卡片账

卡片账也是一种活页账，在我国，一般只对固定资产明细账采用卡片账形式。

（三）按账页格式分类

1. 三栏式

格式：借、贷、余三栏，只记录金额的账簿。

适用：总账、日记账、往来款项等明细账。

2. 数量金额式

格式：在三栏内再增设数量、单价、金额栏目，分别登记实物的数量和金额。

适用：原材料、库存商品等明细账。

3. 多栏式

格式：由于所记录的经济业务内容不同，所需要核算的指标也不同，因此栏目的设置也不尽相同。

适用：成本、费用、收入明细账。

二、错账更正方法

账簿记录发生错误，不准涂改、挖补、刮擦或者用药水消除字迹，不准重新抄写。

1. 划线更正法

在结账前，如果发现账簿记录有错误，而记账凭证并无错误，只是过账时不慎，纯属账簿记录中的文字或数字的笔误，应采用划线更正法予以更正。

考点精讲

更正的时候，先在错误的文字或数字上划一条红色横线，表示注销；然后将正确的文字或数字用蓝字或黑字写在被注销的文字或数字的上方，并由记账人员在更正处盖章，以明确责任。

2. 红字更正法

红字更正法又称红字冲销法，在会计上，以红字记录表明对记录的冲减。红字更正法适用于两种情况：

（1）记账后，在当年内发现记账凭证所记的会计科目错误，从而引起记账错误，可以采用红字更正法。

记账凭证会计科目错误时，用红字填写一张与原记账凭证完全相同的记账凭证，以示注销原记账凭证，然后用蓝字填写一张正确的记账凭证，并据以记账。记账凭证的摘要分别为“冲销某月某日第×号记账凭证的错账”与“补记某月某日账”。

（2）记账后，发现记账凭证和账簿中所记金额大于应记金额，而应借、应贷的会计科目并无错误。

更正时，用红字填制一张与原记账凭证应借、应贷科目完全相同的记账凭证，以冲销多记的金额。记账凭证的摘要为“冲销某月某日第×号记账凭证多记金额”。

3. 补充登记法

记账后，如果发现记账凭证和账簿中所记金额小于应记金额，而应借、应贷的会计科目并无错误。

更正时，补记少记的金额，按少记的金额（即差额）用蓝字编制一张与记账凭证应借、应贷科目完全相同的记账凭证，以补充少记的金额，并据以记账。记账凭证的摘要为“补记某月某日第×号记账凭证少记金额”。

三、对账与结账

（一）对账

一般在会计期间终了时，检查和核对账证、账账、账实是否相符，以确保账簿记录的正确性。

考点精讲

1. 账证核对

会计账簿记录与原始凭证、记账凭证核对。

一般是在日常编制凭证和记账过程中进行，检查所记账目是否正确。

2. 账账核对

对各种账簿之间的有关数字进行核对。

（1）总分类账簿有关账户的余额核对。总分类账各账户的借方期末余额合计数与贷方期末余额合计数应核对相等；

（2）总分类账簿与所属明细分类账簿核对。总分类账的借、贷方本期发生额和期末余额与所属明细分类账的借、贷方本期发生额和期末余额之和应核对相等；

（3）总分类账簿与序时账簿核对。现金日记账和银行存款日记账期末余额应与总分类账的库存现金、银行存款期末余额核对相符；

（4）明细分类账簿之间的核对。财务部门财产物资明细分类账期末余额与财产物资保管和使用部门的有关财产物资明细分类账期末余额应核对相符。

3. 账实核对

就是将账面数字和实际的物资、款项进行核对。

（1）现金日记账账面余额与库存现金数额是否相符。现金日记账账面余额应每天同库存现金实际库存数相核对。

（2）银行存款日记账账面余额与银行对账单的余额是否相符。银行存款日记账的账面余额，应同开户银行寄送企业的银行对账单相核对，一般至少一个月核对一次。

（3）各项财产物资明细账账面余额与财产物资的实有数额是否相符。

（4）有关债权、债务明细账账面余额与对方单位的账面记录是否相符。

（二）结账

结账是一项将账簿记录定期结算清楚的账务工作。

把一定时期内所发生的经济业务，在全部登记入账的基础上，结算出每个账户的本期发生额和期末余额，并将期末余额转入下期或下年新账，即称为结账。

经典真题

(2017 邮储) 关于账簿与账户的关系，下列表述中不正确的是(　　)。

A. 账簿序时、分类地记载经济业务，是在总账户中完成的

B. 账簿只是一个外在形式，账户才是它的真实内容

C. 账簿中的每一个账页就是账户的存在形式和载体

D. 账簿与账户的关系是形式和内容的关系

答案： A。

解析： 账户是根据会计科目开设的，账户存在于账簿之中，账簿中的每一账页就是账户的存在形式和载体，没有账簿，账户就无法存在；账簿序时、分类地记载经济业务，是在个别账户中完成的。因此，账簿只是一个外在形式，账户才是它的真实内容。账簿与账户的关系，是形式和内容的关系。故本题答案为 A。

真题考点八　财务报告

一、财务报告概述

1. 财务报告及其目标

财务报告是指企业对外提供的反映企业某一特定日期的财务状况和某一会计期间的经营成果、现金流量等会计信息的文件。

财务报告包括财务报表和其他应当在财务报告中披露的相关信息和资料。

2. 财务报表的组成

财务报表是对企业财务状况、经营成果和现金流量的结构性表述。

一套完整的财务报表至少应当包括资产负债表、利润表、现金流量表、所有者权益（或股东权益）变动表以及附注。

现金流量表反映企业在一定会计期间现金和现金等价物流入和流出的情况。

所有者权益变动表反映构成所有者权益的各组成部分当期的增减变动情况。

附注是财务报表不可或缺的组成部分，是对在资产负债表、利润表、现金流量表和所有者权益变动表等报表中列示项目的文字描述或明细资料，以及对未能在这些报表中列示项目的说明等。

二、资产负债表

1. 资产负债表的概述

资产负债表是反映企业在某一特定日期的财务状况的报表，是企业经营活动的静态体现。资产负债表是根据“资产＝负债+所有者权益”这一平衡公式编制而成。

2. 资产负债表作用

通过资产负债表，可以反映企业在某一特定日期所拥有或控制的经济资源、所承担的现时义务和所有者对净资产的要求权，帮助财务报表使用者全面了解企业的财务状况、分析企业的偿债能力等情况，从而为其作出经济决策提供依据。

3. 资产负债表的结构

我国企业的资产负债表采用账户式结构，分为左右两方，左方为资产项目，大体按资产的流动性大小排列，右方为负债及所有者权益项目，一般按要求清偿时间的先后顺序排列。

考点精讲

账户式资产负债表中的资产各项目的合计等于负债和所有者权益各项目的合计，即资产负债表左方和右方平衡。因此，通过账户式资产负债表，可以反映资产、负债、所有者权益之间的内在关系，即“资产=负债+所有者权益”。

图 3-5-1 资产负债表（简表）

三、利润表

1. 利润表概述

利润表是指反映企业在一定会计期间的经营成果的报表。

通过利润表，可以反映企业在一定会计期间收入、费用、利润（或亏损）的数额和构成情况，帮助财务报表使用者全面了解企业的经营成果，分析企业的获利能力及盈利增长趋势，从而为其作出经济决策提供依据。

2. 利润表的结构

我国企业的利润表采用多步式格式。

（1）利润表项目的填列方法

我国企业的利润表采用多步式格式，分以下三个步骤编制：

第一步，计算出营业利润；

考点精讲

第二步，计算出利润总额；

第三步，计算出净利润（或净亏损）。

（2）利润表项目的填列说明

“营业收入”项目应根据“主营业务收入”和“其他业务收入”科目的发生额分析填列。

“营业成本”项目应根据“主营业务成本”和“其他业务成本”科目的发生额分析填列。

表 3-5-1 利润表

编制单位： 年 月 单位：元

项目	本期金额	上期金额
一、营业收入		
减：营业成本		
税金及附加		
销售费用		
管理费用		
研发费用		
财务费用		
资产减值损失		
加：公允价值变动收益（损失以“-”号填列）		
资产处置收益（损失以“-”号填列）		
投资收益（损失以“-”号填列）		
二、营业利润（亏损以“-”号填列）		
加：营业外收入		
减：营业外支出		
三、利润总额（亏损总额以“-”号填列）		
减：所得税费用		
四、净利润（净亏损以“-”号填列）		

四、现金流量表

1. 现金流量表概述

现金流量表是反映企业在一定会计期间现金和现金等价物流入和流出的报表。

现金是指企业库存现金以及可以随时用于支付的存款，包括库存现金、银行存款和其他货币资金（如外埠存款、银行汇票存款、银行本票存款等）等。

考点精讲

不能随时用于支付的存款不属于现金。

现金等价物是指企业持有的期限短、流动性强、易于转换为已知金额、价值变动风险很小的投资。“期限短”一般是指从购买日起三个月内到期。

现金等价物，通常包括三个月内到期的债券投资等。权益性投资变现的金额通常不确定，因而不属于现金等价物。

企业应当根据具体情况确定现金等价物的范围，一经确定不得随意变更。

企业从银行提取现金、用现金购买短期到期的国债等现金和现金等价物之间的转换不属于现金流量。

企业产生的现金流量分为三类：经营活动、投资活动和筹资活动产生的现金流量。

2. 现金流量表的结构

我国企业现金流量表采用报告式结构。

表 3-5-2 现金流量表

项目	本期金额	上期金额
一、经营活动产生的现金流量： 流出：购买商品、工资、交税费 流入：销售商品、提供劳务、退税费		
二、投资活动产生的现金流量： 流出：1. 投资支付的现金 2. 购建长期资产 3. 取得子公司 流入：1.1 收回投资 1.2 投资收益 2. 处置长期资产收回 3. 处置子公司		
三、筹资活动产生的现金流量： 流入：1. 吸收投资 2. 取得借款 流出：1. 分配股利 2. 偿还借款、偿付利息		

真题演练

一、单项选择题

1. 资产是指过去的交易、事项形成并由企业拥有或控制的资源，该资源预期会给企业带来经济利益，以下不符合资产会计要素定义的是(　　)。

A. 委托代销商品　　B. 委托加工物资

C. 待处理财产损失　　D. 尚待加工的半成品

2. 会计科目一般分为(　　)。

A. 资产类、负债类

B. 资产类、负债类、资产负债共同类、损益类和所有者权益类

C. 资产类、负债类、资产负债共同类

D. 资产类、负债类、所有者权益类

3. 下列各项，应在资产负债表“预付账款”项目中反映的有(　　)。

A. “应付账款”明细科目的借方余额

B. “应付账款”明细科目的贷方余额

C. “应收账款”明细科目的借方余额

D. “预付账款”明细科目的贷方余额

4. 下列业务的处理方法中，符合权责发生制基础要求的是(　　)。

A. 当月收到甲公司所欠货款80000元，确认本月收入80000元

B. 当月支付上月欠交的修理费30000元，确认本月费用30000元

C. 当月赊销产品给乙公司234000元，确认本月收入234000元

D. 当月预收货款5000元，确认本月收入5000元

5. 在中国境外设立的中国企业，在向境内报送财务报表时应当(　　)。

A. 使用当地法定货币　　B. 使用美元

C. 使用记账本位币　　D. 折算为人民币

6. 企业一定时期内现金流量分为三类：经营活动现金流量、投资活动现金流量和筹资活动现金流量。下列货币收支业务中，属于投资活动产生的现金流量业务是(　　)。

A. 购买生产用材料的支出

B. 归还短期借款本金

C. 收到被投资单位分配的股利

D. 支付广告费

7. 银行会计采用的记账方法是(　　)。

A. 复式记账法　　B. 单式记账法　　C. 反式记账法　　D. 权责发生制

8. (　　)要求企业提供的会计信息应当反映与企业财务状况、经营成果和现金流量有关的所有重要交易或者事项。

A. 现实性　　B. 重要性　　C. 及时性　　D. 可靠性

9. “应收账款”“应付账款”“原材料”等属于(　　)账户。

A. 总分类　　B. 明细分类　　C. 总明细账　　D. 其他

10. 下列选项中，不属于资产必须具备的特征的是(　　)。

A. 预期会给企业带来经济利益

B. 企业拥有或控制

C. 由过去的交易或事项形成

D. 具有可辨认性

11. “应付账款”账户的期末余额等于(　　)。

A. 期初余额+本期借方发生额+本期贷方发生额

B. 期初余额+本期借方发生额-本期贷方发生额

C. 期初余额+本期贷方发生额-本期借方发生额

D. 期初余额-本期借方发生额-本期贷方发生额

12. 编制利润表的主要依据是(　　)。

A. 资产、负债及所有者权益账户的本期发生额

B. 各损益类账户的本期发生额

C. 资产、负债及所有者权益账户的期末余额

D. 各损益类账户的期末余额

二、多项选择题

1. 谨慎性原则指在有不确定因素情况下做出判断时，不抬高资产或收益，也不压低负债或费用。下面能体现此项原则的有(　　)。

A. 将融资租入的固定资产视作自有资产核算

B. 采用双倍余额递减法对固定资产计提折旧

C. 对固定资产计提减值准备

D. 将长期借款利息予以资本化

E. 长期股权投资采用成本法核算

2. 在设计会计报表时，必须(　　)。

A. 使会计报表提供的信息满足各方面的需要

B. 做到提供的会计信息全面，对重要的经济业务应当单独反映

C. 做到清晰明了，便于理解和运用

D. 尽量遵循国际惯例，统一和简化对外报送的会计报表

参考答案及解析

一、单项选择题

1. 答案：C。

解析：资产是过去的交易或事项形成的，由企业拥有或控制的，预期会导致经济利益流出企业的资源。选项 C 是损失，A、B、D 都是由企业控制的，所以 C 不符合企业的资产要素定义。故本题答案为 C。

2. 答案：B。

解析：会计科目按照所涉及经济业务进行分类，分为资产类、负债类、所有者权益类、损益类、共同类。故本题答案为 B。

3. 答案：A。

解析：资产负债表中的有些项目需要依据明细科目余额填列，例如，预付账款项目应该根据应付账款的明细科目借方余额和预付账款明细科目的借方余额计算填列。故本题答案为 A。

4. 答案：C。

解析：权责发生制是指收入费用的确认应当以收入和费用的实际发生作为确认计量的标准，凡是当期已经实现的收入和已经发生或应当负担的费用，不论款项是否收付，都应作为当期的收入和费用处理；凡是不属于当期的收入和费用，即使款项已经在当期收付，都不应作为当期的收入和费用。故本题答案为 C。

5. 答案：D。

解析：对于在境外设立的中国企业，由于开展经营活动和所在国提交财务会计报告和申报纳税的需要，日常会计核算需要采用当地的法定货币作为记账本位币，但是，其向国内报送的财务会计报告应当折算为人民币。故本题答案为 D。

6. 答案：C。

解析：选项 A、D 均属于经营活动，选项 B 短期借款属于筹集资金的渠道，属于筹资活动。选项

C属于投资活动中现金流入。故本题答案为C。

7. 答案：A

解析：银行会计采用复式记账法。故本题答案为A。

8. 答案：B。

解析：重要性要求企业提供的会计信息应当反映与企业财务状况、经营成果和现金流量有关的所有重要交易或者事项。故本题答案为B。

9. 答案：A。

解析：“应收账款”“应付账款”“原材料”等属于总分类账户。故本题答案为A。

10. 答案：D。

解析：资产是指企业过去的交易或事项形成的，由企业拥有或控制的，预期会给企业带来经济利益的资源。故本题答案为D。

11. 答案：C。

解析：应付账款属于负债类账户，负债类账户的期末余额=期初余额+本期贷方发生额-本期借方发生额。故本题答案为C。

12. 答案：B。

解析：编制利润表的主要依据是各损益类账户的本期发生额。故本题答案为B。

二、多项选择题

1. 答案：BC。

解析：谨慎性要求企业不得高估资产和收益，低估负债和费用。符合谨慎性要求的包括：固定资产采用加速折旧法，计提减值准备等。本题中B、C符合谨慎性要求。故本题答案为BC。

2. 答案：ABCD。

解析：会计报表提供的信息应满足各方面的需要；提供的会计信息必须全面，对重要的经济业务应当单独反映；应当清晰明了，便于理解和运用；尽量遵循国际惯例，统一和简化对外报送的会计报表，这些都是设计会计报表时必须做到的。故本题答案为ABCD。

第六章 财务管理

真题考点一　财务管理基础

一、财务管理概述

财务管理是组织企业财务活动，处理财务关系的一项经济管理工作，是现代企业管理的核心，是一项涉及面广且综合性和制约性都很强的系统工程。

财务管理主要包括财务预测与财务预算、财务决策与财务控制、财务分析与财务评价，其核心是财务决策。

二、财务管理目标

（1）利润最大化；

（2）企业价值最大化；

（3）股东财富最大化；

（4）相关者利益最大化。

考点精讲

三、货币时间价值

货币时间价值是指货币经历一定时间的投资和再投资所增加的价值。

考点精讲

1. 终值和现值

终值和现值是一定量货币在前后两个不同时点上对应的价值，其差额即为货币的时间价值。

（1）终值

终值是指现在一定量的货币折算到未来某一时点所对应的金额，记作 F。

（2）现值

现值是指未来某一时点上一定量的货币折算到现在所对应的金额，记作 P。

2. 单利

（1）单利终值

$$F=P\times(1+i\times n)$$

（2）单利现值

$$P=F/(1+i\times n)$$

“i”代表利率，“n”代表计算利息的期数。

3. 复利

（1）复利终值

$$F=P\times(1+i)^{n}=P\times(F/P, i, n)$$

（2）复利现值

$$P=F\times(1+i)^{-n}=F\times(P/F, i, n)$$

4. 年金

（1）普通年金

从第一期开始每期期末收款、付款的年金：

终值=年金额×普通年金终值系数

$$F=A\times(F/A, i, n)$$

现值=年金额×普通年金现值系数

$$P=A\times(P/A, i, n)$$

（2）预付年金

从第一期开始每期期初收款、付款的年金：

终值=年金额×预付年金终值系数

$$F=A\times[(F/A, i, n+1)-1]$$

现值=年金额×预付年金现值系数

$$P=A\times[(P/A, i, n-1)+1]$$

（3）递延年金

从第二期或第二期以后开始收付的年金（“m”表示递延期，“n”表示年金的个数）：

终值：$F=A\times(F/A, i, n)$

现值：$P=A\times(P/A, i, n)\times(P/F, i, m)$

$=A\times(P/A, i, m+n)-A\times(P/A, i, m)$

（4）永续年金

无限期的普通年金：

终值：不存在

现值=年金额/折现率 $P=A/i$

经典真题

（2018 邮储）复利是计算利息的一种方法，即通过一个计息期，要将所发生利息计入本金再计算利息，逐期计算，俗称“利滚利”，除非特别指明，计息为(　　)。

A. 1 月　　B. 1 季　　C. 1 年　　D. 1 天

答案： C。

解析： 复利计息主要以年为单位。故本题答案为 C。

真题考点二　财务分析

一、财务分析方法

1. 比较分析法

比较分析法是将同一企业不同时期的财务状况或不同企业之间的财务状况进行比较，从而揭示企业财务状况存在差异的分析方法。

2. 因素分析法

因素分析法是利用统计指数体系分析现象总变动中各个因素影响程度的一种统计分析方法。

3. 比率分析法

比率分析法是通过计算各种比率指标来确定财务活动变动程度的方法。比率指标的类型主要有构成比率、效率比率和相关比率三类。

考点精讲

二、偿债能力分析

1. 短期偿债能力分析

（1）流动比率=流动资产/流动负债

（2）速动比率=速动资产/流动负债

=（货币资金+交易性金融资产+各种应收款项）/流动负债

（3）现金比率=现金及现金等价物/流动负债

考点精讲

2. 长期偿债能力分析

（1）资产负债率=负债总额/资产总额

（2）产权比率=负债总额/股东权益总额

（3）权益乘数=资产总额/股东权益总额=1+产权比率

（4）利息保障倍数=息税前利润/利息总额

=（净利润+利息费用+所得税费用）/（财务费用中的利息+资本化利息）

三、盈利能力分析

（1）销售净利率=净利润/销售（收入）净额

（2）总资产报酬率=净利润/平均资产总额

平均资产总额=（期初资产总额+期末资产总额）/2

（3）净资产收益率=净利润/平均净资产

考点精讲

四、营运能力分析

（1）应收账款周转率=营业收入/应收账款平均余额（包含应收票据）

（2）存货周转率=营业成本/存货平均余额

（3）流动资产周转率=营业收入/流动资产平均余额

（4）固定资产周转率=营业收入/固定资产平均余额

（5）总资产周转率=营业收入/平均资产总额

考点精讲

五、发展能力分析

（1）销售收入增长率=本年销售收入增长额/上年销售收入

（2）总资产增长率=本年总资产的增长额/年初资产总额

（3）营业利润增长率=本年营业利润增长额/上年营业利润总额

（4）资本积累率=本年所有者权益增长额/年初所有者权益

（5）资本保值增值率=期末所有者权益/期初所有者权益

六、特殊财务指标

（1）每股收益=归属于公司普通股股东的净利润/发行在外的普通股加权平均数

（2）每股股利=股利总额/流通股数

（3）市盈率=每股市价/每股收益

（4）市净率=每股市价/每股净资产

（5）经济增加值=税后净营业利润-资本成本

经典真题

（2017 工行）资产负债率是衡量公司经营状况的重要指标，以下关于资产负债率说法错误的是（　　）。

A. 资产负债率这个指标反映债权人所提供的资本占全部资本的比例

B. 资产负债率可以衡量企业在清算时保护债权人利益的程度

C. 如果资产负债比率不足 100% 说明公司已经没有净资产或资不抵债

D. 企业的负债比率应在不发生偿债危机的情况下，尽可能选择高的

答案：C。

解析：资产负债率=负债/资产总额，资产负债率越高企业的偿债能力越弱，抵御风险的能力越弱。资产负债率是小于 1 的，如果大于 1 说明企业已经资不抵债。故本题答案为 C。

真题演练

一、单项选择题

1. 根据相关者利益最大化财务管理目标理论，承担最大风险并可能获得最大报酬的是(　　)。

A. 股东　　B. 债权人　　C. 经营者　　D. 供应商

2. 下列各项中，不属于速动资产的是(　　)。

A. 现金　　B. 产成品　　C. 应收账款　　D. 交易性金融资产

3. 在企业速动比率是0.8的情况下，会引起该比率提高的经济业务是(　　)。

A. 银行提取现金　　B. 赊购商品

C. 收回应收账款　　D. 申请到一笔短期借款

4. 下列各项中，可能导致企业资产负债率变化的经济业务是(　　)。

A. 收回应收账款　　B. 用现金购买债券

C. 接受所有者投资转入的固定资产　　D. 以固定资产对外投资

5. 企业的应收账款周转率越高，说明(　　)。

A. 企业的信用政策比较宽松　　B. 企业的盈利能力越强

C. 企业的应收账款周转速度较快　　D. 企业的坏账损失越多

6. (　　)指标越高，说明企业资产的运用效率越好，也意味着企业的资产盈利能力越强。

A. 总资产周转率　　B. 存货周转率

C. 总资产报酬率　　D. 应收账款周转率

7. 下列指标中，不能用来分析企业短期偿债能力的是(　　)。

A. 流动比率　　B. 速动比率　　C. 资产负债率　　D. 现金比率

二、多项选择题

1. 在一定时期内，应收账款周转次数多、周转天数少表明(　　)。

A. 收账速度快　　B. 信用管理政策宽松

C. 应收账款流动性强　　D. 应收账款管理效率高

2. 财务分析是利用财务报表的数据，并结合其他有关的补充信息，对企业的(　　)进行综合比较与评价的一种工作。

A. 财务状况　　B. 经营成果　　C. 现金流量　　D. 员工学历高低

参考答案及解析

一、单项选择题

1. 答案：A。

解析： 相关者利益最大化的观点中，股东作为企业的所有者，在企业中承担着最大的权力、义务、风险和报酬。故本题答案为A。

2. 答案：B。

解析： 构成速动资产的各项目，流动性差别很大。其中货币资金、交易性金融资产和各项应收账款，可以在较短时间内变现，称为速动资产，不包括存货。故本题答案为B。

3. 答案：D。

解析： 速动比率=8/10，如果分子分母同时增加相同的数会导致速动比率上升。A、C项涉及流动资产内部项目此增彼减，分数值不变。B项涉及存货和流动负债，导致存货增加，流动负债增加，所以速动比率下降。D项申请短期借款，导致流动负债和速动资产同时增加相同的数，在流动比率小于1的情况下，分数值增加。故本题答案为D。

4. 答案：C。

解析： 选项A、B、D都是资产内部的此增彼减，不会影响资产总额，也不会影响负债总额；选项C是资产增加，所有者权益增加，从而使资产负债率降低。故本题答案为C。

5. 答案：C。

解析： 应收账款周转率高，应收账款的周转速度越快，收账期越短，产生的坏账损失越少，应收账款的变现能力越强，短期偿债能力越强，说明企业的信用政策较为紧张。故本题答案为C。

6. 答案：C。

解析： 选项A、B、D是反映企业周转能力或营运能力的指标，本题提问的是企业的获利能力。选项C是反映企业的盈利能力的指标。故本题答案为C。

7. 答案：C。

解析： 资产负债率是用来反映企业长期偿债能力的指标。故本题答案为C。

二、多项选择题

1. 答案：ACD。

解析： 一般来说，应收账款周转率越高，周转天数越短，表明应收账款管理效率越高。在一定时期内应收账款周转次数多、周转天数少表明：①企业收账迅速，信用销售管理严格；②应收账款流动性强，从而增强企业短期偿债能力；③可以减少收账费用和坏账损失，相对增加企业流动资产的投资收益；④通过比较应收账款周转天数及企业信用期限，可评价客户的信用程度，调整企业信用政策。故本题答案为ACD。

2. 答案：ABC。

解析： 财务分析是利用财务报表的数据，并结合其他有关的补充信息，对企业的财务状况、经营成果和现金流量进行综合比较与评价的一种工作。故本题答案为ABC。

第七章 管理学

真题考点一　古典管理理论

一、泰罗——科学管理理论

泰罗（F. Taylor，1856—1915），美国著名管理实践家、管理学家，科学管理理论的创始人。1903年，泰罗开始把自己的实践经验和研究成果上升到理论高度，著书立说，其代表作是于1911年出版的《科学管理原理》。

泰罗创立的管理理论的主要观点包括以下三点：

（1）科学管理的根本目的是谋求最高的工作效率。提高劳动生产效率是泰罗创立科学管理理论的基本出发点，是泰罗确定科学管理的原理、方法的基础；

（2）达到最高工作效率的重要手段是使用科学的管理方法代替旧的经验管理。泰罗认为，管理是一门科学。在管理实践中建立各种明确的规定、条例、标准，使一切科学化、制度化，是提高管理效能的关键；

（3）实施科学管理的核心问题，是要求管理人员和工人双方在精神上和思想上来一个彻底变革。

根据上述观点，泰罗提出了以下的管理制度：

（1）对工人提出科学的操作方法，以便合理利用工时，提高工效；

（2）在工资制度上实行差别计件制；

（3）对工人进行科学的选择、培训和提高；

（4）制定科学的工艺流程，并用文件形式固定下来以利推广；

（5）使管理和劳动分离，把管理工作称为计划职能，工人的劳动称为执行职能。

与泰罗同时代的科学管理理论：

（1）甘特图。甘特的重要贡献之一是设计了一种用线条表示的计划图表，其代表作是1916年出版的《工业的领导》和1919年出版的《工作组织》。甘特还提出了“计件奖励工资制”，即除了支付日工资以外，超额完成定额部分，再计件给予奖金，完不成定额的只能拿到日工资。这种制度优于泰罗的差别计件工资制，是由于计件奖励可使工人感到收入有保证，从而激发劳动积极性。

（2）动作研究。机械师杰布雷斯和他的妻子以进行“动作研究”而著称。其研究成果反映在1911年出版的《动作研究》一书中。

（3）美国的福特。在泰罗的单工序动作研究的基础上，福特为了提高企业的竞争能力，对如何提高整个工作过程的生产效率进行了研究。

泰罗与其他同期先行者的理论和实践构成了泰罗制，可以看出泰罗制着重解决的是用科学的方法提高生产现场的生产效率问题。泰罗的科学管理理论在历史上第一次使管理从经验上升为科学，把科学的方法用到管理上，因此被尊称为“科学管理之父”。

经典真题

19 世纪末 20 世纪初，以下哪种理论的产生标志着管理学的正式形成？(　　)

A. 泰罗科学管理理论　　B. 法约尔管理过程理论

C. 韦伯理想行政组织理论　　D. 梅奥的霍桑试验理论

答案：A。

解析：泰罗（F. Taylor，1856—1915），美国著名管理实践家、管理学家，科学管理之父。以泰罗为杰出代表的科学管理运动，解决了工业化初期企业发展中迫切需要解决的、具有普遍价值的劳动生产率问题，为工业化初期的企业发展做出了巨大贡献。泰罗率先在管理实践和管理问题研究中采用观察、记录、调查、试验等近代科学分析方法，开创了科学管理的先河，奠定了科学管理的坚实基础，成为名副其实的“科学管理之父”，泰罗的科学管理理论也成为管理学正式形成的标志。故本题答案为 A。

二、法约尔——管理职能及一般管理

法约尔（H. Fayol，1841—1925），法国著名管理实践家、管理学家，古典管理理论创始人之一。

法约尔具有长期从事高层管理工作的经验，对全面管理工作具有深刻的体会和了解，积累了丰富的经验和智慧。他在其代表作《工业管理与一般管理》中提出的一般管理理论对西方管理理论的发展具有重大影响，成为管理职能、管理过程学派的理论基础。

考点精讲

1. 六种经营活动

法约尔认为经营和管理是两个不同的概念。经营是引导一个组织趋向一定目标。经营包含六种活动：(1) 技术活动，包括生产、制造、加工；(2) 商业活动，包括采购、销售、交换；(3) 财务活动，包括资本筹措和运用；(4) 安全活动，包括保护财产和人员；(5) 会计活动，包括资产目录、借贷对照、成本核算、统计等；(6) 管理活动，包括计划、组织、指挥、控制、协调等。

法约尔指出，人们对前五种活动了解较多，但对管理活动知之甚少。管理是一种专业性、技术性很强的工作和过程。管理是一种具有一般性的，适用于企业、事业单位和行政组织的职能。管理具有可概念化、可理论化、可传授的特点，应该大力发展管理教育。

2. 五大管理职能

五大管理职能指的是计划、组织、指挥、协调与控制。

3. 十四条管理原则

法约尔提出了著名的十四条管理原则，至今仍具有重要的实践指导意义。这些原则包括：(1) 劳动分工原则；(2) 权力与责任对等原则；(3) 纪律原则；(4) 统一指挥原则；(5) 统一领导原则；(6) 个人利益服从整体利益原则；(7) 员工报酬原则；(8) 集权原则；(9) 等级系列原则；(10) 秩序原则；(11) 公平原则；(12) 人员稳定原则；(13) 首创精神原则；(14) 团结合作原则。

法约尔第一个明确提出管理的五大要素或五大职能，提出管理是一种专业化的、具有一般性的工作，为管理过程的研究奠定了基础。他提出的关于管理五大要素或五大职能的思想，为后来人们认识管理职能和管理过程提供了重要的指引。

经典真题

1. (　　)提出经营与管理是两个不同的概念，后者只是前者的一个职能。

A. 泰罗　　B. 法约尔　　C. 韦伯　　D. 梅奥

答案：B。

解析：法约尔认为经营和管理是两个不同的概念。经营是引导一个组织趋向一定目标。经营包含六种活动：技术活动、商业活动、财务活动、安全活动、会计活动、管理活动。故本题答案为 B。

(2017 农发展) 2. 通过对企业全部活动的分析，法约尔经过提炼处理，成为经营的六项职能，他将生产、制造、加工归为(　　)。

A. 管理活动　　B. 技术活动　　C. 财务活动　　D. 商业活动

答案：B。

解析：法约尔认为企业的经营有六种活动：(1) 技术活动，包括生产、制造、加工；(2) 商业活动，包括采购、销售、交换；(3) 财务活动，包括资本筹措和运用；(4) 安全活动，包括保护财产和人员；(5) 会计活动，包括资产目录、借贷对照、成本核算、统计等；(6) 管理活动，包括计划、组织、指挥、控制、协调等。故本题答案为 B。

三、马克斯·韦伯——理想的行政组织理论

马克斯·韦伯（Max Weber，1864—1920），德国著名思想家、社会学家。他提出的理论通常被称作“官僚制”“科层制”或“理想的行政组织”，指的是一种权力依职能和职位进行分工和分层，以规则为管理主体的组织体系和管理方式。该理论对工业化以来各种不同类型组织产生了广泛而深远的影响，被现代大型组织广泛采用。马克斯·韦伯被誉为“组织理论之父”。

韦伯界定了三种权力基础：

(1) 合理-合法型权力（法定权力）：理性-法律规定的权力；

(2) 传统型权力：传统惯例或世袭得来；

(3) 魅力型权力（超凡权力）：来源于别人的崇拜与追随。

合理-合法型权力是科层制组织的基础。

真题考点二　近代和当代管理理论

一、近代管理理论

经历了古典管理理论的发展和传播，进入 20 世纪三四十年代，管理学步入新的发展时期。这一阶段最突出的成果，是形成了以巴纳德、西蒙、马奇为代表的近代组织管理理论和由梅奥提出的早期人际关系学说——行为科学理论。

1. 巴纳德——一般组织管理原理

切斯特·巴纳德（C. I. Barnard，1886—1961）在管理理论上有以下主要思想：

（1）组织论的管理理论。即以组织为基础分析和说明管理的职能和过程。其理论结构为：个体假设协作行为和协作系统理论—组织理论—管理理论。

考点精讲

（2）正式组织与非正式组织。正式组织是两个或两个以上个人有意识协调的行为能力系统，而非正式组织是个人相互接触中无意识的带有体系化、类型化特征的多种心理因素的体系。

（3）组织平衡关系。组织内部个人和整体之间的平衡；组织与环境之间的平衡；组织动态平衡。

（4）管理人员的职能。管理人员最根本的职能是协调，实现组织三方面的平衡。管理人员有三方面的基本职能：建立和维持一个信息联系的系统；从组织成员那里获得必要的努力；规定组织的共同目标。

巴纳德开创的组织管理理论研究，揭示了管理过程的基本原理。经西蒙、马奇、塞特尔等人的进一步发展，形成了管理学领域的组织管理流派，对当代管理学体系产生了重要影响。巴纳德被誉为近代管理理论的奠基人。

2. 梅奥——早期人际关系学说

梅奥（G. E. Mayo，1880—1949）是原籍澳大利亚的美国行为科学家，他与罗特利斯伯格通过霍桑实验，提出了著名的“早期人际关系学说”，开辟了行为科学研究的道路。

（1）实验目的：找出工作条件对生产效率的影响，以寻求提高劳动生产率的途径。

（2）实验阶段：照明实验→福利实验→访谈实验→群体实验。

（3）实验结论：第一，企业的职工是社会人；第二，满足工人欲望，提高工人的士气是提高生产效率的关键；第三，企业中实际存在一种“非正式组织”，企业职工在共同工作和共同生产中必然产生相互之间的人群关系，产生共同的感情，自然形成一种行为准则和惯例，要求个人服从；第四，企业应采用新型的领导方法。

行为科学的研究成为西方管理理论发展的一个重要侧面，主要涉及对个人需要和行为的研究、团体行为研究、组织行为研究、有效的激励方式研究、领导行为研究和组织变革研究等方面。

二、当代管理理论

经历了 19 世纪 30—40 年代的发展，管理学进入了蓬勃发展阶段。特别是第二次世界大战后，管理领域中出现百花齐放、百家纷呈的局面。美国著名管理学家孔茨（Harold Koontz）将之概括为“管理理论的丛林”。

当代管理理论的主要流派包括：管理过程流派、管理科学流派、组织管理流派、行为科学流派和经验管理流派等。此外，按照孔茨的划分，还有社会技术系统学派、决策理论学派、权变理论学派、经理角色学派等学说和主张。

真题考点三 管理学概述

一、管理的含义

在管理学不断发展的过程中，不同的管理学家对于管理的概念提出了不同的看法：

20 世纪早期法国工业家亨利·法约尔，从管理的职能出发，认为管理是由计划、组织、指挥、协调及控制等职能要素组成的活动过程。

美国卡内基·梅隆大学教授赫伯特·西蒙着眼于管理中的决策，提出管理就是决策。决策贯穿于管理的全部过程。

考点精讲

哈罗德·孔茨认为管理是设计并保持一种良好的环境，使人在群体里高效率地完成既定目标的过程。

温斯洛·泰勒认为管理是“确切的知道你要别人干什么，并使他用最好的方法去干”。即管理是指挥他人能用最好的办法去工作。

斯蒂芬·罗宾斯认为管理是指同别人一起，或通过别人使活动完成得更有效的过程。

彼得·德鲁克认为管理是一种实践，其本质不在于“知”而在于“行”；其验证不在于逻辑，而在于成果。

综合管理学家的理论，可以把管理定义为：管理是指管理者在一定的环境和条件下，为了实现组织特定的目标，动员和运用有效资源而进行的计划、组织、领导和控制等社会活动。

经典真题

（2015 中行）管理就是带领别人去实现目标的过程。这说明（ ）。

A. 一个差的管理者其下属也不可能是精兵强将

B. 管理者的水平要通过其带领下属的业绩来衡量

C. 管理是依附于组织的活动，离开了组织就谈不上管理

D. 保证有效地实现组织的目标是管理活动的目的

答案：BCD。

解析：从“带领别人去实现目标”这个说法中可以引申出管理的三个方面的含义：（1）管理者的业绩是由他人来衡量的，这意味着管理者即使累得要命，也未必能管理好，管理得好坏取决于管理者所带领的他人的业绩。（2）管理存在于一定的组织中，组织是由很多人构成的群体。一般来说，一个组织符合以下三个特征：由很多人构成；有共同的目标；有一定的人际关系的安排。

管理正是存在于这样的组织之中。可以认为，管理依附于组织之上，组织是皮，管理是毛，离开了组织谈不上管理。(3) 管理的目的就是要实现一定的目标，离开了目标，就谈不上管理。管理活动的存在就是要保证有效的实现组织的目标。故本题答案为 BCD。

二、管理技能

管理技能是指使用某一专业领域内有关的工作程序、技术和知识完成管理任务的能力。管理技能主要包括以下三点：

1. 概念技能

是指综观全局，把握关键，认真思考，扎实谋事的能力，即洞察组织与环境及其之间相互影响以及复杂性的能力，包括理解事物的相互关联性，从而找出关键性影响因素的能力。

2. 人际技能

是指把握与处理人际关系的有关技能，即理解、动员、激励他人并与他人共事的能力。

3. 技术技能

是指从事自身管理范围内的工作所需的基本技术和具体方法。例如，高校教师必须熟练掌握本专业的教学内容与教学方法。

经典真题

（2018 建行）某旅游公司总经理在市场不景气的情况下，以过人的职业洞察力发现海外度假旅游项目与 25—35 岁新婚家庭消费群体之间的关联性，并针对这部分群体快速设计出一套新的旅游路线和体验项目，在广泛宣传后收到丰硕的订单。但由于涉及到与交通管理、签证、保险等机构的协调，新项目一直未能批准，信任危机造成该公司丧失大量的市场机会，公司经营每况愈下。下列哪种说法最能概括该总经理的管理能力？（　　）

A. 技术技能和人际技能强，概念技能弱

B. 人际技能和概念技能强，技术技能弱

C. 技术技能和概念技能强，人际技能弱

D. 技术技能、人际技能和概念技能都弱

答案：C。

解析：通常情况下，作为一名管理者应具备三个管理技能，即技术技能、人际技能和概念技能。技术技能指的是对某项活动，尤其是对涉及方法、流程、程序或者技巧的特定活动的理解程度和熟练程度，主要是如何“处事”。概念技能是指一种洞察既定环境复杂程度的能力和减少这种复杂性的能力。人际技能是指处理人事关系有关的技能，即理解激励他人并与他人共事的能力，主要包括领导能力、影响能力和协调能力。根据题意描述，总经理的技术技能和概念技能较强，为公司获得大量订单，但是由于人际技能较差，导致公司项目一直未能批准，公司丧失市场机会。故本题答案为 C。

三、管理学经典效应与原理

1. 近因效应

近因效应也称新颖效应，是指在多种刺激一次出现的时候，印象的形成主要取决于后来出现的刺激，即交往过程中，我们对他人最近、最新的认识占了主体地位，掩盖了以往形成的对他人的评价。

2. 羊群效应

羊群效应也称从众效应，是指个人的观念或行为由于真实的或想象的群体影响或压力，而向与多数人相一致的方向变化的现象。无论意识到与否，群体观点的影响足以动摇任何抱怀疑态度的人。群体力量很明显使理性判断失去作用。

3. 金鱼缸效应

金鱼缸是玻璃做的，透明度很高，不论从哪个角度观察，里面的情况都一清二楚。“金鱼缸效应”也可以说是“透明效应”。它是一种比喻，也就是极高透明度的民主管理模式。

4. 自己人效应

自己人效应是指在人际交往中，如果双方关系良好，一方就更容易接受另一方的某些观点、立场，甚至对对方提出的难为情的要求，也不太容易拒绝。

5. 蝴蝶效应

蝴蝶效应是指在一个动力系统中，初始条件下微小的变化能带动整个系统的长期的巨大的连锁反应。这是一种混沌现象。说明事物的发展具有复杂性。

6. 榜样效应

榜样效应是指具有代表性的先进人物在影响和激励人们的过程中能产生的效果。

7. 马太效应

马太效应的名字来自圣经《新约·马太福音》的一则寓言：“凡有的，还要加倍给他叫他多余；没有的，连他所有的也要夺过来”。是指强者愈强、弱者愈弱的现象，反映的社会现象是两极分化，富者更富，穷者更穷。

8. 鲶鱼效应

鲶鱼在搅动沙丁鱼生存环境的同时，也激活了沙丁鱼的求生能力。鲶鱼效应即采取一种手段或措施，刺激一些企业活跃起来投入到市场中积极参与竞争，从而激活市场中的同行业企业。其实质是一种负激励，是激活员工队伍之奥秘。

9. 青蛙效应

青蛙效应是指把一只青蛙扔进开水里，它因感受到巨大的痛苦便会用力跃出水面，从而获得生存机会。当把一只青蛙放在一盆温水里并逐渐加热时，由于青蛙已慢慢适应了那惬意的水温，所以当温度已升高到一定程度时，青蛙便再也没有力量跃出水面了。青蛙效应告诉人们，企业竞争环境的改变大多是渐热式的，如果管理者与员工对环境之变化没有疼痛的感觉，最后就会像这只青蛙一样，被煮熟、淘汰了仍不知道。即“生于忧患，死于安逸”。

10. 二八定律（巴莱多定律）

二八定律又名80/20定律、帕累托定律（巴莱多定律）、最省力的法则、不平衡原则等，是19世纪末20世纪初意大利经济学家帕累托发现的。他认为，在任何一组东西中，最重要的只占其中一小部分，约20%，其余80%尽管是多数，却是次要的。

11. 长板原理

长板原理又称多腿凳定律，是指一个拥有多条长短不一凳腿的板凳如果想要尽可能的平稳，不是垫高最短的腿，而是消减最长的凳腿，在凳面范围内加大凳腿之间的距离也能起到增加稳定性的作用。在管理方面的应用是作为一个团体领导人会尽可能把下级管理权力分摊给几个人手上而不是完全授权给一个人。

12. 木桶原理

木桶原理也称短板理论，是指一只木桶能盛多少水，并不取决于最长的那块木板，而是取决于最短的那块木板。任何一个组织，可能面临的一个共同问题，即构成组织的各个部分往往是优劣不齐的，而劣势部分往往决定整个组织的水平。因此，整个社会与我们每个人都应思考一下自己的“短板”，并尽早补足它。

13. 华盛顿合作规律

华盛顿合作定律类似于中国“三个和尚”的故事，是指一个人敷衍了事，两个人互相推诿，三个人则永无成事之日。说明人与人的合作不是人力的简单相加，而是要复杂和微妙得多。

14. 奥卡姆剃刀定律

奥卡姆剃刀定律是由14世纪英国奥卡姆的威廉提出的，他只承认确实存在的东西，认为那些空洞无物的普遍性概念都是无用的累赘，应当被无情地去除。他主张“如无必要，勿增实体”，即“简单有效原理”。

经典真题

（2018浦发）柯达公司是世界上著名的影像产品及相关服务的生产和供应商。面对市场技术的不断革新，柯达公司满足现状没有及时进行技术革新，直到2003年，柯达才宣布全面进军数码产业，最终柯达公司陷入退市困境体现了管理学中的(　　)。

A. 二八法则　　B. 长板原理　　C. 青蛙效应　　D. 木桶原理

答案：C。

解析：“青蛙效应”告诉人们，企业竞争环境的改变大多是渐热式的，如果管理者与员工对环境之变化没有疼痛的感觉，最后就会像这只青蛙一样，被煮熟、淘汰了仍不知道。一个企业不要满足于眼前的既得利益，不要沉湎于过去的胜利和美好愿望之中，而忘掉危机的逐渐形成和看不到失败一步步地逼近，最后像青蛙一般在安逸中死去。一个人或企业应居安思危，适时宣扬危机，适度加压，使处危境而不知危境的人猛醒；使放慢脚步的人加快脚步，不断超越自己，超越过去。故本题答案为C。

真题考点四 企业战略与经营决策

一、企业战略

企业战略是指企业在市场经济竞争激烈的环境中，在总结历史经验，调查现状，预测未来的基础上，为谋求生存和发展而作出的企业长远性、全局性的谋划。

1. 企业战略的特征

（1）全局性与复杂性：企业战略根据总体发展的需要制定，追求整体效果；全局是由若干局部组成，战略的制定、实施和评价是个复杂的系统工程。

（2）稳定性与动态性：企业战略的着眼点是未来，需要考虑长远的利用；如果环境发生了变化，企业战略要做出修改。

（3）收益性与风险性：企业战略能够带来显性或隐性的收益；环境的动态性增强，不确定性因素增多，战略的实施具有风险性。

2. 企业战略的层次

（1）企业总体战略：以企业整体为研究对象，研究整个企业的生存和发展的基本问题。例如：多元化总战略，某企业有家电行业、房地产行业、食品行业等。

（2）企业业务战略、竞争战略或事业部战略：以企业某个特定的经营单位为研究对象，研究企业某个特定的经营单位的战略计划。例如：宝洁公司有海飞丝事业部、飘柔事业部、潘婷事业部。

（3）企业职能战略：在特定的企业职能部门领域内制定的或实施的战略。例如：人力资源管理部门、市场营销部门、财务部门、售后服务部门。

经典真题

（2017 浦发春招）某企业设有人力资源管理部门、市场营销部门、财务部门、售后服务部门等，这体现了企业战略的（　　）层次。

A. 企业总体战略　　B. 企业业务战略　　C. 企业职能战略　　D. 以上答案都不对

答案： C。

解析： 企业职能战略：在特定的企业职能部门领域内制定的或实施的战略。例如：人力资源管理部门、市场营销部门、财务部门、售后服务部门。故本题答案为 C。

二、经营决策

1. 从决策影响的时间进行分类，经营决策可分为长期决策和短期决策。

长期决策也称为长期发展战略决策，是有关组织未来发展的全局性、整体性的重大决策。短期决策也称为短期战术决策，是为实现长期决策目标而采取的短期的行动方案。

2. 从决策的重要性分类，经营决策可分为战略决策、战术决策和业务决策。

战略决策即高层决策或宏观决策，这种决策通常是由组织中的最高领导层作出，具有战略性、长期性、稳定性；战术决策即中层决策或中观决策，是战略决策的具体化；业务决策即基层决策或微观决策，具有战术性、短期性、可操作性的特点。战略决策、战术决策、业务决策三者间是指导与被指导的关系。

3. 从决策的起点分类，经营决策可分为初始决策和追踪决策。

初始决策是零起点决策；追踪决策又称为非零点决策。初始决策是基础，追踪决策是初始决策的必然发展形式。

4. 从环境因素的可控程度分类，经营决策可分为确定型决策、风险型决策和不确定型决策。

确定型决策针对日常工作中经常需要解决的问题，以相同或基本相同的形式重复出现或经常出现。不确定型决策又称非常规型决策，是指过去未出现过的、非例行的决策。风险型决策是介于确定型决策和不确定型决策之间的一种决策。

经典真题

某一个决策方案只有一种执行后果，并且该结果能事先测定。

请问，此种类型的决策是(　　)。

A. 确定型决策　　B. 风险型决策

C. 非肯定型决策　　D. 概率型决策

答案：A。

解析：确定型决策是针对日常工作中经常需要解决的问题，以相同或基本相同的形式重复出现或经常出现的情况。在应对重复出现的问题时，执行结果能事先测定，此时所做的决策属于确定型决策。故本题答案为A。

真题考点五　组织结构

一、组织结构设计

组织结构设计必须确定以下三个方面的问题：部门化、层级化以及程序化。

1. 部门化

组成部门是组织协调的一个方法，通常是给每一个团体安排一个管理者，由其全权负责，统一协调团体内的所有工作，这种团体就叫部门或组织单位。把组织的全体成员分别归属到若干部门，将使协调工作变得相对简单。划分部门的方式很多，其中，按职能划分、按产品或顾客划分和按地区划分是最为常见的。

2. 层级化

(1) 管理幅度与管理层次

受认识和情报处理能力的制约，管理者有效协调人数有一个客观的限度，我们把管理幅度定义为管理者能够有效控制直接下属人员的数量界限。

考点精讲

每一个管理者的管理幅度都是有限的，管理幅度的有限性导致了组织层次的产生。如果减少每一个团体的成员人数，即缩小管理幅度，就会增加管理层次，使组织呈狭长形态；反之，扩大管理幅度，就会减少管理层次，使组织呈扁平形态。

狭长型组织有利于强化统一管理，但会增加管理者人数及管理成本；扁平型组织虽然会减少管理者人数，缩短信息传递路线，但也存在协调困难、易于失控的缺点。事实上，管理幅度的确定是由许多因素综合决定的，例如，管理者的能力、被管理者的训练水平、工作性质和内容、控制手段等，而这些因素在不同的企业里有很大差异。所以，我们不可能定义一个“最佳管理幅度”，它是因企业、因人而异的。

(2) 权限关系

管理幅度的有限性导致了组织层次的产生，进而又产生了层次之间的协调问题，这就是权限关系。集权与分权相结合是正确处理决策权限关系的基本原则。集权是指将决策权限尽量集中于组织上层，而分权则是将决策权限分散于组织下层。集权和分权的关系不是二者必居其一的，集权和分权不是绝对的，而是相辅相成的。任何组织都是既需要集权，又需要分权。

3. 程序化

程序化是事先制定行动方案，以便在某些事件发生时及时处置，如：事先规定在事件 X 发生时采取甲方案，事件 Y 发生时采取乙方案。但是程序化是针对经常发生、周期性重复出现的常规工作而言的，不可能事先提供一切行动的解决方案，如现实中出现的偶发性事件。当然，程序化同样可以用于偶发性事件中常规部分问题的处理。这样，借助非程序化方法解决的是特殊部分，协调工作也会因此变得简单。

经典真题

某工厂设置厂长 1 名，车间主任 3 名，每个车间有 50 名工人。

请问，厂长的管理幅度是多少？(　　)

A. 1 人　　B. 3 人　　C. 51 人　　D. 154 人

答案： B。

解析： 管理幅度是指一个管理人员所能有效地直接领导和控制的实际人员数。管理层次是指组织内纵向管理系统所划分的等级数。一般情况下，管理幅度和管理层次呈反比关系。本题中厂长的管理幅度为 3，管理层次为 3。故本题答案为 B。

二、组织结构形式

1. 直线制

直线制是一种最简单的集权式组织结构形式，又称军队式结构。其领导关系按垂直系统建立，不设专门的职能机构，自上而下形成直线。

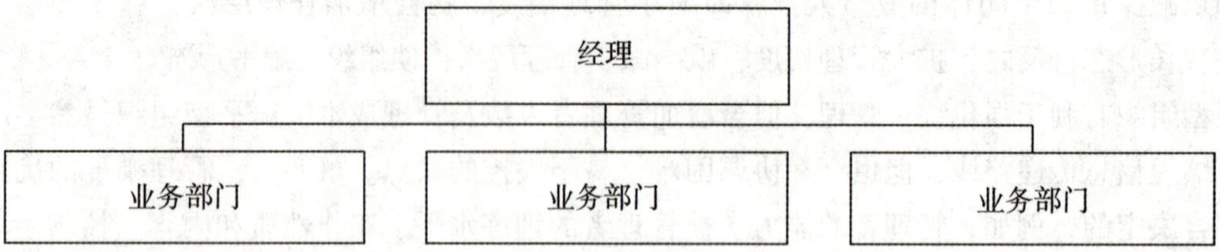

图 3-7-1　直线制结构

直线制组织结构的优点是：结构比较简单，责任分明，命令统一。缺点是：它要求行政负责人通晓多种知识和技能，亲自处理各种业务。

在业务比较复杂、企业规模比较大的情况下，把所有管理职能都集中到最高主管一人身上，这显然是难以胜任的。因此，直线制组织结构只适用于规模较小，生产技术比较简单的企业，对于生产技术和经营管理比较复杂的企业并不适用。

经典真题

许多从小到大发展起来的企业，在其发展的初期通常采用的是直线制形式的组织结构。请问，这种组织结构所具有的最大优点是(　　)。

A. 能够充分发挥专家的作用，提高企业的经营效益

B. 加强了横向联系，能够提高专业人才与专用设备的利用率

C. 每个下级能够得到多个上级的工作指导，管理工作深入细致

D. 命令统一，指挥灵活，决策迅速，管理效率较高

答案：D。

解析：直线制组织结构的优点是结构比较简单，责任分明，命令统一，指挥灵活，决策迅速，管理效率较高。故本题答案为 D。

2. 直线职能制

直线职能制是一种以直线制结构为基础，在厂长（经理）领导下设置相应的职能部门，实行厂长（经理）统一指挥与职能部门参谋、指导相结合的组织结构形式。

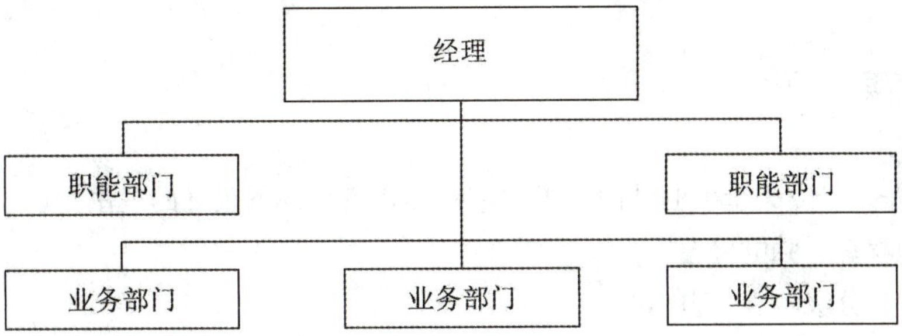

图 3-7-2 直线职能制结构

直线职能制的优点：既保证了企业管理体系的集中统一，又可以在各级行政负责人的领导下，充分发挥各专业管理机构的作用。缺点：职能部门之间的协作和配合性较差，职能部门的许多工作要直接向上层领导报告请示后才能处理，这一方面加重了上层领导的工作负担；另一方面也造成办事效率低。为了克服这些缺点，可以设立各种综合委员会，或建立各种会议制度，以协调各方面的工作，起到沟通的作用，帮助高层领导出谋划策。

3. 事业部制

事业部制结构也称分权制结构，是一种在直线职能制基础上演变而成的现代企业组织结构形式。

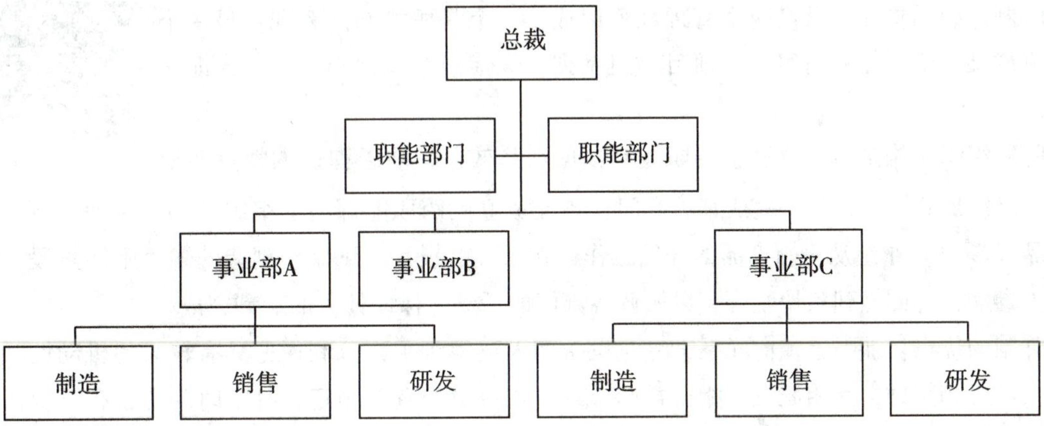

图 3-7-3 事业部制结构

事业部制结构遵循“集中决策，分散经营”的总原则，实行集中决策指导下的分散经营，按产品、地区和顾客等标志将企业划分为若干相对独立的经营单位，分别组成事业部。各事业部在经营管理方面拥有较大的自主权，实行独立核算、自负盈亏，并且可以根据经营需要设置相应的职能部门。公司总部主要负责研究和制定重大战略规划、战略决策，决定重大投资、重要人事任免，经营监督等基本决策和重要事项，并通过利润指标对事业部实施控制。

考点精讲

经典真题

(2018 农发展) 以下关于事业部制的组织结构形式特点，不正确的说法是(　　)。

A. 实行单独核算，独立经营

B. 分级管理、分级核算、自负盈亏

C. 高层分权下的集权管理

D. 总部只保留人事决策、预算控制和监督权

答案：C。

解析：事业部制是分级管理、分级核算、自负盈亏的一种组织结构形式，即一个公司按地区或按产品类别分成若干个事业部，从产品设计、原料采购、成本核算、产品制造，一直到产品销售，均由事业部及所属工厂负责，实行单独核算、独立经营，公司总部只保留人事决策、预算控制和监督权，并通过利润等指标对事业部进行控制。A、B、D 项正确。事业部制是一种高层集权下的分权管理体制。C 项错误。故本题答案为 C。

4. 矩阵制

考点精讲

矩阵制组织结构是由纵横两个管理系列组成，一个是职能部门系列；另一个是为了完成某一临时任务而组建的项目小组系列，纵横两个系列相互交叉，即构成矩阵。

矩阵制组织结构是为了改进直线职能制横向联系较差、缺乏弹性的特点而形成的一种组织形式。它是为了完成某项专门任务而成立的跨职能部门的组织结构。例如：组成一个专门的产品（项目）小组从事新产品的开发工作，在研究、设计、试验、制造的各个不同阶段，由不同部门派人参加，力图做到条块结合，以协调各部门的活动，保证任务的顺利完成。

矩阵制的优点：加强了横向联系，专业设备和人员得到了充分利用；具有较大的机动性；促进各种专业人员互相帮助，互相激发，相得益彰。缺点：成员位置不固定，有临时观念，有时责任心不够强；人员受双重领导，有时不易分清责任。

矩阵制组织结构适用于涉及面广的、临时性的、复杂的重大工程项目和管理改革任务。特别适用于以开发和实验为主的单位。例如：科学研究，尤其是应用性研究单位等。

真题考点六　领导理论

一、领导风格类型理论

美国依阿华大学的研究者、著名心理学家勒温和他的同事们从 20 世纪 30 年代起就进行关于团体气氛和领导风格的研究。勒温等人发现，团体的任务领导并不是以同样的方式表现他们的领导角色，领导者们通常使用不同的领导风格，这些不同的领导风格对团体成员的工作绩效和工作满意度有着不

同的影响。勒温等研究者力图科学地识别出最有效的领导行为，他们着眼于三种领导风格，即专制型、民主型和放任型的领导风格。

1. 专制型

专制型的领导者只注重工作的目标，仅仅关心工作的任务和工作的效率。但他们对团体成员不够关心，被领导者与领导者之间的社会心理距离比较大，领导者对被领导者缺乏敏感性，被领导者对领导者存在戒心和敌意，容易使群体成员产生挫折感和机械化的行为倾向。

2. 民主型

民主型的领导者注重对团体成员的工作加以鼓励和协助，关心并满足团体成员的需要，营造一种民主与平等的氛围，领导者与被领导者之间的社会心理距离比较近。在民主型的领导风格下，团体成员自己决定工作的方式和进度，工作效率比较高。

3. 放任型

放任型的领导者采取的是无政府主义的领导方式，对工作和团体成员的需要都不重视，无规章、无要求、无评估，工作效率低，人际关系淡薄。

考点精讲

经典真题

（2019 建行）甲作为某银行的网点负责人，具有自身明显的领导风格。在管理员工时注重正式组织结构和规章制度的作用，在做经营决策时也重视让员工参与决策过程。则甲的领导类型是(　　)。

A. 民主型　　B. 放任型　　C. 独断型　　D. 保守型

答案： A。

解析： 民主型领导，是指领导者发动下属讨论，共同商量，集思广益，然后决策的领导方式。要求上下融洽，合作一致地工作。甲领导在决策时重视下属参与决策的过程，实现了民主决策，属于民主型领导。故本题答案为 A。

二、管理方格理论

从领导者行为倾向角度的不同，可以将领导方式分为关心生产式与关心人员式两种基本类型，这两个维度的划分，来自布莱克和莫顿两人提出的管理方格论。

如图所示，他们以“对人的关心”和“对生产的关心”为两个坐标轴分别划出 9 个等级，从而产生 81 种不同的领导方式。但是，管理方格理论主要强调的并不是产生结果，而是领导者为了达到这些结果应考虑的主要因素。

考点精讲

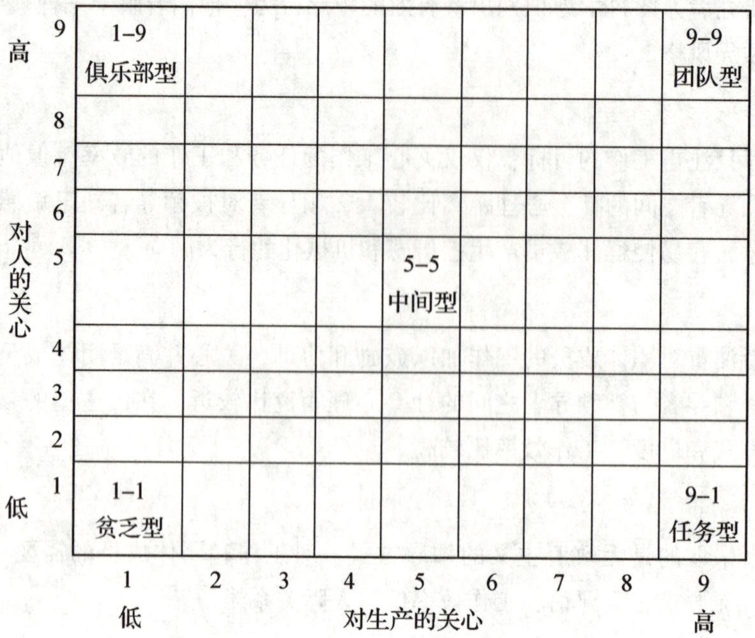

图 3–7–4 管理方格论

1. 1–1 贫乏型

在该领导方式下，领导者以最小的努力完成任务。

2. 9–1 任务型（专制型）

在该领导方式下，领导者只重视生产任务的结果而不重视下属的发展和士气。

3. 5–5 中间型（小市民式）

在该领导方式下，领导者维持着足够的生产效率和令人满意的士气。

4. 1–9 俱乐部型：

在该领导方式下，领导者只注重支持和发展下属而不关心生产效率。

5. 9–9 团队型（理想型）

在该领导方式下，领导者通过协调和综合各部门活动，提高生产效率和下属士气。

布莱克和莫顿认为：9–9 团队型管理是一种最理想的领导方式，应该以此作为领导者检讨和改进现有领导方式的努力方向。

三、领导生命周期理论

领导生命周期理论（Situational Leadership Theory, SLT）是由科曼首先提出来，然后由保罗·赫西和肯尼斯·布兰查德予以发展的，该理论也称情景领导理论，这是一个重视下属的权变理论。赫西和布兰查德认为，依据下属的成熟度，选择正确的领导风格，就会取得领导的成功。

四种具体的领导风格如下：

考点精讲

1. 命令型领导方式（高工作–低关系）

在这种领导方式下，由领导者进行角色分类，并告知下属做什么、如何做、何时做以及何地去完成不同的任务，它强调指导性行为，通常采用单向沟通方式。

2. 说服型领导方式（高工作–高关系）

在这种领导方式下，领导者既提供指导性行为，又提供支持性行为。领导者除了向下属布置任务外，还与下属共同商讨工作的进行情况，比较重视双向沟通。

3. 参与型领导方式（低工作–高关系）

在这种领导方式下，领导者极少进行命令，而是与下属共同进行决策。领导者的主要作用就是督促工作的顺利开展。

4. 授权型领导方式（低工作–低关系）

在这种领导方式下，领导者几乎不提供指导或支持，而是通过授权鼓励下属自主完成工作。

对下属成熟度的四个阶段定义如下：

第一阶段（不成熟）：这一阶段下属执行某项任务是既无能力又不情愿。他们既不胜任工作又不能被信任。当下属的成熟程度为这一阶段时，选择命令型领导方式。

第二阶段（初步成熟）：这一阶段下属缺乏工作能力，但愿意执行必要的工作任务。他们有积极性，但目前缺乏足够的工作技能。当下属的成熟程度为这一阶段时，选择说服型领导方式。

第三阶段（比较成熟）：这一阶段下属有工作能力，却不愿意干领导者希望他们做的工作。当下属的成熟程度为这一阶段时，选择参与型领导方式。

第四阶段（成熟）：这一阶段下属既有工作能力又愿意干领导者希望他们做的工作。当下属的成熟程度为这一阶段时，选择授权型领导方式。

经典真题

依据领导生命周期理论，在不同的阶段，我们应该采用不同的领导方式与之相适应。请问，适合于低成熟度情况的领导方式是(　　)。

A. 授权型领导　　B. 参与型领导　　C. 说服型领导　　D. 命令型领导

答案：D。

解析：根据赫西和布兰查德的领导生命周期理论，当下属的成熟度处于不成熟阶段时，这些人对于执行某项任务既无能力又不情愿，他们既不胜任工作又不能被信任。这一阶段我们应该选择命令型领导方式。故本题答案为D。

真题考点七　沟通

一、沟通的含义

沟通是指将某一信息传递给客体或对象，以获得客体作出相应反应的过程。

二、沟通的类型

1. 按照沟通的方向划分，沟通可以分为上行沟通、下行沟通和平等沟通

（1）上行沟通

上行沟通主要是指团体成员和基层管理人员通过一定的渠道与管理决策层所进行的信息交流。

（2）下行沟通

管理者通过下行沟通的方式传送各种指令及政策给组织的下层，其中的信息一般包括：有关工作的指示；工作内容的描述；员工应该遵循的政策、程序、规章等；以及有关员工绩效的反馈；希望员工自愿参加的各种活动。

（3）平等沟通

平等沟通指的是在组织系统中层次相当的个人及团体之间所进行的信息传递和交流。

2. 按照组织的结构特征划分，沟通可以分为正式沟通和非正式沟通

（1）正式沟通

一般指在组织系统内，依据组织明文规定的原则进行信息传递与交流。例如，组织与组织之间的公函来往、组织内部的文件传达、召开会议、上下级之间的定期情报交换等。

考点精讲

正式沟通有五种常见形态：

①链式沟通

这是一个平行网络，信息在其中以单线顺序传递，居于两端的成员只能与内侧的一个成员联系，居中的人则可分别与两端的人进行沟通。在企业组织中，它相当于一个纵向沟通网络，信息可以自上而下或自下而上逐级传递，这种沟通网络的保密性较好。但是，在链式沟通网络中，层层传递和筛选容易出现信息失真，各个信息传递者所接收的信息差异很大，而且平均满意程度也有较大的差距。

②环式沟通

这种沟通形态可以看成是链式网络的一个封闭式控制结构，每个人都可以同时与两侧的人沟通信息。在这个网络中，组织的集中化程度和领导者的预测程度比较低，组织成员具有相同的满意度，组织士气高昂。如果领导者需要在组织中创造出高昂的士气实现组织目标，则环式沟通网络是一种行之有效的措施。但是在环式沟通中，畅通渠道不多，信息沟通速度较慢，准确性也较低。

③Y 式沟通

这是一个纵向沟通网络，只有一个成员位于网络中心成为沟通的媒介。在企业组织中，这一网络

相当于组织领导、秘书班子再到下级管理人员或一般成员之间的纵向关系。Y 式沟通的优点是集中化程度高，有较强的组织性，信息传递和解决问题的速度较快，组织控制比较严格。但是，此网络的信息容易被曲解或出现失真，影响成员士气，降低组织的工作效率，给企业带来不良影响。

④轮式沟通

这属于控制型网络，只有一个成员处于各种信息的汇集点与传递中心。在组织中，这种网络大体相当于一个主管领导管理几个部门的权威控制系统。这种沟通模式的特点：集中化程度高；解决问题的速度快、精确度高；对领导人物的预测能力要求很高；处于中心地位领导人的满足程度较高，他是信息沟通的核心，一切信息都得经过这个核心进行传递，他可以接收所有的信息，有利于了解、掌握、汇总全局情况并迅速把自己的意见反馈出去。但是此种网络沟通的渠道少，成员平均满足程度较低，不利于提高成员士气。

⑤全通道式沟通

全通道式沟通也叫星式沟通。这是一个开放式的网络系统，每个成员之间都有一定的联系，此网络组织的集中化程度及主管人的预测程度均很低。由于沟通渠道很多，组织成员的平均满意程度高且差异小，所以成员士气高昂，合作气氛浓厚。这对于解决复杂问题，增强组织合作精神，有很大的作用。但是由于这种网络的沟通渠道太多，容易出现混乱，影响工作效率。

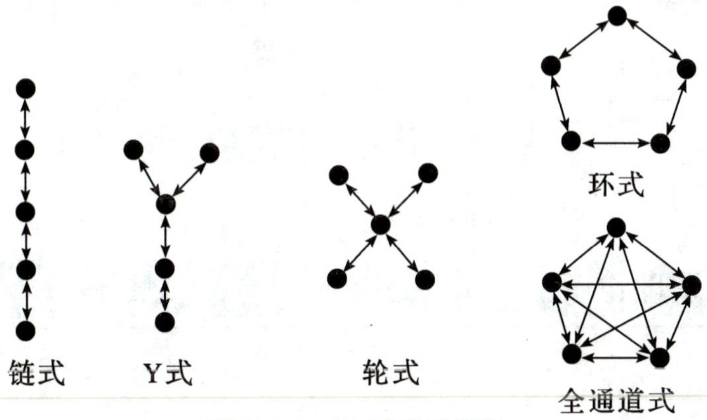

图 3-7-5　正式沟通的模型

（2）非正式沟通

非正式沟通是指存在于正式沟通渠道之外，不遵循组织中职权等级关系的信息沟通过程。非正式沟通是未经计划的，其沟通途径是组织内的各种社会关系。其形式如非正式的会议、闲聊、走动式交谈、吃饭时进行的交谈等。非正式沟通的优点是形式多样、灵活，不需要刻意准备，沟通及时而且问题发生后，马上就可以进行简短的交谈，从而使问题很快得到解决，而且这种沟通方式容易拉近主管与员工之间的关系。

经典真题

某公司产品设计部接受了一项紧急任务，该任务的完成需要进行严密的控制，同时又要争取时间和速度。

请问，在这种情况下，最适合采用哪种沟通网络？（　　）

A. Y式沟通网络　　B. 全通道式沟通网络

C. 轮式沟通网络　　D. 环式沟通网络

答案：C。

解析：轮式沟通网络属于控制型网络，只有一个成员处于各种信息的汇集点与传递中心。在组织中，这种网络大体相当于一个主管领导直接管理几个部门的权威控制系统。这种沟通网络集中化程度高；解决问题的速度快、精确度高；对领导人物的预测能力要求很高；处于中心地位的领导人的满足程度较高，他是信息沟通的核心，一切信息都得经过这个核心进行传递，所以可以接收所有的信息，有利于了解、掌握、汇总全局情况并迅速把自己的意见反馈出去。故本题答案为C。

真题考点八　激励理论

一、内容型激励理论

1. 马斯洛——需求层次理论

马斯洛需求层次理论是行为科学理论之一，是由美国心理学家亚伯拉罕·马斯洛在1943年提出的。他将需求从低到高划分为五种，分别是：生理需求、安全需求、归属需求（社交需求）、尊重需求和自我实现需求。

（1）生理需求。即人最基本的物质需要。

（2）安全需求。即人们对安全、有保障的环境的需要以及不受暴力威胁、追求有序社会的需要。

（3）归属需求（社交需求）。即人们归属某种集团、获得良好人际关系的需要。

（4）尊重需求。即人们需要树立良好的自我形象，并赢得他人的注意、认同和欣赏。

（5）自我实现需求。即人类最高级的需要，包括最大限度提高自己的能力，成为更加优秀的人才等。

经典真题

近日，国内针对大学生就业群体，规模最大、最具影响力的调查品牌“中国大学生最佳雇主调查”发布调查结果，大学生在选择工作时，以下三条是要求较多的：第一，工作有很好的发展空间，体现自身价值；第二，和谐的内部人际关系；第三，完善的工资福利待遇。

真题精讲

根据马斯洛需要层次理论，以上三条分别对应(　　)。

A. 尊重需要、安全需要、生理需要

B. 自我实现需要、社交需要、安全需要

C. 尊重需要、社交需要、生理需要

D. 自我实现需要、尊重需要、安全需要

答案：B。

解析：马斯洛需求层次理论是行为科学的理论之一，由美国心理学家亚伯拉罕·马斯洛于1943年在《人类激励理论》中提出。书中将人类需求像阶梯一样从低到高按层次分为五种，分别是：生理需求、安全需求、社交需求、尊重需求和自我实现需求。根据题意可知，工作有很好的发展空间属于自我实现的需要，和谐的内部关系属于社交需要，完善的工资福利待遇属于安全需要。故本题答案为B。

2. 赫茨伯格——双因素理论

双因素理论又叫激励保健理论，是由美国的行为科学家弗雷德里克·赫茨伯格提出来的，也叫“双因素激励理论”。该理论是他最主要的成就，在工作丰富化方面，他也进行了开创性的研究。

考点精讲

第一类因素是激励因素，包括工作本身、认可度、成就感和责任感。这些因素涉及对工作的积极感情，又和工作本身的内容有关。这些积极感情和个人过去的成就与认可度以及担负过的责任有关，它们的基础在于工作环境中持久性的而不是短暂性的成就。

第二类因素是保健因素，包括公司政策和管理、技术监督、薪水、工作条件以及人际关系等。这些因素涉及工作中的消极因素，也与工作的氛围和环境有关。也就是说，对工作和工作本身而言，这些因素是外在的，而激励因素是与工作相联系的内在因素。

经典真题

(2017 光大) 高级工程师张三在某研究所工作，该所拥有一流的研究条件。根据双因素理论，下列各类措施中对其工作最能起到激励作用的是(　　)。

A. 调整设计工作流程，使张三可以完成完整的产品设计而不是总重复做局部的设计

B. 调整工资水平和福利措施

C. 给张三配备性能更为先进的个人电脑

D. 其他三项都起不到激励的作用

答案：A。

解析：双因素理论认为引起人们工作动机的因素主要有两类：一类是激励因素，另一类是保健因素。其中，保健因素是和工作环境与工作条件相关的，激励因素是和工作本身相关的。只有激励因素才能够给人们带来满意感，而保健因素只能消除人们的不满，但不会带来满意感。根据选项分析可知，B、C 项均属于保健因素，A 项属于激励因素。故本题答案为 A。

3. 麦克莱兰——三种需要理论

大卫·麦克莱兰（David McClelland）等人提出的三种需要理论是从人们想要得到的不同需要结果进行分类的。他们认为，个体在工作情境中有三种主要的动机或需要。

（1）成就需要，是指达到标准、追求卓越、争取成功的需要。

（2）权力需要，是指影响或控制他人，且不受他人控制的需要。

（3）归属需要，是指建立友好亲密人际关系的需要。

4. 阿德弗——ERG 需要理论

阿德弗需要理论是由美国心理学家阿德弗提出来的，根据对工人进行的大量调查研究发现一个人的需要是由生存（Existence）、相互关系（Relatedness）、成长（Growth）构成的，该理论简称 ERG 理论。

（1）生存的需要，是指人在衣食住行等方面的物质需要。

（2）相互关系的需要，是指个人在工作环境中与他人之间的人际关系的需要。

（3）成长的需要，是指个人在事业和未来前途发展方面的需要。

ERG 理论以三个论点为主要基础：①某个层次的需要得到满足越少，则这种需要越被人所渴求；②较低级的需要得到的越多，对较高级的需要渴求就越强；③较高级的需求得到满足越少，则对较低级需要的渴求也越多。

二、过程型激励理论

1. 亚当斯——公平理论

美国心理学家约翰·斯塔希·亚当斯（John Stacey Adams）认为员工的激励程度来源于对自己和参照对象的报酬和投入的比例的主观比较感觉。

（1）公平是激励的动力

公平理论认为，人能否得到激励，不但因他们得到了什么而定，还要受到他们所得与别人所得是否公平而定。

这种理论的心理学依据：人的知觉对于人的动机影响很大。他们指出，一个人不仅关心自己所得所失本身，而且还关心与别人所得所失的关系。他们是以相对付出和相对报酬来全面衡量自己的得失。如果自己的得失比例和他人相比大致相当时，就会心理平静，认为公平合理心情舒畅。如果比别人高，则令其兴奋，这是最有效的激励，但有时过高会带来心虚，不安全感激增。但是如果低于别人时，则会产生不安全感，心理不平静，甚至满腹怨气，工作不努力、消极怠工。因此，分配的合理性是激发人在组织中工作动机的主要因素。

(2) 公平理论的模式

$$Q_p/I_p = Q_o/I_o$$

该方程式中，Q_p 代表一个人对他所获报酬的感觉；I_p 代表一个人对他所做投入的感觉；Q_o 代表这个人对比较对象所获报酬的感觉；I_o 代表这个人对比较对象所做投入的感觉。

2. 弗鲁姆——期望理论

北美著名心理学家和行为科学家维克托·弗鲁姆（Victor H. Vroom）于 1964 年在《工作与激励》中提出期望理论。期望理论又称作“效价-手段-期望理论”，是管理心理学与行为科学的统一。这个理论的公式表示：激励力量=期望值×效价。期望理论是以三个因素反映需要与目标之间的关系，并且指出要想激励员工，就必须让员工明确以下内容：①工作能提供给他们真正需要的东西；②他们需求的东西是和绩效联系在一起的；③只要努力工作就能提高他们的绩效。

弗鲁姆认为，期望的东西不等于现实，期望与现实之间一般有三种可能性，即：期望小于现实；期望大于现实；期望等于现实。这三种情况对人的积极性的影响是不同的。

①期望小于现实

即实际结果大于期望值。一般来说，在正强化下，如奖励、提职、提薪、分房子等等，当现实大于期望值的时候，有助于提高人们的积极性，在这种情况下，能够增强信心，激发工作力量。而在负强化下，如惩罚、灾害、祸患等，就会使人感到失望，因而产生消极情绪。

②期望大于现实

即实际结果小于期望值。一般来说，在正强化下，会产生挫折感，对激发力量产生削弱作用。如果在负强化下，期望值大于现实，则有利于调动人们的积极性，因为这时人们做了最坏的打算和准备，而结果却比预想的好得多，这自然对人的积极性是一个很大的激发。

③期望等于现实

即人们的期望变为现实，也就是说期望的结果是人们预料之中的事。当这种情况发生时，将会提高人的积极性。如果没有继续给以激励，积极性则只能维持在期望值的水平上。

三、行为改造型激励理论

1. 强化激励理论

该激励模式也叫“行为修正模式”，强调行为结果对员工行为本身的反作用，主张通过给某种行为以肯定或者否定等强化刺激，达到加强积极行为、减弱消极行为、修正固有行为的目的。强化模式所依据的激励原理是美国心理学家斯金纳创立的强化理论。

运用强化激励模式时，可以采用以下四种方法：

(1) 正强化。即对合意的行为给予令人愉快的奖励性认可，保持和增强某种积极行为重新出现的频率。属于正强化的有表扬、奖励、提薪、提升等。在正强化下，员工因原有行为受到鼓励和肯定而会自觉加强该行为。

(2) 负强化。即通过终止某个令人不愉快的结果，或摆脱某种不利的情况从而使某种积极行为得到增强，员工通过避免出现令人不愉快的局面来学会做正确的事情。俗语“杀鸡儆猴”形象说明了两者的联系与区别。对出现了违规行为的“鸡”加以惩罚，意欲违规的“猴”会从中深刻地意识到组织规定的存在，从而加强对自己行为的约束。

(3) 惩罚。即当员工出现一些不符合组织目标的行为时，采取惩罚的办法可以约束这些行为少发生或不再发生。惩罚是力图使所不希望的行为逐渐削弱，甚至完全消失。例如口头批评、停职或者开除等手段。

(4) 废止。即撤回正面的奖励或者对某种行为不予理睬，从而减少某种行为出现的频率。

经典真题

"杀鸡儆猴"这个成语是家喻户晓，在"杀鸡儆猴"中，对猴的作用属于(　　)。

A. 负强化　　B. 正强化

C. 惩罚　　D. 忽视

答案： A。

解析："杀鸡儆猴"是通过惩罚那些与组织不相容的行为，从而削弱这种行为。它对猴子起到负强化的作用，让猴子从中深刻地意识到组织规定的存在，从而加强对自己行为的约束。故本题答案为A。

真题精讲

2. 挫折理论

挫折理论是由美国的亚当斯提出的，挫折是指人类个体在从事有目的的活动过程中，指向目标的行为受到障碍或干扰，致使其动机不能实现，需要无法满足时所产生的情绪状态。挫折理论主要揭示人的动机行为受阻而未能满足需要时的心理状态，并由此而导致的行为表现，力求采取措施将消极性行为转化为积极性、建设性行为。

个体受到挫折与其动机实现密切相关。人的动机导向目标时，受到阻碍或干扰可有四种情况：①虽然受到干扰，但主观和客观条件仍可使其达到目标；②受到干扰后只能部分达到目标或使达到目标的效益变差；③由于两种并存的动机发生冲突，暂时放弃一种动机，而优先满足另一种动机，即修正目标；④由于主观因素和客观条件影响很大，动机的结局完全受阻，个体无法达到目标。第四种情况下，人的挫折感最大。第二种和第三种情况次之。挫折是一种普遍存在的心理现象，在人类现实生活中，不但个体动机及其动机结构复杂，而且影响动机行为满足的因素也极其复杂，因此，挫折的产生是不以人们的主观意志为转移的。

3. 归因理论

归因理论是关于判断和解释他人或自己的行为结果的原因的一种动机理论。主要有三个论点：

(1) 人的个性差异和成败经验等影响着他的归因。

(2) 人对前次成就的归因将会影响到他对下一次成就行为的期望、情绪和努力程度等。

(3) 个人的期望、情绪和努力程度对成就行为有很大的影响。

韦纳从认知心理学的角度把成功和失败的原因划分成三个维度，分别是因素来源、稳定性和能控性，这有助于人们对成就行为的原因进行分析。他认为，我们对成功和失败的归因，会对以后的行为产生重大影响。如果一个人把考试失败归因于缺乏能力，那么以后考试还会预期失败，这是因为能力是一个稳定性的原因；如果把考试失败归因于运气不佳，那么以后考试就不大可能预期失败，因为运气是一个不稳定性的原因。

有成就需要的人会把成就归因于自己的努力，把失败归因于努力不够。不甘于失败，坚信再努力一下，便会取得成功。相信自己有能力应付，只要尽力而为，没有办不成的事；相反，成就需要不高的人认为努力与成就没有多大关系。他们把失败归因于其他因素，特别是归因于能力不足。成功则被看成是外界因素的结果，如任务难度不大、正好碰上运气等等。

经典真题

（2015中信）根据韦纳的归因理论，员工在工作中取得成功或遭受挫折时，管理者应让员工（　　）。

A. 认识到这是自己能力大小的问题

B. 认识到这是自己努力程度的问题

C. 认识到这是自己运气好坏的问题

D. 认识到这是工作难度高低的问题

答案：B。

解析：归因理论告诉我们：如果把工作中的失败和挫折归因于内因，会使人产生内疚和无助感；若把工作中的失败和挫折归因于外因，则会使人产生气愤和敌意；若把工作中的失败和挫折归因于任务难、能力低等稳定因素，会降低以后的工作积极性；若把工作中的失败和挫折归因于个人努力不够等不稳定因素，则可能提高以后的工作积极性。故本题答案为B。

真题演练

单项选择题

1. 管理学界有学者曾提出“管理就是决策”的观点。请问这是哪位管理学者的观点？（　　）

A. 弗雷德·E·费德勒　　B. 彼得·F·德鲁克

C. 赫伯特·A·西蒙　　D. 弗里蒙特·E·卡斯特

2. 法约尔提出了管理的十四项原则。其中，不包括以下哪项原则？（　　）

A. 权利与责任　　B. 统一指挥　　C. 统一协调　　D. 等级链

3. 有位管理学家被称为“科学管理之父”。请问，这位管理学家是（　　）。

A. 亚当·斯密　　B. 罗伯特·欧文　　C. 泰罗　　D. 法约尔

4. 扁平结构下，管理幅度大，管理层次少。因此，它具有以下哪些优点？（　　）

A. 信息传递较慢

B. 信息传递过程中失真的可能性小

C. 上级管理者可以有效地对员工进行指导

D. 上级管理者可能很难真正地发现下级的问题，并采取纠偏措施

真题精讲

5. 某建筑单位日常管理中，设有设计、施工、监理、财务、造价等部门，这是按（　　）划分部门。

A. 产品　　B. 职能　　C. 区域　　D. 人数

6. A公司是一家创立只有1年的小型企业，目前全职员工有55人，其中有5个部门经理。公司由

总经理刘某一人领导。

请问，这种组织架构的最大优点是(　　)。

A. 领导和公司员工的距离近，关系融洽

B. 公司决策速度快，有较高的管理效率

C. 能够充分调动部门经理的积极性，提高公司的活力

D. 基层员工能同时得到部门经理和总经理的领导，工作效率高

7. 有一类决策，决策者只知道有多少种自然状态及其发生的概率，但不能确定哪种自然状态会发生。

请问，这一类决策是(　　)。

A. 确定型决策　　B. 风险型决策

C. 非肯定型决策　　D. 非确定型决策

8. 有一种决策方法是指，将对某一问题有兴趣的人集合在一起，在完全不受约束的条件下，敞开思路、畅所欲言。

请问，上面所描述的决策方法是(　　)。

A. 因果分析法　　B. 名义小组法　　C. 德尔菲法　　D. 头脑风暴法

9. 一个企业中处于较低管理层的管理人员所作的决策数量很多而且很重要，并且在决策时受到的限制很少。

则可能认为该企业(　　)。

A. 管理人员的素质较高　　B. 高层主管比较开明

C. 组织集权程度较高　　D. 组织分权程度较高

10. 管理方格图是一张纵轴和横轴各 9 等分的方格图，纵轴表示企业领导者对人的关心程度，横轴表示企业领导者对业绩的关心程度。在管理方格图中，领导者对待员工非常关心，但不关注生产情况，他认为只要有员工的支持和发展，工作效率就会得到相应的提高。

请问，这种领导方式属于(　　)。

A. 1-9 型　　B. 1-1 型　　C. 5-5 型　　D. 9-1 型

11. 赫西和布兰查德认为依据下属的成熟度，选择正确的领导风格，就会取得成功。根据该理论，当下属有能力，却不愿意做领导者希望他们做的工作时，我们应该采取相应的领导风格来进行应对。

请问，什么样的领导风格比较适合？(　　)

A. 授权型　　B. 说服型　　C. 参与型　　D. 命令型

12. 根据沟通人员的性格是目标导向还是手段导向、沟通人员可信任的程度和语言能力的不同，选择恰当的沟通方法。

请问，对于目标导向的人，管理者可以采取什么样的沟通方式？(　　)

A. 非正式口头沟通　　B. 正式沟通

C. 先书面后口头沟通　　D. 书面沟通

13. 如果发现一个组织中小道消息很多，而正式渠道的消息较少。根据以上情况，你认为该组织存在什么问题？(　　)

A. 非正式沟通渠道中信息传递很通畅，运作良好

B. 正式沟通渠道中信息传递不畅，需要调整

C. 其中有部分人特别喜欢在背后乱发议论，传递小道消息

真题精讲

D. 充分运用了非正式沟通渠道的作用，促进了信息的传递

14. 组织在解决不同问题时，会采用不同的沟通方式。对于组织解决复杂问题最有效的沟通方式是(　　)。

A. Y 式沟通网络　　B. 全通道式沟通网络

C. 轮式沟通网络　　D. 环式沟通网络

15. 由于李刚工作努力尽职，领导决定对他进行奖励，让李刚在以下两项奖励中选择一项：一是改善他的工作条件；二是分配一项具有挑战性的新任务给他。李刚选择了第二项，且工作更加努力。

请问，领导的这种做法体现了以下哪项理论的观点？(　　)

A. 公平理论　　B. 强化理论　　C. 双因素理论　　D. 期望理论

16. 美国心理学家约翰·斯塔希·亚当斯（John Stacey Adams）认为员工的激励程度来源于对自己和参照对象的报酬和投入比例的主观比较感觉。

请问，该理论被称为(　　)。

A. 动机理论　　B. 公平理论　　C. 强化理论　　D. 归因理论

17. 管理界有这么一种主张："如果你想表扬某人，最好形成文字；而如果你想批评某人，那么只需要打个电话说一下就可以完事了。"

按照这种主张，不同的强化方式各应采取何种沟通方式？(　　)

A. 正强化宜采取书面沟通方式，负强化宜采取口头沟通方式

B. 正强化宜采取书面沟通方式，一般性的批评宜采取口头沟通方式

C. 正强化宜采取口头沟通方式，负强化宜采取书面沟通方式

D. 正强化宜采取口头沟通方式，惩罚宜采取书面沟通方式

参考答案及解析

单项选择题

1. 答案：C。

解析："管理就是决策"是美国著名管理学家赫伯特·西蒙（Herbert A. Simon）的一句名言。管理就是决策，这一定义切中了管理的要害。因为决策是企业里做任何事情的第一步，即先要决定做什么，然后才是怎么做的问题。决策是企业最费神，同时也是最具风险性的核心管理工作。故本题答案为 C。

2. 答案：C。

解析：法约尔提出了著名的 14 条管理原则，至今仍具有重要的实践指导意义。这些原则包括：(1) 劳动分工原则；(2) 权力与责任对等原则；(3) 纪律原则；(4) 统一指挥原则；(5) 统一领导原则；(6) 个人利益服从整体利益原则；(7) 员工报酬原则；(8) 集权原则；(9) 等级系列原则；(10) 秩序原则；(11) 公平原则；(12) 人员稳定原则；(13) 首创精神原则；(14) 团结合作原则。故本题答案为 C。

3. 答案：C。

解析：泰罗（F. Taylor，1856—1915），美国著名管理实践家、管理学家，被称为"科学管理之父"。故本题答案为 C。

4. 答案：B。

解析：扁平结构是指组织的管理幅度较大，从而形成管理层次较少的组织结构。扁平结构出现较晚，它是在行为科学学派发展起来之后，得到这一学派肯定和提倡的形式。它的主要优点是有利于缩短上下级距离，有利于解决较复杂的问题；密切上下级关系，便于高层领导了解基层情况；主管人员工作负担重，因而更乐于让下级享有更充分的职权；信息纵向流通快、失真少；管理费用低。而且由于管理幅度较大，被管理者有较大的自主性、积极性和满足感；主管人员与下属能够结成较大的集体。故本题答案为B。

5. 答案：B。

解析：职能部门化是以组织的职能为基础进行部门划分，即把具有相同职能的工作岗位放在同一个部门。本题中设有设计、施工、监理、财务、造价等部门，就是按照不同的职能划分的部门。产品部门化是把负责相同产品或者服务的工作岗位放在同一个部门。地域部门化是按工作所在的区域范围来划分部门。人数部门化是单纯按人数的多少来划分部门。故本题答案为B。

6. 答案：B。

解析：直线制是一种最早也是最简单的组织形式。它的特点是企业各级行政单位从上到下实行垂直领导，下属部门只接受一个上级的指令，各级主管负责人对所属单位的一切问题负责。厂部不另设职能机构（可设职能人员协助主管人工作），一切管理职能基本上都由行政主管自己执行。直线制组织结构的优点是：结构比较简单，责任分明，命令统一，决策速度快，处理问题效率高。缺点是：它要求行政负责人通晓多种知识和技能，亲自处理各种业务。这在业务比较复杂、企业规模比较大的情况下，把所有管理职能都集中到最高主管一人身上，显然是难以胜任的。因此，直线制只适用于规模较小，生产技术比较简单的企业，对生产技术和经营管理比较复杂的企业并不适宜。故本题答案为B。

7. 答案：B。

解析：风险型决策是指决策方案未来的自然状态不能预先确定，可能存在几种状态，每种自然状态发生的概率可以做出客观估计，但不管哪种方案都存在风险的决策。故本题答案为B。

8. 答案：D。

解析：在群体决策中，由于群体成员心理相互作用影响，易屈于权威或大多数人意见，形成所谓的“群体思维”。群体思维削弱了群体的批判精神和创造力，损害了决策的质量。为了保证群体决策的创造性，提高决策质量，管理上发展了一系列改善群体决策的方法，头脑风暴法是较为典型的一个。它是通过无限制的自由联想和讨论而形成决策，其目的在于产生新观念或激发创新设想。故本题答案为D。

9. 答案：D。

解析：分权制是分权程度较高的领导方式。其特点是：（1）组织的重大决策仍在最高领导层手中，决策主体不仅是最高层，还包括下级部门，中下层有较多的决策权。组织上层的决策多为指导性的，组织各层级之间的决策关系是松散的；（2）上级的控制较少，主要是控制目标和方向性的问题；（3）独立经营，独立核算，下级有一定的财务支配权。一个企业中处于较低管理层的管理人员所作的决策数量很多且很重要，在决策时受到的限制很少，属于分权制的特点。故本题答案为D。

10. 答案：A。

解析：从领导者行为倾向角度，可以将领导方式分为关心生产式与关心人员式两种基本类型，这两个维度的划分，来自布莱克和莫顿两人提出的管理方格论。其中1-9俱乐部型：领导者只注重支持和发展下属而不关心生产的效率。故本题答案为A。

11. 答案：C。

解析：当下属有能力，却不愿意干领导者希望他们做的工作，下属的成熟程度属于第三阶段（比较成熟）。当下属成熟程度为第三阶段时，选择参与型领导方式。在这种领导方式下，领导者极少进行命令，而是与下属共同进行决策。领导者的主要作用就是促进工作的进行和沟通。故本题答案为C。

12. 答案：A。

解析：根据沟通人员的性格是目标导向还是手段导向、沟通人员可信任的程度和语言能力的不同，选择恰当的沟通方法。对于目标导向的人，管理者可能愿意采取非正式的和口头的沟通方式，而对于手段导向的人，往往倾向于正式的和书面的沟通；对于语言能力较高的下属，管理者可以选择书面化的、严谨的沟通方式；反之，应考虑采用口头交流等方式，使下属能够准确理解自己传递的信息。故本题答案为A。

13. 答案：B。

解析：正式沟通有下行沟通、上行沟通、平行沟通。上行沟通是在组织结构中由下而上传递信息，例如下属依照规定向上级所提出的正式的书面或口头报告等；下行沟通是指传送各种指令及政策给组织的下层，上行沟通和下行沟通的有机结合，可以保证员工与管理者之间的沟通形成完善的循环系统。许多组织正在建设有效的上行沟通渠道，并采取各种措施以鼓励上行沟通，如意见箱、建议制度、由组织举办的征求意见座谈会、态度调查等。当渠道过少时，组织内就会出现各种小道消息，影响员工的情绪。故本题答案为B。

14. 答案：B。

解析：全通道式沟通，也叫星式沟通。这是一个开放式的网络系统，每个成员之间都有一定的联系，此网络中组织的集中化程度及主管人的预测程度均很低。由于沟通渠道很多，组织成员的平均满意程度高且差异小，所以士气高昂，合作气氛浓厚。这对于解决复杂问题，增强组织合作精神，提高士气均有很大作用。但是，由于这种网络沟通渠道太多，易造成混乱，且又费时，影响工作效率。故本题答案为B。

15. 答案：C。

解析：双因素理论，又称“激励保健理论”，是激励理论的代表之一，由美国心理学家赫茨伯格于1959年提出。该理论认为引起人们工作动机的因素主要有两个：一是激励因素，二是保健因素。激励因素包括工作本身、认可、成就和责任，这些因素涉及对工作的积极感情，又和工作本身的内容有关。这些积极感情和个人过去的成就，被人认可以及担负过的责任有关，它们的基础在于工作环境中持久的而不是短暂的成就。故本题答案为C。

16. 答案：B。

解析：公平理论指出：人的工作积极性不仅与个人实际报酬多少有关，而且与人们对报酬的分配是否感到公平更为密切。人们总会自觉或不自觉地将自己付出的劳动代价及其所得到的报酬与他人进行比较，并对公平与否做出判断。公平感直接影响职工的工作动机和行为。故本题答案为B。

17. 答案：B。

解析：本题涉及强化理论的四种方式，分别为正强化、负强化、惩罚和废止，其中正强化是实施正向刺激，负强化是撤销负向刺激，惩罚是实施负向刺激，废止是撤销正向刺激，题目中提到的表扬属于正强化，一般性的批评属于惩罚。根据题目中的描述，可知对于表扬这种正强化一般应该采用书面沟通，体现管理者的重视，而对于一般性的批评来说适宜采用口头沟通的方式。故本题答案为B。

第八章 市场营销

真题考点一　市场营销学概述

一、市场营销与市场营销学

1. 市场营销

市场营销是个人和集体通过创造、提供出售、并同别人自由交换产品和价值，来获得其所需所欲之物的社会过程。市场营销学是系统地研究市场营销活动规律性的一门科学。

2. 市场营销管理观念

现代企业的市场营销管理观念可以归纳为五种，即生产观念、产品观念、推销观念、市场营销观念和社会市场营销观念。前三种营销观念一般称为传统营销观念，是以企业为中心；后两种营销观念是现代营销观念，分别以消费者和社会长远利益为中心。

（1）传统营销观念

①生产观念

生产观念是一种最古老的指导企业市场营销活动的观念。这种观念认为：消费者喜爱那些可以到处买到并且价格低廉的产品，因而生产导向型企业的管理当局总是致力于提高生产率和分销率，扩大生产，降低成本以扩展市场。其口号是“我们生产什么就卖什么”。

考点精讲

②产品观念

产品观念认为，消费者最喜欢高质量、多功能和具有某种特色的产品，企业应致力于生产优质产品，并不断加以改进。持产品观念的企业假设购买者欣赏精心制作的产品，相信他们能够鉴别产品的质量和功能，并愿意出较高的价格购买质量上乘的产品。换言之，只要企业生产出优质产品，顾客必然会登门，正所谓“酒香不怕巷子深”。

在产品观念下，企业最容易出现“营销近视症”，即不适当地把注意力放在产品上，而不是放在市场需求上，只看到自己产品质量好，而看不到市场需求在变化。

③推销观念

推销观念又称为销售观念，是被许多企业所采用的另一种营销观念。它认为，消费者通常表现出一种购买惰性或抗衡心理，如果听其自然的话，消费者一般不会足量购买某一企业的产品，因此，企业必须积极推销和大力促销，以刺激消费者大量购买本企业产品。推销观念的口号是“我们卖什么，就让人们买什么”。

（2）现代营销观念

①市场营销观念

市场营销观念是作为对上述诸观念的挑战而出现的一种新型的企业经营哲学。市场营销观念认为，实现企业各项目标的关键在于，正确确定目标市场的需求和欲望，并且比竞争者更有效地传送目标市场所期望的产品或服务，进而比竞争者更有效地满足目标市场的需求和欲望。从本质上说，市场营销观念是一种以顾客需求和欲望为导向的哲学，是消费者主权论在企业市场营销管理中的体现，其口号是“顾客需要什么，我们就生产供应什么”。

②社会市场营销观念

社会市场营销观念是对市场营销观念的修改和补充。它产生于20世纪70年代，当时西方资本主义出现了能源短缺、通货膨胀、失业增加、环境污染严重、消费者保护运动盛行的新形势。社会市场营销观念强调，企业的任务是确定各个目标市场的需求、欲望和利益，并以保护或提高消费者和社会福利的方式，比竞争者更有效、更有利地向目标市场提供能够满足其需求、欲望和利益的产品或服务。

（3）传统营销观念和现代营销观念的比较

表3-8-1 传统营销观念和现代营销观念的对比分析

营销观念	出发点	方法	终点
传统营销观念（生产者导向）	产品	增加生产或加强推销	通过扩大销售获利
现代营销观念（消费者导向）	顾客需求	整体市场营销	通过满足需求获利

考点精讲

经典真题

某种具有良好市场前景的产品，因生产成本很高，必须通过提高生产率和降低成本来扩大市场，推动企业发展。

请问，该企业奉行的市场营销管理理念是(　　)。

A. 生产观念　　B. 产品观念

C. 市场营销观念　　D. 社会市场营销观念

答案：A。

解析：生产观念认为，消费者喜爱那些可以到处买到并且价格低廉的产品，因而生产导向型企业的管理当局总是致力于获得高生产率和广泛的销售覆盖面。故本题答案为A。

二、市场营销的新概念

1. 事件营销

事件营销是企业通过策划、组织和利用具有新闻价值、社会影响以及名人效应的人物或事件，吸引媒体、社会团体和消费者的兴趣与关注，以求提高企业或产品的知名度、美誉度，树立良好品牌形象，并最终促成产品或服务销售目的的手段和方式。简单地说，事件营销就是通过把握新闻的规律，制造具有新闻价值的事件，并通过具体的操作，让这一新闻事件得以传播，从而达到广告的效果。

2. 关系营销

关系营销是指企业试图与顾客发展一种持续的、不断扩充和强化的交换关系。营销管理的重心已经从“交易”转向“关系”。关系营销把顾客看作有着多重利益关系、多重需求，存在潜在价值的人。关系的内涵是不断发现和满足顾客的需求，帮助顾客实现和扩大其价值，并与之建立一种长期的、良好的关系。顾客关系是品牌建立和企业长远发展的基础。

考点精讲

3. 网络营销

网络营销是建立在互联网基础之上，以互联网为媒体来实现企业营销目标的一种营销过程。网络营销具有以下特点：跨时空性、媒体多样性、交互性、个性化与人性化、成长性、整合性、超前性、高效性、经济性、技术性。

4. 绿色营销

绿色营销是指企业在营销活动中，谋求消费者利益、企业利益与环境利益的协调，既要充分满足消费者的需求，实现企业利润目标，也要充分注意自然生态平衡。因此，也称生态营销或环境营销。绿色营销以促进可持续发展为目标。

5. 生活方式营销

生活方式营销就是以消费者所追求的生活方式为诉求，通过将公司的产品或品牌演化成某一种生活方式的象征甚至是一种身份、地位的识别标志，而达到吸引消费者、建立起稳定的消费群体的目的。

经典真题

（2018建行）生活方式营销是指以消费者所追求的生活方式为诉求，通过将公司的产品或品牌演化成某一种生活方式的象征甚至是一种身份、地位的识别标志，而达到吸引消费者、建立起稳定的消费群体的目的。下列不属于生活方式营销的是（　　）。

A. 某化妆品广告中，女主角在患病、万分疼痛的时候，也要在去医院之前换上自己的印花裙子，用该化妆品描着口红，强调“美丽带来的积极生活状态”

B. 某手机广告展示了生活中不同场景下的人们使用该手机拍照，将其塑造为热爱生活的人们随时随地记录影像的工具

C. 某笔记本电脑广告模拟了工作中咖啡杯被碰倒，咖啡洒在键盘上的场景，以展示其防泼溅键盘对数据安全的意义

D. 某款汽车定位城市白领渴望突破都市工作和生活束缚的心理，在广告中提出驾着它“开溜”的口号

答案： C。

解析： 生活方式营销是通过将产品或品牌演化为一种生活方式或身份、地位的象征以达成营销目的。C项模拟生活中的意外只是功能展示，没有体现生活方式。故本题答案为C。

真题考点二 市场营销环境

一、市场营销环境的含义及构成

1. 含义

市场营销环境是指影响企业市场营销活动及其目标实现的各种角色和力量。市场营销环境是企业生存与发展的前提条件，企业的市场营销活动是在一定的环境条件下进行的。

考点精讲

2. 构成

根据营销环境与企业营销活动的相关程度，营销环境可分为微观营销环境和宏观营销环境。

微观营销环境，又称为直接营销环境、作业环境，是指与企业紧密联系、直接影响企业营销能力的各种参与者，包括企业本身、市场营销渠道企业、顾客、竞争者以及公众。

宏观营销环境一般以微观营销环境为媒介影响和制约企业的营销活动，故被称为间接营销环境，包括人口、经济、自然、政治法律、科学技术、社会文化等环境因素。宏观营销环境在特定场合也可直接影响企业的营销活动。宏观营销环境因素与微观营销环境因素共同构成多因素、多层次、多变的企业市场营销环境的综合体。

二、市场营销环境分析方法

1. SWOT 分析法

考点精讲

SWOT 分析法是用来确定企业自身的竞争优势、竞争劣势、机会和威胁，从而将公司的战略与公司内部资源、外部环境有机地结合起来的一种科学定性分析方法。S（Strengths）是优势，W（Weaknesses）是劣势，O（Opportunities）是机会，T（Threats）是威胁。

SWOT 分析法常常被用于制定集团发展战略和分析竞争对手情况，在战略分析中，它是最常用的方法之一。

通过运用各种调查研究方法，分析出公司所处的各种环境因素，即外部环境因素和内部环境因素。外部环境因素包括机会因素和威胁因素，它们是外部环境对公司发展直接有影响的有利和不利因素，属于客观因素。内部环境因素包括优势因素和劣势因素，它们是公司在其发展中自身存在的积极和消极因素，属于主动因素。在调查分析这些因素时，不仅要考虑到历史与现状，而且更要考虑未来发展问题。

优势，是组织机构的内部因素，具体包括：有利的竞争态势；充足的财政来源；良好的企业形象；技术力量；规模经济；产品质量；市场份额；成本优势；广告攻势等。

劣势，也是组织机构的内部因素，具体包括：设备老化；管理混乱；缺少关键技术；研究开发落后；资金短缺；经营不善；产品积压；竞争力差等。

机会，是组织机构的外部因素，具体包括：新产品；新市场；新需求；外国市场壁垒解除；竞争对手失误等。

威胁，也是组织机构的外部因素，具体包括：新的竞争对手；替代产品增多；市场紧缩；行业政策变化；经济衰退；客户偏好改变；突发事件等。

2. PEST 分析法

PEST 分析法是战略咨询顾问用来帮助企业检阅其外部宏观环境的一种方法。对宏观环境因素作分析，不同行业和企业根据自身特点和经营需要，分析的具体内容会有差异，但一般都应对政治（Political）、经济（Economic）、社会（Social）和技术（Technological）这四大类影响企业的主要外部环境因素进行分析。

经典真题

（2018 农发展）SWOT 是一种战略分析方法，用来确定企业本身的竞争优势、竞争劣势、机会和威胁，从而将公司的战略与公司的内部资源、外部环境有机结合。关于 SWOT 分析法，下列说法不正确的是(　　)。

A. SWOT 分析是一种严格的定量分析方法

B. SWOT 分析包括分析环境因素、构造 SWOT 矩阵、制订行动计划三项基本内容

C. SWOT 分析得出的战略是一个企业“能够做的”和“可能做的”之间的有机组合

D. SWOT 分析可以用于企业的人力资源、产品研发等各个方面

答案：A。

解析：SWOT 分析又称为态势分析法，是一种定性分析方法。故本题答案为 A。

真题考点三　消费者行为

一、消费者行为的含义

消费者行为在狭义上仅仅指消费者的购买行为以及对消费资料的实际消费。广义上是消费者为索取、使用、处置消费物品所采取的各种行动以及先于且决定这些行动的决策过程，甚至是包括消费收入的取得等一系列复杂的过程。

二、消费者行为分析

1. 影响消费者行为的因素

消费者行为的影响因素包括心理因素、个人因素、社会因素和文化因素。其中，心理因素包括个人需要、认知、学习、态度等；个人因素包括年龄、生活方式、自我形象、个性等；社会因素包括家

庭、参考群体、社会阶层等；文化因素包括价值观念、物质文化、审美标准、亚文化群等。

2. 消费心理

消费心理是指消费者在寻找、选择、购买、使用、评估和处置与自身相关的产品和服务时所产生的心理活动。指消费者进行消费活动时所表现出的心理特征与心理活动的过程。消费心理大致有四种，分别是：从众、攀比、求异、求实。

考点精讲

(1) 从众心理

从众心理是指个人受到外界人群行为的影响，而在自己的知觉、判断、认识上表现出符合于公众舆论或多数人的行为方式。从众心理具有仿效性、盲目性。

(2) 攀比心理

攀比心理是指脱离自己实际收入水平而盲目攀高的消费心理。攀比心理的特点是面子消费。

(3) 求异心理

求异心理是指人们追求标新立异、与众不同的消费心理。求异心理的重点在于求异，也就是与众不同，对消费商品的价值没有规定，侧重于个性的表现。

(4) 求实心理

求实心理是指以注意商品的实际使用价值为主要特征的心理。具有这种心理要求的消费者，在购买商品时比较注重商品或劳务的实际效用和质量，讲求经济实惠、经久耐用、使用方便等，而对商品外形、色彩、包装等不大追求。

经典真题

(2018 建行) 随着移动互联网信息技术的运用以及新生代消费群体的变迁，年轻人的需求不再局限于企业所提供的单一品种规模化流水线上生产的产品。对个性化产品进行定制以满足自身需求已逐渐成为一种消费市场的趋势。从一件衣服到一款家电，都可以实现“个性化定制”。这种消费属于(　　)。

A. 求同心理引发的消费　　B. 从众心理引发的消费

C. 攀比心理引发的消费　　D. 求异心理引发的消费

答案：D。

解析：求异心理是指人们追求标新立异、与众不同的消费心理。由题干可知，“个性化定制”正是消费者追求个性的表现，所以该消费属于求异心理引发的消费。故本题答案为 D。

真题精讲

真题考点四　企业发展战略及竞争者分析

一、业务投资发展战略

业务投资发展战略是指企业在现有业务基础上对业务经营和投资方向的选择及其运营战略。业务投资发展战略主要包括专业化投资发展战略、一体化投资发展战略和多元化投资发展战略。

1. 专业化投资发展战略

专业化投资发展战略，又称密集型增长战略。是指在现有的市场上投资发展现有业务，以达到扩大经营为目的的发展战略。它主要包括市场渗透战略、市场开发战略和产品开发战略三种形式。

考点精讲

表 3-8-2　专业化投资发展战略

战略类型	含义	投资方式
市场渗透战略	通过加强调研和宣传，利用现有产品，在现有市场上争取扩大市场份额、增加销售数量，以达到扩大企业业务目的的战略	鼓励现有顾客多买；争取竞争对手的顾客；争取尚未购买的潜在顾客
市场开发战略	通过增加市场开发费用和促销费用，利用现有产品，以现有的市场为基础不断向外扩张，开辟新的市场，以达到扩大业务目的的营销战略	在原有销售地区内增加新的目标市场；增加新的销售渠道；增加新的销售地区
产品开发战略	通过增加产品开发费用，对现有的产品进行改进，使现有的产品以新的姿态投放到现有市场，以增强竞争力，扩大销售业务的战略	增加新的特色；增加新的档次；增加新的换代品

2. 一体化投资发展战略

一体化投资发展战略是在现有业务的基础上，通过收购、兼并、联合、参股、控股等方式，向现有业务的上游或者下游方向发展，形成产、供、销一体化，以扩大现有业务的营销战略。一体化投资发展战略包括后向一体化、前向一体化和水平一体化三种形式。

考点精讲

（1）后向一体化

后向一体化就是企业通过收购或兼并若干原材料供应商，拥有和控制其供应系统，实行供产一体化。后向一体化是指企业利用自己在产品上的优势，把原来属于外购的原材料或零件，改为自行生产的战略。在生产过程中，物流从反方向移动。即通过获得供应商的所有权或增强对其控制来求得发展。在供货成本太高或供货方不可靠或不能保证供应时，企业经常采用这种战略。

（2）前向一体化

前向一体化就是企业通过收购或兼并若干商业企业，或者拥有和控制其分销系统，实行产销一体化。前向一体化是指获得分销商或零售商的所有权或加强对它们的控制，也就是指企业根据市场的需要和生产技术的可能条件，利用自己的优势，把成品进行深加工的战略。在生产过程中，物流从顺方向移动，称为前向一体化，采用这种战略是为获得原有成品深加工的高附加价值。

（3）水平一体化

水平一体化起源于市场营销和战略管理，又称“横向一体化”或“整合一体化”。是指企业收购或兼并同类产品的生产企业以扩大经营规模的成长战略。其实质是提高系统的结构级别。

3. 多元化投资发展战略

多元化增长是指企业利用经营范围之外的市场机会，新增与现有产品业务有一定联系或毫无联系的产品业务，实行跨行业的多样化经营（多角化经营），以实现企业业务的增长。根据所利用的资源的不同，多元化战略可分为同心多元化、水平多元化和集团多元化三种类型。

（1）同心多元化

同心多元化是利用现有物质技术力量开发新产品，增加产品的门类和品种，犹如从同一圆心向外扩大业务范围，以寻求新的增长。如电脑制造商生产智能手机、数码相机等。

（2）水平多元化

水平多元化是企业针对现有市场（顾客）的其他需要，增添新的物质技术力量开发新产品，以扩大业务经营范围，寻求新的增长。这意味着企业向现有产品的顾客提供他们所需要的其他产品。如生产拖拉机、农用车的企业，制造农药、化肥。

（3）集团多元化（复合多元化）

集团多元化是企业通过投资或兼并等形式，把经营范围扩展到多个新兴部门或其他部门，组成混合型企业集团，开展与现有技术、现有产品、现有市场无联系的多样化经营活动，以寻求新的增长机会。

经典真题

（2018 建行）某集团企业以房地产起家，后来制定了多元化发展战略，开始在现有产业的基础上投资发展电影、娱乐、旅游、食品等附属产业，该集团企业的发展战略属于（　　）。

A. 复合多元化　　B. 相关多元化

C. 同心多元化　　D. 非相关多元化

答案：AD。

解析：复合多元化即集团多元化，是指大企业收购、兼并其他行业的企业，或者在其他行业投资，把业务扩展到其他行业中去，新产品、新业务与企业的现有产品、技术、市场毫无关系。相关多元化包括同心多元化和水平多元化，非相关多元化，也称为集团多元化和复合多元化，即企业通过收购、兼并其他行业的业务，或者在其他行业投资，把业务领域拓展到其他行业中去，新产品、新业务与企业的现有业务、技术、市场毫无关系。故本题答案为 AD。

二、竞争者分析

1. 波特五力模型

波特五力模型是迈克尔·波特（Michael Porter）于 20 世纪 80 年代初提出，它认为行业中存在着决定竞争规模和程度的五种力量，这五种力量综合起来影响着产业的吸引力以及现有企业的竞争战略决策。五种力量分别是：同行业内现有竞争者的竞争能力、潜在竞争者进入的能力、替代品的替代能力、供应商的讨价还价能力、购买者的讨价还价能力。

2. 波特五力模型的意义

波特五力模型的意义在于这五种竞争力量的抗争中蕴含着三类成功的战略思想：总成本领先战略、差异化战略和集中化战略。

（1）成本领先战略

成本领先战略是指企业通过实现规模经营，提高劳动生产率，强化管理，使自己在产业内平均成本最低，以创造和赢得竞争优势的战略。

（2）差异化战略

差异化战略是指千方百计地使本企业有别于竞争者，凸显和形成鲜明的个性和特色，以创造和提升企业竞争优势的战略。

（3）集中化战略

集中化战略是指将经营重点放在市场和产品的某一方面上，并且在此特定市场或部分市场中独领风骚成为王者的竞争战略。

经典真题

（2018工行）美国哈佛商学院教授迈克尔·波特认为，一个行业内激烈竞争的局面源于其内存的竞争机构。为此他提出了三类基本竞争战略，其中不包括（　　）。

A. 集中化策略　　　　B. 核心竞争力战略

C. 总成本领先战略　　D. 差异化战略

答案：B。

解析：基本竞争战略有三种：成本领先战略、差异化战略、集中战略。故本题答案为B。

真题考点五　市场营销组合策略

市场营销组合是指企业针对目标市场的需要，综合考虑环境、能力、竞争状况，对自己可控制的各种营销因素进行优化组合和综合运用，使之协调配合，扬长避短，发挥优势，以取得更好的经济效益和社会效益。麦卡锡教授把企业开展营销活动的可控因素归纳为四类，提出了市场营销的4P组合，即产品、价格、销售渠道（分销）和促销。

考点精讲

一、产品策略

1. 产品生命周期理论

产品的生命周期理论（又称产品经济生命周期、产品循环理论，简称PLC理论）是市场营销理论中的一个重要内容。

产品生命周期是指一种产品从试制成功投放上市开始到被市场淘汰退出市场的过程所经历的时间。产品生命周期可用产品生命曲线来描述，一般要经历导入期、成长期、成熟期、衰退期四个阶段。

考点精讲

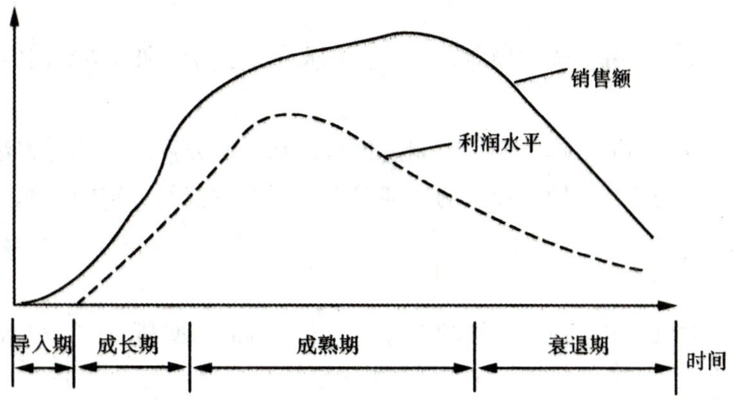

图 3-8-1 产品生命周期曲线

2. 产品生命周期策略

表 3-8-3 产品生命周期策略

产品阶段	定义及特点	营销策略	广告策略
导入期	导入期是指新产品上市的最初时期。 特点：产量少、成本高分、销渠道未建立或不健全	快速掠取策略：高价格、高促销； 缓慢掠取策略：高价格、低促销； 快速渗透策略：低价格、高促销； 缓慢渗透策略：低价格、低促销	采取告知性广告，提高新产品知名度，刺激消费者购买
成长期	成长期是指产品已经打开销路并迅速扩大市场份额的阶段。 特点：销售额猛涨、成本下降、竞争激烈、技术和分销渠道成熟	改进产品质量，增加产品特色和式样； 进入新市场、开辟新的分销渠道； 根据竞争形势适时调整价格	采取说服性、竞争性广告策略，以品牌广告为主，突出本产品优异，刺激选择性需求，使潜在消费者购买本品牌产品
成熟期	成熟期是指产品进入大批量生产并稳定地进入市场销售，产品需求趋向饱和的阶段。 特点：销售量逐渐达到高峰，但增长的速度放缓	市场改良策略：开发新的市场为产品寻求新顾客； 产品改良策略：对产品作某种改进而吸引新的使用者或者为现有使用者开辟新用途； 市场营销组合改良策略：对产品、定价、销售渠道、促销措施这四个市场因素组合加以改良	采取维持性、提醒性及竞争性广告策略，广告宣传重点放在品牌和企业形象的宣传上，提高品牌和企业美誉度，培养品牌忠诚者
衰退期	衰退期是指产品走向淘汰的阶段。 特点：销量迅速下降、价格降低	对衰退产品应该在全面分析的基础上，根据具体情况选择不同的淘汰策略。如：立刻放弃、逐步放弃和自然淘汰	采取提醒性广告策略，尽量维持现有市场份额，保持一定的消费需求水平；或将广告重点转移到其他更有潜力的产品

二、价格策略

1. 定价方法

常用的定价方法主要有三种：成本导向定价法、需求导向定价法和竞争导向定价法。

（1）成本导向定价法

成本导向定价法是以产品的成本为中心来制定价格，是按卖方意图定价的方法。其主要理论依据是在定价时，要考虑收回企业在营销中投入的全部成本，再考虑获得一定的利润。常用的成本导向定价法包括如下几种：

①成本加成定价法

成本加成定价法是在单位产品成本的基础上加上一定比例的预期利润作为产品的销售价格。

②盈亏平衡定价法

在销量既定的条件下，企业产品的价格必须达到一定的水平才能做到盈亏平衡、收支相抵。既定的销量就称为盈亏平衡点，这种制定价格的方法就称为盈亏平衡定价法。

③目标收益定价法

目标收益定价法又称为投资收益率定价法。它是在企业投资总额的基础上，按照目标收益率的高低计算价格的方法。

（2）需求导向定价法

需求导向定价法是以需求为中心的定价方法。它依据顾客对产品价值的理解和需求强度来制定价格，而不是依据产品的成本来定价。需求导向定价法主要包括理解价值定价法、需求差异定价法和反向定价法。

①理解价值定价法（认知价值定价法）

理解价值定价法是根据顾客对产品价值的理解度，即产品在顾客心目中的价值观念为定价依据运用各种营销策略和手段，影响顾客对产品价值认知的定价方法。

如在市场上一瓶可口可乐零售价 2 元，而在高级饭店或歌舞厅则可定价 10 多元，由于特殊的气氛和服务提高了商品的附加价值，使顾客愿意支付那么高的价格。

考点精讲

②反向定价法（逆向定价法）

这种定价方法不是单纯考虑产品成本，而是首先考虑需求状况。依据市场调研资料，顾客能够接受的最终销售价格，确定销售产品的零售价，逆向推算出中间商的批发价和生产企业的出厂价。

（3）竞争导向定价法

竞争导向定价法是指以同类产品或服务的市场供应竞争状态为依据，根据竞争状况确定是否参与竞争的定价方法。

①随行就市定价法

随行就市定价法就是企业按市场上产品现行的平均价格水平来给产品定价。

②竞争价格定价法

与随行就市定价法相反，竞争价格定价法是一种主动竞争的定价方法，一般为实力雄厚或独具产品特色的企业所采用。

③密封投标定价法

这种定价法主要用于投标交易方式。投标报价时要尽可能准确地预测竞争者的价格意向，然后在正确估算完成招标任务所耗成本的基础上，定出最佳报价。

2. 定价策略

(1) 新产品定价策略

当一种新产品以全新的形象出现在市场时，消费者对其是完全陌生的。对新产品的定价，企业有两种截然不同的策略可供参考。

考点精讲

表 3-8-4 新产品定价策略

策略	含义	适用条件
高价撇脂定价策略	在新产品上市时将其定在一个尽可能高的价格，以期获得高额利润	(1) 市场有足够的购买者，他们的需求缺乏弹性，即使把价格定得很高，市场需求也不会大量减少； (2) 高价使需求减少一些，因而产量相应减少一些，单位成本增加一些，但这不会抵消高价所带来的利益； (3) 在高价的情况下，仍然是独家经营，无别的竞争者。有专利保护的产品也是如此； (4) 某种产品的价格定得很高，使人们产生这种产品是高档产品的印象
低价渗透定价策略	在产品刚刚推向市场时，给产品制定一个较低的价格，以吸引顾客购买，迅速开拓市场，以实现规模经济，降低成本的定价策略	(1) 市场需求对价格极为敏感，因此，低价会刺激市场需求迅速增长； (2) 企业的生产成本和经营费用会随着生产经营经验的增加而下降； (3) 低价不会引起实际和潜在的竞争
满意定价策略	满意定价策略又称折中价格策略，采用比撇脂价格低，比渗透价格高的适中价格	当不存在适合于撇脂定价或渗透定价的环境时，企业一般采取满意定价

(2) 心理定价策略

这主要是零售企业针对价格对顾客消费心理产生影响而采用的定价策略。通过新的定价以达到刺激顾客购买的目的。常见的心理定价策略有以下几种：

考点精讲

表 3-8-5 心理定价策略

策略	含义	案例
尾数定价策略	指利用消费者对数字认知的某种心理，尽可能在价格数字上保留零头，使消费者产生价格低廉和卖主经过认真的成本核算才定价的感觉，从而使消费者对企业产品及其定价产生信任感	例如：6 元一块的香皂，将其定价为 5.95元，使人觉得这不到 6 元
声望定价策略	指企业利用消费者仰慕名牌产品或企业的声望所产生的心理制定产品价格，故意把价格定成整数或高价	例如：在美国市场上，手工做的布鞋很受欢迎，但质量好、价格低的中国货却竞争不过质量相对差、价格高的韩国货，其原因是：在美国人眼里，低价就意味着低档次

续表

习惯定价策略	指按照消费者的习惯性标准来定价。如果某产品在市场上已经形成了习惯价格，企业在定价时最好不要轻易涨价或跌价，否则会使消费者产生抵触情绪	例如：买一块肥皂、一瓶洗洁精等
招徕定价策略	指将产品价格调整到低于价目表价格，甚至低于成本费用，以招徕顾客促进其他产品的销售	例如：有的超级市场和百货商店大大降低少数几种商品的价格，特别设置几种低价畅销商品

经典真题

企业为了适应和满足消费者“不在于价格的多少，而在于商品能否显示其身份和地位”的消费心理，最适宜采用什么样的定价策略？（　　）

A. 尾数定价　　B. 招徕定价　　C. 声望定价　　D. 反向定价

答案：C。

解析：声望定价是指企业利用消费者仰慕名牌产品或企业的声望所产生的心理制定产品价格，故意把价格定成整数或高价。故本题答案为 C。

（3）折扣定价策略

折扣定价策略是通过降低一部分价格以争取顾客的一种定价方法。企业对那些满足企业优惠条件的客户或顾客提供折扣价有如下几种策略。

表 3-8-6　折扣定价策略

策略	含义	案例
现金折扣	为鼓励顾客提前或当场付清货款的一种让价	例如：购买房屋时，一次性付清货款则优惠 5%
数量折扣	为鼓励大量购买产品而给顾客以减价优惠	例如：顾客购买某种商品 100 单位以下，每单位 10 元；购买 100 单位以上，每单位 9 元
功能折扣	又称交易折扣。根据中间商在营销中担负的功能不同给予不同的折扣	例如：饭店根据其承担的职能范围和水平的高低，给旅行社或旅游批发商作出价格折让，作为其担任营销职能的津贴
季节折扣	企业的价格随季节的不同而有所差异	例如：滑雪橇制造商在春、夏季给零售商以季节折扣，以鼓励零售商提前订货；旅馆、航空公司等在营业额下降时给旅客以季节折扣
价格折让	折让是把价格降到目录价格以下的另一种促销方式	例如：一台洗衣机标价为 4000 元，顾客以旧洗衣机折价 500 元购买，只需付给 3500 元（以旧换新折让）

经典真题

(2018 中信) 企业为了鼓励顾客购买更多物品，给那些大量购买产品的顾客的一种减价称为(　　)。

A. 季节折扣　　B. 功能折扣　　C. 现金折扣　　D. 数量折扣

答案： D。

解析： 数量折扣是企业为鼓励大量购买产品而给顾客以减价优惠。故本题答案为 D。

真题演练

单项选择题

1. 最容易导致企业出现市场营销近视的营销观念是(　　)。

A. 生产观念　　B. 产品观念

C. 推销观念　　D. 市场营销观念

2. 许多冰箱生产厂家近年来高举“环保”“健康”的大旗，纷纷推出无氟冰箱，这些冰箱被消费者们所喜爱。

请问，他们所奉行的市场营销管理哲学是(　　)。

A. 推销观念　　B. 生产观念

C. 市场营销观念　　D. 社会市场营销观念

3. 通常，一个企业所面临的营销渠道中的企业主要包括：供应商、商人中间商、代理中间商。

请问，广告公司属于市场营销渠道企业中的(　　)。

A. 供应商　　B. 商人中间商

C. 代理中间商　　D. 营销服务机构

4. 当产品市场需求弹性较大且在成本方面有一定优势时，企业的定价策略需要进行相应的调整。请问，此时应该采取何种定价策略？(　　)

A. 渗透定价　　B. 撇脂定价　　C. 声望定价　　D. 招徕定价

5. 当企业的产品供不应求，不能满足所有顾客的需要时，为了获取高额利润，扩大生产，则企业应该通过(　　)方法来遏制需求。

A. 降价　　B. 提价

C. 维持价格不变　　D. 降低产品质量

6. 柯达公司将照相机的价格定得较低，而将胶卷的价格定得较高，使其成为利润的主要来源。

请问，这种定价策略是(　　)。

A. 补充产品定价　　B. 副产品定价

C. 产品组合定价　　D. 分部定价

7. 某食品加工厂自己投资建立了原材料生产基地，进行生产运营。请问，这种业务增长方式属于(　　)。

A. 前向一体化　　B. 后向一体化　　C. 水平一体化　　D. 水平多角化

8. 利用原有市场，采用不同技术开发新产品，扩大业务经营范围。请问，这属于哪一类型的投资战略？(　　)

A. 产品开发　　B. 同心多元化　　C. 综合多元化　　D. 水平多元化

9. 很多企业喜欢推出无品牌的产品。请问，他们这种做法的原因何在？(　　)

A. 没有品牌意识

B. 认为自己的产品足够好

C. 没有竞争对手

D. 节省包装、广告等费用，降低价格，扩大销售

10. 有一种定价方法是指按照单位成本加上一定百分比的加成来制定产品销售价格。请问，这种定价方法是(　　)。

A. 成本加成定价　　B. 目标定价

C. 认知价值定价　　D. 诊断定价

参考答案及解析

单项选择题

1. 答案：B。

解析：产品观念最容易导致企业出现市场营销近视。故本题答案为 B。

2. 答案：D。

解析：社会市场营销观念产生于 20 世纪 70 年代，西方资本主义出现能源短缺、通货膨胀、失业增加、环境污染严重、消费者保护运动盛行的新形势下。社会市场营销观念强调，企业的任务是确定各个目标市场的需求、欲望和利益。故本题答案为 D。

3. 答案：D。

解析：广告公司属于市场营销渠道企业中的营销服务机构。故本题答案为 D。

4. 答案：A。

解析：渗透定价适用的条件为：(1) 市场需求显得对价格极为敏感，因此，低价会刺激市场需求迅速增长；(2) 企业的生产成本和经营费用会随着生产经营经验的增加而下降。题干中的描述满足了渗透定价的要求。故本题答案为 A。

5. 答案：B。

解析：当市场产品供不应求时，企业提高价格有利于实现供求平衡。故本题答案为 B。

6. 答案：A。

解析：胶卷是照相机的补充产品。柯达照相机的价格很低，原因是它从销售胶卷上盈利。故本题答案为 A。

7. 答案：B。

解析：后向一体化就是企业通过收购或兼并若干原材料供应商，拥有和控制其供应系统，实行供产一体化，是指企业利用自己在产品上的优势，把原来属于外购的原材料或零件，改为自行生产的战略。故本题答案为 B。

8. 答案：D。

解析：水平多元化是企业针对现有市场（顾客）的其他需要，增添新的物质技术力量开发新产品，以扩大业务经营范围，寻求新的增长。这意味着企业向现有产品的顾客提供他们所需要的其他产品。故本题答案为D。

9. 答案：D。

解析：无品牌策略的优点：能够获得与同类企业无法比拟的价格优势，增强商品的竞争。故本题答案为D。

10. 答案：A。

解析：成本加成定价法是在单位产品成本的基础上加上一定比例的预期利润作为产品的销售价格。故本题答案为A。

第九章 法律

真题考点一 宪法

一、宪法的概念

宪法是国家最高权力机关经由特殊程序制定和修改的，综合性地规定国家、社会和公民生活中根本问题，具有最高法律效力的法。

二、国家的基本制度

1. 我国的国体

国体又称国家性质，是指社会各阶层在国家生活中的地位和作用。

我国的国体是人民民主专政。中华人民共和国是工人阶级领导的，以工农联盟为基础的人民民主专政的社会主义国家。

2. 我国的政体

政体是指特定社会的统治阶级采用一定的原则和方式组织实现国家权力的机关体系，确定各机关之间的相互关系。

我国的政体是人民代表大会制度。

三、公民的基本权利

1. 平等权

《宪法》第三十三条第二款规定：“中华人民共和国公民在法律面前一律平等。”

考点精讲

2. 政治权利和自由

(1) 选举权和被选举权

《宪法》第三十四条规定：“中华人民共和国年满十八周岁的公民，不分民族、种族、性别、职业、家庭出身、宗教信仰、教育程度、财产状况、居住期限，都有选举权和被选举权；但是依照法律被剥夺政治权利的人除外。”

(2) 政治自由

公民的政治自由包括言论、出版、集会、结社、游行、示威等方面的自由。

3. 监督权和获得赔偿的权利

《宪法》第四十一条规定："中华人民共和国公民对于任何国家机关和国家工作人员，有提出批评和建议的权利；对于任何国家机关和国家工作人员的违法失职行为，有向有关国家机关提出申诉、控告或者检举的权利，但是不得捏造或者歪曲事实进行诬告陷害。

对于公民的申诉、控告或者检举，有关国家机关必须查清事实，负责处理。任何人不得压制和打击报复。

由于国家机关和国家工作人员侵犯公民权利而受到损失的人，有依照法律规定取得赔偿的权利。"

4. 宗教信仰自由

《宪法》第三十六条规定："中华人民共和国公民有宗教信仰自由。任何国家机关、社会团体和个人不得强制公民信仰宗教或者不信仰宗教，不得歧视信仰宗教的公民和不信仰宗教的公民。国家保护正常的宗教活动。任何人不得利用宗教进行破坏社会秩序、损害公民身体健康、妨碍国家教育制度的活动。宗教团体和宗教事务不受外国势力的支配。"

5. 人身自由

(1) 人身自由不受侵犯

任何公民非经人民检察院批准或者决定或者人民法院决定，并由公安机关执行，不受逮捕。

(2) 人格尊严

中华人民共和国公民的人格尊严不受侵犯。禁止用任何方法对公民进行侮辱、诽谤和诬告陷害。

(3) 住宅不受侵犯的权利

中华人民共和国公民的住宅不受侵犯。禁止非法搜查或者非法侵入公民的住宅。

(4) 通信自由和通信秘密

中华人民共和国公民的通信自由和通信秘密受法律的保护。除因国家安全或者追查刑事犯罪的需要，由公安机关或者检察机关依照法律规定的程序对通信进行检查外，任何组织或者个人不得以任何理由侵犯公民的通信自由和通信秘密。

6. 社会经济文化权利

表 3-9-1 公民社会经济文化权利内容

劳动权	中华人民共和国公民有劳动的权利和义务
休息权	中华人民共和国劳动者有休息的权利
退休人员的生活保障权	国家依照法律规定实行企业事业组织的职工和国家机关工作人员的退休制度。退休人员的生活受到国家和社会的保障
物质帮助权	中华人民共和国公民在年老、疾病或者丧失劳动能力的情况下，有从国家和社会获得物质帮助的权利
受教育的权利和义务	中华人民共和国公民有受教育的权利和义务
文化权利和自由	中华人民共和国公民有进行科学研究、文学艺术创作和其他文化活动的自由

劳动和受教育既是公民的权利，又是公民的义务。

四、公民的基本义务

（1）维护国家统一和全国各民族团结的义务；

（2）遵守宪法和法律，保守国家秘密，爱护公共财产，遵守劳动纪律，遵守公共秩序，尊重社会公德；

（3）维护祖国的安全、荣誉和利益的义务；

（4）保卫祖国、依法服兵役和参加民兵组织；

（5）依法纳税；

（6）其他基本义务：“夫妻双方有实行计划生育的义务”；“父母有抚养教育未成年子女的义务，成年子女有赡养扶助父母的义务”。

经典真题

（2017 农发展）1. 选举权是公民的权利，根据我国《宪法》，下列人员中享有选举权的是(　　)。

A. 周某，男，14 岁，在校学生

B. 王某，女，17 岁，信仰基督教

C. 吴某，女，20 岁，个体工商户

D. 郑某，男，33 岁，加拿大国籍

答案：C。

解析：《宪法》第三十四条规定：“中华人民共和国年满十八周岁的公民，不分民族、种族、性别、职业、家庭出身、宗教信仰、教育程度、财产状况、居住期限，都有选举权和被选举权；但是依照法律被剥夺政治权利的人除外。”A、B 两项的主体未满十八周岁，D 项中的主体非中华人民共和国国籍，C 项正确。故本题答案为 C。

（2018 建行）2. 女大学生王丽到某超市购物，离开时，被保安阻拦，保安怀疑王丽携带了未结账的商品，将王丽带到超市值班室处理，值班经理将王丽自带手袋打开检查，并叫来女工作人员对王丽进行全身搜查，均未查到未结账的商品，遂将王丽放走。事后，王丽在超市被搜身的消息在本校传开，对王丽形成巨大的精神压力。超市的这一行为侵犯了公民的(　　)。

A. 平等权　　B. 人身自由权　　C. 社会经济权　　D. 政治权利和自由

答案：B。

解析：我国《宪法》第三十七条第一款规定：“中华人民共和国公民的人身自由不受侵犯。”同时该法第三十七条第三款规定：“禁止非法拘禁和以其他方法非法剥夺或者限制公民的人身自由，禁止非法搜查公民的身体。”本题中，超市员工搜查王丽全身是违法行为，侵犯了王丽的人身自由权。故本题答案为 B。

真题考点二 民法总则

一、民法的概念

民法是调整平等主体在从事民事活动中发生的财产关系和人身关系的法律规范的总和。

二、自然人

自然人是指基于自然规律出生并根据法律享有民事权利、承担民事义务的民事主体。

考点精讲

1. 自然人的民事权利能力

民事权利能力，是民事法律赋予民事主体从事民事活动，从而享有民事权利和承担民事义务的资格。

自然人从出生时起到死亡时止，具有民事权利能力，依法享有民事权利，承担民事义务。

2. 自然人的民事行为能力

自然人的民事行为能力是自然人以自己的行为取得民事权利、承担民事义务的资格。我国《民法总则》以年龄、精神健康情况为标准将自然人的民事行为能力分为三类：

（1）完全民事行为能力人

①年满十八周岁的自然人具有完全民事行为能力；

②年满十六周岁、不满十八周岁，以自己的劳动收入为主要生活来源的自然人视为完全民事行为能力人。

（2）限制民事行为能力人

①八周岁以上的未成年人是限制民事行为能力人；

②不能完全辨认自己行为的精神病人是限制民事行为能力人，可以进行与他的精神健康状况相适应的民事活动。

限制民事行为能力人订立的合同，经法定代理人追认后，该合同有效，但纯获利益的合同或者与其年龄、智力、精神健康状况相适应而订立的合同，不必经法定代理人追认。

（3）无民事行为能力人

①不满八周岁的未成年人是无民事行为能力人，由他的法定代理人代理民事活动；

②完全不能辨认自己行为的精神病人是无民事行为能力人，由他的法定代理人代理民事活动。

经典真题

民事权利能力是公民进行民事活动的前提条件，公民从(　　)，具有民事权利能力，依法享有民事权利，承担民事义务。

A. 出生时起到退休时止　　B. 16 岁时起到退休时止

C. 16 岁时起到死亡时止　　D. 出生时起到死亡时止

答案：D。

解析：自然人从出生时起到死亡时止，具有民事权利能力，依法享有民事权利，承担民事义务。故本题答案为 D。

三、法人

1. 法人的概念

法人是具有民事权利能力和民事行为能力，依法独立享有民事权利和承担民事义务的组织。

2. 法人成立的条件

依法成立；有必要的财产或经费；有自己的名称、组织机构和场所；能独立承担民事责任。

真题考点三　物权法

一、物权的概念

物权，是指权利人依法对特定的物享有的直接支配和排他的权利，包括所有权、用益物权和担保物权。

二、物权变动模式

1. 不动产物权的变动

不动产物权的设立、变更、转让和消灭，经依法登记，发生效力；未经登记，不发生效力，但法律另有规定的除外。

2. 动产物权的变动

动产物权的设立和转让，自交付时发生效力，但法律另有规定的除外。

考点精讲

经典真题

2010 年甲将自己的 3 间私房作价 2 万元转让给乙，乙略加修缮，居住 1 年后以 4 万元的价格转让给丙，丙居住 1 年后以 5 万元的价格转让给丁。以上几次转让均未办理私房过户手续。在丁居住期间，房屋所在地被该城市规划为对外经济开发区，该房屋价格涨至 20 万元，甲、乙、丙、丁就房屋所有权发生争议。该房屋所有权应属于(　　)。

A. 甲　　B. 乙　　C. 丙　　D. 丁

答案：A。

解析：不动产的所有权转移是以登记为标志的，未经登记，不发生效力。所以，房屋所有权仍属于甲。故本题答案为 A。

三、所有权

1. 所有权的概念

所有权是指权利人对自己的不动产或者动产依法享有的占有、使用、收益和处分的权利。

2. 善意取得

（1）概念

善意取得是指受让人以财产所有权转移为目的，善意、对价受让且占有该财产，即使出让人无转移该财产所有权的权利，受让人仍取得其所有权的法律制度。善意取得制度的设立是为了保护交易安全，它体现了物权的公信力。

考点精讲

（2）构成要件

①受让人受让该不动产或者动产时是善意的。

所谓“善意”，是指取得标的物的第三人不知道或者不应当知道占有人为非法转让。

②以合理的价格转让（不能是无偿或过低价格转让）。

③转让的不动产或者动产依照法律规定应当登记的已经登记，不需要登记的已经交付给受让人。

3. 对遗失物的处理

（1）拾得遗失物，应当返还权利人。

（2）所有权人或者其他权利人有权追回遗失物。该遗失物通过转让被他人占有的，权利人有权向无处分权人请求损害赔偿，或者自知道或者应当知道受让人之日起二年内向受让人请求返还原物，但受让人通过拍卖或者向具有经营资格的经营者购得该遗失物的，权利人请求返还原物时应当支付受让人所付的费用。权利人向受让人支付所付费用后，有权向无处分权人追偿。

4. 孳息的所有权归属

（1）孳息的概念

指由原物所产生的额外收益。孳息分为天然孳息和法定孳息。天然孳息是依据物的自然性能或者物的变化规律而取得的收益。例如：母鸡生的蛋，牲畜下的幼崽，果树长出的果子等。法定孳息是指由法律规定产生了从属关系，物主因出让所属物一定期限内的使用权而得到的收益。例如：存款得到的利息等。

（2）《物权法》对孳息的规定

天然孳息，由所有权人取得；既有所有权人又有用益物权人的，由用益物权人取得。当事人另有约定的，按照约定。法定孳息，当事人有约定的，按照约定取得；没有约定或者约定不明确的，按照交易习惯取得。

四、抵押权

1. 概念

抵押权是指为担保债务的履行，债务人或者第三人不转移财产的占有，将该财产抵押给债权人，债务人不履行到期债务或者发生当事人约定的实现抵押权的情形，债权人有权就该财产优先受偿的权利。提供担保财产的债务人或者第三人为抵押人，债权人为抵押权人，提供担保的财产为抵押财产。

考点精讲

2. 可抵押的财产

（1）建筑物和其他土地附着物；

（2）建设用地使用权；

（3）以招标、拍卖、公开协商等方式取得的荒地等土地承包经营权；

（4）生产设备、原材料、半成品、产品；

（5）正在建造的建筑物、船舶、航空器；

（6）交通运输工具；

（7）法律、行政法规未禁止抵押的其他财产。

3. 不可抵押的财产

（1）土地所有权；

（2）耕地、宅基地、自留地、自留山等集体所有的土地使用权，但法律规定可以抵押的除外；

（3）学校、幼儿园、医院等以公益为目的的事业单位、社会团体的教育设施、医疗卫生设施和其他社会公益设施；

（4）所有权、使用权不明或者有争议的财产；

（5）依法被查封、扣押、监管的财产；

（6）法律、行政法规规定不得抵押的其他财产。

4. 抵押合同

（1）设立抵押权，当事人应当采取书面形式订立抵押合同。

（2）抵押权人在债务履行期届满前，不得与抵押人约定债务人不履行到期债务时抵押财产归债权人所有。

5. 抵押登记

抵押登记，是指特定登记机关根据当事人的申请，将抵押的有关情况记载于特定簿册中的行为。法律对抵押登记的效力作了进一步规定，具体包括以下两种情形：

（1）登记为抵押权的成立要件，抵押权自登记时设立，必须办理抵押物登记的财产包括：建筑物和其他土地附着物；建设用地使用权；以招标、拍卖、公开协商等方式取得的荒地等土地承包经营权；正在建造的建筑物；

（2）登记为抵押权的对抗要件，抵押权自抵押合同生效时设立；未经登记，不得对抗善意第三人。例如：生产设备、原材料、半成品、产品；交通运输工具；正在建造的船舶、飞行器。

经典真题

（2019 建行）银行发放贷款有严格的审查程序和制度，在发放贷款前应对抵押物及时办理抵押登记以减少贷款风险。下列用于抵押的财产中，进行抵押登记后抵押权才能生效的是（　）。

A. 建设用地所有权　　B. 交通运输工具

C. 生产设备和原材料　　D. 正在建造的建筑物

答案：D。

解析：我国《物权法》第一百八十条规定："债务人或者第三人有权处分的下列财产可以抵押：（一）建筑物和其他土地附着物；（二）建设用地使用权；……（五）正在建造的建筑物、船舶、航空器；……（七）法律、行政法规未禁止抵押的其他财产。抵押人可以将前款所列财产一并抵押。"《物权法》第一百八十七条规定："以本法第一百八十条第一款第一项至第三项规定的财产或者第五项规定的正在建造的建筑物抵押的，应当办理抵押登记。抵押权自登记时设立。"所以，正在建造的建筑物的抵押权自登记时设立。故本题答案为 D。

五、质权

1. 概念

质权，是指为了担保债务的履行，债务人或第三人将其动产或权利移交债权人占有，当债务人不履行债务时，债权人有就其占有的财产优先受偿的权利。债权人为质权人，债务人或第三人为出质人，交付的动产或权利为质物。质权分为动产质权与权利质权。

考点精讲

2. 可以出质的权利

（1）汇票、支票、本票；

（2）债券、存款单；

（3）仓单、提单；

（4）可以转让的基金份额、股权；

（5）可以转让的注册商标专用权、专利权、著作权等知识产权中的财产权；

（6）应收账款；

（7）法律、行政法规规定可以出质的其他财产权利。

六、留置权

1. 概念

留置权是指按照合同约定占有债务人动产的债权人，于债务人不履行债务时，得留置该动产并以其价值优先受偿的权利。

考点精讲

2. 留置权人的优先受偿权

同一动产上已设立抵押权或者质权，该动产又被留置的，留置权人优先受偿。

留置权是法定物权，而不是通过合同约定而设立。

经典真题

(2018 建行) 某公司向银行申请贷款，并约定以质押形式提供担保。下列可作为质押物的有(　　)。

A. 某有限责任公司股权　　B. 厂房及生产设备

C. 某项技术专利权　　D. 应付账款

答案：AC。

解析：我国《物权法》第二百二十三条规定："债务人或者第三人有权处分的下列权利可以出质：(一) 汇票、支票、本票；(二) 债券、存款单；(三) 仓单、提单；(四) 可以转让的基金份额、股权；(五) 可以转让的注册商标专用权、专利权、著作权等知识产权中的财产权；(六) 应收账款；(七) 法律、行政法规规定可以出质的其他财产权利。"由此可知，A、C 项正确，D 项错误。B 项中厂房属于不动产，而在不动产之上不能成立质权，所以 B 项错误。故本题答案为 AC。

真题考点四　债与合同

一、债的概念

债是指特定的当事人之间可以请求为特定行为的民事法律关系。

考点精讲

二、债的主要发生原因

表 3-9-2　债的主要发生原因

合同	指平等主体的自然人、法人、其他组织之间设立、变更、终止民事权利义务关系的协议。在债的发生原因中，合同是最为常见和最为重要的
侵权行为	指不法侵害他人合法权益的行为
不当得利	指无法律或合同上的根据，使他人财产受到损失而自己获得利益的行为
无因管理	指没有法定或者约定的义务，为避免他人利益受损失而进行管理或者服务的行为
其他原因	单方允诺、悬赏广告、缔约过失、遗赠等也都可以构成债的发生原因

经典真题

(2019 农发展) 某水果商贩张三，在市场卖草莓，一日突闻家中失火，急忙离去，临摊位李四见状，为避免张三销售的鲜草莓腐烂，遂自作主张代为叫卖。由于李四善于经营，以比张三原价每斤 10 元高出 3 元的价格卖出鲜草莓 100 斤。下列说法正确的是(　　)。

A. 李四的行为属于自作主张，不构成无因管理

B. 李四因善于经营，多卖出的 300 元应归李四所有

C. 卖水果所得 1300 元归张三所有，李四可以要求张三支付报酬

D. 如果李四因代卖张三的水果而支出管理费用 10 元，可以要求张三支付

答案：D。

解析：无因管理是指没有法定的或者约定的义务，为避免他人利益受损失而进行管理或者服务的行为。本题中，李四为了避免张三的鲜草莓腐烂受损，主动帮助张三叫卖的行为属于无因管理行为。根据无因管理法律制度的规定，管理人有权要求本人偿还因无因管理行为所支出的必要费用和所受的损失。本题中，管理人李四因无因管理行为所支出的必要费用只有管理费用 10 元，没有受到任何损失，所以 D 选项正确。故本题答案为 D。

三、合同的订立

合同的订立过程包括要约和承诺两个阶段。

1. 要约

表 3-9-3　要约相关知识点介绍

概念	要约是当事人一方向对方发出的希望与对方订立合同的意思表示
构成要件	(1) 要约必须是特定人向相对人发出的意思表示。 (2) 要约必须以缔结合同为目的。 (3) 要约的内容应具体确定。 (4) 要约必须表明经受要约人承诺，要约人即受该意思表示约束
法律效力	(1) 要约生效后，要约人应受要约的约束，在要约有效期内不得随意撤销或变更要约。 (2) 受要约人则取得了承诺的权利，受要约人有权在要约的有效期限内作出接受要约的答复，而不负必须承诺的义务。即使受要约人不承诺，也没有通知要约人的义务
撤销	(1) 概念：要约的撤销是指在要约生效之后承诺之前，使要约失去效力的意思表示。 (2) 要约可以撤销，撤销要约的通知应当在受要约人发出承诺通知之前到达受要约人。 (3) 不得撤销要约的情况：要约规定了承诺期限或以其他方式明示要约不得撤销，或者受要约人有理由认为要约不可撤销，并已为履行合同做了准备工作的，要约人不得撤销要约
撤回	是指要约人在发出要约后，于要约到达受要约人之前取消其要约的行为。撤回要约的通知应当在要约到达受要约人之前或与要约同时到达受要约人
要约邀请	要约邀请不同于要约，是一方向他人作出的希望他人向自己发出要约的意思表示。 寄送的价目表、拍卖公告、招标公告、招股说明书、商业广告等均为要约邀请。但商业广告的内容符合要约规定的，视为要约

2. 承诺

表 3-9-4 承诺相关知识点介绍

概念	承诺是受要约人向要约人作出的同意要约的意思表示
构成要件	（1）承诺必须是由受要约人本人或其代理人向要约人作出。 （2）承诺必须在要约确定的期限内到达要约人。 （3）承诺的内容应当与要约的内容一致。 （4）承诺原则上应以明示方式作出，特殊情况下依交易习惯或者要约的规定也可以行为作出。但除法律有特别规定或当事人事先有明确约定外，沉默不能视为承诺的形式
效力	承诺生效意味着合同成立，双方当事人由此承担合同产生的权利与义务
变更	（1）实质性变更 受要约人对要约的内容作出实质性变更的，为新要约。 有关合同标的、数量、质量、价款或者报酬、履行期限、履行地点和方式、违约责任和解决争议方法等的变更，是对要约内容的实质性变更。 （2）非实质性变更 作出非实质性变更的，除要约人及时表示反对或者该要约表明承诺不得对要约的内容作出任何变更的以外，该承诺有效
撤回	是指受要约人在发出承诺通知以后，在承诺正式生效之前撤回其承诺。 撤回承诺的通知应当在承诺通知到达要约人之前或同时到达要约人

四、合同的效力

考点精讲

表 3-9-5 合同的效力类型及表现情形

类型	表现情形
有效	1. 行为人具有相应的民事行为能力。 2. 意思表示真实。 3. 不违反法律或社会公共利益
无效	1. 一方以欺诈、胁迫的手段订立合同，损害国家利益。 2. 恶意串通，损害国家、集体或者第三人利益。 3. 以合法形式掩盖非法目的。 4. 损害社会公共利益。 5. 违反法律、行政法规的强制性规定
可撤销	1. 因重大误解订立的。 2. 在订立合同时显失公平的。 3. 一方以欺诈、胁迫的手段或者乘人之危，使对方在违背真实意思的情况下订立的合同
效力待定	1. 限制民事行为能力人依法不能独立订立的合同。 2. 因无权代理而订立的合同。 3. 无权处分行为

考点精讲

五、合同的分类

表 3-9-6 合同的分类

主合同与从合同	1. 根据合同间的主从关系，合同分为主合同与从合同。 2. 主合同指不依赖他合同而独立存在的合同，从合同指以他合同的存在为存在前提的合同。 3. 举例：担保合同为从合同，一般以借款合同、买卖合同为主合同
双务合同与单务合同	1. 根据合同当事人双方权利、义务的分担不同，合同分为双务合同和单务合同。 2. 双务合同是当事人双方相互享有权利和相互负有义务的合同。单务合同指合同一方当事人只享有权利而不负担义务，另一方只负担义务而不享有权利的合同。 3. 举例：买卖、租赁、承揽等合同为双务合同，赠与合同为单务合同
有偿合同与无偿合同	1. 按照当事人权利的获得是否支付代价为标准，分为有偿合同与无偿合同。 2. 有偿合同是指当事人一方享有合同规定的权益，须向对方当事人偿付相应代价的合同。无偿合同是指当事人一方享有合同规定的权益，不必向对方当事人偿付相应代价的合同。 3. 举例：买卖、租赁等合同为有偿合同，赠与合同为无偿合同
要式合同与非要式合同	1. 根据合同的成立是否需要采用特定的形式，合同分为要式合同和非要式合同。 2. 要式合同是指法律规定必须采用一定形式的合同。在我国，“特定的形式”包括书面形式、公证、登记等。非要式合同是指法律对合同的成立形式没有特殊规定，采取何种形式由当事人自己约定的合同
有名合同与无名合同	1. 根据合同在法律上是否确定了一定的名称，分为有名合同和无名合同。 2. 有名合同又称典型合同，是指法律已经设有规范并且赋予名称的合同。《合同法》中规定的15类合同均为有名合同。无名合同是指法律上尚未确定特定名称的合同，由当事人自由创立
诺成合同与实践合同	1. 根据合同的成立是否以交付标的物为成立要件，合同分为诺成合同和实践合同。 2. 诺成合同指不依赖标的物的交付，只需当事人意思表示一致即可成立的合同。实践合同指除当事人意思表示一致外，还需交付合同标的物才能成立的合同。 3. 举例：实践合同仅限于法律规定的几种，如保管合同、定金合同等

六、合同的转让

1. 合同的相对性

合同相对性是指合同只对缔约当事人具有法律约束力，对合同关系以外的第三人不产生法律约束力。除合同当事人外，任何其他人不得请求享有合同权利；除合同当事人外，任何人不必承担合同责任。

2. 债权的转让

债权人转让权利的，应当通知债务人。未经通知，该转让对债务人不发生效力。

3. 债务的承担

债务人将合同的义务全部或者部分转移给第三人的，应当经债权人同意。

经典真题

(2017 农发展) 债权人转让权利，下列说法正确的是(　　)。

A. 应当通知债务人　B. 无需让与人知晓　C. 无需通知债务人　D. 只需让与人知晓

答案：A。

解析：《合同法》第八十条规定："债权人转让权利的，应当通知债务人。未经通知，该转让对债务人不发生效力。债权人转让权利的通知不得撤销，但经受让人同意的除外。"故本题答案为 A。

七、合同的担保

1. 概念

合同担保是指促使债务人履行债务，保障债权人的债权得以实现的法律措施。保证、抵押、质押、留置等都属于合同的担保方式。

2. 保证

(1) 保证的概念

保证是指保证人和债权人约定，当债务人不履行债务时，由保证人按照约定履行主合同的义务或者承担责任的行为。

考点精讲

(2) 不得为保证人的范围

①国家机关不得为保证人，但经国务院批准为使用外国政府或者国际经济组织贷款进行转贷的除外；

②学校、幼儿园、医院等以公益为目的的事业单位、社会团体；

③企业法人的分支机构、职能部门不得为保证人，有法人书面授权的，可以在授权范围内提供保证。

(3) 保证的方式

①一般保证：

当事人在保证合同中约定，债务人不能履行债务时，由保证人承担保证责任的，为一般保证。

②连带责任保证：

当事人在保证合同中约定保证人与债务人对债务承担连带责任的，为连带责任保证。

③当事人对保证方式没有约定或者约定不明确的，按照连带责任保证承担保证责任。

④一般保证和连带责任保证的区别：

区别在于是否享有先诉抗辩权，一般保证的保证人享有先诉抗辩权，即在主合同纠纷未经审判或者仲裁，并就债务人财产依法强制执行仍不能履行债务前，对债务人可以拒绝承担保证责任。连带责任保证中的债务人没有先诉抗辩权，即不能以债权人是否催告主债务人作为是否履行保证义务的抗辩理由。

八、违约责任

考点精讲

1. 概念

违约责任，是指合同当事人因违反合同义务所应承担的民事责任。

2. 承担违约责任的方式

表 3-9-7 违约责任的承担方式

继续履行	继续履行是指违约方根据对方当事人的请求继续履行合同规定义务的违约责任形式
赔偿损失	赔偿损失是指违约方以支付金钱的方式弥补受害方因违约行为所减少的财产或者所丧失的利益的责任形式。 赔偿损失具有根本救济功能，任何其他责任形式都可以转化为损害赔偿
定金	（1）概念 定金是指合同当事人为了确保合同的履行，根据双方约定，由一方预先给付对方的金钱。 （2）效力 ①给付定金的一方不履行约定债务的，无权要求返还定金；收受定金的一方不履行约定的债务的，应当双倍返还定金。 ②定金与违约金不得同时适用。 （3）定金数额 定金的数额由当事人约定，但不得超过主合同标的额的 20%。 （4）实际交付定金数额与约定数额不符的处理规则 如果应当交付定金的一方实际交付的定金数额多于或者少于约定数额，视为变更定金合同；收受定金一方提出异议并拒绝接受定金的，定金合同不生效
违约金	违约金是指当事人一方违反合同时应当向对方支付的一定数量的金钱或财物。 （1）当事人可以约定一方违约时应当根据违约情况向对方支付一定数额的违约金，也可以约定因违约产生的损失赔偿额的计算方法。 （2）约定的违约金低于造成的损失的，当事人可以请求人民法院或者仲裁机构予以增加；约定的违约金过分高于造成的损失的，当事人可以请求人民法院或者仲裁机构予以适当减少。 （3）当事人就迟延履行约定违约金的，违约方支付违约金后，还应当履行债务。 （4）当事人的同一行为既可能构成侵权，同时也构成违约的状态，此时，由受害人选择追究加害人的何种责任，而不能同时要求加害人承担两项责任。例如，甲向乙出售不合乎合同质量要求的有缺陷的产品，造成乙人身伤害，此时，乙既可追究甲的违约责任，也可追究甲的侵权责任，但只能选择其中一个主张，而不能同时主张侵权责任和违约责任

九、几类主要的合同

1. 借款合同

（1）概念

借款合同是借款人向贷款人借款，到期返还借款并支付利息的合同。交付借款的一方称为贷款人，接受借款到期返还借款并支付利息的一方称为借款人。

（2）自然人之间借款合同的利息规定

自然人之间的借款合同对支付利息没有约定或者约定不明确的，视为不支付利息。

（3）自然人、企业与银行的贷款合同

必须采取书面形式订立合同，且为有偿合同。

（4）贷款人的权利与义务

①依约足额、按期提供借款。

贷款人未按照约定的日期、数额提供借款，造成借款人损失的，应当赔偿损失。

②保密义务。

③贷款人可以要求借款人提供担保。

④按照约定监督检查借款人的借款使用情况。

（5）借款人的权利与义务

①依约接受借款

借款人未按照约定的日期、数额收取借款的，应当按照约定的日期、数额支付利息。

②按照约定的用途使用借款

借款人未按照约定的借款用途使用借款的，贷款人可以停止发放借款、提前收回借款或者解除合同。

③按期返还借款和支付利息

借款人可以在还款期限届满之前向贷款人申请展期。贷款人同意的，可以展期。

④提前还款的权利

借款人提前偿还借款的，除当事人另有约定的以外，应当按照实际借款的期间计算利息。

经典真题

（2018 建行）2017 年，中国建设银行在全行范围内开展了“合规建行，知行合一”活动，假设你是中国建设银行的员工，正在参加法律知识竞赛，其中涉及借款合同，根据《中华人民共和国合同法》，下列说法中不正确的是(　　)。

A. 自然人之间的借款合同对支付利息没有约定或者约定不明确的，视为不支付利息

B. 借款人提前偿还借款的，除当事人另有约定的以外，应当按照“实际”借款的期间计算利息

C. 借款人未按照约定的借款用途使用借款的，贷款人可以停止发放借款、提前收回借款，也可以解除合同

D. 借款合同转移的是货币的使用权，而非货币的所有权

真题精讲

答案：D。

解析：我国《合同法》第二百一十一条第一款规定："自然人之间的借款合同对支付利息没有约定或者约定不明确的，视为不支付利息。"所以 A 项表述正确。该法第二百零八条规定："借款人提前偿还借款的，除当事人另有约定的以外，应当按照实际借款的期间计算利息。"所以 B 项表述正确。该法第二百零三条规定："借款人未按照约定的借款用途使用借款的，贷款人可以停止发放借款、提前收回借款或者解除合同。"所以 C 项表述正确。借款合同转移的是货币的所有权而非货币的使用权，所以 D 项表述错误。故本题答案为 D。

2. 融资租赁合同

（1）概念

融资租赁合同是出租人根据承租人对出卖人、租赁物的选择，向出卖人购买租赁物，提供给承租人使用，承租人支付租金的合同。

（2）融资租赁合同的形式要求

融资租赁合同应当采用书面形式。

（3）租赁物的所有权规定

①出租人享有租赁物的所有权。承租人破产的，租赁物不属于破产财产。

②出租人和承租人可以约定租赁期间届满租赁物的归属。对租赁物的归属没有约定或者约定不明确，依照《合同法》第六十一条的规定仍不能确定的，租赁物的所有权归出租人。

真题考点五　公司法

一、公司概述

1. 公司的概念

公司是指股东依照公司法的规定，以其认缴的出资额或认购的股份为限对公司承担责任，公司以其全部法人财产对公司债务承担责任的企业法人。

2. 公司的主要分类

（1）有限责任公司和股份有限公司

①有限责任公司是指根据法律规定的条件成立，由 50 人以下的股东共同出资，并以其认缴的出资额对公司的经营承担有限责任，公司以其全部法人财产对其债务承担责任的企业法人。

②股份有限公司是指将其全部资本分为等额股份，股东以其所持股份为限对公司承担责任，公司以其全部法人财产对公司的债务承担责任的企业法人。

（2）总公司与分公司、母公司与子公司

公司可以设立分公司和子公司，分公司不具有企业法人资格，其民事责任由总公司承担；子公司具有企业法人资格，依法独立承担民事责任。

经典真题

（2018 建行）目前中国建设银行在境内拥有建信基金、建信金融租赁、建信信托、建信人寿、建信期货、建信养老金、建信财险等子公司。下列关于子公司的说法中正确的是(　　)。

A. 子公司的法定代表人应当由母公司的法定代表人担任

B. 当子公司财产不足清偿债务时，母公司仅对子公司的债务承担补充清偿责任

C. 子公司的财产所有权属于母公司，但由子公司独立使用

D. 子公司可自己单独出资再设立一家全资子公司

真题精讲

答案：D。

解析：子公司具有独立法人资格，子公司的法定代表人无需由母公司的法定代表人担任；当子公司财产不足清偿债务时，也与母公司无关，母公司无需对子公司的债务承担补充清偿责任，所以 A、B 选项表述错误。子公司的财产所有权属于其自身，与母公司无关，所以 C 项表述错误。子公司可以单独出资再设立一家全资子公司，D 项表述正确。故本题答案为 D。

二、股东权利

1. 收益分配权（略）

2. 优先认购权

公司新增资本时，有限责任公司股东有权优先按照实缴的出资比例认缴出资，但全体股东另有约定的除外。

3. 参与管理权

如出席股东大会权利、投票表决权、提议权、提案权、召集主持权、建议质询权等。

4. 知情权

表 3-9-8　股东知情权的内容

有限责任公司股东	（1）有权查阅、复制章程、股东会会议记录、董事会会议决议、监事会会议决议和财务会计报告。 （2）可以要求查阅公司会计账簿
股份有限公司股东	有权查阅公司章程、股东名册、公司债券存根、股东大会会议记录、董事会会议决议、监事会会议决议、财务会计报告

考点精讲

5. 股东诉权

表 3-9-9 三种股东诉权的对比介绍

	股东代表诉讼	股东直接诉讼	股东撤销诉讼
概念	是指当公司的合法权益受到不法侵害而公司却怠于起诉时，公司的股东即以自己的名义起诉，所获赔偿归于公司的一种诉讼形态	董事、高级管理人员违反法律、行政法规或公司章程规定，损害股东利益的，股东可向人民法院提起诉讼	股东会或者股东大会、董事会的会议召集程序、表决方式违反法律、行政法规或者公司章程，或者决议内容违反公司章程的，股东可以请求人民法院撤销
适用条件	公司利益受到侵害	股东自己的利益受到侵害	股东会或者股东大会、董事会的会议召集程序、表决方式违反法律、行政法规或者公司章程，或者决议内容违反公司章程
原告	有限责任公司的股东或股份有限公司连续一百八十日以上单独或者合计持有公司百分之一以上股份的股东	股东	股东
被告	侵害公司利益的任何人	损害股东利益的董事或高管	公司
起诉条件	监事会、不设监事会的有限责任公司的监事，或者董事会、执行董事收到前款规定的股东书面请求后： A. 拒绝提起诉讼。 B. 自收到请求之日起三十日内未提起诉讼。 C. 情况紧急、不立即提起诉讼将会使公司利益受到难以弥补的损害。 前款规定的股东有权为了公司的利益以自己的名义直接向人民法院提起诉讼	直接起诉	自决议作出之日起 60 日内起诉

6. 强制解散公司的请求权

公司经营管理发生严重困难，继续存续会使股东利益受到重大损失，通过其他途径不能解决的，持有公司全部股东表决权 10% 以上的股东，可以请求人民法院解散公司。

三、有限责任公司的设立

1. 有限责任公司的设立条件

（1）股东符合法定人数（由 50 个以下股东出资设立）；

（2）有符合公司章程规定的全体股东认缴的出资额；

（3）股东共同制定公司章程；

（4）有公司名称，建立符合有限责任公司要求的组织机构；

（5）有公司住所。

2. 出资方式

（1）货币出资；

（2）非货币出资：实物、知识产权、土地使用权等，用于出资的非货币财产必须满足可以用货币估价并可以依法转让的条件。

四、有限责任公司股东的股权转让与收购

1. 主动转让

（1）对内转让：有限责任公司的股东之间可以相互转让其全部或者部分股权。

（2）对外转让：股东向股东以外的人转让股权，应当经其他股东过半数同意。

股东应就其股权转让事项书面通知其他股东征求同意，其他股东自接到书面通知之日起满三十日未答复的，视为同意转让。其他股东半数以上不同意转让的，不同意的股东应当购买该转让的股权；不购买的，视为同意转让。

考点精讲

经股东同意转让的股权，在同等条件下，其他股东有优先购买权。两个以上股东主张行使优先购买权的，协商确定各自的购买比例；协商不成的，按照转让时各自的出资比例行使优先购买权。

2. 强制转让

人民法院依照法律规定的强制执行程序转让股东的股权时，应当通知公司及全体股东，其他股东在同等条件下有优先购买权。其他股东自人民法院通知之日起满二十日不行使优先购买权的，视为放弃优先购买权。

3. 继承转让

自然人股东死亡后，其合法继承人可以继承股东资格；但是，公司章程另有规定的除外。

4. 异议股东的回购请求权

有下列情形之一的，对股东会该项决议投反对票的股东可以请求公司按照合理的价格收购其股权：

（1）公司连续五年不向股东分配利润，而公司该五年连续盈利，并且符合《公司法》规定的分配利润条件的；

（2）公司合并、分立、转让主要财产的；

（3）公司章程规定的营业期限届满或者章程规定的其他解散事由出现，股东会会议通过决议修改章程使公司存续的。

五、股份有限公司相关制度

1. 股份有限公司的设立条件

（1）发起人符合法定人数（2 人以上 200 人以下）；

（2）有符合公司章程规定的全体发起人认购的股本总额或者募集的实收股本总额；

（3）股份发行、筹办事项符合法律规定；

（4）发起人制订公司章程，采用募集方式设立的经创立大会通过；

（5）有公司名称，建立符合股份有限公司要求的组织机构；

（6）有公司住所。

2. 设立方式

（1）发起设立，是指由发起人认购公司应发行的全部股份而设立公司。

（2）募集设立，是指由发起人认购公司应发行股份的一部分，其余股份向社会公开募集或者向特定对象募集而设立公司。

3. 股份有限公司的股份转让限制

（1）发起人持有的本公司股份，自公司成立之日起一年内不得转让。

（2）公司公开发行股份前已发行的股份，自公司股票在证券交易所上市交易之日起一年内不得转让。

（3）对公司董事、监事、高级管理人员所持本公司股票的转让限制

①在任职期间每年转让的股份不得超过其所持有本公司股份总数的25%；

②所持本公司股份自公司股票上市交易之日起一年内不得转让；

③上述人员离职后半年内，不得转让其所持有的本公司股份。

（4）股份自己收购的限制：股份有限公司不得收购本公司的股票，但是，有下列情形之一的除外：

①减少公司注册资本；

②与持有本公司股份的其他公司合并；

③将股份奖励给本公司职工；

④股东因对股东大会作出的公司合并、分立决议持异议，要求公司收购其股份的。

公司为奖励职工而收购的本公司股份，不得超过本公司已发行股份总额的5%；用于收购的资金应当从公司的税后利润中支出；所收购的股份应当在一年内转让给职工。

经典真题

下列说法中错误的是（　　）。

A. 有限责任公司的股东之间可以相互转让其全部或者部分股权

B. 经股东同意转让的股权，在同等条件下，其他股东有优先购买权

C. 自然人股东死亡后，其合法继承人不可以继承股东资格，其股份由其他股东购买

D. 自有限责任公司股东会会议决议通过之日起60日内，股东与公司不能达成股权收购协议的，股东可以自股东会会议决议通过之日起90日内向人民法院提起诉讼

答案：C。

解析：《公司法》规定："自然人股东死亡后，其合法继承人可以继承股东资格；但是，公司章程另有规定的除外。"故本题答案为C。

真题考点六　合伙企业法

一、普通合伙企业

1. 概念

普通合伙企业是由普通合伙人组成，合伙人对合伙企业债务承担无限连带责任的组织。

2. 普通合伙企业的设立条件

（1）有两个以上合伙人（合伙人为自然人的，应当具有完全民事行为能力）；

（2）有书面合伙协议；

（3）有合伙人认缴或者实际缴付的出资；

（4）有合伙企业的名称和生产经营场所；

（5）法律、行政法规规定的其他条件。

3. 合伙人的出资方式

合伙人可以用货币、实物、知识产权、土地使用权或者其他财产权利出资，也可以用劳务出资。只有普通合伙人可以用劳务出资，有限合伙人不得以劳务出资。

二、有限合伙企业

1. 概念

有限合伙企业，是指由普通合伙人和有限合伙人组成的，普通合伙人对合伙企业债务承担无限连带责任，有限合伙人以其认缴的出资额为限对合伙企业债务承担有限责任的营利性组织。

考点精讲

2. 有限合伙企业的设立条件

（1）有限合伙企业由两个以上 50 个以下合伙人设立，但至少应当有一个普通合伙人；

（2）有限合伙企业名称中应当标明“有限合伙”字样；

（3）有限合伙人的出资限制：有限合伙人不得以劳务出资。

3. 合伙事务的执行

由普通合伙人执行合伙事务。有限合伙人不执行合伙事务，不得对外代表合伙企业。

经典真题

(2018农行) 合伙事务的执行可以采取灵活的方式，只要全体合伙人同意即可。具体方式包括四种，但表述错误的是(　　)。

A. 由各合伙人分别单独执行合伙事务

B. 由部分合伙人委托数名合伙人执行合伙事务

C. 由全体合伙人共同执行，这种方式适合于合伙人数较少的合伙

D. 由一名合伙人执行合伙事务，即一名合伙人受托代表全体合伙人执行合伙事务

真题精讲

答案：B。

解析：我国《合伙企业法》第二十六条第一、二款规定："合伙人对执行合伙事务享有同等的权利。按照合伙协议的约定或者经全体合伙人决定，可以委托一个或者数个合伙人对外代表合伙企业，执行合伙事务。"合伙事务的执行可以采取灵活的方式，只要全体合伙人同意即可。具体方式包括四种：(1) 由全体合伙人共同执行。这种方式适合于合伙人数较少的合伙。(2) 由各合伙人分别单独执行合伙事务。(3) 由一名合伙人执行合伙事务。即一名合伙人受托代表全体合伙人执行合伙事务。这种方式适合于人数较多的合伙。(4) 由数名合伙人共同执行合伙事务。即由全体合伙人委托数名合伙人执行合伙事务。这种方式同样适合于人数较多的合伙。每一合伙人有权将其对合伙事务的执行权委托其他合伙人代理，而自己不参与合伙事务的执行。由此可知，B选项表述错误，应是"由全体合伙人委托数名合伙人执行合伙事务"。故本题答案为B。

真题考点七　票据法

一、票据的种类

1. 汇票

汇票是出票人签发的，委托付款人在见票时或者在指定日期无条件支付确定的金额给收款人或者持票人的票据。

2. 本票

本票是出票人签发的，承诺自己在见票时无条件支付确定的金额给收款人或者持票人的票据。我国《票据法》上的本票仅指银行本票。

3. 支票

支票是出票人签发的，委托办理支票存款业务的银行或者其他金融机构在见票时无条件支付确定的金额给收款人或者持票人的票据。

二、票据行为

1. 出票

出票是指出票人签发票据并将其交付给收款人的票据行为。

票据金额、日期、收款人名称不得更改，更改的票据无效。对票据上的其他记载事项，原记载人可以更改，更改时应当由原记载人签章证明。

2. 背书

票据的转让依靠背书，背书是指持票人将票据权利转让给他人或者将一定的票据权利授予他人行使的票据行为。

考点精讲

3. 承兑

承兑是指汇票付款人承诺在汇票到期日支付汇票金额的票据行为。

承兑是汇票的专有票据行为。汇票上的付款人一经承兑，就必须承担无条件的绝对的付款责任。

4. 保证

保证是指行为人对特定票据债务人的票据承担连带责任的票据行为。

三、票据权利

1. 概念

票据权利是指持票人向票据债务人请求支付票据金额的权利，包括付款请求权和追索权。

考点精讲

2. 付款请求权

付款请求权是指持票人请求付款人给付票据金额的权利。付款请求权是票据的第一次权利，实践中人们常称此权利为主票据权利。付款请求权是第一顺序请求权，追索权是第二顺序请求权。

3. 追索权

追索权是指持票人行使付款请求权受到拒绝承兑或拒绝付款时，或有其他法定事由请求付款未果时，向其前手请求支付票据金额的权利。

由于这一请求是在第一次请求未果后的再次请求，所以将其称为第二次请求权。追索对象（出票人、背书人、保证人、承兑人和参加承兑人等）在票据中的地位是连带债务人，持票人可以不按照汇票债务人的先后顺序，对其中的任何一人、数人或全体行使追索权。

再追索权又称“代位追索权”，是指被追索人清偿了票据金额、利息以及有关费用后，依据其取得的票据而向其前手继续进行追索的权利。

四、票据的救济措施

1. 挂失止付

在发生票据遗失、被盗或者灭失时，为防止可能发生的损害，票据权利人可以通知票据上的付款人就该票据停止支付。

2. 公示催告

公示催告程序是指人民法院根据当事人的申请，以公示的方式催告不明的利害关系人，在法定期间内申报权利，逾期无人申报，作出宣告票据无效（除权）的判决程序。

3. 提起诉讼

在票据遗失后，已经知道现实持有人的情况下，失票人不能申请公示催告，但可以依普通民事诉讼程序，提起返还票据的诉讼。

经典真题

（2017 农行）追索权是在金融活动和票据流通过程中票据持有人的一种权利。被追索人在履行了自己的追索义务，向追索人清偿金额后，得向其前手追索义务人进行追索的权利，其行为称为（　　）。

A. 期后追索权　　B. 期前追索权　　C. 续追索权　　D. 再追索权

答案：D。

解析：再追索权又称“代位追索权”，是指被追索人清偿了票据金额、利息以及有关费用后，依据其取得的票据而向其前手继续进行追索的权利；期前追索权指在汇票上所记载的到期日到来之前，因发生到期付款的可能性显著减少的情况而进行追索的权利；期后追索权也称为到期追索权，是指在票据已届付款日期，持票人向付款人请求付款而遭拒绝或不获付款时而行使的追索权。故本题答案为 D。

真题考点八　商业银行法

一、商业银行的概念

商业银行是指依照本法和《中华人民共和国公司法》设立的吸收公众存款、发放贷款、办理结算等业务的企业法人。商业银行以其全部法人财产独立承担民事责任。

二、商业银行的经营范围

吸收公众存款；发放短期、中期和长期贷款；办理国内外结算；办理票据承兑与贴现；发行金融债券；代理发行、代理兑付、承销政府债券；买卖政府债券、金融债券；从事同业拆借；买卖、代理买卖外汇；从事银行卡业务；提供信用证服务及担保；代理收付款项及代理保险业务；提供保管箱服务；经国务院银行业监督管理机构批准的其他业务。

三、商业银行存款业务规则

1. 商业银行办理个人储蓄存款业务的原则

商业银行办理个人储蓄存款业务，应当遵循存款自愿、取款自由、存款有息、为存款人保密的原则。

对个人储蓄存款，商业银行有权拒绝任何单位或者个人查询、冻结、扣划，但法律另有规定的除外。

2. 对单位存款的信息保护

对单位存款，商业银行有权拒绝任何单位或者个人查询，但法律、行政法规另有规定的除外；有权拒绝任何单位或者个人冻结、扣划，但法律另有规定的除外。

四、商业银行贷款业务规则

1. 商业银行贷款，应当对借款人的借款用途、偿还能力、还款方式等情况进行严格审查。商业银行贷款，应当实行审贷分离、分级审批的制度。

2. 商业银行贷款，借款人应当提供担保。

3. 商业银行贷款，应当与借款人订立书面合同。

4. 不得发放信用贷款。

考点精讲

信用贷款是指以借款人的信誉发放的贷款，借款人不需要提供担保。

商业银行不得向关系人发放信用贷款；向关系人发放担保贷款的条件不得优于其他借款人同类贷款的条件。关系人是指：

（1）商业银行的董事、监事、管理人员、信贷业务人员及其近亲属；

（2）前项所列人员投资或者担任高级管理职务的公司、企业和其他经济组织。

5. 商业银行应当按照中国人民银行规定的贷款利率的上下限，确定贷款利率。

6. 商业银行贷款，应当遵守下列资产负债比例管理的规定：

（1）资本充足率不得低于 8%；

（2）流动性资产余额与流动性负债余额的比例不得低于 25%；

（3）对同一借款人的贷款余额与商业银行资本余额的比例不得超过 10%；

（4）国务院银行业监督管理机构对资产负债比例管理的其他规定。

7. 任何单位和个人不得强令商业银行发放贷款或者提供担保。

8. 借款人到期不归还担保贷款的，商业银行依法享有要求保证人归还贷款本金和利息或者就该担保物优先受偿的权利。

经典真题

（2018 工行）商业银行不得向关系人发放信用贷款。下列不属于“关系人”的是(　　)。

A. 该银行的管理人员

B. 该银行监事配偶投资的企业

C. 该银行董事的大学同学

D. 该银行的信贷业务人员

答案：C。

解析：我国《商业银行法》第四十条规定：“商业银行不得向关系人发放信用贷款；向关系人发放担保贷款的条件不得优于其他借款人同类贷款的条件。前款所称关系人是指：（一）商业银行的董事、监事、管理人员、信贷业务人员及其近亲属；（二）前项所列人员投资或者担任高级管理职务的公司、企业和其他经济组织。”由此可知，A、B、D 项属于商业银行的关系人。故本题答案为 C。

五、商业银行投资业务的限制

商业银行在中华人民共和国境内不得从事信托投资和证券经营业务，不得向非自用不动产投资或者向非银行金融机构和企业投资，但国家另有规定的除外。

经典真题

(2018 工行) 法务部门：古人云：“不以规矩，无以成方圆。”商业银行的经营活动应严格遵守相关法律、法规的规定。依章办事，请求合规是商业银行应遵循的基本准则，是其健康发展的生命线。你为联合银行的法务部门讲解一下法律知识吧。

根据我国《商业银行法》第四十三条的规定，商业银行目前在我国境内可以开展的业务是(　　)。

A. 金融债券的买卖　　B. 证券投资业务

C. 信用投资业务　　D. 非自用不动产投资

答案：A。

解析：我国《商业银行法》第四十三条规定：“商业银行在中华人民共和国境内不得从事信托投资和证券经营业务，不得向非自用不动产投资或者向非银行金融机构和企业投资，但国家另有规定的除外。”故本题答案为 A。

真题演练

一、单项选择题

1. 根据我国宪法对公民基本权利的规定，下列说法正确的是(　　)。

A. 我国公民在年老、疾病或者遭受自然灾害时有获得物质帮助的权利

B. 我国公民被剥夺政治权利的，其出版自由也被剥夺

C. 我国公民有信仰宗教与公开传教的自由

D. 我国公民有任意休息的权利

2. 某甲在马路上拾得某乙遗失的物品一件，根据你对我国相关法律规定的理解，判断某甲的下列行为中不符合法律规定的是(　　)。

A. 如该物自发布招领公告之日起 6 个月内无人认领，则归某甲所有

B. 某甲在该物被领取前，应当妥善保管遗失物

C. 有关部门不知某乙为物品所有人的，应当及时发布招领公告

D. 某甲应将该物返还给某乙

真题精讲

3. 甲和乙合伙开办一影楼，丙到该影楼冲洗照片并向工作人员丁交付冲印费五十元。该债的法律关系主体是(　　)。

A. 甲和丙　　B. 乙和丙　　C. 丁和丙　　D. 影楼和丙

4. 下列选项中说法错误的是(　　)。

A. 贷款人不得发放无指定用途的个人贷款

B. 商业银行可以根据贷款数额以及贷款期限，自行确定贷款利率

C. 商业银行贷款，应当遵守资本充足率不得低于8%的规定

D. 借款人生产、经营国家明文禁止的产品，贷款人不得对其发放贷款

5. 下列合同中，属于无名合同的是(　　)。

真题精讲

A. 借用合同　　B. 居间合同

C. 建设工程合同　　D. 借款合同

6. 某手表厂为纪念千禧年，特制纪念手表2000只，每只售价2万元，其广告宣传主要内容为：纪念表为金表，纪念表镶有进口钻石。后经证实，该纪念表为镀金表，进口钻石为进口人造钻石，每粒价格为1元，手表成本约1000元，为此购买者与该手表厂发生纠纷。该纠纷处理正确的是(　　)。

A. 按无效合同处理，理由为欺诈

B. 按可撤销合同处理，理由为欺诈

C. 按可撤销合同处理，理由为重大误解

D. 按有效合同处理

7. 陈某外出期间家中着火，邻居家10岁的女儿刘某呼叫邻居救火，并取自家衣物参与扑火。在救火过程中，刘某手部烧伤，花去医疗费200元，衣物损失费100元。下列哪种说法是正确的？(　　)。

A. 陈某应偿付刘某100元　　B. 陈某应偿付刘某200元

C. 陈某应偿付刘某300元　　D. 陈某无需补偿刘某

二、多项选择题

1. 根据《物权法》的规定，下列债务人有权处分的权利中，可以设定权利质押的是(　　)。

A. 可以转让的股权　　B. 应收账款

C. 土地承包经营权　　D. 存款单

2. 《票据法》所称票据是指(　　)。

A. 汇票　　B. 本票　　C. 债券　　D. 支票

3. 《中华人民共和国民法总则》规定，承担民事责任的方式主要有(　　)。

A. 停止侵害　　B. 赔偿损失　　C. 返还财产　　D. 赔礼道歉

参考答案及解析

一、单项选择题

1. 答案：B。

解析：中华人民共和国公民在年老、疾病或者丧失劳动能力的情况下，有从国家和社会获得物质帮助的权利；不包括“遭受自然灾害”的情况，A选项错误。《宪法》规定了公民有宗教信仰自由，但并未规定公民有公开传教的自由，C选项错误。根据《宪法》的相关规定，我国劳动者享有休息权，而非任意休息权，D选项错误。故本题答案为B。

2. 答案：A。

解析：《物权法》第一百一十三条规定：“遗失物自发布招领公告之日起六个月内无人认领的，归

国家所有。”A 选项表述错误。《物权法》第一百一十一条规定：“拾得人在遗失物送交有关部门前，有关部门在遗失物被领取前，应当妥善保管遗失物。因故意或者重大过失致使遗失物毁损、灭失的，应当承担民事责任。”B 选项表述正确。《物权法》第一百一十条规定：“有关部门收到遗失物，知道权利人的，应当及时通知其领取；不知道的，应当及时发布招领公告。”C 选项表述正确。《物权法》第一百零九条规定：“拾得遗失物，应当返还权利人。拾得人应当及时通知权利人领取，或者送交公安等有关部门。”D 选项表述正确。故本题答案为 A。

3. 答案：D。

解析：丙到影楼去消费，和影楼之间存在的是消费与服务的法律关系。故本题答案为 D。

4. 答案：B。

解析：我国《商业银行法》第三十八条规定：“商业银行应当按照中国人民银行规定的贷款利率的上下限，确定贷款利率。”所以 B 项说法错误。故本题答案为 B。

5. 答案：A。

解析：有名合同是指法律已经设有规范并且赋予名称的合同。B、C、D 三项在《合同法》中均有规定，属于有名合同。无名合同是指法律上尚未确定特定名称的合同，由当事人自由创立。故本题答案为 A。

6. 答案：B。

解析：一方以欺诈、胁迫的手段或者乘人之危，使对方在违背真实意思的情况下订立的合同为可撤销合同。某手表厂广告宣传与实际交付的标的物之间存在严重的不一致，手表厂存在欺诈，因此该合同可撤销。故本题答案为 B。

7. 答案：C。

解析：我国《民法总则》第一百二十一条规定：“没有法定的或者约定的义务，为避免他人利益受损失而进行管理的人，有权请求受益人偿还由此支出的必要费用。”本题中，刘某的行为是典型的无因管理行为，陈某作为受益人，需要偿付刘某由此所支付的必要费用，即医疗费 200 元和衣物损失费 100 元，共 300 元。所以 C 项正确。故本题答案为 C。

二、多项选择题

1. 答案：ABD。

解析：债务人或者第三人有权处分的下列权利可以出质：(1) 汇票、支票、本票；(2) 债券、存款单；(3) 仓单、提单；(4) 可以转让的基金份额、股权；(5) 可以转让的注册商标专用权、专利权、著作权等知识产权中的财产权；(6) 应收账款；(7) 法律、行政法规规定可以出质的其他财产权利。C 选项“土地承包经营权”不属于可以出质的权利范围。故本题答案为 ABD。

2. 答案：ABD。

解析：我国《票据法》第二条第二款规定：“本法所称票据，是指汇票、本票和支票。”故本题答案为 ABD。

3. 答案：ABCD。

解析：我国《民法总则》第一百七十九条规定：“承担民事责任的方式主要有：(一) 停止侵害；(二) 排除妨碍；(三) 消除危险；(四) 返还财产；(五) 恢复原状；(六) 修理、重作、更换；(七) 继续履行；(八) 赔偿损失；(九) 支付违约金；(十) 消除影响、恢复名誉；(十一) 赔礼道歉。法律规定惩罚性赔偿的，依照其规定。本条规定的承担民事责任的方式，可以单独适用，也可以合并适用。”故本题答案为 ABCD。

第十章 计算机基础

真题考点一　计算机基础知识

一、概述

1. 计算机系统组成

一个完整的计算机系统是由硬件和软件组成。其中硬件是由运算器、控制器、存储器、输入设备、输出设备五部分组成。其中：

中央处理器（简称 CPU）= 运算器（算术逻辑运算单元 ALU）+控制器（控制单元 CU）

主机 = 中央处理器+主存储器

计算机软件是指各类程序和数据，计算机软件包括计算机本身运行所需要的系统软件和用户完成任务所需要的应用软件。

2. 计算机的概念

计算机的概念：计算机是一种由电子器件构成的，有计算能力和逻辑判断能力、具有自动控制和记忆功能的信息处理设备，它能按事先存储的程序，自动、高速进行大量数值计算和各种信息处理。第一台现代电子计算机是 1946 年诞生于美国宾夕法尼亚大学的 ENIAC。

3. 计算机的产生和发展

从元器件来说，计算机发展大致经历了四代：

表 3-10-1　计算机的发展

时代	年份	器件	应用
一	1946—1958 年	电子管	科学计算
二	1959—1964 年	晶体管	数据处理、工业控制
三	1965—1970 年	集成电路	文字处理、图形处理
四	1971 年至今	大规模集成电路	社会各个领域

计算机最早期诞生的目的是用于军事上的科学计算，但是随着计算机的发展，计算机更多地用于数据处理。

4. 计算机的发展方向

计算机的发展方向为巨型化、微型化、网络化、智能化。

5. 计算机的应用领域

(1) 数据处理：目前最主要应用领域（最主要任务），包括办公自动化、管理信息系统、专家系统等，会计数据处理是数据处理的典型应用。发展阶段包括电子数据处理（EDP）、管理信息系统（MIS）、决策支持系统（DSS）。

(2) 科学计算：计算机最早的应用领域。高速计算、大存储容量、连续运算、航天工程、气象预报等。

(3) 过程控制：又称实时控制，自动控制、自动调节、自动预报、会计电算化中对某些指标的预警和控制。

(4) 计算机辅助设计和辅助教学：计算机辅助设计（CAD），广泛应用于飞机、汽车、机械、电子等领域；计算机辅助教学（CAI）。

(5) 计算机通信：由计算机技术、通信技术结合而成；计算机网络是计算机通信应用的典型代表。

(6) 人工智能（AI）：包括计算机模拟人类智能活动、智能机器人。

6. 信息与信息技术

(1) 信息是事物运动的状态和特征的反映。信息，指音讯、消息、通讯系统传输和处理的对象，泛指人类社会传播的一切内容。在一切通讯和控制系统中，信息是一种普遍联系的形式。

(2) 信息的性质

普遍性：凡有事物的地方，就必然存在信息，信息广泛存在。

动态性：事物是在不断运动变化之中的，信息也必然随时间而改变。

时效性：由于信息的动态性，信息的使用价值会随着时间而衰减。

多样性：语言、文字、声音、图片等都是信息的表现形式（也称为信息的载体或媒体）。

可传递性：信息可通过媒介在人—人，人—物，物—物之间传递，信息传递才能发挥信息的作用。

可共享性：信息与物质、能量显著不同的是，同一信息在同一时间可被多个主体共有，信息能无限地进行复制和传递，不因使用而有损耗。

快速增长性：随着社会的发展，信息在快速增长。

(3) 信息的特征：可识别性、可存储性、可扩充性、可压缩性、可传递性、可转换性、特定范围有效性。

(4) 信息熵：1948 年，香农提出了“信息熵”的概念，解决了对信息的量化度量问题。

信息熵是信息论中用于度量信息量的一个概念。一个系统越是有序，信息熵就越低；反之，一个系统越是混乱，信息熵就越高。所以，信息熵也可以说是系统有序化程度的一个度量。

7. 计算机系统主要技术指标

字长：字长是指计算机能直接处理的二进制数据的位数。

内存容量：内存容量反映内存储器存储二进制代码字的能力。

存取周期：存储器进行一次性读或写的操作所需的时间称为存储器的访问时间（或读写时间），而连续两次独立的读或写操作所需的最短时间称为存取周期，反映主存储器（内存储器）的速度性能。

运算速度：运算速度是计算机进行数值计算、信息处理的快慢程度。

外部设备的配置及扩展能力：如主机 I/O 的速度、磁盘的转速等。

可靠性与兼容性：一般用微型计算机连续无故障运行的最长时间来衡量微型机的可靠性。

经典真题

（2017 农发展）1. 王某听说某银行有一款理财产品，当他赶到银行准备购买时，却因该理财产品已经过了购买期而无法购买，这事情主要体现了信息的(　　)。

A. 可处理性　　B. 载体依附性　　C. 可扩充性　　D. 时效性

答案：D。

解析：信息包含以下性质：普遍性、动态性、时效性、多样性、可传递性、可共享性、快速增长性，其中时效性表示由于信息的动态性，信息的使用价值会随着时间而衰减。因为时间过了期限，已经没有使用价值，因此选择时效性。故本题答案为 D。

（2017 交行）2. 在计算机应用中，对于一般用户来说，评价计算机性能的指标主要有(　　)。

A. 存储器的容量　　B. 运算速度

C. 外设配置及扩展能力　　D. 字长

答案：ABCD。

解析：计算机主要性能指标：(1) 运算速度；(2) 字长；(3) 内存储器的容量；(4) 外存储器的容量；(5) 外部设备的配置及扩展能力；(6) 软件配置。故本题答案为 ABCD。

二、计算机中数据表示与信息编码

1. 进位计数制

考点精讲

（1）数制：人类日常生活中使用最多的是十进制数，但计算机中还广泛使用二进制数、八进制数和十六进制数。它们的特点很相似，都是按进位的方式进行计数，不同位上的数字表示不同的值（即使数字相同）。

（2）基数：指各种进位计数制中允许选用基本数码的个数。例如，十进制的数码有：0，1，2，3，4，5，6，7，8，9；基数是 10。

（3）位权：每个数码所表示的数值等于该数码乘以一个与数码所在位置相关的常数，这个常数叫做权值。例如：$123.4 = 1 \times 10^2 + 2 \times 10^1 + 3 \times 10^0 + 4 \times 10^{-1}$，其中$10^2$，$10^1$，$10^0$，$10^{-1}$就是权值。

表 3-10-2　常用数制

数制	十进制	二进制	八进制	十六进制
数码个数	0，1，……，9	0，1	0，1，……，7	0，1，……9，A，B，……，F
基数	10	2	8	16
权	10^i	2^i	8^i	16^i

其中十六进制的 A 代表 10，B 代表 11，C 代表 12，D 代表 13，E 代表 14，F 代表 15。

（4）二进制数的运算

二进制转换为十进制方法：按权展开，然后相加求和。

例如：$(101.11)_2 = 1 \times 2^2 + 0 \times 2^1 + 1 \times 2^0 + 1 \times 2^{-1} + 1 \times 2^{-2} = (5.75)_{10}$

此方法依然适用于八进制转换为十进制、十六进制转换为十进制。

例如：

十进制 $(101.1)_{10} = 1 \times 10^2 + 0 \times 10^1 + 1 \times 10^0 + 1 \times 10^{-1} = (101.1)_{10}$

二进制 $(101.1)_2 = 1 \times 2^2 + 0 \times 2^1 + 1 \times 2^0 + 1 \times 2^{-1} = (5.5)_{10}$

八进制 $(101.1)_8 = 1 \times 8^2 + 0 \times 8^1 + 1 \times 8^0 + 1 \times 8^{-1} = (65.125)_{10}$

十六进制 $(101.1)_{16} = 1 \times 16^2 + 0 \times 16^1 + 1 \times 16^0 + 1 \times 16^{-1} = (257.0625)_{10}$

十进制转换为二进制方法：

整数部分：除以 2 取余逆序写；

小数部分：乘 2 取整顺序写，直到乘到 0 为止，如果小数部分乘不尽，则按要求保留 X 位即可（银行考试一般不会涉及小数部分的转化，因此本处不再举例说明小数部分的转化）。

例如：将十进制数 45.625 转为二进制数。

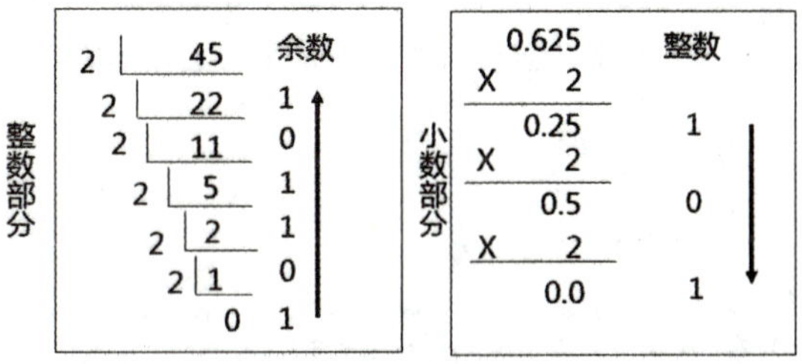

图 3-10-1 十进制数 45.625 转为二进制数的运算过程

通过计算可以得出：

$(45.625)_{10} = (101101.101)_2$

此方法依然适用于十进制转换为八进制、十六进制，整数部分分别除以 8、16，余数逆序写；小数部分分别乘 8、16，取整正序写。

例如：

十进制转八进制 $(123)_{10} = (173)_8$

十进制转十六进制 $(123)_{10} = (7B)_{16}$

2. 计算机中字符的编码

（1） ASCII 码——美国信息交换标准代码

含义：ASCII（American Standard Code for Information Interchange）——美国信息交换标准代码。

组成：7 位二进制码数，范围是 0000000B—1111111B。

用途：用于 128 个基本字符的编码。

大小比较：同类字符 ASCII 码：前面<后面。

对于 ASCII 码表，大家只需记住几个常用的码的十进制数是多少即可。不同类字符：数字（48）<大写字母（65）<小写字母（97）。

（2） 汉字编码

计算机中汉字的表示也是用二进制编码，同样是人为编码的。根据应用目的的不同，汉字编码分为外码、交换码、机内码和字形码。

①汉字输入码：汉字输入计算机而编制的代码称为汉字输入码，也叫外码。常用的输入码有拼音码（音码）、五笔字型码、自然码等。

②汉字交换码：用于汉字信息处理系统之间或者与通信系统之间进行信息交换的汉字代码，也称国标码。

③汉字内部码：在计算机内部对汉字进行存储、处理时的汉字代码，又称内码。

④汉字字形码：是汉字字库中存储的汉字字形的数字化信息，用于汉字的显示和打印的编码，也叫输出码。

3. 计算机中数据的单位

（1）位（b）：计算机中，二进制数的每一个数，称为一个位（bit），是信息的最小单位，通常用b来表示。

（2）字节（B）：一个八位二进制数称为一个字节，是存储器的常用单位，通常用B来表示。常用的单位有：千字节（KB）、兆字节（MB）、吉字节（GB）、太字节（TB）。换算关系为：1KB＝1024B、1MB＝1024KB、1GB＝1024MB、1TB＝1024GB。一般内存大小或者硬盘大小均用GB或TB作为单位。

（3）字（Word）：字是计算机内部一次基本动作（存取、加工、运算和传输）可同时处理的一组二进制数。

经典真题

（2017 农发展）与十进制数 225 相等的二进制数是（　　）。

A. 111010001　　B. 111001011

C. 11100001　　D. 111000111

答案：C。

解析：十进制转换为二进制，方法为除二取余，直到商为0为止，逆向排列，即对应的二进制数是 1110 0001。故本题答案为C。

三、计算机系统组成

考点精讲

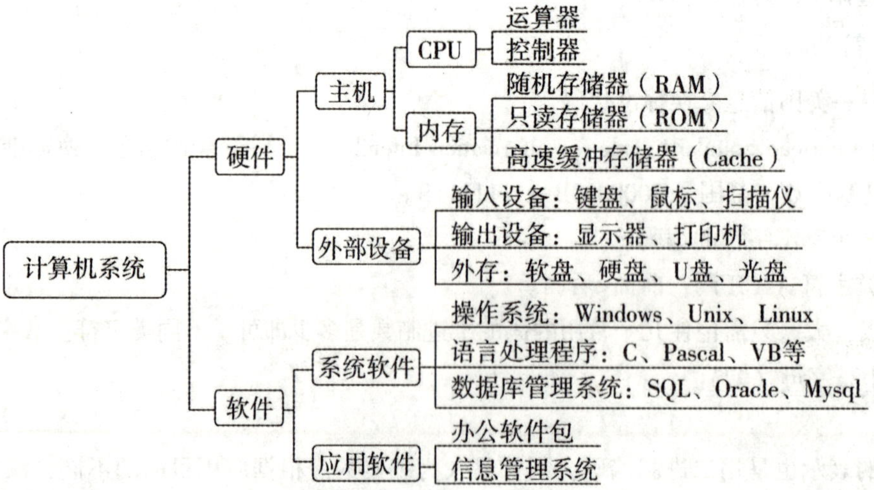

图 3-10-2　计算机系统组成

如图 3-10-2 所示，计算机系统由硬件和软件组成，下面分别进行介绍。

硬件：指构成计算机的物理设备，即具有输入、存储、计算、控制和输出功能的实体部分。

软件：指系统中的程序以及开发、使用和维护程序所需的所有文档的集合。

1. 计算机硬件组成

硬件是由运算器、控制器、存储器、输入设备、输出设备五部分组成。

运算器：运算器又称算术逻辑单元（ALU）。它主要由寄存器、加法器和控制电路组成，它是完成计算机对各种算术运算和逻辑运算的装置，能进行加、减、乘、除等数学运算，也能作比较、判断、查找、逻辑运算等。

控制器：控制器是计算机的指挥中心，用它来控制计算机各个部件的协调，充分发挥各部件的功能，使计算机的工作自动进行，其工作过程与人的大脑指挥和控制人的各个器官一样。

存储器：存储器是计算机的记忆装置，用来存入计算机所需的原始数据、计算结果和程序，是用来存储数据的器件。存储器分为外存储器和内存储器两种。内存分为只读存储器（ROM，数据不会因断电而消失，也称为非易失的，在系统中通常用来存储和运行程序）和随机存储器（RAM，数据可读可写，断电后数据消失，在系统中通常用来存储变量）两大类。外存储器包括硬盘、磁盘、光盘等。为了解决内存与 CPU 速度不匹配的问题，出现了高速缓存存储器也就是 Cache。Cache 是一种高速缓冲存储器，是为了解决 CPU 与主存之间速度不匹配而采用的一种重要技术。

输入设备：向计算机输入数据和信息的设备。是计算机与用户或其他设备通信的桥梁。输入设备是用户和计算机系统之间进行信息交换的主要装置之一。键盘、鼠标、摄像头、扫描仪、光笔、手写输入板、游戏杆、语音输入装置等都属于输入设备。

输出设备：是计算机硬件系统的终端设备，用于接收计算机数据的输出显示、打印、声音、控制外围设备操作等，也是把各种计算结果数据或信息以数字、字符、图像、声音等形式表现出来。常见的输出设备有显示器、打印机、绘图仪、影像输出系统、语音输出系统、磁记录设备等。

2. 计算机软件组成

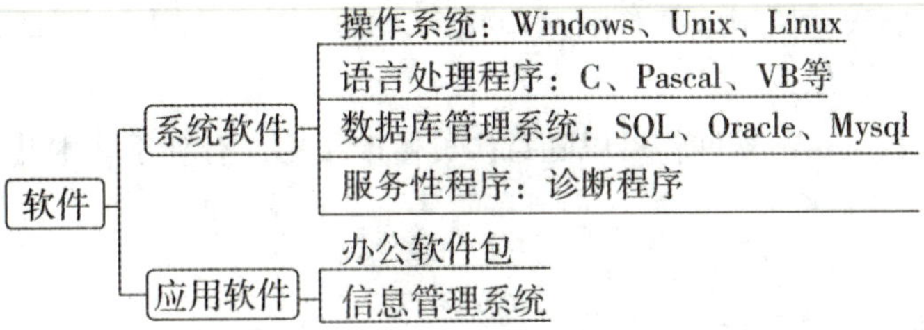

图 3-10-3 计算机软件组成

计算机软件系统总体上可以分为系统软件和应用软件。下面分别进行介绍。

（1）系统软件：系统软件是控制计算机系统并协调管理软硬件资源的程序，系统软件主要包括操作系统、语言处理程序、服务性程序、数据库管理系统。

①操作系统：操作系统（Operating System，OS）是对计算机全部软、硬件资源进行控制和管理的大型程序，是直接运行在裸机上的最基本的系统软件，其他软件必须在操作系统的支持下才能运行。它是软件系统的核心。操作系统的主要特性为：并发性、共享性、异步性和虚拟性。

②语言处理程序：程序设计语言按发展过程分为：

机器语言：以二进制代码表示的指令集合，是计算机唯一能识别和执行的语言。

考点精讲

汇编语言：用助记符来表示机器指令的语言。

高级语言：它通用性强，是面向问题的，基本上与机器无关。

非过程化语言（4GL）：非过程语言编写的程序可以不必遵循计算机执行的实际步骤，使人们无须关心问题的解法和计算过程的描述。

由于计算机不能直接识别和执行高级语言源程序，要用翻译的方法把高级语言源程序翻译成等价的机器语言程序（称为目标程序）才能执行。翻译的方法有两种：

“解释”：不保留目标程序代码，“解释一句，执行一句”。

“编译”：它调用相应语言的编译程序，把源程序变成目标程序（以 .obj 为扩展名），然后再用连接程序，把目标程序与各类库文件相连接形成可执行文件；“全部编译之后再去执行”。

③服务性程序：服务程序能够提供一些常用的服务功能，它为用户开发程序和使用计算机提供了方便，如编辑程序、连接装配程序、测试、诊断程序等。

④数据库管理系统（DBMS）：数据库（Database，DB）是指按照一定数据模型存储的数据集合。数据库管理系统（Database Management System，DBMS）则是能够对数据库进行加工、管理的系统软件。数据库系统（DBS）由数据库、数据库管理系统以及相应的应用程序组成。

（2）应用软件：为解决各类实际问题而设计的程序称为应用软件。

根据其服务对象，可分为通用软件和专用软件两类：

①通用软件：如文字处理软件：Word、WPS2000；电子表格软件：Excel、Lotus1-2-3；绘图软件：Auto CAD、3DS；课件制作软件：PowerPoint、Authorware；网络通信软件：Outlook、Internet Mail；

②专用软件：上述的通用软件或软件包在市场上可以买到，但有些具有特殊要求的软件是无法直接买到的。用户为了自己特殊的需要开发的软件就是专用的应用软件。

按照软件权益分为商业软件、共享软件和自由软件：

①商业软件用户需要付费才可以使用；

②共享软件是一种买前免费使用的具有版权的软件，允许用户使用一段时间，过了试用期之后需要注册，支付注册费才可以使用；

③自由软件允许用户共享自由软件，可以随意拷贝修改使用，有利于技术共享。

经典真题

（2017交行）采用功能限制、批处理限制等策略的软件一般属于(　　)。

A. 付费软件　　B. 商业软件　　C. 免费软件　　D. 共享软件

答案：D。

解析：付费软件如果不付费则无法使用。商业软件用户需要付费才可以使用。共享软件是一种买前免费使用的具有版权的软件，允许用户使用一段时间，过了试用期之后需要注册，支付注册费才可以使用。自由软件允许用户共享自由软件，可以随意拷贝修改使用，有利于技术共享。此题中软件可以使用，但是功能以及批处理受限制，因此属于共享软件，譬如OFFICE软件。故本题答案为D。

真题考点二 计算机网络

一、计算机网络基本知识

1. 计算机网络概念

计算机网络是按照网络协议，以共享资源为主要目的，将地理上分散且独立的计算机互联的集合。ARPANET 的成功标志着计算机网络的发展进入了一个新纪元。

2. 计算机网络的组成

计算机网络在逻辑上可以分为进行数据处理的资源子网和完成数据通信的通信子网两部分。

资源子网：资源子网为用户提供了访问网络的能力，它由主机系统、终端控制器、请求服务的用户终端、通信子网的接口设备、提供共享的软件资源和数据资源构成。它负责网络的数据处理业务，向网络用户提供各种网络资源和网络服务。

通信子网：通信子网提供网络通信功能，能完成网络主机之间的数据传输、交换、通信控制和信号变换等通信处理工作，由通信控制处理机 CCP、通信线路和其他通信设备组成数据通信系统。

3. 计算机网络的分类

（1）按地理范围（或称作用范围）划分为局域网、城域网、广域网：

表 3-10-3 网络分类

网络分类	特征
局域网（LAN）	在局部地区范围内的网络，它所覆盖的地区范围较小（小于 10 千米的范围）。配置容易，连接速度高。目前局域网最快的速率要算现今的 10G 以太网。
城域网（MAN）	5 千米~50 千米（50Mbps），介于 WAN、LAN 之间，适合大量企业、学校、公司的多个 LAN 的互联，实现大量用户之间的信息传递。
广域网（WAN）	几十千米~几千千米，包含很多子网、局域网、个人计算机。典型代表：Internet

（2）按物理连接方式（网络的拓扑结构）分类：总线型、星状、环状、网状拓扑结构。

（3）按照交换方式分类：线路交换网络、存储转发交换网络。存储转发交换又可以分为报文交换和分组交换。

（4）按服务方式分类：集中式系统和分布式系统。

集中式系统：服务器支配工作，独立性差，对信息处理集中，系统响应时间短，可靠性高，便于管理，但整个系统适用性差。

分布式系统：既互联又独立，独立性强，用户使用方便、灵活。

（5）按网络数据传输与交换系统的所有权分类：公用网与专用网。

公用网：由国家电信部门组建、经营管理、提供公众服务的网络。任何单位、部门，甚至个人的计算机和终端都可以接入公用网，利用公用网提供的数据通信服务设施来实现本行业或个人的业务。

专用网：专用网往往是由一个政府部门或一个公司等组建经营，未经许可，其他部门和单位不得使用，其组网方式可以利用公用网提供的“虚拟网”功能或自行架设的通信线路。

（6）按传输方式和传输带宽方式分类：基带网和宽带网。

（7）按通信媒体划分为有线网和无线网。

有线网：同轴电缆、双绞线、光纤。

无线网：微波传输。

4. 网络制式

网络制式就是网络的类型。手机网络制式的发展如下：

表 3-10-4　手机网络制式

运营商	2G	3G	4G
中国移动	GSM	TD-SCDMA	TD-LTE
中国联通	GSM	WCDMA	TD-LTE/FDD-LTE
中国电信	CDMA1X	EVDO	TD-LTE/FDD-LTE
全网通机型：GSM/TD-SCDMA/WCDMA/TD-LTE/FDD-LTE/CDMA1X/EVDO			

经典真题

（2016 交行）关于中国各集团公司目前使用的手机移动网络制式，表述错误的是(　　)。

A. 中国电信：CDMA2000、FDD-LTE 制式移动网络业务

B. 中国联通：GSM、WCDMA、TD-LTE 制式移动网络业务

C. 中国电信：GSM、CDMA2000、TD-LTE 制式移动网络业务

D. 中国移动：GSM、TD-SCDMA、TD-LTE 制式移动网络业务

答案：C 。

解析：中国联通 2G/3G/4G 对应的网络是 GSM/WCDMA/FDD-LTE；中国移动 2G/3G/4G 对应的网络是 GSM/TD-SCDMA/TD-LTE；中国电信 2G/3G/4G 对应的网络是 CDMA/CDMA2000/FDD-LTE。故本题答案为 C。

二、计算机网络分层结构和协议

1. 计算机网络体系结构

计算机网络体系结构是指网络的层次结构和协议集合。计算机网络体系有 OSI（开放系统互联）参考模型以及 TCP/IP（传输控制协议/网际协议）模型，如表 3-10-5 所示。

考点精讲

表 3-10-5 参考模型

OSI 参考模型	TCP/IP 参考模型
应用层	应用层
表示层	
会话层	
传输层	传输层
网络层	网际层
数据链路层	网络接口层
物理层	

（1）OSI 开放系统互联七层网络模型：是一个逻辑上的定义，一个规范。它把网络从逻辑上分为七层，每一层都有相关的相对应的物理设备，比如路由器、交换机。

①物理层：主要定义物理设备标准，如网线的接口类型、光纤的接口类型、各种传输介质的传输速率等。这一层的数据叫做比特。

②数据链路层：定义了如何格式化数据以进行传输，以及如何控制对物理介质的访问。这一层通常还提供错误检测和纠正，以确保数据的可靠传输。这一层的数据叫做帧。

③网络层：在位于不同地理位置的网络中的两个主机系统之间提供连接和路径选择。

Internet 的发展使得从世界各站点访问信息的用户数大大增加，而网络层正是管理这种连接的层。这一层的数据叫做包。

④传输层：定义了一些传输数据的协议和端口号。主要是将从下层接收的数据进行分段和传输，到达目的地址后再进行重组。常常把这一层数据叫做段。

⑤会话层：通过传输层（端口号：传输端口与接收端口）建立数据传输的通路。

⑥表示层：可确保一个系统的应用层所发送的信息可以被另一个系统的应用层读取。

⑦应用层：是最靠近用户的 OSI 层。这一层为用户的应用程序（例如电子邮件、文件传输和终端仿真）提供网络服务。

（2）TCP/IP 通信协议：采用了四层的层级结构，每一层都呼叫它的下一层所提供的网络来完成自己的需求。这四层分别为：

①应用层：应用程序间沟通的层，如简单邮件传输协议（SMTP）、文件传输协议（FTP）、网络远程访问协议（Telnet）等。

②传输层：在此层中，它提供了节点间的数据传送服务，如传输控制协议（TCP）、用户数据报协议（UDP）等，TCP 和 UDP 给数据包加入传输数据并把它传输到下一层中，这一层负责传送数据，并且确定数据已被送达并接收。

③网际层：负责提供基本的数据封包传送功能，让每一块数据包都能够到达目的主机（但不检查是否被正确接收），如网际协议（IP）。

④网络接口层：对实际的网络媒体的管理，定义如何使用实际网络（如 Ethernet、Serial Line 等）来传送数据。

2. 计算机网络互联设备

（1）中继器：中继器是局域网环境下用来延长网络距离的最简单、最廉价的互联设备，它工作在

OSI 的物理层，作用是对传输介质上传输的信号接收后经过放大和整形再发送到其他传输介质上。

（2）集线器：集线器（Hub）是局域网中使用的连接设备，它具有多个端口，可连接多台计算机。它工作在 OSI 的物理层，在局域网中常以集线器为中心，将所有分散的工作站与服务器连接在一起，形成星状拓扑结构的局域网系统。

（3）网桥：网桥也是局域网使用的连接设备，它工作在 OSI 的数据链路层，网桥的作用是扩展网络的距离，减轻网络的负载。

（4）交换机：交换机是一种低价位，高性能的多端口网络设备。它是一种独占带宽方式，每个结点都可以拥有和上游结点相同的带宽。交换机工作在数据链路层。

（5）路由器：路由器是互联网中使用的连接设备。它可以将两个网络连接在一起，组成更大的网络，被连接的网络可以是局域网也可以是互联网，连接后的网络都可以称为互联网。在互联网中，路由器的作用就是为数据包（或分组）选择一条合适的传送路径。用路由器隔开的网络属于不同的局域网，具有不同的网络地址。路由器工作在 OSI 体系结构中的网络层，具有判断网络地址和选择 IP 路径的功能，这意味着它可以在多个网段上交换路由数据包。路由器主要用于广域网之间或广域网与局域网的互联，在网络上将数据从发送者发送到接收者，能够确定数据的目的地址并能够确定传输数据的最佳路径，支持 TCP/IP 协议。

（6）网关：网关在互联网络中起到高层协议转换的作用，如 Internet 上用简单邮件传输协议（SMTP）进行传输电子邮件时，如果与微软的 Exchange 进行互通，需要电子邮件网关。网关工作在 OSI 体系结构中的传输层及以上的层次。

经典真题

（2016 交行）以下设备工作在数据链路层的是（　　）。

A. 路由器　　B. 中继器　　C. 交换机　　D. 集线器

答案： C。

解析： 集线器和中继器工作在物理层，交换机工作在数据链路层，路由器工作在网络层。故本题答案为 C。

3. 计算机网络协议

网络协议是网络上所有设备（网络服务器、计算机及交换机、路由器、防火墙等）之间通信规则的集合，它规定了通信时信息必须采用的格式和这些格式的意义。网络协议有很多，包括 TCP/IP 协议、文件传输协议 FTP、简单邮件传输协议 SMTP、超文本传输协议 HTTP、域名系统服务 DNS 和远程登录协议 Telnet；其中，最核心的协议是 TCP/IP 协议。

（1）TCP/IP 协议：又名传输控制协议/网际协议，是 Internet 最基本的协议、Internet 国际互联网络的基础，由网络层的 IP 协议和传输层的 TCP 协议组成。TCP/IP 定义了电子设备如何连入因特网，以及数据在它们之间如何传输的标准。通俗而言：TCP 协议负责发现传输的问题，一有问题就发出信号，要求重新传输，直到所有数据安全正确地传输到目的地；而 IP 协议是给因特网的每一台联网设备分配的一个地址，即 IP 地址。

计算机的网络位置用 IP 地址进行描述：

IP 地址（默认指代 IPv4）是一个 32 位的二进制数，采用“点分十进制表示法”，将 32 位二进制数分割为 4 组“8 位二进制数”，这 4 组数字，每一组的取值范围为 0~255。

IPv6 是 IETF（互联网工程任务组）设计的用于替代现行版本 IP 协议（IPv4）的下一代 IP 协议，IPv6 地址共有 128 位二进制数，采用“冒分十六进制表示法”。

考点精讲

子网掩码，它是一种用来指明一个 IP 地址的哪些位标识的是主机所在的子网，以及哪些位标识的是主机的位掩码，用于划分逻辑网段。子网掩码不能单独存在，它必须结合 IP 地址一起使用。子网掩码只有一个作用，就是将某个 IP 地址划分成网络地址和主机地址两部分。子网掩码的长度也是 32 位，由 1 和 0 组成，且 1 和 0 分别连续，左边是网络位，用二进制数字“1”表示，1 的数目等于网络位的长度；右边是主机位，用二进制数字“0”表示，0 的数目等于主机位的长度。

（2）FTP 协议：FTP（File Transfer Protocol，文件传输协议）是 TCP/IP 协议簇中的协议之一。在开发网站的时候，通常利用 FTP 协议把网页或程序传到 WEB 服务器上。此外，由于 FTP 传输效率非常高，在网络上传输大的文件时，一般也采用该协议。

（3）SMTP 协议：SMTP（Simple Mail Transfer Protocol）即简单邮件传输协议，它是一组用于由源地址到目的地址传送邮件的规则，由它来控制信件的中转方式。属于 TCP/IP 协议簇，它帮助每台计算机在发送或中转信件时找到下一个目的地。

注意：

电子邮件（E-mail）地址是因特网上每个用户所拥有的、不与他人重复的唯一地址。对于同一台主机，可以有很多用户在其上注册，因此，电子邮件地址由用户名和主机名两部分构成，中间用@ 隔开，即 Username@ hostname。

（4）HTTP 协议：（Hypertext Transfer Protocol，即超文本传输协议）是互联网上应用最为广泛的一种网络协议。所有的 WWW 文件都必须遵守这个标准。设计 HTTP 最初是为了提供一种发布和接收 HTML 页面的方法（HTML 为超文本标记语言）。

（5）Telnet：远程登录协议，实现用户的远程登录。

（6）DNS 服务：即域名服务。IP 地址能够唯一的标识网上的主机，由于 IP 地址是由数字组成的，因此不形象、没有规律、难记忆、使用不方便。为方便记忆而为计算机进行命名，按照与 IP 地址一一对应的原则，又为每台主机分配了一个由字符组成的名字，称为“域名”。当用户访问网上某台计算机时，既可使用它的 IP 地址，也可使用域名。如一台计算机的 IP 地址为：202.113.144.65，我们给其一个域名为 scse.hebut.edu.cn，之后我们访问这台网络机器就可以使用后者来访问。

域名地址一般由四部分组成：主机名、主机所属单位名、网络名、最高层域名。

最高域名：代表主机所在的国家或地区，由两个字符构成。

网络名：第二级域名，反映组织机构的性质。

主机所属单位名：例如：Tsinghua——清华大学　pku——北京大学

主机名：根据需要由网络管理员自行定义。

考点精讲

表 3-10-6　域名的含义

	域名	含义	域名	含义
国家或地区域名	cn	中国	jp	日本
	us	美国	hk	香港
组织机构域名	edu	教育机构	net	网络组织
	com	商业组织	mil	军队
	gov	政府部门	org	非营利性组织

经典真题

(2019 农发展) 1. 在 TCP/IP 体系中，IPv6 地址是(　　)。

A. 32 位二进制，采用点分十进制记法

B. 64 位二进制，采用冒分十进制记法

C. 128 位二进制，采用点分十进制记法

D. 128 位二进制，采用冒分十六进制记法

答案：D。

解析：在 TCP/IP 体系中，IPv4 地址由 32 位二进制数组成，采用点分十进制记法；IPv6 地址由 128 位二进制数组成，采用冒分十六进制记法；所以 D 项正确。故本题答案为 D。

2. (2017 农行) 2. 在 TCP/IP 协议族中，FTP 是基于 TCP 的服务，它使用 2 个端口，即(　　)。

A. 一个主动端口和一个被动端口

B. 一个主机端口和一个客户端口

C. 一个静态端口和一个动态端口

D. 一个数据端口和一个命令端口

答案：D。

解析：FTP 端口号有两个，一个数据端口和一个命令端口。故本题答案为 D。

真题考点三　计算机安全、信息安全

一、计算机病毒概述

1. 计算机病毒的定义

计算机病毒（Computer Virus）在《中华人民共和国计算机信息系统安全保护条例》中被明确定义为：“病毒指编制者在计算机程序中插入的破坏计算机功能或者破坏数据，影响计算机使用并且能够自我复制的一组计算机指令或者程序代码。”

2. 计算机病毒的种类

按照病毒的破坏性分类：良性病毒是指不包含立即对计算机系统产生直接破坏作用的代码；恶性病毒是指包含损伤和破坏计算机系统操作的代码，在其传染或发作时会对系统产生直接的破坏作用。

按照病毒存在的媒体进行分类：网络病毒是通过计算机网络传播感染网络中的可执行文件。文件病毒是感染计算机中的文件（如 COM、EXE、DOC 等）。引导型病毒是感染启动扇区（Boot）和硬盘的系统引导扇区（MBR）。混合型病毒如多型病毒（文件和引导型），这类病毒通常具有复杂的算法，使用非常规的办法侵入系统。

3. 常见计算机病毒的解决方案

（1）给系统打补丁。

（2）更新或升级杀毒软件及防火墙。

（3）不要访问来历不明的网站，不要随便安装网站提示的来历不明软件。

（4）在接收邮件时，不要随便打开或运行陌生人发送的邮件附件，可以直接将其作为垃圾邮件删除。

4. 常用计算机杀毒软件

瑞星、金山毒霸、江民、赛门铁克（Symantec）、卡巴斯基、迈克菲等。

经典真题

（2016 建行）国家计算机病毒应急处理中心近日发布《病毒监测周报》，发现 10 月 4 日—10 月 10 日这一周的病毒数同比上周仍呈上升趋势，病毒疫情以蠕虫和木马为主，“网页木马”的数量呈上升态势，感染计算机的数量整体仍呈上升态势。下列有关计算机病毒的说法，不正确的是（　　）。

A. 计算机病毒中也有良性病毒

B. 计算机病毒实际是一种计算机程序

C. 计算机病毒是由于程序的错误编制而产生的

D. 计算机病毒有引导型病毒、文件型病毒、复合型病毒等

答案：C。

解析：计算机病毒，是指编制或者在计算机程序中插入的破坏计算机功能或者毁坏数据，影响计算机使用，并能自我复制的一组计算机指令或者程序代码。故本题答案为 C。

二、防火墙

1. 定义

考点精讲

防火墙（Firewall）是指设置在不同网络或网络安全域之间的一系列部件的组合。它可通过监测、限制、更改跨越防火墙的数据流，尽可能地对外部屏蔽网络内部的信息、结构和运行状况，以此来实现网络的安全保护。在逻辑上，防火墙是一个分离器、一个限制器，也是一个分析器，它有效地监控了内部网和 Internet 之间的任何活动，保证了内部网络的安全。防火墙是一个由软件和硬件设备组合而成、在内部网和外部网之间、专用网与公共网之间的界面上构造的保护屏障。它是一种计算机硬件和软件的结合，使 Internet 与 Intranet 之间建立起一个安全网关（Security Gateway），从而保护内部网免受非法用户的侵入。防火墙主要由服务访问规则、验证工具、包过滤和应用网关四个部分组成，防火墙就是一个位于计算机和它所连接的网络之间的软件或硬件。防火墙重点防范的不仅仅是外部非法访问者，也可以有效限制内网的人访问外网的非法资源。

2. 特点

内部网络和外部网络之间的所有网络数据流都必须经过防火墙，只有符合安全策略的数据流才能

通过防火墙，防火墙自身应具有非常强的抗攻击免疫力，应用层防火墙具备更细致的防护能力，数据库防火墙拥有针对数据库恶意攻击的阻断能力。

经典真题

（2018 交行）以下关于防火墙的描述，错误的是（　　）。

A. 防火墙是根据“合法”来判定人和数据是否能够进出网络

B. 最大限度地阻止网络黑客来访问你的网络和消除计算机病毒

C. 防火墙是一种位于内部网络与外部网络之间的网络安全系统

D. 防火墙可以是一个由软件和硬件设备组合而成的网络保护“墙”

答案：B。

解析：所谓防火墙指的是一个由软件和硬件设备组合而成、在内部网和外部网之间、专用网与公共网之间的界面上构造的保护屏障。防火墙主要由服务访问规则、验证工具、包过滤和应用网关四个部分组成，防火墙就是一个位于计算机和它所连接的网络之间的软件或硬件。它并没有消除计算机病毒的功能。故本题答案为 B。

三、信息安全的主要威胁

1. 信息安全

主要包括以下五方面的内容，即需保证信息的保密性、真实性、完整性、未授权拷贝和所寄生系统的安全性。信息安全本身包括的范围很大，其中包括：如何防范商业企业机密泄露、防范青少年对不良信息的浏览、个人信息的泄露等。网络环境下的信息安全体系是保证信息安全的关键，包括计算机安全操作系统、各种安全协议、安全机制（数字签名、消息认证、数据加密等），直至安全系统，如 UniNAC、DLP 等，只要存在安全漏洞便可以威胁全局安全。信息安全是指信息系统（包括硬件、软件、数据、人、物理环境及其基础设施）受到保护，不受偶然的或者恶意的原因而遭到破坏、更改、泄露，系统连续可靠正常地运行，信息服务不中断，最终实现业务连续性。

2. 信息安全的主要威胁

信息安全的主要威胁如下：

拒绝服务：对信息或其他资源的合法访问被无条件地阻止。

非法使用（非授权访问）：某一资源被某个非授权的人，或以非授权的方式使用。

窃听：用各种可能的合法或非法的手段窃取系统中的信息资源和敏感信息。例如对通信线路中传输的信号搭线监听，或者利用通信设备在工作过程中产生的电磁泄露截取有用信息等。

授权侵犯：被授权以某一目的使用某一系统或资源的某个人，却将此权限用于其他非授权的目的，也称作“内部攻击”。

特洛伊木马：软件中含有一个觉察不出的有害的程序段，当它被执行时，会破坏用户的安全。这种应用程序称为特洛伊木马（Trojan Horse）。

抵赖：这是一种来自用户的攻击，比如：否认自己曾经发布过的某条消息、伪造一份对方来信等。

人员不慎：一个授权的人为了某种利益，或由于粗心，将信息泄露给一个非授权的人。

业务欺骗：某一伪系统或系统部件欺骗合法的用户或系统自愿地放弃敏感信息等。

此外，还包括信息泄露、破坏信息的完整性、业务流分析、假冒、旁路控制、重放、陷阱门、计算机病毒、媒体废弃、物理侵入、窃取等信息安全威胁。

3. 虹膜识别技术

虹膜识别技术是基于眼睛中的虹膜进行身份识别，应用于安防设备（如门禁等），以及有高度保密需求的场所。虹膜识别属于模式识别这一范畴。虹膜自动识别原理是首先通过虹膜图像采集器对人眼图像进行采集并进行预处理；然后通过对预处理的虹膜图像进行定位、归一化、去噪和图像增强等，从而获得比较理想的虹膜图像；最后采用相应的图像特征提取算法对虹膜图像中感兴趣部分进行特征提取并编码。虹膜识别技术的过程一般来说包含如下四个步骤：

虹膜图像获取：使用特定的摄像器材对人的整个眼部进行拍摄，并将拍摄到的图像传输给虹膜识别系统的图像预处理软件。

图像预处理：对获取到的虹膜图像进行虹膜定位，虹膜图像和图像增强归一化处理，使其满足提取虹膜特征的需求。

特征提取：采用特定的算法从虹膜图像中提取出虹膜识别所需的特征点，并对其进行编码。

特征匹配：将特征提取得到的特征编码与数据库中的虹膜图像特征编码逐一匹配，判断是否为相同虹膜，从而达到身份识别的目的。

经典真题

（2018 工行）1. 信息安全的威胁不包括(　　)。

A. 特洛伊木马　　B. 窃听　　C. 授权访问　　D. 人员不慎

答案： C。

解析： 信息安全的威胁包括信息泄露、破坏信息的完整性、拒绝服务、非法使用（非授权访问）、窃听、业务流分析、假冒、旁路控制、授权侵犯、特洛伊木马、陷阱门、抵赖、重放、计算机病毒、人员不慎、媒体废弃、物理侵入、窃取、业务欺骗，不包括授权访问。故本题答案为 C。

（2017 交行）2. 虹膜识别技术是人体生物识别技术的一种，自动虹膜识别系统包括虹膜图像获取装置和虹膜识别算法，分别对应(　　)。

A. 图像获取和模式匹配　　B. 图形扫描和模糊匹配

C. 图形获取和特征辨识　　D. 图像扫描和形式辨识

答案： A。

解析： 虹膜识别技术是基于眼睛中的虹膜进行身份识别，应用于安防设备（如门禁等），以及有高度保密需求的场所。虹膜识别属于模式识别这一范畴。虹膜自动识别原理是首先通过虹膜图像采集器对人眼图像进行采集并进行预处理；然后通过对预处理的虹膜图像进行定位、归一化、去噪和图像增强等，从而获得比较理想的虹膜图像；最后采用相应的图像特征提取算法对虹膜图像中感兴趣部分进行特征提取并编码。故本题答案为 A。

四、网络安全

1. 数据加密

目的：即使被窃取，也能保证数据安全。

重要性：数据加密是其他信息安全措施的基础。

分类：对称密钥加密方法和非对称密钥加密方法。

2. 数字签名

数字签名：数字签名是与消息一起发送的一串代码，它能发现消息内容的任何变化。

消息认证：在电子商务和电子政务中必须对收到的消息进行认证，证实它来自声称的发送方，且未被修改过（认证消息的真实性和消息的完整性），消息认证常用的方法是数字签名。

3. 身份鉴别

身份鉴别的含义：证实某人的真实身份是否与其所声称的身份相符，以防止欺诈和假冒。在用户登录某个系统，或者在访问/传送重要消息时进行。身份鉴别的依据（方法）：

鉴别对象本人才知道的信息（如口令、私钥、身份证号等）。

鉴别对象本人才具有的信物（例如磁卡、IC 卡、USB 钥匙等）。

鉴别对象本人才具有的生理特征（例如指纹、手纹等）。

双因素认证（口令+磁卡，口令+U 盾）：比如网银身份认证过程（用户预先申请开通网银，经审核后发给 USB key；采用密钥加密技术，密钥存在于 USB key 中，并作为一种特殊的文件存在，文件无法打开）。

经典真题

（2019 交行）出于安全和使用的角度，设计一个网站时会考虑使用（　　）。

A. 用数字签名解决篡改或冒充等问题

B. 安全域名

C. 用业务流分析演示工作流量

D. 功能更好的杀毒软件

答案：B。

解析：出于安全和使用的角度，设计一个网站时会考虑使用安全域名，安全域名是指经过加密的域名，如以“https”开头的网址，说明网页经过了加密，安全度较高。一般支付网站或者银行网站的支付页，多使用这种安全域名。所以 B 项正确。A 项是指数字签名的作用，和设计网站无关，所以 A 项不符合题意。C 项，在工作流程管理中，可用业务流分析演示工作流量，和设计网站无关，所以 C 项不符合题意。D 项是指计算机的安全防护的措施，与设计网站无关，所以 D 项不符合题意。故本题答案为 B。

真题考点四　计算机新兴技术及应用

一、云计算

1. 基本概念

（1）定义

云计算（cloud computing）是基于互联网的相关服务的增加、使用和交付模式，通常涉及通过互联网来提供动态易扩展且经常是虚拟化的资源。云是网络、互联网的一种比喻说法。

（2）特点

云计算特点有：超大规模、虚拟化、高可靠性、通用性、高可扩展性、按需服务、极其廉价、潜在的危险性。

2. 应用

云计算应用在云物联、云安全、云存储、云游戏等。

经典真题

（2018 交行）云计算中的云是指(　　)。

A. 数据库　　B. 电子商务

C. 智能手机　　D. 互联网和网络

答案：D。

解析：云计算中的云是互联网和网络。故本题答案为 D。

二、人工智能

1. 基本概念

定义：人工智能（Artificial Intelligence，AI），是研究、开发用于模拟、延伸和扩展人的智能的理论、方法、技术及应用系统的一门新的技术科学。

2. 实现方法

人工智能在计算机上实现时有两种不同的方式：

（1）采用传统的编程技术，使系统呈现智能的效果，而不考虑所用方法是否与人或动物机体所用的方法相同。这种方法叫工程学方法，如文字识别、电脑下棋等。

（2）模拟法，它不仅要看效果，还要求实现方法也和人类或生物机体所用的方法相同或相类似。遗传算法（GA）和人工神经网络（ANN）均属这一类型。遗传算法模拟人类或生物的遗传-进化机制，人工神经网络则是模拟人类或动物大脑中神经细胞的活动方式。

3. 主要成果

（1）人机对弈

（2）模式识别

（3）自动工程

典型的自动工程：自动驾驶（OSO 系统）。

自动驾驶汽车又称无人驾驶汽车、电脑驾驶汽车或轮式移动机器人，是一种通过电脑系统实现无人驾驶的智能汽车，依靠人工智能、视觉计算、雷达、监控装置和全球定位系统协同合作，让电脑可以在没有任何人类主动的操作下，自动安全地操作机动车辆。

（4）知识工程

以知识本身为处理对象，研究如何运用人工智能和软件技术，设计、构造和维护知识系统。比如专家系统、智能搜索引擎、计算机视觉和图像处理、机器翻译和自然语言理解、数据挖掘和知识发现。

经典真题

（2018 工行）________汽车依靠人工智能、视觉计算、雷达、监控装置和全球定位系统协同合作，让电脑可以在没有任何人类主动的操作下，自动安全地操作机动车辆。2010 年谷歌宣布正在研发此技术。这波浪潮开始涌动，奔驰、宝马、特斯拉，还有百度、华为、苹果等各大公司纷纷投身其中，掀起了技术变革的热潮。

答案：自动驾驶。

解析：自动驾驶汽车又称无人驾驶汽车、电脑驾驶汽车，或轮式移动机器人，是一种通过电脑系统实现无人驾驶的智能汽车。自动驾驶汽车依靠人工智能、视觉计算、雷达、监控装置和全球定位系统协同合作，让电脑可以在没有任何人类主动的操作下，自动安全地操作机动车辆。故本题答案为自动驾驶。

三、物联网

1. 基本概念

物联网，顾名思义，物联网就是物物相连的互联网。它有两种含义：（1）物联网的核心和基础仍然是互联网，是在互联网基础上延伸和扩展的网络；（2）其用户端延伸和扩展到了任何物品与物品之间，进行信息交换和通信，也就是物物相息。

考点精讲

2. 认识误区

（1）把传感网或 RFID 网等同于物联网。

（2）把物联网当成互联网的无边无际的无限延伸，把物联网当成所有物的完全开放、全部互连、全部共享的互联网平台。实际上物联网绝不是简单的全球共享互联网的无限延伸。

（3）认为物联网就是物物互联的无所不在的网络，因此认为物联网是空中楼阁，是很难实现的技术。

（4）“把物联网当成个筐，什么都往里装”，基于自身认识，把仅仅能够互动、通信的产品都当成物联网应用。

经典真题

（2019 工行）物联网如此火爆，那么你知道物联网的整体架构由哪几部分组成吗？（　　）

A. 网络构建层　　B. 平台管理

C. 感知识别层　　D. 智能传输层

E. 综合应用层

答案：ACE。

解析：物联网架构由三部分组成，分别是感知层、网络层、应用层。故本题答案为 ACE。

四、大数据

1. 基本概念

大数据（big data）：指无法在一定时间范围内用常规软件工具进行捕捉、管理和处理的数据集合，是需要新处理模式才能具有更强的决策力、洞察发现力和流程优化能力的海量、高增长率和多样化的信息资产。

2. 特征

大数据的 5V 特点（IBM 提出）：Volume（大量）、Velocity（高速）、Variety（多样）、Value（低价值密度）、Veracity（真实性）。

3. 数据挖掘

数据挖掘技术的目标是从大量数据中，发现隐藏于其后的不为人知的有用的知识、规律或关系，从而服务于决策。常见数据挖掘算法主要有聚类算法、关联算法、决策树算法和回归分析等。

经典真题

（2017 工行）业界通常用 4 个 V（即 Volume、Variety、Value、Velocity）来概括大数据的特征，这 4 个 V 分别是指（　　）。

A. 数据体量巨大、数据类型繁多、价值密度低、处理速度快

B. 数据体量巨大、处理速度快、价值密度高、数据类型多

C. 数据体量巨大、处理速度快、价值密度低、数据类型繁多

D. 数据体量巨大、数据类型繁多、价值密度高、处理速度快

答案：A。

解析：业界通常用 4 个 V（即 Volume、Variety、Value、Velocity）来概括大数据的特征，这 4 个 V 分别是指：数据体量巨大、数据类型繁多、价值密度低、处理速度快。故本题答案为 A。

五、区块链

1. 基本概念

(1) 定义

区块链是分布式数据存储、点对点传输、共识机制、加密算法等计算机技术的新型应用模式。

(2) 特点

区块链特点：去中心化、开放性、自治性、信息不可篡改、匿名性。

2. 分类

《区块链：定义未来金融与经济新格局》将区块链分为：公有区块链、联合（行业）区块链和私有区块链。

考点精讲

经典真题

(2019 中行) 区块链技术其本质属于一种(　　)。

A. 记账方式　　B. 存储方式　　C. 加密方式　　D. 传递方式

答案：A。

解析：区块链本质上是一个去中心化的分布式账本数据库，或者也可以说是一种分布式记账方式。故本题答案为 A。

六、5G

1. 基本概念

(1) 定义

5G 即第五代移动通信网络，是在 4G 网络的基础上发展而来的，其速度可达到数十 Gb，比 4G 网络的传输速度快数百倍。

(2) 特点

5G 特点：高速度、泛在网、低功耗、低时延、大带宽、低迟延等。

2. 主要目标

5G 的主要目标：让终端用户始终处于联网状态。

经典真题

下列关于5G网络，说法正确的是(　　)。

A. 5G是指第五代移动通信网络，其速率可达到数十Gb，比4G的传输速度快了三倍左右

B. 5G的主要目标是给用户提供更高的传输速度

C. 5G网络是4G网络的真正升级版，是在4G的基础上发展而来的

D. 5G网络目前还处于测试完善阶段，未来极有可能实现不了

答案：C。

解析：5G网络是指第五代移动通信网络，是在4G网络的基础上发展而来的，其速度可达到数十Gb，比4G网络的传输速度快数百倍（4G LTE仅为75Mbps），目前仍处于测试和完善阶段，预计在2019年普及。5G网络的主要目标是让终端用户始终处于联网状态。故本题答案为C。

真题演练

单项选择题

1. 在PC的高档内存条中，有奇/偶校验功能，其英文缩写是(　　)。

A. DDR4　　B. DDR3　　C. ECC　　D. RAM

2. 高速缓冲存储器是(　　)。

A. 静态RAM　　B. 动态RAM　　C. 同步RAM　　D. 异步RAM

3. 甲是计算机处理器的一个功能模块，用来执行加减乘除以及逻辑运算。那么，甲是(　　)。

A. CU　　B. IR　　C. ALU　　D. PC

4. 在工作中，小周不慎将计算机的电源线拔掉，导致计算机断电关机。下列存储器中，原存信息丢失可能性最大的是(　　)。

A. 软盘存储器　　B. ROM存储器

C. 半导体RAM存储器　　D. 硬盘存储器

5. 与八进制253等值的十六进制数是(　　)。

A. AC　　B. BC　　C. 9A　　D. AB

6. 在学校中，教师使用多媒体教学，计算机技术的这种应用领域是(　　)。

A. 人工智能　　B. 计算机辅助　　C. 自动控制　　D. 信息处理

7. 以下设备工作在网络层的是(　　)。

A. 路由器　　B. 中继器　　C. 交换机　　D. 集线器

8. 以下关于子网掩码的作用，错误的是(　　)。

A. 通过子网掩码标识网络的类型

B. 标识IP地址的网络部分和主机部分

C. 网络部分对应的子网掩码部分全为“1”

D. 主机部分对应的子网掩码部分全为“1”

9. 以下设备中，不属于网络连接设备的是(　　)。

A. 视频采集卡　　B. 交换机　　C. 路由器　　D. 集线器

10. 在计算机网络中，关于“防火墙”的表述错误的是(　　)。

A. 防火墙是一种防止非法访问者的技术

B. 防火墙是一种查杀病毒的技术

C. 防火墙由计算机软件和硬件设备组合而成

D. 防火墙是在内部网和外部网之间构造的保护屏障

11. 以下哪种行为可以防范U盘病毒的入侵？(　　)

A. 关闭共享目录　　B. 关闭远程登陆

C. 禁用来宾账号　　D. 关闭自动播放

参考答案及解析

单项选择题

1. 答案：C。

解析：存储器分为外存和内存，内存分为ROM和RAM，其中DDR属于RAM中的静态存储器，又叫做DDR SDRAM。而DDR内存则是一个时钟周期内传输两次数据，它能够在时钟的上升期和下降期各传输一次数据，因此称为双倍速率同步动态随机存储器。DDR4、DDR3在DDR基础上速度等方面更加有优势，而ECC早期主要是内存校验算法。之后出现ECC内存即纠错内存，简单地说，其具有发现错误、纠正错误的功能，一般多应用在高档台式电脑/服务器及图形工作站上，这将使整个电脑系统在工作时更趋于安全稳定。故本题答案为C。

2. 答案：A。

解析：高速缓存又叫做Cache，其主要目的是解决CPU与内存之间速度不匹配的问题。由于其速度的因素，我们通常选用SRAM作为其材料，SRAM又叫做静态内存。故本题答案为A。

3. 答案：C。

解析：运算器又称算术逻辑单元，表示为ALU（Arithmetic and Logic Unit）。它主要由寄存器、加法器和控制电路组成，它是完成计算机对各种算术运算和逻辑运算的装置。故本题答案为C。

4. 答案：C。

解析：掉电丢失的是RAM。故本题答案为C。

5. 答案：D。

解析：先把八进制的253转换为十进制$2\times8^2+5\times8^1+3\times8^0=171$，再把十进制除16取余，转换成十六进制171÷16=10（A）……11（B），而后A÷16余数为A。所以八进制的253转换为十六进制为AB。故本题答案为D。

6. 答案：B。

解析：计算机作用包括：计算机辅助设计和辅助教学，又可以详细分为计算机辅助设计（CAD）：广泛应用于飞机、汽车、机械、电子等领域；计算机辅助制造（CAM）：CAD、CAM集成，集成制造系统CIMS；计算机辅助教学（CAI）。多媒体教学属于CAI。故本题答案为B。

7. 答案：A。

解析：路由器工作在网络层，交换机工作在数据链路层，集线器和中继器工作在物理层。故本题答案为 A。

8. 答案：D。

解析：子网掩码的长度是 32 位，左边是网络位，用二进制数字“1”表示，1 的数目等于网络位的长度；右边是主机位，用二进制数字“0”表示，0 的数目等于主机位的长度；通过子网掩码标识网络的类型，例如：255. 0. 0. 0 表明对应的 IP 地址为 A 类地址。故本题答案为 D。

9. 答案：A。

解析：目前常用的网络连接设备有中继器、集线器、网桥、路由器、网关、交换机。视频采集卡是多媒体设备，不属于网络设备。故本题答案为 A。

10. 答案：B。

解析：防火墙没有查杀病毒的功能，杀毒是杀毒软件的工作。故本题答案为 B。

11. 答案：D。

解析：如果 U 盘自动播放的话有些 EXE 病毒就会自动运行，因此关闭 U 盘自动播放功能能够防止 U 盘自动打开，有一定防范 U 盘病毒的入侵作用。故本题答案为 D。

第十一章 操作系统及其应用

真题考点一 操作系统概述

一、操作系统的定义

操作系统用于管理和控制计算机所有的硬件和软件资源的一组程序，是最基本、最重要的系统软件，是计算机裸机（硬件）与应用软件、用户之间的桥梁。它提供了计算机硬件与其他软件的接口以及用户和计算机的接口。常见的操作系统有 Windows 操作系统、Unix 操作系统、Linux 操作系统。

二、操作系统的功能

操作系统的功能包括：作业管理、进程管理、存储管理、设备管理、文件管理。

三、常用的操作系统

DOS 操作系统：20 世纪 90 年代最流行的微机操作系统。

Windows 操作系统：图形用户界面，目前最流行的微机操作系统。

Unix 系统：多任务、多用户的分时操作系统，用于服务器/客户机体系。Linux 是由 Unix 发展而来，源代码开放，有着强大的网络功能。

Novell NetWare 网络操作系统：用于构建局域网。

经典真题

（2018 交行）OS X 是苹果公司为 Mac 系列产品开发的专属操作系统，它基于的系统是(　　)。

A. Solaris　　B. FreeBSD　　C. Linux　　D. UNIX

答案：D。

解析：OS X 是全世界第一个基于 UNIX 系统采用“面向对象操作系统”的全面的操作系统。故本题答案为 D。

四、虚拟机

1. 虚拟机的定义

虚拟机（Virtual Machine，VM）指通过软件模拟的具有完整硬件系统功能的、运行在一个完全隔离环境中的完整计算机系统。

2. 虚拟系统

虚拟系统通过生成现有操作系统的全新虚拟镜像，它具有与真实 Windows 系统完全一样的功能，进入虚拟系统后，所有操作都是在这个全新的独立的虚拟系统里面进行，可以独立安装运行软件，保存数据，拥有自己的独立桌面，不会对真正的系统产生任何影响，而且能够在现有系统与虚拟镜像之间灵活切换。

3. 虚拟机和虚拟系统的区别

虚拟系统和传统的虚拟机不同在于：虚拟系统不会降低电脑的性能，启动虚拟系统不需要像启动 Windows 系统那样耗费时间，运行程序更加方便快捷；虚拟系统只能模拟和现有操作系统相同的环境，而虚拟机则可以模拟出其他种类的操作系统；而且虚拟机需要模拟底层的硬件指令，所以在应用程序运行速度上比虚拟系统慢得多。

4. 虚拟机软件

流行的虚拟机软件有 VMWare（VMWare ACE）、Virtual Box 和 Virtual PC。

经典真题

（2016 交行）通过虚拟机软件可以在一台物理计算机上仿真出若干台计算机，以下不属于虚拟机软件的是(　　)。

A. Netware　　B. VMfware　　C. VirtualPC　　D. Virtual Box

答案：A。

解析：Netware 为网络操作系统，并不是虚拟机软件，如果软件的名字开头为 Virtual 或者 VM 等等都属于虚拟机软件。故本题答案为 A。

真题考点二　办公软件使用

一、办公软件基础介绍

1. 常用快捷键介绍

表 3-11-1　常用快捷键

快捷键	功能	快捷键	功能
Ctrl+X	剪切	Ctrl+C	复制
Ctrl+V	粘贴	Ctrl+A	全选
Ctrl+N	新建	Ctrl+S	保存
ALT+F4	关闭当前窗口	Shift+Ctrl+Esc	任务管理器
ALT+Tab	切换	Shift+字符	大小写切换
Ctrl+W	关闭当前文档	Ctrl+Z	撤消
Ctrl+<End>	移到文档尾	<End>	移到当前行结束位置
Ctrl+<Home>	移到文档开始位置	<Home>	移到当前行起始位置

2. 文件

（1）文件：文件是一组按一定格式存储在计算机外存储器中的相关信息的集合。一个程序、一幅画、一篇文章、一个通知等都可以是文件的内容。

（2）文件全名由文件名与扩展名组成。文件名可以使用汉字、西文字符、数字和部分符号。文件名中不能包含以下符号：\ 、/、“、?、 * 、<、>、:、|。

经典真题

在资源管理器中，如果想一次选择多个不连续的文件或文件夹，正确的操作是(　　)。

A. 按住 SHIFT 键，用鼠标右键逐个选择

B. 按住 CTRL 键，用鼠标左键逐个选择

C. 按住 SHIFT 键，用鼠标左键逐个选择

D. 按住 CTRL 键，用鼠标右键逐个选择

答案： B。

解析： 按住 CTRL 键，点击鼠标左键可以选择连续或者不连续的文件，按住 SHIFT 键，点击鼠标左键只能选择连续的文件。故本题答案为 B。

二、OFFICE 操作——Word

1. 文本的查找与替换

查找文本：选择“编辑”→“查找”命令或按 Ctrl+F 键，打开“查找”对话框；在“查找内容”文本框中输入要查找的内容；单击“查找下一处”按钮，当 Word 第一次搜索到要查找的内容时，该内容呈高亮显示。如果该内容是需要的，单击“取消”按钮返回文档；如果还要继续查找，单击“查找下一处”按钮继续往下查找。

替换文本：选择“编辑”→“替换”命令或按 Ctrl+H 键，打开“替换”对话框。在查找“内容”中输入被替换的内容，在“替换为”文本框中输入用来替换的新内容。如果未输入新内容，被替换的内容被删除。

2. 文本内容的选定

小范围选定：鼠标拖动选定

选取矩形块：点矩形块左上角+Alt+点矩形块右下角

选一行或选多行全选：Ctrl+单击或“编辑”→“全选”

使用键盘选取：Shift+方向键

全选：Ctrl+A

取消选定：点击选定区域以外的任何一个区域

三、OFFICE 操作——Excel

1. 工作表以及其操作

工作簿是一种由 Excel 创建的文件，而工作表则是工作簿的组成部分。操作和使用 Excel，绝大部分工作是在工作表中进行的。一张工作簿中，默认有 3 张工作表；一张工作簿最多可以容纳 255 张工作表。

选择工作表：单击工作标签可以选定一张工作表；配合 Shift 键可以选定连续的工作表；配合 Ctrl 键可以选定不连续的多张工作表。

插入工作表：在工作表标签上右击，选择“插入”命令。如果需要同时添加多张工作表，应首先选定相等数量的工作表，然后在任意一张工作表标签上右击，执行“插入”命令，或者点击工作表上的“+”。若在工作表中插入一列，则一般插入在当前列的左侧；若是插入一行，一般插入在当前行的上方。

2. 多个单元格的选择

框选：按住左键拖过需要选择的单元格即可

连选：Shift+左键

间选：Ctrl+左键

3. 自动填充

利用填充柄拖动，可按照一定规则填充。如果按住 Ctrl 再拖动填充柄，则是复制的意思。

等差序列的填充：选定已经输入数字的两个或两个以上的单元格，出现填充柄时再按住左键拖动。

特殊代号（码）等差序列的填充：如 001~050 的生成，直接在一个单元格中输入 001，将鼠标指针放在单元格的右下角出现填充柄后，拖动左键即可。

4. 公式的引用

在公式中通过对单元格地址的引用来使用具体位置的数据。根据引用情况的不同，将引用分为三种类型，即相对地址引用、绝对地址引用和混合地址引用。

（1）相对地址引用

当把一个含有单元格地址的公式复制到一个新位置时，公式中的单元格地址也会随着改变，这样的引用称为相对地址引用。例如，B2 单元格公式为 = A1，将 B2 单元格的相对引用复制到 B3，则会自动从 = A1 调整为 = A2。

（2）绝对地址引用

把公式复制或填入到一个新位置时，公式中的固定单元格地址保持不变，这样的引用称为绝对地址引用。在 Excel 中，是通过对单元格地址的冻结来达到此目的的，即在列标和行标前面加上“$”符号。例如，将 B2 单元格的绝对引用复制到 B3，那么两个单元格都是 A1。

（3）混合地址引用

在某些情况下，如需要在复制公式只有行或只有列保持不变的情况下，就要使用混合地址引用。所谓混合地址引用是指：在一个单元格地址引用中，既有绝对地址引用，同时也包含有相对地址引用。

列绝对，行相对：复制公式时，列标不会发生变化，行号会发生变化，单元格地址的列标前添加 $ 符号，如 $A1，$C10，$B1，$B4。

行绝对，列相对：复制公式时，行号不会发生变化，列标会发生变化，单元格地址的行号前添加 $ 符号，如 A$1，C$10，B$1，B$4。

四、OFFICE 操作——PPT

1. PowerPoint 的基本元素

演示文稿：把所有为某一目的（或某一个演示）而制作的幻灯片单独存放在一个 PowerPoint 文件中，这个文件就称为演示文稿。

对象：插入幻灯片中的文字、图表、组织结构图及其他可插入元素，都是以一个个的对象的形式出现在幻灯片中。

母版：母版是指一张具有特殊用途的幻灯片，其中已经设置了幻灯片的标题和文本的格式与位置，其作用是统一文稿中包含的幻灯片的版式。

2. PowerPoint 的视图

普通视图：普通视图实际上是大纲视图、幻灯片视图和备注页视图三种模式的综合，在普通视图下，用户可以方便地在幻灯片编辑窗格中对幻灯片进行各种操作。

大纲视图：在大纲视图下，窗口左边的“大纲”选项卡中列出了所有幻灯片的文字内容，而幻灯片编辑窗口中则呈现出当前已选中的一张幻灯片。

幻灯片视图：在幻灯片视图下，窗口左边的“幻灯片”选项卡中列出了所有幻灯片。在“幻灯片”选项卡中不能对幻灯片的内容进行编辑，但是可以在“幻灯片”选项卡中通过选取幻灯片来实现幻灯片间的切换，还可以用鼠标拖动幻灯片以改变幻灯片的顺序。

幻灯片浏览视图：在幻灯片浏览视图中，可以从整体上对幻灯片进行浏览，还可以同时对多个幻灯片进行移动、复制、删除等操作。

幻灯片放映视图：幻灯片放映是制作演示文稿的最终目的，它以全屏方式显示演示文稿中的每张幻灯片。

经典真题

在 Excel 中，若在工作表中插入一列，则一般插入在当前列的(　　)。

A. 左侧　　B. 右侧　　C. 上方　　D. 下方

答案：A。

解析：在 Excel 中，若在工作表中插入一列，则一般插入在当前列的左侧；若是插入一行，一般插入在当前行的上方。故本题答案为 A。

真题演练

一、单项选择题

1. 在 Word 编辑窗口中要将光标移到文档尾可用(　　)。

A. Ctrl+<End>　　B. <End>　　C. Ctrl+<Home>　　D. <Home>

2. 撤消最后一个动作，除了使用菜单命令和工具按钮以外，还可以使用快捷键(　　)。

A. Shift+X　　B. Shift+Y　　C. Ctrl+W　　D. Ctrl+Z

3. Word 中进行文档编辑时，要开始一个新的段落按(　　)。

A. Alt 键　　B. Enter 回车键　　C. Del 键　　D. Shift 键

4. 在 Excel 中，在 A1 单元格输入=SUM（8，7，8，7），其值为(　　)。

A. 15　　B. 30　　C. 7　　D. 8

5. 在一台电脑上安装了 Windows 操作系统之后，第一次开机发现屏幕分辨率特别低，这时应当(　　)。

A. 给电脑换一台显示器

B. 尝试安装电脑中显示器的驱动程序

C. 调高显示器的显示亮度

D. 尝试安装电脑中显卡的驱动程序

6. 设在单元格 A1 中有公式：=B1+B2，若将其复制到单元格 C1 中则公式为(　　)。

A. =D1+D2　　B. =D1+A2

C. =A1+A2+C1　　D. =A1+C1

7. 设在 B1 单元格存有一公式为：=A$5，将其复制到 D1 后，公式变为(　　)。

A. =D$5　　B. =D$1

真题精讲

C. 不变　　D. =C$5

8. 在Excel单元格D1中输入“=B1+C1”，然后将公式复制到单元格D2中，则D2中为(　　)。

A. =B2+C1　　B. =B1+C1　　C. =B2+C2　　D. =B1+C2

9. 在安装了Windows系统的计算机中删除文件可以使用很多方法，比如直接按Delete键，但是默认的删除是移除到回收站中可以恢复。如果要直接永久删除，可以通过下面的哪种操作实现？(　　)

A. 按住Alt键，再按Delete键

B. 按住Ctrl键，再按Delete键

C. 按住Windows键，再按Delete键

D. 按住Shift键，再按Delete键

10. Word中格式刷的作用是(　　)。

A. 复制当前选中文字的格式　　B. 清除当前选中文字的格式

C. 更改当前选中文字的颜色　　D. 修改当前选中文字的格式

11. 在Excel中，让某一单元格显示为0.00，应该如何输入？(　　)

A. 按住Ctrl输入0.00

B. 输入0.00

C. 输入0

D. 输入0，然后改变单元格格式为数字型并保留两位小数

二、多项选择题

操作系统内核包括哪些子系统？(　　)

A. 进程管理系统　　B. 内存管理系统

C. I/O管理系统　　D. 文件管理系统

参考答案及解析

一、单项选择题

1. 答案：A。

解析：Ctrl+<End>移到文档尾；<End>移到光标所在行的结束位置；Ctrl+<Home>移到文档开始位置；<Home>移到光标所在行的起始位置。故本题答案为A。

2. 答案：D。

解析：Shift+字符：大小写切换，当前是小写字符则输出对应的大写字符；Ctrl+W是关闭当前文档；Ctrl+Z是撤消最后一个命令。故本题答案为D。

3. 答案：B。

解析：按下Enter键是开始一个新段落。故本题答案为B。

4. 答案：B。

解析：SUM求和函数。8+7+8+7=30。故本题答案为B。

5. 答案：D。

解析：屏幕分辨率很低，看着很模糊是驱动程序出现问题了，需要更新显卡驱动程序。故本题答案为D。

6. 答案：A。

解析：拖动复制单元格公式时，其“位置”行列号变化多少，复制后公式中的行号、列号就变化多少，称为公式的“相对引用”。故本题答案为 A。

7. 答案：D。

解析：行号前加“$”符号后，行号不会发生变化，列号没有加“$”号，所以列号会发生变化，称为公式的“混合引用”。故本题答案为 D。

8. 答案：C。

解析：拖动复制单元格公式时，其“位置”行列号变化多少，复制后公式中的行号、列号就变化多少，称为公式的“相对引用”。故本题答案为 C。

9. 答案：D。

解析：在 Windows 系统中删除文件有两种：一种直接 Delete，是相对删除，在回收站可以找到且可以恢复；如果文件不想被恢复，想永久删除，则使用 Shift+Delete 就可以实现永久删除。故本题答案为 D。

10. 答案：D。

解析：Word 中格式刷的作用是实现格式的更改。故本题答案为 D。

11. 答案：D。

解析：Excel 中想要使小数点后面能够保留两位小数，用的方法是设置单元格格式为数字型并保留两位小数。故本题答案为 D。

二、多项选择题

答案：ABCD。

解析：操作系统的管理功能包括作业管理、进程管理、存储管理、设备管理（I/O 为输入输出设备）、文件管理。故本题答案为 ABCD。.

第十二章 软件测试及数据库

真题考点一　软件测试

一、软件测试的概念

1. 软件测试的定义

软件测试（Software Testing）是描述一种用来促进鉴定软件的正确性、完整性、安全性和质量的过程。换言之，软件测试是一种实际输出与预期输出之间的审核或者比较过程。

2. 测试的对象

（1）程序；（2）数据；（3）文档。

二、软件测试的内容

软件测试工作内容主要有两个方面：分别是验证和确认。

软件测试的对象不仅仅是程序测试，软件测试应该包括整个软件开发期间各个阶段所产生的文档，如需求规格说明、概要设计文档、详细设计文档，不过软件测试的主要对象还是源程序。

三、软件测试的分类

1. 从不同角度分

（1）从是否关心软件内部结构和具体实现的角度划分（按测试分类）

①白盒测试；②黑盒测试；③灰盒测试。

（2）从是否执行程序的角度划分

①静态测试；②动态测试。

考点精讲

2. 从各个阶段分

从软件开发的过程按阶段划分有：（1）单元测试；（2）集成测试；（3）确认测试；（4）系统测试；（5）验收测试；（6）回归测试；（7）Alpha 测试；（8）Beta 测试。

经典真题

（2017 农行）测试技术是软件工程的重要组成部分，以下属于是否需要执行被测试软件的分类是(　　)。

A. 静态测试和动态测试　　B. 单元测试和集成测试

C. 系统测试和验收测试　　D. 白盒测试和黑盒测试

答案： A。

解析： 软件测试按是否需要执行被测试软件分为：静态测试和动态测试。故本题答案为 A。

真题考点二　数据库基础知识

一、数据库基础知识

1. 计算机进行数据管理的系统

使用计算机进行数据管理的系统称为计算机数据管理系统。计算机数据管理经历了人工管理方式、文件系统管理方式和数据库管理方式三个阶段。

2. 数据模型

数据库系统中的数据，不仅要描述客观事物，还要反映出客观事物之间的相互联系。各个数据对象以及它们之间存在的相互关系的集合，称为数据模型。采用什么样的数据模型构造数据库，决定了数据库的设计方法。当前较为流行的数据模型有三种，即层次模型、网状模型和关系模型。

3. 数据库系统（Database System，DBS）

（1）数据库管理系统（Database Management System，DBMS），是一种操纵和管理数据库的大型软件，用于建立、使用和维护数据库。

（2）DBMS 的技术特点：

①采用复杂的数据模型表示数据结构，数据冗余小，易扩充，实现了数据共享。

②具有较高的数据和程序独立性，数据库的独立性有物理独立性和逻辑独立性。

③数据库系统为用户提供了方便的用户接口。

④数据库系统提供四个方面的数据控制功能：并发控制、恢复、完整性和安全性。数据库中各个应用程序所使用的数据由数据库系统统一规定，按照一定的数据模型组织和建立，由系统统一管理和集中控制。

⑤增加了系统的灵活性。

4. 事务

一组操作作为一个单元，按次序全部执行，称为事务（Transaction）。事务的特性（ACID）如下：

原子性（Atomicity）：一个事务中的一组操作，要么全部执行，要么一点也不执行。

一致性（Consistency）：保持正确状态。

隔离性（Isolation）：多个事务并发运行时，作用效果相互分开。有一定隔离级别。

持久性（Durability）：事务完成后，即使系统发生故障，事务的结果不丢失。通过加锁（locking）、日志（logging）和提交（commit）保持事务特性。

二、SQL 基本操作

1. SQL 基本操作

结构化查询语言 SQL（STRUCTURED QUERY LANGUAGE）是最重要的关系数据库操作语言。

SQL 语言包括数据定义、数据操纵（Data Manipulation）、数据控制（Data Control）。

数据定义：Create Table，Alter Table，Drop Table，Create/Drop Index 等

数据操纵：Select，Insert，Update，Delete

数据控制：Grant，Revoke

注意：任何语句不能与修改类语句 Update，Delete 同时进行，如（Update Update），（Update Delete），（Delete Delete），（Update Select），（Delete Select）同时运行会有冲突。

2. 数据查询

数据查询：Select。

查询操作可分为：选择，投影，连接，除，并，差，交，笛卡儿积等。

考点精讲

经典真题

（2018 农行）在数据库关系模型中，常用的查询操作是(　　)。

A. 删除　　B. 增加　　C. 修改　　D. 连接

答案：D。

解析：数据库关系模型中，常用的关系操作包括查询、插入、删除、修改，其中查询操作的表达能力最重要，包括：选择、投影、连接、除、并、交、差等。故本题答案为 D。

三、E-R 图

1. E-R 图的概念

（1）E-R 图的定义：E-R 图也称实体—联系图，提供了表示实体类型、属性和联系的方法，用来描述现实世界的概念模型。

（2）E-R 图是描述现实世界关系概念模型的有效方法，是表示概念关系模型的一种方式。

2. E-R 图的成分

在 E-R 图中有如下四个成分：

（1）矩形框：表示实体，在框中记入实体名。
（2）菱形框：表示联系，在框中记入联系名。
（3）椭圆形框：表示实体或联系的属性，将属性名记入框中。
（4）连线：实体与属性之间；实体与联系之间。

真题演练

单项选择题

1. 如果有两个事务，同时对数据库中同一数据进行操作，不会引起冲突的操作是（　　）。
A. 一个是 Select，一个是 Update　　B. 两个都是 Select
C. 两个都是 Update　　D. 其中有一个是 Delete

2. 下列关于数据处理的说法正确的是（　　）。
A. 数据处理是将信息转换成数据的过程
B. 数据处理是将数据转换成信息的过程
C. 数据处理是对数据进行算术运算
D. 数据处理是数据的简单收集

3. 在数据库管理技术发展的三个阶段中，没有专门的软件对数据进行管理的是（　　）。
A. 人工管理阶段和文件系统阶段
B. 文件系统阶段
C. 文件系统阶段和数据库阶段
D. 人工管理阶段

4. 数据库系统软件包括（　　）和数据库应用系统及开发工具。
A. 数据库应用程序　　B. 高级语言
C. OS　　D. DBMS

5. 以下哪项数据库性能优化的措施是错误的？（　　）
A. 对访问频繁的数据，充分利用数据库 Cache 和应用的缓存
B. 数据量比较大的，应当增加表之间的关联，增加冗余字段
C. 减少应用和数据库的交互次数
D. 数据库实体的碎片的整理

6. 在关系数据库中，我们可以修改表是因为 DBMS 提供了（　　）。
A. 数据操纵功能　　B. 数据定义功能　　C. 数据查询功能　　D. 数据运行功能

7. 用树型结构来表示实体之间联系的模型称为（　　）。
A. 层次模型　　B. 关系模型　　C. 运算模型　　D. 网状模型

8. MS SQL Server2000 是（　　）。
A. 操作系统的一部分　　B. 操作系统支持下的系统软件
C. 一种编译程序　　D. 一种操作系统

9. SQL 语言通常称为（　　）。
A. 结构化查询语言　　B. 结构化控制语言
C. 结构化定义语言　　D. 结构化操纵语言

10. SQL 语句：Alter Database test modify name=mytest，其含义是(　　)。

A. mytest 数据库更名为 test　　B. test 数据库更名为 mytest

C. mytest 数据文件更名为 test　　D. test 数据文件更名为 mytest

参考答案及解析

单项选择题

1. 答案：B。

解析：任何语句不能与修改类语句 Update、Delete 同时进行，会有冲突。故本题答案为 B。

2. 答案：B。

解析：数据处理的基本目的是从大量的、可能是杂乱无章的、难以理解的数据中抽取并推导出对于某些特定的人们来说是有价值、有意义的数据。而信息就是有价值、有意义的数据。故本题答案为 B。

3. 答案：D。

解析：(1) 数据管理技术的发展可以大体归为三个阶段：人工管理、文件系统和数据库管理系统。人工管理阶段的主要特征是计算机中没有支持数据管理的软件。数据组织面向应用，数据不能共享，数据重复；在程序中要规定数据的逻辑结构和物理结构，数据与程序不独立；数据处理方式——批处理。(2) 文件系统阶段：这一阶段的主要标志是计算机中有了专门管理数据库的软件——操作系统（文件管理）。(3) 数据库系统阶段：数据库技术也是现在的主流技术，数据库系统的特点：数据面向数据模型对象，数据共享度高、数据和程序独立性高。故本题答案为 D。

4. 答案：D。

解析：数据库系统（Database System）由数据库、DBMS、应用软件、数据库管理员（DBA）和数据使用者构成。故本题答案为 D。

5. 答案：B。

解析：数据量比较大时，应该减少表之间的关联，减少二次查询，减少冗余字段，节省查询时间，提高速度。故本题答案为 B。

6. 答案：A。

解析：SQL 语言包括数据定义、数据操纵（Data Manipulation）、数据控制（Data Control）。数据定义：Create Table、Alter Table、Drop Table、Create/Drop Index 等；数据操纵：Select、Insert、Update、Delete；数据控制：Grant，Revoke。我们可以修改表格是因为我们可以提供数据操纵功能。故本题答案为 A。

7. 答案：A。

解析：在数据库系统中树型表示的是层次模型。故本题答案为 A。

8. 答案：B。

解析：MS SQL Server2000 是数据库软件，所以是操作系统支持下的系统软件。故本题答案为 B。

9. 答案：A。

解析：SQL 即结构化查询语言（Structured Query Language），是一种特殊目的的编程语言，是一种数据库查询和程序设计语言，用于存取数据以及查询、更新和管理关系数据库系统。故本题答案为 A。

10. 答案：B。

解析：Alter 为更换的意思，将数据库名称由前一个更换为后一个。故本题答案为 B。

第十三章 银行特色知识

真题考点一　中行特色知识

一、考情概述

1. 中国银行每年的招聘考试中，银行特色知识的考查数量一般在 10 道题左右，内容非常广泛，尤以中行年度大事件为主，中行历史、中行基本概况、中行企业文化、中行产品业务每年也都会考查。

2. 题目有难度，尤其是多选题，不易得分。很多题目题干很长、内容枯燥。

二、必备知识

1. 中国银行全称是中国银行股份有限公司（Bank of China Limited，简称 BOC），成立于 1912 年 2 月 5 日，总行位于北京复兴门内大街 1 号，是六大国有商业银行之一。

2. 1986 年 10 月，中国银行发行以人民币为统一结算货币的长城信用卡，明确规定中国银行的信用卡统称为“长城卡”，自此国内通用的人民币信用卡诞生了。

3. 中国银行的客户服务热线为 95566，信用卡热线为 400-669-5566。

4. 中国银行的战略目标：建设新时代全球一流银行。

5. 中国银行的核心价值观：担当、诚信、专业、创新、稳健、绩效。

经典真题

2017 年 8 月 24 日，“2017 中国银行业发展论坛暨第五届银行综合评选颁奖典礼”在京举行，中国银行荣获“(　　)”奖项。

A. 最佳零售银行　　B. 最佳企业银行

C. 最佳跨境现金管理银行　　D. 最具社会责任银行

答案：D。

解析：2017 年 8 月 24 日，“2017 中国银行业发展论坛暨第五届银行综合评选颁奖典礼”在京举行，中国银行荣获“最具社会责任银行”奖项。故本题答案为 D。

真题考点二　农行特色知识

一、考情概述

1. 中国农业银行每年考查银行特色知识的题目数量一般是 5 道，内容包括农行历史、农行基本概况、农行企业文化、农行产品业务等。

2. 题目难度不大，但是每年都有考查内容上的变化。

二、必备知识

1. 中国农业银行（Agricultural Bank of China，简称 ABC）是中国大型上市银行，中国六大银行之一。农行的前身最早可追溯至 1951 年成立的农业合作银行，是新中国成立的第一家国有商业银行，也是中国金融体系的重要组成部分，总行设在北京。

2. 中国农业银行的使命：面向“三农”，服务城乡，回报股东，成就员工。

3. 中国农业银行的愿景：建设国际一流商业银行集团。

4. 中国农业银行的核心价值观：诚信立业，稳健行远。

5. 中国农业银行的经营理念：以市场为导向，以客户为中心，以效益为目标。

6. 中国农业银行的管理理念：细节决定成败，合规创造价值，责任成就事业。

7. 中国农业银行的服务理念：客户至上，始终如一。

8. 中国农业银行的风险理念：违规就是风险，安全就是效益。

9. 中国农业银行的人才理念：德才兼备，以德为本，尚贤用能，绩效为先。

10. 中国农业银行的廉洁理念：清正廉洁，风清气正。

经典真题

（2017 农行）中国农业银行的核心价值观是(　　)。

A. 诚信为本 稳健经营　　B. 诚信服务 创新发展

C. 诚信立业 稳健行远　　D. 诚信务实 开拓创新

答案： C。

解析： 中国农业银行的核心价值观是“诚信立业 稳健行远”。故本题答案为 C。

真题考点三　建行特色知识

一、考情概述

1. 中国建设银行考查银行特色知识的题目并不多，偶尔会考3~5道，包括建行历史、建行基本概况、建行产品业务等。

2. 一旦考查，难度较大，会出现多选题，备考不易。

二、必备知识

1. 中国建设银行（简称建设银行或建行，最初行名为中国人民建设银行，1996年3月26日更名为中国建设银行）成立于1954年10月1日，是股份制商业银行，是国有六大商业银行之一。

2. 中国建设银行的核心价值观：诚实、公正、稳健、创造。

3. 中国建设银行的使命：为客户提供更好服务，为股东创造更大价值，为员工搭建广阔的发展平台，为社会承担全面的企业公民责任。

4. 中国建设银行的愿景：建设最具价值创造力的国际一流银行集团。

5. 中国建设银行的服务理念：客户至上，注重细节。

6. 中国建设银行的经营理念：以市场为导向，以客户为中心。

7. 中国建设银行的风险理念：了解客户，理解市场，全员参与，抓住关键。

8. 中国建设银行的人才理念：注重综合素质，突出业绩实效。

9. 中国建设银行的作风：勤奋严谨，求真务实。

经典真题

下列关于中国建设银行发展历程的说法中，正确的有(　　)。

A. 中国建设银行成立的基本背景是：中华人民共和国开始执行发展国民经济的第一个五年计划，以建设156项重点工程为中心的大规模经济建设在全国陆续展开，为管理好巨额建设资金，建设银行应运而生

B. 1996年是建设银行重要转折发展的一年，按照政府对投资体制和金融体制改革的要求，建设银行将长期承担代理财政职能和政策性贷款职能分别移交财政部和新成立的国家开发银行，开始按照商业银行的要求，对经营管理体制进行全面改革

C. 2004年9月15日，中央汇金投资有限责任公司、中国建银投资有限责任公司、国家电网公司、上海宝钢集团公司和中国长江电力股份有限公司在京召开会议，决议共同发起设立中国建设银行股份有限公司。中国建设银行将由国有独资商业银行改制为国家控股的股份制商业银行

D. 2013年10月29日，中国建设银行（欧洲）有限公司及中国建设银行卢森堡分行在卢森堡开业

答案：ACD。

解析：1994 年，按照政府对投资体制和金融体制改革的要求，中国建设银行将长期承担代理财政职能和政策性贷款职能分别移交财政部和新成立的国家开发银行，开始按照商业银行的要求，对经营管理体制进行全面改革，B 选项错误。A、C、D 的表述均正确。故本题答案为 ACD。

真题考点四　交行特色知识

一、考情概述

1. 交通银行每年考查银行特色知识题目的数量一般在 0~3 道，内容包括交行历史、交行基本概况、交行企业文化、交行产品业务等。

2. 整体来说，交行常识备考比较容易，而且也是在交行笔试中能够快速提分的关键部分。

二、必备知识

1. 交通银行（全称：交通银行股份有限公司）始建于 1908 年，是中国近代以来延续历史最悠久、最古老的银行，也是近代中国的发钞行之一，现为中国六大国有银行之一。

2. 交通银行 1987 年重新组建成全国第一家股份制商业银行，2005 年成功发行 H 股并在香港联交所主板挂牌上市，是第一家在境外上市的国有控股大型商业银行；2007 年成功发行 A 股并在上海证券交易所挂牌上市。

3. 交通银行的英文名字：Bank of Communications。

4. 交通银行的总部地点：上海市浦东新区。

5. 交通银行的企业愿景：建设中国最佳财富管理银行。

6. 交通银行的经营理念：一个交行，一个客户。

7. 交通银行的广告语：百年交行——您的财富管理银行。

8. 交通银行的企业使命：创造共同价值。

9. 交通银行的企业精神：拼搏进取、责任立业、创新超越。

10. 交通银行的发展战略：走国际化、综合化道路，建设以财富管理为特色的一流公众持股银行集团（简称“两化一行”战略）。

经典真题

（2018 交行）交通银行始建于(　　)年，是中国历史最悠久的现代商业银行。

A. 1912　　B. 1908　　C. 1909　　D. 1910

答案：B。

解析：交通银行（全称：交通银行股份有限公司）始建于 1908 年，是中国近代以来延续历史最悠久、最古老的银行，也是近代中国的发钞行之一，现为中国六大国有银行之一。故本题答案为 B。

真题考点五 工行特色知识

一、考情概述

中国工商银行是六大行中考查银行特色知识最少的银行。

二、必备知识

1. 中国工商银行，全称中国工商银行股份有限公司，简称 ICBC，成立于 1984 年 1 月 1 日，是中国六大银行之首，世界五百强企业之一，拥有中国最大的客户群，是中国最大的商业银行，总部位于北京。

2. 中国工商银行 2005 年 10 月 28 日整体改制为股份有限公司。2006 年 10 月 27 日，成功在上交所和香港联交所同日挂牌上市。

3. 中国工商银行的使命：提供卓越金融服务。服务客户，回报股东，成就员工，奉献社会。

4. 中国工商银行的愿景：打造“价值卓越、坚守本源、客户首选、创新领跑、安全稳健、以人为本”的具有全球竞争力的世界一流现代金融企业。

5. 中国工商银行的价值观：工于至诚，行以致远。诚信、人本、稳健、创新、卓越。

经典真题

中国工商银行的总部位于(　　)。

A. 北京　　B. 上海　　C. 广州　　D. 深圳

答案：A。

解析：中国工商银行，全称是中国工商银行股份有限公司，简称 ICBC，成立于 1984 年 1 月 1 日，是中国六大银行之首，世界五百强企业之一，拥有中国最大的客户群，是中国最大的商业银行。中国工商银行的总部位于北京市西城区复兴门内大街 55 号。故本题答案为 A。

真题演练

单项选择题

1. 中国银行于(　　)经(　　)批准在(　　)成立，是中国历史最为悠久的银行之一。

A. 1912 年　袁世凯　北京　　B. 1912 年　孙中山　上海

C. 1928 年　蒋介石　南京　　D. 1949 年　毛泽东　北京

2. 2018 年 7 月 27 日，中国银行与万事达卡携手推出长城万事达(　　)世界卡，该卡以“大师带你看世界”为主题，是中国银行首张世界级名画艺术主题信用卡。

A. 梵高　　B. 莫奈　　C. 高更　　D. 杜尚

3. 下列关于中国农业银行发展历程的说法中，不正确的是(　　)。

A. 中国农业银行，前身最早可追溯至1951年成立的农业合作银行，是在新中国时期成立的第一家专业银行

B. 中国农业银行于1979年2月恢复成立，总部设在北京

C. 1985年6月25日，中央决定成立中国农业银行党委

D. 2012年5月底，“三农”金融服务第一阶段试点结束

4. 中国农业银行的客服电话是(　　)。

A. 95599　　B. 95959　　C. 95559　　D. 99599

5. 下列哪项是中国建设银行发行的银行卡？(　　)

A. 金葵花卡　　B. 龙卡　　C. 牡丹卡　　D. 长城电子借记卡

6. 下列不属于交通银行境外分支机构的是(　　)。

A. 香港分行　　B. 台北分行　　C. 首尔分行　　D. 日内瓦分行

7. 下列关于交通银行的说法中，不正确的一项是(　　)。

A. 交通银行是江苏常熟农村商业银行的第一大股东，西藏银行的并列第一大股东

B. 中华人民共和国财政部、香港上海汇丰银行有限公司、社保基金理事会是交通银行前三大股东

C. 交通银行的第一任总经理是李鸿章

D. 交通银行的招牌是由郑孝胥题写的

8. 交通银行东京分行的特色金融服务是(　　)。

A. 跨境银行服务　　B. IPO综合银行服务

C. 跨境人民币服务　　D. 个人按揭贷款

参考答案及解析

单项选择题

1. 答案：B。

解析： 中国银行于1912年经孙中山先生批准在上海成立，是中国历史最为悠久的银行之一。故本题答案为B。

2. 答案：B。

解析： 2018年7月27日，中国银行与万事达卡携手推出长城万事达莫奈世界卡，该卡以“大师带你看世界”为主题，是中国银行首张世界级名画艺术主题信用卡。故本题答案为B。

3. 答案：D。

解析： “三农”金融服务第一阶段试点结束的时间是2008年5月底，D选项错误。A、B、C的表述均正确。故本题答案为D。

4. 答案：A。

解析： 中国农业银行的客服电话是95599。故本题答案为A。

5. 答案：B。

解析： 金葵花卡是由招商银行发行的亚太地区的理财白金顶级服务借记卡；龙卡是中国建设银行发行的银行卡；中国工商银行发行的银行卡统一命名为牡丹卡；长城电子借记卡是中国银行长城系列

卡之一，是中国银行面向大众百姓推出的现代化电子支付工具。故本题答案为 B。

6. 答案：D。

解析：交通银行香港分行成立于 1934 年，在香港持续经营超过 80 年，持有商业银行全牌照下辖 43 家网点。交通银行香港分行为客户提供各类银行服务，主要有：公司客户各类存款、贷款、国际结算、贸易融资、外汇兑换、衍生工具买卖等；个人客户楼宇按揭、私人贷款、信用卡、保管箱、外汇兑换、衍生工具买卖等；证券、保险、私人银行和信托等相关的金融服务。

交通银行台北分行成立于 2012 年 7 月，持有批发银行牌照。交通银行台北分行主要为两岸公司客户提供各类存款、贷款、国际结算、贸易融资、外汇兑换、跨境人民币等银行服务。

交通银行首尔分行成立于 2005 年 8 月，持有商业银行全牌照，2013 年获任韩国地区跨境人民币清算行。主要为公司客户提供存款、贷款、汇款、贸易结算、贸易融资、代客外汇买卖等服务；为个人客户提供存款、汇款等服务；为同业客户提供人民币及外币的清算及汇款服务。特色业务有：韩元兑换、韩元汇款服务等。

交通银行并没有日内瓦分行。

故本题答案为 D。

7. 答案：C。

解析：交通银行的第一任总经理是李经楚，安徽合肥人，李鸿章的胞侄，义善源票号的总司理，曾任邮传部右参议和四川建昌道，C 选项错误。A、B、D 的表述均正确。故本题答案为 C。

8. 答案：D。

解析：交通银行东京分行成立于 1995 年 12 月，持有商业银行全牌照，为客户提供各类银行服务，主要有：公司客户各类存款、贷款、国际结算、贸易融资、外汇兑换、衍生工具买卖、日元清算及跨境人民币等；个人客户各类存款、贷款、汇款、个人按揭贷款等银行服务。特色金融服务有：个人按揭贷款。故本题答案为 D。

第四篇

认知个性测试

第一章　认知能力操作
第二章　个性测试

第一章 认知能力操作

一、考情概述

1. 认知操作类题目主要考查考生的短期记忆能力和观察能力，包括粗加工、细加工、空间记忆容量、目标动态追踪以及多任务处理等部分，认知操作类题目一般出现在中国银行、招商银行以及江苏农商行等各类银行的校园招聘考试当中。

2. 一般考试时间较短，题目较多，导致做题正确率较低。

二、具体题型

1. 粗加工与细加工

（1）题目描述

你将在屏幕上看到五张图片。屏幕左边是目标图片，右边是四张对比图片。四张图片对比仅有一幅图片与目标图片完全一致。请用鼠标单击选择该图片，作答后，系统将自动进入下一组图片，你将不能返回进行修改。请用尽可能快的速度完成作答。你即将进入练习环节，熟悉作答方式。完成练习后，点击开始测试按钮进入正式测试。

（2）粗加工题目展示

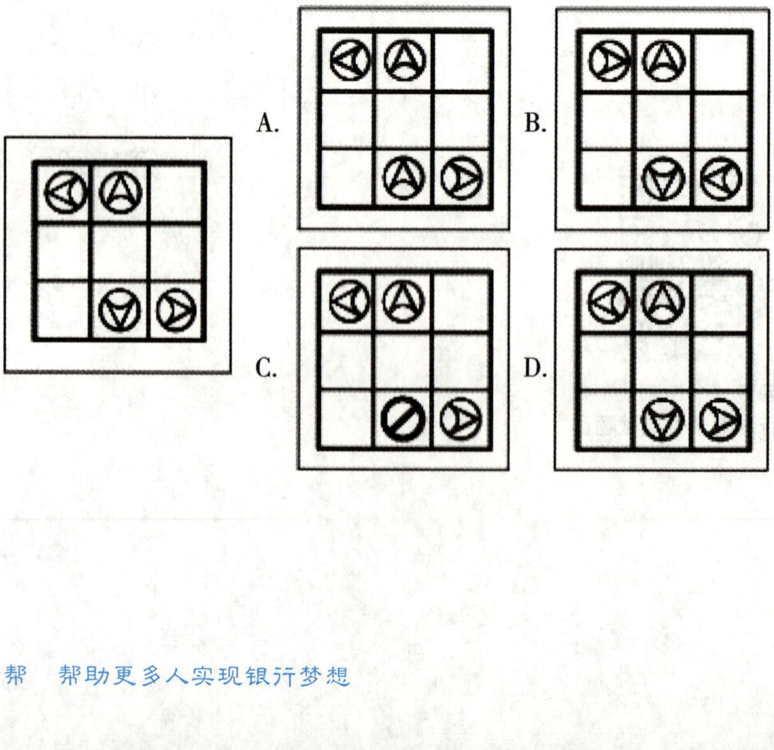

（3）细加工题目展示

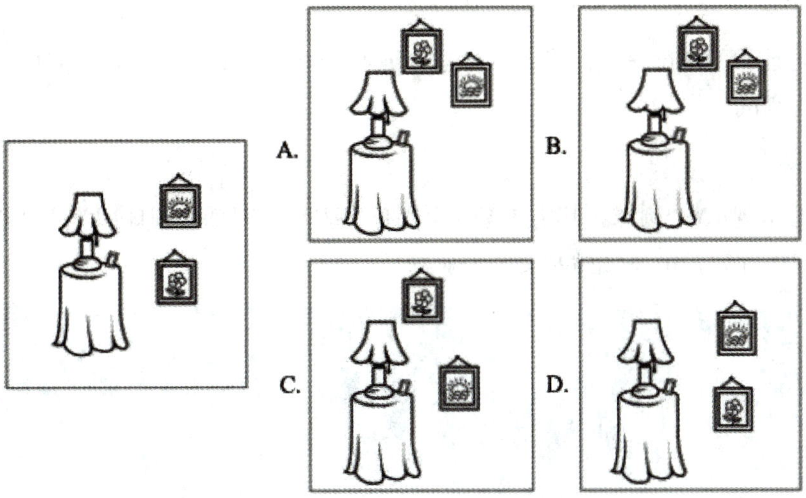

2. 空间记忆容量

（1）屏幕上将呈现一个 6＊6 的正方形网络，其中一些单元格会呈现五角星，你需要尽量记住单元格上五角星的位置，之后，五角星会消失。

（2）根据记忆，用鼠标左键选出五角星的位置，被选中的单元格会变成蓝色。如果需要取消选择，用鼠标单击一次。被选中的单元格数量等于呈现五角星的数量。

（3）完成选择后请按“确认选择”按钮进行确认。作答后系统将自动进入下一组任务，你将不能返回修改。

（4）请用尽可能快的速度完成作答。你将进入练习环节，熟悉作答方式。完成练习后，点击开始测试按钮进入正式测试。

3. 目标动态追踪

（1）屏幕上会呈现 10 个圆球，其中 3 至 5 个圆球将闪烁。闪烁的圆球即为需要追踪的目标，请记住它们。追踪目标闪烁后，10 个圆球都会开始运动。

（2）当圆球运动停止后它们会变成正方形。请用鼠标点选出之前闪烁的追踪目标进行作答。鼠标点击一次即为选中，被选中的目标显示橙色边框；再点击一次则取消选择。选择的追踪目标的个数必须等于之前闪烁的圆球数量。

（3）完成作答后单击“确认选择”按钮，之后进入下一个任务。一旦进入下一个任务，将无法返回进行修改。

（4）请用尽可能快的速度完成作答。你将进入练习环节，熟悉作答方式。完成练习后，点击开始测试按钮进入正式测试。

4. 多任务处理

（1）题目说明

任务考查你在限定的时间范围内同时处理多个任务的能力。请尽可能快速准确地同时处理 3 个区域中显示的任务。

请跟随操作指南了解任务操作方式和规则。

（2）操作指南

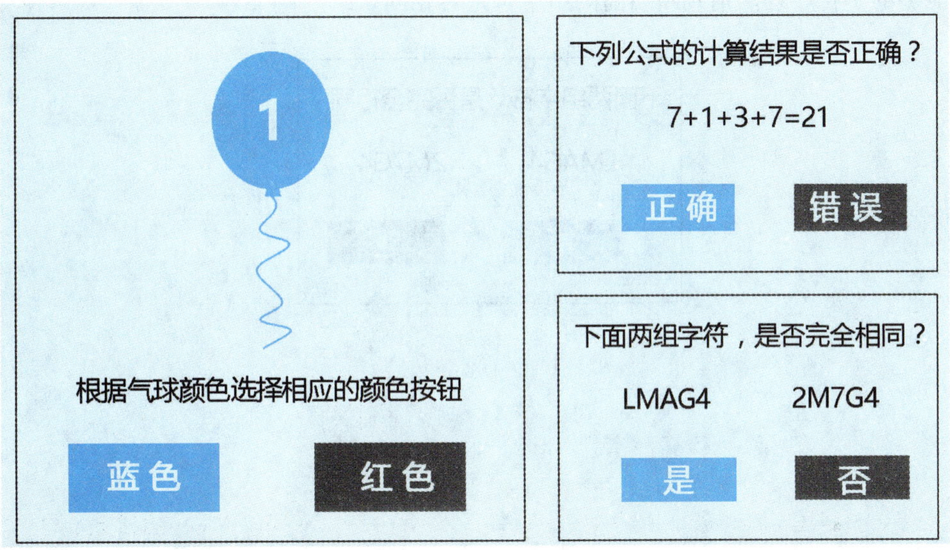

①限时任务，在 5 秒的时间内，点击下方的色块标记正确的气球颜色。请选择与当前气球颜色匹配的色块。

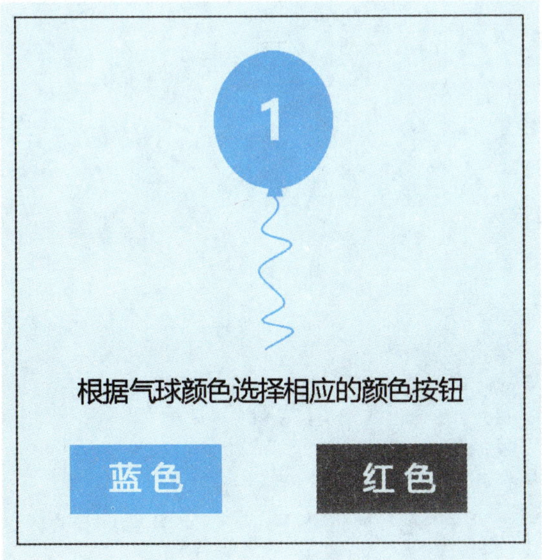

②非限时任务，尽快地验算当前算式的结果是否正确，验算完成后，会自动显示新的算式请尝试判断尽可能多的算式结果。请判断当前算式的结果是否正确。

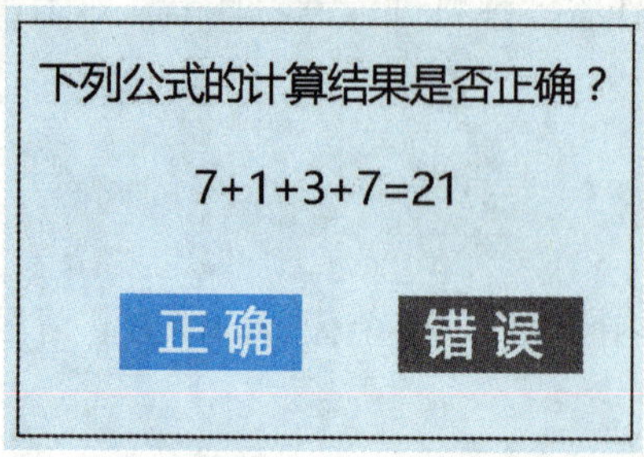

③非限时任务，尽快检查两组字符是否相同，检查完成后，会自动显示两组新的字符序列，请尝试对比尽可能多的字符序列。请判断当前两组字符是否相同。

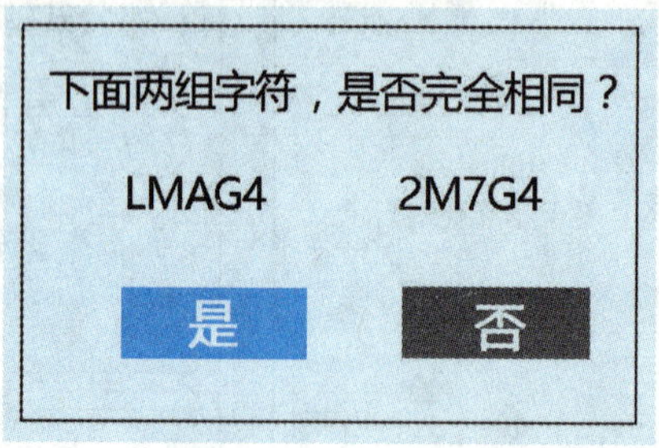

第二章 个性测试

一、考情概述

1. 个性测试题目主要考查考生的价值观和个性特点，在国有六大行、股份制银行的校园招聘考试中均会出现，且一般出现在笔试最后一部分，成绩不计入总分，但是会作为面试的依据，因此需要考生认真作答。

2. 一般考试时间较短，题目较多，而且容易出现相同题目，考生答题时务必根据实际情况和真实想法认真作答。

二、题目展示

（一）重点风格（2019 农行）

要求：答题时间为 25 分钟。其中，5 分钟测试说明，20 分钟答题。

指导语：您需要对每个陈述句以 9 点的尺度进行评分，范围从“非常强烈地不同意”到“非常强烈地同意”。

请看下面已完成了的示例。

我是一个……的人

	非常强烈地不同意	强烈不同意	不同意	轻微不同意	不确定	轻微同意	同意	强烈同意	非常强烈地同意
有很强的竞争心									√
喜欢挑战他人的想法									√
享受独自工作			√						
大部分时间都快乐					√				
更愿意领导别人								√	
善于与他人建立融洽关系								√	

如果您对两个或者多个陈述给了相同的评分，这些陈述句会再次呈现，此时您需要指出哪一个是最接近您的陈述以及哪一个是最不接近您的陈述。

请看下面已经完成了的示例。

我是一个……的人

	最接近您	最不接近您
有很强的竞争心	√	
喜欢挑战他人的主意		
更愿意领导别人		
善于与他人建立融洽关系		√

下面您将正式开始对一系列陈述进行评分。

请您从“非常强烈地不同意”到“非常强烈地同意”选择一项来表示您对每一个陈述句的评分，如果任何陈述句再次出现，请选择适当的“最接近”和/或“最不接近”按钮。

请指出您对下列陈述的同意程度。

我是一个……的人

	非常强烈地不同意	强烈不同意	不同意	轻微不同意	不确定	轻微同意	同意	强烈同意	非常强烈地同意
准备好随时做出重要决策									
善于找出改进事物的方法									
善于辨识商机									
在重大活动时很少会紧张									
能够制定有效的计划									
能体会别人的感受									

请指出您对下列陈述的同意程度。

我是一个……的人

	非常强烈地不同意	强烈不同意	不同意	轻微不同意	不确定	轻微同意	同意	强烈同意	非常强烈地同意
当不同意别人的意见时需要告诉他									
会被学习新事物的机会所激励									
想取得突出的成绩									
对自己感到认可									
从与他人建立融洽关系中得到乐趣									
从书面沟通中得到乐趣									

请指出您对下列陈述的同意程度。

我是一个……的人

	非常强烈地不同意	强烈不同意	不同意	轻微不同意	不确定	轻微同意	同意	强烈同意	非常强烈地同意
有活泼的性格									
能有效地处理数字资料									
善于把事情做得井井有条									
能积极接纳他人的反馈									
能有效地制定策略									
能在团队中有效地工作									

请指出您对下列陈述的同意程度。

我是一个……的人

	非常强烈地不同意	强烈不同意	不同意	轻微不同意	不确定	轻微同意	同意	强烈同意	非常强烈地同意
需要成为别人注意的焦点									
从想出很多主意中得到乐趣									
想促使事情发生									
认为应该为他人着想									
认为领导他人很重要									
想要确保细节准确									

请指出您对下列陈述的同意程度。

我是一个……的人

	非常强烈地不同意	强烈不同意	不同意	轻微不同意	不确定	轻微同意	同意	强烈同意	非常强烈地同意
有做演讲陈述的天赋									
学东西很快									
能严格遵守规则									
善于应对变革									
在发展概念方面有天赋									
善于快节奏地工作									

（二）心理测试（2018 交行）

测试说明：

下面的题目描述了人们对某些生活事物的看法以及一般的行为特征，每道题都有四个可供选择的描述，根据个人情况，对每道题的四种描述在您心目中的重要性（符合您情况）的程度做出判断，并把相应的答案填在每句描述后面的括号里。

请在您认为最重要（或最符合您情况）的描述后面括号里填1，在您认为第二重要（或第二符合您情况）的描述后面括号里填2，并以此类推。

请注意：

(1) 除了题目本身所给定的四个选项之外，您可能还有其他的个人看法和行为表现，但我们希望您在给定的选项里面作出判断；

(2) 每个括号里只能填一个数字，每个数字在每一个问题里也只能出现一次，也即，在每一个问题所给的答案里，只能填写一个1，一个2，一个3，一个4；

(3) 如果您不能确定您目前的看法和个人情况，那么请依照自己近三年来的状况作答，不要对某个问题仔细分析与考虑，尽量按照自己的第一感觉来选择。

1. 你认为一个政府最主要的目标应该是？

a) 提高国家在国际上的声望(　　)

b) 发展经济，促进生产与贸易水平的提高(　　)

c) 促进社会公平，使弱者尽可能得到帮助(　　)

d) 创造宽松的环境，使每个人都能按照自己的方式生活(　　)

2. 一般来说，您是？

a) 对新事物感兴趣，也能下决心把它做好(　　)

b) 在生活中表情生动，手势较多(　　)

c) 能轻松自如地融入任何环境(　　)

d) 希望准确知道所有细节之间的逻辑关系(　　)

3. 您觉得对于一个周一到周五都需要工作的人来说，哪种方式享受周末最好？

a) 参加具有竞争性的体育活动(　　)

b) 参加与职业发展有关的培训，给自己充电(　　)

c) 阅读有内涵的书籍，提高自己(　　)

d) 听舒缓的音乐(　　)

4. 您觉得自己是？

a) 用逻辑与事实服人(　　)

b) 充满乐趣与幽默感(　　)

c) 遇到矛盾时能使自己的心灵不太受干扰，随遇而安(　　)

d) 完成一件事后才接手新事(　　)

5. 您希望现代学校教育需要在哪一方面加大改革的力度，以进行改进？

a) 加强学生独立人格教育，培养学生的领导才能(　　)

b) 加强实践环节，使学生学会积累财富(　　)

c) 加强社会意识教育，提高学生对社会问题的理解力(　　)

d) 采用自然教育法，不要给学生太多的作业压力(　　)

6. 您觉得自己是下列哪种人？

a) 一般依靠自己的方式做事不受他人影响(　　)

b) 认为与人相处好玩，无所谓挑战或商机(　　)

c）易接受他人的观点和喜好，不坚持己见（ ）

d）具有牺牲性，为他人利益愿意放弃个人意见（ ）

7. 您最愿意与什么样的同性交朋友？

a）具有领导和组织才能的人（ ）

b）敏捷、勤奋、实践能力强的人（ ）

c）关爱他人的人（ ）

d）具有艺术细胞、追求个性自由的人（ ）

8. 在现实中，您表现出哪种特征？

a）把一切当成比赛，总是有强烈的赢的欲望（ ）

b）因个人魅力或性格使人信服和认同（ ）

c）控制自己，极少流露感情（ ）

d）体贴，关心别人的感觉与需要（ ）

9. 如果您手头有一笔远远超过您的生活所需的钱，您最愿意用这笔钱做什么？

a）结交有社会地位的朋友，扩大自己的社会影响力（ ）

b）进行经济投资，以获取更多的利润（ ）

c）建立社会服务型组织，帮助社会上的弱者（ ）

d）收藏自己感兴趣的艺术品（ ）

10. 您被认为是？

a）对任何情况都能很快做出有效的反应（ ）

b）能给旁人清新振奋的刺激的人（ ）

c）含蓄、善于控制自己情绪的人（ ）

d）对人诚实、尊重他人的人（ ）

（三）认知测试（2018 民生）

测试说明：

这项测验会涉及我们工作、生活等各方面，对于这些问题，每个人的看法都会不尽相同，没有对错之分，答题时，请注意以下几点：

（1）每道题只能选择一个答案，不要漏掉任何一道题。

（2）答题依据：你日常的实际表现，而不是你期望的理想表现。

（3）有些题你可能从未碰到过或者难以选择，不要过多思考，凭第一感觉作答即可。

测试题目：

1. 由于业务量变大，近期你需要保持 24 小时待命，随时处理业务问题，你认为：

A. 投入越多回报越大

B. 难以接受

C. 熬过这段时间就好了

2. 朋友邀你去参加一个聚会，他有事没能来，剩下的人你都不认识，你会：

A. 主动找别人聊聊

B. 如果有人来搭讪就聊几句

C. 自己待一会儿，实在无聊就离开

3. 每到一个新的场合，都会遇到不认识的人，你会：

A. 希望尽快认识更多的人，乐于和大家打成一片

B. 想认识几个新的朋友，不然一个人挺无聊的

C. 倾向于一个人消磨时光，不愿与别人有太多瓜葛

4. 你搬到一个新住所，想要跟对门的邻居处好关系，在路上见面时你主动向他打招呼，但是他没理你，你会：

A. 既然他没理我，那就算了

B. 觉得可能对方没认出来，上去做自我介绍

C. 下次有合适的机会再跟他聊聊

5. 你最近在赶工一份标书，而个人时间有限，同事小王主动要求帮忙完成产品介绍这一部分，你会以何种心态看待小王的参与？

A. 交与小王负责，非常放心

B. 到时候可能还要修改，但他总能发挥些作用

C. 心存隐忧，小王的作用可能非常有限，需要考虑备选方案

6. 公司规定从下周一开始所有员工必须着正装，由于之前公司对着装没有要求，你没有比较正式的衣服，并且这个周末你还要出差，时间安排得很满，此时你会：

A. 还是抽空去一趟商场，相对选几件像样的再说

B. 拖一天应该问题不大，一开始肯定不会所有人都遵照执行

C. 回去再找找自己的衣服，准备穿一身相对比较正式的

7. 主管给你布置了一项任务，但你认为这项任务不适合在目前进行，你会如何说服主管：

A. 通过讲解任务执行方案，让主管了解目前确实不适合开展该任务

B. 告诉主管目前不适合进行，并说明原因

C. 表明自己的观点，如果主管坚持就执行

8. 团队讨论时，大家并没有关注你提出的观点，此时你会：

A. 反复强调自己的观点，争取得到大家的认同

B. 自己已经表明观点了，大家是否关注无所谓

C. 试着再陈述一下自己的观点，如果大家还不关注就算了

9. 你和一位同事同时参加内部招聘，结果同事获得了竞聘职位，从业绩上看，这位同事并不比你强，你会：

A. 有些难以接受，会难过一阵子

B. 当时不开心，过两天就好了

C. 介于两者之间

10. 实习期后，主管要求大家填写岗位申请表，大家都说 A 岗位比较好，你会：

A. 了解一下各个岗位再做选择

B. 选个自己喜欢的岗位

C. 听从多数人就选 A 岗位